国学经典文库　图文珍藏版

国学经典

马肇基◎主编

线装书局

图书在版编目（CIP）数据

国学经典：全 4 册 / 马肇基主编 .-- 北京：线装
书局，2012.9（2022.3）
ISBN 978-7-5120-0611-9

I.①国… II.①马… III.①国学 IV.① Z126

中国版本图书馆 CIP 数据核字（2012）第 201514 号

国学经典

主　　编：马肇基
责任编辑：高晓彬
出版发行：线装書局
　　　　　地　址：北京市丰台区方庄日月天地大厦B座17层（100078）
　　　　　电　话：010-58077126（发行部）010-58076938（总编室）
　　　　　网　址：www.zgxzsj.com
经　　销：新华书店
印　　制：北京彩虹伟业印刷有限公司
开　　本：710×1040 毫米　1/16
印　　张：112
字　　数：1360 千字
版　　次：2022 年 3 月第 1 版第 2 次印刷
印　　数：3001－9000 套

线装书局官方微信

定　　价：598.00 元（全四卷）

儒家经典——《论语》

　　由孔子的弟子编撰而成。记录了孔子及其弟子的言行，集中体现了孔子的政治主张、道德观念及教育原则等。

亚圣之作——《孟子》

　　孟子和他的弟子记录并整理而成的。记录了孟子的治国思想和政治策略，为"四书"之一。

无韵离骚——《史记》

　　中国第一部纪传体通史。记载了上自上古传说中的黄帝时代，下至汉武帝元狩元年间共3000多年的历史。

治政通史——《资治通鉴》

　　中国第一部编年体通史。涵盖16朝1362年的历史，在中国官修史书中占有极重要的地位。

唯物先河——《荀子》

战国末年著名唯物主义思想家荀况的著作。反映唯物主义自然观、认识论思想以及荀况的伦理、政经思想。

墨家经典——《墨子》

阐述墨家思想的著作，原有71篇，现存53篇，一般认为是墨子的弟子及后学记录、整理、编纂而成。

千古传诵——唐诗

唐朝二百九十年间，是中国诗歌发展的黄金时代，云蒸霞蔚，名家辈出，唐诗数量多达五万首。

历代传唱——宋词

中国古代文学皇冠上光辉夺目的一颗巨钻，与唐诗并称双绝，与元曲斗艳，都代表一代文学之盛。

军事名著——《孙子兵法》

中国古典军事理论名著，世界三大兵书之一。其内容博大精深，思想精邃富赡，逻辑缜密严谨。

权谋要术——《三十六计》

指中国古代三十六个兵法策略，它是根据我国古代卓越的军事思想和丰富的斗争经验总结而成的兵书。

哲学经典——《道德经》

中国历史上首部完整的哲学著作，为当时诸子所共仰，是道家哲学思想的重要来源。

道家经典——《庄子》

庄周及其后学的著作集。在哲学、文学上都有较高研究价值。名篇有《逍遥游》《养生主》等。

蒙学经典——《三字经》

中华民族珍贵的文化遗产，其内容涵盖了历史、天文、地理、道德以及一些民间传说。

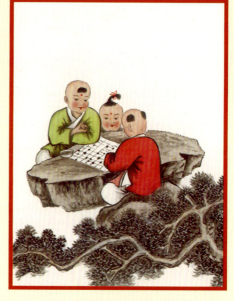

姓氏典章——《百家姓》

一本关于中文姓氏的书，成书于北宋初年，以"赵"姓打头是因为宋代皇帝的姓是赵氏的缘故。

四言韵文——《千字文》

中国影响很大的儿童启蒙读物之一。对仗工整，条理清晰，文采斐然，令人称绝，语句平白如话，易诵易记。

童蒙宝典——《弟子规》

以《论语》"学而篇"第六条的文义编纂而成。列述了弟子在家、出外、待人、接物与学习上应该恪守的守则规范。

佛教经典——《金刚经》

中国禅宗经典之一。是释迦牟尼与长老须菩提等众弟子的对话纪录，由弟子阿傩所记载，为佛教徒常所颂持。

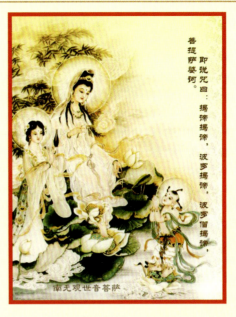

佛教梵音——《心经》

佛经中字数最少的一部经典著作。因其字数少、含义深、传奇多，所以无数艺术家都把它创作成为艺术精品。

中医典籍——《黄帝内经》

古代医家托轩辕黄帝名之作。以黄帝、岐伯、雷公对话的形式阐述病机病理，主张不治已病，而治未病。

药学巨著——《本草纲目》

中国古代著名的药物学著作。载有药物1892种，收集医方11096个，绘制精美插图1160幅，分为16部、60类。

语录世集——《菜根谭》

一部论述修养、人生、处世、出世的语录世集。具有三教真理的结晶，和万古不易的教人传世之道。

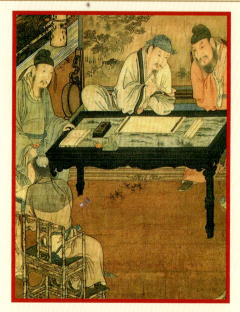

劝世之作——《围炉夜话》

明清时期著名的文学品评著作。自其面世以来，一直盛传不衰，成为人们案头的必备之书，深受世人的推崇。

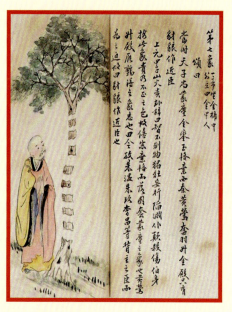

预言奇书——《推背图》

中华预言书中最为著名的奇书之一。全书共六十图像，每幅图像之下均有谶语，预言后世兴旺治乱之事。

帝王之学——《奇门遁甲》

易经最高层次的预测学。古代用于国事、兵法方面，现代多用于商业发展、市场经营、管理等方面。

前　言

　　从春秋战国诸子并起,中国历史上虽然朝代兴替,世事沧桑,但中华文化却如江河行地,日月经天,国学经典是使中华文明屹立于人类文明史的明证。无论过去还是现在,无论新旧文化怎样激烈地碰撞,无论东西方文明怎样相互融合渗透,面对浩如烟海的国学经典,我们都无法漠视和背叛,因为传统文化是一个国家和民族的身份标志。在当今文化全球化的背景下,形成了多元文化的沟通与交流,促使着我们寻找自己的民族之根和文化源头,"国学热"现象无不是今人对于传统文化的反思与正视。于今而言,正是需要我们对传统文化在当今中国乃至世界多元文化中重新定位的时刻。

　　文化,民族之本。国学,文化之基。读国学经典,感受先贤之睿智,体悟民族之精髓。阅读国学经典不仅可以帮助我们了解中华民族的优秀文化传统,更能从中学会为人处世的道理,让我们懂得社会伦理道德,学会尊重他人、培养谦虚谨慎、不骄不躁、严于律己、宽以待人等处世态度。这对人生成长和事业成功,无疑至关重要。

　　总之,国学经典中蕴藏着中国五千年历史的智慧精髓,作为我们的历史和文化的基础,它构成了我们精神生长的客观环境,我们早已成为了它的受益者。但是国学经典浩如烟海,任取一端,即便是穷尽毕生精力,也不过是略窥其梗概而已。要将这么悠久而繁复的文化内容,提纲挈领地做一个简明的介绍,真是谈何容易!我们深知要编好这样一套丛书的种种艰辛。但我们依然不揣浅陋,知难而上,编辑了本套《国学经典》。

　　本套丛书是我们精心选编的中国文化典籍中的精粹之作,荟萃百家,包罗万象,充分体现"国学是中华民族五千年来优秀传统文化的总称"。阅读本书,读者可以了解博大精深的中国传统文化,形成关于国学的较为全面的概念;有志于深入研究者,亦可通过本书探寻进入国学殿堂之门径。我们希望在您阅读此书之后,能激发起您对中华文化经典之作的阅读激情,"多识前言往行,以自蓄其德",我们也希望借着伟大思想家和文学家的指引,提升我们生命的内涵。

目 录

经学经典

国学经典文库

国学经典

目 录

图文珍藏版

经学经典

导读

　　中国五千年的历史和文化深深地在中国人的心中根植了一种强烈的民族意识，这就是中国必须统一。英国著名历史学家汤因比讲得很好，他说，世界的潮流将来一定是走向融合统一的，这是大潮流，但是中国能维持两千年的政治统一，她的无与伦比的政治智慧是值得世界上其他民族学习的。这个无与伦比的智慧来自在哪里？就来自中国的传统经学之中。

　　经学原本是泛指各家学说要义的学问，但在中国汉代独尊儒术后为特指研究儒家经典，解释其字面意义、阐明其蕴含义理的学问。经学是中国古代学术的主体，仅《四库全书》经部就收录了经学著作一千七百七十三部、二万零四百二十七卷。经学中蕴藏了丰富而深刻的思想，保存了大量珍贵的史料，是儒家学说的核心组成部分。

　　国学的主流是儒学，儒学的核心是经学。儒学是主流，它所占的比重和影响都特别大，而经学又是儒学的核心。不研究经学，不了解经学，应该说就没有把握住我们传统文化的主流和核心部分。

　　经学是根，是中国人的核心价值观。经学是中国文化的源头，历史、哲学、文学，所有这些，都是从经学这个源头出来的，有了这个源头才有了源远流长的中国文化。

论语

国学经典文库

国学经典

论语

图文珍藏版

【导语】

《论语》,语录体文集。主要记载孔子及其弟子的言行,因此称为"语"。

孔子(前 551~前 479),名丘,字仲尼,春秋后期鲁国陬邑(今山东曲阜)人,我国古代伟大的思想家、教育家,儒家学派创始人。

孔子像

《论语》是儒家的原始经典之一,要了解孔子和他的学说,《论语》是最直接、最可靠的资料。孔子思想的内容很丰富,归纳起来说,其核心是"仁"论。孔子"仁"论贯穿于他的哲学、政治、教育、伦理、文化主张的诸多方面,即所谓"一以贯之",孔子其人伟大的人格感召力也凝聚于此。兹概括简要述之。

个体修养。孔子思想以立身为出发点,而人能立身于世的首要条件就是具有"君子"人格。君子具备仁爱之心,自重自律;表里如一,言行一致;积极进取,德才兼备;孜孜于学,注重实践;安贫乐道,谨守正义。

人际交往。孔子学说是有关人与人相处之道的学说,由伦理关系之不同,又分化为孝悌、忠恕、信义、礼数等德目,从而构建和谐友爱的人际关系和社会环境。

政治理想。从政治国是实用之大端,虽然孔子个人的从政经历并不辉煌,但他始终胸怀安定天下的政治韬略,强调德治仁政,反对苛政暴敛,主张以人为本、为官廉洁、举贤授能等内容,至今仍有普遍意义。

哲理思维。孔子学说的哲理性集中表现为仁者爱人的警世恒言,"中庸"的认识方法,权变的处事之道,和而不同的开阔襟怀等等,其理论与实践价值历久弥新。他的天命鬼神观念,虽然与今天的认识水平有相当的差别,但也具有那个时代哲理思辨的内涵。

孔子的教育学说也很丰富,包括教学方针、教学对象、教学方法、教学内容、教学态度等内容。如他主张学思并重,学行统一;讲究因材施教,注重启发诱导;强调身教优于言传,注重人格精神的感化作用等,颇有取法价值。

上述种种都可借助《论语》一书来了解,本书将在具体篇章的注释中加以揭示。

学而第一

【题解】

《论语》一书共二十篇。各篇的命名并没有特别的用意,只是选用该篇开始的两三个字作为一篇的题目,这种类型的篇题在先秦时代的典籍中比较常见。《论语》全书二十篇中以"子曰"起首的有七篇,因此这些篇的篇名就选用"子曰"之后的两三个字,以便相互区别。

"学而"篇内容涉及学习、为人和修养道德等方面,也有一些论政的语录。包括"学而时习"的学习方法,孝弟为本的仁学基础,不断反省的进德手段,节用爱人、使民以时的治国手段,先道德后文化的学习进程,"无友不如己者"的交友原则,过则能改的君子气度,"慎终追远"的行孝规定,"温良恭俭让"的行己作风,安贫乐道、敏行慎言的君子之德,推己及彼、举一反三的治学能力等。

读此篇即可初步了解孔子作为教育家、思想家和政治家的多重身份。

【原文】 子曰:"学而时习之,不亦说①乎?有朋自远方来,不亦乐乎?人不知而不愠②,不亦君子乎?"

【注释】 ①说:同"悦",高兴、愉快的意思。②愠:怨恨。

【译文】 孔子说:"学了,然后按时实习,不也是很高兴的吗?有志同道合的人从远方来相会,不也是很快乐的吗?别人不了解自己,自己并不生气,不也是君子吗?"

【原文】 有子①曰:"其为人也孝弟,②而好犯上者,鲜③矣!不好犯上,而好作乱者,未之有也。君子务本,本立而道生。孝弟也者,其为仁之本与④!"

【注释】 ①有子:孔子弟子。姓有,名若。《论语》中记载孔子弟子时一般称字,只对曾参和有若全部尊称为子,据此有很多人认为《论语》一书是曾参和有若的弟子记录而成的。②弟:同"悌",遵从兄长。③鲜:少。④与:同"欤",疑问语气词。

【译文】 有子说:"为人孝敬父母、尊敬兄长的,却喜欢冒犯上级,这种人很少。不喜欢冒犯上级,却喜欢造反作乱,这种人从来也没有过。君子致力于根本性工作,根本确立了,正道就随之产生。孝敬父母、尊敬兄长这些内容,大概就是施行'仁'道的基础吧。"

【原文】 子曰:"巧言令色①,鲜矣仁。"

【注释】 ①令色:好的脸色。这里指假装和善。

【译文】 孔子说:"花言巧语、面貌伪善的人,仁德是很少的。"

【原文】 曾子①曰:"吾日三省②吾身:为人谋而不忠乎?与朋友交而不信乎?传不习乎?"

【注释】 ①曾子:孔子弟子。姓曾,名参,字子舆。②三省:多次反省。古代汉语中动作性动词前加数字修饰成分的,一般表示动作的频率。而"三""九"等数字,一般表示次数多,不必落实为具体次数。此章下文恰好是三件事,只是一种巧合。

【译文】 曾子说:"我每天多次自我反省:替别人谋划事情是否尽心竭力呢? 与朋友交往是否诚实相待呢? 老师传授的学业是否认真复习了?"

【原文】 子曰:"道千乘之国①,敬事而信,节用而爱人,使民以时②。"

【注释】 ①道:"导"的古体字,治理。千乘:古代用四匹马拉的一辆兵车称为一乘。春秋战国时代,国力的强盛以该国所拥有的兵车的数量来计算。孔子生活之世,"千乘之国"已算不上是诸侯大国了,所以《论语》中有"千乘之国,摄乎大国之间"的话。②以时:按时,这里指不违背农时。

【译文】 孔子说:"治理拥有一千辆兵车的国家,就要严肃认真地对待工作,言而有信,节约用度,关爱百姓,不在农忙时节役使百姓。"

【原文】 子曰:"弟子入则孝,出则悌,谨而信,泛爱众,而亲仁。行有余力,则以学文。"

【译文】 孔子说:"年轻人,在家就要孝顺父母,出门在外就要尊敬兄长,行为谨慎,言语有信,博爱众人,亲近仁者。这些都做到之后还有余力的话,就去学习文化。"

【原文】 子夏①曰:"贤贤易色②,事父母,能竭其力,事君,能致③其身,与朋友交,言而有信;虽曰未学,吾必谓之学矣。"

【注释】 ①子夏:孔子弟子。姓卜,名商,字子夏。孔子弟子中有所谓"四科十哲"之说,子夏长于"文学"。②贤贤易色:看重德行,轻视表面的姿态。易,轻视。③致:给予,献出。

【译文】 子夏说:"看重实际的德行,轻视表面的姿态。侍奉父母要竭尽全力,服务君主要奉献自身,与朋友交往要说话诚实有信。这样的人,虽然说没有学习过,我也一定说他学习过了。"

【原文】 子曰:"君子不重则不威;学则不固①。主忠信,无友不如己者,过则勿惮改。"

【注释】 ①固:固执己见。

【译文】 孔子说:"称得上君子的人,如果不庄重就没有威严,知道学习就不会自以为是、顽固不化。恪守忠诚信实的道德要求,不与道德上不如自己的人交往,有了错误就不要怕改正。"

【原文】 曾子曰:"慎终,追远①,民德归厚矣!"

【注释】 ①终、远:曾子以继承和传播孔子有关孝道的思想闻名,如《大戴礼记》中有"曾子本孝""曾子立孝""曾子大孝""曾子事父母"等篇章记录有关生前敬事父母或死后葬祭礼仪等关于如何行孝的规定。所以,这里的"终""远"分别指长辈丧亡之事和对于远祖的祭祀。

【译文】 曾子说:"恭敬慎重地办理父母的丧事,虔诚静穆地追祭历代的祖先,老百姓的道德就会趋向敦厚了。"

【原文】　子禽问于子贡曰①:"夫子②至于是邦也,必闻其政。求之与?抑与之与?"子贡曰:"夫子温、良、恭、俭③、让以得之。夫子之求之也,其诸④异乎人之求之与!"

【注释】　①子禽:陈亢,字子禽。从《子张》篇的记事来看,陈亢不是孔子的弟子,他对孔子的学说总是持怀疑的态度。子贡:孔子弟子。姓端木,名赐。②夫子:古人对于做过大夫的男子的敬称。孔子曾是鲁国的司寇(掌管刑狱的官员),所以他的学生称他为夫子,后来沿袭成对老师的称呼。在一定的场合下,又可以专指孔子。③俭:约束。④其诸:表示不肯定的推测语气。

【译文】　子禽问子贡说:"夫子每到一个国家,一定能够听到那个国家的政治状况,是求教得来的呢? 还是人家主动告诉他的呢?"子贡说:"先生温和、善良、恭敬、谨慎、谦让,是凭着这些德性得到的。先生求取的办法,大概不同于别人求取的办法吧?"

【原文】　子曰:"父在,观其①志;父没②,观其行;三年无改于父之道,可谓孝矣。"

【注释】　①其:指代儿子。②没:死去。

【译文】　孔子说:"父亲在世的时候,要观察儿子的志向。父亲去世之后,要观察儿子的实际行动。如果能够多年不改变父亲传下来的正道的话,就可以说是尽孝了。"

【原文】　有子曰:"礼之用①,和为贵。先王之道,斯②为美,小大由之。有所不行,知和而和,不以礼节之,亦不可行也。"

【注释】　①用:施行。②斯:此,这。

【译文】　有子说:"礼的施行,以和谐为美。前代君王的治道,最可贵的地方就在这里,大事小事都遵循这个道理。如果有行不通的地方,只是知道和谐为贵的道理而一味追求和谐,不懂得用礼来节制的道理的话,也是行不通的。"

【原文】　有子曰:"信近于义,言可复①也。恭近于礼,远耻辱也。因②不失其亲,亦可宗③也。"

【注释】　①复:因循,实践。②因:依靠,凭借。③宗:尊重,推崇而效法。

【译文】　有子说:"许下的诺言如果合乎义的话,这样的诺言就是可以遵循实践的。恭敬的样子如果合乎礼的话,就能够避开耻辱。依靠的人中不缺少关系深的,也就可靠了。"

【原文】　子曰:"君子食无求饱,居无求安,敏于事而慎于言,就有道而正焉①,可谓好学也已。"

【注释】　①就:靠近。正:匡正。

【译文】　孔子说:"君子,吃饭不贪求满足,居住不贪求安逸,做事勤敏,说话谨慎,求教于有道德的人来端正自己,这样就可以说是好学的了。"

【原文】 子贡曰："贫而无谄①,富而无骄,何如?"子曰："可也。未若贫而乐,富而好礼者也。"

子贡曰："《诗》云:'如切如磋,如琢如磨'②,其斯之谓与?"子曰："赐也,始可与言《诗》已矣!告诸往而知来者。"

【注释】 ①谄:巴结,奉承。②如切如磋,如琢如磨:《诗经·卫风·淇奥》中的句子。切、磋、琢、磨都是制作器物时反复修治的动作,这里用来比喻治学、修身要精益求精。

【译文】 子贡说:"贫穷却不谄媚,富有却不骄纵,人能做到这些怎么样呢?"孔子说:"可以了。但是不如贫穷却能怡然自乐,富贵却能谦逊好礼。"

子贡说:"《诗经》里说:'像制造器物一样,切割、磋治、雕琢、打磨',大概就是说这类反复修治、精益求精的事吧。"孔子说:"赐呀,可以和你讨论《诗经》了。告诉你一件事,就可以推知另一件事。"

【原文】 子曰："不患人之不己知,患不知人也。"

【译文】 孔子说:"不担心别人不了解自己,担心的是自己不了解别人。"

为政第二

【题解】

本篇分为二十四章,全部都是孔子的语录。提及的人则有鲁国国君、鲁国大夫、孔子弟子等,据此可以了解孔子为众人师表的情况。

本篇论及为政、教化、学习、修养、孝道等方面的内容。孔子主张德政礼治:认为治政必须以教化百姓为首任,从政必须以学习为前提,对于有疑问之事采取谨慎的态度;国君要任用正直之人来辅政,当政者都要从修养自身做起,以使社会形成普遍的道德风气:友爱、孝悌、讲信用。还指出了教学科目的特点,概述了自己为学进德的经历,提倡学思并重的学习方法,反对研习具有极端倾向的学说。

【原文】 子曰："为政以德,譬如北辰①,居其所而众星共②之。"

【注释】 ①北辰:北极星。《尔雅·释天》:"北极谓之北辰。"②共:通"拱",环抱、环绕之意。这里是以北辰比喻统治者,以众星比喻被统治者。

【译文】 孔子说:"当政者运用道德来治理国政,就好像北极星,安居其所,而其他众星井然有序地环绕着它。"

【原文】 子曰："《诗》三百①,一言以蔽之,曰:'思无邪②'。"

【注释】 ①《诗》:《诗经》。三百:概举整数而言。《诗经》实有三百零五篇诗,连同有题无辞的六篇笙诗,共三百十一篇。②思无邪:《诗经·鲁颂·駉》中的句子,孔子借用来评价《诗经》各篇思想内容的纯正。

【译文】 孔子说:"《诗》三百篇,用一句话来总括它,就是'思想主旨纯正无

【原文】 子曰："道之以政①,齐②之以刑,民免③而无耻;道之以德,齐之以礼,有耻且格④。"

【注释】 ①道:同"导",引导。政:法制,禁令。②齐:整饬。③免:逃避。④格:至,来。

【译文】 孔子说:"用政令来训导百姓,用刑罚来整饬百姓,百姓只会尽量地避免获罪,却没有羞耻心;用道德来引导人民,用礼教来整饬人民,人民就会有羞耻心而且归顺。"

【原文】 子曰："吾十有①五而志于学,三十而立②,四十而不惑,五十而知天命③,六十而耳顺,七十而从心所欲,不逾矩。"

【注释】 ①有:通"又"。古人十五岁为入学之年,《礼记·王制》"立四教"郑玄注引《尚书传》曰:"年十五始入小学,年十八入大学。"②立:指立身行事。③知天命:懂得天命不可抗拒而听天由命。

【译文】 孔子说:"我十五岁立志于学习;三十岁能依照礼仪的要求立足于世;四十岁不再感到困惑;五十岁能乐天知命;六十岁能听得进各种不同的意见;七十岁能随心所欲地行事,而又从不超出规矩。"

【原文】 孟懿子①问孝。子曰："无违。"

樊迟②御,子告之曰:"孟孙问孝于我,我对曰,'无违'。"樊迟曰:"何谓也?"子曰:"生,事之以礼;死,葬之以礼,祭之以礼。"

【注释】 ①孟懿子:鲁国大夫。姓仲孙,名何忌。"懿"是谥号(死后所得的尊号)。②樊迟:孔子弟子。姓樊,名须,字子迟。

【译文】 孟懿子问什么是孝。孔子说:"不要违背礼的规定。"

樊迟为孔子驾御马车,孔子告诉他说:"孟孙向我询问怎样才算是孝,我回答说,'不要违背礼的规定'。"樊迟说:"这话是什么意思呢?"孔子说:"父母在世的时候,按照礼的要求来服侍他们;去世以后,按照礼的要求来安葬他们,按照礼的要求来祭祀他们。"

【原文】 孟武伯①问孝。子曰："父母唯其②疾之忧。"

【注释】 ①孟武伯:孟懿子的儿子。姓仲孙,名彘。"武"是谥号。②其:指代子女。

【译文】 孟武伯问什么是孝。孔子说:"父母对于子女,只为他们的疾病担忧。"

【原文】 子游①问孝。子曰："今之孝者,是谓能养。至于②犬马,皆能有养;不敬,何以别乎?"

【注释】 ①子游:孔子弟子。姓言,名偃,字子游,吴人。②至于:就连,就是。表示提起另一件事。

【译文】 子游问什么是孝。孔子说:"如今所谓的孝,只是就能够养活父母而言。说到狗、马这些动物,都能被人饲养;如果对父母没有敬顺的心意,用什么来区别孝顺与饲养呢?"

【原文】 子夏问孝。子曰:"色①难。有事,弟子服其劳;有酒食,先生②馔。曾③是以为孝乎?"

【注释】 ①色:指敬爱和悦的容色态度。②先生:年长者。馔:吃喝。③曾:乃,竟。

【译文】 子夏问什么是孝。孔子说:"保持敬爱和悦的容态最难。遇有事情,年轻人替长者们效劳;遇有酒食,让给长者享用,仅仅这样就算是孝了吗?"

【原文】 子曰:"吾与回①言,终日不违②,如愚。退而省其私③,亦足以发④。回也不愚。"

【注释】 ①回:即孔子弟子颜回。字子渊,鲁国人。②不违:不违拗。③退:指散学回去。私:独处。这里指独自钻研和自我实践。④发:发挥。

【译文】 孔子说:"我给颜回讲学,他整天从不表示异议,像是一个愚笨的人。等回去之后,省察他的钻研和实践,又能发挥所学的内容,颜回并不愚笨啊。"

【原文】 子曰:"视其所以①,观其所由②,察其所安③,人焉廋哉④?人焉廋哉?"

【注释】 ①以:作为,行动。②由:经由,经历。③安:习。④焉:怎样。廋:隐藏。

【译文】 孔子说:"注意看他的所作所为,观察他的一贯经历,考察他的秉性习惯,一个人怎么能隐藏得住呢?一个人怎么能隐藏得住呢?"

【原文】 子曰:"温故而知新,可以为师矣。"

【译文】 孔子说:"温习旧的知识,而能在其中获得新的体会,这样的人可以做老师了。"

【原文】 子曰:"君子不器。"

【译文】 孔子说:"君子不能像器皿一样只有单一的用途。"

【原文】 子贡问君子。子曰:"先行其言,而后从之。"

【译文】 子贡问怎样才能算是君子。孔子说:"先实践所要说的话,然后再把话说出来。"

【原文】 子曰:"君子周而不比①,小人比而不周。"

【注释】 ①周:合。比:齐同。

【译文】 孔子说:"君子团结而不勾结,小人勾结而不团结。"

【原文】 子曰:"学而不思则罔①,思而不学则殆②。"

【注释】 ①罔:无知的样子。②殆:疑惑。

【译文】 孔子说:"只是学习,却不思考,就会罔然无知。只是思考,却不学习,就会疑惑不解。"

【原文】 子曰:"攻乎异端①,斯害也已②。"

【注释】 ①攻:从事某事,进行某项工作。异端:历来的注疏多释为错误的学说或危险思想,而与孔子本人的学说相对。②也已:语气词连用,表示肯定。

【译文】 孔子说:"攻治两极的学说,这是一种祸害啊!"

【原文】 子曰:"由①,诲女②知之乎? 知③之为知之,不知为不知,是知也。"

【注释】 ①由:即仲由。孔子弟子,字子路,卞(在今山东)人。②女:通"汝",第二人称代词,你。③知:同"智"。

【译文】 孔子说:"由,教导你的内容都知道了吧? 知道就是知道,不知道就是不知道,这才是有智慧。"

【原文】 子张学干禄①。子曰:"多闻阙疑,慎言其余,则寡尤②;多见阙殆,慎行其余,则寡悔。言寡尤,行寡悔,禄在其中矣。"

【注释】 ①子张(公元前503~?):即颛孙师。孔子弟子,字子张。干禄:干,求;禄,官俸。②尤:过失。

【译文】 子张向孔子学习求仕的方法。孔子说:"多聆听,对于有疑问的地方保留不言,其余有把握的地方,谨慎地发表意见,这样就可以少犯错。多观察,对于有疑问的地方保留不言,其余有把握的地方,谨慎地采取行动,这样就可以少后悔。言语方面少犯错误,行动方面避免后悔,官职俸禄就在这里面了。"

【原文】 哀公①问曰:"何为则民服?"孔子对曰:"举直错诸枉②,则民服;举枉错诸直,则民不服。"

【注释】 ①哀公:鲁国的国君。姓姬,名蒋,公元前494~前466年在位"哀"是谥号。②错:放置。枉:邪曲不正。

【译文】 鲁哀公问道:"怎么做才能使人民服从呢?"孔子回答说:"选用正直的人,让他们居于邪曲之人的上位,这样百姓就会服从了。如果选用邪曲之人,让他们居于正直之人的上位,百姓就不会服从。"

【原文】 季康子①问:"使民敬、忠以劝②,如之何?"子曰:"临之以庄则敬,孝慈则忠,举善而教不能则劝。"

【注释】 ①季康子:即季孙肥,鲁哀公时的正卿,是当时最有权力的政治人物。"康"是谥号。②以:连词,和。劝:勤勉。

【译文】 季康子问道:"要使人民敬顺、忠诚又勤勉,应该怎么做呢?"孔子说:"当政者对待百姓庄重,百姓就会敬顺;对待父母孝顺,百姓就会忠诚;提拔好人,教导能力不足之人,百姓就会勤勉。"

【原文】 或①谓孔子曰:"子奚②不为政?"子曰:"《书》云:'孝乎惟孝,友于兄弟,施于有政③。'是亦为政,奚其为为政?"

【注释】 ①或:不定代词,有人。②奚:疑问词,为何。③"孝乎惟孝"三句:是《尚书》的佚文。施,延及。

【译文】 有人对孔子说:"你为什么不从事政治?"孔子说:"《尚书》说:'孝敬父母,友爱兄弟,用这种风气去影响当政者。'这也是从事政治了,为什么一定要做官才算从事政治呢？"

【原文】 子曰："人而①无信，不知其可也。大车无輗②，小车无軏③，其何以行之哉？"

【注释】 ①而：若。②輗：车辕与驾辕的横木相衔接的活销。③軏：车辕前端与车横衔接处的关键。

【译文】 孔子说："人如果没有信用，不知道那怎么可以。大车如果没有安装横木的輗，小车如果没有安装横木的軏，怎么能够行车呢？"

【原文】 子张问："十世可知也？"子曰："殷因①于夏礼，所损益可知也；周因于殷礼，所损益可知也；其或继周者，虽②百世可知也。"

【注释】 ①因：承袭。②虽：即使。

【译文】 子张问道："今后十代的情况可以知道吗？"孔子说："殷代承袭夏代的礼仪制度，废除的和增加的是可以知道的。周代承袭殷代的礼仪制度，废除的和增加的是可以知道的。如果有继承周代统治的政权，即使有百代也是可以知道的。"

【原文】 子曰："非其鬼①而祭之，谄也。见义不为，无勇也。"

【注释】 ①鬼：一般指死去的祖先而言。

【译文】 孔子说："不是自己该祭祀的鬼神而去祭祀他，这是谄媚的行为。遇见正义的事却袖手旁观，这是没有胆量。"

八佾第三

【题解】
本篇各章内容多与礼、乐有关，比较集中地反映了孔子的礼乐思想。

【原文】 孔子谓季氏①："八佾②舞于庭，是可忍也，孰不可忍也？"

【注释】 ①谓：说，用于评论人物。季氏：鲁国的大夫。②八佾：古代乐舞的行列，一行八个人叫一佾。按照礼的规定，天子用八佾，即六十四人的舞蹈队伍；诸侯用六佾，四十八人；大夫用四佾，三十二人。季氏为大夫，只能用四佾的乐舞队伍，他用八佾，就是破坏礼制。

【译文】
孔子谈到季氏，说："他用天子规格的八行乐舞队伍在庭院中表演，如果这种僭礼的事情可以容忍的话，还有什么事情是不可容忍的呢？"

【原文】 三家者以《雍》彻①。子曰："'相维辟公，天子穆穆'②，奚取于三家之堂？"

【注释】 ①三家：鲁国当权的三卿：仲孙、叔孙、季孙。三家都是鲁桓公的后代，又称三桓。《雍》：或作"雝"，《诗经·周颂》的一篇，是周天子祭祀宗庙后撤去祭品的乐歌。彻：通"撤"，撤除。②"相维辟公"两句：是《诗经·周颂·雍》中的诗句，恰好点明了此诗是天子之歌。三家擅用天子之歌,是对礼制的破坏。相,助祭者。辟公,诸侯。

【译文】 仲孙、叔孙、季孙三家祭祖结束时演奏天子之歌《雍》诗来撤除祭品。孔子说:"'助祭的是诸侯,天子肃穆地主祭',这歌辞哪一句适用于三家祭祖的厅堂呢?"

【原文】 子曰:"人而不仁,如礼何? 人而不仁,如乐何?"

【译文】 孔子说:"人如果不仁的话,怎么来对待礼呢? 人如果不仁的话,怎么来对待乐呢?"

【原文】 林放①问礼之本。子曰:"大哉问! 礼,与其奢也,宁俭;丧,与其易②也,宁戚。"

【注释】 ①林放:鲁人。②易:弛,铺张。

【译文】 林放问礼的本质。孔子说:"你的问题意义重大呀! 就礼而言,与其奢侈,宁可俭省;就丧礼说,与其铺张,宁可悲伤。"

【原文】 子曰:"夷狄①之有君,不如诸夏之亡也②。"

【注释】 ①夷狄:概指中国四周的少数部族国家。因为经济、文化相对于中原地区的国家落后,故向来有"华夷之辨"的区分。②诸夏:中原夏族(华族)各国。亡:无。在《论语》中,"亡"字之后不带宾语,"无"字之后则带宾语。

【译文】 孔子说:"就连夷狄之国都有君主,不像中原各国,君主已经名存实亡了。"

【原文】 季氏旅①于泰山。子谓冉有②曰:"女弗能救③与?"对曰:"不能!"子曰:"呜呼! 曾谓泰山不如林放乎④?"

【注释】 ①旅:祭山。在当时,只有天子和诸侯才有祭祀名山大川的资格,季氏只是大夫,而要祭祀山岳,显然是僭礼的行为。②冉有:孔子弟子。姓冉,名求,字子有。当时做季氏的家臣,对季氏的僭越行为不加制止,所以孔子责备他。③救:阻止。④曾谓泰山不如林放:按照古人的理解,山川之神有灵,对于祭祀者、祭品能够做出要不要接受的选择。曾,竟。

【译文】 季氏将要祭祀泰山。孔子对冉有说:"你不能阻止这种僭越的行为发生吗?"冉有回答说:"不能。"孔子说:"哎呀! 你们竟然认为泰山还不如林放懂得礼,会接受这种不合规矩的祭祀吗?"

【原文】 子曰:"君子无所争,必也射①乎! 揖让而升,下而饮,其争也君子。"

【注释】 ①射:射礼。起源于人们借田猎而进行的军事训练活动,进而发展成为以习射观德、求贤选能为目的的礼仪形式。

【译文】 孔子说:"君子没有可争夺的事情。如果有所争,一定是比赛射箭吧!不过在射箭的时候,要作揖辞让后才登上台阶,下台阶后又共同饮酒,这种竞赛活动不失君子风范。"

【原文】　子夏问曰:"'巧笑倩兮,美目盼兮,素以为绚兮①。'何谓也?"子曰:"绘事后素②。"

曰:"礼后乎?"子曰:"起③予者商也,始可与言《诗》已矣!"

【注释】　①"巧笑倩兮"三句:前两句见于《诗经·卫风·硕人》,第三句是佚句。倩,面容姣好。盼,黑白分明。绚,有文采。②绘事后素:绘画的工作在素地上进行。素地就是女子"巧笑倩兮,美目盼兮"的容貌,绘事则指粉黛、钗环、衣裳等修饰。有了美丽的容貌。再加以适当的修饰,就达到了锦上添花的效果。③起:启发。

【译文】　子夏问道:"'微笑的面容美好动人啊,美丽的眼睛黑白分明啊,洁白的底子上绘有文采啊。'这几句诗是什么意思?"孔子说:"先有素色的底子,然后绘画。"

子夏说:"那么礼是不是产生于美质之后呢?"孔子说:"启发我的是卜商啊!从此可以跟你谈论《诗经》了。"

【原文】　子曰:"夏礼,吾能言之,杞①不足征也;殷礼,吾能言之,宋②不足征也。文献③不足故也,足,则吾能征之矣。"

【注释】　①杞:国名,夏禹的后代所建,故城在今河南杞县。②宋:国名,商汤的后代所建,故城在今河南商丘南。③文献:文指典籍;献指贤才,即通晓历史掌故的人。

【译文】　孔子说:"夏代的礼,我能说得出,它的后代杞国不足以为证;殷代的礼,我能说得出,它的后代宋国不足以为证。这是因为两国的文籍和贤才不够用的缘故,如果够用,那么我就能引以为证了。"

【原文】　子曰:"禘①,自既灌②而往者,吾不欲观之矣。"

【注释】　①禘:祭名,指王者禘其祖所自出。此礼属大祭,只有天子才能举行。而这里鲁国的国君僭用禘礼,所以孔子不想看。②灌:本作"祼",祼祭,祭祀中的一个程序。用活人(一般为幼年男女)代替受祭者,叫作"尸"。禘祭要向尸献酒九次,第一次献酒叫作祼。

【译文】　孔子说:"禘祭的礼仪,从第一次献酒以后,我就不想看了。"

【原文】　或问禘之说。子曰:"不知也。知其说者之于天下也,其如示①诸斯乎!"指其掌。

【注释】　①示:显示,展示。

【译文】　有人向孔子询问禘祭的理论。孔子说:"我不知道。知道的人对于了解天下事来说,就像把它们展现在这里一样清楚吧!"一面说,一面指着自己的手掌。

【原文】　祭如在①,祭神如神在。子曰:"吾不与②祭,如不祭。"

【注释】　①"祭如在"一句所祭祀的对象应该是"鬼"(死去的祖先),以与下句"祭神如神在"相对举。②与:参与。

【译文】　祭祀祖先的时候就好像祖先在跟前一样,祭祀神的时候就好像神在跟前一样。孔子说:"我如果不能亲自参加祭祀,就好像不曾祭祀一样。"

【原文】 王孙贾①问曰:"'与其媚于奥②,宁媚于灶③',何谓也?"子曰:"不然,获罪于天,无所祷也。"

【注释】 ①王孙贾:卫灵公的大臣。②奥:屋内的西南角叫作奥,为室内最尊贵的处所。③灶:灶神。祭灶神为五祀(户、灶、中霤、门、行)之一。

【译文】 王孙贾问道:"'与其献媚于屋内西南角的神,不如献媚于灶神',这话是什么意思?"孔子说:"不对。若是得罪了上天,祈祷也没有用了。"

【原文】 子曰:"周监于二代①,郁郁乎文哉!吾从周。"

【注释】 ①监:通"鉴",借鉴。二代:夏、商二代。

【译文】 孔子说:"周代的礼仪制度借鉴于夏、商两代,多么丰富而有文采呀!我赞同周代的。"

【原文】 子入太庙①,每事问。或曰:"孰谓鄹②人之子知礼乎?入太庙,每事问。"子闻之曰:"是礼也。"

【注释】 ①太庙:古代开国之君叫太祖,太祖之庙叫太庙。周公旦是鲁国的始封之君,鲁国的太庙就是周公的庙。②鄹:地名,又作陬,是孔子的出生地。

【译文】 孔子进入太庙,每件事都要问一问。有人说:"谁说鄹人叔梁纥的儿子懂得礼呢?到了太庙,每件事都要问一问。"孔子听到后,说:"这是礼节啊。"

【原文】 子曰:"射不主皮①,为力不同科②,古之道也。"

【注释】 ①射不主皮:不专以是否射中箭靶子的中心为善。②为:因为。同科:同等。

【译文】 孔子说:"射礼的比赛不只重视射中箭靶子的中心,因为每个人的力气大小不相同,这是古老的规则。"

【原文】 子贡欲去告朔之饩羊①。子曰:"赐也,尔爱其羊,我爱其礼。"

【注释】 ①告朔:每个月的第一天即"朔"日。告朔是古代的一种制度。每年秋冬之交,天子把第二年的历书颁布给诸侯,历书中说明那一年有无闰月,每月的初一是哪一天,这个过程称为"颁告朔"。诸侯接受历书后藏于祖庙,每逢初一日,以一只羊为牺牲祭于祖庙,这个过程称为"告朔"。饩羊:活羊,作为牺牲的活物称为"饩"。在子贡的时代,鲁君已经不再亲临祖庙举行告朔之祭了,只是保留了杀死一只活羊作为牺牲的形式。为此子贡认为不必保留此形式。孔子却认为,尽管这是残存的形式,保留下来总比什么也不剩为好。

【译文】 子贡想免去每月初一告祭祖庙用作牺牲的一只活羊。孔子说:"赐呀!你可怜那羊,我舍不得那礼。"

【原文】 子曰:"事君尽礼,人以为谄也。"

【译文】 孔子说:"侍奉君主尽到礼数,别人却以为是在谄媚呢。"

【原文】 定公①问:"君使臣,臣事君,如之何?"孔子对曰:"君使臣以礼,臣事君以忠。"

【注释】　①定公：鲁国的国君。姓姬，名宋，公元前509~前495年在位。"定"是谥号。

【译文】　鲁定公问道："君主使用臣子，臣子侍奉君主，各自应该怎么做？"孔子回答道："君主应该按照礼的规定使用臣子，臣子应该忠心地侍奉君主。"

【原文】　子曰："《关雎》乐而不淫①，哀而不伤。"

【注释】　①《关雎》：《诗经》的第一篇，这里指乐章而言。古诗都是配乐的，有诗辞也有乐章。淫：过分而失当。

【译文】　孔子说："《关雎》这一乐章，欢乐而不过分，悲哀而不伤情。"

【原文】　哀公问社①于宰我。宰我对曰："夏后氏以松，殷人以柏，周人以栗，曰使民战栗。"子闻之曰："成事不说，遂事不谏，既往不咎。"

【注释】　①社：土神，是国家的象征。这里指社主。

【译文】　鲁哀公向宰我询问社主所用木质的问题。宰我回答说："夏代用松木，殷代用柏木，周代用栗木，意思是使人民战栗害怕。"孔子听到后，说："完成的事情不再劝说了，终了的事情不再谏阻了，已经过去的事情不再追究了。"

【原文】　子曰："管仲①之器小哉！"

或曰："管仲俭乎？"曰："管氏有三归②，官事不摄③，焉得俭？"

"然则管仲知礼乎？"曰："邦君树塞门④，管氏亦树塞门；邦君为两君之好，有反坫⑤，管氏亦有反坫。管氏而⑥知礼，孰不知礼？"

【注释】　①管仲：春秋时齐国人，名夷吾，曾做齐桓公的相，使齐国称霸诸侯。事详见《史记·管晏列传》。《论语》中多次提到管仲，孔子对他既有肯定，又有否定，从大处而言还是赞扬的。②三归：市租。根据《管子·山至数》的记载，市租按常例应该由国君收取。齐桓公称霸后，对于管仲恩赏有加，就将收取市租的权利给了他。③摄：兼职。管仲为相国，有俸禄，又收取市租，等于有兼职。④树塞门：树，门屏风，立在门前或

管仲像

门内用来遮蔽内外的短墙，犹如后世的照壁（影壁）。这里用作动词，即树立门屏风。塞，遮蔽。⑤反坫：坫，用以放置器物的设施，用土筑成，形似土堆，建于两楹之间。献酬饮之后，将酒杯放回坫上，即反坫。⑥而：假设连词，假如。

【译文】　孔子说："管仲的器量太小啦。"

有人问道："管仲有约束吗？"孔子说："管仲有权收取市租，做官的人不应该兼职，怎么算得上有约束呢？"

又问："那么管仲懂得礼节吗？"孔子说："国君殿门前立了一个照壁，管仲也立了照壁。国君设宴招待外国的君主，在堂上设有用于献酬后回放酒杯的台子，管仲也有这种台子。管仲如果算是知礼的，还有谁不懂得礼呢？"

【原文】　子语鲁大师乐①，曰："乐其可知也：始作，翕如也②；从③之，纯④如也，皦⑤如也，绎⑥如也，以成。"

【注释】　①语：告诉。大师：乐官之长。②翕：盛。如：形容词语尾，用法同"然"。③从：通"纵"。④纯：和谐。⑤皦：明晰。⑥绎：连绵不断。

【译文】　孔子告诉鲁国太师演奏音乐的奥妙，说道："音乐，那是可以通晓的：开始演奏，繁盛热烈；展开以后，纯一和谐，皦然清晰，绎绎不绝，然后完成。"

【原文】　仪封人请见①，曰："君子之至于斯也，吾未尝不得见也。"从者见之。出，曰："二三子何患于丧乎？天下之无道也久矣，天将以夫子为木铎②。"

【注释】　①仪：地名。封人：边界守官。②木铎：铜制木舌的铃铛。古代颁布政令时要摇木铎，召集大家来听。

【译文】　仪地的边界守官请求拜见孔子，说道："所有到过此地的君子，我从来没有不得拜见的。"孔子的随从弟子让他拜见了孔子。他见后出来说："诸位为什么要为失掉官位而忧虑呢？天下无道的状况已经持续很久了，上天将要起用先生，借他来澄清政治，号令百姓。"

【原文】　子谓《韶》①："尽美矣，又尽善也。"谓《武》②："尽美矣，未尽善也。"

【注释】　①《韶》：舜时的乐曲名。②《武》：周武王时的乐曲名。周武王发动战争讨伐商纣王获得帝位，虽然是正义之战，但毕竟使用了武力，所以不能称"善"。

【译文】　孔子评价《韶》乐，说："美极了，也好极了。"评价《武》乐，说："美极了，却还不够好。"

【原文】　子曰："居上不宽①，为礼不敬，临丧②不哀，吾何以观之哉？"

【注释】　①宽：宽厚，指行德政。②临丧：哭丧，吊丧。

【译文】　孔子说："居上位而不宽厚，行礼时而不严肃，吊丧时而不悲哀，这种样子我怎么看得下去呢？"

里仁第四

【题解】

本篇各章大多论及道德修养的问题，包括仁、义、利、礼、孝、言、行、事君、交友等内容。

【原文】　子曰："里①仁为美，择不处仁，焉得知②？"

【注释】　①里：居处。②知：通"智"。

【译文】　孔子说："居住在仁德之地为好。选择住处而不居住在仁德之处，怎么能算是聪明呢？"

【原文】　子曰："不仁者，不可以久处约①，不可以长处乐。仁者安仁，知者利仁。"

【注释】 ①约:贫困。

【译文】 孔子说:"没有仁德的人,不可以长久地处于贫困的境地,也不可以长久地处于安乐的境地。有仁德的人安于仁,聪明的人从仁中获利。"

【原文】 子曰:"唯仁者能好①人,能恶②人。"

【注释】 ①好:喜爱。②恶:厌恶。

【译文】 孔子说:"只有有仁德的人才能够正确喜爱人,或厌恶人。"

【原文】 子曰:"苟志于仁矣,无恶①也。"

【注释】 ①恶:邪恶。

【译文】 孔子说:"假如立志于修行仁德,就不会再有邪恶了。"

【原文】 子曰:"富与贵,是人之所欲也;不以其道得之,不处也。贫与贱,是人之所恶①也;不以其道得之,不去也。君子去仁,恶乎②成名?君子无终食之间违仁,造次③必于是,颠沛④必于是。"

【注释】 ①恶:厌恶。②恶乎:于何处。③造次:仓促,急遽。④颠沛:倾覆,仆倒。引申为形容人事困顿、社会动乱。

【译文】 孔子说:"富有和尊贵,是人们所期望的;不用正当的方法获得它,君子不居有。贫穷和低贱,是人们所厌恶的;不用正当的方法抛弃它,君子不摆脱。君子离开了仁德,怎样还能成就自己的名声呢?君子不会在哪怕是一顿饭那么短的时间里远离仁德,紧急的时候也一定遵循仁德,困顿的时候也一定遵循仁德。"

【原文】 子曰:"我未见好仁者、恶不仁者。好仁者,无以尚①之;恶不仁者,其为仁矣,不使不仁者加乎其身。有能一日用其力于仁矣乎?我未见力不足者。盖②有之矣,我未之见也。"

【注释】 ①尚:超过。②盖:大概。

【译文】 孔子说:"我没有见过喜好仁德的人和厌恶不仁的人。喜好仁德的人,没有比这更好的了;厌恶不仁的人,他修行仁德的时候,不让不仁的东西出现在自己身上。有谁能够在一天之内尽力修行仁德呢?我没有见过这种人力量会不够的。也许有这样的人吧。我不曾见过罢了。"

【原文】 子曰:"人之过也,各于其党①。观过,斯知仁②矣。"

【注释】 ①党:类。②仁:通"人"。

【译文】 孔子说:"人的过错,各属于一定的类型。观察一个人所犯的过错,便可以知道他是什么人了。"

【原文】 子曰:"朝闻道,夕死可矣。"

【译文】 孔子说:"早晨领悟了真理,晚上死去都可以。"

【原文】 子曰:"士志于道,而耻恶衣恶食者,未足与议①也。"

【注释】 ①议:谋划。

【译文】 孔子说:"士人立志追求真理,但又以自己穿破衣服、吃粗粮为羞耻的话,这样的人不值得跟他共谋大事。"

【原文】 子曰:"君子之于天下也,无适^①也,无莫^②也,义之与比^③。"

【注释】 ①适:可以。②莫:不可。③比:依靠。

【译文】 孔子说:"君子对于天下的事,没有必须怎样的想法,也没有必要不能怎样的想法,一切都按照义的规定为依据。"

【原文】 子曰:"君子怀德,小人怀土;君子怀刑,小人怀惠^①。"

【注释】 ①惠:实惠。

【译文】 孔子说:"君子关心的是道德,小人关心的是土地;君子关心的是法度,小人关心的是好处。"

【原文】 子曰:"放^①于利而行,多怨。"

【注释】 ①放:依据。

【译文】 孔子说:"依据实利来行事,会产生很多怨恨。"

【原文】 子曰:"能以礼让为国乎? 何有^①! 不能以礼让为国,如礼何!"

【注释】 ①何有:有什么困难的。

【译文】 孔子说:"能够用礼让来治理国家吗? 这有什么困难的。不能用礼让来治理国家,又怎样来对待礼仪呢?"

【原文】 子曰:"不患无位,患所以立^①;不患莫己知,求为可知^②也。"

【注释】 ①所以立:可以立身的本领。②为可知:能够被别人所知道的本领。

【译文】 孔子说:"不担心自己没有职位,担心自己没有可以立身的本领;不担心没有人了解自己,担心自己不具备让人知晓的本领。"

【原文】 子曰:"参乎! 吾道一以贯^①之。"曾子曰:"唯。"

子出。门人问曰:"何谓也?"曾子曰:"夫子之道,忠恕而已矣^②!"

【注释】 ①贯:统贯。②忠:即真心诚意地为别人着想和做有利于别人的事。恕:就是不要让有害的事发生在别人身上。

【译文】 孔子说:"参呀,我的学说有一个中心思想贯穿其中。"曾子说:"是。"

孔子出去之后,学生们问曾子说:"这话是什么意思?"曾子说:"先生的学说,忠、恕两个字罢了。"

【原文】 子曰:"君子喻^①于义,小人喻于利。"

【注释】 ①喻:知道,明白。

【译文】 孔子说:"君子懂得的是义,小人晓得的是利。"

【原文】 子曰:"见贤思齐焉,见不贤而内自省也。"

【译文】 孔子说:"见到贤人就想要和他看齐,见到不贤的人就反省自己是不是也有类似的问题。"

【原文】 子曰:"事父母几^①谏。见志不从,又敬不违,劳^②而不怨。"

【注释】 ①几:稍微。②劳:忧愁。

【译文】　孔子说:"侍奉父母,对他们的过错稍加规劝。看到自己的规劝没有被听从,仍要恭顺他们,不加违抗,担忧他们但不怨恨。"

【原文】　子曰:"父母在,不远游①,游必有方②。"

【注释】　①游:游历,外出求学或求官。②方:去向。

【译文】　孔子说:"父母在世,不去远方游历。如果要去外出游历,一定要有去向。"

【原文】　子曰:"三年无改于父之道,可谓孝矣。"

【译文】　孔子曰:"多年不改变父亲传下来的正道的话,就可以说是尽孝了。"

【原文】　子曰:"父母之年,不可不知也;一则以喜,一则以惧。"

【译文】　孔子说:"父母亲的年龄不可以不记在心里。一方面因为他们高寿而高兴,一方面因为他们年事已高而忧惧。"

【原文】　子曰:"古者言之不出,耻躬之不逮也①。"

【注释】　①躬:自身。逮:及,达到。

【译文】　孔子说:"古时候,言语不轻易说出口,是怕自己的行动跟不上而感到羞耻。"

【原文】　子曰:"以约①失之者,鲜矣!"

【注释】　①约:约束。

【译文】　孔子说:"因为对自己有所约束而发生过失的,是很少见的。"

【原文】　子曰:"君子欲讷①于言,而敏于行。"

【注释】　①讷:言语迟钝。

【译文】　孔子说:"君子言语上要谨慎迟钝,行动上要勤快敏捷。"

【原文】　子曰:"德不孤,必有邻。"

【译文】　孔子说:"有道德的人不会孤单,一定会有志同道合者和他做伴。"

【原文】　子游曰:"事君数①,斯辱矣;朋友数,斯疏矣。"

【注释】　①数:频繁。

【译文】　子游说:"侍奉君主频繁无度,就会招致侮辱;与朋友交往过于频繁,就会遭到疏远。"

公冶长第五

【题解】

　　本篇内容以评论人物为主。包括孔门弟子,如公冶长、南宫适、宓子贱、子贡、冉雍、漆雕开、子路、冉求、公西赤、颜回、宰予、申枨等 12 人;同时代的政治人物,如孔文子、子产、晏婴、臧文仲、令尹子文、季文子、宁武子等 7 人,遍及卫国、郑国、齐国、鲁国、楚国;其他历史人物,如伯夷、叔齐、微生高、左丘明等 4 人。论及人物的修养水平、处世风格、政治才能、学习能力、性格特征等方面。

【原文】 子谓公冶长①："可妻②也。虽在缧绁③之中,非其罪也。"以其子④妻之。

【注释】 ①公冶长:孔子弟子。姓公冶,名芝,字子长。②妻:嫁与为妻。③缧绁:捆绑犯人的绳子。④子:古时儿子女儿都称为子,这里指女儿。

【译文】 孔子评价公冶长,说:"可以把女儿嫁给他。他虽然曾被关在监狱中,但不是他的过错。"把自己的女儿嫁给了公冶长。

【原文】 子谓南容①："邦有道,不废;邦无道,免于刑戮②。"以其兄之子妻之。

【注释】 ①南容:孔子弟子。姓南宫,名适,字子容。②刑戮:刑罚。

【译文】 孔子评价南容,说:"国家政道清明,总有官做,不会被弃用;国家政治混乱,能够免遭刑罚。"把兄长的女儿嫁给了南容。

【原文】 子谓子贱①："君子哉若②人!鲁无君子者,斯焉取斯?"

【注释】 ①子贱:孔子弟子。姓宓,名不齐,字子贱。②若:这个。

【译文】 孔子评价宓子贱,说:"这个人是君子。如果鲁国没有君子的话,他从哪里学得这样的好品德呢?"

【原文】 子贡问曰:"赐也何如?"子曰:"女①,器也。"曰:"何器也?"曰:"瑚琏②也。"

【注释】 ①女:通"汝",你。②瑚琏:古代祭祀时盛粮食用的器物,是相当贵重的。这里用来比喻子贡是可以重用的人才。

【译文】 子贡问道:"我是怎样的人?"孔子说:"你就好比是一个器皿。"子贡说:"是什么器皿呢?"孔子说:"宗庙祭祀时用来盛粮食的瑚琏。"

【原文】 或曰:"雍也仁而不佞①。"子曰:"焉用佞?御人以口给②,屡憎于人。不知其仁③,焉用佞?"

【注释】 ①雍:孔子弟子。姓冉,名雍,字仲弓。佞:能言善辩,口才好。②口给:口齿伶俐,有辩才。给,丰足。③不知其仁:即不仁的委婉说法。

【译文】 有人说:"冉雍这个人有仁德,却没有口才。"孔子说:"为什么要有口才呢?靠能言善辩来对付别人,常常会受到别人的厌恶。我不知道他是否称得上仁,但为什么要有口才呢?"

【原文】 子使漆雕开①仕。对曰:"吾斯之未能信。"子说。

【注释】 ①漆雕开:孔子弟子。姓漆雕,名开,字子开。

【译文】 孔子让漆雕开去做官。漆雕开回答说:"我对此事还未能树立起信心。"孔子听了很高兴。

【原文】 子曰:"道不行,乘桴①浮于海。从我者,其由与?"子路闻之喜。子曰:"由也,好勇过我,无所取材②。"

【注释】 ①桴:用竹或木编成的小筏子。②取材:选取,裁度。材,通"裁",裁度事理。

【译文】 孔子说:"如果我的主张行不通,就乘坐小木筏在海上漂流。跟从我的人,大概是仲由吧?"子路听说后,很高兴。孔子说:"仲由这个人的勇敢大大超过了我,这没有什么选择区分。"

【原文】 孟武伯问子路仁乎?子曰:"不知也。"又问。子曰:"由也,千乘之国,可使治其赋①也。不知其仁也。"

"求也何如?"子曰:"求也,千室之邑②,百乘之家③,可使为之宰④也。不知其仁也。"

"赤⑤也何如?"子曰:"赤也,束带⑥立于朝,可使与宾客言也。不知其仁也。"

【注释】 ①赋:兵赋,包括兵员和装备。②邑:古代居民聚居地的通称,小的只有十家,大的可有上万家。这里的千家之邑,也可算得上是大邑了。③家:大夫的封地采邑。④宰:地方最高长官,这里指总管。⑤赤:孔子弟子。姓公西,名赤,主子华。⑥束带:整束衣带。古人平时缓带,低在腰间;在郑重的场合才束带,高在胸部。这里指上朝做官,因此需要束带。

【译文】 孟武伯向孔子问子路算不算有仁德?孔子说:"不知道。"又问了一遍。孔子说:"仲由嘛,拥有一千辆兵车的国家,可以让他来掌管军事,不知道他算不算有仁德。"

又问:"冉求怎么样?"孔子说:"冉求嘛,千户居民的大邑,拥有百辆兵车的采邑,可以让他来做邑长,不知道他算不算有仁德。"

又问:"公西赤怎么样?"孔子说:"公西赤嘛,穿着整齐的礼服在朝廷之上,可让他用外交辞令接待宾客,不知道他算不算有仁德。"

【原文】 子谓子贡曰:"女与回也孰愈①?"对曰:"赐也何敢望②回?回也闻一以知十,赐也闻一以知二。"子曰:"弗如也!吾与③女弗如也。"

【注释】 ①女:通"汝"。愈:较好,胜过。②望:比。③与:同意,赞同。

【译文】 孔子对子贡说:"你跟颜回两个人,谁强一些呢?"子贡回答说:"我呀,怎么敢跟颜回比呢?颜回,听到一件事能推知十件事;我呢,听到一件事只能推知两件事。"孔子说:"不如他啊!我同意你的看法,不如他啊!"

【原文】 宰予昼寝。子曰:"朽木不可雕也,粪土之墙不可杇①也,于予与何诛②?"子曰:"始吾于人也,听其言而信其行;今吾于人也,听其言而观其行。于予与改是。"

【注释】 ①杇:建筑时用来抹墙的工具。这里用作动词,指抹平,修饰墙面。②诛:谴责。

【译文】 宰予大白天睡觉。孔子说:"腐朽的木头经不起雕琢,粪土的墙壁无法粉刷,对于宰予嘛,有什么可责怪的呢?"又说:"最初,我对别人,听了他的话就会相信他的行为;如今,我对别人,听到他的话还要考察他的行为。由于宰予,我改变了态度。"

【原文】 子曰:"吾未见刚者!"或对曰:"申枨①。"子曰:"枨也欲②,焉得刚?"

【注释】 ①申枨:字周,孔子弟子。②欲:贪欲。

【译文】 孔子说:"我没见过刚毅不屈的人。"有人回答说:"申枨就是这样的人。"孔子说:"申枨啊,有贪欲,哪里能够刚毅不屈呢?"

【原文】 子贡曰:"我不欲人之加诸我也,吾亦欲无加诸人。"子曰:"赐也,非尔所及①也。"

【注释】 ①非尔所及:不是你能做到的。

【译文】 子贡说:"我不希望别人强加给我的事,我也希望不要强加给别人。"孔子说:"赐啊,这不是你所能做到的。"

【原文】 子贡曰:"夫子之文章①,可得而闻也;夫子之言性与天道②,不可得而闻也。"

【注释】 ①文章:文献典籍。孔子是《诗》《书》《礼》《乐》《易》《春秋》等六经的整理者与传播者。②性:性命,即命运。天道:古时所说的天道,一般是指自然和人类社会吉凶祸福的关系。

【译文】 子贡说:"先生关于文献典籍的学问,可以听得到;先生关于命运和天道的言论,我们听不到。"

【原文】 子路有闻,未之能行,唯恐有①闻。

【注释】 ①有:通"又"。这里反映了子路重视实践和急于实践的学习态度。

【译文】 子路有所闻,还没有来得及付诸实践的话,就唯恐又有所闻。

【原文】 子贡问曰:"孔文子①何以谓之'文'也?"子曰:"敏②而好学,不耻下问,是以谓之'文'也。"

【注释】 ①孔文子:卫国大夫。姓孔,名圉。"文"是谥号。②敏:勤勉。

【译文】 子贡问道:"孔文子为什么要给他'文'的谥号呢?"孔子说:"勤勉好学,不以向下请教为耻,因此给他'文'的谥号。"

【原文】 子谓子产①:"有君子之道四焉:其行己②也恭,其事上也敬,其养民也惠,其使民也义。"

【注释】 ①子产:春秋时郑国大夫。姓公孙,名侨,字子产。在郑简公、郑定公时执政二十二年,使郑国虽处于晋国、楚国争霸的夹缝中,仍然获得了应有的生存空间,堪称杰出的政治家和外交家。他提出的治国措施主要有三项:一是整顿等级制与井田制,限制土地兼并。二是恢复井田按丘出军赋的旧法,保障军费的来源。三是在鼎上铸刑书。整顿社会秩序。②行己:自我修养。

【译文】 孔子评价子产,说:"他具备君子之道的地方有四点:他自我修养严肃认真,他侍奉君上恭敬谨慎,他教养人民多用恩惠,他役使用百姓合乎道义。"

【原文】 子曰:"晏平仲①善与人交,久而敬之②。"

【注释】 ①晏平仲:春秋时齐国大夫。姓晏,名婴,字仲,谥平。齐灵公、齐庄公、齐景公时执政。事见《晏子春秋》《史记·管晏列传》。②之:指晏婴自己。这里用久而受人尊敬的效果说明晏婴之善交。

【译文】 孔子说:"晏平仲善于跟别人交朋友,交往越久,别人越尊敬他。"

【原文】 子曰:"臧文仲居蔡①,山节藻梲②,何如其知也③?"

【注释】 ①臧文仲:即鲁国大夫臧孙辰(? ~公元前617),"文"是谥号。历仕庄、闵、僖、文四朝。蔡:大龟。古时占卜用龟甲,故养龟于室,以备使用。②山:雕刻为山。节:柱上的斗拱。藻:画藻(水草)作为装饰。梲:梁上短柱。根据古礼,"山节藻梲"是天子之庙的装饰;而臧文仲滥用,可见不知礼数。③"何如"句:用疑问的语气表示否定。知,"智"的古体字。

【译文】 孔子说:"臧文仲造了间房子给大龟住,柱子上的斗拱雕成山形,梁上的短柱画着藻纹。他的聪明怎么样呢?"

【原文】 子张问曰:"令尹子文三仕为令尹①,无喜色;三已②之,无愠色。旧令尹之政,必以告新令尹。何如?"子曰:"忠矣。"曰:"仁矣乎?"曰:"未知,焉得仁?"

"崔子弑齐君③,陈文子有马十乘④,弃而违⑤之。至于他邦,则曰:'犹吾大夫崔子也。'违之。之一邦,则又曰:'犹吾大夫崔子也。'违之。何如?"子曰:"清矣。"曰:"仁矣乎?"曰:"未知,焉得仁?"

【注释】 ①令尹:楚国的宰相叫令尹。子文:姓鬥,名穀於菟,字子文。曾任楚国的令尹。②已:罢免。③崔子:齐国的大夫崔杼。弑:古代把地位在下的人杀了地位在上的人叫作"弑"。齐君:即齐庄公。姓姜,名光。"崔子弑齐君"的事见《左传·襄公二十五年》。④陈文子:齐国的大夫。名须无。乘:古时四匹马驾一辆车,故四匹马称为一乘。十乘代表有财富。这里陈文子舍弃自己的财产逃离齐国,表明了他与弑君之人决裂的立场。⑤违:离开。

【译文】 子张问道:"令尹子文三次就任令尹的职务,没有高兴的颜色;三次被罢免,没有怨怒的颜色。把自己任令尹时的施政之道毫无保留地告诉新到任的令尹。这人怎么样?"孔子说:"可以说是忠诚了。"子张说:"达到仁了吗?"孔子说:"不晓得,怎么能算得上仁呢?"

子张又问:"崔杼犯上杀掉齐庄公,陈文子有马四十匹,毅然舍弃离开齐国。到了别的国家,一看便说:'这里的执政者和我国的大夫崔子是一样的啊!'于是离开所到之国。到了另一个国家,一看又说:'这里的执政者跟我国的大夫崔子是一样的啊!'于是又离开所到之国。这人怎么样?"孔子说:"可以说是清白的了。"子张说:"达到仁了吗?"孔子说:"不晓得,怎么能算得上仁呢?"

【原文】 季文子①三思而后行。子闻之,曰:"再②,斯可矣。"

【注释】 ①季文子:鲁国大夫季孙行父,"文"是谥号。历仕鲁文公、宣公、成公、襄公,行事谨慎多虑。②再:两次。

【译文】 季文子遇事思考多次才行动。孔子听说这种情况,说:"思考两次,就

【原文】　子曰:"宁武子,邦有道,则知①;邦无道,则愚。其知可及也,其愚不可及也。"

【注释】　①宁武子:卫国大夫。姓宁,名俞,"武"是谥号。仕卫成公。知:"智"的古体字。

【译文】　孔子说:"宁武子在国家政治清明的时候就聪明;在国家政治混乱的时候就装傻。他的聪明是可以达到的;他的装傻,别人是做不到的。"

【原文】　子在陈①,曰:"归与!归与!吾党之小子狂简②,斐然成章③,不知所以裁④之!"

【注释】　①陈:国名。妫姓,舜的后代,周武王灭商后所封。建都宛丘(今河南睢县),拥有今河南开封以东、安徽亳县以北一带地方。公元前478年为楚国所灭。孔子周游列国,曾困于陈、蔡之间。②狂:狂傲。简:大,这里指志向远大。③斐然:有文采的样子。章:花纹有条理。④裁:节制。

【译文】　孔子在陈国,说:"回去吧!回去吧!我的这些学生狂傲不羁,志向高远,文采已经很具备了,可是还不懂得怎样来约束自身。"

【原文】　子曰:"伯夷、叔齐①不念旧恶,怨是用希②。"

【注释】　①伯夷、叔齐:商代孤竹君的两个儿子。父亲去世后,两人互相让位,皆不就。出走到周文王处。周武王起兵伐纣,两人反对"以暴易暴",曾拦住马车劝阻。周灭商后,二人不吃周粟,饿死在首阳山。②是用:是以,因此。希:少。

【译文】　孔子说:"伯夷、叔齐不记旧仇,怨恨因此很少。"

【原文】　子曰:"孰谓微生高①直?或乞醯②焉,乞诸其邻而与之。"

【注释】　①微生高:即尾生高,相传是一个守信用的人。与一女子相约于桥下,女子未来,他一直等候,以至于水涨后被淹死。见《庄子·盗跖》《战国策·燕策》。②醯:醋。

【译文】　孔子说:"谁说微生高这个人直爽?有人向他借醋,他不直说没有,而是向他的邻居借来给人家。"

【原文】　子曰:"巧言、令色、足恭①,左丘明②耻之,丘亦耻之。匿怨③而友其人,左丘明耻之,丘亦耻之。"

【注释】　①足恭:十足地恭敬。这里指过分恭敬而无所节制。②左丘明:相传是《左传》的作者。此说不可信。③匿怨:暗地里怨恨。

【译文】　孔子说:"花言巧语、容貌伪善、十足地恭敬,左丘明认为这样很可耻,我也认为这样很可耻。心里面怨恨别人,表面上还与人做朋友,左丘明认为这样很可耻,我也认为这样很可耻。"

【原文】　颜渊、季路侍①。子曰:"盍各言尔志②?"子路曰:"愿车马衣裘,与朋友共,敝之而无憾。"

颜渊曰:"愿无伐善③,无施劳④。"

子路曰:"愿闻子之志!"

子曰:"老者安之,朋友信之,少者怀之。"

【注释】 ①侍:站在身边侍奉。②盍:何不。尔:第二人称代词,你,你们。③伐善:夸耀好处。④施劳:表白功劳。

【译文】 孔子坐着,颜渊、季路站在孔子身边侍奉。孔子说:"何不各自说说你们的志向。"

子路说:"希望把自己的车马衣裳与朋友共享,即使用坏了也不感到遗憾。"

颜渊说:"希望不自夸好处,也不表白自己的功劳。"

子路说:"希望听听先生的志向。"

孔子说:"我的志向是,对老年人加以安抚,对朋友加以信任,对少年加以爱护。"

【原文】 子曰:"已矣乎! 吾未见能见其过而内自讼者也。"

【译文】 孔子说:"算了吧! 我没有见过能够发现自己的错误而作自我批评的人。"

【原文】 子曰:"十室之邑,必有忠信如丘者焉,不如丘之好学也。"

【译文】 孔子说:"只有十户人家的地方,也一定有像我这样又尽心又诚信的人,只是没有比我更好学的人。"

雍也第六

【题解】
本篇内容较为庞杂,涉及政治、伦理、哲学、人性、人才等方面。

【原文】 子曰:"雍也可使南面①。"

【注释】 ①南面:古时以坐北朝南的位置为尊贵的位置,这里泛指居官位治民。

【译文】 孔子说:"冉雍嘛,可以让他当官治理百姓。"

【原文】 仲弓问子桑伯子①,子曰:"可也②,简。"

仲弓曰:"居敬③而行简,以临其民,不亦可乎? 居简而行简,无乃大④简乎?"子曰:"雍之言然⑤。"

【注释】 ①仲弓:即孔子弟子冉雍。子桑伯子:难以确考。刘宝楠《论语正义》认为即《庄子》书中的桑雽(又作桑户),可备一说。②可也:肯定子桑伯子其人的本质是好的。③居敬:自处时严肃恭敬。④大:同"太"。⑤然:是的,对的。

【译文】 仲弓问起子桑伯子这个人。孔子说:"可以的,只是简单了些。"

仲弓说:"自处时严肃恭敬,行事时简易不繁,用这种方式来治理百姓,不也可以吗? 自处时简慢大意,行事时又简易不繁,不是太简易了吗?"孔子说:"你的话是对的。"

【原文】 哀公问:"弟子孰为好学?"孔子对曰:"有颜回者好学,不迁怒①,不贰过。不幸短命②死矣,今也则亡,未闻好学者也。"

【注释】 ①迁怒:将自己的愤怒转加给别人。②短命:据《史记·仲尼弟子列传》记载,颜回比孔子小三十岁,而早于孔子去世,故孔子称他短命。

【译文】 鲁哀公问:"你的弟子中谁好学?"孔子回答说:"有个叫颜回的好学,从不把愤怒发泄到别人身上,从不犯同样的错误。不幸短命死了,现在再没有这样的弟子了,再也没有听说过好学的人了。"

【原文】 子华①使于齐,冉子②为其母请粟。子曰:"与之釜③。"

请益。曰:"与之庾④。"

冉子与之粟五秉⑤。

子曰:"赤之适⑥齐也,乘肥马,衣⑦轻裘。吾闻之也,君子周⑧急不继富。"

【注释】 ①子华:即公西赤。②冉子:即冉有。《论语》中记载的孔子弟子,只有曾参、有若、闵子骞、冉有四人称过"子"。③釜:古代量器名,容积为当时的六斗四升,相当于今天的一斗二升八合。④庾:古代量器名,容积为当时的二斗四升,相当于今天的四升八合。⑤秉:古代量器名,容积为当时的十六斛。五秉相当于今天的十六石。⑥适:往。⑦衣:动词,穿。⑧周:救济。

【译文】 公西华出使齐国,冉有替他的母亲请求小米。孔子说:"给他一釜。"

冉有请求多加一点。孔子说:"再给一庾。"

冉有却给了他五秉小米。

孔子说:"公西赤到齐国去,乘坐着肥马驾的车,穿着又轻又暖和的皮袍。我听说,君子周济急需的,不给富人添富。"

【原文】 原思为之宰①,与之粟九百②,辞。子曰:"毋!以与尔邻里乡党乎③!"

【注释】 ①原思:孔子弟子。姓原,名宪,字子思。之:指代孔子。宰:这里指大夫的家宰。此事应当是孔子做司寇时。②九百:量词省略,今已不可确知。③邻、里、乡、党:都是古代地方居民单位的名称。五家为邻,二十五家为里,一万二千五百家为乡,五百家为党。

【译文】 原宪任孔子家的总管,孔子给他小米九百作为俸禄,他推辞不受。孔子说:"别推辞!把它分给你的邻里乡亲吧!"

【原文】 子谓仲弓曰:"犁牛之子骍且角①,虽欲勿用②,山川其③舍诸?"

【注释】

①犁牛:耕牛。此词的出现足以说明我国最晚在春秋时代已经掌握了牛耕的技术,这是社会生产力水平的标志。骍:赤色。周朝以赤色为贵,所以祭祀的时候要用赤色的牲畜。角:角长得周正。②勿用:不用来祭祀。③其:难道。

【译文】 孔子对仲弓说:"耕牛的儿子,如果长着赤色的毛和周正的角,虽然想不用它来做祭祀的牲牛,山川神灵难道会舍弃它吗?"

【原文】 子曰："回也,其心三月不违①仁;其余则日月至焉而已矣。"

【注释】 ①违:离。

【译文】 孔子说:"颜回呀,他的心思长年累月不离开仁德,其余的学生只能够某日某月偶尔想起罢了。"

【原文】 季康子问:"仲由可使从政也与?"子曰:"由也果,于从政乎何有①?"

曰:"赐也可使从政也与?"曰:"赐也达,于从政乎何有?"

曰:"求也可使从政也与?"曰:"求也艺,于从政乎何有?"

【注释】 ①何有:有什么困难的。

【译文】 季康子问道:"仲由,可以让他来治理政事吗?"孔子说:"仲由果断,对于治理政事有什么难的呢?"

又问:"端木赐,可以让他来治理政事吗?"孔子说:"端木赐通达,对于治理政事有什么难的呢?"

又问:"冉求,可以让他来治理政事吗?"孔子说:"冉求有才干,对于治理政事有什么难的呢?"

【原文】 季氏使闵子骞①为费宰。闵子骞曰:"善为我辞焉。如有复我者,则吾必在汶上②矣。"

【注释】 ①闵子骞:孔子弟子。姓闵,名损,字子骞。费:古地名。鲁国大夫季氏的采邑,故城在今山东费县西北二十里。②汶上:汶水的北岸。汶,水名,即今山东的大汶河。

【译文】 季氏想让闵子骞去做他的采邑费地的长官。闵子骞对来请他的人说:"好好替我辞掉吧。如果有人再来找我,我一定逃往汶水北岸去。"

【原文】 伯牛①有疾,子问之,自牖②执其手,曰:"亡之,命矣夫! 斯人也而有斯疾也! 斯人也而有斯疾也!"

【注释】 ①伯牛:孔子弟子。姓冉,名耕,字伯牛。②牖:窗子。

【译文】 伯牛生了病,孔子去探问他,从窗户里握着他的手,说:"要死了,这是命数啊! 这样的人竟得了这样的病! 这样的人竟得了这样的病!"

【原文】 子曰:"贤哉! 回也。一箪①食,一瓢饮,在陋巷②。人不堪其忧,回也不改其乐。贤哉! 回也。"

【注释】 ①箪:古时盛饭的圆形竹器。②巷:古人称巷有两义,一指里中道路,一指人的住处。这里用第二义。

【译文】 孔子说:"有贤德啊,颜回这个人。一箪饭,一瓢水,居陋室。别人不能忍受这样的忧苦,颜回却不改变自得之乐。有贤德啊,颜回这个人。"

【原文】 冉求曰:"非不说子之道①,力不足②也。"子曰:"力不足者,中道而废。今女画③。"

【注释】 ①说:"悦"的古体字。子之道:即忠恕之道,即仁道。②力不足:孔子曾经说过："有能一日用其力于仁矣乎？我未见力不足者。"可知,他强调人们要积极施行仁道,而不能借口"力不足"放弃实践。③画:即"画地为牢"的"画",也就是原地不动。

【译文】　冉求说："不是不喜欢您的学说,是做起来力量不够。"孔子说："力量不够的人,会半道停止。现在你是原地不动。"

【原文】　子谓子夏曰："女为君子儒,无为小人儒。"①

【注释】　①孔子教导学生以修德为主,学习文化知识则是行有余力时的选择。而在孔门弟子中,子夏以"文学"见长,却常常忽视道德修养,因此孔子对子夏有这样的教诲。

【译文】　孔子对子夏说："你要做有修养的儒者,不要做没有修养的儒者。"

【原文】　子游为武城①宰。子曰："女得人焉耳乎?"曰："有澹台灭明②者,行不由径③。非公事,未尝至于偃之室也。"

【注释】　①武城:鲁国的城邑,在今山东费县西南。②澹台灭明:字子羽,武城人。《史记·仲尼弟子列传》记载,澹台灭明是孔子弟子,不过从此章看来,至少此时澹台灭明还没有向孔子受业。③径:小路。有记载称,古代施行井田制,道路在沟渠之上,方直如棋盘,行走时必须走在道路之上,不许斜穿取近。这里,澹台灭明就是按规定行路而受到子游的称赞,可见在当时破坏规矩以求自身便利的情况很常见。同时也是以这一小细节为比喻,说明澹台灭明是行为规矩的人。

【译文】　子游做武城的长官。孔子说："你在那里得到人才了吗?"子游说："有个叫澹台灭明的人,走路从不抄小道,不是公事,从不到我的居处来。"

【原文】　子曰："孟之反不伐①,奔而殿②。将入门,策其马,曰:'非敢后也,马不进也。'"

【注释】　①孟之反:即孟之侧,鲁国大夫。此事《左传·哀公十一年》有记载。伐:自夸。②奔:逃亡。殿:行军走在最后。

【译文】　孔子说："孟之反不自夸,军败逃跑时他殿后。快入城门时,鞭打着他的马,说:'不是我敢于殿后,是马不肯前行的缘故。'"

【原文】　子曰："不有祝鮀之佞①,而有宋朝②之美难乎免于今之世矣!"

【注释】　①祝鮀:卫国大夫。祝为宗庙官名,以官为氏,字子鱼,仕卫灵公。《左传·定公四年》记载他善于辞令以助卫国的情况。佞:有口才。②宋朝:宋国的公子朝,有美貌。出奔卫国,仕为大夫。《左传·昭公二十年》记载他因为貌美而招致祸患。

【译文】　孔子说："没有祝鮀那样的口才,而只有宋朝那样的美貌,在当今社会中是难以免祸的。"

【原文】　子曰："谁能出不由户?何莫由斯道①也?"

【注释】　①斯道:指孔子一生所提倡的仁道。

【译文】 孔子说:"谁能够出屋而不经过门呢?为什么没有人遵循我提倡的仁道呢?"

【原文】 子曰:"质胜文则野①,文胜质则史②,文质彬彬③,然后君子。"

【注释】 ①质:本质。文:文饰。对于人而言,固有的好品质为质,礼乐的修养为文。②史:虚浮不实。③彬彬:文质兼备的样子。

【译文】 孔子说:"质朴超过文采就显得粗俗,文采超过质朴就显得虚浮,文采和质朴搭配得当,这样才可以成为君子。"

【原文】 子曰:"人之生也直,罔①之生也幸而免。"

【注释】 ①罔:诬罔不正的人。

【译文】 孔子说:"人的生存靠正直,不正直的人也能生存,是由于他侥幸免于祸害。"

【原文】 子曰:"知之者不如好之①者,好之者不如乐之者。"

【注释】 ①之:古注认为"之"是指学习而言,实则这一认识对于一切事情都是有效的。当然在孔子那里最关心的事情还是修养道德。

【译文】 孔子说:"对于修养道德这件事,懂得它的人不如喜爱它的人,喜爱它的人不如以追求它为乐的人。"

【原文】 子曰:"中人以上,可以语上也;中人以下,不可以语上也。"

【译文】 孔子说:"中等智力以上的人,可以告诉他高深的学问;中等智力以下的人,不可以告诉他高深的学问。"

【原文】 樊迟问知。子曰:"务民之义①,敬鬼神而远之,可谓知矣。"
问仁。曰:"仁者先难而后获②,可谓仁矣。"

【注释】 ①知:"智"的古体字。民之义:即民之宜,符合人民利益的事。②先难而后获:先经历实践的困难,而后才会有所得。

【译文】 樊迟问怎么样算是聪明。孔子说:"致力于做符合人民利益的事,敬奉鬼神但要离开他们远一些,可以说是聪明的了。"
又问怎么样算是有仁德。孔子说:"有仁德的人,先经历实践的困难,而后才会有所得,这样便可以说是具备仁了。"

【原文】 子曰:"知者乐水,仁者乐山;知者动,仁者静;知者乐,仁者寿。"①

【注释】 ①此章言智者和仁者的区别,同时指出智者和仁者的收获。

【译文】 孔子说:"聪明人喜欢流动的水,仁者喜欢稳重的山;聪明人性好动,仁者性好静;聪明人快乐,仁者长寿。"

【原文】 子曰:"齐一变,至于鲁①;鲁一变,至于道②。"

【注释】 ①鲁:《左传·昭公二十年》记载,韩宣子说:"周礼尽在鲁矣。"可见春秋时的鲁国是保存周礼和周代文化最多的国家。②道:即"天下有道,礼乐征伐自天子出"所指的"道",国家秩序完全掌握在最高统治者手中,等级制的礼制规定得到很好的遵守。

【译文】　孔子说:"齐国一变,就能达到像鲁国这样的礼乐之邦;鲁国一变,就能符合大道。"

【原文】　子曰:"觚不觚,觚哉!觚哉!"①

【注释】　①觚:酒器,喇叭口,细腰,高圈足。此章是孔子慨叹觚发生变化,失去古制、古法。

【译文】　孔子说:"觚不像觚,还能算是觚吗?还能算是觚吗?"

【原文】　宰我问曰:"仁者,虽告之曰:'井有仁焉。'其从之也?"子曰:"何为其然也?君子可逝①也,不可陷也;可欺也,不可罔②也。"

【注释】　①逝:同"折",往。②罔:迷惑。

【译文】　宰我问道:"有仁德的人,假如告诉他说:'井里有个仁人。'他会追随仁人跳下去吗?"孔子说:"为什么要那样做呢?君子可以被摧折,不可能被陷害;可以被行骗,不可能被愚弄。"

【原文】　子曰:"君子博学于文,约之以礼①,亦可以弗畔②矣夫。"

【注释】　①博学于文,约之以礼:这两句说明孔子兼重学习和修身。②畔:通"叛"。

【译文】　孔子说:"君子广泛地学习历史文献,并且用礼来约束自己,也就可以不至于离经叛道了。"

【原文】　子见南子①,子路不说。夫子矢②之曰:"予所否者③,天厌之!天厌之!"

【注释】　①南子:卫灵公夫人。把持卫国的政治,而且有不正当的行为,故名声不好。②矢:通"誓",发誓。③所:代词。誓词中对于指誓之事多用所字结构的词组。否:不当,不对。

【译文】　孔子去见卫灵公的夫人南子,子路不高兴。孔子发誓说:"我若有不当之处,天厌弃我吧!天厌弃我吧!"

【原文】　子曰:"中庸①之为德也,其至②矣乎!民鲜久矣。"

【注释】　①中庸:折中,适当,不走极端。②至:至高无上。

【译文】　孔子说:"中庸作为一种道德,是至高无上的了!百姓缺少它已经很久了。"

【原文】　子贡曰:"如有博施于民而能济众,何如?可谓仁乎?"子曰:"何事①于仁,必也圣乎!尧、舜其犹病诸!夫仁者,己欲立而立人,己欲达而达人。能近取譬,可谓仁之方也已。"

【注释】　①事:止,仅。

【译文】　子贡说:"如果有人能够做到博施恩惠给百姓,又能周济大众,怎么样呢?可以说是达到仁了吗?"孔子说:"怎么会只是仁呢,一定是圣啊!尧舜对此或许还感到为难呢！至于仁，自己想成功，也让别人能成功；自己想通达，也让别人事事通达。能够在近处找到例子，推己及人地去做，可以说是实践仁德的方法了。"

述而第七

【题解】

本篇分为三十八章。主要包括以下几个方面内容：一、反映孔子对待古代文化的态度；二、表现孔子对不善行为的担忧；三、描述孔子居处时的状态；四、反映孔子对世事的担心；五、讲进德修业；六、反映孔子的处世谋略；七、反映孔子的富贵观；八、反映孔子对优秀古代文化的热爱；九、涉及孔子对古今人物的评价；十、孔子评价自己；十一、反映孔子对待自己与他人过错的态度；十二、表现君子与小人的区别。

【原文】 子曰："述①而不作，信而好古，窃比于我老彭②。"

【注释】 ①述：记述、陈述，承传旧说。作：创造，有所发明。②老彭：商代的贤大夫。

【译文】 孔子说："传述而不创作，相信并且喜欢古代文化，我私下里把自己比作老彭。"

【原文】 子曰："默而识①之，学而不厌，诲人不倦，何有②于我哉？"

【注释】 ①识：记住。②何有：还有什么，此外无他。

【译文】 孔子说："默默地记住知识，勤奋学习而不厌烦，教导别人不知疲倦，除此之外，我还做了些什么呢？"

【原文】 子曰："德之不修，学之不讲，闻义不能徙①，不善不能改，是吾忧也。"

【注释】 ①徙：趋赴。

【译文】 孔子说："对于道德不能修养，对于学业不能讲习，听到正义不能奔赴，有了缺点不能改正，这些是我所担忧的。"

【原文】 子之燕居①，申申②如也，夭夭③如也。

【注释】 ①燕居：也作宴居，指古人退朝而处。②申申：整饬的样子。③夭夭：体貌和舒的样子。

【译文】 孔子在家闲居，整齐端庄，和舒自然。

【原文】 子曰："甚矣吾衰也！久矣吾不复梦见周公①。"

【注释】 ①周公：姓姬，名旦，鲁国的始封之君。周文王的儿子，武王的弟弟，成王的叔父。武王死时，成王尚幼，周公即辅佐成王，制礼作乐，对国家安定强盛起到极大作用。周公是孔子最敬服的古代圣人之一，孔子把他视为周代文化的代表，把梦见周公视为盛世有望的吉兆，也把自己的命运同世事的兴衰联系在一起。

【译文】 孔子说："我衰老得多么厉害呀！我已经很久都没有梦见周公了。"

【原文】 子曰："志于道，据于德，依于仁，游于艺①。"

【注释】 ①游：游乐。古人认为学习之道，有张有弛，如《礼记·学记》曾说："不兴其艺，不能乐学。故君子之于学也，藏焉，修焉，息焉，游焉。"艺：指礼、乐、射、御、书、数六艺。

【译文】 孔子说："立志于'道'，据守着'德'，依据着'仁'，而活动于礼、乐、射、御、书、数六艺中。"

【原文】 子曰："自行束脩①以上，吾未尝无诲焉！"

【注释】 ①束脩：十条干肉。很微薄的见面礼。

【译文】 孔子说："来拜见我的人，带着十条干肉以上的礼品的，我没有不加以教诲的。"

【原文】 子曰："不愤不启①，不悱②不发；举一隅不以三隅反③，则不复④也。"

【注释】 ①愤：憋闷，心中渴望通达而未能实现。启：开导。②悱：想说而不能恰当说出来。③隅：方。方位一般有四方，"举一隅"而能"以三隅反"就是指能对各个方面有所了解。④复：还复。

【译文】 孔子说："教导学生，不到他心中渴望通达而自己不能实现的情况，不去开导；不到他想说却无法恰当说出来的时候，不去启发；不能做到告诉他一个方面，他就能推知其他三个方面的时候，就不再教导他。"

【原文】 子食于有丧者之侧，未尝饱也。

【译文】 孔子在死了亲人的人旁边吃饭，没有吃饱过。

【原文】 子于是日哭，则不歌①。

【注释】 ①据《礼记》记载，古时有"哭日不歌""吊于人，是日不乐"的礼制规定。

【译文】 孔子如果在这一天哭过，就不再唱歌。

【原文】 子谓颜渊曰："用之则行，舍之则藏，惟我与尔有是夫！"

子路曰："子行①三军，则谁与？"

子曰："暴虎冯河②，死而无悔者，吾不与也。必也临事而惧，好谋而成者也。"

【注释】 ①行：为，在这里引申为统帅、治理。②暴虎：徒手与虎搏斗。冯河：徒步涉水过河。

【译文】 孔子对颜渊说："如果任用我，就施展抱负；如果不用我，就藏身民间，只有我和你能够做到这样。"

子路说："老师如果统领三军的话，那么跟谁共事呢？"

孔子说："徒手与虎搏斗、徒步涉水过河，虽死而不后悔的人，我不跟他共事。我所共事的人，一定是遇事时谨慎小心，善于谋划而取得成功的人。"

【原文】 子曰："富而可求也①，虽执鞭之士②，吾亦为之。如不可求，从吾所好。"

【注释】 ①而：如果。可求：主要指符合道义的求财方法。②执鞭之士：地位低下的官吏，在王、诸侯或有爵位的人出入时执鞭以趋避行人。

【译文】　孔子说:"财富如果是可以求得的,即使是执鞭这样的低级职务,我也愿意担任。如果不可以求得,那就按照我所爱好的行事吧。"

【原文】　子之所慎:齐①、战、疾。

【注释】　①齐:"斋"的古体字,祭祀前清净身心以示虔诚。

【译文】　孔子慎重对待的事情有:斋戒、战事、疾病。

【原文】　子在齐闻《韶》,三月不知肉味。曰:"不图①为乐之至于斯也!"

【注释】　①不图:不料,没想到。

【译文】　孔子在齐国听到《韶》乐,陶醉得长时间没有感到肉味鲜美,说:"没想到欣赏音乐竟能达到这样的境界。"

【原文】　冉有曰:"夫子为卫君乎①?"子贡曰:"诺。吾将问之。"

入,曰:"伯夷、叔齐何人也②?"曰:"古之贤人也。"曰:"怨乎?"曰:"求仁而得仁,又何怨!"

出,曰:"夫子不为也。"

【注释】　①为:帮助。这里是赞成的意思。卫君:指卫出公辄,公元前492~481年在位。卫灵公之孙,太子蒯聩之子。根据《左传·定公十四年》及《春秋》哀公二年、哀公三年的记载:太子蒯聩冒犯了卫灵公夫人南子,出逃到晋国。卫灵公死,立辄为君。晋国的赵简子借口要把蒯聩送回卫国继位为君而侵略卫国。卫出公派兵抵抗入侵,同时也表示了不希望自己的父亲蒯聩归国即位。②伯夷、叔齐何人也:伯夷、叔齐,以互相谦让王位著称。这里子贡询问孔子对伯夷、叔齐的看法,得知孔子赞赏二人让位之贤,进而推测孔子一定会反对卫出公与自己的父亲蒯聩争夺王位的做法。

【译文】　冉有说:"先生赞成卫君吗?"子贡说:"好吧,我去问问先生。"

子贡进到孔子屋里,问道:"伯夷、叔齐是什么样的人?"孔子说:"古代的贤人。"又问道:"他们互相让位,都没能当成国君,后悔了吗?"孔子说:"他们追求的是仁德,得到的就是仁德,又后悔什么呢?"

子贡走出来,说:"先生不赞成卫君。"

【原文】　子曰:"饭疏食①,饮水②,曲肱③而枕之,乐亦在其中矣!不义而富且贵,于我如浮云④。"

【注释】　①疏食:粗粮。②水:古时常以"汤"与"水"相对而言,汤是热水,水是冷水。③肱:胳膊。④如浮云:浮云远在天边,与我无关。

【译文】　孔子说:"吃粗粮,喝冷水,弯着胳膊当枕头,快乐也就在其中了!干不正当的事获得的富贵,对我而言就如同天边的浮云。"

【原文】　子曰:"加我数年,五十以学《易》①,可以无大过矣。"

【注释】　①《易》:古代的占卜书,其中的卦辞和爻辞是孔子之前的作品。

【译文】　孔子说:"让我多活几年,到五十岁时去学习《易》,可以没有大过错了。"

【原文】 子所雅言①,《诗》《书》②、执礼,皆雅言也。

【注释】 ①雅言:通行的标准语。②《书》:即《尚书》,是上古时期誓、诰、命、谟等记言的历史文件和部分追述古代事迹的著作的汇编。

【译文】 孔子有用普通话的时候,诵《诗》、读《书》、行礼,都用普通话。

【原文】 叶公问孔子于子路①,子路不对。子曰:"女奚不曰:其为人也,发愤忘食,乐以忘忧,不知老之将至云尔②。"

【注释】 ①叶:楚国地名,在今河南叶县南三十里。公:楚国国君称王,大夫和地方官则称公。叶公是叶地的长官沈诸梁,字子高。《左传》定公、哀公之间有关于他的记载。②云尔:如此罢了。

【译文】 叶公向子路询问孔子是个怎样的人,子路没有回答。孔子说:"你为什么不这样说:他的为人呀,发愤读书,忘记了吃饭,自得其乐,忘记了忧愁,以至于不知道衰老将要到来,如此罢了。"

【原文】 子曰:"我非生而知之者,好古,敏以求之者也。"

【译文】 孔子说:"我不是天生就有知识的人,而是爱好古代文化,勤勉求学获取知识的人。"

【原文】 子不语怪、力、乱、神。

【译文】 孔子不谈论怪异、强力、暴乱、鬼神。

【原文】 子曰:"三人行,必有我师焉!择其善者而从之,其不善者而改之。"①

【注释】 ①此章表现孔子善于向人学习好的方面,也善于吸取别人失败的教训。

【译文】 孔子说:"三人同行,一定有我可以取法的人在其中。选取他们的优点跟着做,了解他们的缺点自己注意改正不犯。"

【原文】 子曰:"天生德于予,桓魋其如予何①?"

【注释】 ①桓魋:宋国的司马向魋,因为是宋桓公的后代,所以又叫桓魋。关于此章的背景,《史记·孔子世家》记载:孔子离开曹国,到了宋国,和弟子们在大树下讲习礼仪。司马向魋想要害死孔子,撼动大树。孔子离开时,弟子们希望他走快些。于是孔子说了这段话。

【译文】 孔子说:"天把道德降生在我的身上,桓魋能把我怎么样呢?"

【原文】 子曰:"二三子以我为隐①乎?吾无隐乎尔。吾无行而不与二三子者②,是丘也。"

【注释】 ①隐:隐瞒。②行:行动,作为。孔子重身教,轻言传,即使是言传也总是注重启发而不是直接给出答案,以至于引起弟子们的怀疑,认为孔子在教学上有所隐瞒。其实不然,这正是孔子教学方式的特别之处。

【译文】 孔子说:"你们这些学生以为我有所隐瞒吗?我对你们没有隐瞒呀。我没有任何行为不向你们公开的,这正是我的特点。"

【原文】 子以四教:文、行、忠、信。

【译文】 孔子从四个方面来教育学生:历史文献,生活实践,待人忠诚,讲究信用。

【原文】 子曰:"圣人①,吾不得而见之矣;得见君子②者,斯可矣。"

子曰:"善人,吾不得而见之矣;得见有恒③者,斯可矣。亡而为有,虚而为盈,约而为泰④,难乎有恒矣。"

【注释】 ①圣人:孔子很少以"圣"来赞许人。②君子:即有仁德的人。③恒:恒心。④泰:宽裕。

【译文】 孔子说:"圣人,我不能见到了;能够见到君子,就可以了。"

孔子说:"善人,我不能见到了;能够见到有恒心向善的人,就可以了。没有却装作有,空虚却装作充实,穷困却装作富裕,这样的人是难以有恒心向善的。"

【原文】 子钓而不纲①,弋②不射宿。

【注释】 ①纲:用大绳横遮流水,绳上再排列系钩来钓鱼,这种方法叫纲。②弋:用带绳的箭射鸟。宿:指归宿的鸟。

【译文】 孔子钓鱼,不用系满钓钩的大绳来捕鱼;用带丝绳的箭来射鸟,不射归巢的鸟。

【原文】 子曰:"盖有不知而作之者,我无是也。多闻,择其善者而从之;多见而识之,知之次也①。"

【注释】 ①知之次也:孔子认为:"生而知之者,上也;学而知之者,次也",而他自己就是学而知之者。

【译文】 孔子说:"大概有不知所以就敢凭空创作的人吧,我没有这样的毛病。多听,选择其中的好东西遵从;多看,并且用心记住,这样的'知'属于次一等的'知'。"

【原文】 互乡①难与言,童子见,门人惑。子曰:"与②其进也,不与其退也。唯何甚!人洁己以进,与其洁也,不保③其往也。"

【注释】 ①互乡:地名,现在已不知其所在。②与:赞成。③保:拘守。

【译文】 互乡的人很难跟他们讲话,有一个童子得到孔子的接见,弟子们感到疑惑。孔子说:"赞成他的进步,不赞成他的退步。何必做得太过分呢?别人洁身自爱以求进步,我是赞成他的清洁,不只记他过去的不好。"

【原文】 子曰:"仁远乎哉?我欲仁,斯仁至矣!"

【译文】 孔子说:"仁德离我们很远吗?我想要达到仁德的境界,仁德就会到来。"

【原文】 陈司败①问:"昭公②知礼乎?"孔子曰:"知礼。"

孔子退,揖③巫马期而进之,曰:"吾闻君子不党④,君子亦党乎?君取⑤于吴,为同姓⑥,谓之吴孟子⑦。君而知礼,孰不知礼?"

巫马期以告。子曰:"丘也幸⑧,苟有过,人必知之。"

【注释】 ①陈司败:一说是人名,齐国大夫。一说是司败为官名,陈国大夫。详细情况今已不可知。②昭公:鲁昭公,名裯,襄公庶子,公元前541~510年在位。昭是谥号。③揖:拱手行礼。巫马期:孔子弟子。姓巫马,名施,字子期。④党:偏私,偏袒。⑤取:"娶"的古体字。⑥为同姓:鲁为周公的后代,吴为太伯的后代,都是姬姓。⑦吴孟子:当时国君夫人的称号,一般是生长之国的国名加上本姓。鲁昭公娶于吴,夫人的名字应该是吴姬。但是,昭公娶于吴违背了"同姓不婚"的礼制,因此讳称夫人为吴孟子。⑧幸:指有人指出自己的错误,让自己可以改过,乃是幸事。

【译文】 陈司败问:"鲁昭公懂得礼吗?"孔子说:"懂得礼。"

孔子走了以后,陈司败向巫马期作揖,请他走近自己,说:"我听说君子没有偏私,难道君子也偏私吗?鲁君从吴国娶了夫人,因为是自己的同姓,因此讳称夫人为吴孟子。鲁君如果算是懂得礼,还有谁不懂得礼呢?"

巫马期把这番话告诉了孔子。孔子说:"我孔丘幸运啊,一旦有了过错,人家一定会知道。"

【原文】 子与人歌而善,必使反之,而后和之。

【译文】 孔子跟别人一起唱歌,如果唱得好,一定请人重新唱一遍,然后自己再跟着唱一遍。

【原文】 子曰:"文,莫①吾犹人也。躬行②君子,则吾未之有得。"

【注释】 ①莫:大约。②躬行:身体力行。

【译文】 孔子说:"文章的学问,我跟别人差不多。身体力行完全达到君子的标准,那我还没有做到。"

【原文】 子曰:"若圣与仁,则吾岂敢!抑①为之不厌,诲人不倦,则可谓云尔已矣!"公西华曰:"正唯弟子不能学也!"

【注释】 ①抑:只不过。

【译文】 孔子说:"如果说到圣和仁,那我怎么敢当!不过是学习不知道满足,教诲别人不觉得疲倦,只能说是如此罢了。"公西华说:"这正是学生们学不到的。"

【原文】 子疾病,子路请祷。子曰:"有诸?"子路对曰:"有之。《诔》①曰:'祷尔于上下神祇②。'"子曰:"丘之祷久矣。"

【注释】 ①诔:向鬼神祈福的祷文。②祇:地神。

【译文】 孔子得了重病,子路请求为他祈祷。孔子说:"有这样的事吗?"子路说:"有的。《诔》文上说:'为你向天地神灵祈祷。'"孔子说:"我很久以前就在祈祷了。"

【原文】 子曰:"奢则不孙①,俭则固②。与其不孙也,宁固。"

【注释】 ①孙:"逊"的古体字,谦让,恭顺。②固:鄙陋。

【译文】 孔子说:"奢侈就会不谦让,节俭就会鄙陋。与其不谦让,宁可鄙陋。"

【原文】 子曰:"君子坦荡荡①,小人长戚戚②。"

【注释】 ①荡荡:广大的样子。②戚戚:幽怨。

【译文】 孔子说:"君子心地平坦宽广,小人心中长怀幽怨。"

【原文】 子温而厉,威而不猛,恭而安。

【译文】 孔子温和而又严肃,有威严但不凶猛,恭敬而且安详。

泰伯第八

【题解】

本篇论及古代对贤,从中可以看出孔子的政治理想:提倡德治,主张帝位禅让;还强调礼数;记曾子言行,可从中窥见曾子也是重视道德、讲究礼仪的人;讲学习修德的过程;主张以身教民,反对空言说教;提倡谦虚之德;讲学习的目的与态度;反映孔子的处世观和富贵观;还有是对音乐的评价。

【原文】 子曰:"泰伯①,其可谓至德也已矣!三以天下让,民无得而称焉。"

【注释】 ①泰伯:也作"太伯",周朝祖先古公亶父的长子。古公有三个儿子,太伯、仲雍、季历。季历的儿子就是周文王姬昌。传说古公亶父想把君位传给季历,因为季历的儿子姬昌有圣瑞。太伯了解到父亲的想法,就在古公亶父重病时带着弟弟仲雍出走(到句吴自立为吴太伯,成为后来吴国的始祖),从而使王位通过季历传给了姬昌,再到姬昌的儿子姬发(即周武王)便灭了殷商,一统天下。

【译文】 孔子说:"泰伯啊,那可以说是道德最高的了。屡次把天下让给弟弟季历,老百姓想不出合适的语言来称赞他。"

【原文】 子曰:"恭而无礼则劳①,慎而无礼则葸②,勇而无礼③则乱,直而无礼则绞④。君子笃于亲,则民兴于仁;故旧不遗⑤,则民不偷⑥。"

【注释】 ①劳:烦扰不安。②慎而无礼:即过分小心。葸:畏缩,胆怯。③勇而无礼:即鲁莽之勇,子路常常如此,故孔子对他时有批评④绞:尖刻刺人。⑤遗:抛弃。⑥偷:情意淡薄,不厚道。

【译文】 孔子说:"恭敬而不符合礼的规定就会烦扰不安,谨慎而不符合礼的规定就会胆怯,勇敢而不符合礼的规定就会违法作乱,直率而不符合礼的规定就会尖刻伤人。君子厚待自己的亲人,老百姓就会培养仁德;君子不遗弃自己的老朋友,老百姓就不会待人薄情。"

【原文】 曾子有疾,召门弟子曰:"启予足①!启予手!《诗》云:'战战兢兢②,如临深渊,如履薄冰。'而今而后,吾知免③夫!小子!"

【注释】 ①启:同"启",视。②战战兢兢,如临深渊,如履薄冰:出自《诗·小雅·小旻》。③免:免于祸害刑戮。曾参以孝著称,而保全身体是孝道的重要内容,如《孝经》说:"身体发肤,受之父母,不敢毁伤。"曾参将死,却说出自己可以免于刑戮伤害,可知他所生活的时代多么祸乱凶险。

【译文】　曾参生病了，召集自己的弟子，说："看看我的脚！看看我的手！《诗经》说：'战战兢兢的，就好像面临着深渊一样，就好像踩在薄冰上一样。'从今以后，我才知道自己可以免于伤害了！学生们呀！"

【原文】　曾子有疾，孟敬子①问之。曾子言曰："鸟之将死，其鸣也哀；人之将死，其言也善。君子所贵乎道者三：动②容貌，斯远暴慢矣③；正颜色，斯近信矣；出辞气，斯远鄙倍矣④。笾豆之事⑤，则有司⑥存。"

【注释】　①孟敬子：鲁国大夫仲孙捷。②动：作，这里指整肃。③暴：粗暴无礼。慢：懈怠不敬。④鄙：粗野，鄙陋。倍：通"背"，背离，不合礼仪。⑤笾：古代祭祀时盛食品的竹制器皿，高脚，上面圆口似碗。豆：古代盛有汁食物的木制器皿，形似笾，有盖。祭祀时也可用。"笾豆之事"代表礼仪中的细节。⑥有司：主管具体事务的小官吏。

【译文】　曾参生病了，孟敬子探问他。曾参说："鸟快要死时，它的叫声是悲哀的；人快要死时，他说的话是善意的。君子注重的礼仪之道有三点：修饰容貌，就会远离粗率和懈怠；端正脸色，就会接近诚信；讲究言辞语调，就会远离粗野无礼。至于笾豆之类的礼仪细节，自有主管人员负责。"

【原文】　曾子曰："以能问于不能，以多问于寡；有若无，实若虚，犯而不校，昔者吾友①尝从事于斯矣。"

【注释】　①吾友：旧注多以为指颜回。

【译文】　曾参说："身为有能力的人向能力差的人请教，身为博学多闻的人向知识少的人请教；有却像没有一样，充实却像空虚一样，受到冒犯并不计较，从前我的学友曾经努力做到这些。"

【原文】　曾子曰："可以托六尺①之孤，可以寄百里之命②，临大节③而不可夺也，君子人与？君子人也。"

【注释】　①六尺：古代尺短，六尺仅相当于今天的四尺一寸四分，即一百三十八厘米。身高六尺者即未成年人。②寄百里之命：指委以国政。百里，方圆百里之地，指诸侯国。③大节：重大事情。

【译文】　曾参说："可以把年幼的孤儿托付给他，可以把国家的政令委任给他，面临重大的事情而不能够动摇他的志向，这种人是君子吗？这种人是君子。"

【原文】　曾子曰："士不可以不弘毅①，任重而道远。仁以为己任，不亦重乎？死而后已，不亦远乎？"

【注释】　①弘毅：刚强果断。

【译文】　曾参说："士人不可以不刚强果断，因为责任重大、路途遥远。以实行仁德为自己的责任，不是担子很重大吗？直到死才能停止，不是路途遥远吗？"

【原文】　子曰："兴①于《诗》，立于礼，成于乐。"

【注释】　①兴：起，开始。

【译文】 孔子说:"开始于《诗》,立身于礼,完成于乐。"

【原文】 子曰:"民可使由之①,不可使知之。"②

【注释】 ①由:跟从。②此章显示孔子教民的方法是身教。统治者的行为对于百姓的行为有示范作用,只是教导百姓向善是不够的,如果自己率先向善而让百姓照着行事,结果更好些。

【译文】 孔子说:"老百姓可以让他们跟着行事,不能够只让他们知道空泛的道理。"

【原文】 子曰:"好勇①疾贫,乱也。人而不仁,疾之已甚,乱也。"

【注释】 ①好勇:即"勇而无礼",喜欢勇力而不讲礼数。

【译文】 孔子说:"好勇却憎恶贫穷,就会造成祸乱。对于不仁的人,如果痛恨得太过分,就会造成祸乱。"

【原文】 子曰:"如有周公之才之美,使①骄且吝,其余不足观也已。"

【注释】 ①使:假使。

【译文】 孔子说:"如果有周公旦那样的才能和美质,假如骄傲而且吝啬,其他的优点也就不值得看了。"

【原文】 子曰:"三年学,不至于谷①,不易得也。"

【注释】 ①谷:古代以谷米作为俸禄。

【译文】 孔子说:"读书三年,还没有当官受禄的念头,这是难得的。"

【原文】 子曰:"笃信好学,守死善道。危邦不入,乱邦不居。天下有道则见①,无道则隐。邦有道,贫且贱焉,耻也。邦无道,富且贵焉,耻也。"②

【注释】 ①见:"现"的古体字。②此章反映孔子的处世观和富贵观。

【译文】 孔子说:"坚信不疑,努力学习,至死持守真理。危险的国家不进入,动乱的国家不居留。天下政治清明时就出来做官,政治混乱时就隐居。国家政治清明,如果自己贫穷而低贱,就是耻辱。国家政治混乱,如果自己富裕而尊贵,就是耻辱。"

【原文】 子曰:"不在其位,不谋其政。"

【译文】 孔子说:"不居于那个职位,就不考虑它的政务。"

【原文】 子曰:"师挚之始①,《关雎》之乱②,洋洋③乎盈耳哉!"

【注释】 ①师挚:鲁国的乐师,名挚。始:乐曲的开端,即序曲。古代奏乐,开端叫作"升歌",一般由太师演奏,所以叫"师挚之始"。乱:乐曲的结尾一段,由多种②乐器合奏,故称"乱"。结尾时演奏《关雎》的乐章,叫作《关雎》之乱。③洋洋:美好盛大的样子。

【译文】 孔子说:"从太师挚开始演奏的乐曲,到结尾时的《关雎》乐,都美好而盛大,充满双耳啊!"

【原文】 子曰:"狂①而不直,侗而不愿②,悾悾③而不信,吾不知之矣。"

【注释】 ①狂:狂放。②侗:无知。愿:质朴。③悾悾:诚恳的样子。

【译文】 孔子说:"狂放却不直率,无知而不老实,诚恳却不信实,我不知道这种人。"

【原文】 子曰:"学如不及,犹恐失之。"①

【注释】 ①此章表现孔子勤奋好学的态度。

【译文】 孔子说:"学习起来就好像总怕赶不上似的,还怕丢掉了应该学习的东西。"

【原文】 子曰:"巍巍乎! 舜、禹之有天下也,而不与①焉。"

【注释】 ①与:参与。这里有享受的意思。

【译文】 孔子说:"高大啊! 舜、禹拥有天下,却不独享政权。"

【原文】 子曰:"大哉! 尧之为君也! 巍巍乎! 唯天为大,唯尧则①之。荡荡乎! 民无能名焉。巍巍乎! 其有成功②也! 焕乎! 其有文章③!"

【注释】 ①则:效法。②成功:大功绩。③文章:礼乐法度。

【译文】 孔子说:"伟大啊! 尧作为君主! 好高大啊! 只有天最大,只有尧能够效法天。广阔浩大啊! 百姓们没有能够赞美他的语言。多么高大啊! 他所取得的功绩。光彩啊! 他所制定的礼乐法度。"

【原文】 舜有臣五人①而天下治。武王曰:"予有乱臣十人②。"孔子曰:"才难,不其然乎? 唐、虞③之际,于斯为盛。有妇人焉,九人而已。三分天下有其二④,以服事殷。周之德,其可谓至德也已矣。"

【注释】 ①五人:指禹、稷、契、皋陶、伯益。②乱:治理天下的人才。十人:周公旦、召公奭、太公望、毕公、荣公、大颠、闳夭、散宜生、南公适、文王妃太姒。③唐:尧的国号。虞:舜的国号。④三分天下有其二:周文王原是殷商的诸侯,居雍州。因为施行仁政,天下三分之二的地区都归附于他。

【译文】 舜有五位能臣,天下太平。周武王说:"我有治国人才十名。"孔子说:"人才难得,不是这样的吗? 尧帝舜帝以下,武王时的人才最兴盛。其中还有一名是妇女,男子只有九个人罢了。文王做诸侯的时候已经得到了天下三分之二的土地,仍然能够向殷商称臣。周的道德,可以说是最高的了。"

【原文】 子曰:"禹,吾无间①然矣。菲②饮食,而致孝乎鬼神;恶衣服,而致美乎黻冕③;卑宫室,而尽力乎沟洫④。禹,吾无间然矣!"

【注释】 ①间:非议。②菲:微薄。③黻:祭祀时穿的礼服。冕:帽子,这里指祭祀时戴的礼帽。④沟洫:沟渠,这里指疏导河流、治理洪水。

【译文】 孔子说:"禹啊,我对他没有可非议的。自己吃得很少,却用丰盛的祭品向鬼神尽孝心;自己穿得很差,却把祭祀用的礼服做得很华美;自己住低矮的房子,却为疏导河流、治理洪水而尽力。禹啊,我对他没有可非议的。"

国学经典文库

国学经典

经学经典

图文珍藏版

子罕第九

【题解】

本篇以论学的内容为多,主要讲孔子学问的内容;介绍孔子进知的方法;强调持之以恒的态度的重要性;以及进学的不同境界等等。

【原文】 子罕言利,与①命,与仁。

【注释】 ①与:许,赞同。

【译文】 孔子很少谈到利,相信命定,赞许仁德。

【原文】 达巷党①人曰:"大哉孔子!博学而无所成名②。"子闻之,谓门弟子曰:"吾何执③?执御乎?执射乎?吾执御矣。"

【注释】 ①达巷党:名叫达的巷子。巷党,里巷。②成名:定名,专长某事而以此成名。③执:专持。

【译文】 达巷的人说:"博大啊,孔子!学问广博,却不是以某种专长成名。"孔子听说后,对自己的学生们说:"我专掌什么呢?专掌驾车呢?还是专掌射箭呢?我专掌驾车好了。"

【原文】 子曰:"麻冕①,礼也;今也纯②,俭③,吾从众。拜下④,礼也;今拜乎上,泰⑤也。虽违众,吾从下。"

【注释】 ①麻冕:用麻布做的帽子。②纯:黑色的丝。③俭:根据礼的规定,用麻做礼帽,需要两千四百缕经线。而麻线较粗,制作起来非常费工。丝线细,相比而言反而俭省。④拜下:根据礼的规定,臣子向君主行礼时先在堂下磕头,然后升堂再磕头。⑤泰:骄纵。

【译文】 孔子说:"麻布做的礼帽,是符合礼的。如今都用丝来做,这样俭省,我跟从大家的做法。臣子拜见君主,先在堂下行礼,是符合礼的。如今都在堂上拜,太骄纵了。虽然违背大家的做法,我还是在堂下行礼。"

【原文】 子绝四:毋意①,毋必②,毋固,毋我。

【注释】 ①意:凭空猜度。②必:必须如此,不知变通。

【译文】 孔子杜绝四种毛病:不凭空猜度,不毫无变通,不拘泥固执,不主观武断。

【原文】 子畏于匡①。曰:"文王既没,文不在兹乎?天之将丧斯文也,后死者②不得与③于斯文也;天之未丧斯文也,匡人其如予何?"

【注释】 ①子畏于匡:根据《史记·孔子世家》的记载:孔子离开卫国,准备去陈国,路过匡地。匡人曾经受过鲁国阳货的伤害,而孔子长得很像阳货,就被匡人误认为是阳货而遭围困。畏,围困。匡,邑名。据《左传》记载有多处。这里是指卫国的匡,大约就是今河南长垣西南十五里的匡城。②后死者:孔子自称。文:指礼乐制度。

【译文】 孔子在匡地被围困，说："文王已经死了，周代的礼乐制度不都在我这里吗？天如果要毁灭这些文明，像我这样的人就不应该得到这些文明；天如果不想毁灭这些文明，匡人又能把我怎么样呢？"

【原文】 太宰①问于子贡曰："夫子圣者与？何其多能②也？"子贡曰："固天纵③之将圣，又多能也。"

子闻之，曰："太宰知我乎！吾少也贱，故多能鄙事④。君子多乎哉？不多也。"

【注释】 ①太宰：官名，又称冢宰。本指天子的六卿之一，辅佐帝王治理国家，执掌百官。春秋时各国也多设此职。②能：技艺。③纵：舍。将：大。④鄙事：指技艺而言。技艺属于小道，因此称为"鄙事"。因为不足以与圣人的才能联系在一起，所以太宰有这样的疑问。

【译文】 太宰问子贡说："孔夫子该是位圣人了吧？为什么他会那么多才多艺呢？"子贡说："这本来是上天让他成为大圣人的，同时又让他会很多技艺。"

孔子听到了，说："太宰了解我吗？我年少的时候低贱，因此才学会了许多技艺。君子所掌握的技艺多吗？不多的。"

【原文】 牢①曰："子云：'吾不试②，故艺。'"

【注释】 ①牢：人名。郑玄以为是孔子弟子，但不见于《史记·仲尼弟子列传》。今存疑。②试：用。指用世，做官。

【译文】 牢说："孔子说：'我不被任用做官，所以学了些技艺。'"

【原文】 子曰："吾有知乎哉？无知也。有鄙夫问于我，空空①如也；我叩②其两端而竭焉。"

【注释】 ①空空：通"悾悾"，诚恳的样子。②叩：询问。两端：事物的两极，两种过度的倾向。《中庸》中说："舜执其两端用其中于民"，可与此说参证。

【译文】 孔子说："我有知识吗？没有知识啊！有个粗鄙的人来向我询问，非常诚恳的样子。我就向他询问事物的两极，以穷尽事物的面貌让他知道。"

【原文】 子曰："凤①鸟不至，河不出图②，吾已矣夫！"

【注释】 ①凤：传说中的神瑞之鸟，雄为凤，雌为皇（凰）。它的出现标志盛世到来。②河：古时专指黄河。图：花纹。《尚书·顾命》中河图与大玉、夷玉、天球等并列而言，可知河图也是玉石一类的质地，上面有自然成形的神秘花纹。《周易·系辞上》说："河出图，洛出书，圣人则之。"说明古时以"河出图"为盛世的征兆。

【译文】 孔子说："凤凰不到来，河图不出现，我的命要完结了吧！"

【原文】 子见齐衰①者、冕衣裳者与瞽者②，见之，虽少，必作③；过之，必趋④。

【注释】 ①齐衰：古代丧服，用熟麻布做成，下边缝齐，故名齐衰。服丧的等级次于斩衰。齐衰也分等，有齐衰三年，为慈母、继母服；齐衰一年，为祖父母、妻、庶母服；齐衰五月，为曾祖父母服；齐衰三月，为高祖父母服。②衣裳：古时上衣称衣，下衣称裳,相当于现在的裙。瞽:目盲。③作:起,站起来。④趋:低头弯腰、小步快走,表示恭敬的一种走路姿势。

【译文】 孔子遇到穿丧服的人、穿戴着礼帽礼服的人和盲人,见到他们,即使是少年,一定会站起来;经过他们时,一定会小步快走以示恭敬。

【原文】 颜渊喟然叹曰①:"仰之弥高,钻之弥坚,瞻之在前,忽焉在后②!夫子循循然善诱人,博我以文,约我以礼,欲罢不能。既竭吾才,如有所立③卓尔。虽欲从之,末④由也已!"

【注释】 ①喟然:长叹的样子。叹:赞叹。②"仰之弥高"四句:形容孔子的学说高妙难测,无所不在。③所立:孔子有新的创立。④末:无。

【译文】 颜渊长叹着称赞道:"老师的学说,越是仰望就越觉得高大,越是钻研就越觉得坚实。眼看着它在前面,忽而又在后面。老师循序渐进地善于诱导人,用广博的文化知识来充实我,用一定的礼节来约束我,想要停下来也不可能。我已经用尽了我的才能,好像立在我面前的东西十分崇高,虽然想要跟在后面,又没有途径可以做到。"

【原文】 子疾病,子路使门人为臣①。病间②,曰:"久矣哉,由之行诈也!无臣而为有臣③,吾谁欺?欺天乎?且予与其死于臣之手也,无宁④死于二三子之手乎!且予纵不得大葬,予死于道路乎?"

【注释】 ①臣:治丧的专人。②间:病痊愈或好转。③无臣而为有臣:按照礼的规定,诸侯、大夫死时才能有臣治丧。孔子此时没有官职,故不能由臣为他治丧。④无宁:宁。无,助词,无实义。

【译文】 孔子得了重病,子路让孔子的学生充当治丧的臣。病好了之后,孔子说:"仲由搞欺骗,已经太久了啊!我本来不应该有治丧的臣却设立了治丧的臣,让我欺骗谁呢?欺骗天吗?况且我与其死在治丧之臣的手里,还不如死在你们这些弟子的手里呢!我纵然不能用诸侯、大夫那样隆重的葬礼,难道我还会死在道路上吗?"

【原文】 子贡曰:"有美玉于斯,韫椟而藏诸①,求善贾而沽诸②?"子曰:"沽之哉!沽之哉!我待贾者也!"

【注释】 ①韫:藏。椟:匣子。诸:"之乎"的合音。②贾:商人。沽:卖。

【译文】 子贡问道:"有一块美玉在那里,是把它藏在匣子里呢?还是等待一个识货的商人卖了它?"孔子说:"卖了它啊!卖了它啊!我就是在等待买主呢!"

【原文】 子欲居九夷①。或曰:"陋,如之何!"子曰:"君子居之,何陋之有?"②

【注释】 ①夷:古代对于东方落后部落的称谓。②此章表明孔子想用先进文化改变文化落后地区面貌的自信态度。

【译文】 孔子想要到九夷之地居住。有人说:"那地方太简陋了,怎么住呢?"孔子说:"君子居住的地方,怎么会简陋呢?"

【原文】 子曰:"吾自卫反鲁①,然后乐正②,《雅》《颂》③各得其所。"

【注释】 ①自卫反鲁:根据《左传》的记载,此事发生在鲁哀公十一年(公元前484),孔子已68岁。②乐正:整理音乐。包括两方面的内容:一是正乐章,确定各种音乐所适用的场合;一是正乐音,对音调、节奏都给予符合其功能的定位。③《雅》《颂》:最初是乐曲分类的类名。《雅》乐是周天子王城附近的音乐,具有民歌的特征,但因为使用的是"雅"音(普通话、标准语之类),又与各地的方言民歌相区别。《颂》乐用于宗庙祭祀,乐曲节奏缓慢,乐调庄严肃穆。《雅》《颂》音乐都有与之伴唱的歌辞,这些歌辞经过整理被收集在《诗经》中流传下来。时至今日,由于古乐早已失传,这些音乐的具体样式已不可考知,只剩下《诗经》中记载的歌辞可以辅助我们推测其作为音乐门类的基本特征。

【译文】 孔子说:"我从卫国回到鲁国,然后音乐才得到整理,《雅》《颂》各自归于它们应在的位置。"

【原文】 子曰:"出则事公卿,入则事父兄,丧事不敢不勉,不为酒困①,何有于我哉!"

【注释】 ①困:乱。

【译文】 孔子说:"出外做官就侍奉公卿,回家隐居就侍奉父兄,办丧事不敢不尽力,不被酒所惑乱,除此之外,对于我还有些什么呢?"

【原文】 子在川上曰:"逝者①如斯夫!不舍昼夜。"

【注释】 ①逝者:指逝去的光阴。

【译文】 孔子在河边感叹道:"逝去的时光就像这河水一样啊!日夜不停地流去。"

【原文】 子曰:"吾未见好德如好色者也。"

【译文】 孔子说:"我没有见过追求道德像追求女色一样努力的人。"

【原文】 子曰:"譬如为山,未成一篑①,止,吾止也!譬如平地,虽覆一篑,进,吾往也!"

【注释】 ①篑:盛土的竹筐。未成一篑,差一筐土没有完成。这是古时常用的比喻,《尚书·旅獒》中也有"为山九仞,功亏一篑"的说法,用以说明持之以恒的努力才是成功的决定条件。

【译文】 孔子说:"好比堆土成山,还差一筐土没有堆上去,停止不做,这是自己停止的。好比平地堆山,虽然刚刚倒下第一筐土,有志于前进,这是自己要前进的。"

【原文】 子曰:"语之而不惰者,其回也与!"

【译文】 孔子说:"跟他讲学问能够始终不懈怠的,大概只有颜回一个人吧。"

【原文】 子谓颜渊,曰:"惜①乎,吾见其进也,未见其止也!"

【注释】 ①惜:这里是孔子惋惜颜回早死。

【译文】 孔子评价颜渊,说:"可惜呀他死得太早,我只看见他不断地进取,从没有看见过他停止不前。"

【原文】　子曰:"苗而不秀^①者有矣夫! 秀而不实者有矣夫!"

【注释】　①秀:谷类作物抽穗开花。

【译文】　孔子说:"发芽出苗而没有抽穗开花的情况是有的啊! 抽穗开花而没有成熟结籽的情况是有的啊!"

【原文】　子曰:"后生可畏,焉知来者之不如今也? 四十、五十^①而无闻焉,斯亦不足畏也已!"

【注释】　①四十、五十:这是孔子理想人生中的两个重要年岁,四十岁时应该"不惑",万万不可被人所厌恶,五十岁时应该"知天命"、不应有大过。

【译文】　孔子说:"年轻人是值得敬畏的,怎么知道后来的人赶不上今天的人呢? 如果四五十岁时还没有名声,这也就不值得敬畏了。"

【原文】　子曰:"法^①语之言,能无从乎? 改之为贵。巽^②与之言,能无说乎? 绎^③之为贵。说而不绎,从而不改,吾末如之何也已矣!"

【注释】　①法:严肃。②巽:通"逊",谦逊恭顺。③绎:寻求头绪,推究。

【译文】　孔子说:"严肃地说出来的话,能不顺从吗? 以能够帮助自己改正错误为可贵。谦逊恭顺的话,能不让人高兴吗? 以能够分析一下是否对自己有帮助为可贵。只知道高兴却忘了分析,只知道顺从却无所改正,这种人我是没有什么办法了。"

【原文】　子曰:"主忠信,毋友不如己者,过则勿惮改。"

【译文】　孔子说:"恪守忠诚信实的道德要求,不与道德上不如自己的人交往,有了错误就不要怕改正。"

【原文】　子曰:"三军^①可夺帅也,匹夫不可夺志也。"

【注释】　①三军:军队的通称。

【译文】　孔子说:"人数众多的军队,有可能被夺去它的主帅;一个普通人,却不能强迫他改变志向。"

【原文】　子曰:"衣敝缊袍^①,与衣狐貉^②者立,而不耻者,其由也与! '不忮不求^③,何用不臧?'"子路终身诵之。子曰:"是道也,何足以臧?"

【注释】　①衣:穿着。缊:旧絮。当时的絮是丝绵,棉花出现得较晚。这里指衣服破旧。②狐貉:泛指名贵的皮毛。③不忮不求,何用不臧:《诗经·邶风·雄雉》中的句子。忮,嫉恨。臧,善。

【译文】　孔子说:"穿着丝絮破烂的旧袍子,与穿名贵皮毛衣服的人站在一起,却不感到耻辱的人,大概只有仲由吧! 《诗经》里说:'不嫉妒,不贪求,为什么不好?'子路于是总是念叨这两句诗。孔子又说:"仅仅这样,怎么能算是好呢?"

【原文】　子曰:"岁寒,然后知松柏之后凋也。"

【译文】　孔子说:"天冷了,才能知道松柏树是最后落叶的。"

【原文】　子曰:"知者不惑,仁者不忧^①,勇者不惧。"

【注释】　①知,"智"的古体字。不忧:不忧愁。有仁德的人安贫乐道,所以不会因为贫穷而忧愁。有仁德的人问心无愧。所以不会因为自己的行为而忧愁。

【译文】　孔子说:"有智慧的人不迷惑,有仁德的人不忧愁,有勇气的人不恐惧。"

【原文】　子曰:"可与共学,未可与适①道;可与适道,未可与立;可与立,未可与权②。"

【注释】　①适:到……去。②权:权变,根据情况而变通。

【译文】　孔子说:"可以跟他一起学习,未必可以跟他一起达到道的要求;可以跟他一起达到道的要求,未必可以跟他一起按照规定行事;可以跟他一起按照规定行事,未必可以跟他一起权衡情况有所变通。"

【原文】　"唐棣之华,偏其反而。岂不尔思?室是远而①。"子曰:"未之思也,夫何远之有?"②

【注释】　①唐棣之华,偏其反而。岂不尔思?室是远而:此四句是佚诗。唐棣,树名,又作常棣,果实似樱桃。华,花。偏,通"翩"。反,通"翻"。②此章比喻思仁。仁德并非遥不可及,只要自己衷心向往、努力实践,一定可以达到仁德之境。

【译文】　有诗句这样说:"唐棣树的花,翩翩地摇摆。哪里是不想念你啊?你家实在是太远了。"孔子说:"没有想念他呀,真的想念的话,有什么远的呢?"

乡党第十

【题解】

本篇分为二十七章。内容是孔子践履礼仪的情况,从中可略见古礼概貌。介绍在不同场合、不同身份的人面前如何谈吐,以及接待宾客时的行动言语。还有出入朝廷时的行为容貌。讲出使别国时的举止礼节。以及穿着方面的规定与禁忌等等。

【原文】　孔子于乡党①,恂恂②如也,似不能言者。
其在宗庙、朝廷,便便③言,唯谨尔。

【注释】　①乡党:乡里,本乡本土。②恂恂:温和恭谨的样子。③便便:言语流畅的样子。

【译文】　孔子在家乡,温和而恭谨,好像不太会讲话的样子。他在宗庙或朝廷上,言语流畅,只是很谨慎。

【原文】　朝,与下大夫①言,侃侃②如也;与上大夫言,誾誾③如也。君在,踧踖④如也,与与如也⑤。

【注释】　①下大夫:在周代的分封等级制中,大夫是诸侯之下的一个等级。其中又有不同的等级,卿是最高一级,即下文听说的"上大夫",其余即下大夫。②侃侃:和乐的样子。③誾誾:恭敬而正直妥帖的样子。④踧踖:恭谨局促的样子。⑤与与:威仪适度的样子。

【译文】 上朝的时候,跟下大夫说话,温和欢愉;跟上大夫说话,恭敬正直。君主在朝的时候,举止恭敬,威仪适度。

【原文】 君召使摈①,色勃如也②,足躩③如也。揖所与立④,左右手⑤。衣前后⑥,襜⑦如也。趋进⑧,翼如也。宾退,必复命曰:"宾不顾⑨矣。"

【注释】 ①摈:通"傧",引导宾客。②色:面色。勃如:矜持庄重的样子。③躩:快速的样子。④所与立:左右并立的人。⑤手:拱手行礼。⑥衣前后:指衣裳随着作揖时的身体动作而前后摆动。⑦襜:整齐的样子。⑧趋进:快步前进,是一种表示尊敬的走路姿态。⑨顾:回头看。

【译文】 君主召孔子来接待宾客,孔子脸色庄重矜持,脚步快速。他向一同站立的人作揖,向左右两边的人拱手,衣裳随着身体的动作前后摆动,但很整齐。快步前进,姿态像鸟儿展翅一样。宾客退下去以后,一定向君主回报说:"宾客不再回头了。"

【原文】 入公门①,鞠躬②如也,如不容。

立不中门③,行不履阈④。

过位⑤,色勃如也,足躩如也,其言似不足者⑥。

摄齐升堂⑦,鞠躬如也,屏气似不息者⑧。

出,降一等⑨,逞⑩颜色,怡怡⑪如也。

没阶⑫,趋进,翼如也。

复其位⑬,踧踖如也。

【注释】 ①公门:君门。②鞠躬:弯曲着身子,以示恭敬。③立不中门:不正当门中央站立。古礼的规定,中门只有尊者可以走。④履:踩、踏;阈:门坎。⑤位:指君主的座位,经过之时,人君不在,座位是空的。⑥其言似不足者:指寡言少语,以示敬慎。⑦摄:提起。齐:衣裳的下摆。⑧屏气似不息者:指控制呼吸的声音,以示尊敬。⑨等:台阶。⑩逞:放开。⑪怡怡:和乐的样子。⑫没阶:走完台阶。⑬其位:入朝时曾经站立的地方。

【译文】 孔子走进朝廷的大门时,恭恭敬敬地弯着身子,好像没有容身之处。

站立时不会正当门中央站着,行走时不会踩着门坎。

经过君主座位时,脸色庄重矜持,脚步快速,很少说话。

提起衣裳的下摆来上台阶走进堂中,恭恭敬敬地弯着身子,屏住气息好像不能呼吸的样子。

出来时,走下一级台阶,才放松脸色,露出和乐的神情。

走完台阶,快步前进,姿态像鸟儿展翅一样。

回到他入朝时曾经站立的地方,同样是举止恭敬。

【原文】 执圭①,鞠躬如也,如不胜②。上如揖,下如授③。勃如战色④,足蹜蹜如有循⑤。

享礼⑥,有容色。

私觌⑦,愉愉⑧如也。

【注释】 ①圭:玉器,上圆下方,举行典礼时君臣都拿着。这里指大夫出使别的诸侯国时拿着代表本国君主的圭。②不胜:不能胜任其重,表示敬慎。③上如揖,下如授:指执圭时保持在正确的位置,以示尊敬。④战色:战战兢兢的面色。⑤蹜蹜:小步走路。循:遵循。⑥享礼:献礼。指使臣受到接见后,向对方贡献礼物的仪式。⑦私:私人身份。觌:会见。⑧愉愉:和乐的样子。

【译文】 孔子出使别国的时候,拿着国君授予的玉圭,恭恭敬敬地弯着身子,好像拿不动的样子。向上举起时好像作揖的姿势,朝下拿着时好像递东西给人的姿势。面色矜持庄重十分谨慎,脚步很小,好像遵循着什么标记在行走。

举行献礼的时候,满脸和气。

以私人身份见面的时候,显得轻松愉快。

【原文】 君子不以绀緅饰①。红紫不以为亵服②。

当暑,袗绤绤③,必表而出之④。

缁衣羔裘⑤,素衣麑裘⑥,黄衣狐裘。亵裘长,短右袂⑦。

必有寝衣⑧,长一身有半。

狐貉之厚以居⑨。去丧⑩,无所不佩⑪。

非帷裳⑫,必杀⑬之。

羔裘玄冠⑭不以吊。

吉月⑮,必朝服而朝。

【注释】 ①绀:带红的黑色。緅:微带红的黑色,与绀比黑多红少,颜色更暗。饰:领和袖的缘边。绀緅都是古时礼服的颜色,因此不能用来作缘边。②红紫:都是贵重的正服所用的颜色。亵服:居家常穿的便服。③袗:单衣。绤:细葛布。绤:粗葛布。④表:穿在外面的衣服。这里用作动词,指加上或罩上外衣。出:出门。⑤缁:黑色。衣:外衣。羔裘:黑羊羔皮的裘衣。⑥素:白色。麑:小鹿。毛为白色。⑦袂:衣袖。右侧的袖子短一些是为了做事的方便。⑧寝衣:被子。⑨以居:用作坐褥。居,坐。⑩去丧:丧期结束。⑪佩:佩带的饰物。⑫帷裳:上朝、祭祀时穿的礼服。用整幅布做成,多余的布不裁掉,折叠缝上。⑬杀:减省。这里指加以剪裁,去除多余的布。⑭玄冠:黑色的礼帽。⑮吉月:农历每月初一。

【译文】 君子不用绀色、緅色的布做衣领衣袖的边饰,不用红色、紫色的布做平常在家穿的衣服。

夏天,穿细的或粗的葛布单衣,出门时一定再罩上一件外衣。

黑色的外衣,内配黑羔皮裘;白色的外衣,内配小鹿皮裘;黄色的外衣,内配狐狸皮裘。

平常在家穿的皮裘做得长一些,右侧的袖子做得短一些。

睡觉一定有被子,长度相当于一个半人的身长。

用毛厚的狐貉皮做坐褥。

丧期结束了，没有什么饰物不可以佩带。

不是帷裳，一定要经过剪裁。

不能穿戴着黑色的羔裘和黑色的礼帽去吊丧。

每个月的初一，一定穿着上朝的礼服去上朝。

【原文】　齐^①，必有明衣^②，布^③。

齐，必变食^④，居必迁坐^⑤。

【注释】　①齐："斋"的古字体。②明衣：浴衣。③布：春秋时没有棉布，布指麻布或葛布。④变食：指改变日常的饮食，不饮酒，不吃荤（古时荤指葱蒜韭等有辛辣气味的植物）。⑤迁坐：指改变平常的居处，由"燕寝"迁到"外寝"（也叫"正寝"），不与妻妾同房。

【译文】　斋戒的时候，一定有浴衣，是布做的。

斋戒的时候，一定要改变平常的饮食，不饮酒，不吃荤；居处也要变动，在正寝里安歇。

【原文】　食不厌精^①，脍^②不厌细。

食饐而餲^③，鱼馁而肉败^④，不食。色恶，不食。臭^⑤恶，不食。失饪^⑥，不食。不时^⑦，不食。割不正^⑧，不食。不得其酱^⑨，不食。

肉虽多，不使胜食气^⑩。

唯酒无量，不及乱^⑪。

沽酒市脯^⑫，不食。

不撤^⑬姜食，不多食。

【注释】　①食：饭食。厌：满足，贪求。与"食无求饱"同义。②脍：切得很细的鱼和肉。③饐而餲：指食物经久而变味。④馁：鱼腐烂。败：肉腐烂。⑤臭：通"嗅"，气味。⑥饪：生熟的火候。⑦不时：不是吃饭的时候。⑧不正：切肉有一定法度，不合法度叫不正。⑨酱：古时吃鱼配以芥酱，吃肉配以醢酱。不得其酱，指搭配的酱不正确。⑩气：通"饩"，粮食。⑪乱：神志昏乱，指醉酒。⑫沽、市：买。脯：干肉。⑬撤：去。

【译文】　饭食不贪吃精细的，鱼肉不贪吃细美的。

饭食放久了变味，鱼和肉烂腐了，不吃。颜色变坏了，不吃。味道变臭了，不吃。烹饪的火候不对，不吃。不是吃饭的时间，不吃。切肉的刀工不合度，不吃。酱配得不对，不吃。

肉虽然多，不要让吃肉的分量超过了粮食的分量。

只有酒没有规定用量，以不至于喝醉为限。

买来的酒和干肉，不吃。

不去掉姜，但也不多吃。

【原文】 祭于公,不宿肉①。祭肉不出三日。出三日,不食之矣。

【注释】 ①宿肉:过夜的肉。按照古礼的规定,大夫、士都要参加天子、国君的祭祀仪式,称为助祭。祭祀结束后,要把祭祀用的牺牲分给助祭之人,再由他们分赐给自己的家臣,以明分享神恩之义。分赐这些祭祀用牲的工作不能过夜,以免拖延神意的下达。

【译文】 助祭于国君,分得的肉不过夜。祭祀用过的肉不超过三天。超过三天,就不吃了。

【原文】 食不语,寝不言。

【译文】 吃饭的时候不交谈,睡觉的时候不说话。

【原文】 虽疏食、菜羹、瓜祭①,必齐如也。

【注释】 ①瓜祭:吃瓜时的祭祀。有的传本写作"必祭",两者皆通。此句是指即使是祭品简陋的祭祀也要郑重其事地举行。

【译文】 即使是吃粗粮、喝菜汤、吃瓜的祭祀,也一定要像斋戒了那样郑重。

【原文】 席①不正,不坐。

【注释】 ①席:古时没有桌椅,人们都席地而坐。

【译文】 座席放得不端正,就不坐。

【原文】 乡人饮酒①,杖者②出,斯出矣。

【注释】 ①乡人饮酒:指行乡饮酒礼。按照《仪礼·乡饮酒义》的记载,仪式有四种:一、每三年宴饮贤能一次;二、乡大夫宴饮国中贤者;三、州长习射饮酒;四、党正蜡祭(年终祭祀)饮酒。这里主于敬老,应当是第四种。②杖者:拄拐杖的人,指长者。

【译文】 参加乡饮酒礼之后,拄拐杖的长者出去以后,这才可以出去。

【原文】 乡人傩①,朝服而立于阼阶②。

【注释】 ①傩:驱逐疫鬼的一种仪式。②阼阶:东面的台阶,主人站立的位置。

【译文】 乡人举行驱逐疫鬼的仪式,穿着朝服站在东面的台阶上。

【原文】 问①人于他邦,再拜②而送之。

【注释】 ①问:送礼问候。②再拜:拜两次,以表示对问候之人的敬重。

【译文】 派使者到别国去问候人,在送别使者的时候要拜两次。

【原文】 康子馈药①,拜而受之。曰:"丘未达②,不敢尝。"

【注释】 ①康子:即季康子。馈:赠送。②达:了解。

【译文】 季康子送药来,孔子拜了一拜,接受下来。说:"我不了解药性,不敢尝用。"

【原文】 厩焚。子退朝,曰:"伤人乎?"不问马。

【译文】 马棚失火。孔子退朝回来,问道:"伤着人了吗?"没有问马。

【原文】 君赐食,必正席先尝之①;君赐腥②,必熟而荐之③;君赐生④,必畜之。侍食于君,君祭,先饭⑤。

【注释】 ①正席:端正座席以示尊敬。先尝之:自己先尝一尝,然后分赐给下属。②腥:生肉。③荐:供奉。之:代指先祖。④生:活的。⑤先饭:先吃饭,即为君尝食。

【译文】 君主赐给饭食,一定要端正座席后郑重地先尝一尝。君主赐给生肉,一定煮熟后供奉祖先。君主赐给活的牲畜,一定把它养起来。

侍奉君主吃饭,君主进行饭前祭礼的时候,自己先吃饭。

【原文】 疾,君视①之,东首②,加朝服,拖绅③。

【注释】 ①视:探视,问病。②东首:头朝东躺着。古礼规定,室内西方为尊位,君主或君主的使臣入室之后,一定要背西面东,因此病者一定要头朝东躺着,面向君主或君主的使臣。③加朝服,拖绅:指服饰郑重整齐地见君主或君主的使臣。绅,束在腰间的大带。

【译文】 孔子病了,君主前来探病。他就头朝东躺着,把上朝穿的衣服加在身上,还拖着一条大带。

【原文】 君命召,不俟①驾行矣。

【注释】 ①俟:等待。

【译文】 君主召见孔子,他不等马车备好就先步行走了。

【原文】 入太庙,每事问。

【译文】 孔子进入太庙,每件事都要问一问。

【原文】 朋友死,无所归。曰:"于我殡①。"

【注释】 ①殡:停柩待葬。这里泛指丧葬之事。

【译文】 朋友死了,没有人管。孔子说:"由我来料理他的丧事吧。"

【原文】 朋友之馈,虽车马,非祭肉,不拜。①

【注释】 ①非祭肉,不拜:拜谢祭肉,表示对馈赠者祖先的敬重。

【译文】 朋友赠送的礼物,即使是贵重的车马,如果不是祭祀用的肉,接受的时候就不拜。

【原文】 寝不尸,居不容①。

【注释】 ①容:有的传本写作"客",两者皆通。这里是指闲居的时候容仪与有客人的时候不一样。以此来显示对客人的尊重。

【译文】 睡觉的时候不像死尸一样直挺挺地躺着,居家的时候不用保持严肃的容仪。

【原文】 见齐衰者,虽狎①,必变②。见冕者与瞽者,虽亵③,必以貌。

凶服者式之④,式负版⑤者。

有盛馔⑥,必变色而作⑦。

迅雷风烈,必变。

【注释】 ①狎:亲近。②变:改变颜色,以示同情。③亵:常见,熟悉。④凶服:丧服。式:通"轼",车前用于扶手的横木。这里作动词。乘车遇见地位高的人或其他人时,身子向前微俯,伏在横木上,以表示尊敬或同情。⑤负版:背着国家图籍。⑥盛馔:丰盛的饭食。⑦作:站起来,以示敬意。

【译文】 看见穿丧服的人,即使是亲近的人,也一定要改变面色以示同情。看见穿礼服的人和盲人,即使是熟悉的人,也一定有礼貌地对待他。

乘车时,遇见穿孝衣的人要行轼礼。遇见背着国家图籍的人也要行轼礼。

别人以丰盛的饭食款待,一定要改变容色站起身来表示敬意。

遇到疾雷、大风,一定要改变容色。

【原文】 升车,必正立,执绥①。

车中不内顾②,不疾③言,不亲指④。

【注释】 ①绥:挽以登车的索带。②内顾:回头看。③疾:快速。④亲指:用手指点。

【译文】 上车时,一定要端正地站好,拉着绥带上车。

在车上不回头看,不快速地讲话,不用手到处指点。

【原文】 色斯举矣①,翔而后集。曰:"山梁雌雉②,时哉!时哉!"子路共之③,三嗅④而作。

【注释】 ①色:作色,动容。斯:则。举:鸟飞起来。②雉:野鸡。③共:通"拱"。④嗅:当作"昊",鸟张开两翅。

【译文】 人的脸色一变,野鸡就飞起来,盘旋了一阵,然后又集中落在一起。孔子说:"山梁上的雌雉,得其时啊!得其时啊!"子路向它们拱了拱手,它们张了张翅膀,振翅而去。

先进第十一

【题解】
本篇分为二十四章。以孔子评论自己学生的内容为主,论及颜渊(回)、闵子骞、冉伯牛、仲弓(冉雍)、宰我(予)、子贡(端木赐)、冉有(求)、季路(子路、仲由)、子游、子夏(商)、南容、子羔(柴)、曾参、子张(师)、公西华(赤)、曾皙(点)等16人。读此篇可以了解孔子弟子的性格、言行、志向、道德水平等,也可以窥知孔子因材施教的教育思想。

【原文】 子曰:"先进于礼乐①,野人②也;后进于礼乐,君子③也。如用之,则吾从先进。"

【注释】 ①先进于礼乐:先修习礼乐。②野人:没有贵族身份、地位低贱的人。③君子:与"野人"相对,是指有世袭贵族身份的人。

【译文】 孔子说:"先修习好礼乐的,是那些没有贵族身份、地位低的人。后修习好礼乐的,是有世袭贵族身份的人。如果选用人才,那我主张选用先修习好礼乐的人。"

【原文】 子曰:"从①我于陈、蔡者,皆不及门②也。"

【注释】 ①从:随行。②及门:在某人门下当学生。

【译文】 孔子说:"在陈、蔡两国间受难时跟随我的学生,都已不在我的门下了。"

【原文】 德行:颜渊,闵子骞,冉伯牛,仲弓;言语①:宰我,子贡;政事:冉有,季路;文学②:子游,子夏。

颜回像

【注释】 ①言语:辞令。②文学:古代文献与文化知识。

【译文】 孔子的学生中,道德修养好的是:颜渊,闵子骞,冉伯牛,仲弓;善于辞令的是:宰我,子贡;善于政事的是:冉有,季路。文化修养好的是:子游,子夏。

【原文】 子曰:"回也非助我者也!于吾言无所不说①。"

【注释】 ①说:"悦"的古体字。

【译文】 孔子说:"颜回啊,不是个有助于我的人。他对我的话没有不心悦诚服的。"

【原文】 子曰:"孝哉闵子骞!人不间①于其父母昆弟之言。"

【注释】 ①间:不同意,非议。

【译文】 孔子说:"孝顺啊,闵子骞!别人没有不同意他父母兄弟称许他的话的。"

【原文】 南容三复白圭①,孔子以其兄之子妻之。

【注释】 ①白圭:指《诗经·大雅·抑》中的诗句:"白圭之玷,尚可磨也。斯言之玷,不可为也。"由此可知南容出言谨慎,少有过失。

【译文】 南容反复诵读"白圭上的污点还可以磨掉,说错了话,就无法挽回了"的诗句,孔子便把他哥哥的女儿嫁给了他。

【原文】 季康子问:"弟子孰为好学?"孔子对曰:"有颜回者好学,不幸短命死矣!今也则亡①。"

【注释】 ①亡:通"无"。

【译文】 季康子问道:"你的弟子中谁好学?"孔子回答说:"有个叫颜回的好学,不幸短命死了,现在再没有这样好学的弟子了。"

【原文】 颜渊死,颜路请子之车以为之椁①。子曰:"才不才,亦各言其子也。鲤②也死,有棺而无椁。吾不徒行以为之椁,以吾从大夫之后③,不可徒行也④。"

【注释】 ①颜路:颜回的父亲。名无繇,字路,也是孔子弟子。椁:又作"椁",外棺。古时棺材分两重,里层叫棺,外层叫椁。②鲤:孔子的儿子,名鲤,字伯鱼。年五十而亡,那时孔子七十岁。③从大夫之后:在大夫的行列之后随行。孔子曾经做过司寇,为大夫之位。当时则已去位,因此说"从大夫之后"。④不可徒行:《礼记·王制》记载,有官爵的人和老年人不必徒步行走了。可知大夫拥有车乘,是符合礼的规定的。《礼记·檀弓》说,安葬双亲应该根据家庭的财力。对于子女更应该如此,所以颜渊入葬时仅有内棺没有外椁并不违反礼制;相反,如果超过自家的能力厚葬颜渊,反而是违背礼的。孔子坚持不卖车来为颜渊置办外椁,正是在维护礼。

【译文】 颜渊死了,他父亲颜路请求孔子把自己的车卖了来替颜渊置办外椁。孔子说:"有才能的和无才能的,对各人来说都是自己的儿子。我儿子孔鲤死的时候,也只有内棺没有外椁。我之所以不卖掉车徒步行走来替他置办外椁,是因为我在大夫的行列之后随行,是不可以徒步走路的。"

【原文】 颜渊死。子曰:"噫①! 天丧予! 天丧予!"

【注释】 ①噫:叹词。

【译文】 颜渊死了。孔子说:"咳! 老天爷要我的命! 老天爷要我的命!"

【原文】 颜渊死,子哭之恸①。从者曰:"子恸矣。"曰:"有恸乎? 非夫②人之为恸而谁为!"

【注释】 ①恸:极其悲伤。过度悲伤是不符合礼的,所以有下文的问对。②夫:指示代词。

【译文】 颜渊死了。孔子为他哭丧,非常悲伤。跟随的人说:"先生悲伤得过度了。"孔子说:"是悲伤过度了吗? 不为这样的人悲痛欲绝,还为谁呢?"

【原文】 颜渊死,门人欲厚葬之,子曰:"不可。"

门人厚葬之。子曰:"回也,视予犹父也,予不得视犹子也①。非我也,夫二三子也。"

【注释】 ①不得视犹子也:孔子对于自己的儿子孔鲤没有违反礼制而用厚葬,但却不能阻止弟子们违反礼制厚葬颜回,所以说"不得视犹子也"。

【译文】 颜渊死了。孔子的学生们想用厚礼安葬他,孔子说:"不可以"。

学生们还是厚葬了颜渊。孔子说:"颜回啊,看待我如同看待父亲那样,我却不能看待他如同看待儿子那样。不是我要这样的呀,是那些学生。"

【原文】 季路问事鬼神。子曰:"未能事人,焉能事鬼?"

曰:"敢①问死。"曰:"未知生,焉知死?"

【注释】 ①敢:谦词,表示冒昧。

【译文】 子路问侍奉鬼神的事。孔子说:"还没有侍奉活人,又怎能侍奉鬼神呢?"

子路又说:"冒昧地问一下,死是怎么回事。"孔子说:"还没有好好了解生,又怎么能了解死呢?"

【原文】 闵子侍侧,訚訚如也;子路,行行①如也;冉有、子贡,侃侃如也。子乐②。

"若由也,不得其死③然。"

【注释】 ①行行:刚强的样子。②子乐:古注称,因为弟子们都各尽其性,所以孔子非常高兴。③不得其死:不能善终,死于非命。

【译文】 闵子骞侍奉在孔子身旁,恭敬正直的样子。子路,刚强的样子。冉有、子贡,和乐的样子。各尽其性,孔子非常高兴。但又说:"像仲由那样,恐怕会死于非命。"

【原文】 鲁人为长府①。闵子骞曰:"仍旧贯②,如之何? 何必改作?"子曰:"夫人不言,言必有中。"

【注释】 ①为:指翻修。长府:鲁国藏所的名字。府,收藏财货的地方。②贯:事例,常例。

【译文】 鲁国人翻修长府。闵子骞说:"照老样子,怎么样? 为什么一定要改造呢?"孔子说:"这个人不讲话则已,一讲话一定说中要害。"

【原文】 子曰:"由之瑟①,奚为②于丘之门?"门人不敬子路。子曰:"由也升堂矣,未入于室③也。"

【注释】 ①瑟:古代弦乐器,类似琴。这里指子路弹奏瑟的技巧和内容。古注认为:"子路鼓瑟,不合雅颂。"②为:这里指操琴。③升堂入室:比喻学问的深入程度。升堂比喻学习已小有收获,入室比喻学习已探得精髓。

【译文】 孔子说:"仲由弹瑟的水平,哪里能在我的门下弹奏呢?"学生们于是不尊重子路。孔子又说:"仲由嘛,他的学问可以称得上是登堂了,只是尚未入室罢了。"

【原文】 子贡问:"师与商也孰贤?"子曰:"师也过,商也不及。"

曰:"然则师愈与?"子曰:"过犹不及。"①

【注释】 ①此章是孔子中庸思想的具体表述,过分和不及都不符合中庸的精神,因此都不能肯定。

【译文】

子贡问道:"颛孙师和卜商谁好一些?"孔子说:"颛孙师过头了,卜商则不足。"

子贡说:"那么颛孙师强一些吧?"孔子说:"过头与不足一样不好。"

【原文】 季氏富于周公①,而求也为之聚敛而附益之②。子曰:"非吾徒也,小子鸣鼓而攻之,可也!"

【注释】 ①周公:历来有两种说法:一认为指周公旦,根据是孔子反对季氏改革税制,加重搜刮,举周公的典章为据(详注②)。也有人认为是指周公旦的次子及其后代世袭周公封地在周王朝做卿士的人。两说均可通。②而求也为之聚敛而附益之:根据《左传》和《国语·鲁语下》的记载,鲁哀公十一年(公元前484),季康子想按田亩征赋,派冉有(求)来征求孔子的意见。孔子没有作正式的答复,私下对冉有说:"君子办事情要根据礼来衡量,施舍要尽量丰厚,赋税要尽量微薄。如果这样,那么按丘征税也就够了。如果季孙要合乎法度地办事,那么有周公的典章在那里;如果他要随便行事,又征求什么意见呢?"结果季氏没有听从。第二年鲁国便使用了按田亩征税的制度。

【译文】 季氏比周公还富有,而冉求还为他聚集民财增加他的财富。孔子说:"他不是和我们志同道合的人,后生们敲起鼓来声讨他是可以的!"

【原文】 柴①也愚,参也鲁②,师也辟③,由也喭④。

【注释】 ①柴:孔子弟子,姓高,名柴,字子羔。②鲁:迟钝。③辟:偏颇,不实在。④喭:粗鲁。

【译文】 高柴愚直,曾参迟钝,颛孙师偏激,仲由粗鲁。

【原文】 子曰:"回也其庶①乎!屡空②。赐不受命③,而货殖④焉,亿⑤则屡中。"

【注释】 ①庶:庶几,差不多。②空:贫穷且没有生计。③不受命:历来有几种说法:一认为子贡不受教命,即不专守士业,同时经商,违背士农工商各习其业的原则。一说是不受天命,与颜回的安贫乐道形成对比,也和下文"亿则屡中"相呼应。一说是不受官命而以私财经商,古时商贸都有专门的官吏掌管,再由他们安排百姓具体操作。此说也持之有据。故参考这三种说法译作"不安于本分"。④货殖:经商,聚集财货经营生利。《史记·货殖列传》说,子贡跟随孔子学习之后,到卫国做官,并在曹国、鲁国之间积聚财货以牟利,成为孔门弟子中最富有的人。⑤亿:通"臆",揣度。

【译文】 孔子说:"颜回的学问和道德差不多了,只是贫穷且没有生计。端木赐不安于本分又去经商,而货财不断增加,猜测行情常常能猜中。"

【原文】 子张问善人之道。子曰:"不践迹,亦不入于室①。"

【注释】 ①入于室:即"登堂入室"的"入室"。

【译文】 子张问作为善人的准则。孔子说:"不踩着前人的足迹走,但也还没有完全修养到家。"

【原文】 子曰:"论笃是与①,君子者乎?色庄②者乎?"

【注释】 ①论笃是与:此句是"与论笃"的宾语提前形式,"是"字起指示宾语提前的作用。论笃:言语笃实可信。与:赞许。②色庄:容色庄严。这里指故作姿态,伪装君子,意同"巧言令色,鲜矣仁",和"色取仁而行违"。

【译文】 孔子又说:"可以称许言语笃实的人。但也要进一步判断,是真正的君子呢?还是装模作样的伪君子呢?"

【原文】 子路问:"闻斯行诸?"子曰:"有父兄在,如之何其闻斯行之?"

冉有问:"闻斯行诸?"子曰:"闻斯行之!"

公西华曰:"由也问:'闻斯行诸?'子曰:'有父兄在。'求也问:'闻斯行诸?'子曰:'闻斯行之!'赤也惑,敢问。"子曰:"求也退①,故进之;由也兼人②,故退之。"

【注释】 ①求也退:指冉求的行动力不足。②兼人:倍人。这里指子路勇猛敢为,相当于两个人。

【译文】 子路问道:"听到以后就去实践它吗?"孔子说:"有父亲和兄长在世,怎么能够听到以后就去实践它呢？"

冉有问道："听到以后就去实践它吗？"孔子说："听到以后就去实践它。"

公西华说："仲由问道：'听到以后就去实践它吗？'先生说：'有父亲和兄长在世，不能实践它。'冉求问道：'听到以后就去实践它吗？'先生说：'听到以后就去实践它。'一样的问题，给的答案却不同。我疑惑不解，冒昧地问问。"孔子说："冉求退缩不前，因此教导他要勇于进取；仲由勇猛过人，因此教导他要谦退。"

【原文】 子畏于匡，颜渊后。子曰："吾以女为死矣。"曰："子在，回何敢死？"

【译文】 孔子被围困在匡地，颜渊落在后面。重逢时孔子说："我以为你死了呢。"颜渊说："先生还在，颜回怎敢轻易死呢？"

【原文】 季子然①问："仲由、冉求可谓大臣与？"子曰："吾以子为异之问②，曾③由与求之问。所谓大臣者，以道事君，不可则止。今由与求也，可谓具臣④矣。"

曰："然则从之者与？"子曰："弑父与君，亦不从也。"

【注释】 ①季子然：季氏子弟。《史记·仲尼弟子列传》作"季孙"，与此处不同。②异之问：即"问异"的倒装，问别的。"之"指示宾语"异"为提前宾语。③曾：乃。④具臣：才具之臣，有才干的办事之臣。

【译文】 季子然问道："仲由、冉求可以称得上是大臣吗？"孔子说："我以为您问的是别人呢，原来是问仲由和冉求啊。所谓大臣，用道义来侍奉君主，不可谏阻的话，就不干了。现在仲由和冉求，可以称得上是有才干的办事之臣了。"

季子然又说："那么，他们是完全服从上级的人吗？"孔子说："如果上级弑父弑君，也不会服从的。"

【原文】 子路使子羔为费宰。子曰："贼①夫人之子。"

子路曰："有民人焉，有社稷焉。何必读书，然后为学？"

子曰："是故恶②夫佞者。"

【注释】 ①贼：害。古注以为："子羔学未熟习而使为政，所以为贼害。"②恶：厌恶。佞：有口才，能说善道，多用作贬义。

【译文】 子路让子羔做费邑的长官。孔子说："这是坑害别人的儿子。"

子路说："有老百姓在那里，有土神谷神在那里。为什么一定要读书，然后才算学习了呢？"

孔子说："因为这我才讨厌那些能言善辩的人。"

【原文】 子路、曾晳①、冉有、公西华侍坐。

子曰："以吾一日长乎尔，毋吾以也！居②则曰：'不吾知也！'如或知尔，则何以③哉？"

子路率④尔而对曰："千乘之国，摄⑤乎大国之间，加之以师旅，因之以饥馑⑥，由也为之，比及⑦三年，可使有勇，且知方⑧也。"

夫子哂之⑨。

"求,尔何如?"

对曰:"方六七十⑩,如⑪五六十,求也为之,比及三年,可使足民。如其礼乐,以俟⑫君子。"

"赤,尔何如?"

对曰:"非曰能之,愿学焉!宗庙之事,如会同,端⑬章甫,愿为小相⑭焉。"

"点,尔何如?"

鼓瑟希⑮,铿⑯尔,舍瑟而作⑰。对曰:"异乎三子者之撰⑱!"

子曰:"何伤乎?亦各言其志也。"

曰:"莫⑲春者,春服⑳既成,冠者㉑五六人,童子㉒六七人,浴乎沂㉓,风乎舞雩㉔,咏而归。"

夫子喟然叹曰:"吾与㉕点也。"

三子者出,曾皙后。曾皙曰:"夫三子者之言何如?"

子曰:"亦各言其志也已矣。"

曰:"夫子何哂由也?"

曰:"为国以礼,其言不让,是故哂之。"

"唯㉖求则非邦也与?"

"安㉗见方六七十如五六十而非邦也者?"

"唯赤则非邦也与?"

"宗庙会同,非诸侯而何?赤也为之㉘小,孰能为之大?"

【注释】 ①曾皙:孔子弟子。名点,曾参的父亲。②居:平时,平常。③何以:何用,何为。④率:轻率。⑤摄:夹处。⑥饥馑:灾荒,收成不好。⑦比及:等到。⑧方:义。⑨哂:微笑。⑩方六七十:古代计量土地面积的方法,指六七十里见方。⑪如:或。⑫俟:等候。⑬端:玄端,古代礼服之名。章甫:古代礼帽之名。这里都用作动词。⑭相:赞礼之人,即司仪。⑮希:"稀"的古体字。⑯铿:象声词。⑰作:站起来。⑱撰:述。⑲莫:"暮"的古体字。⑳春服:夹衣。㉑冠者:成人。古人二十岁开始戴冠,行冠礼,以示成人。㉒童子:指成童,年十五以上,二十以下。㉓沂:水名。源出山东邹县东北,西经曲阜与洙水汇合,流入泗水。㉔舞雩:雩,祭天求雨。雩祭有歌舞,故称舞雩。㉕与:赞同。㉖唯:句首语气词,无义。㉗安:疑问代词,怎么。㉘之:其。

【译文】 子路、曾皙、冉有、公西华陪坐在孔子身旁。

孔子说:"因为我比你们年长一些,不要因我而感到拘束。你们平日里总是说:'不了解我啊!'如果有人了解你们,那么会怎样做呢?"

子路轻率地回答说:"拥有一千辆兵车的国家,局促地处在大国之间,外有军事威胁,国内又发生灾害饥荒。我去治理它,等到三年,可以让民众勇敢有力,而且明白道理。"

孔夫子微微一笑。

孔子问:"冉求,你怎么样?"

冉求回答说:"国土纵横六七十里,或者五六十里的小国,我去治理它,等到三年,可以让百姓富足。至于礼乐教化,有待君子来推行。"

又问:"公西赤,你怎么样?"

公西华回答说:"不敢说能干什么,愿意学习。宗庙祭祀的事,或者外交会见的仪式,穿好礼服戴着礼帽,愿做一个小司仪。"

又问:"曾点,你怎么样?"

曾皙正在弹瑟,瑟声渐渐稀落,铿的一声,放下瑟站起来,回答说:"我的志向不同于前面三位所讲的。"

孔子说:"有什么妨碍呢? 也不过是各自说出自己的志向。"

曾皙说:"暮春时节,春服已经穿好,会同五六个青年,六七个少年,在沂水里洗洗澡,在舞雩坛上吹吹风,然后唱着歌归来。"

孔夫子长叹一声说:"我赞赏曾点的志向。"

子路、冉有、公西华三人出去了,曾皙留在最后。曾皙向孔子问道:"他们三人的话怎么样?"

孔子说:"也不过是各自说出自己的志向罢了。"

曾皙说:"老师为什么笑仲由呢?"

孔子说:"治理国家需要礼让,他出言一点也不谦让,所以笑他。"

曾皙说:"难道冉求讲的就不是国家吗?"

孔子说:"怎么见得国土纵横六七十里或者五六十里的就不是国家呢?"

曾皙说:"难道公西赤讲的就不是国家吗?"

孔子说:"有宗庙祭祀,有外交会见,不是诸侯国的事又是什么? 公西赤只做个小司仪的话,谁还能做大司仪呢?"

颜渊第十二

【题解】

本篇一方面论仁:提出约束自身在、遵守礼制、言语谨慎、积极行动、博爱大众、选贤使能等要求;并强调取信于民的重要;主张文饰与美质要相得益彰;提出先富民,民富则君足。还论及提高道德、明辨疑惑、消除邪恶的途径。并提出要整顿宗法等级制度。而且提出没有纷争诉讼的治世理想。指出治政要勤勉忠诚。以及君子与小人的区别等等。

【原文】 颜渊问仁。子曰:"克己复礼①为仁。一日克己复礼,天下归②仁焉。为仁由己,而由人乎哉?"

颜渊曰:"请问其目。"子曰:"非礼勿视,非礼勿听,非礼勿言,非礼勿动。"

颜渊曰:"回虽不敏,请事③斯语矣!"

【注释】 ①克己复礼:可与"约之以礼""约我以礼"等说参看。克,克制,约束。复,返。②归:称,赞许。③事:做,从事于。

【译文】 颜渊问什么是仁。孔子说:"约束自己而遵守礼的规定就是仁。一旦能做到约束自己而遵守礼的规定,天下人就会用仁来称赞他。修行仁德全靠自己,难道是靠别人吗?"

颜渊说:"请问修行仁德的具体细节。"孔子说:"不符合礼的事不要看,不符合礼的话不要听,不符合礼的话不要说,不符合于礼的事不要做。"

颜渊说:"我虽然不聪敏,请让我按照这话去做吧。"

【原文】 仲弓问仁。子曰:"出门如见大宾,使民如承大祭。己所不欲,勿施于人。在邦无怨,在家①无怨。"。

仲弓曰:"雍虽不敏,请事斯语矣!"

【注释】 ①家:指大夫的采邑。

【译文】 仲弓问什么是仁。孔子说:"出门在外要像接待贵宾一样敬慎,役使老百姓要像承当重大祭典一样小心。自己不喜欢的事务,就不要强加给别人。在诸侯国里做官不会招致怨恨,在大夫的采邑里做官也不会招致怨恨。"

仲弓说:"我虽然不聪敏,请让我按照这话去做吧。"

【原文】 司马牛①问仁。子曰:"仁者,其言也讱②。"

曰:"其言也讱,斯谓之仁已乎?"子曰:"为之难,言之得无讱乎?"

【注释】 ①司马牛:孔子弟子。姓司马,名耕,字子牛。根据《史记·仲尼弟子列传》的记载,司马耕是个话多且急脾气的人,所以孔子对他有这样的教导。②讱:说话迟钝。

【译文】 司马牛问什么是仁。孔子说:"仁人,他说话很迟钝。"

司马牛又问:"言语迟钝,这就能叫作仁了吗?"孔子说:"做到很难,说出来时能不迟钝吗?"

【原文】 司马牛问君子。子曰:"君子不忧不惧。"

曰:"不忧不惧,斯谓之君子已乎?"子曰:"内省不疚,夫何忧何惧?"

【译文】 司马牛问什么是君子。孔子说:"君子不忧愁不恐惧。"

司马牛又问:"不忧愁不恐惧,这就能叫作君子了吗?"孔子说:"反省自身不会因为有错而感到悔恨,那忧愁什么,惧怕什么呢?"

【原文】 司马牛忧曰:"人皆有兄弟,我独亡!"子夏曰:"商闻之矣:死生有命,富贵在天。君子敬而无失,与人恭而有礼,四海之内,皆兄弟也。君子何患乎无兄弟也?"①

【注释】 ①此章反映子夏对命定论的小突破,即强调事在人为,仁德之人有可能改变命定的不利。

【译文】 司马牛忧愁地说:"别人都有兄弟,唯独我没有。"子夏说:"我听过这样的话:死生有命,富贵在天。君子敬慎而没有过失,待人恭敬而讲礼节,四海以内的人都会是他的兄弟。君子为什么要担忧没有兄弟呢?"

【原文】 子张问明①。子曰:"浸润之谮②,肤受之愬③,不行焉,可谓明也已矣。浸润之谮,肤受之愬,不行焉,可谓远也已矣。"

【注释】 ①明:明察。②谮:诬陷,说人坏话。③愬:诽谤。

【译文】 子张问怎样才算是明察。孔子说:"像水那样慢慢渗透的谗言,有切肤之痛的诽谤,在你那里行不通,可以称得上明察了。像水那样慢慢渗透的谗言,有切肤之痛的诽谤,在你那里行不通,可以称得上有远见卓识了。"

【原文】 子贡问政。子曰:"足食,足兵①,民信之矣。"

子贡曰:"必不得已而去,于斯三者何先?"曰:"去兵。"

子贡曰:"必不得已而去,于斯二者何先?"曰:"去食。自古皆有死,民无信不立。"

【注释】 ①兵:兵器。

【译文】 子贡问怎样去治理国政。孔子说:"备足粮食,充实军备,取信于民。"

子贡说:"如果迫不得已要去掉一个,在这三者中先去掉哪个?"孔子说:"去掉军备。"

子贡说:"如果迫不得已还要去掉一个,在这二者中先去掉哪个?"孔子说:"去掉粮食。没有粮食顶多是饿死,但自古以来人都难免会死去。如果老百姓对政府没有信任,国家根本无法存在。"

【原文】 棘子成①曰:"君子质而已矣,何以文为?"子贡曰:"惜乎!夫子之说君子也。驷②不及舌。文犹质也,质犹文也。虎豹之鞹犹犬羊之鞹③。"

【注释】 ①棘子成:卫国大夫。古代的大夫都可以被尊称为"夫子",所以子贡这样称呼他。②驷:四匹马。古时四匹马驾一辆车。③鞹:去毛的皮。这里用有花纹的毛色比喻文,用去毛的皮比喻质。

【译文】 棘子成说:"君子有美好的本质也就罢了,要文饰有什么用呢?"子贡说:"可惜啊,先生你竟这样来解说君子!一言出口,驷马难追。文饰如同本质一样重要,本质如同文饰一样重要。如果去掉有不同花色的毛,虎豹的皮就和犬羊的皮没有区别了。"

【原文】 哀公问于有若曰:"年饥,用不足,如之何?"

有若对曰:"盍①彻乎?"

曰:"二②,吾犹不足,如之何其彻也?"

对曰:"百姓足,君孰与不足?百姓不足,君孰与足?"

【注释】 ①盍:何不。彻:周代的田赋制度,十分取一。②二:指十分取二。晚周开始实行什二之税。

【译文】 鲁哀公问有若说:"年景不好,用度不足,怎么办?"

有若答道:"为什么不用十分取一的田赋方式呢?"

鲁哀公说:"用十分取二的田赋方式,我还感到不足,怎么能用十分取一的方式呢?"

有若答道:"老百姓富足了,您和谁会不富足呢? 老百姓不富足,您和谁会富足呢?"

【原文】 子张问崇德、辨惑。子曰:"主忠信,徙义,崇德也。爱之欲其生,恶之欲其死;既欲其生,又欲其死,是惑也。'诚不以富,亦祇以异①。'"

【注释】 ①诚不以富,亦祇以异:《诗经·小雅·我行其野》中的句子。在这里是何意很难解释,大概是因竹简编次颠倒而造成的文字错乱。

【译文】 子张问什么是崇德、什么是辨惑。孔子说:"以忠诚信实为主,跟从义的指示,这就是崇德。喜爱一个人就希望他活着,厌恶一个人就希望他死去。既想要他活,又想要他死,这就是疑惑。《诗经》里说的:'真的不是因为富足,只是因为不同。'"

【原文】 齐景公①问政于孔子,孔子对曰:"君君、臣臣、父父、子子。"公曰:"善哉! 信如君不君、臣不臣、父不父、子不子,虽有粟,吾得而食诸?"

【注释】 ①齐景公:姓姜,名杵臼。公元前 547～前 490 年间在位。"景"是谥号。

【译文】 齐景公向孔子询问国政的事。孔子答道:"君主要像君主的样,臣子要像臣子的样,父亲要像父亲的样,儿子要像儿子的样。"景公说:"好极了! 的确啊,如果君主不像君主的样,臣子不像臣子的样,父亲不像父亲的样,儿子不像儿子的样,即使有粮食,我能吃得着吗?"

【原文】 子曰:"片言①可以折狱者,其由也与!"子路无宿诺②。

【注释】 ①片言:片面之辞,即打官司时原告与被告两方面中的一面之辞。②宿诺:久未履行的诺言。

【译文】 孔子说:"可以根据片面之辞断案的人,大概就是仲由吧?"

子路没有久未履行的诺言。

【原文】 子曰:"听讼①,吾犹人也。必也使无讼乎!"

【注释】 ①听讼:听诉讼以判案。

【译文】 孔子说:"听讼判案,我跟别人的本事差不多。一定要让人们没有诉讼才好!"

【原文】 子张问政。子曰:"居之无倦,行之以忠。"

【译文】 子张询问国政的事。孔子说:"在位不要疲倦懈怠,执行政令要忠诚。"

【原文】 子曰:"博学于文,约之以礼,亦可以弗畔矣夫!"

【译文】 孔子说:"君子广泛地学习历史文献,并且用礼来约束自己,也就可以不至于离经叛道了。"

【原文】　子曰："君子成人之美,不成人之恶;小人反是。"

【译文】　孔子说："君子成就别人的好事,不成全别人的坏事。小人与此相反。"

【原文】　季康子问政于孔子。孔子对曰："政者,正也。子帅以正,孰敢不正?"①

【注释】　①此章反映孔子主张当政者要以身作则,正道而行。

【译文】　季康子向孔子询问国政的事。孔子回答道："政字的意思就是端正。您带头端正自己的行为,谁敢不端正呢?"

【原文】　季康子患盗,问于孔子。孔子对曰："苟子之不欲,虽赏之不窃。"

【译文】　季康子苦于盗贼太多,向孔子询问对策。孔子说："假如您不贪求财物,即使奖励他们盗窃,他们也不会盗窃。"

【原文】　季康子问政于孔子曰："如杀无道①,以就②有道,何如?"孔子对曰："子为政,焉用杀?子欲善而民善矣!君子之德,风;小人之德,草;草上③之风,必偃④。"

【注释】　①无道:指无道之人。②就:靠近。③上:加。④偃:倒下。比喻被折服,被感化。

【译文】　季康子向孔子询问国政的事,说："如果杀掉坏人,来亲近好人,怎么样?"孔子回答道："您治理国政,为什么要用杀戮?您喜欢从善,那么老百姓也就喜欢从善了。君子的道德就像风,小人的道德就像草。草受到风,一定会随风倒伏。"

【原文】　子张问:"士何如斯可谓之达①矣?"子曰:"何哉,尔所谓达者?"子张对曰:"在邦必闻,在家必闻。"子曰:"是闻也,非达也。夫达也者,质直而好义,察言而观色,虑以下人。在邦必达,在家必达。夫闻也者,色取仁而行违,居之不疑。在邦必闻,在家必闻。"

【注释】　①达:通达。

【译文】　子张问道:"士怎样才可以称得上通达呢?"孔子说:"你所说的达是什么意思?"子张回答道:"在诸侯国做官一定要有声望,在大夫的采邑做官一定要有声望。"孔子说:"这是闻,不是达。至于达,品质正直,追求正义,考察别人的言语,观察别人的容色,总是自觉地谦让别人。那么,在诸侯国做官定能通达,在大夫的采邑做官也能通达。至于闻,表面上装出有仁德的样子,实际行动却违背仁德,还以仁人自居,从不怀疑自己。那么,在诸侯国做官一定会有名声,在大夫的采邑做官也一定会有名声。"

【原文】　樊迟从游于舞雩之下,曰:"敢问崇德、修慝①、辨惑。"子曰:"善哉问!先事后得,非崇德与?攻其恶②,无攻人之恶,非修慝与?一朝之忿,忘其身以及其亲,非惑与?"

【注释】　①修:整治使消除。慝:邪恶。②攻:批判,指责。其:指代自己。

【译文】　樊迟随从孔子在舞雩台下闲游,说:"冒昧请问怎样提高道德,消除邪恶,辨明迷惑。"孔子说:"问得好啊!先去做,然后有所获,不是提高道德的方法吗?

批判自己的错误,不要批判别人的错误,不是消除邪恶的方法吗? 由于一时的愤怒,忘掉自身的安危甚至连累自己的父母,不是迷惑吗?"

【原文】 樊迟问仁。子曰:"爱人。"问知①。子曰:"知人。"

樊迟未达。子曰:"举直错②诸枉,能使枉者直。"

樊迟退,见子夏,曰:"向③也吾见于夫子而问知,子曰:'举直错诸枉,能使枉者直',何谓也?"

子夏曰:"富哉言乎! 舜有天下,选于众,举皋陶④,不仁者远矣。汤⑤有天下,选于众,举伊尹⑥,不仁者远矣。"

【注释】 ①知:"智"的古体字。②错:"措"的古体字,放置。③向:往时。④皋陶:舜时掌管刑法的官。⑤汤:商族首领,伐夏桀灭夏,建立商朝。舜、汤是儒家称颂的圣王。⑥伊尹:曾助汤灭夏建立商朝。汤死后,又辅佐二王。皋陶、伊尹是儒家称赞的贤臣。

【译文】 樊迟问什么是仁。孔子说:"爱人。"又问什么是智? 孔子说:"知人。"

樊迟不明白是什么意思。孔子说:"选拔正直之人,把他们放在邪曲之人上面,能使邪曲之人正直起来。"

樊迟退出来,见到子夏,说:"刚才我见到老师,询问什么是智,老师说:'选拔正直之人,把他们放在邪曲之人上面,能使邪曲之人正直起来。'这话说得是什么?"

子夏说:"这话多么富有寓意呀! 舜得了天下,在众人中选拔人才,选择了皋陶,不仁的人纷纷远离而去。汤得了天下,在众人中选拔人才,选择了伊尹,不仁的人纷纷远离而去。"

【原文】 子贡问友。子曰:"忠告而善道①之,不可则止,毋自辱焉。"

【注释】 ①道:"导"的古体字。

【译文】 子贡问交友之道。孔子说:"忠心地劝告他,好好地劝导他,不听就作罢,不要自讨羞辱。"

【原文】 曾子曰:"君子以文会友,以友辅仁①。"

【注释】 ①以友辅仁:与有仁德的人交往,同时成就自己的仁德。

【译文】 曾子说:"君子用文章学问来聚会朋友,用朋友来辅助自己修养仁德。"

子路第十三

【题解】

本篇以论政的内容为主:①主张治政者应首先正己,以身作则、宽以待人、举用贤才;②要求恢复既有的名物制度;③提出执政者要讲究礼节、遵循道义、谨守信用;④表达对鲁国卫国政治的期待;⑤提出富民而后教民的教化思想;⑥反映孔子渴望用世的心愿;⑦反映孔子不事刑罚的治世主张;⑧要求国君务必行事谨慎,切忌妄为;⑨提出悦近来远的人民政策;⑩指出治政不可急功近利;⑪指出读《诗》之于从政的用途;⑫评价人物;⑬反映孔子的正直观以符合孝悌的规定为条件;⑭说明二德的特质;⑮对士人提出道德的要求;⑯肯定勇于进取和洁身自好两种作风;⑰指出恒心的重要性;⑱指出君子与小人的区别;⑲反映孔子的好恶标准;⑳反映孔子的战争观。

【原文】 子路问政。子曰:"先之①,劳②之。"请益③,曰:"无倦。"

【注释】 ①先:率先。之:指代老百姓。"先之"是说当政者要做老百姓的表率。②劳:役使。③益:增加。

【译文】 子路询问国政的事。孔子说:"自己要先于百姓行动,然后再劳动百姓。"子路请求再多讲一些。孔子说:"永远不要倦怠。"

【原文】 仲弓为季氏宰,问政。子曰:"先有司,赦小过,举贤才。"

曰:"焉知贤才而举之?"子曰:"举尔所知。尔所不知,人其舍诸?"

【译文】 仲弓做季氏的家臣,向孔子询问从政的事。孔子说:"给办事人员做表率,宽免别人小的过失,选拔贤良人才。"

仲弓又说:"怎么样识别贤良人才而任用他们呢?"孔子曰:"任用你所了解的。你不了解的那些人,别人难道会把他们舍弃吗?"

【原文】 子路曰:"卫君①待子而为政,子将奚②先?"

子曰:"必也正名③乎!"

子路曰:"有是哉,子之迂也!奚其正?"

子曰:"野哉,由也!君子于其所不知,盖阙如也。名不正,则言不顺;言不顺,则事不成;事不成,则礼乐不兴;礼乐不兴,则刑罚不中;刑罚不中,则民无所错手足。故君子名之必可言也,言之必可行也。君子于其言,无所苟④而已矣!"

【注释】 ①卫君:指卫出公。卫灵公的宠妃南子,驱逐世子蒯聩,立蒯聩的儿子辄为出公。②奚:何。③名:名称,名义,名分。春秋末叶,礼制遭到破坏,名称、名义、名分混乱,与原有的规定不相副,因此孔子希望从恢复旧有的名物制度做起。④苟:不严肃。

【译文】 子路说:"如果卫君等待先生去治理国政,先生将先做什么?"

孔子说:"一定是纠正混乱的名称。"

子路说:"先生的迂阔竟然如此严重!有什么可纠正的?"

孔子说:"粗鲁啊!子由!君子对他不了解的事情,大概应该避而不谈吧。混乱的名称不得到纠正,那么说话就不顺当;说话不顺当,那么事情就办不成;事情办不成,那么礼乐就不能兴起;礼乐不能兴起,那么刑罚就不能适中;刑罚不能适中,那么老百姓都不知道把手脚放在哪里。因此君子对于正确的名称一定可以顺当说出来,顺当说出来的事情一定可以行得通。君子对于自己的言语,没有不严肃的地方才算罢了。"

【原文】 樊迟请学稼。子曰:"吾不如老农。"请学为圃①。曰:"吾不如老圃。"

　　樊迟出。子曰:"小人哉,樊须也! 上好礼,则民莫敢不敬;上好义,则民莫敢不服;上好信,则民莫敢不用情②。夫如是,则四方之民襁③负其子而至矣,焉用稼?"

　　【注释】　①圃:种植果木瓜菜的园子。②情:实。③襁:背负婴儿用的宽带。

　　【译文】　樊迟请求学习种庄稼。孔子说:"我不如经验丰富的老农民。"又请求学习种菜。孔子说:"我不如经验丰富的老菜农。"

　　樊迟退出。孔子说:"樊迟真是个干粗活的人啊! 居上位的人讲究礼节,老百姓就没有人敢不尊敬;居上位的人喜欢道义,老百姓就没有人敢不服从;居上位的人讲信用,老百姓就没有人敢不实在。若能如此,那么四方的老百姓就会背负着襁褓中的子女来投靠了,哪里用得着亲自种庄稼呢?"

　　【原文】　子曰:"诵《诗》三百,授之以政①,不达②;使于四方,不能专对③;虽多,亦奚以为?"

　　【注释】　①授之以政:孔子认为《诗》可以兴、观、群、怨、事父、事君,因此与从政有关。②达:通晓。③专对:独立应对。春秋时期,外交辞令多称引《诗经》中的章句以表达某种主张,即所谓"赋诗言志"。

　　【译文】　孔子说:"诵读《诗经》三百余篇,授予他政事,却不通晓;到四方出使,却不能独立应对;即使读得多,又有什么用呢?"

　　【原文】　子曰:"其身正,不令而行;其身不正,虽令不从。"①

　　【注释】　①此章表达孔子要求统治阶层的人要以身作则,行动的示范作用比政令更加有效。

　　【译文】　孔子说:"统治者自身端正,即使不下命令,事情也能行得通;统治者自身不端正,即使下了命令,老百姓也不会听从。"

　　【原文】　子曰:"鲁卫之政,兄弟①也。"

　　【注释】　①兄弟:像兄弟一样相近。鲁国是周公的封地,卫国是康叔的封地。周公、康叔则是兄弟,都从周天子那里接受了先进的礼乐文化以治理国家;且两人非常和睦,因此说两国之政也和兄弟一样相近。

　　【译文】　孔子说:"鲁国、卫国的政治,像兄弟一样相近。"

　　【原文】　子谓卫公子荆①:"善居室②。始有,曰:'苟合矣③!'少有④,曰:'苟完矣。'富有,曰:'苟美矣。'"

　　【注释】　①卫公子荆:卫国的公子,被认为是有道德的人。《左传·襄公二十九年》记载:吴国的公子季札到卫国访问,见到卫国的众多贤人,说:"卫国的君子很多,不会有祸患。"其中就包括公子荆。②居室:积蓄家业过日子。③苟:诚然,实在是。合:给,足。④少:稍微。

　　【译文】　孔子评论卫国的公子荆,说:"他善于持家过日子。刚有一点财产,便说:'实在是足够了。'稍微增加一些,便说:'实在是太完备了。'富有以后,便说:'实在是太华美了。'"

【原文】 子适卫,冉有仆①。子曰:"庶②矣哉!"

冉有曰:"既庶矣,又何加焉?"曰:"富之。"

曰:"既富矣,又何加焉?"曰:"教之。"③

【注释】 ①仆:驾驭马车。②庶:众多。③此章反映孔子主张在富民的基础上进行教化。

【译文】 孔子到卫国,冉有给他驾车。孔子说:"人口好多啊!"

冉有说:"人口已经很多了,又能采取什么措施呢?"孔子说:"让百姓富裕起来。"

冉有又说:"已经富裕起来了,又能采取什么措施呢?"孔子说:"教育他们。"

【原文】 子曰:"苟有用我者,期月①而已可也,三年有成。"

【注释】 ①期月:一年的月份周而复始,即一整年。期,周期。

【译文】 孔子说:"如果有人用我来治理国家,只需一年就能治理得差不多,三年就能卓有成效。"

【原文】 子曰:"'善人为邦百年,亦可以胜残去杀矣。'诚哉是言也!"①

【注释】 ①此章反映孔子治政不用刑戮的倾向。

【译文】 孔子说:"'善人治理国家一百年,也可以克服残暴消除杀戮了。'这话说得真对呀!"

【原文】 子曰:"如有王者,必世①而后仁。"

【注释】 ①世:三十年为一世。

【译文】 孔子说:"如果有称王天下的人出现,也一定要经过三十年才能使仁德普行。"

【原文】 子曰:"苟正其身矣,于从政乎何有? 不能正其身,如正人何!"

【译文】 孔子说:"如果端正了自身的行为,对于参政治国有什么困难的? 不能端正自身的行为,怎么能去端正别人呢?"

【原文】 冉子退朝①。子曰:"何晏②也?"对曰:"有政。"子曰:"其事也。如有政,虽不吾以③,吾其与④闻之。"

【注释】 ①朝:指季氏的私朝。身为家臣的冉有不能朝见国君。②晏:晚。③不吾以:即"不以吾"的倒装。④与:参与。

【译文】 冉有从季氏的内朝回来。孔子说:"为什么这样晚呢?"回答说:"有政务。"孔子说:"那是事务呀。如果有政务,即使不用我了,我也该知道的。"

【原文】 定公问:"一言而可以兴邦,有诸?"

孔子对曰:"言不可以若是。其几①也,人之言曰:'为君难,为臣不易。'如知为君之难也,不几乎一言而兴邦乎!"

曰:"一言而丧邦,有诸?"

孔子对曰:"言不可以若是。其几也,人之言曰:'予无乐乎为君。唯其言而莫予违也。'如其善而莫之违也,不亦善乎! 如不善而莫之违也,不几乎一言而丧邦乎!"

【注释】 ①几:近。

【译文】 鲁定公问道:"一句话就可以使国家兴旺,有这样的话吗?"

孔子回答说:"言语不可能像这样起作用。跟这相近的情况是,人们常说:'做君主难,做臣下也不容易。'如果知道做君主的难处是什么,不是接近于一句话就会使国家兴旺吗?"

鲁定公又说:"一句话就可以使国家丧亡,有这样的话吗?"

孔子回答说:"言语不可能像这样起作用。跟这相近的情况是,人们常说:'作为君主我没有什么快乐的,只有一点,就是无论我说什么话都没有人违抗我。'如果说的话正确而没有人违抗他,不也是很好的吗? 如果说的话不正确而没有人违抗他,不是接近于一句话就会使国家丧亡吗?"

【原文】 叶公问政。子曰:"近者说①,远者来。"

【注释】 ①说:"悦"的古体字。

【译文】 叶公询问国政的事。孔子说:"境内的人使他们高兴,远方的人使他们来归。"

【原文】 子夏为莒父①宰,问政。子曰:"无欲速,无见小利。欲速则不达,见小利则大事不成。"

【注释】 ①莒父:鲁国邑名,现已不能确定其地所在。《山东通志》认为在今山东高密市东南。

【译文】 子夏做莒父的长官,询问治政之事。孔子说:"不要图快,不要只看见小利。图快,反而不能达到目的;只看见小利,那么大事就不能成功。"

【原文】 叶公语①孔子曰:"吾党有直躬②者,其父攘③羊,而子证④之。"孔子曰:"吾党之直者异于是。父为子隐,子为父隐,直在其中矣。"

【注释】 ①语:告诉。②直躬:以直道立身行事。③攘:偷窃。④证:告发。

【译文】 叶公告诉孔子说:"我们乡党有个行事正直的人,他父亲偷了别人的羊,他告发了父亲。"孔子说:"我们乡党中正直的人与此不同:父亲为儿子隐瞒,儿子为父亲隐瞒,正直也就在里面了。"

【原文】 樊迟问仁。子曰:"居处恭,执事敬,与人忠;虽之夷狄①,不可弃也。"

【注释】 ①之:到。

【译文】 樊迟问什么是仁。孔子说:"生活起居要端庄有礼,办事要认真严肃,待人要诚心实意。即使是到了落后的夷狄之国,也不可放弃这些。"

【原文】 子贡问曰:"何如斯可谓之士矣?"子曰:"行己有耻,使于四方,不辱君命,可谓士矣。"

曰:"敢问其次。"曰:"宗族称孝焉,乡党称弟焉。"

曰:"敢问其次。"曰:"言必信,行必果,硁硁然小人哉①! 抑亦可以为次矣②。"

曰:"今之从政者何如?"子曰:"噫! 斗筲之人③,何足算也④!"

【注释】 ①硁硁:固执的样子。孔子曾说:"信近于义,言可复也",可知符合道义是信守承诺的基础。②抑:连词,表示转折。③斗筲之人:比喻器量狭小的人。筲,竹质容器,容量为二升。④算:数。

【译文】 子贡问道:"怎样才可以称得上是士?"孔子说:"用羞耻心来约束自己的行为,出使外国,能不使君命受辱,便可以称得上是士了。"

子贡说:"冒昧地请问次一等的。"孔子说:"宗族称赞他孝顺父母,乡党称赞他尊敬兄长。"

子贡说:"冒昧地请问再次一等的。"孔子说:"说话一定信实,做事一定果敢,固执而不懂得权变的小人呀!不过也可算是再次一等的士了。"

子贡又说:"现在执政的那些人怎么样?"孔子说:"咳!这些器量狭小的人,哪里能算数呢?"

【原文】 子曰:"不得中行而与之①,必也狂狷乎②!狂者进取,狷者有所不为也。"

【注释】 ①中行:依中庸之道而行。与:党与。②狂:勇于进取。狷:洁身自好。

【译文】 孔子说:"如果不能得到按中庸原则行事的人与他结交的话,那一定要结交狂与狷这两类人!狂者肯于进取,狷者不肯做坏事。"

【原文】 子曰:"南人有言曰:'人而无恒①,不可以作巫医②。'善夫!"

"不恒其德,或承之羞。"③子曰:"不占而已矣。"

【注释】 ①无恒:古人认为没有恒心是不吉利的。《周易·益卦·上九爻辞》:"立心勿恒,凶。"因此不能充当治病的巫医。②巫医:上古时期常用巫师祝祷的方式为人治病,医和巫集于一人之身,故称巫医。③不恒其德,或承之羞:《周易·恒卦·九三爻辞》中的句子。

【译文】 孔子说:"南方人有句话说:'人如果没有恒心,不可以做巫医。'这话太好啦!"

《周易·恒卦》中有这样的话:"不持守德行,有可能受到羞辱。"孔子说:"这是告诉不持守德行的人不要去占卜罢了。"

【原文】 子曰:"君子和而不同①,小人同而不和。"

【注释】 ①和:和谐,即指有区别的部分能够实现矛盾的统一。同:等同,即整齐划一、毫无区别。孔子所理解的区别是等级制度上的区别,他理想的社会状态是等级制度不被破坏,大家都能在等级体系中安于自己的名分从而达到和谐相处;反对取消等级的混同。

【译文】 孔子说:"君子是和谐而不是等同,小人是等同而不是和谐。"

【原文】 子贡问曰:"乡人皆好之,何如?"子曰:"未可也。"

"乡人皆恶之,何如?"子曰:"未可也。不如乡人之善者好之,其不善者恶之。"①

【注释】 ①此章反映孔子的好恶有是非标准,既不称赞貌似忠厚的"乡原"之人,也不埋没因为正道直行而得罪他人的正义之士。

【译文】 子贡问道:"乡人都喜欢他,怎么样?"孔子说:"还不行。"

子贡又问:"乡人都厌恶他,怎么样?"孔子说:"还不行。不如乡人中的好人喜欢他,乡人中的坏人厌恶他。"

【原文】 子曰:"君子易事而难说也[1]。说之不以道,不说也;及其使人也,器之[2]。小人难事而易说也。说之虽不以道,说也;及其使人也,求备焉。"

【注释】 [1]事:侍奉。说:"悦"的古体字。[2]器:量才而用。

【译文】 孔子说:"君子容易在他手下做事,却难于讨他喜欢。讨他喜欢的方法不正当的话,他是不会喜欢的;等到他使用别人时,总是量才而用。小人难于在他手下做事,却容易讨他喜欢。讨他喜欢的方法即使不正当,他也会喜欢;等到他使用别人时,总是求全责备。"

【原文】 子曰:"君子泰而不骄,小人骄而不泰[1]。"

【注释】 [1]泰:安详坦然。

【译文】 孔子说:"君子安详坦然,却不骄傲自大;小人骄傲自大,却不安详坦然。"

【原文】 子曰:"刚、毅、木、讷[1],近仁。"

【注释】 [1]毅:果敢。木:质朴。讷:言语迟钝。

【译文】 孔子说:"刚强、果敢、朴实、慎言,这四种品质都近于仁。"

【原文】 子路问曰:"何如斯可谓之士矣?"子曰:"切切偲偲[1]、怡怡如也[2],可谓士矣。朋友切切偲偲,兄弟怡怡。"

【注释】 [1]切切偲偲:切磋勉励。切切,责勉。偲偲,互相勉励监督。[2]怡怡:和顺的样子。

【译文】 子路问道:"怎样才可以称得上是士?"孔子说:"互相勉励监督,和睦相处,可以称得上是士了。朋友之间互相勉励监督,兄弟之间和睦相处。"

【原文】 子曰:"善人教民七年,亦可以即戎矣[1]。"

【注释】 [1]即戎:参军作战。即,就。戎,兵事。

【译文】 孔子说:"善人教育人民达七年之久,也就可以让他们参军作战了。"

【原文】 子曰:"以不教民战[1],是谓弃之。"

【注释】 [1]不教民:未经教育训练的民众。

【译文】 孔子说:"用未经教育训练的民众去作战,这可以说是抛弃了他们。"

宪问第十四

【题解】

本篇以评论人物的内容为主,对象包括孔门弟子,如南宫适、冉求、子贡等;政治人物，如裨谌、世叔、行人子羽、子产、子西、管仲、孟公绰、臧武仲、卞庄子、公叔文子、仲叔圉、祝鮀、王孙贾、陈成子、蘧伯玉之使等；还有诸侯国君，如晋文公、齐桓公、卫灵公等。论及诸人的道德水平、政治才能、性格特点、举止行为、成就贡献等方面。

子贡像

【原文】　宪问耻①。子曰："邦有道，谷②；邦无道，谷，耻也。"

"克、伐、怨、欲不行焉③，可以为仁矣?"子曰："可以为难矣，仁则吾不知也。"

【注释】　①宪：即原思，宪为名，思为字。古时称他人一般称字或称号以示尊敬，只有自称称名。本章直称名，很有可能是原宪本人记载的。②谷：禄。③克：胜。伐：夸耀自己。

【译文】　原宪问什么是耻辱。孔子说："国家政治清明，可以做官得俸禄；如果国家政治昏乱，做官得俸禄就是耻辱。"

原宪又问："没有好胜、自夸、怨恨、贪欲这四种毛病，可以算得上仁了吧?"孔子说："可以算是难能可贵的了，能否算得上仁，我就不知道了。"

【原文】　子曰："士而怀居①，不足以为士矣!"

【注释】　①而：如。

【译文】　孔子说："士如果留恋安逸的话，就不足以称为士了。"

【原文】　子曰："邦有道，危言危行①；邦无道，危行言孙②。"

【注释】　①危：正。②孙："逊"的古体字。

【译文】　孔子说："国家政治清明，正直地说话，正直地做人；国家政治昏乱，正直地做人，说话却要谨慎。"

【原文】　子曰："有德者必有言①，有言者不必有德②；仁者必有勇，勇者不必有仁③。"

【注释】　①言：指善言，有价值的言论。②有言者不必有德：道德不够醇厚的人而有善言，是善言与实际行动脱节，故而知道其人道德不够醇厚，但言论本身可能是正确的。这句话既告诫人们要听其言而观其行，以判断其人是否伪善；又告诫人们不可因人废言。③勇者不必有仁：单纯的勇敢还达不到仁的境界，勇敢必须符合礼义才行。

【译文】　孔子说："有道德的人一定有善言，有善言的人不一定有道德。有仁德的人一定勇敢，勇敢的人不一定有仁德。"

【原文】　南宫适问于孔子曰①："羿善射②，奡荡舟③，俱不得其死然。禹、稷躬稼④，而有天下。"夫子不答。

南宫适出。子曰："君子哉若人! 尚德哉若人!"

【注释】　①南宫适：即孔子弟子南容。②羿：古代传说中叫羿的人有三个，都是善射之人。这里的羿指夏代有穷国的君主后羿。据《左传·襄公四年》的记载，后羿趁夏国式微占据了它的国土,但由于沉溺于打猎,被自己的臣子寒浞杀而代之。③奡:或作"浇",古代传说中的人物,寒浞的儿子,以力大著称。荡:翻。④禹:夏后氏部落领袖,曾因治理洪水有功,舜死后担任部落联盟领袖。他的儿子启建立了夏朝。稷:后稷,周人的始祖,名弃。善于耕种,尧、舜时代曾做农官。躬稼:亲自参加耕种。后稷躬稼确有其事,禹治理洪水也可认为与农业有关。

【译文】 南宫适向孔子问道:"后羿擅长射箭,奡力大能翻舟,结果都不得好死。大禹和后稷亲自参加农事,却都得到天下。"孔子没有回答。

南宫适出去以后,孔子说:"这个人真是君子啊! 这个人真崇尚道德啊!"

【原文】 子曰:"君子而不仁者有矣夫①,未有小人而仁者也②。"

【注释】 ①君子:在这里指有贵族地位的人,因此可以说"君子而不仁者有矣夫"。②小人:与上句的"君子"相对,这里的小人是指没有贵族地位的老百姓。

【译文】 孔子说:"身为君子却不具备仁德的人是有的,但没有身为小人却具备仁德的人。"

【原文】 子曰:"爱之,能勿劳乎? 忠焉,能勿诲乎?"

【译文】 孔子说:"爱他,能不使他操劳吗? 忠于他,能不给他教诲吗?"

【原文】 子曰:"为命①,裨谌草创之②,世叔讨论之③,行人子羽修饰之④,东里子产润色之⑤。"

【注释】 ①命:令,这里指辞令。

②裨谌:郑国的贤大夫,善于出谋划策,但在野外做策划就正确,在城里策划就不行。此处所言详情可参《左传·襄公三十一年》。③世叔:即子太叔,姓游,名吉,郑简公、定公时为卿,后继子产执政。讨论:研究后提出意见。④行人:执掌出使的官。子羽:公孙挥的字,郑国大夫,经常出使四方,了解各诸侯国的情况。⑤东里:子产所居之地,在今郑州市。

【译文】 孔子说:"郑国拟定外交辞令,由裨谌打草稿,经过世叔的研究并提出意见,再由使臣子羽加以修饰,东里子产加以润色。"

【原文】 或问子产。子曰:"惠人也。"

问子西①。曰:"彼哉! 彼哉②!"

问管仲。曰:"人也。夺伯氏骈邑三百③,饭疏食,没齿无怨言④。"

【注释】 ①子西:春秋时有三个叫子西的人,这里应当是指郑国的公孙夏,为子产的同宗兄弟,子产继他之后主持郑国国政。因此问过子产之后,又问到他。另外两个,一个是楚国的鬭宜申,生当鲁僖公、文公之世,因谋乱被诛。一是楚国的公子申,和孔子同时,而死于其后。②彼哉彼哉:表示轻蔑的习惯用语。③伯氏:齐国大夫。骈邑:伯氏的采邑。三百:指户数。④没齿:终其天年。齿,年。

【译文】 有人问子产是个怎样的人。孔子说:"是个宽厚慈惠的人。"

又问子西是个怎样的人。孔子说:"他呀! 他呀!"

又问管仲是个怎样的人。孔子说："是个人才。他曾剥夺伯氏骈邑三百户的采地，让伯氏只能吃粗饭，直到老死都没有怨言。"

【原文】　子曰："贫而无怨难,富而无骄易。"

【译文】　孔子说："贫穷却不怨恨,很难做到;富有却不骄傲,容易做到。"

【原文】　子曰："孟公绰为赵魏老则优①,不可以为滕薛大夫②。"

【注释】　①孟公绰:鲁国大夫。孔子认为他不贪心,《史记·仲尼弟子列传》说他是孔子尊敬的人。赵、魏:晋国的卿赵氏和魏氏,是晋国势力最强的卿。老:大夫的家臣称老,或称室老。优:优裕,有余力。②滕:当时的小国,故城在今山东滕县西南十五里。薛:当时的小国,故城在今山东滕县西南四十四里。

【译文】　孔子说:"孟公绰如果做晋国诸卿赵氏、魏氏的家臣,那么能力是绰绰有余的;但是不能胜任滕、薛之类小国大夫的职责。"

【原文】　子路问成人①。子曰:"若臧武仲之知②,公绰之不欲③,卞庄子之勇④,冉求之艺⑤,文之以礼乐⑥,亦可以为成人矣。"曰:"今之成人者何必然? 见利思义,见危授命,久要不忘平生之言⑦,亦可以为成人矣。"

【注释】　①成人:完人。②臧武仲:鲁国大夫臧孙纥。据《左传·襄公二十三年》的记载:他曾设计为季武子废除年长的即位者立自己喜欢的少子。后不容于鲁国,逃往齐国,又能预见齐庄公将败而设法拒绝了庄公授给他的田邑。孔子曾经评价他是有智慧而无礼义的人。知:"智"的古体字。③公绰:即孟公绰。不欲:不贪心。④卞庄子:鲁国卞邑的大夫,以勇敢著称。《荀子·大略篇》说齐国想要征伐鲁国,又害怕卞庄子。⑤艺:多才多艺。⑥文:文饰。⑦要:约,困顿。

【译文】　子路问怎样才算是完人。孔子说:"像臧武仲那样有智慧,孟公绰那样不贪心,卞庄子那样勇敢,冉求那样多才多艺,再用礼乐加以修饰,也可以称作完人了。"又说:"如今的完人何必一定这样! 见到利益能够想一想是否合乎道义,遇到危难愿意献出性命,长时间处于困顿之境而不忘平生所立的誓言,也可以称作完人了。"

【原文】　子问公叔文子于公明贾曰①:"信乎? 夫子不言、不笑、不取乎?"

公明贾对曰:"以告者过也②。夫子时然后言,人不厌其言;乐然后笑,人不厌其笑;义然后取,人不厌其取。"

子曰:"其然,岂其然乎?"

【注释】　①公叔文子:卫国大夫公叔拔(或作发),卫献公之孙,为人廉静,谥"贞惠文子"。公明贾:卫国人,姓公明,名贾。②以:此。

【译文】　孔子向公明贾询问公叔文子,说:"当真吗? 这位老先生不讲话,不笑,不索取吗?"

公明贾说:"这是传话人的错。这位老先生到该讲话的时候才讲话,因此别人不讨厌他讲话;高兴了才会笑,因此别人不讨厌他笑;合乎道义才去索取,因此别人不讨厌他索取。"

孔子说:"原来是这样,难道真是这样吗?"

【原文】 子曰:"臧武仲以防求为后于鲁①,虽曰不要君②,吾不信也。"

【注释】 ①防:臧武仲的封邑。为后:立后。根据《左传·襄公二十三年》的记载:臧武仲获罪于季孙,受到攻伐,逃往邾。自邾到防,派使者向鲁君请求,立臧为为臧氏之后。鲁君接受了他的请求,臧武仲遂交出防地逃往齐国。②要:要挟。

【译文】 孔子说:"臧武仲用防邑做交换条件,请求鲁君立臧为为臧氏后嗣,纵然有人说这不是要挟君主,我是不相信的。"

【原文】 子曰:"晋文公谲而不正①,齐桓公正而不谲②。"

【注释】 ①晋文公:名重耳。晋献公次子,献公宠骊姬,杀太子申生,重耳被迫流亡十九年,后在秦穆公的帮助下归国,公元前636~前628年在位。任用诸贤,救宋破楚,辅裨周襄王并从此挟天子以令诸侯。他和齐桓公是春秋五霸中最有势力的君主。谲:言行多变化,诈伪。②齐桓公:名小白。齐襄公弟,因襄公无道出奔莒。襄公被弑,归国即位。公元前685~前643年在位。他任用管仲为相,国力强大,称霸诸侯。

【译文】 孔子说:"晋文公欺诈而不正直,齐桓公正直而不欺诈。"

【原文】 子路曰:"桓公杀公子纠,召忽死之,管仲不死①。"曰:"未仁乎?"子曰:"桓公九合诸侯,不以兵车②,管仲之力也③。如其仁④!如其仁!"

【注释】 ①桓公杀公子纠,召忽死之,管仲不死:据《左传》庄公八年、九年的记载:公子小白和公子纠都是齐襄公的弟弟。襄公无道,鲍叔牙预见将发生动乱,事奉公子小白逃往莒国。后公孙无知杀襄公自立,齐国动乱,管仲、召忽事奉公子纠逃往鲁国。齐人杀死无知,齐国无主。鲁庄公派人攻打齐国,并护送公子纠回国即位。而小白从莒国先回到齐国,自立为君,是为齐桓公。于是伐鲁,逼迫鲁国杀了公子纠,召忽因此自杀,管仲被囚,后经鲍叔牙举荐,被桓公任用为相。②九合诸侯,不以兵车:多次主持诸侯的和平会盟。古时诸侯会盟,有所谓"兵车之会"——帅兵车聚合武力进行会盟,和"衣裳之会"(又作"衣冠之会")——凭借礼仪的和平会盟。《穀梁传·庄公二十七年》说:"衣裳之会十有一,未尝有歃血之盟也,信厚也。兵车之会四,未尝有大战也,爱民也。"③力:功。④如:乃。

【译文】 子路说:"齐桓公杀了公子纠,召忽为他自杀而死,管仲却不死。"接着又说:"管仲不能算是有仁德吧?"孔子说:"齐桓公多次会盟诸侯,不动用兵车武力,都是管仲的功劳。这就是他的仁德,这就是他的仁德。"

【原文】 子贡曰:"管仲非仁者与?桓公杀公子纠,不能死,又相之。"子曰:"管仲相桓公,霸诸侯,一匡天下①,民到于今受其赐。微管仲②,吾其被发左衽矣③!岂若匹夫匹妇之为谅也④,自经于沟渎而莫之知也⑤。"

【注释】 ①匡:正。②微:无。③被:同"披"。左衽:衣襟向左边开。披散头发、左开衣襟都是落后民族的风俗。④谅:信,这里指小信。⑤自经:自缢。

【译文】 子贡说:"管仲不是有仁德的人吧?齐桓公杀了公子纠,管仲不能为主子而殉难，反而做了齐桓公的相。"孔子说："管仲辅佐齐桓公，称霸于诸侯，使天下得到匡正，人民直到今天还享受着他的恩赐。如果没有管仲，我们大概要像披散着头发、衣襟向左开的落后民族一样了。难道要让管仲像普通男女那样拘泥于小信，自缢于沟渠之中而没有人晓得他吗？"

【原文】 公叔文子之臣大夫僎与文子同升诸公^①。子闻之曰："可以为文矣^②。"

【注释】 ①臣：家臣。大夫僎：又作"大夫选"。公：公室。②文：《逸周书·谥法解》关于"文"的谥号有六义，其六为"锡民爵位"，与这里相合。

【译文】 公叔文子的家臣大夫僎，由于文子的推荐，与公叔文子一起做了卫国公室的大夫。孔子听到后，说："公叔文子可以称为'文'了。"

【原文】 子言卫灵公之无道也^①，康子曰^②："夫如是，奚而不丧^③？"孔子曰："仲叔圉治宾客^④，祝鮀治宗庙，王孙贾治军旅。夫如是，奚其丧？"

【注释】 ①卫灵公：卫献公之孙，名元，公元前534~前493年在位。政治昏乱，夫人南子曾经操权。②康子：即季康子。③奚而：奚为，为何。④仲叔圉：即孔文子。

【译文】 孔子讲到卫灵公的昏乱无道，季康子说："既然如此，为什么能不败亡？"孔子说："他有仲叔圉主管外交，祝鮀主管祭祀，王孙贾主管军队，既然如此，怎么会败亡呢？"

【原文】 子曰："其言之不怍^①，则为之也难！"

【注释】 ①怍：惭愧。

【译文】 孔子说："一个人说话时大言不惭，实践起来一定很困难。"

【原文】 陈成子弑简公^①。孔子沐浴而朝，告于哀公曰^②："陈恒弑其君，请讨之。"公曰："告夫三子^③！"

孔子曰："以吾从大夫之后，不敢不告也。君曰'告夫三子'者。"

之三子告，不可。孔子曰："以吾从大夫之后，不敢不告也。"

【注释】 ①陈成子：名恒，齐国大臣。据《左传·哀公十四年》的记载：陈恒杀死国君齐简公，拥立齐平公，自己出任相国。简公：即齐简公。名壬，公元前484~前481年在位。"简"为谥号。②孔子告哀公之事也见于《左传·哀公十四年》。③三子：即当时鲁国的当权者孟孙、叔孙、季孙。

【译文】 陈成子杀了齐简公。孔子斋戒沐浴后上朝，报告鲁哀公说："陈恒杀了他的君主，请出兵讨伐他。"鲁哀公说："报告孟孙、叔孙、季孙三人吧！"

孔子退下后说："因为我在大夫的行列之后随行，不敢不报告这样重大的事啊。君主却说出'报告孟孙、叔孙、季孙三人'的话！"

孔子到孟孙、叔孙、季孙三人那里报告，不同意出兵。孔子说："因为我在大夫的行列之后随行，不敢不报告这样重大的事啊！"

【原文】 子路问事君。子曰："勿欺也，而犯之^①。"

【注释】 ①犯：犯颜谏诤。

【译文】 子路问怎样侍奉君主。孔子说："不要欺骗，而应该说实话犯颜谏诤他。"

【原文】 子曰："君子上达，小人下达。"①

【注释】 ①上达、下达与学有关。古注以为："上达者，达于仁义也。下达谓达于财利，所以与君子反也。"这样解释跟孔子"君子喻于义，小人喻于利"的说法相合。不过《论语》中还有"中人以上，可以语上也；中人以下，不可以语上也""君子不可小知而可大受也，小人不可大受而可小知也"等说法，若都以"仁义""财利"解释就显然有些不太合适了。这里用道理来解释就都能讲通。

【译文】 孔子说："君子通晓高深的道理，小人通晓低级的道理。"

【原文】 子曰："古之学者为己①，今之学者为人②。"

【注释】 ①为己：为了端正和充实自己。②为人：为了向别人卖弄。

【译文】 孔子说："古代学者学习的目的是为了修养和充实自身，当今学者学习的目的是为了向别人炫耀。"

【原文】 蘧伯玉使人于孔子①。孔子与之坐而问焉，曰："夫子何为？"对曰："夫子欲寡其过而未能也②。"

使者出。子曰："使乎！使乎！"

【注释】 ①蘧伯玉：卫国大夫，名瑗。孔子对他评价很高。②欲寡其过：根据《庄子》《淮南子》等书的记载，蘧伯玉是个善于知错改过的人，与这里的"欲寡其过"正相合。

【译文】 蘧伯玉派使者拜访孔子。孔子跟使者同坐，并问道："你们先生在做什么？"使者回答说："我们先生想尽量减少自己的过错却还没能做到。"

使者出去以后，孔子说："好使者啊！好使者啊！"

【原文】 子曰："不在其位，不谋其政。"

曾子曰："君子思不出其位。"

【译文】 孔子说："不居于那个职位，就不考虑它的政务。"

曾子说："君子考虑问题不超出自己的职权范围。"

【原文】 子曰："君子耻其言而过其行。"①

【注释】 ①而：之。

【译文】 孔子说："君子认为口里说的超过实际做的是可耻的。"

【原文】 子曰："君子道者三①，我无能焉：仁者不忧，知者不惑②，勇者不惧。"子贡曰："夫子自道也。"

【注释】 ①君子道者：君子所行之道。②知："智"的古体字。

【译文】 孔子说："君子所行之道有三，而我没有做到：有仁德的人不忧愁，有智慧的人不迷惑，勇敢的人不畏惧。"子贡说："这是先生在说自己呢。"

【原文】 子贡方人①。子曰："赐也贤乎哉！夫我则不暇。"

【注释】　①方:通"谤",公开指责别人的过失。

【译文】　子贡当面批评别人。孔子说:"赐啊,你就很好吗? 我就没有这样的闲工夫。"

【原文】　子曰:"不患人之不己知,患其不能也。"

【译文】　孔子说:"不担心别人不了解自己,担心自己没有能力。"

【原文】　子曰:"不逆诈①,不亿不信②,抑亦先觉者,是贤乎!"

【注释】　①逆:预先揣度。②亿:通"臆",臆测。

【译文】　孔子说:"不预先揣度别人在欺诈,不凭空猜测别人不诚实,却又能及早发觉欺诈与不诚实,这样的人是贤者吧?"

【原文】　微生亩谓孔子曰①:"丘何为是栖栖者与②? 无乃为佞乎?"孔子曰:"非敢为佞也,疾固也③。"

【注释】　①微生亩:姓微生,名亩。又作"尾生亩"。其人已不可详考。从他直呼孔子之名这一点看,应该是位长者。②栖栖:形容忙碌不安定。③疾:忧患。

【译文】　微生亩对孔子说:"你为什么要这样生活不安定到处游说呢? 不是要卖弄口才吧?"孔子说:"不敢卖弄口才,实在是担心人们顽固不化。"

【原文】　子曰:"骥不称其力①,称其德也②。"

【注释】　①骥:古代良马名,相传能日行千里。②德:指训练有素,驾驭时能配合人意。

【译文】　孔子说:"称赞名马为骥,不是称赞它的气力,而是称赞它的美德。"

【原文】　或曰:"以德报怨①,何如?"子曰:"何以报德? 以直报怨,以德报德。"

【注释】　①以德报怨:《老子》六十三章:"大小多少,报怨以德。"

【译文】　有人说:"用恩德来回报怨恨,怎么样?"孔子说:"那用什么来回报恩德呢? 应该是用正直来回报怨恨,用恩德来回报恩德。"

【原文】　子曰:"莫我知也夫!"子贡曰:"何为其莫知子也?"子曰:"不怨天,不尤人①;下学而上达②。知我者其天乎!"

【注释】　①尤:归咎,责怪。②上达:上通于天,了解天命。

【译文】　孔子感叹道:"没有人了解我啊!"子贡说:"为什么没有人了解您呢?"孔子说:"不怨恨上天,不责怪别人,不懈地学习,上通于天命。了解我的大概只有天吧!"

【原文】　公伯寮愬子路于季孙①。子服景伯以告②,曰:"夫子固有惑志③,于公伯寮,吾力犹能肆诸市朝④。"

子曰:"道之将行也与,命也。道之将废也与,命也。公伯寮其如命何!"

【注释】　①公伯寮:姓公伯,名寮,字子周。《史记·仲尼弟子列传》作"公伯缭"。愬:诽谤。②子服景伯:姓子服,名何,字伯。鲁国大夫。③夫子:指季孙。惑志:疑惑之心。④肆:陈尸示众。市朝:市集与朝廷。

【译文】 公伯寮向季孙诽谤子路,子服景伯把这件事告诉孔子,并且说:"季孙已经对子路产生了疑心,对于公伯寮,我的力量还能够把他杀了陈尸街头。"

孔子说:"治道或许将会实行吧,这是命运;治道或许将会废止吧,也是命运。公伯寮能把命运怎么样呢?"

【原文】 子曰:"贤者辟世①,其次辟地,其次辟色,其次辟言。"子曰:"作者七人矣②。"

【注释】 ①辟:"避"的古体字。②作:为。

【译文】 孔子说:"贤者以避开乱世为上,其次避开乱地,再次避开乱色,再次避开恶言。"孔子又说:"做到这样的已经有七个人了。"

【原文】 子路宿于石门①。晨门曰②:"奚自?"子路曰:"自孔氏。"曰:"是知其不可而为之者与?"

【注释】 ①石门:鲁城外门。②晨门:主管城门晨开夜关的人。

【译文】 子路在石门过夜。守城门的人说:"从哪里来?"子路说:"从孔氏那里来。"守门人说:"就是那个明知行不通却还要去做的人吗?"

【原文】 子击磬于卫①。有荷蒉而过孔氏之门者②,曰:"有心哉!击磬乎!"既而曰:"鄙哉③!硁硁乎④!莫己知也,斯己而已矣⑤。深则厉,浅则揭⑥。"

子曰:"果哉!末之难矣⑦。"

【注释】 ①磬:石制打击乐器,形状像曲尺。②蒉:草编的筐。③鄙:偏狭。④硁硁:象声词,声音果劲。⑤斯:则。己:守己。⑥深则厉,浅则揭:《诗经·邶风·匏有苦叶》中的句子。厉,穿着衣服涉水。揭,提起衣裳。⑦难:反驳。

【译文】 孔子在卫国击磬。有个挑着草筐路过孔子门前的人,说:"有心啊,在击磬!"过了一会又说:"偏狭啊,硁硁的磬声!没有人了解自己,就专守己志算了。《诗经》说:河深就穿着衣裳涉过,河浅就提起衣裳涉过。"

孔子说:"好坚决啊,没有办法来说服他了。"

【原文】 子张曰:"《书》云'高宗谅阴,三年不言'①,何谓也?"子曰:"何必高宗?古之人皆然。君薨②,百官总己以听于冢宰三年③。"

【注释】 ①高宗谅阴,三年不言:《尚书·无逸》中的句子。高宗,殷高宗,即武丁。盘庚弟小乙之子,为殷中兴之王。谅阴,《尚书》作"梁闇",屋檐着地而无楹柱的房子,类似现在的窝棚,又称凶庐,守丧所居。②薨:古时诸侯国君之死叫薨。③冢宰:统理政务、总御群官的最高长官。三年:古时为天子居丧的期限。

【译文】 子张说:"《尚书》说:'殷高宗住在凶庐里守孝,三年不讲话。'这是什么意思?"孔子说:"哪里只是殷高宗居丧不问政事,古时的人都是如此。君主死了,官员管理各自的职务并听命于冢宰,满三年为止。"

【原文】 子曰:"上好礼,则民易使也。"

【译文】 孔子说:"居上位的人喜欢礼仪,那么老百姓就容易役使。"

【原文】 子路问君子。子曰:"修己以敬①。"

曰:"如斯而已乎?"曰:"修己以安人②。"

曰:"如斯而已乎?"曰:"修己以安百姓③。修己以安百姓,尧、舜其犹病诸!"

【注释】 ①以:而。敬:严肃谨慎。②安人:即"已欲立而立人,已欲达而达人"之义,已达到"仁"的标准。③安百姓:即"博施于民而能济众"之义,已达到"圣"的标准。

【译文】 子路问怎样算是君子。孔子说:"修养自己而且敬慎从事。"

又问:"这样就够了吗?"孔子说:"修养自己而且安抚别人。"

又问:"这样就够了吗?"孔子说:"修养自己而且安定百姓。做到修养自己而且安定百姓,就连尧、舜恐怕都感到很难呢!"

【原文】 原壤夷俟①。子曰:"幼而不孙弟②,长而无述焉③,老而不死,是为贼④!"以杖叩其胫⑤。

【注释】 ①原壤:鲁国人。《礼记·檀弓》记载原壤是个不拘礼节的人:他的母亲死了,孔子去帮他料理丧事,他却登上棺材唱了一支逗乐的歌。夷:箕踞,一种无礼貌的坐姿。古时坐如跪姿,小腿及足蜷曲于后,臀部坐在脚后跟上。箕踞则是臀部坐在地上,腿和脚伸出在身前,并张开两膝。俟:等待。②孙:通"逊"。弟:同"悌"。③无述:无可称述。④贼:害。⑤胫:小腿。

【译文】 原壤箕踞坐着,等待孔子。孔子说:"幼时不谦逊敬长,长大了又无可称述,老了还不快死,这真是个祸害!"说完,用手杖敲了敲他的小腿。

【原文】 阙党童子将命①。或问之曰:"益者与②?"子曰:"吾见其居于位也③,见其与先生并行也④。非求益者也,欲速成者也⑤。"

【注释】 ①阙党:即阙里,孔子旧里。将命:传达宾主的辞命。②益:长进。③居于位:居于席位。《礼记·檀弓》规定,童子不可以居于成人之位。④先生:年长者。并行:并排而行。《礼记·曲礼》规定,童子不可与长者并行。⑤速成:孔子认为"欲速则不达"。

【译文】 阙党的一个少年负责为宾主传达辞命。有人问孔子,说:"是个肯上进的后生吗?"孔子说:"我见他坐在成年人的位子上,又见他与年长者并肩而行。可知他不是一个追求进步的人,而是一个贪图速成的人。"

卫灵公第十五

【题解】

本篇内容以论道德修养的居多:①提出"一以贯之"之道;②主张忠信笃敬;③肯定"仁";④强调"义";⑤论"君子"之为人的就有十章:指出安贫乐道、遵守礼义、态度谦逊、言语信实、追求真才实学、美名传扬、克己知人、团结合群、堪当重任等都是君子应当必备的修养和能力,且多数章与"小人"之为人形成对比。此外论及政治的章节也不少:①主张礼治反对军政;②提出治政要从端正自身做起;③涉及历法、用度、礼服、乐制等施政的具体内容;④讲处世方法;⑤讲交友之道;⑥指出要以实际行动来考察人;还有少数章节论及学习与教育:①强调学思结合;②讲重视实践;③提出有教无类的教育理论。

【原文】 卫灵公问陈于孔子①。孔子对曰:"俎豆之事②,则尝闻之矣;军旅之事,未之学也。"明日遂行。

【注释】 ①陈:"阵"的古体字,作战队伍的阵法。②俎豆:俎和豆都是古代的礼器,这里用以代表礼仪。俎,形状似几,用以供放牺牲祭品。豆是高脚盘,用以盛肉酱或带汁的食物。

【译文】 卫灵公向孔子询问作战的阵法,孔子回答说:"礼仪的事情,我曾经听到过;军队的事情,未曾学习过。"第二天便离开卫国走了。

【原文】 在陈绝粮,从者病,莫能兴①。子路愠见曰:"君子亦有穷乎?"子曰:"君子固穷②,小人穷斯滥矣。"

【注释】 ①兴:起。②穷:困穷没办法。

【译文】 孔子在陈国断绝了粮食,跟随的人都饿坏了,没有人能爬得起来。子路非常怨愤,来见孔子说:"君子也有没办法的时候吗?"孔子说:"君子没办法还坚持着,小人遇到没办法,就会胡作非为了。"

【原文】 子曰:"赐也,女以予为多学而识之者与①?"对曰:"然,非与?"曰:"非也。予一以贯之②。"

【注释】 ①女:通"汝"。识:记。②一以贯之:用一种核心内容加以贯穿。

【译文】 孔子说:"赐!你以为我是多方面学习并且把内容都记下来的人吗?"子贡回答说:"是的,难道不是吗?"孔子说:"不是的。我用一个中心把它们贯穿起来。"

【原文】 子曰:"由!知德者鲜矣。"①

【注释】 ①此章表面上讲知德者少,实指有德者少。

【译文】 孔子说:"由!知晓道德的人太少了啊!"

【原文】 子曰:"无为而治者①,其舜也与!夫何为哉?恭己正南面而已矣②。"

【注释】 ①无为而治:无所烦劳就能使天下大治。舜治理天下的方法,古书中多有记载。如《大戴礼·主言篇》说:"昔者舜左禹而右皋陶,不下席而天下治。"《新序·杂事三》说:"故王者劳于求人,佚于得贤。舜举众贤在位,垂衣裳恭己无为而天下治。"可见舜任用能人辅佐自己,故能免于烦劳。②恭己:端正自身。儒家的政治思想以修己为起点。如《礼记·中庸》说:"君子笃恭而天下平。"《大学》讲修身,治家,齐国,平天下。南面:居于统治之位。

【译文】 孔子说:"能够无所烦劳就实现天下大治的人,大概就是舜吧!他做了什么呢?修养好自己,端正地居位听政罢了。"

【原文】 子张问行①。子曰:"言忠信,行笃敬,虽蛮貊之邦,行矣②;言不忠信,行不笃敬,虽州里,行乎哉?立,则见其参于前也③;在舆④,则见其倚于衡也⑤。夫然后行!"子张书诸绅⑥。

【注释】 ①行:行得通。②蛮貊:泛指地处边远的落后部族,蛮指南方,貊指北方。③参:并立。④舆:车箱。⑤衡:车辕前端用于套牲口的衡木。⑥绅:束在腰间的大带。

【译文】 子张问怎样才能行得通。孔子说:"说话忠诚信实,行为笃实敬慎,即使在落后部族的国家,也能行得通。说话不忠诚信实,行为不笃实敬慎,即使在本州本里,能够行得通吗?站立时仿佛看见'忠信笃敬'这四个字就树立在前面,坐在车中仿佛看见这四个字就在车辕的横木上。能够做到这样,而后才能行得通。"子张把这段话写在腰间的大带上。

【原文】 子曰:"直哉史鱼①!邦有道,如矢②;邦无道,如矢。君子哉蘧伯玉!邦有道,则仕;邦无道,则可卷而怀之③。"

【注释】 ①史鱼:卫国大夫。姓史,名鳅,字子鱼。他耿直敢言,公正无私。《韩诗外传》卷七记载:史鱼将死之时,嘱咐儿子不要为自己在正堂治丧,因为自己多次举荐贤良的蘧伯玉,摒退不肖的弥子瑕,未被国君采纳。卫灵公得知后,终于重用了蘧伯玉而免掉弥子瑕。故史鱼有"生以身谏,死以尸谏"之称。②矢:箭。③卷而怀之:收起来,指隐居民间不做官。

【译文】 孔子说:"正直啊史鱼!国家政治清明,像箭一样直;国家政治昏乱,也像箭一样直。君子啊蘧伯玉!国家政治清明,就做官;国家政治昏乱,就可以把自己收起来不做官。"

【原文】 子曰:"可与言,而不与之言,失人;不可与言,而与之言,失言。知者不失人①,亦不失言。"

【注释】 ①知:"智"的古体字。

【译文】 孔子说:"可以跟他说,却不跟他说,就会失去人才;不可跟他说,却跟他说了,就是说错了话。聪明人既不会失去人才,也不会说错话。"

【原文】 子曰:"志士仁人,无求生以害仁,有杀身以成仁。"

【译文】 孔子曰:"志士仁人,不会因为求生而损害仁道,只会牺牲自身来成全仁道。"

【原文】 子贡问为仁。子曰:"工欲善其事,必先利其器。居是邦也,事其大夫之贤者,友其士之仁者。"

【译文】 子贡问如何修养仁德。孔子说:"工匠想要把他的活干好,一定要先磨快他的工具。住在一个国家,要侍奉大夫中的贤人,交往士人中的仁人。"

【原文】 颜渊问为邦。子曰:"行夏之时①,乘殷之辂②,服周之冕③,乐则《韶》

舞④。放郑声⑤,远佞人。郑声淫,佞人殆。"

【注释】 ①夏之时:夏代的历法,即现在的农历(又叫阴历)。夏历以建寅之月为岁首正月,更符合时令节气,方便农事。殷历以建丑之月(即农历十二月)为正月。周历以建子之月(印农月十一月)为正月。②辂:又作"路",帝王用的大车。《周礼·春官·巾车》记王之五路为玉路、金路、象路、革路、木路,其中木路最为质朴。而根据《礼记·明堂位》的记载,殷路就是木路。③周之冕:周代的礼帽。④《韶舞》:舜时的音乐,孔子称赞《韶》乐"尽美""尽善"⑤郑声:郑国的乐曲。《礼记·乐记》称:"郑音好滥淫志",显然不符合孔子"乐而不淫,哀而不伤"的音乐评价标准。

【译文】 颜渊问怎样治理国家。孔子说:"用夏代的历法,坐殷代的车子,戴周代的礼帽,用舜时的《韶》乐。排斥郑国的乐曲,远离花言巧语的人。郑国的乐曲过分,花言巧语的人危险。"

【原文】 子曰:"人无远虑,必有近忧。"

【译文】 孔子说:"人如果没有长远的考虑,一定会有眼前的忧患。"

【原文】 子曰:"已矣乎!吾未见好德如好色者也。"

【译文】 孔子说:"完了啊!我没有见过追求道德像追求女色的人。"

【原文】 子曰:"臧文仲其窃位者与①?知柳下惠之贤而不与立也②。"

【注释】 ①窃位:古注认为"知贤而不举,是为窃位"。②柳下惠:鲁国的贤者。姓展,名获,字禽,又叫展季。柳下可能是他的住地,因以为号。据《列女传》,"惠"是其妻倡议而给的私谥。与立:并立为官。

【译文】 孔子说:"臧文仲大概是个窃居官位的人吧?明知柳下惠有贤德却不推举他跟自己一起做官。"

【原文】 子曰:"躬自厚而薄责于人①,则远怨矣!"

【注释】 ①躬:亲自。厚:指厚责,因下文有"薄责"而省略了"责"字。责:要求。

【译文】 孔子说:"对自己要求严格而宽松地要求别人,就会远离怨恨。"

【原文】 子曰:"不曰'如之何、如之何'者①,吾末如之何也已矣。"

【注释】 ①如之何:怎么办。连言表示反复考虑。

【译文】 孔子说:"不念叨'怎么办,怎么办'的人,我不知道该怎么办了啊!"

【原文】 子曰:"群居终日,言不及义,好行小慧,难矣哉①!"

【注释】 ①难矣哉:孔子认为士人聚在一起应该切磋学问,互相责善,以助于进德修业,如果"言不及义,好行小慧",就不可能进德,因此说"难矣哉"。

【译文】 孔子说:"士人整日聚在一起,谈话丝毫不涉及道义,喜欢卖弄小聪明,想要进德就太难了啊!"

【原文】 子曰:"君子义以为质,礼以行之,孙以出之,信以成之。君子哉!"

【译文】 孔子说:"君子用义来修养自己的品质,按照礼来行事,用谦逊的态度讲话,靠信实取得成功。这才是君子啊!"

【原文】 子曰:"君子病无能焉,不病人之不己知也。"

【译文】 孔子说:"君子担心自己没有能力,不担心别人不了解自己。"

【原文】 子曰:"君子疾没世而名不称焉①。"

【注释】 ①没世:去世。名不称焉:名声不被世人称道。

【译文】 孔子说:"君子痛恨死后自己的名声不能流传于世。"

【原文】 子曰:"君子求诸己,小人求诸人。"

【译文】 孔子说:"君子反求于自己,小人苛求于别人。"

【原文】 子曰:"君子矜而不争①,群而不党。"

【注释】 ①矜:持重,谨慎。

【译文】 孔子说:"君子庄重谨慎却不与人争,合群团结却不结党营私。"

【原文】 子曰:"君子不以言举人,不以人废言。"

【译文】 孔子说:"君子不根据言辞来选拔人才,也不因为一个人不好而废弃他有价值的言论。"

【原文】 子贡问曰:"有一言而可以终身行之者乎①?"子曰:"其'恕'乎!己所不欲,勿施于人。"

【注释】 ①一言:一个字。

【译文】 子贡问道:"有一个字可以终生奉行的吗?"孔子说:"大概是'恕'吧?意思是自己不喜欢的事情,不要强加给别人。"

【原文】 子曰:"吾之于人也,谁毁谁誉?如有所誉者,其有所试矣①。斯民也,三代之所以直道而行也。"

【注释】 ①试:试用,这里指考察过某人的行为。

【译文】 孔子说:"我对于别人,诋毁过谁?称赞过谁?如果有称赞的人,那一定是经过考察了的。这些值得被称赞的人,正是夏、商、周三代推行正道的依靠。"

【原文】 子曰:"吾犹及史之阙文也①,有马者借人乘之②。今亡矣夫!"

【注释】 ①阙文:有疑问而空缺的文字。②有马者借人乘之:是说有马的人如果自己不能训练驾驭,就可以借给有能力的人来训练驾驭,不必强不能以为能。与上句在史书中空缺不记留待明白的人来记录一样,比喻不必强不知以为知。

【译文】 孔子说:"我还看得到史书中因为存在疑问就空缺不记的情况,如同有马不能驾驭的人把马借给别人使用一样。如今则没有这种情况了!"

【原文】 子曰:"巧言乱德①。小不忍则乱大谋。"

【注释】 ①巧言乱德:意如"巧言令色,鲜矣仁"。

【译文】 孔子说:"花言巧语能败坏道德。小事不忍耐就会扰乱大的谋划。"

【原文】 子曰:"众恶之,必察焉;众好之,必察焉。"①

【注释】 ①此章指出对于舆论必须分析考察,不可简单地从众。

【译文】 孔子说:"众人都厌恶他,一定对他加以考察;众人都喜欢他,也一定对他加以考察。"

【原文】　子曰:"人能弘道,非道弘人。"①

【注释】　①此章强调人的主观能动性,修行仁道决定于人的努力,人只要努力就能习得道的博大内容。反之,如果自身不努力,弘大的道也不能使人伟大起来。

【译文】　孔子说:"人能发扬光大道,不是道能光大人。"

【原文】　子曰:"过而不改,是谓过矣。"①

【注释】　①此章反映孔子对待过错的态度。

【译文】　孔子说:"犯了错却不改正,这才叫过错呢。"

【原文】　子曰:"吾尝终日不食,终夜不寝,以思,无益,不如学也。"①

【注释】　①此章讲学与思的关系问题。孔子主张学习与思考结合,不可偏执其一。

【译文】　孔子说:"我曾经整天不吃饭,整夜不睡觉,用来思考,结果没有长进,还不如学习呢。"

【原文】　子曰:"君子谋道不谋食。耕也,馁在其中矣①;学也,禄在其中矣②。君子忧道不忧贫。"

【注释】　①馁:饥饿②学也,禄在其中矣:意同"学而优则仕"。

【译文】　孔子说:"君子追求道义而不追求饭食。耕田,也常常忍受饥饿;学习,从中得到的是俸禄。君子担心学不到道义,而不担心会贫穷。"

【原文】　子曰:"知及之①,仁不能守之,虽得之,必失之。知及之,仁能守之,不庄以莅之②,则民不敬。知及之,仁能守之,庄以莅之,动之不以礼,未善也。"

【注释】　①知:"智"的古体字。②莅:治理。

【译文】　孔子说:"智慧足以得到它,仁德不能守住它,即使得到了它,一定会失掉它。智慧足以得到它,仁德能够守住它,却不能庄重地治理它,那么老百姓就不尊敬你。智慧足以得到它,仁德能够守住它,能够庄重地治理它,却不按礼的规定来行动,还是没有达到至善。"

【原文】　子曰:"君子不可小知而可大受也①,小人不可大受而可小知也。"

【注释】　①小知:做小事情。大受:承担重任。

【译文】　孔子说:"君子不可以做小事情而可以承担重任,小人不可以承担重任而可以做小事情。"

【原文】　子曰:"民之于仁也,甚于水火。水火,吾见蹈而死者矣①,未见蹈仁而死者也②。"

【注释】　①蹈:踏、踩。②蹈:履行,遵循。

【译文】　孔子说:"老百姓对于仁德的需要,超过对于水火的需要。我见到过踏进水火而死的人,没有见过因实践仁德而死的人。"

【原文】　子曰:"当仁①,不让于师。"

【注释】　①当:值。

【译文】　孔子说:"遇到可实践仁道的机会,对老师也不必谦让。"

【原文】　子曰:"君子贞而不谅①。"

【注释】　①贞:信.

【译文】　孔子说:"君子讲诚信,但不拘泥于小信。"

【原文】　子曰:"事君,敬其事而后其食①。"

【注释】　①事:职事,职责。食:俸禄。

【译文】　孔子说:"侍奉君主,应该敬慎地对待自己的职责,而把俸禄放到后面。"

【原文】　子曰:"有教无类①。"

【注释】　①类:种类,类别。此章是孔子明确提出自己的教育理论,即对接受教育的对象要一视同仁。同时孔子还有因材施教的教育方法,即针对不同的接受者给予不同的指导。

【译文】　孔子说:"对任何人都可以有所教诲,没有种类的限制。"

【原文】　子曰:"道不同,不相为谋。"

【译文】　孔子说:"原则主张不同,就不能一起谋事。"

【原文】　子曰:"辞达而已矣。"

【译文】　孔子说:"言辞能够表情达意就行了。"

【原文】　师冕见①,及阶,子曰:"阶也。"及席,子曰:"席也。"皆坐,子告之曰:"某在斯,某在斯。"

师冕出。子张问曰:"与师言之道与?"子曰:"然。固相师之道也②。"

【注释】　①师冕:师,乐师。冕,人名。古代的乐师一般由盲人充当。②相:帮助。

【译文】　师冕来见孔子,走到台阶前,孔子说:"这里是台阶。"走到席前,孔子说:"这里是座席。"都坐定了,孔子便告诉他说:"某人在这里,某人在这里。"

师冕出去。子张问道:"这是和乐师说话的方式吗?"孔子说:"是的,这本来就是帮助乐师的方式。"

季氏第十六

【题解】

本篇多数章节记孔子语录时称"孔子曰",与此书其他篇章记作"子曰"的体例不合,由此可知本篇内容多非孔子弟子所记。尽管如此,本篇的史料价值仍然很高:①涉及鲁国国君与季氏矛盾不断激化,季氏将要攻打支持鲁君的颛臾的史实;②概括春秋之世天子权力不断下移,诸侯、大夫、家臣逐步越权专政的历史进程。内容涉及孔子的政治思想、教育思想、天命思想、道德修养思想等;③描述齐景公时国势强盛而道德衰微的情况;④记载当时国君及其夫人在不同场合宜用的称谓。同时也反映了孔子均贫富、和众寡、安内来外的德政主张,尊天子、卑诸侯、削弱大夫、抑制陪臣的政治理想;⑤讲君子修养之道:结交有益的朋友,培养有益的爱好,警惕不当的行为,心中有所敬畏,言行经过思虑;⑥反映孔子教学的内容和教学中一视同仁的态度。

【原文】 季氏将伐颛臾①。冉有、季路见于孔子,曰:"季氏将有事于颛臾②。"

孔子曰:"求!无乃尔是过与③?夫颛臾,昔者先王以为东蒙主④,且在邦域之中矣,是社稷之臣也⑤。何以伐为⑥?"

冉有曰:"夫子欲之,吾二臣者皆不欲也。"

孔子曰:"求!周任有言曰⑦:'陈力就列⑧,不能者止。'危而不持⑨,颠而不扶⑩,则将焉用彼相矣⑪?且尔言过矣,虎兕出于柙⑫,龟玉毁于椟中⑬,是谁之过与?"

冉有曰:"今夫颛臾,固而近于费⑭。今不取,后世必为子孙忧。"

孔子曰:"求!君子疾夫舍曰欲之而必为之辞⑮。丘也闻有国有家者,不患贫而患不均,不患寡而患不安⑯。盖均无贫,和无寡,安无倾。夫如是,故远人不服,则修文德以来之。既来之,则安之。今由与求也,相夫子,远人不服,而不能来也;邦分崩离析,而不能守也;而谋动干戈于邦内。吾恐季孙之忧,不在颛臾,而在萧墙之内也⑰。"

【注释】 ①季氏:指季康子。颛臾:鲁国的附庸国,在今山东费县西北。②事:这里指军事行动。③尔是过:就是"过尔",责备你(们)。"是"起指示宾语提前的作用。④东蒙主:主持祭祀东蒙山的人。东蒙,即蒙山,在今山东蒙阴县南。因在鲁国东边,故称东蒙。⑤社稷:指鲁国公室。颛臾为鲁国的附庸,故称社稷之臣。⑥为:语气助词,表疑问语气。⑦周任:古代的一个史官,有良史之称。⑧陈力:贡献力量。就列:就任职位。⑨危:站立不稳。持:扶持。⑩颠:跌倒。⑪相:专职帮助盲人的人,护理人。这里用来比喻冉有、子路,当时二人皆做季氏的家宰,故云。⑫兕:一种类似野牛的独角怪兽。柙:关野兽的笼子。⑬椟:匣子。⑭固:指城池坚固。费:季氏的采邑,在今山东费县西南。⑮辞:借口,这里指找借口。⑯不患贫而患不均,不息寡而患不安:原作"不患寡而患不均,不患贫而患不安",从下文作"均无贫,和无寡"来看,这里的"贫"和"均"是就财富而言,"寡"与"安"是就人民而言,故改从此。⑰萧墙:门屏,古代宫室用以分隔内外的当门小墙。这里用来指代鲁国的国君。季氏与鲁国国君矛盾尖锐。此章的背景正是季氏与鲁哀公有矛盾,哀公想除掉操纵国政的三家,季氏担心世代为鲁臣的颛臾帮助哀公,故采取先发制人的战术。

【译文】

季氏将要攻打颛臾。冉有、季路拜见孔子说:"季氏将对颛臾采取军事行动。"

孔子说:"求!难道不该责备你们吗?颛臾,当初先王让它做东蒙山的主祭,而且是在鲁国国境之内的国家。这是国家的臣子啊。为什么要攻打它呢?"

冉有说:"季氏想要这样做,我们两个做臣子的都不想这样做。"

孔子说:"求!周任有句话说:'能够施展自己的才力,就接受这个职务,不能施展才力的就应该辞职让位。'盲人站立不稳不能去扶持,摔倒了又不能把他扶起来,那么又何必要用那个护理人呢?而且,你的话说错了。老虎、犀牛从笼子里跑出来,龟甲、美玉在匣子中被毁坏,这是谁的过错呢?"

冉有说:"颛臾呀,城墙坚固而且离季氏的采邑费城很近,现在如果不攻取它,将来必定会成为子孙的忧患。"

孔子说:"求!君子最痛恨那种嘴上不说'想要得到它'而一定要替自己的行为找借口的人。我听说,不管是有封地的诸侯还是有食邑的大臣,不担心财产少,只担心财富分配不均;不担心人口少,只担心境内不安定。因为财富平均,就无所谓贫穷;上下和睦,就不觉得人口少;境内安定,国家就不会倾覆。正因为要做到这样,所以远方的人如果不归顺,就应该加强文教德化来使他们归顺,他们归顺之后,就要使他们安顿下来。现在你们两个人辅佐季氏,远方的人不归顺却不能使他们来归;国家四分五裂却不能加以保全,反而策划在国境内发动战争。我担心季孙的忧患,不在颛臾,而在鲁国的宫廷之内啊!"

【原文】 孔子曰:"天下有道,则礼乐征伐自天子出;天下无道,则礼乐征伐自诸侯出。自诸侯出,盖十世希不失矣;自大夫出,五世希不失矣;陪臣执国命①,三世希不失矣。天下有道,则政不在大夫。天下有道,则庶人不议②。"

【注释】 ①陪臣:大夫的家臣。②庶人:无官爵的平民百姓。不议:不加非议,指政治清明,无可非议。

【译文】 孔子说:"天下太平,那么制礼作乐和下令征伐的权力都掌握在天子手中;天下昏乱,那么制礼作乐和下令征伐的权力都掌握在诸侯手中。掌握在诸侯手中,大约传至十代很少有不失掉的;掌握在大夫手中,传至五代很少有不失掉的;如果是家臣操纵了国家政令,传至三代很少有不失掉的。天下太平,那么政令就不会掌握在大夫手中。天下太平,那么老百姓就不非议政治。"

【原文】 孔子曰:"禄之去公室五世矣①,政逮于大夫四世矣②,故夫三桓之子孙微矣③。"

【注释】 ①禄:爵禄,这里指颁授官爵,是掌握政权的象征。五世:指鲁宣公、成公、襄公、昭公、定公五代。②四世:指季孙氏文子、武子、平子、桓子四代。③微:衰微。鲁国三卿至鲁定公时权势已衰,孔子"自大夫出,五世希不失矣"的话正是针对这种情况说的。

【译文】 孔子说:"鲁国的权力从国君手中失掉已经五代了,政权落到大夫手里已经四代了,因此仲孙、叔孙、季孙三家的子孙已经衰微了。"

【原文】 孔子曰:"益者三友,损者三友:友直,友谅①,友多闻,益矣;友便辟②,友善柔③,友便佞④,损矣。"

【注释】 ①谅:信。②便辟:逢迎谄媚。③善柔:阿谀奉承。④便佞:花言巧语。

【译文】 孔子说:"有益的朋友有三种,有害的朋友有三种:跟正直的人交朋友,跟诚信的人交朋友,跟博学多闻的人交朋友,就有益处。跟逢迎谄媚的人交朋友,跟阿谀奉承的人交朋友,跟花言巧语的人交朋友,就有害处。"

【原文】 孔子曰:"益者三乐①,损者三乐。乐节礼乐,乐道人之善②,乐多贤友,益矣;乐骄乐,乐佚游③,乐宴乐④,损矣。"

【注释】 ①乐:爱好。②道:称道。③佚:安逸。④宴乐:宴饮取乐。

【译文】 孔子说:"有益的爱好有三种,有害的爱好有三种。喜欢以礼乐节制自己,喜欢称赞别人的好处,喜欢多交贤德的朋友,就有益处。喜欢骄纵作乐,喜好安逸游乐,喜欢宴饮取乐,就有害处。"

【原文】 孔子曰:"侍于君子有三愆①:言未及之而言谓之躁,言及之而不言谓之隐,未见颜色而言谓之瞽。"

【注释】 ①愆:过失。

【译文】 孔子说:"侍奉君子有三种过失:话没到该说的时候就说,叫作急躁;话到了该说的时候却不说,叫作隐瞒;没有察言观色却贸然开口,叫作盲目。"

【原文】 孔子曰:"君子有三戒:少之时,血气未定,戒之在色;及其壮也①,血气方刚,戒之在斗;及其老也,血气既衰,戒之在得②。"

【注释】 ①壮:壮年,年满三十。②得:贪求占有。

【译文】 孔子说:"君子有三件事要警惕:年少的时候,血气还不成熟,应该警惕不要沉溺女色;到了壮年,血气正旺,应该警惕不要争强好斗;到了老年,血气已经衰退,应该警惕不要贪求占有。"

【原文】 孔子曰:"君子有三畏:畏天命,畏大人①,畏圣人之言。小人不知天命而不畏也,狎大人②,侮圣人之言。"

【注释】 ①大人:居高位的人。②狎:亲昵而不尊重。

【译文】 孔子说:"君子有三种敬畏:敬畏天命,敬畏居高位的人,敬畏圣人的话。小人不知天命不可违抗而不敬畏,不尊重居高位的人,轻侮圣人的话。"

【原文】 孔子曰:"生而知之者,上也;学而知之者,次也;困而学之,又其次也。困而不学,民斯为下矣!"

【译文】 孔子说:"生下来就知道的人,是上等;经过学习才知道的人,是次一等;感到困惑才学习的人,又次一等;感到困惑仍不学习,这样的人就是下等人了。"

【原文】 孔子曰:"君子有九思:视思明,听思聪,色思温,貌思恭,言思忠,事思敬,疑思问,忿思难,见得思义。"

【译文】 孔子说:"君子有九件事要思考:看的时候要明察,听的时候要听清,脸色要温和,态度要恭敬,说话要忠诚,办事要敬慎,产生疑惑要询问,生气时要避免惹祸,得到利益要考虑是否符合道义。"

【原文】 孔子曰:"见善如不及①,见不善如探汤②。吾见其人矣,吾闻其语矣。

隐居以求其志,行义以达其道。吾闻其语矣,未见其人也。"

【注释】 ①如不及:好像会赶不上似的。形容急切追求。②探:试。汤:热水。

【译文】 孔子说:"看到好的行为如同赶不上似的急切追求,看到不好的行为如同用手试热水一样赶快躲开。我看到过这样的人,也听到过这样的话。隐居起来以保全自己的志向,据义行事以实现自己的主张。我听到过这样的话,但没有看到过这样的人。"

【原文】 齐景公有马千驷,死之日,民无德而称焉①。伯夷叔齐饿于首阳之下②,民到于今称之。其斯之谓与③?

【注释】 ①无德而称:没有人因感激而称赞他。②首阳:山名。在今何地,说法不一,以认为在今山西永济市西蒲州镇较可信。③此句之前恐有脱文,否则"斯之谓"的说法没有着落。古注认为,脱漏的就是"诚不以富,亦祗以异"一句。

【译文】 齐景公纵然有四千匹马,死的时候,老百姓没有人因感激而称赞他。伯夷、叔齐饿死在首阳山下,老百姓直到如今还对他们称赞不已。(《诗经》里说的:"真的不是因为富足,只是因为品德卓异。")大概就是说的这个吧?

【原文】 陈亢问于伯鱼曰①:"子亦有异闻乎②?"

对曰:"未也。尝独立,鲤趋而过庭③。曰:'学《诗》乎?'对曰:'未也。''不学《诗》,无以言。'鲤退而学《诗》。他日,又独立,鲤趋而过庭。曰:'学礼乎?'对曰:'未也。''不学礼,无以立!'鲤退而学礼。闻斯二者。"

陈亢退而喜曰:"问一得三:闻《诗》,闻礼,又闻君子之远其子也④。"

【注释】 ①伯鱼:孔子之子孔鲤的字。②异闻:不同的听闻。这里陈亢怀疑孔子对孔鲤有偏私,对他教授的比弟子们多。③趋:快走。按照礼的规定,臣经过君的面前,子经过父的面前,都要小步快走以示谨敬。④远:不亲近溺爱,指严格要求。

【译文】 陈亢询问伯鱼说:"你从你父亲那里听到过与众不同的讲授吗?"

伯鱼回答说:"没有。他曾独自站在庭中,我恭敬地快走而过。他问我道:'学过《诗经》了吗?'我回答说:'没有。'他就说:'不学《诗经》,无法讲话。'我退下后就学习《诗经》。另一天,他又独自站在庭中,我恭敬地快走而过。他问我道:'学过礼仪了吗?'我回答说:'没有。'他就说:'不学礼仪,无法立身。'我退下后就学习礼仪。我就听到这两点。"

陈亢退下后很高兴地说:"问一件事得知三件事:得知《诗经》很重要,得知礼仪很重要,还得知君子严格教育自己的儿子。"

【原文】 邦君之妻,君称之曰夫人,夫人自称曰小童;邦人称之曰君夫人;称诸异邦曰寡小君;异邦人称之,亦曰君夫人。①

【注释】 ①此章也是孔子正名的实例。

【译文】 国君的妻子,国君称她为夫人,夫人自称为小童;本国人称她为君夫人;当着别国人就称她为寡小君;别国人称呼她,也叫君夫人。

阳货第十七

【题解】

本篇分为二十六章。兼有"子曰"和"孔子曰"的章节，而以称"子曰"的居多。

内容比较庞杂。有涉及家臣操权、叛乱的章节：①讲鲁国的阳货越权，欲请孔子相助，为孔子所推辞；②讲鲁国的公山弗扰背叛季氏；③章讲晋国的佛肸背叛范氏。从这三章可以了解当时社会屡见以下犯上状况之一斑。又有论及礼乐的章节：①显示礼乐教化在治政中的作用；②说明"礼"对于仁、智、信、直、勇、刚等品质的规范之功；③强调重视礼乐的精神内涵。其他则有讲解符合"仁"德的具体行为。

【原文】 阳货欲见孔子①，孔子不见，归孔子豚②。

孔子时其亡也③，而往拜之④，遇诸涂⑤。

谓孔子曰："来！予与尔言。"曰："怀其宝而迷其邦⑥，可谓仁乎？"曰："不可。好从事而亟失时⑦，可谓知乎？"曰："不可。日月逝矣，岁不我与。"

孔子曰："诺。吾将仕矣⑧。"

【注释】 ①阳货：又作"阳虎"。季氏的家臣。据《左传》定公五年~九年记载：季氏连续几代把持鲁国朝政，后落到阳货之手。阳货企图削除三桓，遭到讨伐，奔齐，最后逃往晋国。此处所记之事的背景是，阳货知道孔子反对三桓越权，想争取孔子成为自己铲除三桓的同盟，结果是孔子反对"政在大夫"，更反对"陪臣执国命"，与阳货的政见根本不同。②归：通"馈"，赠送。豚：小猪。③时其亡：趁阳货不在家的时候。时，通"伺"，窥伺。④往拜之：根据礼节的规定，"大夫有赐于士，不得受于其家，则往拜其门"。因孔子不愿与阳货交往，所以选择阳货不在家时回拜。⑤涂：道路。⑥怀：藏。宝：指本领。迷：混乱。这里指听任社会混乱而不管。⑦亟：屡次。⑧吾将仕：古注以为这里是"以顺辞免"。就说是：这是孔子敷衍的话，并非真要出仕。

【译文】 阳货想见孔子，孔子不愿见他，便赠送孔子一只小猪。

孔子趁他不在家的时候，前往拜谢以还礼。在路上遇见阳货。

阳货对孔子说："过来！我跟你讲话。"说："把自己的本领藏起来，任凭自己的国家混乱不已，可以称得上是仁吗？"自己回答说："称不上是仁。喜欢从政却又屡次错失时机，可以称得上是智吗？"自己又回答说："称不上是智。日月流逝，年岁不等我们啊。"

孔子敷衍地说："好吧，我就要出来做事了。"

【原文】 子曰："性相近也，习相远也。"

【译文】 孔子说："人们的性情本是相近的，因为习染不同，便相差很远。"

【原文】 子曰："唯上知与下愚不移①。"

【注释】 ①知："智"的古体字。

【译文】 孔子说:"只有上等的智者与下等的愚人是改变不了的。"

【原文】 子之武城,闻弦歌之声。夫子莞尔而笑曰①:"割鸡焉用牛刀②?"

子游对曰:"昔者偃也闻诸夫子曰:'君子学道则爱人,小人学道则易使也。'"

子曰:"二三子!偃之言是也。前言戏之耳!"

【注释】 ①莞尔:微笑的样子。②割鸡焉用牛刀:比喻大材小用。此处是针对武城有代表礼乐教化的弦歌之声而言。

【译文】 孔子到了武城,听见弹奏琴瑟歌唱的声音。孔子微微一笑,说:"杀鸡何必用牛刀呢?"

做武城长官的子游回答说:"以前我听先生说过:'君子学过礼乐之道就懂得爱,小人学过礼乐之道就容易使唤。'"

孔子说:"弟子们!偃的话是对的。我刚才的话不过跟他开玩笑罢了。"

【原文】 公山弗扰以费畔①,召,子欲往。

子路不说②,曰:"末之也已③,何必公山氏之之也④?"

子曰:"夫召我者而岂徒哉?如有用我者,吾其为东周乎⑤!"

【注释】 ①公山弗扰:又作"公山不狃",字子洩。季氏的家臣。畔:"叛"的古体字,叛季氏。《左传·定公十二年》记载:公山不狃叛鲁,被当时做司寇的孔子派人打败;没有公山不狃召孔子前往的记载。因此后人对此章的真实性有争议。②说:"悦"的古体字。③末:无。之:往。已:罢了。④何必公山氏之之:"何必之公山氏"的倒装。第一个"之",起指示宾语提前的作用,第二个"之"字是往的意思。⑤东周:复兴周道于东方。

【译文】 公山弗扰在费邑反叛季氏,召孔子前往,孔子想去。

子路不高兴,说:"没有地方去也就算了,何必到公山弗扰那里呢?"

孔子说:"那个召我去的人,难道就平白无故吗?如果有人能任用我,我将在东方复兴周的世道!"

【原文】 子张问仁于孔子。孔子曰:"能行五者于天下,为仁矣。"

"请问之。"曰:"恭,宽,信,敏,惠。恭则不侮,宽则得众,信则人任焉,敏则有功,惠则足以使人。"

【译文】 子张向孔子询问什么是仁。孔子说:"能在天下实行五种品德就可以说是仁了。"

子张说:"请问是哪五种品德?"孔子说:"恭敬,宽厚,信实,勤敏,慈惠。恭敬就不会受到侮辱,宽厚就能获得众人拥护,信实就会使别人为你效力,勤敏就会取得成功,慈惠就足以役使别人。"

【原文】 佛肸召①,子欲往。

子路曰:"昔者由也闻诸夫子曰:'亲于其身为不善者,君子不入也。'佛肸以中牟畔②,子之往也,如之何?"

子曰:"然。有是言也。不曰坚乎,磨而不磷③;不曰白乎,涅而不缁④。吾岂匏瓜也哉⑤?焉能系而不食?"

【注释】 ①佛肸:晋国大夫范氏的家臣,中牟的地方官。《左传·哀公五年》记载:哀公五年(公元前490年),赵简子征范、中行,围中牟。佛肸占据中牟,抗拒赵简子。当时孔子正在周游列国。②中牟:晋国的地名,在今河北邢台、邯郸之间。③磷:薄损。④涅:染黑。缁:黑色。⑤匏瓜:可以做水瓢的葫芦。

【译文】 佛肸召孔子前往,孔子想去。

子路说:"以前我听先生说过这样的话:'亲自做坏事的人那里,君子是不去的。'如今佛肸占据中牟叛乱,您却要去,为什么这样呢?"

孔子说:"是的,我说过这样的话。但是,不是有坚硬的东西吗,磨也磨不薄;不是有洁白的东西吗,染也染不黑。我难道是葫芦吗?怎么能只是悬挂在那里不食用呢?"

【原文】 子曰:"由也,女闻六言六蔽矣乎①?"对曰:"未也。"

"居②!吾语女。好仁不好学③,其蔽也愚;好知不好学,其蔽也荡;好信不好学,其蔽也贼④;好直不好学,其蔽也绞;好勇不好学,其蔽也乱;好刚不好学,其蔽也狂。"

【注释】 ①蔽:通"弊"。②居:坐。③学:"学"的对象应该是"礼"。④贼:败坏。

【译文】 孔子说:"仲由!你听说过六种品德的六种弊病吗?"子路回答说:"没有。"

孔子说:"坐下!我告诉你。爱好仁德却不喜欢学习,它的流弊是愚蠢;爱好聪明却不喜欢学习,它的流弊是放荡没有根基;爱好诚实却不喜欢学习,它的流弊是抱守小信而败坏事情;爱好直率却不喜欢学习,它的流弊是尖刻伤人;爱好勇敢却不喜欢学习,它的流弊是导致混乱;爱好刚强却不喜欢学习,它的流弊是狂妄自大。"

【原文】 子曰:"小子!何莫学夫《诗》?《诗》可以兴①,可以观②,可以群③,可以怨④。迩之事父⑤,远之事君。多识于鸟兽草木之名。"

【注释】 ①兴:《诗》即景抒情的创作手法之一,即托物兴起的意思,多读《诗》就会习得。②观:指观察社会。古诗多反映世情民俗,政治得失,因此说读《诗》可以观风俗。③群:与人交际、交往。当时贵族交往多赋《诗》言志,以为辞令,因此说学过《诗》才能与人交往谈话。④怨:怨刺。孔子主张表达感情必须适度,即"乐而不淫,哀而不伤"。借《诗》来怨刺,正可以避免过分怨愤的情感。⑤迩:近。

【译文】 孔子说:"弟子们,为什么不学《诗》呢?《诗》可以即景抒发人的思想感情,可以用来观察风俗民情政治得失,可以用来交往朋友,可以用来讽刺评论不平的事情。近则可以用来侍奉父母,远则可以用来侍奉君主,并且可以认识许多鸟兽草木的名称知识。"

【原文】 子谓伯鱼曰:"女为《周南》《召南》矣乎①?人而不为《周南》《召南》,其犹正墙面而立也与②!"

【注释】　①女:通"汝",你。《周南》《召南》:《诗经·国风》的两个部分,即两种地方民歌。周南泛指洛阳以南直至江汉一带地区。召南为岐山之南召地。儒家认为《周南》《召南》的二十五篇诗歌反映了文王、周公社会政治的基础,是《国风》中最为纯正的部分。②正墙面而立:面对着墙站立,一步不能前进。比喻没有知识,就没有前途。

【译文】　孔子对儿子孔鲤说:"你学习《周南》《召南》了吗?人如果不学习《周南》《召南》,大概就像是面对着墙壁站着无法前进吧?"

【原文】　子曰:"礼云礼云,玉帛云乎哉?乐云乐云,钟鼓云乎哉?"①

【注释】　①此章说明孔子重视礼乐的实质精神,而不是器物与形制。

【译文】　孔子说:"礼呀礼呀,说的只是玉帛之类的礼器吗?乐呀乐呀,说的只是钟鼓之类的乐器吗?"

【原文】　子曰:"色厉而内荏①,譬诸小人,其犹穿窬之盗也与②?"

【注释】　①荏:软弱,怯懦。②窬:越过。

【译文】　孔子说:"面色严厉而内心怯懦,如果用小人来做比喻,大概就像是打洞、翻墙行窃的小偷吧?"

【原文】　子曰:"乡原①,德之贼也!"

【注释】　①乡原:指貌似恭谨,实际与汉俗合污的人。

【译文】　孔子说:"乡原是败坏道德的人。"

【原文】　子曰:"道听而涂说,德之弃也!"

【译文】　孔子说:"在道路上听到又在道路上传说,这是抛弃道德的。"

【原文】　子曰:"鄙夫可与事君也与哉?其未得之也,患不得之①;既得之,患失之。苟患失之,无所不至矣。"

【注释】　①患不得之:原作"患得之",误。

【译文】　孔子说:"粗鄙的人可以跟他一起侍奉君主吗?当他没有获得的时候,总是忧虑不能得到。得到以后,又担心会失去。如果担心失去什么,那就会什么事都干得出来的。"

【原文】　子曰:"古者民有三疾①,今也或是之亡也。古之狂也肆,今之狂也荡;古之矜也廉②,今之矜也忿戾;古之愚也直,今之愚也诈而已矣。"

【注释】　①疾:毛病。②廉:棱角。这里形容人的品行方正有威严。

【译文】　孔子说:"古时候的人有三种毛病,现在或许连这样的毛病也变了。古时狂妄的人是放肆了些,如今狂妄的人却放荡不羁;古时矜持的人还能方正威严,如今矜持的人却愤怒乖戾;古时愚蠢的人很夯直,如今愚蠢的人却是装样子骗人罢了。"

【原文】　子曰:"巧言令色,鲜矣仁。"

【译文】　孔子说:"花言巧语,面貌伪善的人,仁德是很少的。"

【原文】　子曰:"恶紫之夺朱也①,恶郑声之乱雅乐也②,恶利口之覆邦家者③。"

【注释】　①紫：间色。朱：正色。②雅乐：用于郊庙朝会的正乐。③邦家：诸侯之邦与大夫之家。

【译文】　孔子说："厌恶紫色取代了红色的正位，厌恶郑国的音乐扰乱了雅乐，厌恶用巧嘴快舌去颠覆邦国采邑的人。"

【原文】　子曰："予欲无言①。"子贡曰："子如不言，则小子何述焉？"子曰："天何言哉？四时行焉，百物生焉，天何言哉？"

【注释】　①无言：孔子的教育方法是重视身教，因此说"欲无言"。

【译文】　孔子说："我不想说话了。"子贡说："老师如果不说话，那么弟子们传述什么呢？"孔子说："上天说了什么呢？春夏秋冬四季照样运行，众物照样生长，上天说了什么呢？"

【原文】　孺悲欲见孔子①，孔子辞以疾。将命者出户②，取瑟而歌，使之闻之。

【注释】　①孺悲：鲁国人。鲁哀公曾派他向孔子学习士丧礼。②将命者：传口信的人。

【译文】　孺悲想见孔子，孔子借口说有病加以拒绝。传信的人刚出门，孔子就拿过瑟弹着唱歌，故意让他听到。

【原文】　宰我问："三年之丧，期已久矣。君子三年不为礼，礼必坏；三年不为乐，乐必崩。旧谷既没，新谷既升①，钻燧改火②，期可已矣③。"

子曰："食夫稻④，衣夫锦，于女安乎⑤？"

曰："安。"

"女安，则为之！夫君子之居丧，食旨不甘⑥，闻乐不乐⑦，居处不安，故不为也。今女安，则为之！"

宰我出。子曰："予之不仁也！子生三年，然后免于父母之怀。夫三年之丧，天下之通丧也。予也有三年之爱于其父母乎？"

【注释】　①升：成熟。②钻燧改火：古时钻木取火或敲燧石取火。改火，一年四季，所钻木各异，故称改火。③期：一年。④稻：古代北方以稷（小米）为主要粮食，稻米是很稀少而且精细的粮食，因此这里用"稻"与"锦"相对。⑤女：通"汝"。下同。⑥旨：美味。⑦闻乐不乐：前"乐"音 yuè，后"乐"音 lè。前指音乐，后指快乐。

【译文】　宰我问道："为父服丧三年，为期太久了。君子三年不修习礼仪，礼仪一定会败坏；三年不演奏音乐，音乐一定会毁掉。陈谷已经吃完，新谷已经成熟，钻火所用的木材已经经过一个轮回，丧期一年也就可以了。"

孔子说："吃精细的稻米，穿织锦的衣服，对于你来说心安吗？"

宰我说："心安。"

孔子说："你只要心安，就那样做吧。君子服丧期间，吃美味不觉得甘美，听音乐不觉得愉快，闲居也不觉得安适，因此不那样做。现在你觉得心安，就那样做吧！"

宰我出去了。孔子说："宰予不仁啊！子女生下三年，然后才脱离父母的怀抱。

三年的丧期,是天下通行的丧礼。宰予难道没有在他父母的怀里得到过三年的爱抚吗?"

【原文】 子曰:"饱食终日,无所用心,难矣哉!不有博弈者乎①,为之犹贤乎已。"

【注释】 ①博:古代的一种棋局游戏。双方各六枚棋,黑白为别。先掷骰子,再走棋。奕:围棋。

【译文】 孔子说:"整天吃得饱饱的,一点也不动脑筋,想要进德难了啊!不是有六博和围棋的游戏吗?天天下棋也比这样闲着没事强。"

【原文】 子路曰:"君子尚勇乎?"子曰:"君子义以为上。君子有勇而无义为乱,小人有勇而无义为盗。"

【译文】 子路问道:"君子崇尚勇敢吗?"孔子说:"君子认为义是最可贵的。君子只有勇敢而没有道义,就会犯上作乱;小人只有勇敢而没有道义,就会做盗贼。"

【原文】 子贡曰:"君子亦有恶乎①?"子曰:"有恶,恶称人之恶者,恶居下流而讪上者②,恶勇而无礼者,恶果敢而窒者③。"

曰:"赐也亦有恶乎?""恶徼以为知者④,恶不孙以为勇者⑤,恶讦以为直者⑥。"

【注释】 ①本章中除"人之恶者"中的"恶"音è外,其他"恶"字均音wù,指厌恶。②讪:毁谤。③窒:阻塞不通,顽固不化。④徼:抄袭。⑤孙:"逊"的古体字。⑥讦:揭发别人的隐私或过错。

【译文】 子贡问道:"君子也有厌恶的吗?"孔子说:"有厌恶的。厌恶宣扬别人坏处的人,厌恶身居下位却毁谤上位的人,厌恶勇敢却不讲礼仪的人,厌恶果断敢为却顽固不化的人。"

孔子又说:"赐,你也有厌恶的吗?"子贡说:"厌恶抄袭了别人却当作自己的知识的人,厌恶不谦虚却以为自己很勇敢的人,厌恶揭发别人却以为自己很直率的人。"

【原文】 子曰:"唯女子与小人为难养也,近之则不孙①,远之则怨。"

【注释】 ①孙:"逊"的古体字。

【译文】 孔子说:"只有女子和小人是难以养用的,亲近他们,他们就不知道恭顺;疏远他们,他们就有怨气。"

【原文】 子曰:"年四十而见恶焉①,其终也已。"

【注释】 ①年四十:孔子认为四十岁为"不惑"之年,也应当已经成名了。恶:厌恶。

【译文】 孔子说:"活到四十岁还被人厌恶,他这一辈子也就算完了啊!"

微子第十八

【题解】

本篇分为十一章,内容以反映孔子的处世态度为主,而且大多是通过与隐士思想行为的对比来表现的。

【原文】 微子去之①,箕子为之奴②,比干谏而死③。孔子曰:"殷有三仁焉。"

【注释】 ①微子:商纣王的同母兄。名启,微是封国名,子是爵名。微子生时其母为帝乙之妾,生纣时已立为妻,故帝乙死后,纣嗣立。纣王无道,微子离开他出走。②箕子:商纣王的叔父。名胥余,箕是封国名。纣王无道,箕予进谏,不听,就披散头发,假装颠狂,沦为奴隶。③比干:商纣王的叔父。名干,比是封国名。纣王无道,比干强谏,纣大怒,说:"我听说圣人之心有七个孔。"便把比干杀死,把他的心剖开观看。

【译文】 商纣王无道,微子离开他出走,箕子做了他的奴隶,比干因为进谏而死。孔子说:"殷商有三位仁人。"

【原文】 柳下惠为士师①,三黜②。人曰:"子未可以去乎?"曰:"直道而事人,焉往而不三黜? 枉道而事人,何必去父母之邦?"

【注释】 ①士师:狱官。②黜:罢免。

【译文】 柳下惠做狱官,三次被罢免。有人对他说:"您不可以离开吗?"柳下惠说:"若用正直之道来侍奉人,到哪里不会被再三罢免呢? 若用邪曲之道侍奉人,又何必要离开父母之国呢?"

【原文】 齐景公待孔子,曰:"若季氏,则吾不能,以季、孟之间待之①。"曰:"吾老矣②,不能用也。"孔子行。

【注释】 ①季、孟之间:鲁国三卿中,季氏为上卿,孟氏为下卿。季、孟之间即上卿、下卿之间。②吾老矣:孔子不满齐景公给他的待遇,托辞年老而不接受。

【译文】 齐景公准备给孔子礼遇,说:"像鲁国给季氏那样的地位,我做不到;将用季氏孟氏之间的待遇来对待他。"孔子说:"我已经老了,不能做什么了。"孔子于是离开齐国。

【原文】 齐人归女乐①,季桓子受之②,三日不朝。孔子行③。

【注释】 ①归:通"馈",赠送。女乐:歌妓舞女。②季桓子:即季孙氏。鲁定公五年(公元前505年)至哀公三年(公元前492年)为执政上卿。③孔子行:据《史记·孔子世家》记载,鲁定公十四年(公元前496年),孔子五十六岁时由大司寇兼理宰相事。齐国人听说了,生怕鲁国从此强盛称霸,设计赠送鲁定公和季桓子女乐,二人接受了。孔子感到很失望,离开了鲁国。

【译文】 齐国送给鲁国一批歌妓舞女,季桓子接受了,三天不上朝理政,孔子于是离开鲁国出走。

【原文】 楚狂接舆歌而过孔子曰①："凤兮！凤兮！何德之衰？往者不可谏②，来者犹可追③。已而！已而！今之从政者殆而！"

孔子下，欲与之言。趋而辟之④，不得与之言。

【注释】 ①楚狂：楚国的狂人，实为假装疯狂而隐的贤者。接舆：古注以为《论语》所记隐士皆以事名之。如守门人叫作"晨门"，执杖者叫作"丈人"，路过孔子车驾者叫作"接舆"，并非真实名字。②往者不可谏：意同"遂事不谏"。③追：及。④辟："避"的古体字。

【译文】 楚国的狂人接舆唱着歌经过孔子的车旁，唱道："凤呀，凤呀！为什么你的德行竟如此衰败！以往的错事已不可制止，未来的前途还来得及谋划。算了吧！算了吧！如今的从政者岌岌可危了！"

孔子下车，想跟他讲话。他急行避开，孔子没能跟他说上话。

【原文】 长沮、桀溺耦而耕①，孔子过之，使子路问津焉②。

长沮曰："夫执舆者为谁？"

子路曰："为孔丘。"

曰："是鲁孔丘与？"

曰："是也。"

曰："是知津矣。"

问于桀溺。

桀溺曰："子为谁？"

曰："为仲由。"

曰："是鲁孔丘之徒与？"

对曰："然。"

曰："滔滔者天下皆是也③，而谁以易之④？且而与其从辟人之士也⑤，岂若从辟世之士哉？"耰而不辍⑥。

子路行以告。

夫子怃然曰⑦："鸟兽不可与同群，吾非斯人之徒与而谁与？天下有道，丘不与易也。"

【注释】 ①长沮、桀溺：两个隐者，因在水边耕作，因此称"沮"，称"溺"。耦而耕：两人合耕。②津：渡口。③滔滔：形容动乱。④以：与。⑤而：通"尔"，你。辟："避"的古体字。⑥耰：用土覆盖种子。辍：停止。⑦怃然：怅然，失意的样子。

【译文】 长沮、桀溺两个人并排耕地，孔子经过那里，派子路向他们打听渡口。

长沮问道："那个执辔驾车的人是谁？"

子路说："是孔丘。"

长沮又问："此人是鲁国的孔丘吗？"

子路回答道："是的。"

长沮便说:"他是知道渡口的。"

又问桀溺。

桀溺说:"您是谁?"

子路回答说:"是仲由。"

桀溺又问:"你是鲁国孔丘的门徒吗?"

子路回答道:"是。"

桀溺又说:"天下到处都是动乱不安的样子,跟谁一起来改变现状呢?况且,你与其跟随能避开恶人的志士,难道能比上跟随避开乱世的隐士吗?"说完后照样平土覆盖种子,干个不停。

子路回来,告诉了孔子。

孔子怅然叹道:"鸟兽不可以与它们同群,我不跟世人相处又跟谁相处呢?如果天下太平,我就不跟他们一起来改变现状了。"

【原文】 子路从而后,遇丈人,以杖荷蓧①。

子路问曰:"子见夫子乎?"

丈人曰:"四体不勤②,五谷不分,孰为夫子?"植其杖而芸③。子路拱而立。止子路宿④,杀鸡为黍而食之⑤,见其二子焉⑥。

明日,子路行以告。

子曰:"隐者也。"使子路反见之。至则行矣。

子路曰:"不仕无义。长幼之节,不可废也;君臣之义,如之何其废之?欲洁其身,而乱大伦。君子之仕也,行其义也。道之不行,已知之矣。"

【注释】 ①蓧:古代除草用的农具。②四体:四肢。③植:插立。芸:通"耘",除草。④止:留。⑤黍:黄米,黏的小米。⑥见:使见。

【译文】 子路跟随孔子出行,落在了后面,碰到一位老人,用拐杖挑着除草用的农具。

子路问道:"您见到我的老师了吗?"

老人说:"那些四肢不勤劳,五谷分不清的人,谁是老师呢?"于是就把拐杖插在地上除起草来。

子路拱手恭敬地站着。

老人便留子路过夜,杀鸡做饭给他食用,还介绍自己的两个儿子见子路。

第二天,子路赶上孔子,把自己的经历告诉了孔子。

孔子说:"这是一位隐士。"让子路返回去见他。子路到了他家,他已出门了。

子路说:"不做官是不合乎道义的。长幼之间的礼节,都不可废弃;君臣之间的大义,又怎么能废弃呢?想避开乱世洁身自保,却扰乱了最重要的伦理关系。君子做官,是为了推行大义。理想的治道行不通,早就知道了。"

【原文】 逸民①:伯夷、叔齐、虞仲、夷逸、朱张、柳下惠、少连②。子曰:"不降其志,不辱其身,伯夷、叔齐与!"谓:"柳下惠、少连,降志辱身矣。言中伦③,行中虑,其斯而已矣。"谓:"虞仲、夷逸,隐居放言。身中清,废中权④。我则异于是,无可无不可⑤。"

【注释】 ①逸民:遗落于世而无官位的贤人。②少连:东夷之子,孔子称其善居丧。③中:合乎。伦:条理、法则。④权:权变。⑤无可无不可:这句表现孔子遇事态度灵活的特点。他的"可"与"不可"是以符合义否为根据的。

【译文】 遗落在民间的贤者有:伯夷、叔齐、虞仲、夷逸、朱张、柳下惠和少连。孔子说:"不降低自己的志向,不屈辱自己的身份,这样的人是伯夷、叔齐吧?"又说:"柳下惠、少连,降低了志向,屈辱了身份;但是讲话有条理,做事经思虑;他们不过如此罢了。"又说:"虞仲、夷逸,避世隐居,说话随便,保持自身清白,去官合乎权宜。我则跟这些人不同,没有什么可以的,也没有什么不可以的。"

【原文】 大师挚适齐①,亚饭干适楚②,三饭缭适蔡,四饭缺适秦。鼓方叔入于河,播鼗武入于汉③,少师阳、击磬襄入于海。

【注释】 ①大师挚:名挚的乐师之长。②亚饭:二饭,第二顿饭。古代天子、诸侯用饭时都奏乐相伴。一日几餐,各有不同的乐师。天子一日四餐,鲁国用周天子礼乐,故有"二饭""三饭""四饭"之称。③播:摇。鼗:长柄小鼓。

【译文】 名叫挚的乐师之长到了齐国,名叫干的二饭乐师到了楚国,名叫缭的三饭乐师到了蔡国,名叫缺的四饭乐师到了秦国,名叫方叔的鼓手到了黄河之滨,名叫武的摇小鼓的人到了汉水之滨,名叫阳的少师以及名叫襄的击磬手到了海边。

【原文】 周公谓鲁公曰①:"君子不施其亲②,不使大臣怨乎不以③。故旧无大故,则不弃也。无求备于一人。"

【注释】 ①鲁公:周公之子伯禽,封于鲁,故称鲁公。②施:通"弛",放松。引申为疏远。③以:用。

【译文】 周公对鲁公说:"君子不疏远他的亲族,不让大臣埋怨没有被任用。故友旧交没有重大过错,就不遗弃。对别人不要求全责备。"

【原文】 周有八士:伯达、伯适、仲突、仲忽、叔夜、叔夏、季随、季骃①。

【注释】 ①适、骃。这里八个人的名字是按排行字伯、仲、叔、季加单名组成的,事迹则不可知。

【译文】 周朝有八个知名之士:伯达、伯适、仲突、仲忽、叔夜、叔夏、季随、季骃。

子张第十九

【题解】
本篇分为二十五章。所记全是孔子弟子的语录。论及君子之行、道德信义、交友原则、知识技能、好学精神、好问勤思、大德不逾、学仕关系、居丧适度、孝道规定、哀悯百姓、恶居下流、知过改错、学无常师等内容，多数主张与孔子本人的很接近，从中可以看出弟子们对孔子学说的信奉和传承。

【原文】 子张曰："士见危致命①，见得思义，祭思敬，丧思哀，其可已矣。"

【注释】 ①致：给予，献出。

【译文】 子张说："士看见危难敢于献身，看见有所得就想到是否合乎道义，祭祀的时候要严肃，居丧的时候要悲哀，那也就可以了。"

【原文】 子张曰："执德不弘①，信道不笃，焉能为有？焉能为亡②？"

【注释】 ①弘：大。在这里引申为动词。②焉能：哪里能，怎么能。

【译文】 子张说："执守道德不能发扬光大，信仰道义不能坚定不移，这种人怎么能算是有道德？又怎么能算是没有道德？"

【原文】 子夏之门人问交于子张。子张曰："子夏云何？"

对曰："子夏曰：'可者与之①，其不可者拒之。'"

子张曰："异乎吾所闻，君子尊贤而容众，嘉善而矜不能②。我之大贤与，于人何所不容？我之不贤与，人将拒我，如之何其拒人也？"

【注释】 ①与：交往。②矜：怜悯。

【译文】 子夏的弟子询问子张应该怎样与人交往？子张说："子夏是怎样说的？"

回答说："子夏说：'人品可以的就跟他交往，人品不可以的就加以拒绝。'"

子张说："不同于我所听到的：君子尊重贤人，也包容广大的普通人；赞美好人，也怜悯无能的人。我自己如果很贤明的话，对于别人有什么容不下的？我自己如果不够贤明的话，人家将拒绝跟我相交，我又怎么可能去拒绝别人呢？"

【原文】 子夏曰："虽小道①，必有可观者焉；致远恐泥，是以君子不为也。"

【注释】 ①小道：指各种具体的方法、知识和技能。子夏擅长小道，因此孔子告诫他"女为君子儒，无为小人儒"。孔子也并非轻视具体的方法、知识和技能，相反，他本人也是多才多能的；他只是反对拘泥于此。

【译文】 子夏说："即使是小技艺，也一定有可观摩的地方；只是对于实现远大理想，恐怕会有妨碍，因此君子才不从事它。"

【原文】 子夏曰："日知其所亡①，月无忘其所能，可谓好学也已矣。"

【注释】 ①亡：指不知道的东西。

【译文】 子夏说："每天都能学到自己不会的知识，每月都不忘掉自己已学会的东西，这就可以说是好学了啊。"

【原文】 子夏曰："博学而笃志，切问而近思①，仁在其中矣。"

【注释】 ①切：恳切。

【译文】 子夏说："广泛地学习，而且能坚定自己的意志；诚恳地提问，而且深刻地思考，仁就在这里面了。"

【原文】　子夏曰:"百工居肆以成其事①,君子学以致其道。"

【注释】　①肆:作坊。

【译文】　子夏说:"各种工匠在作坊里劳作来完成他们的具体工作,君子通过学习来掌握大道。"

【原文】　子夏曰:"小人之过也必文①。"

【注释】　①文:文饰,掩盖。

【译文】　子夏说:"小人犯了错误,一定加以掩饰。"

【原文】　子夏曰:"君子有三变:望之俨然①,即之也温②,听其言也厉。"

【注释】　①俨然:形容矜持庄重。②即:靠近。

【译文】　子夏说:"君子给人的印象有三变:远看他,庄重矜持;贴近他,温和可亲;听他讲话,又很严肃。"

【原文】　子夏曰:"君子信而后劳其民,未信,则以为厉己也;信而后谏,未信,则以为谤己也。"

【译文】　子夏说:"君子要建立信用,然后才能役使人民;如果没有建立信用,百姓就会以为自己在受虐待。君子要建立信用,然后才能劝谏别人;如果没有建立信用,听者就会以为是在诽谤自己。"

【原文】　子夏曰:"大德不逾闲①,小德出入可也。"

【注释】　①大德:德行中的大节。闲:木栅栏,引申为界限。

【译文】　子夏说:"大节上不超越界限,小节上有些出入是可以的。"

【原文】　子游曰:"子夏之门人小子,当洒扫、应对、进退①,则可矣,抑末也②。本之则无,如之何?"

子夏闻之,曰:"噫!言游过矣!君子之道,孰先传焉?孰后倦焉③?譬诸草木,区以别矣。君子之道,焉可诬也?有始有卒者,其惟圣人乎!"

【注释】　①洒扫:洒水扫地。应对:"应"为答应,"对"为回答。这些内容都是待客之礼的必要环节。②抑:不过。末:指礼仪之末。③倦:竭力。

【译文】　子游说:"子夏的弟子们,担当打扫、应答、接待客人的工作是可以的。但这些不过是礼仪的末节,根本性的知识却没有学到,怎么办?"

子夏听到后,说:"咳!言游说错了!君子的学问,哪一个是先传授的,哪一个是后教的?这就好像草木一样,是有区别的。君子的学问,怎么可以歪曲呢?能够按照次第有始有终地教授学生的,大概只有圣人吧!"

【原文】　子夏曰:"仕而优则学①,学而优则仕。"

【注释】　①优:饶,余。

【译文】　子夏说:"做官如果有余力就去学习,学习如果有余力就去做官。"

【原文】　子游曰:"丧致乎哀而止。"①

【注释】　①此章强调居丧致哀(引申为表达情感)必须适度的道理。

【译文】　子游说:"居丧尽到悲哀之情就该有所限制。"

【原文】　子游曰:"吾友张也,为难能也①。然而未仁。"

【注释】　①张:即子张。难能:难以做到。在孔子弟子中,子张是比较突出的一个人,他把仁作为自己追求的目标,修习道德时能既重理论,又重实践。子张的缺点是过头和偏澈,这不符合中庸之道,因此说"未仁"。

【译文】　子游说:"我的朋友子张啊,他所做的已是难能可贵的了,但是还没有达到仁。"

【原文】　曾子曰:"堂堂乎张也①,难与并为仁矣。"

【注释】　①堂堂:形容容仪庄严大方。

【译文】　曾子说:"子张容仪庄严大方,但是难以跟他一起修养仁德。"

【原文】　曾子曰:"吾闻诸夫子:人未有自致①者也,必也亲丧乎!"

【注释】　①致:尽其极。指尽情,尽心等。

【译文】　曾子说:"我从先生那里听说过:人没有充分地抒发感情的时候,如果有,一定是在为父母亲居丧的时候。"

【原文】　曾子曰:"吾闻诸夫子:孟庄子之孝也①,其他可能也,其不改父之臣与父之政②,是难能也。"

【注释】　①孟庄子:鲁国大夫仲孙速。其父孟献子仲孙蔑卒于鲁襄公十九年(公元前554年),他本人卒于鲁襄公二十三年(公元前550年)。②不改父之臣与父之政:即"无改于父之道"。根据《左传》的记载,孟庄子沿用了他父亲确立的军赋办法,不改"父之政"大概就是指此事。

【译文】　曾子说:"我从先生那里听说过:孟庄子的孝,其他方面别人也可能做得到,而他在父亲死后,不改变父亲任用的人和施行的政策,这一点别人是很难做到的。"

【原文】　孟氏使阳肤为士师①。问于曾子,曾子曰:"上失其道,民散久矣②。如得其情,则哀矜而勿喜。"

【注释】　①阳肤:古注以为是曾子的弟子。士师:狱官。②民散:指民心离散,想要背叛。

【译文】　孟孙氏派阳肤做狱官。阳肤向曾子请教,曾子说:"居上位的人治民失去道义,老百姓民心离散已经很久了。你如果掌握了他们犯罪的真情,就要哀痛怜悯他们,而不要沾沾自喜。"

【原文】　子贡曰:"纣之不善①,不如是之甚也。是以君子恶居下流②,天下之恶皆归焉。"

【注释】　①纣:商朝的最后一个君主。名辛,暴虐无道,为周武王所灭。"纣"是谥号。②下流:下游。这里指众恶所归之处。

【译文】　子贡说:"商纣的不好,不像传说的这么严重。所以君子厌恶身居低下的处境,因为一旦如此,天下的坏名声都会集中到他身上。"

【原文】 子贡曰:"君子之过也,如日月之食焉:过也,人皆见之;更也①,人皆仰之。"

【注释】 ①更:改过。

【译文】 子贡说:"君子的过错好像日蚀月蚀那样:犯了过错,人人都能看到;改了过错,人人都能敬仰。"

【原文】 卫公孙朝问于子贡曰①:"仲尼焉学?"子贡曰:"文、武之道②,未坠于地③,在人。贤者识其大者,不贤者识其小者。莫不有文、武之道焉。夫子焉不学? 而亦何常师之有?"

【注释】 ①公孙朝:卫国大夫。春秋时叫公孙朝的有多人,鲁国有成大夫公孙朝,见《左传·昭公二十六年》;楚国有武城尹公孙朝,见《左传·哀公十七年》;郑国子产的弟弟也叫公孙朝,见《列子》。因此这里以"卫公孙朝"区别之。②文武之道:周文王、周武王的治道。孔子自认为是文武之道的承担者。③坠于地:指失传。

【译文】 卫国的公孙朝询问子贡说:"仲尼是从哪里学成的?"子贡说:"周文王、周武王的治道,没有失传,散落在民间。贤能的人能够了解它的大旨,不贤能的人只能抓住它的末节。到处都有文武之道存在,先生在哪里不能学呢? 为什么要有固定的老师专门传授呢?"

【原文】 叔孙武叔语大夫于朝①,曰:"子贡贤于仲尼。"

子服景伯以告子贡。

子贡曰:"譬之宫墙②,赐之墙也及肩,窥见室家之好。夫子之墙数仞③,不得其门而入,不见宗庙之美、百官之富④。得其门者或寡矣。夫子之云,不亦宜乎⑤!"

【注释】 ①叔孙武叔:鲁国大夫,名州仇。三桓之一。语:告诉。②宫墙:围墙。③仞:古代度量单位,七尺或八尺为一仞。④官;房舍。⑤宜:合情合理。这里是说孔子的学问广博精深,不是一般人能够了解的。因此一般的人对孔子得不出正确的认识也就是情理中的事。

【译文】 叔孙武叔在朝廷中对诸位大夫说:"子贡比仲尼强。"

子服景伯把这话告诉了子贡。

子贡说:"拿围墙打比方的话,我家的围墙跟肩头一样高,可以从外面看见家中房舍的美。先生家的围墙有数仞高,如果找不到门走进去,就见不到宗庙的华美,房舍的富丽。但是能够找到门的人很少。武叔先生那样说,不也是合乎情理的吗?"

【原文】 叔孙武叔毁仲尼。子贡曰:"无以为也①! 仲尼不可毁也。他人之贤者,丘陵也,犹可逾也;仲尼,日月也,无得而逾焉。人虽欲自绝,其何伤于日月乎? 多见其不知量也②!"

【注释】 ①以:此,这样。②多:只。不知量:不知高低、深浅、轻重。

【译文】 叔孙武叔毁谤仲尼。子贡说:"不要做这样的事! 仲尼是不能诋毁的。

别人的贤能，就像丘陵，还可以逾越。仲尼，就像太阳月亮，不可能超越过去。人们即使想要自绝于太阳月亮，那对太阳月亮又有什么损害呢？只不过显示他自不量力罢了。"

【原文】 陈子禽谓子贡曰："子为恭也①，仲尼岂贤于子乎？"

子贡曰："君子一言以为知，一言以为不知，言不可不慎也。夫子之不可及也，犹天之不可阶而升也。夫子之得邦家者，所谓立之斯立，道之斯行②，绥之斯来③，动之斯和。其生也荣，其死也哀。如之何其可及也！"

【注释】 ①为恭：指对孔子刻意恭敬谦让。②道："导"的古体字。③绥：安抚，安定。

【译文】 陈子禽对子贡说："您对孔子是刻意谦恭吧，仲尼难道真比您强吗？"

子贡说："君子说一句话能够表现出睿智，也能说一句话就表现出无知，讲话不可不谨慎啊。先生的不可匹及，就好像天一样高，是不可能凭借阶梯登上去的。先生如果得到诸侯之国、大夫之家的任用，就能做到：有所树立就能立得住，有所引导就能使百姓跟着走，有所安抚就能使人来投靠，有所动员就能得到响应。先生活着的时候就十分荣耀，死了之后又会让百姓哀恸。别人怎么能赶得上他呢？"

尧曰第二十

【题解】

本篇主要讲尧禅让帝位时的命舜之辞、商汤讨伐夏桀时的告天之辞、周武王分封诸侯之辞等。编纂《论语》的人将这些内容记于此，大约是为了说明孔子"祖述尧舜，宪章文武"之意。此章文字不甚连贯，当有脱落。还有孔子答子张问从政。《汉书·艺文志》著录古文《论语》二十一篇，古注称："出孔子壁中，两《子张》"，"分《尧曰》篇后子张问'何如可以从政'已下为篇，名曰《从政》。"就是指古文传本的《论语》此章以下独立成篇。

【原文】尧曰："咨①！尔舜！天之历数在尔躬②。允执其中③。四海困穷，天禄永终。"

舜亦以命禹。

曰："予小子履④，敢用玄牡⑤，敢昭告于皇皇后帝⑥：有罪不敢赦。帝臣不蔽⑦，简在帝心⑧。朕躬有罪，无以万方⑨；万方有罪，罪在朕躬。"

周武王像

周有大赉^⑩，善人是富^⑪。"虽有周亲^⑫，不如仁人。百姓有过，在予一人。"

谨权量^⑬，审法度^⑭，修废官^⑮，四方之政行焉。兴灭国，继绝世，举逸民，天下之民归心焉。所重：民、食、丧、祭。宽则得众，信则民任焉^⑯，敏则有功，公则说^⑰。

【注释】 ①咨：感叹词，表示赞美。②天之历数：这里指帝王相继的次第。古时帝王都说自己能当帝王是天命所决定的。躬：自身，本身。③允：真诚。执：坚持。④予小子：和下文的"予一人"一样，都是上古帝王的自称之词。履：商汤的名字。⑤玄牡：黑色的公牛。⑥皇皇：伟大的。后帝：天。⑦帝臣：天帝之臣，汤自称。⑧简：阅，引申为知道。⑨无以：不要波及。以，及。⑩赉：赏赐。⑪善人是富：即"富善人"的倒装，"是"字指示提前宾语"善人"。⑫周：至，最。⑬权：秤砣，指代重量量具。量：容量量具。⑭法度：长度，与上文的"权""量"相对应。⑮废官：废缺的职官。赵佑《四书温故录》曰："或有职而无其官，或有官而不举其职，皆曰废。"⑯信则民任焉：古本没有此句，可能是衍文。⑰说："悦"的古体字。

【译文】

尧让位给舜的时候说："哦！舜呀！天命已经落在你身上了，要真诚地持守那正确的道路。如果让天下人都陷入困苦贫穷，天赐的禄位就会永远终结。"

舜让位给禹的时候也用这话来告诫禹。

商汤说："我这个后辈小子履，谨用黑色的公牛来祭祀，明明白白地告诉伟大的天帝：我这个有罪之人不敢擅自赦免。天帝的臣下如果有罪过也不敢掩盖，天帝的心中是非常明白的。我自身如果有罪，不要因此连累天下万方；天下万方如果有罪，罪过全在我一人身上。"

周朝有大的赏赐，让善人富有起来。"即使有至亲，也不如有仁人。老百姓如果有罪过，责任全在我一人身上。"

检验重量和容量单位，审定长度单位，治理废缺的职官，四方的政事也就行得通了。复兴灭亡的国家，接续断绝的世系，举用隐逸的贤人，天下的老百姓就会归服。

要重视的事情是：百姓，粮食，丧事，祭祀。

宽厚就能得到众人的拥护，守信用就能得到民众的任用，勤敏就会取得功绩，公平就会使人高兴。

【原文】 子张问于孔子曰："何如斯可以从政矣？"

子曰："尊五美，屏四恶^①，斯可以从政矣。"

子张曰："何谓五美？"

子曰："君子惠而不费，劳而不怨，欲而不贪，泰而不骄，威而不猛。"

子张曰："何谓惠而不费？"

子曰："因民之所利而利之^②，斯不亦惠而不费乎！择可劳而劳之，又谁怨？欲仁而得仁，又焉贪？君子无众寡，无大小，无敢慢，斯不亦泰而不骄乎！君子正其衣冠，尊其瞻视，俨然人望而畏之，斯不亦威而不猛乎！"

子张曰:"何谓四恶?"

子曰:"不教而杀谓之虐;不戒视成谓之暴;慢令致期谓之贼③;犹之与人也,出纳之吝谓之有司④。"

【注释】 ①屏:除去。②因:根据,依靠。③慢令:命令松懈。致期:期限紧迫。④出纳:偏义复词,只有"出"的意思。有司:管事者的代称。这里是小气的意思。

【译文】 子张询问孔子说:"怎样做就可以从政了呢?"

孔子说:"尊重五种美德,去除四种恶习,这样就可以从政了。"

子张问道:"什么是五种美德?"

孔子说:"君子给人恩惠却不须破费,役使人民却不会让人民心存怨恨,有欲望却不贪心,安详坦然却不骄傲自大,威严却不凶猛。"

子张又问道:"什么叫给人恩惠却不须破费?"

孔子说:"借着人民能够得利的事情使他们得利,这不就能做到给人恩惠却不须破费吗?选择可以役使人民的事情和时机来役使人民,这不就能做到役使人民却不会让人民心存怨恨吗?想得到仁就得到了仁,又有什么可贪求的?君子无论人多人少,事大事小,从不敢怠慢,这不就能做到安详坦然却不骄傲自大了吗?君子衣冠整齐,仪表高贵,别人瞻视的时候,矜持庄重让人望而生畏,这不就做到威严却不凶猛了吗?"

子张问道:"什么是四种恶习?"

孔子说:"不加教导便加杀戮,叫作虐;不加申诫,只看中成绩,叫作暴;政令松懈,期限紧迫,叫作贼;如同给人财物,出手吝啬,叫作小气。"

【原文】 孔子曰:"不知命,无以为君子也。不知礼,无以立也。不知言,无以知人也。"

【译文】 孔子说:"不懂得命运,就不能够成为君子;不懂得礼数,就不能够立身行事;不懂得分辨别人的言语,就不可能了解人。"

孟子

【导语】

孟子名轲,表字无传,战国时邹国人。孟子,曾"受业子思之门人"(《史记·孟子荀卿列传》)。子思是儒家创始人孔子的孙子,是战国初期大名鼎鼎的儒学大师(历史上,曾有学者出于对孟子的推崇,而将子思本人看作孟子的老师。但这种说法显然经不起考证)。因此,师从子思门人,奠定了孟子对儒家学说的终身信仰。孟子乐于以孔子继承者自命,曾说:"乃所愿,则学孔子也。"(《孟子·公孙丑上》)

关于《孟子》的作者,历来有三种不同看法。一种看法认为《孟子》是孟子自己所撰。如著《孟子章句》的赵岐即持此说:"此书孟子之所作也,故总谓之《孟子》。"一种看法认为《孟子》是孟子死后他的弟子万章、公孙丑等人根据他生前的言论编定的。持此说的有唐代的韩愈、清代的崔述等。韩愈曾说:"孟轲之书,非轲自著。轲既殁,其徒万章、公孙丑与记轲所言焉耳。"第三种看法认为《孟子》是由孟子和他的弟子共同编定的,而主要作者是孟子。最早提出此说的是司马迁。他在《史记·孟轲荀卿列传》中说,孟子"退而与万章之徒序《诗》《书》,述仲尼之意,作《孟子》七篇。"

孟子像

以上三种说法,现在为人们所普遍接受的是第三种,即《孟子》一书,是由孟子及其弟子共同编定,主要作者是孟子。

孟子的思想涉及政治、哲学、教育和文艺思想等几个方面。

对后世的文学理论批评和文学创作,都有着深远的影响。同时,《孟子》一书的写作方法和技巧,也是历代散文写作的楷模。气势磅礴、言辞雄辩、富有力度是孟子散文气势的最大特色;善于巧用比喻,用形象生动的语言说理叙事是孟子散文的又一特色。此外,语言的通俗易懂,感情充沛,多样化的风格,以及综合运用各种表达技巧等,都是孟子散文的鲜明特色。

梁惠王上

【题解】

本篇共7章,除第六章对梁襄王,第七章对齐宣王外,其他各章都是孟子与梁惠不知足,则国乱而君危。以下各章所记对话,大抵不离"仁政"的话题。仁政的主要内容包括反对攻伐,发展生产,减轻刑罚赋敛,使老百姓过上丰衣足食的生活,在此基础上以孝悌之义教导百姓。如此便可以抵御外侮,并使天下归服。孟子又指出君王施行仁政的基础,是天性中固有的"不忍之心",把它推广开来,也就是仁政。从上述各章的阐发,可见孟子虽把"义"放在"利"之上,但他所谓"义",主要的内容却是人民的"利",凡政策由此出发,做法与此相合,便是"义",否则反是。因此既热情赞扬"与民同乐"的古圣,又尖锐批评"率兽食人"的今王。

【原文】

一

孟子见梁惠王①。王曰:"叟②! 不远千里而来,亦将有以利吾国乎?"

孟子对曰:"王! 何必曰利? 亦有仁义而已矣③。王曰:'何以利吾国?'大夫曰:'何以利吾家?'士庶人曰:'何以利吾身?'上下交征利而国危矣④。万乘之国⑤,弑其君者,必千乘之家⑥;千乘之国,弑其君者,必百乘之家。万取千焉,千取百焉,不为不多矣。苟为后义而先利,不夺不餍⑦。未有仁而遗其亲者也,未有义而后其君者也。王亦曰仁义而已矣,何必曰利?"

【注释】 ①梁惠王:即魏惠王,名罃。②叟:对老年人的尊称。③亦:只。④征:取。⑤万乘之国:拥有一万辆兵车的国家。乘,兵车一辆称一乘。古代以拥有兵车的多少来衡量国家大小,万乘之国在战国时是大国。⑥家:卿大夫的采地。⑦餍:满足。

【译文】 孟子见梁惠王。王说:"老先生! 不远千里而来,将对我国有利吧?"

孟子回答说:"王! 何必讲利? 只要有仁义就可以了。王说:'怎样对我国有利?'大夫说:'怎样对我的封地有利?'士人和老百姓说:'怎样对我自己有利?'上下交相求利,那国家就危险了。拥有一万辆兵车的国家,杀掉它的君王的,一定是拥有一千辆兵车的大夫;拥有一千辆兵车的国家,杀掉它的君王的,一定是拥有一百辆兵车的大夫。在一万辆兵车的国家里,拥有一千辆兵车,在一千辆兵车的国家里,拥有一百辆兵车,不算不富有了。但如果把义放在后头而把利放在前头,那他不争夺是不会满足的。从没有讲仁却遗弃自己父母的,也没有讲义却轻慢自己君王的。王只要讲仁义就可以了,何必讲利?"

二

【原文】 孟子见梁惠王。王立于沼上①,顾鸿雁麋鹿,曰:"贤者亦乐此乎?"

孟子对曰:"贤者而后乐此,不贤者,虽有此不乐也。《诗》云②:'经始灵台③,经之营之,庶民攻之,不日成之。经始勿亟④,庶民子来⑤。王在灵囿⑥,麀鹿攸伏⑦,麀鹿濯濯⑧,白鸟鹤鹤⑨。王在灵沼,於牣鱼跃⑩。'文王以民力为台为沼,而民欢乐之,谓其台曰灵台,谓其沼曰灵沼,乐其有麋鹿鱼鳖。古之人与民偕乐,故能乐也。《汤誓》曰⑪:'时日害丧⑫,予及女偕亡。'民欲与之偕亡,虽有台池鸟兽,岂能独乐哉?"

【注释】 ①沼:水池。②《诗》:即《诗经》。以下引诗出自《诗经·大雅·灵台》,写周文王兴建灵台、灵囿而庶民相助的盛况。③经:测量。灵台:台名。④亟:急。⑤子来:像儿子为父母效劳那样来帮忙。⑥囿:圈养鸟兽的园林。⑦麀:母鹿。鹿:指公鹿。攸:助词,用法相当于"所"。⑧濯濯:肥硕而有光泽的样子。⑨鹤鹤:羽毛洁白的样子。⑩於:语气词,表示叹美。牣:满。⑪《汤誓》:《尚书》的篇名,记载商汤伐夏桀的誓师之词。⑫时日:这个太阳,指夏桀。时,这。害:通"曷",即"何",这里指"何时"。

【译文】 孟子见梁惠王。王站在池塘边,看鸿雁麋鹿,说:"贤者也享受这种快乐吗?"

孟子回答说:"只有贤者才能享受这种快乐,不贤者即使有这些,也无法快乐。《诗经》说:'开始建灵台,测量又施工,百姓齐动手,很快就落成。王说不着急,百姓更卖力。王到灵囿来,群鹿好自在,群鹿光又肥,白鸟白又亮。王到灵沼来,满池鱼跳跃。'文王借助民力建台修池,老百姓却很高兴,把那台叫作灵台,把那池叫作灵沼,为里面有麋鹿鱼鳖而高兴。古人与老百姓同乐,所以能享受快乐。《汤誓》说:'这个太阳何时消灭,我和你一起去死。'老百姓要和他一起去死,纵然他有台池鸟兽,难道能独自快活吗?"

<h2 style="text-align:center">三</h2>

【原文】 梁惠王曰:"寡人之于国也,尽心焉耳矣。河内凶,则移其民于河东①,移其粟于河内。河东凶亦然。察邻国之政,无如寡人之用心者。邻国之民不加少,寡人之民不加多,何也?"

孟子对曰:"王好战,请以战喻。填然鼓之②,兵刃既接,弃甲曳兵而走。或百步而后止,或五十步而后止。以五十步笑百步,则何如?"

曰:"不可,直不百步耳,是亦走也。"

曰:"王如知此,则无望民之多于邻国也。"

"不违农时,谷不可胜食也;数罟不入洿池③,鱼鳖不可胜食也;斧斤以时入山林,材木不可胜用也。谷与鱼鳖不可胜食,材木不可胜用,是使民养生丧死无憾也。养生丧死无憾,王道之始也。

"五亩之宅,树之以桑,五十者可以衣帛矣。鸡豚狗彘之畜,无失其时,七十者可以食肉矣。百亩之田,勿夺其时,数口之家可以无饥矣。谨庠序之教④,申之以孝悌之义,颁白者不负戴于道路矣。七十者衣帛食肉,黎民不饥不寒,然而不王者⑤,未之有也。

"狗彘食人食而不知检,涂有饿莩而不知发⑥;人死,则曰:'非我也,岁也。'是何异于刺人而杀之,曰:'非我也,兵也。'王无罪岁,斯天下之民至焉。"

国学经典文库

国学经典

经学经典

图文珍藏版

110

【注释】 ①河内、河东:魏地。河内在今山西安邑一带;河东在今河南济源一带。②填然:形容击鼓的声音。③数罟:细密的渔网。数,细密。洿池:大池。④庠序:学校。⑤王:以仁政统一天下。⑥涂:同"途",道路。莩;通"殍",饿死的人。

【译文】 梁惠王说:"我对于国家,费尽心力了呀。河内发生饥荒,我就把当地的百姓迁徙到河东,又把别处的粮食运到河内。河东发生饥荒,也是这样办。看邻国的政治,没有像我这样用心的。可是邻国的百姓没有减少,我的百姓没有增加,为什么?"

孟子回答说:"王喜欢战争,请让我用战争来打比方。战鼓咚咚一响,双方兵刃相接,这时就丢了盔甲拖着兵器逃跑。有的跑了一百步停下来,有的跑了五十步停下来。跑了五十步的人笑那些跑了一百步的人,可以吗?"

王说:"不可以,只不过还没跑到一百步,但也是逃跑啊。"

孟子说:"王如果懂得这个道理,就别指望百姓多于邻国了。

"不违背农时,粮食就会多得吃不完;细密的渔网,鱼鳖就会多得吃不完;在一定的时候才进山林去伐木,木材就会多得用不完。粮食和鱼鳖多得吃不完,木材多得用不完,这就让老百姓养生送死都没有什么遗憾了。养生送死没有遗憾,就是王道的开端。

"五亩大的宅园,在里面种植桑树,五十岁的人就能穿上丝棉袄了。鸡狗和猪等家畜,不扰乱它们养育的时节,七十岁的人就能吃上肉了。百亩大的农田,不去妨碍农夫适时耕种,几口人的家庭就可以免于饥饿了。认认真真地办学校,反复用孝悌的道理来教导子弟,须发斑白的老人就不必背着或顶着重物在路上行走了。七十岁的人都有丝棉袄穿,有肉吃,老百姓饿不着,冻不着,这样还不能使天下归服的,是从没有过的事。

"狗和猪吃着人的粮食,却不懂得去制止,路上有人饿死,却不懂得发放仓库里的粮食;人死了,便说:'不是我的缘故,是年成不好的缘故。'这与刺死了人,却说,'不是我杀的,是兵器杀的',有什么区别?王不要怪罪年成不好,这样天下的老百姓就都来了。"

四

【原文】 梁惠王曰:"寡人愿安承教。"

孟子对曰:"杀人以梃与刃①,有以异乎?"

曰:"无以异也。"

"以刃与政,有以异乎?"

曰:"无以异也。"

曰:"庖有肥肉,厩有肥马,民有饥色,野有饿莩,此率兽而食人也。兽相食,且人恶之;为民父母,行政,不免于率兽而食人,恶在其为民父母也②?仲尼曰:'始作俑者③,其无后乎!'为其象人而用之也。如之何其使斯民饥而死也?"

【注释】 ①梃:木棒。②恶:何。③俑:殉葬用的土偶木偶。

【译文】 梁惠王说:"我很乐意听到您的教导。"

孟子回答说:"用木棒打死人和用刀杀死人,有什么不同吗?"

王说:"没什么不同。"

"用刀杀死人和用政治害死人,有什么不同吗?"

王说:"没什么不同。"

孟子说:"厨房里有肥肉,马厩里有肥马,可是老百姓面有饥色,野外有人饿死,这叫率领禽兽吃人。禽兽自相残杀,人尚且厌恶它;做老百姓的父母官,搞政治,不能免于率领禽兽吃人,那又怎么能做老百姓的父母官?孔子说:'第一个做土偶木偶来殉葬的人,该会断子绝孙吧!'就因为土偶木偶像人的样子,却用它殉葬。对于使老百姓饿死的,又该怎么办呢?"

五

【原文】 梁惠王曰:"晋国①,天下莫强焉,叟之所知也。及寡人之身,东败于齐,长子死焉②;西丧地于秦七百里③;南辱于楚④。寡人耻之,愿比死者壹洒之⑤,如之何则可?"

孟子对曰:"地方百里而可以王⑥。王如施仁政于民,省刑罚,薄税敛,深耕易耨⑦,壮者以暇日修其孝悌忠信,人以事其父兄,出以事其长上,可使制梃以挞秦、楚之坚甲利兵矣。

"彼夺其民时,使不得耕耨以养其父母。父母冻饿,兄弟妻子离散。彼陷溺其民,王往而征之,夫谁与王敌?故曰:'仁者无敌。'王请勿疑!"

【注释】 ①晋国:这里指魏国。战国时韩、赵、魏三国,系由晋国分出,称为"三晋",故魏国自称为晋。②东败于齐,长子死焉:指马陵(今山东濮县北)之役。魏军以庞涓和太子申为统帅,齐军以田忌为大将,孙膑为军师,两军战于马陵,魏大败,庞涓自杀,太子申被俘。③西丧地于秦七百里:惠王时,魏国曾屡败于秦国,被迫多次割地。④南辱于楚:惠王时,魏军被楚将昭阳所败,八邑沦亡。⑤比:替,为。壹:全,都。洒:洗。⑥地方百里:指长、宽各百里之地。⑦易:疾速。耨:锄草。

【译文】 梁惠王说:"晋国,天下没有比它更强大的国家了,这是老先生所知道的。到了我这时候,东边败于齐国,大儿子牺牲了;西边割地七百里给秦国;南边又受辱于楚国。我感到耻辱,希望为死者尽洗此恨,要怎么办才行?"

孟子回答说:"有纵横百里的土地就可以行仁政而使天下归服。王如果向老百姓实行仁政,减轻刑罚,减少赋税,深耕细作,及早除草;年轻人在闲暇时修养孝顺父母、敬爱兄长、忠诚守信的道德,在家便侍奉父兄,在外便侍奉上级,这样,就算让他们造木棒也可以抗击秦国和楚国的坚实盔甲和锋利兵器了。

"别的国家妨碍老百姓适时生产,使他们不能靠耕作来奉养父母。父母饥寒交迫,兄弟妻儿离散。它们使老百姓陷于深渊之中,王去讨伐它们,谁能抵抗您? 所以说:'仁德的人是无敌的。'王请不要怀疑!"

六

【原文】 孟子见梁襄王①,出,语人曰②:"望之不似人君,就之而不见所畏焉。卒然问曰③:"'天下恶乎定?'

"吾对曰:'定于一。'"

"'孰能一之?'"

"'对曰:'不嗜杀人者能一之。'"

"'孰能与之?'"

"对曰:'天下莫不与也。王知夫苗乎? 七八月之间旱④,则苗槁矣。天油然作云,沛然下雨,则苗浡然兴之矣⑤。其如是,孰能御之? 今夫天下之人牧⑥,未有不嗜杀人者也。如有不嗜杀人者,则天下之民皆引领而望之矣。诚如是也,民归之,由水之就下⑦,沛然谁能御之?'"

【注释】 ①梁襄王:梁惠王的儿子,名嗣。②语:告诉。③卒:同"猝"。④七八月:指周历七八月,相当于夏历五六月。⑤浡然:兴起的样子。⑥人牧:指统治者。⑦由:通"犹"。

【译文】 孟子见梁襄王,出来告诉别人说:"远远望去,不像君王,接近他,看不出威严。他猛然问我:'天下要怎样才得安定?'"

"我答道:'天下统一就会安定。'"

"'谁能统一天下?'"

"我答道:'不喜欢杀人的君王就能统一天下。'"

"'谁能追随他?'"

"我答道:'天下人没有不追随他的。王知道禾苗的情况吗? 七八月之间天旱,禾苗就枯槁了。这时假如天上聚起乌云,爽快地下一阵雨,禾苗就又旺盛地生长起来了。像这样,谁能阻挡得住? 当今天下的统治者,没有不喜欢杀人的。如果有不喜欢杀人的,天下的老百姓就都伸长了脖子盼望他了。果真如此,老百姓归服他,就像水往低处流,那盛大的水势谁能阻挡得住'"

七

【原文】 齐宣王问曰:"齐桓、晋文之事①,可得闻乎?"

孟子对曰:"仲尼之徒无道桓文之事者,是以后世无传焉,臣未之闻也。无以,则王乎?"

曰："德何如则可以王矣？"

曰："保民而王，莫之能御也。"

曰："若寡人者，可以保民乎哉？"

曰："可。"

曰："何由知吾可也？"

曰："臣闻之胡龁曰②，王坐于堂上，有牵牛而过堂下者，王见之，曰：'牛何之？'对曰：'将以衅钟③。'王曰：'舍之！吾不忍其觳觫④，若无罪而就死地。'对曰：'然则废衅钟与？'曰：'何可废也？以羊易之！'——不识有诸？"

曰："有之。"

曰："是心足以王矣。百姓皆以王为爱也⑤，臣固知王之不忍也。"

王曰："然。诚有百姓者。齐国虽褊小⑥，吾何爱一牛？即不忍其觳觫，若无罪而就死地，故以羊易之也。"

曰："王无异于百姓之以王为爱也⑦。以小易大，彼恶知之？王若隐其无罪而就死地，则牛羊何择焉？"

王笑曰："是诚何心哉？我非爱其财，而易之以羊也，宜乎百姓之谓我爱也。"

曰："无伤也，是乃仁术也，见牛未见羊也。君子之于禽兽也，见其生，不忍见其死；闻其声，不忍食其肉。是以君子远庖厨也。"

王说，曰："《诗》云：'他人有心，予忖度之。'⑧夫子之谓也。夫我乃行之，反而求之，不得吾心。夫子言之，于我心有戚戚焉。此心之所以合于王者，何也？"

曰："有复于王者曰：'吾力足以举百钧⑨，而不足以举一羽；明足以察秋毫之末，而不见舆薪。'则王许之乎？"

曰："否。"

"今恩足以及禽兽，而功不至于百姓者，独何与？然则一羽之不举，为不用力焉；舆薪之不见，为不用明焉；百姓之不见保，为不用恩焉。故王之不王，不为也，非不能也。"

曰："不为者与不能者之形何以异？"

曰："挟太山以超北海⑩，语人曰：'我不能。'是诚不能也。为长者折枝，语人曰：'我不能。'是不为也，非不能也。故王之不王，非挟太山以超北海之类也；王之不王，是折枝之类也。"

"老吾老，以及人之老；幼吾幼，以及人之幼。天下可运于掌。《诗》云：'刑于寡妻，至于兄弟，以御于家邦。'⑪言举斯心加诸彼而已。故推恩足以保四海，不推恩无以保妻子。古之人所以大过人者，无他焉，善推其所为而已矣。今恩足以及禽兽，而功不至于百姓者，独何与？"

"权，然后知轻重；度，然后知长短。物皆然，心为甚。王请度之！"

"抑王兴甲兵，危士臣，构怨于诸侯，然后快于心与？"

王曰："否。吾何快于是？将以求吾所大欲也。"

曰："王之所大欲，可得闻与？"

王笑而不言。

曰："为肥甘不足于口与？轻暖不足于体与？抑为采色不足视于目与？声音不足听于耳与？便嬖不足使令于前与^⑫？王之诸臣皆足以供之，而王岂为是哉？"

曰："否。吾不为是也。"

曰："然则王之所大欲可知已，欲辟土地，朝秦、楚，莅中国而抚四夷也。以若所为求若所欲，犹缘木而求鱼也。"

王曰："若是其甚与？"

曰："殆有甚焉。缘木求鱼，虽不得鱼，无后灾。以若所为求若所欲，尽心力而为之，后必有灾。"

曰："可得闻与？"

曰："邹人与楚人战，则王以为孰胜？"

曰："楚人胜。"

曰："然则小固不可以敌大，寡固不可以敌众，弱固不可以敌强。海内之地方千里者九，齐集有其一。以一服八，何以异于邹敌楚哉？盖亦反其本矣^⑬。

"今王发政施仁，使天下仕者皆欲立于王之朝，耕者皆欲耕于王之野，商贾皆欲藏于王之市，行旅皆欲出于王之途，天下之欲疾其君者，皆欲赴愬于王^⑭。其若是，孰能御之？"

王曰："吾惛^⑮，不能进于是矣。愿夫子辅吾志，明以教我。我虽不敏，请尝试之。"

曰："无恒产而有恒心者，惟士为能。若民，则无恒产，因无恒心。苟无恒心，放辟邪侈，无不为已。及陷于罪，然后从而刑之，是罔民也^⑯。焉有仁人在位罔民而可为也？是故明君制民之产^⑰，必使仰足以事父母，俯足以畜妻子，乐岁终身饱，凶年免于死亡。然后驱而之善，故民之从之也轻^⑱。

"今也制民之产，仰不足以事父母，俯不足以畜妻子；乐岁终身苦，凶年不免于死亡。此惟救死而恐不赡，奚暇治礼义哉？

"王欲行之，则盍反其本矣！五亩之宅，树之以桑，五十者可以衣帛矣。鸡豚狗彘之畜，无失其时，七十者可以食肉矣。百亩之田，勿夺其时，八口之家可以无饥矣。谨庠序之教，申之以孝悌之义，颁白者不负戴于道路矣。老者衣帛食肉，黎民不饥不寒，然而不王者，未之有也。"

【注释】 ①齐桓、晋文：指春秋五霸中的齐桓公、晋文公。齐桓公名小白，晋文公名重耳。②胡龁：齐臣。③衅钟：祭钟。衅，古代的一种祭礼，用牲血涂于器物上。④觳觫：因恐惧而发抖。⑤爱：吝啬。⑥褊：小。⑦异：惊异，奇怪。⑧《诗》云：引诗见《诗经·小雅·巧言》。⑨钧：三十斤为一钧。⑩太山：即泰山。北海：指渤海。⑪刑：

通"型",示范。御:治理。引诗出自《诗经·大雅·思齐》,是一首歌颂周文王齐家、治国的诗。⑫便嬖:左右亲幸者。⑬盖:同"盍",何不。⑭恝:告诉。⑮惽:神志不清,迷迷糊糊。⑯罔:张罗网捕捉。⑰制:订立制度。⑱轻:轻易。

【译文】 齐宣王问道:"齐桓公、晋文公的事,可以让我听听吗?"

孟子答道:"孔子的弟子没有讲齐桓公和晋文公的事的,所以后代没有流传。我也没听过。要不然,我讲讲使天下归服的王道吧?"

王说:"要有怎样的道德,才能使天下归服呢?"

孟子说:"安抚老百姓就可以使天下归服,这是没有人能阻挡的。"

王说:"像我这样的人,可以安抚老百姓吗?"

孟子说:"可以。"

王说:"怎么知道我可以呢?"

孟子说:"我听胡龁说,有一次王坐在堂上,有人牵牛从堂下经过,王看到了,问:'牵牛去哪里?'那人答道:'要宰了它祭钟。'王说:'放了它!我不忍心看它哆嗦的样子,它没有罪过却要进屠场。'那人又答道:'那么,要废除祭钟的仪式吗?'王说:'怎么能废除呢?用只羊来替代它!'——不晓得有没有这回事呢?"

王说:"有的。"

孟子说:"这样的心肠就足以使天下归服了。老百姓都以为王是吝啬呢,我当然明白王是不忍心。"

王说:"是啊。确实有这样的百姓。齐国虽然狭小,我何至于吝惜一头牛?只是不忍心看它哆嗦的样子,没有罪过却要进屠场,所以用羊来替代它。"

孟子说:"老百姓以为王是吝啬,您也不必诧异。既然是用小的替代大的,他们哪里能够体会您的用心?王如果是怜悯它无罪而进屠场,那又为什么在牛和羊之间取舍呢?"

王笑着说:"真的,这究竟是什么心理呢?我并不是吝惜财物,但用羊来替代牛,也难怪百姓以为我是吝啬了。"

孟子说:"没关系,这就是仁爱了,因为王只看见牛而没有看见羊。君子对于禽兽,见过它活着,就不忍心看它死去;听过他的声音,就不忍心吃它的肉。所以君子离厨房远远的。"

王高兴地说:"《诗经》讲:'别人有心事,我来揣摩它。'说的正是您老人家啊。我只是这样做了,反过来考虑为什么这样,却不明白自己的内心。您老人家这么一说,说到我心里去了。这种心思之所以和王道相合,又是什么道理?"

孟子说:"假如有个人向王报告:'我的力气足够举起三千斤,却拿不起一根羽毛;我的眼力足够看清楚鸟身上的细毛,却瞧不见一车柴木。'王能相信吗?"

王说:"不相信。"

"如今您的恩情足以使禽兽受惠,而您的功绩不能使百姓沾光,又是为什么呢?

这么说来,拿不起一根羽毛,是因为不肯用力气;瞧不见一车柴木,是因为不肯用眼睛;老百姓得不到安抚,是因为王不肯施恩。所以王没有使天下归服,是不肯做,而不是不能做。"

王说:"不肯做和不能做的情形有什么不同?"

孟子说:"胳膊下夹着泰山而越过渤海,告诉人说:'我办不到。'这是真的不能。为老人折树枝,告诉人说:'我办不到。'这是不肯做,不是不能做。因此王没有使天下归服,不是胳膊下夹着泰山而越过渤海一类,王没有使天下归服,是折树枝一类。

"尊敬自己的长辈,从而推广到尊敬别人的长辈;爱护自己的小孩,从而推广到爱护别人的小孩。只要如此,治理天下就像在手掌里玩弄东西那么简单。《诗经》说:'先给妻子做表率,然后推及于兄弟,从而推广到封邑国家。'说的无非是把这种好心思推广到别的方面罢了。所以推广恩惠足以安抚四海,不推广恩惠就连妻子儿女也安抚不了。古代的圣贤之所以远远超过别人,没有别的奥妙,只是善于推广他的善行罢了。如今您的恩情足以使禽兽受惠,而您的功绩不能使百姓沾光,又是为什么呢?

"称一称,才知道轻重;量一量,才知道长短。凡事都是这样,人心更是如此。王请考虑一下!

"王是不是发动军队,危害将士,与诸侯结怨,才觉得心里痛快呢?"

王说:"不是,我怎么会为此痛快?我是要满足我的大欲望。"

孟子说:"王的大欲望可以讲出来听听吗?"

王笑着不说话。

孟子说:"是为了肥美的食物不够吃呢?轻暖的衣服不够穿呢?还是为了鲜艳的彩色不够看呢?是为了音乐不够听呢?还是侍从不够使唤呢?这些东西王的手下都足以提供,王难道是为这些吗?"

王说:"不,我不是为这些。"

孟子说:"那么,王的大欲望可以晓得了,是想要开拓疆土,使秦国,楚国来上朝称臣,统治中国而安抚外族。可是按照您的做法来寻求欲望的满足,就像爬到树上去捕鱼一样。"

王说:"有这么严重吗?"

孟子说:"恐怕比这还严重呢。爬到树上去捕鱼,尽管得不到鱼,还没什么祸患。按照您的做法来寻求欲望的满足,尽心尽力去做,接着一定有祸患。"

王说:"可以具体地讲给我听听吗?"

孟子说:"假如邹国和楚国交战,王认为谁会取胜?"

王说:"楚国取胜。"

孟子说:"那么,可见小的自然敌不过大的,人少的自然敌不过人多的,弱的自然敌不过强的。现在海内的疆土是方圆千里的地九块,齐国全部的土地加起来只占其中一块。以其中之一同其中之八为敌,这和邹国与楚国为敌有什么区别呢?为什么不从根本处做起呢?

　　"现在王如果改革政治,施行仁德,使天下做官的人都想在王的朝廷里做官,耕田的人都想在王的田地上耕种,做生意的人都想在王的集市上贸易,出行的人都想从王的道路上经过,天下痛恨他们君主的人都想到王这里来控诉。如果这样,谁能阻挡?"

　　王说:"我昏昧不明,不能完全领会这种境地。请老先生辅佐我实现理想,明明白白地教导我。我尽管不聪明,却愿意试一试。"

　　孟子说:"没有固定的产业却有坚定的心志,只有士人能做到。至于老百姓,假如没有固定的产业,就没有坚定的心志。假如没有坚定的心志,就会为非作歹,无所不为。等他们犯了罪,然后处罚他们,这叫陷害百姓。哪有仁德的人在位治国却做出陷害百姓的事来?所以英明的君王划定给老百姓的产业,一定要使他们上足以侍奉父母,下足以供养妻儿,好年成天天吃饱,坏年成不至于饿死;然后引导他们向善,于是老百姓都乐于听从。

　　"如今划定给老百姓的产业,上不足以侍奉父母,下不足以供养妻儿;好年成天天受苦,坏年成只有饿死。这种情况下要救活自己还怕来不及,哪有闲工夫学习礼义?

　　"王如果要施行仁政,为什么不从根本处做起:五亩大的宅园,在里面种植桑树,五十岁的人就能穿上丝棉袄了。鸡狗和猪等家畜,不扰乱它们养育的时节,七十岁的人就能吃上肉了。百亩大的农田,不去妨碍农夫适时耕种,八口人的家庭就可以免于饥饿了。认认真真地办学校,反复用孝悌的道理来教导子弟,须发斑白的老人就不必背着或顶着重物在路上行走了。老人都有丝棉袄穿,有肉吃,老百姓饿不着,冻不着,这样还不能使天下归服的,是从没有过的事。"

梁惠王下

【题解】

　　本篇共16章。第一章至第十二章都是与齐宣王的对话,其中有若干章都围绕"与民同乐"的话题展开。其主旨为不管好乐(音乐)、好财、好色,本身都不算什么过错,怕的是不能节制私欲,残害人民,反之,如果能推己及人,与民同乐,做到乐民之乐,忧民之忧,那便是足以实现王道的仁政,必将得到人民的拥护。此外,孟子在谈到"勇"的问题时,要齐宣王舍弃"小勇",而学习先王为天下百姓谋福祉的大勇;在谈到用人问题时,指出要普遍了解民意,并以民意为准则来识别和选拔人才;在齐、燕发生战争而齐国已并吞燕国时,孟子又告诫齐宣王宜顺应民心,从燕国撤兵,这些都反映了孟子的民本思想。第八章关于武王伐纣的评论,意谓君王如破坏仁义之道则可杀,其所表达的民贵君轻的倾向尤为鲜明犀利。第十二章至十五章,是与邹和滕两个小国君主的对话,从中可见在严峻的军事和外交形势下,孟子仍坚决主张实行仁政,毫不为现实功利而妥协,在他看来,一时的存亡兴废是不足为怀的,勉力行善,便是尽了人的本分,至于成功与否,却不是人可以指望的,所以也不必计较。这是对道德具有绝对价值的肯定,也是对人的自由和尊严的肯定。本篇最后一章,透露出孟子在出处进退中的态度,让人想起孔子所说"天生德于予,桓魋其如予何?"(《论语·述而》)由此可以了解:"天"这样的观念,在儒家思想中实具有令人处变不惊、镇定从容的意义。

一

【原文】 庄暴见孟子,曰:"暴见于王①,王语暴以好乐,暴未有以对也。"曰:"好乐何如?"

孟子曰:"王之好乐甚,则齐国其庶几乎!"

他日,见于王,曰:"王尝语庄子以好乐,有诸?"

王变乎色,曰:"寡人非能好先王之乐也,直好世俗之乐耳。"

曰:"王之好乐甚,则齐其庶几乎!今之乐由古之乐也。"

曰:"可得闻与?"

曰:"独乐乐,与人乐乐,孰乐?"

曰:"不若与人。"

曰:"与少乐乐,与众乐乐,孰乐?"

曰:"不若与众。"

"臣请为王言乐。今王鼓乐于此,百姓闻王钟鼓之声,管籥之音②,举疾首蹙頞而相告曰③:'吾王之好鼓乐,夫何使我至于此极也?父子不相见,兄弟妻子离散。'今王田猎于此,百姓闻王车马之音,见羽旄之美④,举疾首蹙頞而相告曰:'吾王之好田猎,夫何使我至于此极也?父子不相见,兄弟妻子离散。'此无他,不与民同乐也。

"今王鼓乐于此,百姓闻王钟鼓之声,管籥之音,举欣欣然有喜色而相告曰:'吾王庶几无疾病与,何以能鼓乐也?'今王田猎于此,百姓闻王车马之音,见羽旄之美,举欣欣然有喜色而相告曰:'吾王庶几无疾病与,何以能田猎也?'此无他,与民同乐也。今王与百姓同乐,则王矣。"

【注释】 ①王:指齐宣王。②管籥:古代吹奏乐器。③蹙頞:皱着鼻梁。④羽旄:代指旗帜。

【译文】 庄暴来见孟子,说:"我去拜见王,王对我说他喜爱音乐,我不知该怎样回答他。"接着又说:"喜爱音乐好不好呢?"

孟子说:"王如果十分喜爱音乐,齐国就能治理得差不多了。"

过些日子,孟子拜见齐王,说:"王曾经告诉庄暴,说您喜爱音乐,有这事吗?"

王变了脸色,说:"我还不能喜爱古代的音乐,只是喜爱世俗的流行音乐罢了。"

孟子说:"王如果十分喜爱音乐,齐国就能治理得差不多了!不论是当代的音乐还是古代的音乐都是一样的。"

王说:"可以说给我听听吗?"

孟子说:"自己一人欣赏音乐是快乐的,与别人一起欣赏也是快乐的,哪一种更快乐呢?"

王说:"不如和别人一起欣赏更快乐。"

孟子说:"和少数人一起欣赏音乐是快乐的,和多数人一起欣赏也是快乐的,哪一种更快乐呢?"

王说:"不如和多数人一起欣赏更快乐。"

孟子说:"请让我为王谈谈欣赏音乐的道理。

"假如现在王在这里奏乐,老百姓听到王的钟鼓、管籥的声音,都感到头疼,皱着鼻梁,互相议论说:'我们的王喜爱音乐,为什么使我们苦到了极端? 父子不能相见,兄弟妻儿离散。'假如现在王在这里打猎,老百姓听到王的车马的声音,看到美丽的旗帜,都感到头疼,皱着鼻梁,互相议论说:'我们的王喜爱打猎,为什么使我们苦到了极端? 父子不能相见,兄弟妻儿离散。'这没有别的原因,只因不与老百姓一起享受快乐。假如现在王在这里奏乐,老百姓听到王的钟鼓的声音、管籥的声音,都高高兴兴,面带喜色地互相议论说:'我们的王大概没什么疾病吧,否则怎么能奏乐呢?'假如现在王在这里打猎,老百姓听到王的车马的声音,看到美丽的旗帜,都高高兴兴,面带喜色地互相议论说:'我们的王大概没什么疾病吧,否则怎么能打猎呢?'这没有别的原因,只因能与老百姓一起享受快乐。如果王能与老百姓一起享受快乐,就可以使天下归服了。"

二

【原文】 齐宣王问曰:"文王之囿方七十里,有诸?"

孟子对曰:"于传有之。"

曰:"若是其大乎?"

曰:"民犹以为小也。"

曰:"寡人之囿方四十里,民犹以为大,何也?"

曰:"文王之囿方七十里,刍荛者往焉[1],雉兔者往焉,与民同之。民以为小,不亦宜乎? 臣始至于境,问国之大禁,然后敢入。臣闻郊关之内,有囿方四十里,杀其麋鹿者,如杀人之罪。则是方四十里为阱于国中,民以为大,不亦宜乎?"

【注释】 ①刍荛:指割草砍柴的人。刍,割草。荛。砍柴。

【译文】 齐宣王问道:"文王的园林纵横七十里,有这事吗?"

孟子答道:"文献上有记载。"

齐宣王说:"有这样大吗?"

孟子说:"老百姓还以为太小了。"

齐宣王说:"我的园林纵横四十里,老百姓还以为太大,为什么?"

孟子说:"文王的园林纵横七十里,割草砍柴的去那里,捕鸟打兔子的也去那里,与百姓共享。老百姓以为太小,不也是应该的吗? 我刚到齐国的国境,先打听国家的严重禁令,然后才敢进入。我听说郊区的门内有园林纵横四十里,如果有人杀掉里面的麋鹿,就同杀人一样治罪,那么这是在国内设一口纵横四十里的陷阱,老百姓以为太大了,不也是应该的吗?"

三

【原文】 齐宣王问曰:"交邻国有道乎?"

孟子对曰:"有。惟仁者为能以大事小,是故汤事葛①,文王事昆夷②。惟智者为能以小事大,故太王事獯鬻③,勾践事吴④。以大事小者,乐天者也;以小事大者,畏天者也。乐天者保天下,畏天者保其国。《诗》云:'畏天之威,于时保之⑤。'"

王曰:"大哉言矣!寡人有疾,寡人好勇。"

对曰:"王请无好小勇。夫抚剑疾视,曰:'彼恶敢当我哉!'此匹夫之勇,敌一人者也。王请大之!"

"《诗》云:'王赫斯怒⑥,爰整其旅⑦,以遏徂莒⑧,以笃周祜⑨,以对于天下。'此文王之勇也。文王一怒而安天下之民。"

"《书》曰:'天降下民,作之君,作之师。惟曰其助上帝宠之。四方有罪无罪惟我在,天下曷敢有越厥志?'⑩一人衡行于天下⑪,武王耻之。此武王之勇也。而武王亦一怒而安天下之民。今王亦一怒而安天下之民,民惟恐王之不好勇也。"

【注释】 ①汤事葛:详见《滕文公下》第五章。葛,商的邻国。②昆夷:又作"混夷",周朝初年的西戎国名。③太王事獯鬻:详见本篇第十五章。太王,即周部族首领古公亶父;獯鬻,即猃狁,当时北方的少数民族。④勾践事吴:越王勾践败于吴王夫差,向吴国求和,本人为吴王服役,后终于灭吴。⑤于时:于是。引诗见《诗经·周颂·我将》,是一篇祭祀上天和周文王的诗。⑥王:指周文王。⑦爰:于是。⑧以遏徂莒:遏,阻止。莒,《诗经》作"旅",指密人入侵阮和共的部队。⑨笃:厚,指增添。祜:福。以上引诗见《诗经·大雅·皇矣》,这首诗主要写文王伐崇、伐密的功绩。⑩见《尚书·泰誓》。⑪一人:指商纣王。

【译文】 齐宣王问道:"与邻国交往有讲究吗?"

孟子答道:"有。只有仁爱的人能以大国服侍小国,所以商汤服侍葛伯,文王服侍昆夷。只有聪明的人能以小国服侍大国,所以太王服侍獯鬻,勾践服侍吴王。以大国服侍小国的,是乐安天命的人;以小国服侍大国的,是敬畏天命的人。乐安天命者保有天下,敬畏天命者保有自己的国家。《诗经》说:'敬畏上天的威严,于是保有这国家。'"

王说:"高明啊这话!我有个毛病,我喜爱勇武。"

孟子答道:"王请不要喜爱小勇。按剑瞪眼说道:'他怎敢阻挡我呢!'这是匹夫的勇,只能敌得住一个人。王请把它扩大。"

"《诗经》说:'文王勃然大怒,于是整肃部队,阻止不义之师,增添周人福祉,来报答天下仰望之心。"这是文王的勇。文王一发怒而安定天下人民。

　　"《尚书》说:'上天降生了民众,又为他们降生君王,又为他们降生师傅,他们只是都助天帝爱护人民。四方之内,有罪的我去征讨,无罪的我来爱护,责任都在我一人,天下有谁敢越过本分为非作歹?'有一个人横行于天下,武王以为奇耻大辱。这是武王的勇。武王也是一发怒而安定天下人民。假如现在王也是一发怒而安定天下人民,人民唯恐王不喜爱勇武呢。"

<h2 align="center">四</h2>

　　【原文】　齐宣王见孟子于雪宫①。王曰:"贤者亦有此乐乎?"

　　孟子对曰:"有。人不得,则非其上矣。不得而非其上者,非也;为民上而不与民同乐者,亦非也。乐民之乐者,民亦乐其乐;忧民之忧者,民亦忧其忧。乐以天下,忧以天下,然而不王者,未之有也。

　　"昔者齐景公问于晏子曰:'吾欲观于转附、朝儛②,遵海而南,放于琅邪③,吾何修而可以比于先王观也?'

　　"晏子对曰:'善哉问也!天子适诸侯曰巡狩。巡狩者,巡所守也。诸侯朝于天子曰述职。述职者,述所职也。无非事者。春省耕而补不足,秋省敛而助不给。夏谚曰:"吾王不游,吾何以休?吾王不豫④,吾何以助?一游一豫,为诸侯度。"今也不然,师行而粮食,饥者弗食,劳者弗息。睊睊胥谗⑤,民乃作慝⑥。方命虐民⑦,饮食若流。流连荒亡,为诸侯忧。从流下而忘反,谓之流;从流上而忘反,谓之连;从兽无厌谓之荒;乐酒无厌谓之亡。先王无流连之乐,荒亡之行。惟君所行也。'

　　"景公悦,大戒于国,出舍于郊,于是始兴发补不足。召大师曰⑧:'为我作君臣相说之乐!'盖《徵招》《角招》是也⑨。其《诗》曰:'畜君何尤?'畜君者,好君也。"

　　【注释】　①雪宫:齐宣王的行宫。②转附、朝儛:均为山名。转附,疑即今芝罘山;朝儛,疑即今召石山,在山东荣城东。③琅邪:山名,在今山东诸城东南。④豫:出游。⑤睊睊胥谗:愤恨地互相埋怨。睊睊,因愤恨而侧目相视的样子。⑥慝:恶。⑦方命:违背天命。方,违背。⑧大师:即太师,宫廷乐长。大,同"太"。⑨《徵招》《角招》:徵、角,古代五音(宫、商、角、徵、羽)中的两个;招,通"韶"。

　　【译文】　齐宣王在雪宫接见孟子。王说:"贤者也有这种快乐吗?"

　　孟子答道:"有。人们得不到这种快乐,就非议他们的君王。得不到快乐而非议君王,是不对的;作为老百姓的君王而不能与百姓一同享受快乐,也是不对的。为老百姓的快乐而快乐,老百姓也为他的快乐而快乐;为老百姓的忧愁而忧愁,老百姓也为他的忧愁而忧愁。乐是因天下而乐,忧是因天下而忧,这样还不能使天下归服,是从来没有的事。

　　"从前齐景公向晏子问道:'我想到转附山、朝儛山去转转,沿海向南,直到琅邪山,我该怎么办才能同古代圣王的出游相比?'

"晏子答道:'问得好啊!天子到诸侯国去,叫作巡狩。巡狩,就是巡视诸侯所守的疆土。诸侯来朝见天子,叫作述职。述职,就是报告本职工作。没有不是正事的。春天就考察耕作的情况而补助贫困者,秋天就考察收获的情况而补助收成不足者。夏代的谚语说:"我王不出来走走,我怎能得到休息?我王不出来转转,我怎能得到补助?我王走走又转转,这是诸侯的法度。"如今却不是这样,而是兴师动众,聚敛粮食,饥饿的人吃不上饭,劳苦的人得不到休息。人们侧目而视,怨声载道,老百姓于是犯上作乱。这样的出游既违背天意又虐待人民,大吃大喝如同流水。流连荒亡,使诸侯为之忧虑。任随自己到下游去玩乐,快活起来便忘了返回,叫作流;任随自己到上游去玩乐,快活起来便忘了返回,叫作连;放肆地打猎而没有节制,叫作荒;任性地饮酒而没有节制,叫作亡。古代的圣王没有流连的快乐、荒亡的行为。请您考虑该怎么办吧。'

"景公听了很高兴,在国内做了很多准备,接着驻扎郊外,于是开仓发粮,赈济贫民。景公又叫来太师,说:'为我创作君臣相悦的音乐!'这就是《徵招》和《角招》。歌词里说:'畜君有什么不对呢?'畜君,就是爱戴君王的意思。"

五

【原文】 齐宣王问曰:"人皆谓我毁明堂①,毁诸?已乎?"

孟子对曰:"夫明堂者,王者之堂也。王欲行王政,则勿毁之矣。"

王曰:"王政可得闻与?"

对曰:"昔者文王之治岐也②,耕者九一③,仕者世禄,关市讥而不征④,泽梁无禁⑤,罪人不孥⑥。老而无妻曰鳏,老而无夫曰寡,老而无子曰独,幼而无父曰孤。此四者,天下之穷民而无告者。文王发政施仁,必先斯四者。《诗》云:'哿矣富人⑦,哀此茕独⑧。'"

王曰:"善哉言乎!"

曰:"王如善之,则何为不行?"

王曰:"寡人有疾,寡人好货。"

对曰:"昔者公刘好货⑨,《诗》云:'乃积乃仓,乃裹餱粮⑩,于橐于囊⑪。思戢用光⑫。弓矢斯张,干戈戚扬⑬,爰方启行⑭。'故居者有积仓,行者有裹囊也,然后可以爰方启行。王如好货,与百姓同之,于王何有?"

王曰:"寡人有疾,寡人好色。"

对曰:"昔者太王好色⑮,爱厥妃。《诗》云:'古公亶父,来朝走马⑯,率西水浒⑰,至于岐下,爰及姜女⑱,聿来胥宇⑲。'当是时也,内无怨女,外无旷夫。王如好色,与百姓同之,于王何有?"

【注释】 ①明堂:古代帝王宣明政教的场所,凡朝会、祭祀等重大典礼都在明堂举行。②岐:地名,在今陕西岐山一带。③耕者九一:指井田制。九百亩的地,分为井字形的九区,每区各一百亩,外沿八百亩为私田,每户各受田百亩。中间一百亩为公田,由八户共同耕种,此即九分抽一的税率,是孟子以为最理想的土地制度。④讥而不征:只管检查言行而不抽税。讥,检查言行。征,征税。⑤泽梁:捕鱼的装置。⑥孥:本意是妻子、儿女,这里指不连累妻子、儿女。⑦哿:可。⑧茕:孤独。以上引诗见《诗经·小雅·正月》。⑨公刘:周人创业的始祖,后稷的曾孙。⑩餱粮:干粮。⑪橐:无底的口袋。囊:有底的口袋。⑫思:发语词。戢:和睦。用:因而。光:光大。⑬干:盾。戈:平头戟。戚:斧。扬:举起。⑭爰:于是。方:开始。以上引诗见《诗经·大雅·公刘》。⑮太王:即古公亶父,公刘的十世孙,周文王的祖父。他率领周部族由邠(今陕西武功)迁至豳(今陕西彬县、旬邑,音)⑯来朝:清早。走马:驱马快跑。⑰率:沿着。西:指豳邑以西。水:指漆水。浒:水边。⑱姜女:姜姓女子,指古公亶父的妻子太姜。⑲聿来胥宇:指修建官室之前察看地势。聿,语助词。胥,察看。宇,屋宇。以上引诗见《诗经·大雅·绵》。

【译文】 齐宣王问道:"别人都让我拆掉明堂,是拆了好呢?还是不拆好?"

孟子答道:"明堂,是王的殿堂。您如果要施行王政,就不要拆掉它了。"

王说:"什么是王政,可以讲给我听吗?"

孟子答道:"从前周文王治理岐地,农夫的税率是九分抽一,做官的世代享有俸禄,关卡和市场上只维持秩序而不抽税,到湖泊池塘里捕鱼不受禁止,处罚犯罪的人不连累他的妻儿。年老而没有妻室的叫作鳏,年老而没有丈夫的叫作寡,年老而没有儿女的叫作独,年幼而没有父亲的叫作孤。这四种人,是天下最穷苦而没有依靠的人。文王发布政令施行仁义,一定首先考虑他们。《诗经》说:'富人可以过得去了,哀怜这些孤单的人。'"

王说:"说得好啊,这话!"

孟子说:"王如果认为这话说得好,为什么不照着做?"

王说:"我有个毛病,我爱钱财。"

孟子答道:"从前公刘也爱钱财,《诗经》说:'积存谷粮到仓里,包好干粮存起来,橐里囊里全装满。人心和顺扬光辉。张开弓来搭上箭,盾牌戈斧举起来,于是出发向前进。'因此,居留在家的有仓里的贮粮,行军的有囊里的干粮,然后才能'于是出发向前进'。王假如爱钱财,就和百姓一道,那么,使天下归服又有什么困难呢?"

王说:"我有个毛病,我好色。"

孟子说:"从前太王也好色,疼爱他的妃子。《诗经》说:'古公亶父,一早就赶马出发,沿着豳西的水边,来到岐山的脚下,于是连同姜氏女,察看盖房的地形。'在这个时候呢,没有嫁不出去的姑娘,没有找不着老婆的男人。王假如好色,就和老百姓一道,那么,使天下归服又有什么困难呢?"

【原文】 孟子谓齐宣王曰:"王之臣有托其妻子于其友而之楚游者,比其反也①,则冻馁其妻子,则如之何?"

王曰:"弃之。"

曰:"士师不能治士②,则如之何?"

王曰:"已之。"

曰:"四境之内不治,则如之何?"

王顾左右而言他。

【注释】 ①比:及,至。②士师:狱官。

【译文】 孟子对齐宣王说:"王有个臣子,把妻儿托付给他的朋友,自己到楚国去了,等他回来时,妻儿却在挨饿受冻,对这个朋友该怎么办?"

王说:"和他绝交。"

孟子说:"狱官不能管好他的下级,对他该怎么办?"

王说:"撤掉他。"

孟子说:"一个国家治理不好,该怎么办?"

王左右张望,把话题扯开了。

七

【原文】 孟子见齐宣王,曰:"所谓故国者,非谓有乔木之谓也,有世臣之谓也。王无亲臣矣,昔者所进,今日不知其亡也①。"

王曰:"吾何以识其不才而舍之?"

曰:"国君进贤,如不得已,将使卑逾尊,疏逾戚,可不慎与?左右皆曰贤,未可也;诸大夫皆曰贤,未可也;国人皆曰贤,然后察之。见贤焉,然后用之。左右皆曰不可,勿听;诸大夫皆曰不可,勿听;国人皆曰不可,然后察之。见不可焉,然后去之。左右皆曰可杀,勿听;诸大夫皆曰可杀,勿听;国人皆曰可杀,然后察之。见可杀焉,然后杀之。故曰国人杀之也。如此,然后可以为民父母。"

【注释】 ①亡:去位,去国。

【译文】 孟子见齐宣王,说:"所谓'故国',不是有乔木的意思,而是有累世勋臣的意思。王连亲信的臣都没有了,从前所进用的,今天不知到哪里去了。"

王说:"我怎么辨别一个人没有才能而舍弃不用呢?"

孟子说:"国君进用贤臣,如果碰到不得已的情况,会使卑贱者位居尊贵者之上,疏远者位居亲近者之上,对此可以不谨慎吗?左右亲近的人都说好,不可立刻举用;各位大夫都说好,不可立刻举用;全国的人都说好,然后考察他。发现他真好,然后举用他。左右亲近的人都说不可用,不要听;各位大夫都说不可用,不要听;全国的人都说不可用,然后考察他。发现他真不可用,然后罢免他。左右亲信都说可杀,不要听;各位大夫都说可杀,不要听;全国的人都说可杀,然后考察他。发现他真可杀,然后杀他。所以说这是全国的人杀他的。这样,才可以做百姓的父母。"

八

【原文】 齐宣王问曰:"汤放桀,武王伐纣,有诸?"

孟子对曰:"于传有之。"

曰:"臣弑其君,可乎?"

曰:"贼仁者谓之'贼',贼义者谓之'残'。残贼之人,谓之'一夫'①。闻诛一夫纣矣,未闻弑君也②。"

【注释】 ①一夫:即"独夫",指众叛亲离的孤立者。②诛、弑:杀。诛是褒义词,指合乎正义地杀;弑是贬义词,一般用于臣下杀死君王或儿女杀死父母。

【译文】 齐宣王问道:"商汤流放夏桀,武王讨伐商纣,有这事吗?"

孟子答道:"文献有记载。"

齐宣王说:"臣子杀掉他的君主,可以吗?"

孟子说:"破坏仁的叫作'贼',破坏义的叫作'残'。残贼的人,叫作'独夫'。我只听过周武王杀掉一夫纣呀,可没听过他杀掉了君主哦。"

九

【原文】 孟子见齐宣王曰:"为巨室,则必使工师求大木①。工师得大木,则王喜,以为能胜其任也。匠人斲而小之②,则王怒,以为不胜其任矣。夫人幼而学之,壮而欲行之,王曰:'姑舍女所学而从我'③,则何如?今有璞玉于此④,虽万镒⑤,必使玉人雕琢之。至于治国家,则曰:'姑舍女所学而从我',则何以异于教玉人雕琢玉哉?"

【注释】 ①工师:管理工匠的长官。②斲:砍削。③女:通"汝",你。④璞玉:在石中未经加工的玉。⑤镒:二十两为一镒。

【译文】 孟子对齐宣王说:"建造巨大的宫室,就一定要派工师去找大木料。工师找到大木料,王就高兴,认为他能胜任。工匠把这木料砍小了,王就动怒,以为他不能胜任。有那么一种人,从小学习一种本事,长大后要把它来实践,王说:'姑且扔掉你所学的,听从我',这可怎么办呢?假如现在这里有一块璞玉,就算它价值二十万两,您一定会让玉匠雕琢它。至于治理国家,却说:'姑且扔掉你所学的,听从我',这同教导玉匠雕琢玉石又有什么区别呢?"

十

【原文】 齐人伐燕,胜之。宣王问曰:"或谓寡人勿取,或谓寡人取之。以万乘之国伐万乘之国,五旬而举之,人力不至于此。不取,必有天殃。取之,何如?"

孟子对曰:"取之而燕民悦,则取之。古之人有行之者,武王是也①。取之而燕民不悦,则勿取。古之人有行之者,文王是也②。以万乘之国伐万乘之国,箪食壶浆以迎王师③,岂有他哉? 避水火也。如水益深,如火益热,亦运而已矣④。"

【注释】 ①武王是也:指武王伐纣,取商之地而享有天下。②文王是也:指文王三分天下有其二,却仍臣服于商。③箪:盛饭的竹筐。④运:转换。

【译文】 齐国攻打燕国,大获全胜。宣王问道:"有人劝我不要吞并燕国,有人劝我吞并它。以一个拥有万辆兵车的大国去攻打同样是万辆兵车的大国,五十天内便打下它,光凭人力是不能如此的。不吞并的话,一定会有天灾。吞并它,怎样?"孟子答道:"吞并它而燕国的百姓高兴的话,就吞并。古人有这样做的,周武王就是。吞并它而燕国的百姓不高兴的话,就不要吞并。古人有这样做的,周文王就是。以一个拥有万辆兵车的大国去攻打同样是万辆兵车的大国,老百姓用箪盛着饭,用壶盛着酒浆来迎接王的军队,难道有别的原因吗? 只是要逃避水火一般的统治而已。假如水更深了,假如火更热了,那也不过是换个人来统治罢了。"

十一

【原文】 齐人伐燕,取之。诸侯将谋救燕。宣王曰:"诸侯多谋伐寡人者,何以待之?"

孟子对曰:"臣闻七十里为政于天下者,汤是也。未闻以千里畏人者也。《书》曰:'汤一征①,自葛始。'天下信之,东面而征,西夷怨②;南面而征,北狄怨,曰:'奚为后我?'民望之,若大旱之望云霓也③。归市者不止,耕者不变,诛其君而吊其民,若时雨降,民大悦。《书》曰:'徯我后④,后来其苏。'今燕虐其民,王往而征之,民以为将拯己于水火之中也,箪食壶浆以迎王师。若杀其父兄,系累其子弟⑤,毁其宗庙,迁其重器⑥,如之何其可也? 天下固畏齐之强也,今又倍地而不行仁政⑦,是动天下之兵也。王速出令,反其旄倪⑧,止其重器,谋于燕众,置君而后去之,则犹可及止也。"

【注释】 ①一征:始征,初征。②西夷:古时我国西方少数民族的泛称。下文的北狄,是古时我国北方少数民族的泛称。③霓:虹的一种。④徯:等待。后:王。⑤系累:捆绑。⑥重器:宝器。⑦倍地:指齐国吞并燕国后,增一倍之地。⑧旄:通"耄",指老人。倪:幼儿,指小孩。

【译文】 齐国攻打燕国,吞并了它。其他诸侯国谋划救助燕国。宣王说:"诸侯国多有谋划来攻打我,要怎么对待他们?"

孟子答道:"我听说过凭借纵横七十里的土地就能在天下实行统治,商汤就是。没听说过凭借纵横一千里的土地来使天下畏惧的。《尚书》说:'汤的征伐,从葛国开始。'天下人都信任他,当他向东面征伐时,西边各族的百姓就抱怨;当他向南面征伐时,北边各族的百姓就抱怨,说:'怎么把我们放在后面?'老百姓盼望他,就像大旱时盼望乌云虹霓一样。汤的征伐,一点也不惊扰百姓,做生意的照样行商,种庄稼的照样下地,汤杀掉暴君而抚恤百姓,就像降了及时雨,老百姓很高兴。《尚书》说:'等着我们的王,王来了我们就复活。'如今燕国虐待它的百姓,您前往征讨,老百姓以为您将把他们从水火中拯救出来,于是用箪盛着饭,用壶盛着酒浆来迎接您的部队。可是您却杀掉他们的父兄,捆绑他们的子弟,毁坏他们的宗庙,搬走他们的宝器,这怎么行呢?天下人本来就害怕齐国强大,如今齐国又增加了一倍的土地却不实行仁政,这就是惊动天下军队与您作对的原因。王赶快下命令,让老少俘虏回家,停止搬运宝器,与燕国的群众计议,择立一位燕王,然后自己从燕国撤出,这样还来得及使各国停止用兵。"

十二

【原文】 邹与鲁哄①。穆公问曰②:"吾有司死者三十三人③,而民莫之死也。诛之,则不可胜诛;不诛,则疾视其长上之死而不救,如之何则可也?"

孟子对曰:"凶年饥岁,君之民老弱转乎沟壑,壮者散而之四方者,几千人矣;而君之仓廪实,府库充,有司莫以告,是上慢而残下也。曾子曰④:'戒之戒之!出乎尔者,反乎尔者也。'夫民今而后得反之也。君无尤焉⑤!君行仁政,斯民亲其上,死其长矣。"

【注释】 ①邹:周代的一个小国。哄:吵闹。这里指交战。②穆公:指邹穆公。③有司:有关官吏。④曾子:姓曾名参,孔子的弟子。⑤尤:责备。

【译文】 邹国和鲁国交战。邹穆公问道:"我的官吏死了三十三人,而老百姓没有人为保护他们而死。杀吧,杀不过来;不杀吧,又恨他看着长官死掉而不去营救,怎么办才好呢?"

孟子答道:"灾荒年岁,您的老百姓中年老体弱的辗转死于沟壑,年轻力壮的四散逃荒,几乎有千把人;而您的粮仓殷实,库房充足,有关官吏不把这种情况向上报告,这就是身居上位的人怠慢而残害百姓。曾子说:'警惕啊警惕!你怎样对别人,别人就怎样回报你。'老百姓如今可得到报复的机会了。您不要责备他们吧!只要您实行仁政,老百姓就会亲近他们的上级,为他们的长官死难了。"

十三

【原文】 滕文公问曰:"滕①,小国也,间于齐、楚。事齐乎?事楚乎?"

孟子对曰:"是谋非吾所能及也。无已,则有一焉:凿斯池也,筑斯城也,与民守之,效死而民弗去,则是可为也。"

【注释】 ①滕:故址在今山东滕县。

【译文】 滕文公问道:"滕,是个小国,处在齐国和楚国之间。是服侍齐国呢?还是服侍楚国呢?"

孟子答道:"这种策略不是我能想出来的。非说不可的话,倒有一个办法:把护城河凿深,把城墙筑牢,与老百姓一起守卫它,宁肯牺牲,老百姓也不肯离开,这就有希望了。"

十四

【原文】 滕文公问曰:"齐人将筑薛①,吾甚恐,如之何则可?"

孟子对曰:"昔者大王居邠②,狄人侵之,去,之岐山之下居焉。非择而取之,不得已也。苟为善,后世子孙必有王者矣。君子创业垂统,为可继也。若夫成功,则天也。君如彼何哉? 强为善而已矣。"

【注释】 ①筑薛:在薛筑城墙。薛国邻近滕国,为齐所灭,齐人又将筑城于此,滕文公担心齐国进逼滕国,因而恐慌。②大:同"太"。邠:同"豳",在今陕西旬邑西。

【译文】 滕文公问道:"齐国人要在薛地加固城墙,我很担心,怎么办才可以?"

孟子答道:"从前太王住在邠,狄人侵犯他,他便离开,迁到岐山下去住。这并不是主动选择住在那里,是不得已的。可见如果实行仁政,后代子孙一定有成为天下之王的。君子创立基业,奠定传统,正是为了可以被继承下去。至于成功与否,还要看天命。您能对齐人怎样呢? 只有勉力实行仁政而已。"

十五

【原文】 滕文公问曰:"滕,小国也。竭力以事大国,则不得免焉,如之何则可?"

孟子对曰:"昔者大王居邠,狄人侵之。事之以皮币①,不得免焉;事之以犬马,不得免焉;事之以珠玉,不得免焉。乃属其耆老而告之曰②:'狄人之所欲者,吾土地也。吾闻之也:君子不以其所以养人者害人。二三子何患乎无君? 我将去之。'去邠,逾梁山③,邑于岐山之下居焉。邠人曰:'仁人也,不可失也。'从之者如归市。或曰:'世守也,非身之所能为也。'效死勿去。君请择于斯二者。"

【注释】 ①币:缯帛。②属:召集。耆老:指老人。耆,六十岁的人。老,七十岁的人。③梁山:在今陕西乾县西北。

【译文】 滕文公问道:"滕,是个小国。竭尽全力来服侍大国,也躲不过祸患,要怎么办才行?"

孟子答道:"从前太王住在邠,狄人侵犯他。太王进献兽皮和丝帛服侍他,躲不过祸患;进献狗和马服侍他,躲不过祸患;进献珍珠美玉服侍他,躲不过祸患。于是召集当地的老人,告诉他们:'狄人想要的,是我们的土地。我听说过:君子不把那些生养人的东西用来害人。你们何必担心没有君主呢? 我准备离开这里。'于是他离开邠地,越过梁山,在岐山下建造城邑住下来。邠地的老百姓说:'他是有仁德的人啊,不能失去他。'跟随他的人多得就像赶集一样。也有人说:'这是我们应该世世代代守卫的土地,不是自己可以做主的。'他们宁死而不离开。请您在这两种情形中择取一种吧。"

十六

【原文】 鲁平公将出,嬖人臧仓者请曰①:"他日君出,则必命有司所之。今乘舆已驾矣,有司未知所之,敢请!"

公曰:"将见孟子。"

曰:"何哉!君所为轻身以先于匹夫者,以为贤乎?礼义由贤者出,而孟子之后丧逾前丧,君无见焉!"

公曰:"诺。"

乐正子入见②,曰:"君奚为不见孟轲也?"

曰:"或告寡人曰:'孟子之后丧逾前丧③。'是以不往见也。"

曰:"何哉?君所谓逾者,前以士,后以大夫;前以三鼎,而后以五鼎与④?"

曰:"否。谓棺椁衣衾之美也⑤。"

曰:"非所谓逾也,贫富不同也。"

乐正子见孟子曰:"克告于君,君为来见也。嬖人有臧仓者沮君⑥,君是以不果来也。"

曰:"行,或使之;止,或尼之。行止,非人所能也。吾之不遇鲁侯,天也。臧氏之子焉能使予不遇哉?"

【注释】 ①嬖人:指受宠的姬妾或侍臣。②乐正子:名克,孟子弟子。③后丧、前丧:孟子先丧父,后丧母;后丧指母亲的丧事,前丧指父亲的丧事。④三鼎:用三个鼎盛供品。五鼎:用五个鼎盛供品。办丧事时用三鼎是士礼,用五鼎是卿大夫之礼。⑤棺:内棺。椁:外棺。衣衾:装殓死者的衣被。⑥沮:通"阻"。

【译文】 鲁平公正要出门,他所宠幸的小臣臧仓请示说:"平日您外出,一定是先通知管事的人要去哪里。现在车马已准备好了,管事的人还不知道您要去哪里,因此来请示。"

鲁平公说:"我要去见孟子。"

臧仓说:"您降低自己的身份去见一个普通人,为什么呢?您以为他是贤人吗?礼义是由贤人做出表率的,而孟子为母亲办丧事比为父亲办丧事还隆重。您不要去见他了吧!"

鲁平公说:"好吧。"

乐正子来见鲁平公,说:"您为什么不见孟轲了?"

鲁平公说:"有人告诉我,'孟子为母亲办丧事的隆重超过了父亲的丧事',所以我不去见他了。"

乐正子说:"您所说的'超过'是什么意思呢?是因为办父亲的丧事用士礼,办母亲的丧事用大夫之礼吗?是因为办父亲的丧事用三个鼎摆设供品,办母亲的丧事用五个鼎摆设供品吗?"

鲁平公说:"不是;我指的是棺椁衣衾的精美。"

乐正子说:"这不能叫作'超过',只是前后贫富不同罢了。"

乐正子去见孟子,说:"我跟君主讲过了,君主打算来见您。有个受宠的小臣臧仓阻止了他,因此他终于没来。"

孟子说:"人要做事,是有人促使他做;不做事,是有人阻止他做。不过做或不做,并不是人力所能主宰。我与鲁侯不能遇合,是天命。姓臧的家伙怎能使我不遇?"

公孙丑上

【题解】

本篇9章,从内容上可以大致分为两组。其一、三、四、五是一组,论述仁政的问题。这部分对于当时各诸侯国的暴政有所揭露,并认为这样的形势正是推行仁政的大好时机,因为必能得到人民的热烈拥护,从而实现统一天下的"王道";与此相反的"霸道",则是靠武力征服,那是不能使人心悦诚服的。至于仁政的具体措施,在第五章里提出了五项政策,大意是尊贤使能、减免赋税、实行井田制。另一组则论及个人修养以及人性论方面的问题,包括其二、六、七、八、九各章。第二章从"不动心"说起,最后涉及对孔子的评价,是《孟子》一书中极重要的篇幅。所谓"不动心",指的是不因处境、待遇等外部条件的变化而改变心态,达到这种境界的两个环节,一是"知言",二是培养"浩然之气"。"知言"是思想认识能力的表现,"浩然之气"尽管是一种正大刚毅的道德情感,仍然是道义原则指导下的日积月累的道德实践的成果。知言则不惑,气盛则意志坚定,所以是"不动心"的条件。第六章提出的"四端说",意谓仁、义、礼、智等品质在人的天性中有其基础,集中概括了孟子在人性问题上的主张。七、八两章,分别谈到"反求诸己"和"与人为善"的修养方法。第九章批评伯夷气量小,柳下惠不严肃。二者既然各有所偏,在出处问题上,合理的态度应当如何?可以参见本篇第二章对于伯夷、伊尹和孔子的评论一节。从中可见孟子的用世心切,从而主张在坚持原则的同时根据具体条件调整应对的措施,这也可以看作是对"不动心"的一个补充说明。

一

【原文】 公孙丑问曰[①]:"夫子当路于齐[②],管仲、晏子之功[③],可复许乎[④]?"

孟子曰:"子诚齐人也,知管仲、晏子而已矣。或问乎曾西曰[⑤]:'吾子与子路孰贤[⑥]?'曾西蹴然曰[⑦]:'吾先子之所畏也[⑧]。'曰:'然则吾子与管仲孰贤?'曾西艴然不悦[⑨],曰:'尔何曾比予于管仲[⑩]?管仲得君,如彼其专也,行乎国政,如彼其久也,功烈如彼其卑也,尔何曾比予于是?'"曰:"管仲,曾西之所不为也,而子为我愿之乎?"

曰:"管仲以其君霸,晏子以其君显。管仲、晏子犹不足为与?"

曰："以齐王,由反手也⑪。"

曰："若是,则弟子之惑滋甚。且以文王之德,百年而后崩⑫,犹未洽于天下。武王、周公继之,然后大行。今言王若易然,则文王不足法与?"

曰："文王何可当也?由汤至于武丁,贤圣之君六七作,天下归殷久矣,久则难变也。武丁朝诸侯有天下,犹运之掌也。纣之去武丁未久也,其故家遗俗,流风善政,犹有存者。又有微子、微仲、王子比干、箕子、胶鬲⑬——皆贤人也——相与辅相之,故久而后失之也。尺地,莫非其有也,一民,莫非其臣也;然而文王犹方百里起,是以难也。齐人有言曰:'虽有智慧,不如乘势;虽有镃基⑭,不如待时。'今时则易然也。夏后、殷、周之盛,地未有过千里者也,而齐有其地矣;鸡鸣狗吠相闻,而达乎四境,而齐有其民矣。地不改辟矣⑮,民不改聚矣,行仁政而王,莫之能御也。且王者之不作,未有疏于此时者也;民之憔悴于虐政,未有甚于此时者也。饥者易为食,渴者易为饮。孔子曰:'德之流行,速于置邮而传命⑯。'当今之时,万乘之国行仁政,民之悦之,犹解倒悬也。故事半古之人,功必倍之,惟此时为然。"

【注释】　①公孙丑:孟子弟子。②当路:指身居要职。③管仲:名夷吾,齐桓公之相。晏子:名婴,齐景公之相。④许:期待。⑤曾西:曾申,字子西,曾参之子。⑥子路:孔子弟子。⑦蹵然:不安的样子。⑧先子:指自己已死的父亲。⑨艴然:生气的样子。⑩曾:乃。⑪由:通"犹"。⑫百年而后崩:古代传说周文王九十七岁死,这里说"百年",是举其成数。⑬微子:名启,据《左传》《史记》等书载,为纣的庶兄,《孟子·告子上》则以为是纣的叔父。微仲:微子之弟,名衍。王子比干:纣的叔父,屡次向纣进谏,为纣所杀。箕子:纣的叔父,比干被杀后,佯狂为奴,被纣囚禁。胶鬲:纣王之臣。⑭镃基:锄头。⑮改:更加。⑯置邮:置、邮都是名词,相当于后代的驿站。

【译文】　公孙丑问道:"先生如果在齐国当权,管仲、晏子的功业,有希望再次实现吗?"

孟子说:"你果然是齐国人,只懂得管仲、晏子。曾有人问曾西说:'您和子路相比,谁更贤能些?'曾西不安地说:'他是先父所敬畏的人呀。'那人又问:'那么您和管仲相比,谁更贤能些?'曾西变了脸色,很不高兴地说:'你怎么能拿我和管仲相比?管仲得到他的君王的信任是那样专一,行使国家的政权是那样长久,功业却是那样卑微;你怎么能拿我和他相比?'"孟子又接着说:"管仲,是曾西所不屑的,你以为我愿意学他吗?"

公孙丑说:"管仲辅佐其君而称霸,晏子辅佐其君而扬名。管仲、晏子还不值得学吗?"

孟子说:"以齐国来统一天下,易如反掌。"

公孙丑说:"您这么说,我更糊涂了。以文王的贤德,活了将近一百岁,还不能统一天下;武王、周公继承他的事业,然后才大大地推行王道。现在您把统一天下说得这么容易,那么文王也不值得效法吗?"

孟子说:"文王,我怎么能比得上呢? 从汤到武丁,贤圣的君王有六七个,天下归附于商久了,久了就难以改变。武丁使诸侯来朝贡,统治天下,就像玩弄于手掌之上那么轻而易举。纣离武丁不久,先王时的世家贵族、美好习俗、醇厚民风、仁惠政教,还有所留存;又有微子、微仲、王子比干、箕子、胶鬲——都是些贤人——在共同辅佐他,所以很久才亡国。当时,没有一尺土地不被他所有,没有一个人不是他的臣民;然而文王仅以纵横百里的土地建功立业,所以是很困难的。齐国人有句话说:'即使有智慧,不如乘形势;即使有农具,不如待农时。'现在的时势推行王道可就好办了:在夏、商、周最强大的时候,疆土还没有超过纵横千里的,而现在齐国有这么大的疆土了。鸡鸣狗吠的声音互相听得见,一直到四周的边境,现在齐国有这么多的百姓了。疆土不必再扩张,百姓不必再增加,只需推行仁政就能统一天下,谁也阻挡不住啊。况且仁义的君王没有出现,这是从来不曾像现在这样稀缺的;老百姓被暴政所残害,从来不曾像现在这样严重的。饥饿的人,可以很容易地让他吃饱,口渴的人,可以很容易地让他喝足。孔子说:'贤德的推广,比驿站传达命令还要快。'现在这年头,拥有万辆兵车的国家推行起仁政来,老百姓必然爱戴它,就像倒挂的人被解救一样。所以只要做到古人一半的事情,功业就会比古人多出一倍,只有这年头才能如此。"

二

【原文】 公孙丑问曰:"夫子加齐之卿相,得行道焉,虽由此霸王,不异矣。如此,则动心否乎?"

孟子曰:"否! 我四十不动心。"

曰:"若是,则夫子过孟贲远矣①。"

曰:"是不难,告子先我不动心②。"

曰:"不动心有道乎?"

曰:"有。北宫黝之养勇也,不肤挠③,不目逃,思以一豪挫于人,若挞之于市朝,不受于褐宽博④,亦不受于万乘之君;视刺万乘之君,若刺褐夫,无严诸侯⑤,恶声至,必反之。孟施舍之所养勇也,曰:'视不胜犹胜也;量敌而后进,虑胜而后会⑥,是畏三军者也。舍岂能为必胜哉? 能无惧而已矣。'孟施舍似曾子⑦,北宫黝似子夏⑧。夫二子之勇,未知其孰贤,然而孟施舍守约也。昔者曾子谓子襄曰⑨:'子好勇乎? 吾尝闻大勇于夫子矣⑩。自反而不缩⑪,虽褐宽博,吾不惴焉;自反而缩,虽千万人,吾往矣。'孟施舍之守气,又不如曾子之守约也。"

曰:"敢问夫子之不动心与告子之不动心,可得闻与?"

"告子曰:'不得于言,勿求于心;不得于心,勿求于气。'不得于心,勿求于气,可;不得于言,勿求于心,不可。夫志,气之帅也;气,体之充也。夫志至焉,气次焉;故曰:'持其志,无暴其气⑫。'"

"既曰'志至焉,气次焉',又曰'持其志,无暴其气',何也?"

曰:"志壹则动气,气壹则动志也。今夫蹶者趋者,是气也,而反动其心。"

"敢问夫子恶乎长?"

曰:"我知言,我善养吾浩然之气。"

"敢问何谓浩然之气?"

曰:"难言也。其为气也,至大至刚,以直养而无害,则塞于天地之间。其为气也,配义与道。无是,馁也。是集义所生者,非义袭而取之也⑬。行有不慊于心⑭,则馁矣。我故曰:告子未尝知义,以其外之也。必有事焉而勿正⑮,心勿忘,勿助长也。无若宋人然:宋人有闵其苗之不长而揠之者⑯,芒芒然归⑰,谓其人曰:'今日病矣⑱!予助苗长矣!'其子趋而往视之,苗则槁矣。天下之不助苗长者寡矣。以为无益而舍之者,不耘苗者也⑲;助之长者,揠苗者也,非徒无益,而又害之。"

"何谓知言?"

曰:"诐辞知其所蔽⑳,淫辞知其所陷㉑,邪辞知其所离㉒,遁辞知其所穷㉓。生于其心,害于其政;发于其政,害于其事。圣人复起,必从吾言矣。"

"宰我、子贡善为说辞㉔,冉牛、闵子、颜渊善言德行㉕,孔子兼之,曰:'我于辞命,则不能也。'然则夫子既圣矣乎?"

曰:"恶!是何言也!昔者子贡问于孔子曰:'夫子圣矣乎?'孔子曰:'圣则吾不能,我学不厌,而教不倦也。'子贡曰:'学不厌,智也;教不倦,仁也。仁且智,夫子既圣矣乎。'夫圣。孔子不居,是何言也!"

"昔者窃闻之:子夏、子游、子张皆有圣人之一体㉖,冉牛、闵子、颜渊则具体而微。敢问所安?"

曰:"姑舍是。"

曰:"伯夷、伊尹何如㉗?"

曰:"不同道。非其君不事,非其民不使;治则进,乱则退,伯夷也。何事非君,何使非民;治亦进,乱亦进,伊尹也。可以仕则仕,可以止则止,可以久则久,可以速则速,孔子也。皆古圣人也,吾未能有行焉。乃所愿,则学孔子也。"

"伯夷、伊尹于孔子,若是班乎㉘?"

曰:"否!自有生民以来,未有孔子也。"

"然则有同与?"

曰:"有。得百里之地而君之,皆能以朝诸侯,有天下;行一不义,杀一不辜,而得天下,皆不为也。是则同。"

曰:"敢问其所以异。"

曰:"宰我、子贡、有若㉙,智足以知圣人,污不至阿其所好。宰我曰:'以予观于夫子,贤于尧、舜远矣!'子贡曰:'见其礼而知其政,闻其乐而知其德,由百世之后,等百世之王㉚,莫之能违也㉛。自生民以来,未有夫子也!'有若曰:'岂惟民哉?麒麟之于走兽,凤凰之于飞鸟,太山之于丘垤㉜,河海之于行潦㉝,类也。圣人之于民,亦类也。

出于其类,拔乎其萃,自生民以来,未有盛于孔子也!'"

【注释】 ①孟贲:古代勇士。②告子:名不害,与孟子同时而年长于孟子,曾受教于墨子。③挠:退却。④褐宽博:指卑贱者。褐,粗布衣服;宽博,宽大的衣服。褐、宽博,都是贱者之服。⑤严:畏惧。⑥会:指交战。⑦曾子:即曾参,孔子弟子。⑧子夏:姓卜名商,孔子弟子。⑨子襄:曾子弟子。⑩夫子:指孔子。⑪缩:直。⑫暴:乱。⑬义袭:指义偶然从外进入内心。袭,偷袭。⑭慊:满意。⑮正:止,中止。⑯揠:拔。⑰芒芒然:疲倦的样子。⑱病:疲倦。⑲耘:除草。⑳诐:偏颇。蔽:遮蔽。㉑淫:过分。陷:沉溺。㉒邪:邪僻,不正。离:背离。㉓遁词:指敷衍搪塞而不敢正面回应的言论。遁,逃走。以上四句,"诐""淫""邪""遁",是表现于言辞中的弊病,"所蔽""所陷""所离""所穷",则分别从思想认识方面揭示这些弊病所产生的根源。㉔宰我:孔子弟子宰予。子贡:孔子弟子端木赐。㉕冉牛:孔子弟子冉耕,字伯牛。闵子:孔子弟子闵损,字子骞。颜回:孔子弟子颜渊。㉖子游:孔子弟子言偃。子张:孔子弟子颛孙师。㉗伊尹:商汤的贤臣。㉘班:等同。㉙有若:孔子弟子。㉚等:指分出等次。㉛违:指违背"见其礼而知其政,闻其乐而知其德"的规律。子贡的意思是,凭着可见、可闻的礼和乐,可以对百世以来君王的政治与德行做出评价。他在此处强调了评价依据的可靠性,因此使下文对于孔子的赞叹更有说服力。㉜坯:小土堆。㉝行潦:路上的积水。潦,雨水。

【译文】 公孙丑问道:"先生如果做了齐国的卿相,得以推行自己的主张,即使成就了霸王的事业,也是不奇怪的。如果这样,您会动心吗?"

孟子说:"不。我四十岁以后就不再动心了。"

公孙丑说:"这么说,先生比孟贲强多了。"

孟子说:"这不难,告子还比我先做到不动心呢。"

公孙丑说:"不动心有办法吗?"

孟子说:"有。北宫黝培养勇气的办法是,肌肤被刺也不颤动发抖,眼睛被戳也能目不转睛,他认为受到一点点侮辱,就像在集市上被鞭打一样。既不受卑贱者的侮辱,也不受大国之君的侮辱。在他看来,刺杀大国之君,和刺杀卑贱者是一样的。他不畏惧诸侯王。有人骂他,他一定回击。孟施舍培养勇气呢,是说:'我把不能取胜的形势看成可以取胜。如果先估量敌人的力量才前进,考虑到可以取胜才交战,这是害怕敌人的三军。我孟施舍怎能战无不胜,只是能够无所畏惧而已。'孟施舍像曾子,北宫黝像子夏。这两个人的勇气,不晓得谁更强,然而孟施舍所守的较能抓住关键。从前曾子对子襄说:'你喜欢勇敢吗?我曾经从先生那里听过什么是大勇:自我反省而发现正义不在我,那么即使是卑贱的人,我也不去恐吓他,自我反省而认为正义在我,即使面对千军万马,我也勇往直前。孟施舍所守的是一身盛气,曾子却能有所反省,循理而动,所以孟施舍又不如曾子所守的关键。"

公孙丑说:"请问先生的不动心,和告子的不动心,可以说给我听吗?"

孟子说："告子讲过：'言语有过失，不必到内心去寻求原因；心中有所不安，不必求助于意气。'心中有所不安，不必求助于意气，是可以的；言语有过失，不必到内心去寻求原因，却不可以。思想意志呢，是感情意气的统帅；感情意气是充满体内的力量。思想意志到哪里，感情意气就跟着到哪里。所以说：'要坚定自己的思想意志，也不要滥用感情意气。'"

公孙丑说："既然说'思想意志到哪里，感情意气就跟着到哪里'，又说'要坚定自己的思想意志，也不要滥用感情意气'，为什么呢？"

孟子说："思想意志专一，就能调动感情意气跟随它，感情意气专一，也会影响思想意志。比方说跌倒、奔跑，这是下意识的气有所动，但也能反过来扰动心志。"

公孙丑说："请问先生的长处是什么？"

孟子说："我懂得辨析言辞，我善于培养我的浩然之气。"

公孙丑说："请问什么叫作浩然之气？"

孟子说："难以讲清楚啊。它作为一种气，是最强大，最刚健的，用正义来培养它而不加伤害，就能充塞于天地之间。它作为一种气，是合乎义和道的；没有这个，它就疲弱了。它是日积月累的正义所生长出来的，而不是正义偶然从外而入所取得的。所作所为有一件不能让心意满足，它就疲弱了。所以我说，告子不懂得义，就因为他把义当作外在的东西。浩然之气的养成，一定要有所作为而不中止，心里不要忘记它，但也不要有意地帮助它。不要像那个宋国人一样。宋国有个担心禾苗长不快而把它拔高的人，非常疲倦地回去，告诉他的家人说：'今天累坏了，我帮助禾苗长高了。'他的儿子跑过去看，禾苗都枯槁了。天底下不拔苗助长的人少见啊。说到浩然之气，以为培养无益而放弃的，是不为禾苗除草的人；有意帮助它生长的，是拔苗的人。不仅无益，而且有害。"

公孙丑说："怎样才算'懂得辨析言辞'？"

孟子说："偏颇的言辞，知道它在哪一方面被遮蔽而不明事理；过分的言辞，知道它沉溺于什么而不能自拔；邪僻的言辞，知道它违背了什么道理而乖张不正；搪塞的言辞，知道它在哪里理屈而终于辞穷。言辞的过失产生于思想认识，危害于政治；把它体现于政令措施，就会危害具体工作。如果圣人复生，一定会赞同我的话。"

公孙丑说："宰我、子贡善于说话，冉牛、闵子、颜渊善于阐述德行。孔子兼而有之，但他又说：'我对于辞令是不擅长的。'那么先生您已经是圣人了吧？"

孟子说："呦！这是什么话呀？从前子贡问孔子道：'先生是圣人了吧？'孔子说：'圣人，我做不到，我只是学习而不知满足，教育而不知疲倦。'子贡说：'学习而不知满足，是明智；教育而不知疲倦，是仁爱。明智而且仁爱，先生已经是圣人了！'圣人，连孔子都不愿自居，你说的是什么话呀！"

公孙丑说："以前我听说：子夏、子游、子张都有某一方面得到孔子真传，冉牛、闵子、颜渊则全面地得到孔子真传但气象比孔子小些。请问您自居于哪一种人？"

孟子说："暂且不谈这个。"

公孙丑说："伯夷、伊尹怎么样?"

孟子说："与孔子不同。不是他理想的君主,他不服事;不是他理想的百姓,他不使唤;天下太平就进取,天下大乱就退隐,这是伯夷。服侍不理想的君主有什么关系,使唤不理想的百姓有什么关系;天下太平也进取,天下大乱也进取,这是伊尹。可以做官就做官,可以不做就不做,可以长久留任就长久留任,可以迅速离任就迅速离任,这是孔子。都是古代的圣人,我没有一样能做到;要说愿望的话,我愿学孔子。"

公孙丑说："伯夷、伊尹和孔子不是一样的吗?"

孟子说："不。自从有人类以来,还没有像孔子那样的。"

公孙丑说："那么他们有相同之处吗?"

孟子说："有。如果得到纵横百里的土地而做君王,他们都能使诸侯来朝觐而统一天下。做一件不义的事,杀一个无辜的人因而得到天下,他们都不干。这就是他们的相同之处。"

公孙丑说："请问他们又有什么不同呢?"

孟子说："宰我、子贡、有若的聪明足以了解孔子,即使污下,也不至于偏袒他们所喜爱的人。宰我说:'凭我对先生的观察,他比尧、舜强多了。'于贡说:'看某时某地的礼制,就可以了解它的政治状况;听某时某地的音乐,就可以了解它的道德风气。从百代以后,去评价百代以来的君王,没有人能违背这个规律而有所隐蔽。我认为自从有人类以来,还没有像先生那样的人。'有若说:'难道只是人有高下之分吗?麒麟对于走兽,凤凰对于飞鸟,泰山对于土堆,河海对于积水,都算是同类。圣人对于人,也是同类。突出于所属的类,超拔于所属的群,自从有人类以来,还没有比孔子更伟大的。'"

三

【原文】 孟子曰:"以力假仁者霸,霸必有大国;以德行仁者王,王不待大。汤以七十里,文王以百里。以力服人者,非心服也,力不赡也[1];以德服人者,中心悦而诚服也,如七十子之服孔子也[2]。《诗》云:'自西自东,自南自北,无思不服。'[3]此之谓也。"

【注释】 [1]赡:足。[2]七十子:指孔子弟子。相传孔子有弟子三千人,通六艺者七十二人。[3]思:语助词。以上引诗出自《诗经·大雅·文王有声》。

【译文】 孟子说:"倚仗实力,假借仁义之名而统一天下的叫作'霸',要称霸,一定得有强大的国力;依靠道德,推行仁义而统一天下的叫作'王',要称王,不一定得有强大的国家。商汤凭借的仅是纵横七十里的土地,文王凭借的仅是纵横百里的土地。倚仗实力来使人服从的,并不是真心服从,只不过力量不足相敌罢了;依靠道德来使人服从的,却是心悦诚服,就像七十个弟子服从孔子一样。《诗经》说:'从西从东,从南从北,无不心悦诚服。'说的就是这个意思。"

四

【原文】 孟子曰:"仁则荣,不仁则辱。今恶辱而居不仁,是犹恶湿而居下也。如恶之,莫如贵德而尊士,贤者在位,能者在职。国家闲暇,及是时,明其政刑。虽大国,必畏之矣。《诗》云:'迨天之未阴雨①,彻彼桑土②,绸缪牖户③。今此下民④,或敢侮予。'⑤孔子曰:'为此诗者,其知道乎!能治其国家,谁敢侮之?'今国家闲暇,及是时,般乐怠敖⑥,是自求祸也。祸福无不自己求之者。《诗》云:'永言配命⑦,自求多福。'⑧《太甲》曰⑨:'天作孽,犹可违⑩。自作孽,不可活。'此之谓也。"

【注释】 ①迨:趁着。②彻:取。桑土:即桑杜,桑根之皮。③绸缪:缠结。牖户:窗门。这里指巢穴洞口。④下民:指树下的人。⑤以上引诗出自《诗经·豳风·鸱鸮》。⑥般:乐。怠:怠惰。敖:出游。⑦永:长。言:语助词,无义。配命:配合天命。⑧以上引诗出自《诗经·大雅·文王》。⑨《太甲》:《尚书》篇名。⑩违:避。

【译文】 孟子说:"实行仁政就有荣耀,不行仁政就会受辱。如今是厌恶受辱却自处于不仁之地,这就像厌恶潮湿而自处于低洼之地一样。如果厌恶它,不如崇尚道德而尊重士人,使有德行的人处在合适的官位,使有才能的人担任一定的职务。国家没有内忧外患,趁着这个时候,修明政令刑法。即使是大国,也一定会畏惧它。《诗经》说:'趁着天还没下雨,快取那桑根的皮,结牢靠巢穴的口。从此树下的人们,有谁还敢欺侮我。'孔子说:'写这诗的人,懂得道理呀!能治理好自己的国家,谁还敢欺侮他?'如今国家无内忧外患,趁着这时候,游乐怠惰,这是自己找祸患。祸与福无不是自己找的。《诗经》说:'长久配合天命,自己寻求多福。'《太甲》说:'天降的灾难还可以躲避,自找的灾难那可活不了。'说的就是这个意思。"

五

【原文】 孟子曰:"尊贤使能,俊杰在位,则天下之士皆悦,而愿立于其朝矣;市,廛而不征①,法而不廛,则天下之商皆悦,而愿藏于其市矣;关,讥而不征,则天下之旅皆悦,而愿出于其路矣;耕者,助而不税,则天下之农皆悦,而愿耕于其野矣;廛②,无夫里之布③,则天下之民皆悦,而愿为之氓矣④。信能行此五者,则邻国之民仰之若父母矣。率其子弟,攻其父母,自有生民以来未有能济者也。如此,则无敌于天下。无敌于天下者,天吏也。然而不王者,未之有也。"

【注释】 ①廛:公家所建供商人租用的货仓。这里指抽取货仓税。征:抽取货物税。②廛:这里指民居。③夫里之布:指夫布和里布。因故不能服徭役者,需出钱雇役,雇役钱叫作夫布。宅有空地而不种植桑麻,由国家抽取惩罚性的地税,叫作里布。④氓:侨民。

【译文】 孟子说:"尊重有德行的人,任用有才能的人,优异杰出的人处于官位,那么，天下的士人都会高兴，而乐意在他的朝廷做官了；做生意的，只抽取货仓税而不征货物税，或竟连货仓税也不收，那么，天下的商人都会高兴，而乐意把货物存放在他的市场上了。关卡，只稽查而不征税，那么天下旅行的人都会高兴，而乐意从他的道路经过了。种田的人，只需助耕公田而不征地税，那么天下的农夫都高兴，而乐意在他的田野上耕种了。人们居住的地方，不收雇役钱和惩罚性地税，那么，天下的老百姓都会高兴，而乐意到那里侨居了。一个君王如果能实行这五项措施，那么邻国的老百姓就会仰望他像仰望父母一样了。率领子女，来攻打他们的父母，这种事情自从有人类以来，没有能够成功的。这样，就能无敌于天下。无敌于天下的人，就是天所派遣的官吏。这样还不能统一天下的，还从来没有过。"

六

【原文】 孟子曰："人皆有不忍人之心。先王有不忍人之心，斯有不忍人之政矣。以不忍人之心，行不忍人之政，治天下可运之掌上。所以谓人皆有不忍人之心者，今人乍见孺子将入于井，皆有怵惕恻隐之心①，非所以内交于孺子之父母也，非所以要誉于乡党朋友也②，非恶其声而然也。由是观之，无恻隐之心，非人也；无羞恶之心，非人也；无辞让之心，非人也；无是非之心，非人也。恻隐之心，仁之端也；羞恶之心，义之端也；辞让之心，礼之端也；是非之心，智之端也。人之有是四端也，犹其有四体也。有是四端而自谓不能者，自贼者也；谓其君不能者，贼其君者也。凡有四端于我者，知皆扩而充之矣，若火之始然③，泉之始达。苟能充之，足以保四海；苟不充之，不足以事父母。"

【注释】 ①怵剔：恐惧。恻隐：哀痛。②要：求。③然：同"燃"。

【译文】 孟子说："人都有怜恤别人的心情。先王有怜恤别人的心情，这才有怜恤别人的政治。凭着怜恤别人的心情，施行怜恤别人的政治，治理天下就像在手掌上玩弄东西那样简单。之所以说人都有怜恤别人之心的原因是，现在有人忽然看见小孩子快要掉到井里去，都有惊骇、同情的心情，这并不是为了和小孩子的父母攀交情，不是为了在乡里朋友间博取声誉，也不是因为厌恶那小孩子的哭声才这样的。由此看来，没有同情之心，不算人；没有羞耻之心，不算人；没有退让之心，不算人；没有是非之心，不算人。同情之心，是仁的萌芽；羞耻之心，是义的萌芽；退让之心，是礼的萌芽；是非之心，是智的萌芽。人有这四种萌芽，就如同他有四肢。有这四种萌芽而自称不能行善的人，是自己残害自己的人；说他的君王不能行善的人，是残害君王的人。凡是有这四种萌芽在身上的人，就该懂得把它们都扩充起来，就像火开始燃烧，泉水开始流出。如果能够扩充它们，就足以安抚天下；如果不能扩充它们，就连父母都侍奉不了。"

七

【原文】 孟子曰："矢人岂不仁于函人哉①？矢人唯恐不伤人，函人唯恐伤人。

巫匠亦然②。故术不可不慎也。孔子曰:'里仁为美。择不处仁,焉得智?'③夫仁,天之尊爵也,人之安宅也。莫之御而不仁,是不智也。不仁、不智,无礼、无义,人役也。人役而耻为役,由弓人而耻为弓④,矢人而耻为矢也。如耻之,莫如为仁。仁者如射,射者正己而后发;发而不中,不怨胜己者,反求诸己而已矣。"

【注释】 ①函人:造铠甲的人。函,铠甲。②巫:指巫医。匠:指制造棺椁的木匠。巫医愿自己巫术显灵,治病有效;木匠愿死人多,好使棺椁畅销,所以说"巫匠亦然"。③引文见《论语·里仁》。④由:通"犹"。

【译文】 孟子说:"造箭的人难道比造铠甲的人本性残忍吗?造箭的人唯恐不能伤害人,造铠甲的人唯恐伤害人。巫医和木匠也是这样。所以选择职业不可不慎重。孔子说:'同仁共处是好的。自己选择而不自处于仁,怎能说是明智的?'仁哪,是天设的最尊贵的爵位,是人最安稳的宅居。没有人能阻挡,这样还不仁,这就是不智了。不仁、不智,无礼、无义,这就是被他人所奴役。被人奴役却耻于服役,就好比造弓的人却耻于造弓,造箭的人却耻于造箭。如果确实以为耻辱,不如实行仁。实行仁,就好比射箭,射箭的人先端正自己的姿势然后才发射;发射而没有射中,不埋怨胜过自己的人,只要反过来找自己的问题就行了。"

八

【原文】 孟子曰:"子路,人告之以有过,则喜。禹,闻善言,则拜。大舜有大焉①,善与人同,舍己从人,乐取于人以为善。自耕稼、陶、渔以至为帝②,无非取于人者。取诸人以为善,是与人为善者也。故君子莫大乎与人为善。"

【注释】 ①有:通"又"。②自耕稼、陶、渔以至为帝:传说舜为天子之前曾在历山耕种,在河滨做瓦器,在雷泽打鱼。

【译文】 孟子说:"子路,别人指出他的过错,他就高兴。禹,听到好的言论,就给人行礼。大舜更加了不起,他把善当作人所共享,舍弃自己的不足,学习别人的长处,乐于吸取别人的优点来完善自己。从他种田、做瓦器、打鱼一直到做天子,没有一个时候不是从别人那里吸取优点。吸取别人的优点来完善自己,这就是同别人一起行善。所以君子最了不起的就是同别人一起行善。"

九

【原文】 孟子曰:"伯夷①,非其君不事,非其友不友。不立于恶人之朝,不与恶人言。立于恶人之朝,与恶人言,如以朝衣朝冠坐于涂炭。推恶恶之心,思与乡人立②,其冠不正,望望然去之③,若将浼焉④。是故诸侯虽有善其辞命而至者,不受也。不受也者,是亦不屑就已⑤。柳下惠不羞污君⑥,不卑小官;进不隐贤,必以其道;遗佚而不怨⑦,厄穷而不悯⑧。故曰:'尔为尔,我为我,虽袒裼裸裎于我侧⑨,尔焉能浼我哉?'故由由然与之偕而不自失焉⑩,援而止之而止。援而止之而止者,是亦不屑去已。"孟子曰:"伯夷隘,柳下惠不恭。隘与不恭,君子不由也①。"

【注释】 ①伯夷:周时孤竹君的长子,与其弟叔齐因反对武王伐纣,隐居于首阳山,采薇而食,饿死。②思:语助词,无义。③望望然:羞愧的样子。④浼:污。⑤不屑:不以……为洁。屑,洁。⑥柳下惠:春秋时鲁国大夫,姓展名禽,字季。⑦遗佚:指被弃不用。佚,隐遁,不为世用。⑧厄穷:困穷。悯:忧愁。⑨袒、裼、裸、裎:均露身之意。⑩由由然:高兴的样子。⑪由:用。

【译文】 孟子说:"伯夷,不是他理想的君主,不去服侍,不是他理想的朋友,不去结交。不在坏人的朝廷做官,不同坏人讲话。在坏人的朝廷做官,同坏人讲话,就像穿着上朝的礼服,戴着上朝的礼帽坐在泥土和炭灰上。他把厌恶坏人的心情扩充开来,于是,同乡下人站在一起,假如那人帽子不正,他就羞愧地避开,好像会弄脏了自己似的。因此诸侯王尽管有好言好语来请他做官,他也不接受。他不接受,这是因为他以为接近他们就不干净了。柳下惠不以服侍污浊的君主为羞愧,不以当小官为卑微;入朝做官,不隐藏他的贤能,一定依照他的原则办事;被弃不用,他不埋怨,处境困穷,他不发愁。所以他说:'你是你,我是我,即使在我身边赤身露体,你怎么能玷污我呢?'因此他能高高兴兴地与任何人相处而不丧失自己,让他留下他就留下。让他留下他就留下,这是因为他不把避开当作高洁。"孟子又说:"伯夷气量小。柳下惠不严肃。气量小和不严肃,君子是不这样做的。"

滕文公上

【题解】

　　本篇的前三章,记录孟子对滕文公的开导。其中第三章所记,是在滕文公准备实行仁政时,孟子提出的一些政策主张,要点是实行井田制,以及兴办各级学校,对老百姓进行伦理道德教育。孟子之所以推崇井田制,主要是因为有利于保障老百姓的生活,从而为推行礼义建立基础。他对井田制的实施也做出了大体规划,特别强调划分田界的均匀公正。第一章勉励滕文公学习圣人之道,第二章就丧礼之事要求滕文公以身作则,这两章或坐而论道,或就事论事,但都贯穿着"行仁由己"的原则,强调个人踏行礼义的自觉性和主动性。本篇的最后两章,分别记录了与农家和墨家的对话。孟子对农家的驳斥,集中于"贤者与民并耕而食"的主张,其主要依据是社会分工的必要性。而孟子对墨家的批评,则集中于薄葬的主张和"爱无等差"之说,他强调"孝"在各种人伦品德中的优先地位,其中"不葬其亲者"的寓言可以理解为是在阐发孝与丧礼的关系,即丧礼这种形式,是孝子之心自然地呈现。孟子自称"知言",别人也说他"好辩",《孟子》一书所载的论辩,比较多的是与君王或弟子之辩,这两章却是与其他学派的交锋,有特殊的价值。

【原文】 滕文公为世子①,将之楚,过宋而见孟子。孟子道性善,言必称尧、舜。

世子自楚反,复见孟子。孟子曰:"世子疑吾言乎? 夫道一而已矣。成䃰谓齐景公曰②:'彼,丈夫也;我,丈夫也;吾何畏彼哉?'颜渊曰:'舜,何人也? 予,何人也? 有为者亦若是。'公明仪曰③:'文王,我师也;周公岂欺我哉?'今滕,绝长补短,将五十里也,犹可以为善国。《书》曰:'若药不瞑眩④,厥疾不瘳⑤。'"

【注释】 ①世子:太子。②成䃰:齐国的臣,以勇敢著称。③公明仪:孔子学生曾参的弟子。④瞑眩:头昏。⑤瘳:痊愈。以上引语见今本《尚书·说命上》。这里引用,是呼应上文"世子疑吾言乎",比喻真理总是先使人产生疑惑,然后才成为安身立命的依据。

【译文】 滕文公做太子时,要到楚国去,经过宋国,会见了孟子。孟子讲人性本善的道理,言语之间不离尧、舜。

太子从楚国回来,又来见孟子。孟子说:"太子怀疑我的话吗? 道理啊只有一个而已。成䃰对齐景公说:'他是个男子汉;我也是个男子汉;我为什么害怕他呢?'颜渊说:'舜是什么人呢? 我是什么人呢? 有所作为的人跟他一样。'公明仪说:'文王,是我的老师;周公难道欺骗我吗?'如今,滕国的土地如果截长补短,也接近纵横各五十里了,还可以治理成一个好国家。《尚书》说:'如果药不能吃得人头昏脑涨,那是治不好病的。'"

【原文】 滕定公薨①。世子谓然友曰②:"昔者孟子尝与我言于宋,于心终不忘。今也不幸至于大故③,吾欲使子问于孟子,然后行事。"

然友之邹,问于孟子。

孟子曰:"不亦善乎! 亲丧,固所自尽也④。曾子曰:'生,事之以礼;死,葬之以礼,祭之以礼,可谓孝矣。'⑤诸侯之礼,吾未之学也。虽然,吾尝闻之矣。三年之丧,齐疏之服⑥,饘粥之食⑦,自天子达于庶人,三代共之。"

然友反命,定为三年之丧。父兄百官皆不欲⑧,曰:"吾宗国鲁先君莫之行⑨,吾先君亦莫之行也,至于子之身而反之,不可。且《志》曰:'丧祭从先祖。'"曰:"吾有所受之也。"

谓然友:"吾他日未尝学问,好驰马试剑。今也父兄百官不我足也⑩,恐其不能尽于大事,子为我问孟子。"然友复之邹问孟子。

孟子曰:"然。不可以他求者也。孔子曰:'君薨,听于冢宰⑪。歠粥⑫,面深墨,即位而哭,百官有司莫敢不哀,先之也。'上有好者,下必有甚焉者矣。君子之德,风也;小人之德,草也。草尚之风⑬,必偃。是在世子。"

然友反命。世子曰："然。是诚在我。"

五月居庐⑭,未有命戒。百官族人可,谓曰知。及至葬,四方来观之,颜色之戚,哭泣之哀,吊者大悦。

【注释】 ①滕定公:滕文公的父亲。薨:侯王之死称"薨"。②然友:滕文公做太子时的师傅。③大故:大事。这里指父丧。④自尽:指主动地尽孝心。⑤"曾子曰"数语:见《论语·为政》,本来是孔子对弟子樊迟说的话,这里引为曾子所说,大概曾子曾经以此教导弟子。⑥齐疏之服:粗布所制,缝了衣边的丧服。齐,缝衣边。疏,粗,指粗布。⑦饘同"饘",稠粥。粥:稀粥。⑧父兄:指与滕文公同姓的老臣。百官:指与滕文公不同姓的百官。⑨宗国:宗主国。滕国和鲁国的始封祖分别是叔绣、周公,都是文王之子,而周公为长,所以滕国称鲁国为宗国。⑩其:指自己。⑪冢宰:百官之长。⑫歠:饮。⑬尚:加。⑭庐:专供居丧时所住的房子,形制简陋。

【译文】 滕定公死了。太子对然友说:"从前,孟子曾在宋国和我交谈过,我心里始终没有忘记。现在不幸得很,父亲逝世了,我想请先生去问问孟子,然后才办丧事。"

然友到邹国,去问孟子。

孟子说:"不错呀。父亲的丧事是该主动尽孝的。曾子说:'父母生前,按照礼来服侍他们;死后,按照礼来埋葬他们,按照礼来祭祀他们,这样可以称得上孝了。'诸侯的礼,我没学过;尽管如此,我还是听说过的。守孝三年,穿着粗布缝边的丧服,喝着粥,从天子到平民百姓,夏、商、周三代都是一样的。"

然友回去复命,太子决定实行守孝三年的丧礼。父老百官都不愿意,说:"我们的宗国鲁国的历代君主都没这么办,我国历代的君主也没这么办,到了您这里却违反规矩,不行的。况且《志》上说:'丧礼、祭礼遵循祖宗的成例。'"他们又说:"我们是有所根据的。"

太子对然友说:"我以前没做过学问,喜欢跑马舞剑。现在父老百官对我不满意,担心我不能办好丧事。先生再替我去问问孟子!"

然友又到邹国去问孟子。

孟子说:"是啊。但这是不能要求别人的。孔子说:'君主死了,政务听命于冢宰,太子只得喝粥,面色深黑,就临孝子之位便哭,大小官吏没有人敢不悲哀,这是因为太子带了头。'上面爱好什么,下面一定爱好得更厉害。尊贵者的德行,像风;卑微者的德行,像草。草上有风吹过,一定随之扑倒。这事全在太子怎么做。"

然友回去报告。

太子说:"是。这事确实全在我怎么做。"

太子在丧庐住了五个月,没有发布任何政令。百官和族人都赞成,称道太子懂礼。到了举行葬礼的时候,四方宾客都来观礼,太子容色的凄惨,哭泣的悲哀,使吊丧的人大为满意。

三

【原文】

滕文公问为国。

孟子曰:"民事不可缓也。《诗》云:'昼尔于茅①,宵尔索绹②;亟其乘屋③,其始播百谷④。'民之为道也,有恒产者有恒心,无恒产者无恒心。苟无恒心,放辟邪侈,无不为己。及陷乎罪,然后从而刑之,是罔民也。焉有仁人在位罔民而可为也?是故贤君必恭俭礼下,取于民有制。阳虎曰⑤:'为富不仁矣,为仁不富矣。'

"夏后氏五十而贡⑥,殷人七十而助⑦,周人百亩而彻⑧,其实皆什一也。彻者,彻也⑨;助者,藉也⑩。龙子曰⑪:'治地莫善于助,莫不善于贡。'贡者,校数岁之中以为常⑫。乐岁,粒米狼戾⑬,多取之而不为虐,则寡取之;凶年,粪其田而不足,则必取盈焉。为民父母,使民盻盻然⑭,将终岁勤动,不得以养其父母,又称贷而益之,使老稚转乎沟壑,恶在其为民父母也?夫世禄,滕固行之矣。《诗》云:'雨我公田⑮,遂及我私。'惟助为有公田。由此观之,虽周亦助也。

"设为庠序学校以教之⑯。庠者,养也。校者,教也。序者,射也⑰。夏曰校,殷曰序,周曰庠;学则三代共之,皆所以明人伦也。人伦明于上,小民亲于下。有王者起,必来取法,是为王者师也。

"《诗》云:'周虽旧邦,其命惟新。'文王之谓也。子力行之,亦以新子之国!"

使毕战问井地⑱。

孟子曰:"子之君将行仁政,选择而使子,子必勉之!夫仁政,必自经界始。经界不正,井地不钧⑲,谷禄不平,是故暴君污吏必慢其经界。经界既正,分田制禄可坐而定也。

"夫滕,壤地褊小,将为君子焉,将为野人焉。无君子,莫治野人;无野人,莫养君子。请野九一而助,国中什一使自赋⑳。卿以下必有圭田㉑,圭田五十亩。馀夫二十五亩㉒。死徙无出乡,乡田同井,出入相友,守望相助,疾病相扶持,则百姓亲睦。方里而井,井九百亩,其中为公田。八家皆私百亩,同养公田。公事毕,然后敢治私事。所以别野人也。此其大略也。若夫润泽之,则在君与子矣。"

【注释】 ①尔:语助词,无义。于:往。茅:取茅。②索:搓。绹:绳子。③亟:急,赶快。乘屋:登屋顶,指修理草房。④始:岁始,年初。以上引诗出自《诗经·豳风·七月》。⑤阳虎:即阳货,鲁国大夫季氏的家臣,与孔子同时。⑥五十而贡:传说夏代每户授田五十亩,每户上缴一定的收成作为地租。这与下文的"助""彻",都是儒家传说的土地税法,在历史上未必实行过。⑦七十而助:传说中商代的井田制,把六百三十亩地划分为九区,每区七十亩,八户各受田一区,是为私田。中间一区为公田,由八户共同耕种,收成归公,不再从私田的收成中抽取地租。⑧百亩而彻:传说周代的井田制,把九百亩的地,分为井字形的九区,每区一百亩,八户各受田一区,是为私田。

中间一百亩为公田,再分八区,由八户各耕种一区。则每户实际受田为一百一十余亩。每户从这一百一十余亩的收成中扣除十分之一,作为地租上缴。⑨彻:通,指通盘计算所受私田、公田的收成,作为征税的依据。⑩藉:指借力相助。⑪龙子:古代贤人。⑫挍:同"校",比较。⑬狼戾:狼藉。⑭盼盼然:勤苦不得休息的样子。⑮雨:下雨。引诗出自《诗经·小雅·大田》。⑯庠序学校:庠、序、校,都是乡里学校;学,国立学校。⑰射:通"绎",陈列,指陈列人伦秩序以教导。⑱毕战:滕国的臣。⑲钧:通"钧"。⑳什一使自赋:从所受田地的收成中扣除十分之一作为赋税上缴,实即贡法。㉑圭田:俸禄以外另授给官吏的田。圭,清洁。称"圭田"表示可供祭祀费用。㉒馀夫二十五亩:指私田百亩之外,另授给有剩余劳力的农户的田。

【译文】 滕文公问怎样治国。

孟子说:"老百姓的事情不能拖。《诗经》说:'早晨去打草,晚上搓绳子。赶紧修茅屋,开春又要种庄稼。'老百姓的情况呀,就是有固定的产业便有坚定的心志,没有固定的产业便没有坚定的心志。假如没有坚定的心志,就会为非作歹,无所不为。等他们犯了罪,然后处罚他们,这叫陷害百姓。哪有仁德的人在位治国却做出陷害百姓的事来? 所以英明的君王一定严肃而节俭,对下级有礼,向百姓征税有一定的制度。阳虎说:'要致富就不能讲仁义,要讲仁义就不能致富。'

"夏代每户五十亩地,实行贡法;商代每户七十亩地,实行助法;周代每户一百亩地,实行彻法。其实质都是抽取十分之一税率的地租。彻,是"通"的意思;助,是"借"的意思。龙子说:'地租中没有比助法更好,没有比贡法更不好的。'贡法,是比较几年中的收成以确定一个平均数,作为每年收税的税额。如果年成好,粮食就多得满地狼藉,多收一些地租也不算暴虐,倒收得少;如果年成不好,收成还不够来年施肥的费用,地租却一定要收到满额。做老百姓的父母官,却使老百姓累得惨兮兮,而且终年辛苦劳作,还不够养活父母,还得借高利贷来凑足地租,使老的小的抛尸露骨于山沟之中,这哪里是为民父母呢? 做官的人有世袭的俸禄,滕国早就实行了。《诗经》说:"下雨下到我公田,然后又到我私田。"只有借力助耕才谈得上"公田"。由此看来,即使周代的制度其实质也还是助法。

"又设立庠、序、学、校来教导百姓。庠,是教养的意思;校,是教导的意思;序,是陈列的意思。乡里学校,夏代叫"校",商代叫"序",周代叫"庠";国立学校则三代都叫"学",都是使人明白伦理道德的。上面的人明白伦理道德,下面的平民百姓自然爱戴他们。如果有圣王出现,一定要来取法,这就成了圣王的师傅了。

"《诗经》说:'周虽是古老的邦国,却有着新受的天命。'这说的是文王。您好好干吧,也来使您的国家面貌一新!"

滕文公让毕战来问井田制。

孟子说:"你的君主要实行仁政,选派你来。你一定要尽力。仁政一定要从划分田界做起。划分田界如果不公正,井田就分得不均匀,作为俸禄的谷物田租也就收得不公平了，所以暴君污吏一定把划分田界当儿戏。田界如果划得公正，分发田地、订立俸禄制度，就可以轻易办妥了。

"滕国虽然土地狭小，但也有当官的，也有种田的。没有当官的，就没人管理种田的；没有种田的，就没人养活当官的。建议在郊野实行九分抽一的助法，在城市实行十分抽一的贡法。卿以下官吏都授给圭田，圭田的大小是五十亩。家里还有剩余劳力的，另授田二十五亩。老死或搬家，也不离开本乡，乡里同一井田的人家，出入相伴，防盗御寇互相帮助，有病互相照料，于是老百姓就会彼此亲爱，相处和睦。纵横方圆一里的地为一个井田，每个井田九百亩，当中一百亩是公田。八家都授给私田一百亩，共同耕种公田。公田里的活干完了，然后才敢干私田的活，以此来区别当官的和种田的。这就是井田制的大概。至于调整润饰，那就靠君王和你了。"

四

【原文】 有为神农之言者许行①，自楚之滕，踵门而告文公曰②："远方之人闻君行仁政，愿受一廛而为氓③。"

文公与之处。

其徒数十人，皆衣褐④，捆屦、织席以为食⑤。

陈良之徒陈相与其弟辛负耒耜而自宋之滕⑥，曰："闻君行圣人之政，是亦圣人也，愿为圣人氓。"

陈相见许行而大悦，尽弃其学而学焉。

陈相见孟子，道许行之言曰："滕君则诚贤君也。虽然，未闻道也。贤者与民并耕而食，饔飧而治⑦。今也滕有仓廪府库，则是厉民而以自养也⑧，恶得贤？"

孟子曰："许子必种粟而后食乎？"

曰："然。"

"许子必织布而后衣乎？"

曰："否。许子衣褐。"

"许子冠乎？"

曰："冠。"

曰："奚冠？"

曰："冠素。"

曰："自织之与？"

曰："否。以粟易之。"

曰："许子奚为不自织？"

曰："害于耕。"

曰："许子以釜甑爨⑨，以铁耕乎？"

曰："然。"

国学经典文库

国学经典

孟子

图文珍藏版

"自为之与?"

曰:"否。以粟易之。"

"以粟易械器者,不为厉陶冶;陶冶亦以其械器易粟者,岂为厉农夫哉?且许子何不为陶冶,舍皆取诸其宫中而用之⑩?何为纷纷然与百工交易?何许子之不惮烦?"

曰:"百工之事固不可耕且为也。"

"然则治天下独可耕且为与?有大人之事,有小人之事。且一人之身,而百工之所为备,如必自为而后用之,是率天下而路也。故曰或劳心,或劳力;劳心者治人,劳力者治于人;治于人者食人,治人者食于人,天下之通义也。

"当尧之时,天下犹未平,洪水横流,泛滥于天下,草木畅茂,禽兽繁殖,五谷不登⑪,禽兽偪人⑫,兽蹄鸟迹之道交于中国。尧独忧之,举舜而敷治焉⑬。舜使益掌火,益烈山泽而焚之,禽兽逃匿。禹疏九河,瀹济、漯而注诸海⑭,决汝、汉,排淮、泗而注之江⑮,然后中国可得而食也。当是时也,禹八年于外,三过其门而不入,虽欲耕,得乎?

"后稷教民稼穑⑯,树艺五谷⑰。五谷熟而民人育。人之有道也,饱食、暖衣、逸居而无教,则近于禽兽。圣人有忧之,使契为司徒⑱,教以人伦:父子有亲,君臣有义,夫妇有别,长幼有叙,朋友有信。放勋曰⑲:'劳之来之⑳,匡之直之,辅之翼之,使自得之,又从而振德之。'圣人之忧民如此,而暇耕乎?

"尧以不得舜为己忧,舜以不得禹、皋陶为己忧㉑。夫以百亩之不易为己忧者㉒,农夫也。分人以财谓之惠,教人以善谓之忠,为天下得人者谓之仁。是故以天下与人易,为天下得人难。孔子曰:'大哉尧之为君!惟天为大,惟尧则之,荡荡乎民无能名焉㉓!君哉舜也!巍巍乎有天下而不与焉㉔!'尧、舜之治天下,岂无所用其心哉?亦不用于耕耳。

"吾闻用夏变夷者,未闻变于夷者也。陈良,楚产也,悦周公、仲尼之道,北学于中国。北方之学者,未能或之先也。彼所谓豪杰之士也。子之兄弟事之数十年,师死而遂倍之㉕!昔者孔子没,三年之外,门人治任将归㉖,入揖于子贡,相向而哭,皆失声,然后归。子贡反,筑室于场,独居三年,然后归。他日,子夏、子张、子游以有若似圣人,欲以所事孔子事之,强曾子。曾子曰:'不可,江汉以濯之,秋阳以暴之㉗,皜皜乎不可尚已㉘。'今也南蛮鴃舌之人㉙,非先王之道,子倍子之师而学之,亦异于曾子矣。吾闻出于幽谷迁于乔木者㉚,未闻下乔木而入于幽谷者。《鲁颂》曰:'戎狄是膺㉛,荆舒是惩㉜。'周公方且膺之,子是之学,亦为不善变矣。"

"从许子之道,则市贾不贰,国中无伪。虽使五尺之童适市㉝,莫之或欺。布帛长短同,则贾相若;麻缕丝絮轻重同,则贾相若;五谷多寡同,则贾相若;屦大小同,则贾相若。"

曰:"夫物之不齐,物之情也。或相倍蓰㉞,或相什百,或相千万。子比而同之,是乱天下也。巨屦小屦同贾㉟,人岂为之哉?从许子之道,相率而为伪者也,恶能治国家?"

【注释】 ①神农之言:指农家学说。神农,上古传说中发明耒耜,教民稼穑的人物,农家托为宗师。②踵:至,到。③廛:民居。氓:从别处迁来的人。④褐:麻制的短衣。⑤屦:草鞋。⑥陈良:楚国的儒家人物。耒耜:翻土的农具。耜是起土的部分,耒为其柄。⑦饔飧:熟食。这里指做饭。饔,早餐。飧,晚餐。⑧厉:病,残害。⑨釜:无脚的锅。甑:陶制烹饪器。爨:做饭。⑩舍:止,不肯。宫:室,房。⑪五谷:指稻、黍、稷、麦、菽。稻即水稻,黍即黄米,稷即小米,麦即小麦,菽是豆类的总名。登:成熟。⑫偪:即逼。⑬敷:遍,全部。⑭瀹:疏导。济、漯:二水名。⑮决、排:都是去除障碍使水畅通的意思。⑯后稷:名弃,周人的始祖,尧时为农师。⑰艺:种植⑱契:殷人的始祖。司徒:官名。⑲放勋:尧的名。⑳劳之来之:使他们勤劳。劳、来,都是勤劳的意思,这里用作动词。㉑皋陶:舜时的司法官。㉒易:治。㉓荡荡:广大的样子。㉔巍巍:高大的样子。引孔子语见《论语·泰伯》。㉕倍:通"背"。㉖任:担、负,指行李。㉗秋:指周历七、八月,相当于夏历五、六月,正当盛暑。暴:晒。㉘皓皓:洁白的样子。㉙鴃舌:形容说话怪腔怪调像鸟叫一样。鴃,伯劳鸟。"南蛮鴃舌之人",指许行。㉚出于幽谷迁于乔木:语出《诗经·小雅·伐木》:"伐木丁丁,鸟鸣嘤嘤。出自幽谷,迁于乔木。"㉛膺:抵挡,防范。㉜荆:楚国的别名。舒:楚的属国。引诗出自《诗经·鲁颂·閟宫》。㉝五尺:大约相当于今天的三尺半。㉞蓰:五倍。㉟巨屦:粗糙的鞋。小屦:精细的鞋。

【译文】 有个做农家学问的人叫许行,从楚国来到滕国,上门对文公说:"我这个大老远来的人听说您正在实行仁政,希望得到一个住所,成为侨民。"

文公给了他房屋。

他的门徒有几十个,都穿着麻衣,以编草鞋、织席子为生。

陈良的门徒陈相和他的弟弟陈辛,背着耒耜从宋国来到滕国,对文公说:"听说您正在实行圣人的政治,这也是圣人了,我希望做圣人的侨民。"

陈相见了许行,十分高兴,完全抛弃以前的学问而向许行学习。

陈相见了孟子,引述许行的话说:"滕君确实是个贤明的君主;尽管如此,他却不真懂得道理。贤人是和老百姓一同耕作,才吃饭,自己做饭,又治国理政。现在滕国有粮仓,有库房,这是残害人民来养活自己,这又怎能称得上贤明?"

孟子说:"许子一定自己种庄稼才吃饭吗?"

陈相说:"对。"

"许子一定自己织布才穿衣吗?"

陈相说:"不。许子穿麻衣。"

"许子戴帽子吗?"

陈相说:"戴。"

孟子说:"戴什么帽子?"

陈相说:"戴白帽子。"

孟子说:"是自己织的吗?"

陈相说:"不。是用粮食换来的。"

孟子说:"许子为什么不自己织呢?"

陈相说:"那会耽误耕种。"

孟子说:"许子用釜甑做饭,用铁器耕田吗?"

陈相说:"对。"

"是自己造的吗?"

陈相说:"不。是用粮食换来的。"

"农夫用粮食交换农具和器皿,不算残害了陶匠和铁匠。陶匠和铁匠也用他们的农具和器皿交换粮食,难道这是残害了农夫吗?而且许子为什么不自己烧陶、打铁?不肯做到所有东西都是从自己家里取用?为什么忙忙叨叨地与各种工匠交换?为什么许子这么不怕麻烦?"

陈相说:"各种工匠,本来就不能一边耕种一边又干他们的事情。"

"那么,难道治理天下可以一边耕种一边又干他们的事情吗?有官吏的事情,有平民的事情。而且一个人,就需要各行各业的产品。如果一定要自己造出来的才用,这是让天下人疲于奔命。所以说:有人劳动脑力,有人劳动体力;劳动脑力的管理人,劳动体力的被人管理;被人管理的养活人,管理人的被人养活。这是天下通行的道理。

"在尧的时候,天下还不太平,洪水不循水道地乱流,到处泛滥。草木长得又快又茂密,禽兽成群地繁殖,五谷不熟,禽兽害人。野兽的蹄印和飞鸟的踪迹,在中国纵横交错。尧一个人为此忧虑,选拔舜处理全部事务。舜命令伯益掌管火政,益在山野沼泽放火,烧掉草木,禽兽或逃跑或隐藏。禹又疏浚九条河道,疏导济水和漯水,使之入海;导引汝水和汉水,疏通淮水和泗水,使之流入长江,这样中国才可以种庄稼了。在那时候,禹在外八年,三次从家门口路过都没进门,即使他想耕种,可能吗?

"后稷教老百姓种庄稼,栽培五谷,五谷成熟而人民得到养育。人是有善良天性的,但吃饱了、穿暖了、住安逸了却不加教育,就和禽兽差不多。圣人又为此忧虑,让契做司徒,用伦理道德来教育人民:父子之间有慈爱,君臣之间有礼义,夫妇之间有区别,老少之间有等级,朋友之间有诚信。尧说:'敦促他们,纠正他们,帮助他们,使他们获得自己的本性,又加以栽培和引导。'圣人为老百姓忧虑,到了这种地步,还有闲工夫来种庄稼吗?

"尧把得不到舜作为自己的忧虑,舜把得不到禹和皋陶作为自己的忧虑。把百亩田地耕种得不好作为自己的忧虑,那是农夫。把钱财送给别人叫作惠,把善良教给别人叫作忠,为天下找到人才叫作仁。所以把天下让给别人是容易的,为天下找到人才是困难的。孔子说:'伟大啊,尧做君主!只有天最伟大,只有尧效法天,那宽广的气象,老百姓没办法用言语来形容!了不起的君主啊,舜呀!光明正大地统治天下而毫不利己!'尧、舜治理天下,难道无所用心吗?只不过不用于种庄稼罢了。

"我听说过中原改变落后的蛮夷,没听说过中原被蛮夷改变的。陈良,是楚国人,喜爱周公、孔子的学说,北上到中原来学习。北方的学者,没有人能超过他。他真是所谓豪杰之士啊。你们兄弟向他学习了几十年,老师死后就背叛他。从前,孔子去世,弟子们守丧三年以后,收拾行李准备回家,进门向子贡作揖告别,大家相对而哭,泣不成声,然后才各自回去。子贡回到墓地,在墓边的灵场盖了间房,又独自住了三年,然后才回去。过些时候,子夏、子张、子游认为有若像孔子,就想要像服侍孔子那样服侍他,强求曾子同意。曾子说:'不行的。老师就像在长江、汉水洗涤过,就像在夏天的烈日下暴晒过,光辉洁白得无以复加。'如今南方蛮族里讲鸟语的人,也来非难我们祖先圣王的学说,你竟背叛你的老师而向他学习,和曾子真不一样啊。我听说过飞出幽暗山谷而迁到高大树木的,没听说过飞下高大树木而进到幽暗山谷里去的。《诗经·鲁颂》里说:'戎狄是要防范的,荆舒是要严惩的。'周公尚且要防范他们,你却向他们学,真是不懂得用中国来改变蛮夷的道理啊。"

陈相说:"如果听从许子的主张,就能做到市场上物价一致,国内没有欺诈行为。即使打发五尺高的小孩到市场去,也没人欺骗他。布帛的长短如果一样,价格就相同;麻线丝绵的轻重如果一样,价格就相同;谷物的多少如果一样,价格就相同;鞋的大小如果一样,价格就相同。"

孟子说:"货物的品相质量各不相同,这是自然的;有的相差一倍五倍,有的相差十倍百倍,有的相差千倍万倍。你要只以大小轻重相比而使它们价格相同,这是扰乱天下。粗糙的鞋和精细的鞋价格一样,人难道肯干吗?听从许子的主张,就是带着大家做假,怎么能够治理好国家?"

五

【原文】 墨者夷之因徐辟而求见孟子①。孟子曰:"吾固愿见,今吾尚病,病愈,我且往见,夷子不来!"

他日,又求见孟子。孟子曰:"吾今则可以见矣。不直,则道不见②,我且直之。吾闻夷子墨者,墨之治丧也,以薄为其道也。夷子思以易天下,岂以为非是而不贵也。然而夷子葬其亲厚,则是以所贱事亲也。"

徐子以告夷子。

夷子曰:"儒者之道,古之人若保赤子③,此言何谓也?之则以为爱无差等,施由亲始。"

徐子以告孟子。

孟子曰:"夫夷子信以为人之亲其兄之子为若亲其邻之赤子乎?彼有取尔也④。赤子匍匐将入井,非赤子之罪也。且天之生物也,使之一本,而夷子二本故也⑤。盖上世尝有不葬其亲者,其亲死,则举而委之于壑。他日过之,狐狸食之,蝇蚋姑嘬之⑥。

其颡有泚⑦,睨而不视⑧。夫泚也,非为人泚,中心达于面目,盖归反虆梩而掩之⑨。掩之诚是也,则孝子仁人之掩其亲,亦必有道矣。"

徐子以告夷子。夷子怃然为间⑩,曰:"命之矣。"

【注释】 ①墨者:信奉墨子学说的人。徐辟:孟子弟子。②见:同"现"。③若保赤子:语出《尚书·康诰》:"若保赤子,惟民其康义。"④取:取譬,打比方。⑤一本、二本:孟的意思是,人都是父母所生,这便是天所指定的唯一根源;而墨家主张爱无等差,就把父母和陌路人等同起来,所以说是"二本"。⑥蚋:蚊子。姑:咀。嘬;叮,咬。⑦颡:额头。泚:出汗的样子。⑧睨:斜视。视:正视。⑨虆:盛土的笼。梩:锹、锸一类挖土的工具。⑩怃然:怅惘的样子。

【译文】 墨家的信徒夷子通过徐辟求见孟子。孟子说:"我本来打算见他,可是我现在还病着,等我病好了,我就去见他,夷子不必来了。"

过些时候,夷子又求见孟子。孟子说:"我现在可以见他了。如果不直言,真理就不能显现;我姑且直截了当地说。我听说夷子是墨家的信徒,墨家办丧事,以薄葬为原则;夷子想拿这个来改变天下的风俗,难道认为不这样做就不可贵;但夷子埋葬他的父母却是很丰厚的,那么他是以自己所鄙薄的来服侍父母了。"

徐子把这些话转告夷子。

夷子说:"儒家的学说认为,古人'爱护百姓就像爱护婴儿',这话是什么意思呢?我认为意思就是爱没有亲疏厚薄的区别,只不过实行起来是从父母亲开始的。"

徐子把这些话转告孟子。

孟子说:"夷子真的以为一个人爱自己的兄弟的儿子同他爱邻居家的婴儿是一样的吗?那句话只是打个比方嘛。婴儿在地上爬,快要掉到井里去了,那不是婴儿的罪过;老百姓犯了错误,也不是他的罪过。'爱护百姓就像爱护婴儿',是这个意思,不是说爱没有亲疏厚薄之别。而且天生养万物,使万物只有一个根源,而夷子却有两个根源。大概上古曾经有不埋葬父母亲尸体的人。父母死了,就把尸体抛到山沟里。过些时候他路过那里,狐狸正吃着尸体,成群的苍蝇蚊子正叮咬着尸体。他的额上出了汗,只敢斜视而不敢正视了。出汗呢,不是出给别人看的,是心里的悲痛流露在脸上。大概他会回去取来簸箕、铁锹把尸体掩埋了。掩埋了尸体就对了。那么,孝子、仁人掩埋父母亲的尸体,必然有他的道理啊。"

徐子把这些话转告夷子。夷子怅然若失,过了一会儿,说:"他教我懂得道理了。"

离娄上

【题解】

本篇28章,多数是格言式的短章,谈论较多的是仁义的功利性价值。孟子指出,不管是个人的荣辱安危,还是国家的兴废存亡,都取决于是否行仁义之道。因此,对个人而言,道德修养的关键在于"反求诸己",即通过自我反省和修养,获得信任,最后达到治民的目标。第十二章所提出的"诚",是孟子思想中一个重要的概念,它表浅的含义是待人诚实无伪,由此出发,就可以"悦亲""信于友""获于上""治民",这就是儒家所标举的由"内圣"而"外王"的道路。关于仁政,本篇第九章重申了得民心者得天下的主张,而得民心的根本,则在于为民兴利除害;第六和第十三章,具体说明统治者应礼遇贤明的公卿巨室和德高望重的老者,也是从得民心的角度考虑的。在论及孝养父母的问题时,本篇第十九章提出了"养口体"和"养志"的区别,意谓侍奉父母,要顺承其意。

一

【原文】 孟子曰:"离娄之明①,公输子之巧②,不以规矩,不能成方圆;师旷之聪③,不以六律④,不能正五音⑤;尧、舜之道,不以仁政,不能平治天下。今有仁心仁闻而民不被其泽⑥,不可法于后世者,不行先王之道也。故曰:徒善不足以为政,徒法不能以自行。《诗》云:'不愆不忘⑦,率由旧章⑧。'遵先王之法而过者,未之有也。圣人既竭目力焉,继之以规矩准绳⑨,以为方员平直,不可胜用也;既竭耳力焉,继之以六律正五音,不可胜用也;既竭心思焉,继之以不忍人之政,而仁覆天下矣。故曰:为高必因丘陵,为下必因川泽,为政不因先王之道,可谓智乎?是以惟仁者宜在高位。不仁而在高位,是播其恶于众也。上无道揆也⑩,下无法守也,朝不信道,工不信度,君子犯义,小人犯刑,国之所存者幸也。故曰:城郭不完⑪,兵甲不多,非国之灾也;田野不辟,货财不聚,非国之害也。上无礼,下无学,贼民兴,丧无日矣。《诗》曰:'天之方蹶⑫,无然泄泄⑬。'泄泄犹沓沓也⑭。事君无义,进退无礼,言则非先王之道者,犹沓沓也。故曰:责难于君谓之恭,陈善闭邪谓之敬,吾君不能谓之贼。"

【注释】 ①离娄:相传是黄帝时目力极强的人。②公输子:名般(或作"班"),鲁国人,又叫"鲁班",著名的巧匠,生于鲁定公或哀公时。③师旷:春秋时著名音乐家,晋平公的太师,生而目盲,善辩音乐。④六律:相传黄帝时伶伦截竹为管,以管的长短分别声音的高低清浊,乐器的音调均以之为准,此即标示绝对音高的乐律。乐律共十二,阴阳各六。六律指六个阳律,即黄钟、太蔟、姑洗、蕤宾、夷则、无射。⑤五音:指宫、商、角、徵、羽五个音阶。⑥闻:声誉。⑦愆:过错。忘:指疏漏。⑧率:遵循。旧章:指先王的法度规章。以上引诗见《诗经·大雅·假乐》。⑨准:测定平面的水准器。绳:量直线的墨线。⑩揆:尺度,准则。⑪完:牢固。⑫蹶:动。⑬泄泄:多语的样子。以上引诗见《诗经·大雅·板》。⑭沓沓:多语的样子。

【译文】 孟子说:"离娄眼神好,公输般技巧高,但如果不靠规和矩,也不能画成方和圆;师旷耳力聪敏,但如果不依据六律,也不能校正五音;就是有尧、舜之道,如果不凭借仁政,也不能使天下太平。如今有些诸侯尽管有仁爱的心肠、仁爱的声誉,但老百姓却没有受到他的恩泽,他也不能被后世效法,之所以如此,就是因为不实行前代圣王之道的缘故。所以说，只有好心不足以搞政治，只有法度不足以自动运行。《诗经》说：'没有过失没有疏漏，一切遵循先王的典章。'遵循先王的法度而犯错误的，从来没有过。圣人既已用尽了目力，又接着用规、矩、准、绳，来制作方的、圆的、平的、直的东西，这些东西用都用不完；既已用尽了耳力，又接着用六律来校正五音，这些音阶也就运用无穷；既已用尽了心思，又接着推行不忍心别人受苦的仁政，仁爱也就覆盖天下了。所以说，建高台一定要凭借丘陵，挖深池一定要凭借沼泽；搞政治不凭借前代圣王之道，能说是明智吗？因此只有仁人可以处在统治的地位。不仁的人如果处在统治的地位，这就会在民众中散布他的罪恶。在上的没有道义准则，在下的不守法令制度，朝廷不相信道义，工匠不相信尺度，官员触犯义理，百姓触犯刑法，而国家还能生存的，那是侥幸。所以说，城墙不坚固，兵器甲胄不够多，不是国家的灾难；田野尚未开辟，钱财不够集中，不是国家的祸害。在上的不讲礼，在下的没学问，刁民纷纷兴起，国家的灭亡也就快了。《诗经》上说：'上天正在震动，不要这样多话。'多话，就是喋喋不休。服侍君主不讲义，进退出入不守礼，说起话来便非难先王之道，这就是喋喋不休。所以说，要求君主克服困难，这叫'恭'；陈述美善的道理而抑制谬论，这叫'敬'；以为自己的君主不能行善，这叫'贼'。"

二

【原文】 孟子曰："规矩，方员之至也；圣人，人伦之至也。欲为君，尽君道；欲为臣，尽臣道。二者皆法尧、舜而已矣。不以舜之所以事尧事君，不敬其君者也；不以尧之所以治民治民，贼其民者也。孔子曰：'道二，仁与不仁而已矣。'暴其民甚，则身弑国亡；不甚，则身危国削，名之曰'幽'、'厉'①，虽孝子慈孙，百世不能改也。《诗》云：'殷鉴不远②，在夏后之世③'，此之谓也。"

【注释】 ①幽、厉：指周幽王、周厉王，都是含贬义的谥号。②鉴：铜镜。这里指借鉴。③夏后：夏王，指桀。以上引诗见《诗经·大雅·荡》。

【译文】 孟子说："规和矩，是方与圆的极致；圣人，是处理人际关系的极致。要做君王，便该尽君道；要做臣，便该尽臣道。二者都效法尧、舜就足够了。不用舜服侍尧的态度和方式来服侍君主，就是对君主不恭敬；不用尧统治百姓的态度和方式来统治百姓，就是残害百姓。孔子说：'路只有两条，仁和不仁，如此而已。'暴虐百姓严重的，就会自己被杀，国家灭亡；不严重的，也会自己遭遇危险，国家受到削弱，死后人们给他们'幽'、'厉'这样的谥号，即使有孝子贤孙，经历一百代也改不掉这个坏名声。《诗经》上说：'殷商的借鉴并不遥远，就在夏王桀的时代'，就是这个意思。"

三

【原文】 孟子曰："三代之得天下也以仁，其失天下也以不仁。国之所以废兴存亡者亦然。天子不仁，不保四海；诸侯不仁，不保社稷①；卿大夫不仁，不保宗庙②；士庶人不仁,不保四体。今恶死亡而乐不仁,是犹恶醉而强酒③。"

【注释】 ①社稷:土神和谷神,指代国家。②宗庙:祭祀祖先的处所。这里指代卿大夫的采邑。③强:勉强。

【译文】 孟子说:"夏商周三代得天下是因为仁,失天下是因为不仁。国家之所以衰落、兴盛、生存、灭亡也都是这个道理。天子如果不仁,就不能保有天下;诸侯如果不仁,就不能保有国家;卿大夫如果不仁,就不能保有祖庙;士人和普通老百姓如果不仁,就不能保全自己的身体。现在是厌恶死亡而喜欢不仁,这犹如厌恶醉酒却又使劲喝酒一样。"

四

【原文】 孟子曰:"爱人不亲,反其仁;治人不治,反其智;礼人不答,反其敬。行有不得者皆反求诸己,其身正而天下归之。《诗》云:'永言配命①,自求多福。'"

【注释】 ①言:语助词。引诗见《诗经·大雅·文王》。

【译文】 孟子说:"爱别人,别人却不亲近自己,那就反过来检讨自己是否够仁爱;管理别人,却管理不好,那就反过来检讨自己是否够明智;对别人有礼,别人却不回应,那就反过来检讨自己是否够恭敬。凡是行为有不能达到预期效果的,都反过来在自己身上找原因,自己端正了,天下的人自然归向他。《诗经》上说:'永远配合天的命令,自己寻求盛多的福。'"

五

【原文】 孟子曰:"人有恒言,皆曰'天下国家'。天下之本在国,国之本在家,家之本在身。"

【译文】 孟子说:"人们有句老话,都说'天下国家'。天下的基础在国,国的基础在家,家的基础在个人。"

六

【原文】 孟子曰:"为政不难,不得罪于巨室①。巨室之所慕,一国慕之;一国之所慕,天下慕之。故沛然德教溢乎四海②。"

【注释】 ①巨室:指贤明的卿大夫家。这里指贤明的卿大夫。②沛:大。

【译文】 孟子说:"搞政治不难,只要不得罪那些贤明的卿大夫们。因为他们所思慕的,一国人都会思慕;一国的人所思慕的,天下的人都会思慕。所以道德教化就浩浩荡荡地溢满四海了。"

七

【原文】 孟子曰:"天下有道,小德役大德①,小贤役大贤;天下无道,小役大,弱役强。斯二者，天也。顺天者存，逆天者亡。齐景公曰：'既不能令，又不受命，是绝物也。'涕出而女于吴②。今也小国师大国而耻受命焉，是犹弟子而耻受命于先师也。如耻之，莫若师文王。师文王，大国五年，小国七年，必为政于天下矣。《诗》云：'商之孙子，其丽不亿③。上帝既命，侯于周服④。侯服于周，天命靡常⑤。殷士肤敏⑥，裸将于京⑦。'孔子曰：'仁不可为众也。夫国君好仁，天下无敌。'今也欲无敌于天下而不仁，是犹执热而不以濯也⑧。《诗》云：'谁能执热，逝不以濯⑨？'"

【注释】 ①小德役大德：即"小德役于大德"。②女：嫁女儿。史载齐景公把女儿嫁给吴王阖闾，齐景公虽以之为耻，但迫于吴国实力强大，不得不这样做。③丽：数目。亿：周代称十万为亿。这里形容众多。④侯于周服：乃臣服于周。侯，语助词，乃。⑤靡常：无常。⑥肤：美。⑦裸将："将裸"的倒文，助祭。裸，古代一种祭礼，称"灌鬯礼"。祭祀时，在神主前将玉制酒器中的酒洒在白茅上，表示神在饮酒。将，助。京：指周的京师镐京。以上引诗出自《诗经·大雅·文王》。⑧执：救治。濯：洗涤。⑨逝：发语词，无义。引诗见《诗经·大雅·桑柔》。

【译文】 孟子说："天下有道的时候，道德较低的人被道德较高的人役使，不太贤明的人被贤明的人役使；天下无道的时候，力量小的被力量大的役使，力量弱的被力量强的役使。这两种情况，都是天意。顺从天意的就生存，违逆天意的就灭亡。齐景公说：'既不能发号施令，又不愿服从命令，这是绝路一条。'于是流着眼泪把女儿嫁到吴国。如今小国以大国为师而又耻于服从命令，这就像弟子耻于服从老师的命令一样。如果以此为耻辱，不如师从文王。如果师从文王，大国只需五年，小国只需七年，一定能统治天下。《诗经》上说：'殷商的子孙，数目不下十万。上帝既已降命，于是臣服于周。于是臣服于周，天命并不固定。商臣漂亮聪明，也上镐京助祭。'孔子说：'仁德是不在乎人多势众的。国君如果爱仁德，就可以无敌于天下。'如今有人想要无敌于天下却不依靠仁德，这就像要解除炎热却不洗浴一样。《诗经》说：'谁能解除炎热，却不凭借洗浴？'"

八

【原文】 孟子曰："不仁者可与言哉？安其危而利其菑①，乐其所以亡者。不仁而可与言，则何亡国败家之有？有孺子歌曰：'沧浪之水清兮②，可以濯我缨；沧浪之水浊兮，可以濯我足。'孔子曰：'小子听之！清斯濯缨，浊斯濯足矣。自取之也。'夫人必自侮，然后人侮之；家必自毁，而后人毁之；国必自伐，而后人伐之。《太甲》曰③：'天作孽，犹可违。自作孽，不可活。'此之谓也。"

【注释】 ①菑：同"灾"②沧浪：水名。③太甲：《尚书》篇名。

【译文】 孟子说："不仁的人可以同他谈论吗？别人有危险，他安然不动，别人遭了灾，他却趁火打劫，高兴于别人所遭受的惨祸。不仁的人如果可以同他谈论，那还会有亡国败家的事吗？有个小孩子唱道：'沧浪的水清呀，可以洗我的帽缨；沧浪的水浊呀,可以洗我的双脚。'孔子说:'弟子们听着! 清呢,就洗帽缨,浊呢,就洗双脚。这都取决于水本身啊。'人一定先是有自取侮辱的原因,然后别人才侮辱他;家一定先是有自毁的原因,然后别人才毁掉它;国一定先是有自己招来攻伐的原因,然后别人才攻伐它。《太甲》说:'天降的灾难还可以躲避,自找的灾难那可活不了。'说的就是这个意思。"

九

【原文】 孟子曰:"桀纣之失天下也,失其民也。失其民者,失其心也。得天下有道:得其民,斯得天下矣。得其民有道:得其心,斯得民矣。得其心有道:所欲与之聚之,所恶勿施尔也。民之归仁也,犹水之就下、兽之走圹也①。故为渊驱鱼者,獭也;为丛驱爵者②,鹯也③;为汤武驱民者,桀与纣也。今天下之君有好仁者,则诸侯皆为之驱矣。虽欲无王,不可得已。今之欲王者,犹七年之病求三年之艾也④。苟为不畜,终身不得。苟不志于仁,终身忧辱,以陷于死亡。《诗》云:'其何能淑⑤,载胥及溺⑥。'此之谓也。"

【注释】 ①圹:旷野。②爵:同"雀"。③鹯:猛禽。④艾:艾草。治病用的艾草,干的时间越长越管用,因此用"三年之艾"为喻,意谓如果平时不准备,则难以立刻得到。⑤其:指朝内君臣。淑:好。⑥载:则。胥:相与。及溺:至于沉溺。引诗见《诗经·大雅·桑柔》。

【译文】 孟子说:"桀、纣丧失天下,是因为失去老百姓的支持。失去支持,是因为失去民心。得天下有办法:得到老百姓的支持就能得天下。得到老百姓的支持有办法:得民心,就能得到老百姓支持。得民心有办法:他们想要的,就为他们聚积,他们所厌恶的,不要强加给他们。老百姓归服仁政,就像水往下流,野兽往旷野跑。因此,为深池把鱼赶来的,是水獭;为森林把鸟雀赶来的,是猛鹰;为商汤、武王把老百姓赶来的,是桀和纣。当今天下君王如果有爱仁德的,那么,各国诸侯都在为他驱赶百姓。即使不想统一天下,也办不到。当今想统一天下的,却像生了七年病的人要得到干了三年的艾草。如果不积蓄,是终身得不到的。如果不立志于仁德,是要终身忧患、受辱,以至于死亡的。《诗经》说:'他们哪能变好,只能同归于尽。'说的就是这个意思。"

十

【原文】 孟子曰:"自暴者,不可与有言也;自弃者,不可与有为也。言非礼义①,谓之自暴也。吾身不能居仁由义,谓之自弃也。仁,人之安宅也;义,人之正路也。旷安宅而弗居,舍正路而不由,哀哉!"

【注释】 ①非:诋毁,破坏。

【译文】 孟子说:"自己残害自己的人,不可能同他有所谈论;自己抛弃自己的人,不可能同他有所作为。说出话来破坏礼义,这便叫作自己残害自己。自以为不能安居于仁,由义而行,这便叫作自己抛弃自己。仁,是人最安稳的住宅;义,是人最中正的道路。空着安稳的住宅而不住,舍弃中正的道路而不走,可悲啊!"

十一

【原文】 孟子曰:"道在迩而求诸远①,事在易而求诸难——人人亲其亲,长其长,而天下平。"

【注释】 ①迩:近。

【译文】 孟子说:"道就在近处,却往远处去找它;事情本来容易,却往难处去做它——其实只要人人爱自己的双亲,尊敬自己的长辈,天下就太平了。"

十二

【原文】 孟子曰:"居下位而不获于上,民不可得而治也。获于上有道,不信于友,弗获于上矣。信于友有道,事亲弗悦,弗信于友矣。悦亲有道,反身不诚,不悦于亲矣。诚身有道,不明乎善,不诚其身矣。是故诚者,天之道也。思诚者,人之道也。至诚而不动者,未之有也。不诚,未有能动者也。"

【译文】 孟子说:"处于下级的地位而不能得到上级的信任,是不能治理好百姓的。得到上级的信任有办法,首先要得到朋友的信任,假如不能取信于朋友,就不能得到上级的信任。取信于朋友有办法,首先要得到父母的欢心,侍奉双亲而不能让他们高兴,就不能取信于朋友。让双亲高兴有办法,首先要诚心诚意,反躬自问而心意不诚,就不能让双亲高兴。使自己诚心诚意有办法,首先要明白什么是善,不明白善的道理,就不能使自己诚心诚意。因此,诚,是自然的道理。思慕诚,是做人的道理。极端诚心而不能使别人动心的,是从来没有的事;不诚心,则从来没有使人动心的。"

十三

【原文】 孟子曰:"伯夷辟纣①,居北海之滨,闻文王作,兴曰:'盍归乎来②!吾闻西伯善养老者③。'太公辟纣④,居东海之滨,闻文王作,兴曰:'盍归乎来!吾闻西伯善养老者。'二老者,天下之大老也,而归之,是天下之父归之也。天下之父归之,其子焉往?诸侯有行文王之政者,七年之内,必为政于天下矣。"

【注释】 ①辟:躲避。②盍:何不。来:语气助词。③西伯:即周文王。④太公:即姜太公吕尚。

【译文】 孟子说:"伯夷避开纣王,住在北海岸边,听说文王兴起,便说:'为什么不归附他!我听说西伯是善于养老的人。'姜太公避开纣王,住在东海岸边,听说文王兴起,便说:'为什么不归附他!我听说西伯是善于养老的人。'这两个老人,是天下德高望重的老人,都归附他,这好比天下人的父亲归附西伯。天下人的父亲都归附西伯了,他们的儿子还会到哪儿去呢?当今的诸侯如果有能实行文王的政治的,七年之内,就一定能统治天下。"

<h3 style="text-align:center">十四</h3>

【原文】 孟子曰:"求也为季氏宰①,无能改于其德,而赋粟倍他日。孔子曰:'求非我徒也,小子鸣鼓而攻之可也。'②由此观之,君不行仁政而富之,皆弃于孔子者也,况于为之强战?争地以战,杀人盈野;争城以战,杀人盈城,此所谓率土地而食人肉,罪不容于死。故善战者服上刑③,连诸侯者次之④,辟草莱、任土地者次之⑤。"

【注释】 ①求:冉求,字子有,孔子弟子。季氏:鲁国大夫。宰:家臣。②"孔子曰"句:事见《论语·先进》:"季氏富于周公,而求也为之聚敛而附益之。子曰:'非吾徒也,小子鸣鼓而攻之可也。'"③善战者:善于带兵打战的人,如孙膑、吴起之类。上刑:重刑。④连诸侯者:指主张合纵或连横的纵横家。⑤辟草莱、任土地者:指主张尽地力的李悝、主张开阡陌的商鞅之类。辟草莱,开垦荒地。任土地,分土授民。孟子以为这些主张虽然意在发展生产,但并不是为百姓着想,而是为了统治者的私利,所以反对。

【译文】 孟子说:"冉求做季氏的家臣,不能改善他的德行,反而把田租增加了一倍。孔子说:'冉求不是我的学生,你们敲响战鼓去攻击他都可以。'由此看来,不帮助君主实行仁政而帮助他聚敛财富,都是被孔子鄙弃的,何况是努力为君主作战的人?为争夺土地而作战,杀死的人遍布原野;为争夺城池而作战,杀死的人遍布城池,这就叫带领土地吃人肉,死刑都不足以惩罚他们的罪行。因此好战的人应该受最重的刑罚,鼓吹合纵连横的人受次一等的刑罚,开垦荒地,分土授田的人受再次一等的刑罚。"

<h3 style="text-align:center">十五</h3>

【原文】 孟子曰:"存乎人者①,莫良于眸子②。眸子不能掩其恶。胸中正,则眸子瞭焉③;胸中不正,则眸子眊焉④。听其言也,观其眸子,人焉廋哉⑤!"

【注释】 ①存:观察。②眸子:瞳人。③瞭:明亮。④眊:暗昧不明。⑤廋:藏匿。

【译文】 孟子说:"观察一个人,没有比观察他的眼睛更好的了。眼睛不能掩饰一个人的丑恶。内心正直,眼睛就明亮,心术不正,眼睛就昏暗。听人说话,观察他的眼睛,这人的善恶哪能隐藏得住!"

<h3 style="text-align:center">十六</h3>

【原文】 孟子曰:"恭者不侮人,俭者不夺人。侮夺人之君,惟恐不顺焉,恶得为恭俭?恭俭岂可以声音笑貌为哉?"

【译文】 孟子说:"恭敬的人不会侮辱别人,节俭的人不会掠夺别人。侮辱、掠夺别人的君侯,唯恐别人不顺从他,怎么能做到恭敬、节俭? 恭敬和节俭这两种品德难道可以只靠声音和笑貌就做到吗?"

十七

【原文】 淳于髡曰^①:"男女授受不亲,礼与?"

孟子曰:"礼也。"

曰:"嫂溺,则援之以手乎?"

曰:"嫂溺不援,是豺狼也。男女授受不亲,礼也。嫂溺,援之以手者,权也^②。"

曰:"今天下溺矣,夫子之不援,何也?"

曰:"天下溺,援之以道。嫂溺,援之以手。——子欲手援天下乎?"

【注释】 ①淳于髡:姓淳于,名髡。曾在齐威王、齐宣王和梁惠王的朝廷做官。②权:变通。

【译文】 淳于髡说:"男女之间不亲手递接东西,这是礼制吗?"

孟子说:"是礼制。"

淳于髡说:"嫂嫂掉到水里,用手拉她吗?"

孟子说:"嫂嫂掉到水里而不拉她,是豺狼。男女之间不亲手递接,是礼制。嫂嫂掉到水里,用手拉她,是变通的办法。"

淳于髡说:"当今天下都掉到水里了,先生不拉一把,为什么?"

孟子说:"天下掉到水里,要用道来救援。嫂嫂掉到水里,是用手去救援——你难道要用手来救援天下吗?"

十八

【原文】 公孙丑曰:"君子之不教子,何也?"

孟子曰:"势不行也。教者必以正。以正不行,继之以怒。继之以怒,则反夷矣^①。'夫子教我以正,夫子未出于正也。'则是父子相夷也。父子相夷,则恶矣。古者易子而教之,父子之间不责善。责善则离,离则不祥莫大焉。"

【注释】 ①夷:伤。

【译文】 公孙丑说:"君子不亲自教育儿子,这是为什么?"

孟子说:"因为情势行不通。教育者一定用正确的道理。用正确的道理如果行不通,接着就发火。接着就发火,那反而伤感情了。儿子会说:'您用正确的道理教导我,您却不从正确的道理出发。'那父子就会互相伤感情。父子互相伤感情,就坏了。古人互相交换儿子来教育,父子之间不用善的道理来责备对方。如果用善的道理来责备对方,就有了隔阂,一有隔阂,那就没有什么比这更不好的了。"

十九

【原文】 孟子曰:"事,孰为大? 事亲为大。守,孰为大? 守身为大。不失其身

国学经典文库

国学经典

经学经典

图文珍藏版

而能事其亲者,吾闻之矣。失其身而能事其亲者,吾未之闻也。孰不为事?事亲,事之本也。孰不为守?守身,守之本也。曾子养曾皙①,必有酒肉。将彻②,必请所与。问有馀,必曰:'有。'曾皙死,曾元养曾子③,必有酒肉。将彻,不请所与。问有馀,曰:'亡矣。'——将以复进也。此所谓养口体者也。若曾子,则可谓养志也。事亲若曾子者,可也。"

【注释】　①曾子:曾参,孔子弟子。曾皙:名点,曾参之父,也是孔子弟子。②彻:撤除,撤去。这里指撤下酒肉。③曾元:曾参之子。

【译文】　孟子说:"侍奉谁最要紧?侍奉双亲最要紧。守护谁最要紧?守护自己最要紧。不遗失自己的节操而能侍奉好双亲的,我听说过。遗失了自己的节操而能侍奉好双亲的,我没听说过。谁不该侍奉?侍奉双亲,是侍奉中的根本。谁不该守护?守护自己,却是守护中的根本。从前曾参奉养曾皙,每餐必有酒肉。将要撤下时,一定问父亲剩下的给谁。如果父亲问这东西是否还有,他一定答道:'有。'曾皙死后,曾元奉养曾参,每餐必有酒肉。将要撤下时,不问父亲剩下的给谁。如果父亲问这东西是否还有,他就答道:'没有了。'——其实他是想留着预备以后进用,不想给别人。这叫作奉养口舌、躯体。像曾参那样,就可以叫作奉养意旨。侍奉双亲像曾参那样的,就可以了。"

二十

【原文】　孟子曰:"人不足与適也①,政不足与间也②。唯大人为能格君心之非③。君仁,莫不仁;君义,莫不义;君正,莫不正。一正君而国定矣。"

【注释】　①適:通"谪",谴责。②间:非议。③格:纠正。

【译文】　孟子说:"官吏不值得去谴责,政治不值得去非议。只有大人才能纠正君主心术的错误。君主仁,就没有人不仁;君主义,就没有人不义;君主正,就没有人不正。一旦把君主端正了,国家就安定了。"

二十一

【原文】　孟子曰:"有不虞之誉①,有求全之毁。"

【注释】　①虞:料想。

【译文】　孟子说:"有料想不到的赞誉,也有求全责备的非议。"

二十二

【原文】　孟子曰:"人之易其言也①,无责耳矣。"

【注释】　①易:轻易。

【译文】　孟子说:"一个人把话轻易说出口,是因为他不必负说话的责任。"

二十三

【原文】 孟子曰:"人之患在好为人师。"

【译文】 孟子说:"人的毛病在于喜欢做别人的老师。"

二十四

【原文】 乐正子从于子敖之齐①。

乐正子见孟子。孟子曰:"子亦来见我乎?"

曰:"先生何为出此言也?"

曰:"子来几日矣?"

曰:"昔者②。"

曰:"昔者!则我出此言也,不亦宜乎?"

曰:"舍馆未定。"

曰:"子闻之也,舍馆定,然后求见长者乎?"

曰:"克有罪。"

【注释】 ①乐正子:鲁人,名克,孟子弟子。子敖:王骥的字,齐王宠臣。(参见卷四第六章。)②昔者:昨天。

【译文】 乐正子跟随子敖到齐国。

乐正子来见孟子。孟子说:"你也来见我吗?"

乐正子说:"先生为什么说这个话?"

孟子说:"你来了几天了?"

乐正子说:"昨天来的。"

孟子说:"昨天!那么我说这个话,不应该吗?"

乐正子说:"住处还没安定下来。"

孟子说:"你听说过,住处安定了,然后再求见长辈吗?"

乐正子说:"我错了。"

二十五

【原文】 孟子谓乐正子曰:"子之从于子敖来,徒铺啜也①。我不意子学古之道而以铺啜也。"

【注释】 ①铺:吃。啜:饮。

【译文】 孟子对乐正子说:"你跟随子敖来,只是为了饮食。我没想到你学习古人之道是为了饮食。"

二十六

【原文】 孟子曰:"不孝有三,无后为大。舜不告而娶,为无后也,君子以为犹告也。"

【译文】 孟子说:"不孝顺的事有三种,其中没有子孙是最严重的。舜不先禀告父母就娶妻,就因为担心没有子孙,因此君子认为他没有禀告也同禀告过了一样。"

二十七

【原文】 孟子曰:"仁之实,事亲是也;义之实,从兄是也;智之实,知斯二者弗去是也;礼之实,节文斯二者是也;乐之实,乐斯二者,乐则生矣;生则恶可已也,恶可已,则不知足之蹈之,手之舞之。"

【译文】 孟子说:"仁的实质,就是侍奉双亲;义的实质,就是服从兄长;智的实质,就是懂得这二者的道理而不可离弃。礼的实质,就是对这二者加以调节和修饰;乐的实质,在于高兴地做到这二者,于是快乐就产生了。只要一产生快乐,那怎么能抑制得住,怎么能停下来,于是不知不觉就手舞足蹈起来。"

二十八

【原文】 孟子曰:"天下大悦而将归己,视天下悦而归己,犹草芥也,惟舜为然。不得乎亲,不可以为人。不顺乎亲,不可以为子。舜尽事亲之道而瞽瞍底豫①,瞽瞍底豫而天下化,瞽瞍底豫而天下之为父子者定,此之谓大孝。"

【注释】 ①瞽瞍:舜的父亲。底豫:得以快乐。底,致。豫,安乐,安逸。

【译文】 孟子说:"天下人都悦服而将归附自己,把天下人都悦服而将归附自己,看得像草芥一样,只有舜能做到。不能得父母的欢心,不可以做人。不顺从父母,不可以做儿子。舜尽心尽力侍奉父亲而瞽瞍终于高兴,瞽瞍终于高兴而天下的风俗为之潜移默化,瞽瞍终于高兴而天下做父亲、做儿子的伦常也由此确定,这叫作大孝。"

万章上

【题解】

本篇9章,除第四章之外,均为答弟子万章之问。其中第一、二、三、四章,论述舜孝养父母、亲爱兄弟的品德。在孟子看来,舜对孝悌之道的践履是纯美无瑕的,关键在于不仅出自真性情,而且贯彻始终,甚至为此受蒙蔽,或牺牲其他的道义准则,也可以理解。第五、六两章,论及禅让与世袭制度的依据,照孟子的意见,禅让与世袭,本身无所谓好坏,关键在是否有天意的依据,而天意的表现,却是民心的向背。这就把王位继承的依据落实于民间,体现出孟子的民本思想。第八章和第九章,分别就孔子和百里奚的事迹,说明君子洁身自好的道理。本篇第四章,记录了孟子论《诗》的重要主张,即"不以文害辞,不以辞害志"和"以意逆志"的方法,对后世深有影响。

【原文】 万章问曰:"舜往于田,号泣于旻天①,何为其号泣也?"

孟子曰:"怨慕也。"

万章曰:"'父母爱之,喜而不忘。父母恶之,劳而不怨。'②然则舜怨乎?"

曰:"长息问于公明高曰③:'舜往于田,则吾既得闻命矣。号泣于旻天,于父母,则吾不知也。'公明高曰:'是非尔所知也。'夫公明高以孝子之心,为不若是恝④。我竭力耕田,共为子职而已矣⑤。父母之不我爱,于我何哉?帝使其子九男二女⑥,百官牛羊仓廪备,以事舜于畎亩之中,天下之士多就之者,帝将胥天下而迁之焉⑦。为不顺于父母⑧,如穷人无所归。天下之士悦之,人之所欲也,而不足以解忧;好色,人之所欲妻帝之二女,而不足以解忧;富,人之所欲,富有天下,而不足以解忧;贵,人之所欲,贵为天子,而不足以解忧。人悦之、好色、富贵,无足以

舜像

解忧者,惟顺于父母可以解忧。人少,则慕父母;知好色,则慕少艾⑨;有妻子,则慕妻子;仕则慕君,不得于君则热中。大孝终身慕父母。五十而慕者,予于大舜见之矣。"

【注释】 ①旻天:泛指天。②"父母爱之"四句:系引用曾子之语。《礼记·祭义》:"曾子曰:'父母爱之,喜而弗忘;父母恶之,惧而无怨。'"忘,懈怠。劳,忧愁。③长息:公明高弟子。公明高:曾子弟子。④恝:无忧无虑的样子。⑤共:通"恭"。⑥帝:指尧。九男:尧的九个儿子。二女:尧的两个女儿,即娥皇、女英。⑦胥:尽,全部。⑧顺:爱。⑨少艾:年轻貌美。艾,美好。

【译文】 万章问道:"舜到田里去,向着天嚎哭,他为什么嚎哭?"

孟子说:"因为对父母既埋怨又依恋。"

万章说:"曾子说过:'父母喜爱他,他既高兴又不敢懈怠。父母厌恶他,他尽管发愁却不埋怨。'可是舜竟然埋怨父母吗?"

孟子说:"长息曾经问公明高说:'舜到田里去,这我懂得了。但他向着天嚎哭,哭诉父母的不是,这我就不懂了。'公明高说:'这不是你所了解的。'在公明高看来,孝子之心是不能这样漫不经心的。我尽力耕田,恭敬地履行儿子的职责罢了。父母不爱我,我有什么办法?尧打发他的九个儿子、两个女儿,以及大小官吏,带着牛羊、粮食等等,到田地里服侍舜,天下的士人也多奔着他去,尧准备把整个天下都让给他舜却因为不得父母的欢心,就像走投无路的人那样无所归属。天下的士人喜欢他,这是谁都盼望的,却不足以消除他的忧愁;漂亮的姑娘,这是谁都盼望的,娶了尧帝的两

个女儿,却不足以消除他的忧愁。富有,这是谁都盼望的,富到拥有整个天下,却不足以消除他的忧愁;显贵,这是谁都盼望的,贵到身为天子,却不足以消除他的忧愁。别人喜欢他、漂亮的姑娘、财富和尊贵,都不足以消除忧愁,只有得父母的欢心才可以消除忧愁。人在小时候,就依恋父母;懂得喜欢女子的时候,就爱慕年轻漂亮的姑娘;有了妻室儿女,就爱护妻室儿女;做了官,就爱戴君主,不得君主的欢心就焦虑不安。大孝是终身依恋父母的。到了五十岁还依恋父母的,我在伟大的舜身上见到了。"

<h1 style="text-align:center">二</h1>

【原文】 万章问曰:"《诗》云:'娶妻如之何? 必告父母。'①信斯言也,宜莫如舜。舜之不告而娶,何也?"

孟子曰:"告则不得娶。男女居室,人之大伦也。如告,则废人之大伦,以怼父母②,是以不告也。"

万章曰:"舜之不告而娶,则吾既得闻命矣。帝之妻舜而不告,何也?"

曰:"帝亦知告焉则不得妻也。"

万章曰:"父母使舜完廪,捐阶,瞽瞍焚廪。使浚井,出,从而掩之。象曰③:'谟盖都君咸我绩④,牛羊父母,仓廪父母,干戈朕,琴朕,弤朕⑤,二嫂使治朕栖⑥。'象往入舜宫,舜在床琴。象曰:'郁陶思君尔⑦。'忸怩⑧。舜曰:'惟兹臣庶⑨,汝其于予治⑩。'不识舜不知象之将杀己与?"

曰:"奚而不知也? 象忧亦忧,象喜亦喜。"

曰:"然则舜伪喜者与?"

曰:"否。昔者有馈生鱼于郑子产,子产使校人畜之池⑪。校人烹之,反命曰:'始舍之,圉圉焉⑫;少则洋洋焉⑬;攸然而逝⑭。'子产曰:'得其所哉! 得其所哉!'校人出,曰:'孰谓子产智? 予既烹而食之,曰,得其所哉,得其所哉。'故君子可欺以其方,难罔以非其道。彼以爱兄之道来,故诚信而喜之,奚伪焉?"

【注释】 ①"娶妻"两句:引诗见《诗经·齐风·南山》。②怼:怨恨。③象:舜的同父异母弟。④谟盖:谋害。谟,同"谋"。盖,同"害"。都君:指舜。⑤弤:舜弓之名。⑥栖:床。⑦郁陶:想念的样子。⑧忸怩:惭愧的样子。⑨惟:想念。⑩于:帮助。⑪校人:管理沼池的小吏。⑫圉圉:鱼在水中疲弱的样子。⑬洋洋:舒缓摇尾的样子。⑭攸然:迅速游动的样子。

【译文】 万章问道:"《诗经》上说:'娶妻该怎么办? 一定先禀告父母。'信从这话的,应该没有人比得上舜。但舜却是没有禀告父母就娶妻,这是怎么回事?"

孟子说:"舜如果先禀告父母就不能娶妻了。男女成婚,是人与人之间重要的伦常。如果禀告了父母,就将破坏这重要的伦常,就会怨恨父母,所以便不禀告了。"

万章说:"舜不禀告就娶妻的道理,我懂得了。帝尧把女儿嫁给舜,也不禀告舜的父母,又是怎么回事?"

孟子说:"帝尧也知道禀告了就不能把女儿嫁给舜。"

万章说:"父母打发舜修粮仓,等舜上了屋顶,就撤掉梯子,舜的父亲瞽瞍放火烧粮仓。他们打发舜淘井,不知道舜逃了出来,便往井里填土。象说:'谋害舜都是我的功劳,牛羊归父母,仓廪归父母,干戈归我,琴归我,弤弓归我,两位嫂嫂要他们为我铺床叠被。'象到舜的屋里去,舜却坐在床边抚琴。象说:'我好想你呀!'脸上有惭愧之色。舜说:'我想念这些臣下和百姓,你帮我治理吧。'不晓得舜知不知道象要杀害自己?"

孟子说:"怎么不知道? 只不过象忧愁,他也忧愁,象高兴,他也高兴。"

万章说:"那么。舜是假装高兴吗?"

孟子说:"不是。从前有人送活鱼给郑国的子产,子产打发管池塘的小吏把它养起来。小吏却煮了吃掉,回报说:'刚放到池塘里,它蔫蔫的;过了一会儿,它便摆着尾巴游起来,很快就游得不知哪里去了。'子产说:'找到它自己的地方了! 找到它自己的地方了!'小吏出来说:'谁说子产聪明? 我已经把那条鱼煮了吃掉,他还说,找到它自己的地方了! 找到它自己的地方了!'所以,君子是可以用合乎常情的方式来欺骗他,却不能用违背常理的办法欺罔他。象假装着敬爱兄长的方式来,所以舜就诚心实意地相信而为之喜悦,怎么是假装的呢?"

三

【原文】 万章问曰:"象日以杀舜为事,立为天子则放之,何也?"

孟子曰:"封之也,或曰放焉。"

万章曰:"舜流共工于幽州①,放驩兜于崇山②,杀三苗于三危③,殛鲧于羽山④,四罪而天下咸服,诛不仁也。象至不仁,封之有庳⑤。有庳之人奚罪焉? 仁人固如是乎——在他人则诛之,在弟则封之?"

曰:"仁人之于弟也,不藏怒焉,不宿怨焉,亲爱之而已矣。亲之,欲其贵也;爱之,欲其富也。封之有庳,富贵之也。身为天子,弟为匹夫,可谓亲爱之乎?"

"敢问或曰放者,何谓也?"

曰:"象不得有为于其国,天子使吏治其国而纳其贡税焉,故谓之放。岂得暴彼民哉? 虽然,欲常常而见之,故源源而来,'不及贡,以政接于有庳'。此之谓也。"

【注释】 ①共工:官名。幽州:地名,在北方偏远之地。②驩兜:人名。崇山:地名,在南方偏远之地。③杀:当为"窜"的假借字。三苗:国名。三危:山名,在西方偏远之地。④殛:杀。鲧:人名,传说为禹之父。羽山:山名,在东方偏远之地。⑤有庳:国名。

【译文】 万章问道:"象每天把杀掉舜当作一件大事,舜做了天子后却只是流放他,为什么?"

孟子说:"其实舜是封象为诸侯,有人却说是流放。"

万章说："舜把共工流放到幽州,把驩兜发配到崇山,把三苗之君驱逐到三危,在羽山杀掉了鲧,惩罚了这四个罪人而天下人都归服,这就是讨伐不仁了。象是极为不仁的,却封为有庳国的侯。有庳国的人难道有罪吗?仁人就是这样做事吗?——对别人,就讨伐他,对弟弟,就封赏他?"

孟子说："仁人对于弟弟呀,不把愤怒藏在心里,不记仇,只是亲近他、爱护他罢了。亲近他,就要他显贵;爱护他,就要他富有。封为有庳国的侯,就是使他富贵。自己做天子,弟弟却是普通百姓,可以叫作亲近他、爱护他吗?"

万章说："请问有人说是流放,又是什么意思?"

孟子说："象不能在他的国家有所作为,天子派官吏来治理他的国家,收缴贡税,所以有人说是流放。象难道能够残害他的百姓吗?尽管这样,舜还想常常能见到他,所以不断让他来,'没到缴纳贡税的时候,就以政治上的原因接待有庳'。说的就是这事。"

四

【原文】　咸丘蒙问曰①:"语云:盛德之士,君不得而臣,父不得而子。舜南面而立②,尧帅诸侯北面而朝之,瞽瞍亦北面而朝之。舜见瞽瞍,其容有蹙③。孔子曰:'于斯时也,天下殆哉,岌岌乎④!'不识此语诚然乎哉?"

孟子曰:"否!此非君子之言,齐东野人之语也。尧老而舜摄也。《尧典》曰⑤:'二十有八载⑥,放勋乃徂落⑦,百姓如丧考妣⑧。三年,四海遏密八音⑨。'孔子曰:'天无二日,民无二王。'⑩舜既为天子矣,又帅天下诸侯以为尧三年丧,是二天子矣。"

咸丘蒙曰:"舜之不臣尧,则吾既得闻命矣。《诗》云:'普天之下,莫非王土。率土之滨,莫非王臣。'⑪而舜既为天子矣,敢问瞽瞍之非臣,如何?"

曰:"是诗也,非是之谓也。劳于王事而不得养父母也。曰:'此莫非王事,我独贤劳也⑫。'故说诗者不以文害辞⑬,不以辞害志。以意逆志⑭,是为得之,如以辞而已矣,《云汉》之诗曰⑮:'周馀黎民⑯,靡有孑遗⑰。'信斯言也,是周无遗民也。孝子之至,莫大乎尊亲。尊亲之至,莫大乎以天下养。为天子父,尊之至也。以天下养,养之至也。《诗》曰:'永言孝思⑱,孝思维则⑲。'此之谓也。《书》曰:'祗载见瞽瞍⑳,夔夔斋栗㉑,瞽瞍亦允若㉒。'是为父不得而子也?"

【注释】　①咸丘蒙:孟子弟子。②南面:指做天子。古时天子见诸侯或群臣,都坐北朝南。③蹙:不安。④岌岌:形容危险。⑤《尧典》曰:以下数句在今本《尚书·舜典》。今本《舜典》与《尧典》本是一篇,题为《尧典》,故孟子引为《尧典》。⑥二十有八载:指舜摄政后的二十八年。有,通"又"。⑦放勋:即尧。徂落:同"殂落",死亡。⑧考妣:父母。⑨遏:停止。密:无声。八音:指金、石、丝、竹、匏、土、革、木八种乐器。⑩"天无二日"二句:又见《礼记·曾子问》。⑪"普天之下"四句:见《诗经·小雅·北山》。率,自。⑫贤劳:劬劳,劳苦。贤,劳。⑬文:文字。辞:语句。⑭逆:

国学经典文库

国学经典

孟子

图文珍藏版

165

揣测。⑮《云汉》:《诗经·大雅·云汉》。⑯黎民:老百姓。⑰靡有:没有。孑遗:遗留。"周馀"二句,是形容灾难深重,多有死亡。⑱孝思:孝心。⑲维则:作为行动的准则。引诗见《诗经·大雅·下武》。⑳祗:敬。载:事。㉑夔夔斋栗:因谨慎而颤栗的样子。㉒允:信,确实。若:顺。

【译文】 咸丘蒙问道:"常言说:'道德最高的人,君主不得以他为臣,父亲不得以他为子。'舜向南站立,尧带领诸侯向北朝觐他,瞽瞍也向北朝觐他。舜见到瞽瞍,面有不安之色。孔子说:'在这个时候啊,天下岌岌可危啊!'不晓得这话是真的吗?"

孟子说:"不是。这不是君子的话,是齐东野人的话。尧年老时,舜代他管理政务。《尧典》说:'过了二十八年后,尧死了,老百姓好像死了父母,服丧三年间,四海之内停止了一切音乐。'孔子说:'天上没有两个太阳,百姓没有两个君王。'如果舜在尧死前做了天子,又带领天下诸侯为尧服丧三年,这就是同时有两个君王了。"

咸丘蒙说:"舜不以尧为臣,我懂得您的教诲了。《诗经》说:'整个天下,没有一块土地不是王的土地;从陆地到海滨,没有一个人不是王的臣民。'而舜既已经做了君王,瞽瞍却还不是他的臣民,请问这是怎么回事?"

孟子说:"这诗讲的不是这个意思;诗里说的是作者为王的公事而辛劳,不能够奉养父母。他说:'这些事没有一件不是王的公事,却只有我一人辛勤劳苦。'所以讲诗的人,不要凭个别文字歪曲了词句,不要凭个别词句歪曲了本意。用自己的体会揣度诗人的本意,这才对了。如果只是凭借词句,《云汉》诗里说:'周朝剩余的老百姓,没有一个遗留在世。'假如相信这话,那么周朝是一个人都没有留下了。孝子的极致,没有比尊敬双亲更高的;尊敬双亲的极致,没有比用整个天下来奉养他们更高的。身为天子的父亲,是尊贵至极的;舜用天下来奉养,可说是奉养的极致。《诗经》上又说:'永远保持孝心,孝心是天下的准则。'说的就是这个意思。《尚书》说:'恭恭敬敬见瞽瞍,态度谨慎而恐惧,瞽瞍也确实顺理而行了。'这难道是父亲不能以他为子吗?"

五

【原文】 万章曰:"尧以天下与舜,有诸?"

孟子曰:"否。天子不能以天下与人。"

"然则舜有天下也,孰与之?"

曰:"天与之。"

"天与之者,谆谆然命之乎①?"

曰:"否。天不言,以行与事示之而已矣。"

曰:"以行与事示之者,如之何?"

曰:"天子能荐人于天,不能使天与之天下。诸侯能荐人于天子,不能使天子与之诸侯。大夫能荐人于诸侯,不能使诸侯与之大夫。昔者,尧荐舜于天而天受之,暴之于民而民受之②。故曰:天不言,以行与事示之而已矣③。"

曰:"敢问荐之于天而天受之,暴之于民而民受之,如何?"

曰:"使之主祭,而百神享之,是天受之;使之主事而事治,百姓安之,是民受之也。天与之,人与之,故曰天子不能以天下与人。舜相尧二十有八载,非人之所能为也,天也。尧崩,三年之丧毕,舜避尧之子于南河之南④,天下诸侯朝觐者,不之尧之子而之舜;讼狱者,不之尧之子而之舜;讴歌者,不讴歌尧之子而讴歌舜,故曰天也。夫然后之中国,践天子位焉。而居尧之宫,逼尧之子,是篡也,非天与也。《太誓》曰⑤:'天视自我民视,天听自我民听。'此之谓也。"

【注释】 ①谆谆:教导不倦的样子。②暴:显示。③行:指个人的行为。事:指政事。④南河:即黄河,因在尧时都城的南面,故称。⑤《太誓》:《尚书》篇名。

【译文】 万章说:"尧把天下给了舜,有这事吗?"

孟子说:"没有。天子不能把天下给人。"

"那么舜享有天下,是谁给他的?"

孟子说:"天给他的。"

"天给他,是反复叮咛命令他的吗?"

孟子说:"不。天不说话,只通过行为和政事显示给他罢了。"

万章说:"通过行为和政事显示给他,是怎样的?"

孟子说:"天子能把人推荐给天,却不能让天给他天下;诸侯能把人推荐给天子,却不能让天子给他诸侯之位;大夫能把人推荐给诸侯,却不能让诸侯给他大夫之位。从前尧把舜推荐给天而天接受了他,把舜显示给老百姓而老百姓接受了他,所以说,天不说话,只通过行为和政事显示给他罢了。"

"请问把舜推荐给天而天接受了他,把舜显示给老百姓而老百姓接受了他,是怎样的?"

孟子说:"让他主持祭祀而百神享用,这是天接受了他;让他主持政事而政事有条不紊,老百姓满意他,这是老百姓接受了他。天下是天给他的,是老百姓给他的,所以说:天子不能把天下给人。舜辅佐尧二十八年,这不是一个人所能决定的,是天意。尧死后,三年的服丧期限也结束时,舜避开尧的儿子,到南河的南边去。天下诸侯来朝见的,不到尧的儿子那里而到舜那里;打官司的,不到尧的儿子那里而到舜那里;歌颂的,不歌颂尧的儿子而歌颂舜,所以说是天意。这样他才回到中国,继承了天子的职位。如果是当初就住到尧的宫室里,逼迫尧的儿子,那是篡夺,不是天给他。《太誓》说:'天用我们老百姓的眼睛来看,天用我们老百姓的耳朵来听。'说的就是这个意思。"

六

【原文】 万章问曰:"人有言,'至于禹而德衰,不传于贤而传于子',有诸?"

孟子曰:"否,不然也。天与贤,则与贤;天与子,则与子。昔者,舜荐禹于天,十有七年,舜崩。三年之丧毕,禹避舜之子于阳城①,天下之民从之,若尧崩之后不从尧之子而从舜也。禹荐益于天,七年,禹崩。三年之丧毕,益避禹之子于箕山之阴②。朝觐讼狱者不之益而之启③,曰:'吾君之子也。'讴歌者不讴歌益而讴歌启,曰:'吾君之子也。'丹朱之不肖④,舜之子亦不肖。舜之相尧、禹之相舜也,历年多,施泽于民久。启贤,能敬承继禹之道。益之相禹也,历年少,施泽于民未久。舜、禹、益相去久远⑤,其子之贤不肖,皆天也,非人之所能为也。莫之为而为者,天也;莫之致而至者,命也。匹夫而有天下者,德必若舜、禹,而又有天子荐之者,故仲尼不有天下。继世以有天下,天之所废,必若桀、纣者也,故益、伊尹、周公不有天下。伊尹相汤以王于天下,汤崩,太丁未立⑥,外丙二年⑦,仲壬四年⑧。太甲颠覆汤之典刑⑨,伊尹放之于桐⑩,三年,太甲悔过,自怨自艾,于桐处仁迁义,三年,以听伊尹之训己也,复归于亳⑪。周公之不有天下,犹益之于夏、伊尹之于殷也。孔子曰:'唐虞禅,夏后殷周继,其义一也。'"

【注释】　①阳城:山名,在今河南登封北。②箕山:在今河南登封东南。阴:山北。③启:禹之子。④丹朱:尧之子。⑤舜、禹、益相去久远:指三者相距或久远或短暂。按,舜相尧二十八年,禹相舜十七年,这是久远者;益相禹只七年,是短暂者。⑥太丁:汤之太子,未立而死。⑦外丙:太丁之弟。⑧仲壬:太丁之弟。⑨太甲:太丁之子。典刑:常法。⑩桐:在今河南偃师西南。⑪亳:在今河南偃师西。

【译文】　万章问道:"有人说,'到了禹的时候道德就衰落了,他不传位给贤人而传给自己的儿子',有这事吗?"

孟子说:"不,不对的。天要授给贤人,就授给贤人;天要授给儿子,就授给儿子。从前,舜把禹推荐给天,十七年后,舜死了,三年服丧的期限结束后,禹避开舜的儿子到阳城去,可是天下的老百姓都跟从他,就像尧死后,老百姓不跟从尧的儿子而跟从舜一样。禹也把益推荐给天,七年后,禹死了。三年服丧的期限结束后,益为避开禹的儿子躲到箕山北面去。朝见和打官司的人不到益那里去,而到启那里去,说:'这是我们君主的儿子啊。'歌颂的人不歌颂益而歌颂启,说:'这是我们君主的儿子啊。'尧的儿子丹朱不好,舜的儿子也不好。舜辅佐尧、禹辅佐舜,都历时多年,对老百姓施与恩泽的时间长。启是贤明的,能恭敬地继承禹的作风。益辅佐禹,历时较短,对老百姓施与恩泽的时间不长。舜和禹、禹和益,相距的时间或长或短,他们的儿子或者贤明,或者不好,都是天意,不是人的意志所能主宰。没有人叫他们这样去做,而做成了,这是天意;没有人去争取,而得到了,这是命运。以一个平头百姓而享有天下,他的道德一定像舜和禹,而且又有天子推荐他,所以孔子没赶上天子推荐,便不能享有天下。因世袭而享有天下,而天又把他废弃的,一定是像桀、纣那样的人,所以益、伊尹、周公没赶上桀、纣那样的,也便不能享有天下。伊尹辅佐汤统一了天下,汤死后,太丁未立就死了,外丙在位两年,仲壬在位四年,太甲继位后,破坏汤的法度,伊尹就把他流放到桐邑,三年之后,太甲悔过,自己怨恨,自己改正,在桐邑就自处于仁,自迁于义,三年过后,因为听从伊尹对自己的教导而重新回到亳都做天子。周公不享有天下,就如益在夏、伊尹在殷的情况。孔子说:'唐尧、虞舜实行禅让制,夏、商、周三代实行世袭制,道理是一样的。'"

七

【原文】 万章问曰:"人有言'伊尹以割烹要汤^①',有诸?"

孟子曰:"否,不然。伊尹耕于有莘之野^②,而乐尧、舜之道焉。非其义也,非其道也,禄之以天下弗顾也,系马千驷弗视也。非其义也,非其道也。一介不以与人^③,一介不以取诸人。汤使人以币聘之^④,嚣嚣然曰^⑤:'我何以汤之聘币为哉?我岂若处畎亩之中,由是以乐尧、舜之道哉?'汤三使往聘之,既而幡然改曰^⑥:'与我处畎亩之中^⑦,由是以乐尧、舜之道,吾岂若使是君为尧、舜之君哉?吾岂若使是民为尧、舜之民哉?吾岂若于吾身亲见之哉?天之生此民也,使先知觉后知,使先觉觉后觉也。予,天民之先觉者也,予将以斯道觉斯民也。非予觉之而谁也?'思天下之民,匹夫匹妇有不被尧、舜之泽者,若己推而内之沟中^⑧,其自任以天下之重如此,故就汤而说之以伐夏救民。吾未闻枉己而正人者也,况辱己以正天下者乎?圣人之行不同也,或远或近,或去或不去,归洁其身而已矣。吾闻其以尧、舜之道要汤,未闻以割烹也。《伊训》曰^⑨:'天诛造攻自牧宫^⑩,朕载自亳^⑪。'"

【注释】 ①割烹:切割、烹调,指当厨师。②有莘:古国名,在今河南陈留。③介:即"芥",草。比喻极轻微的东西。④币:帛。⑤嚣嚣:自得其乐的样子。⑥幡然:反过来。幡,通"翻"。⑦与:与其。畎亩:田间,田地。⑧内:同"纳"。⑨《伊训》:《尚书》篇名,已佚。今本《尚书》中的《伊训》是伪古文。⑩造:开始。牧宫:桀的宫室。⑪朕:伊尹自称。载:开始。

【译文】 万章问道:"有人说,'伊尹通过自己当厨师来向汤求职',有这事吗?"

孟子说:"不,不是这样;伊尹在有莘国的郊野耕田,而喜爱尧、舜的道理。不合乎义的,不合乎道的,即使把天下当俸禄给他,他连头都不回一下;即使有四千匹马系在那里,他也不会看。不合乎义的,不合乎道的,一根草也不给人,一根草也不取于别人。汤打发人用币帛聘任他,他自得地说:'我拿汤的聘礼币帛干什么?这难道比得上我独处田野之中,由此来喜爱尧、舜的道理吗?'汤多次打发人去聘任他,后来他幡然改变了态度,说:'我与其独处田野之中,由此来喜爱尧、舜的道理,我何不如使这个君主成为尧、舜一样的君主呢?我何不如使这些老百姓成为尧、舜时候的老百姓呢?我何不如自己亲眼看见呢?上天生育老百姓,就是要使先知者唤醒后知者,使先觉者唤醒后觉者。我,是天下百姓中的先觉者;我将用这道理来使这些百姓觉悟。如果不是我来使他们觉悟,那还有谁呢?'他想到天下的百姓、男男女女有不能获得尧、舜的恩泽的人,就像是自己把他们推到水沟里去一样。他就是这样自己承担天下的重担,所以找到汤,用讨伐夏桀、救助百姓的道理游说他。我没听说过自己不正而能使别人端正的,何况是屈辱自己来端正天下呢?圣人的行为是不一样的,有的疏远君主,有的接近君主;有的离开,有的不离开;归根结底都要使自己干干净净。我听说他用尧、舜的道理来向汤求职,没听说通过自己当厨师来求职。《伊训》说:'天的诛伐是从桀的牧宫里开始的,我从商都亳邑开始。'"

八

【原文】　万章问曰:"或谓孔子于卫主痈疽①,于齐主侍人瘠环②,有诸乎?"

孟子曰:"否,不然也。好事者为之也。于卫主颜雠由③。弥子之妻与子路之妻④,兄弟也。弥子谓子路曰:'孔子主我,卫卿可得也。子路以告。孔子曰:'有命。'孔子进以礼,退以义,得之不得曰'有命'。而主痈疽与侍人瘠环,是无义无命也。孔子不悦于鲁、卫,遭宋桓司马将要而杀之⑤,微服而过宋⑥。是时孔子当厄,主司城贞子⑦,为陈侯周臣⑧。吾闻观近臣⑨,以其所为主;观远臣⑩,以其所主。若孔子主痈疽与侍人瘠环,何以为孔子?"

【注释】　①主痈疽:以痈疽为主人,指住在痈疽家里。痈疽:人名,卫灵公所宠幸的宦官。②侍人:即"寺人",宦官。瘠环:人名。③颜雠由:卫国贤大夫。④弥子:卫灵公幸臣弥子瑕。⑤宋桓司马:宋国司马桓魋。要:拦截。⑥微服:指更换平常的服装。⑦司城贞子:陈国人。⑧陈侯周:陈怀公子,名周。⑨近臣:在朝之臣。⑩远臣:外来的臣。

【译文】　万章问道:"有人说,孔子在卫国住在痈疽家里,在齐国住在宦官瘠环家里,有这回事吗?"

孟子说:"不,不是这样。这是好事之徒编出来的。他在卫国住在颜雠由家里。弥子瑕的妻子和子路的妻子是姊妹。弥子瑕对子路说:'如果孔子住到我家里,卫国的卿相之位便可得到。'子路把这话告诉孔子。孔子说:'得不得卿相之位是由天命决定的。'孔子依礼而进,依义而退,得到或得不到都说'由天命决定'。如果住在痈疽和宦官瘠环的家里,都是无视道义、无视天命的。孔子在鲁国、卫国不得意,又碰到宋国的司马桓魋将拦截他要杀掉他,孔子换了服装,悄悄走过宋国。这时孔子正处在困难的境地,住在司城贞子家里,做陈侯周的臣。我听说观察在朝的臣子,看他所招待的客人;观察远来的臣子,看他所寄居的主人。如果孔子以痈疽和宦官瘠环为主人,怎么能成为孔子?"

九

【原文】　万章问曰:"或曰:'百里奚自鬻于秦养牲者五羊之皮、食牛①,以要秦穆公。'信乎?"

孟子曰:"否,不然。好事者为之也。百里奚,虞人也②。晋人以垂棘之璧与屈产之乘③,假道于虞以伐虢④。宫之奇谏⑤,百里奚不谏。知虞公之不可谏而去之秦,年已七十矣,曾不知以食牛干秦穆公之为污也⑥,可谓智乎? 不可谏而不谏,可谓不智乎? 知虞公之将亡而先去之,不可谓不智。时举于秦,知穆公之可与有行也而相之,可谓不智乎? 相秦而显其君于天下,可传于后世,不贤而能之乎? 自鬻以成其君,乡党自好者不为,而谓贤者为之乎?"

【注释】 ①鬻:卖。②虞:国名,在今山西平陆东北。③垂棘:晋国地名。屈:地名。乘:四匹马。④虢:国名,在今山西平陆。⑤宫之奇:虞国贤臣。⑥曾:乃,竟。

【译文】 万章问道:"有人说:'百里奚用五张羊皮的价钱和为人喂牛的条件,把自己卖给秦国养牲畜的人,来向秦穆公求职。'可信吗?"

孟子说:"不,不是这样。这是好事者编出来的。百里奚,是虞国人。晋国人用垂棘的玉璧和屈地所产的四匹马为代价,向虞国借路,要去攻打虢国。宫之奇向虞国的国君谏阻,百里奚不谏阻。他知道虞国国君不会接受谏议,因而离开虞国。到秦国去,那时他已经七十岁了,竟不懂得通过为人喂牛来向秦穆公求职是污浊的,可以叫明智吗? 但他却是知道不可提出谏议就不谏议,这可以叫不明智吗? 知道虞国将要灭亡而提前离开虞国,也不能叫不明智。当时他在秦国被提拔,就知道秦穆公有所作为,因而辅佐他,这可以叫不明智吗? 辅佐秦国而使它的君主名扬天下,足以流传于后世,不贤的人能办到吗? 卖掉自己来成就他的君主,乡里洁身自好的人都不干,竟说贤者肯干吗?"

告子上

【原文】 本篇共20章。第一章至第四章都是孟子与告子的对话,主要记载的是孟子与告子之间围绕"人性"这一话题所展开的辩论。大致可分为"杞柳桮棬"之辩、"以水喻性"之辩、"生之谓性"之辩以及"仁义内外"之辩四部分。告子认为人性无所谓善与不善,人性中的善:是后天修养得来的;孟子则认为人的善性是与生俱来的。第五、六章是前四章内容的进一步展开,分别辩论义的内在性以及性善问题,指出恻隐、羞恶、恭敬、是非之心,"人皆有之",这几种心是性善的根据,是仁、义、礼、智这些美德的萌芽,是人与生俱来的天赋。人之所以会变恶,是由于环境影响而不能尽其才的缘故。第七章至第十五章围绕人的本性的养护问题展开,首先指出人的本性是相同的,是后天环境的变化导致人的本性的差异,因此,应该注重人性的后天养护。继而,用生动的比喻说明人应该如何养护自身的善性。第十六至第十九章围绕"仁义"问题展开,分别阐述了"人爵"与"天爵"的关系,指出"仁义"是士人的必备人格,"仁"能够战胜不仁,不能因为力量对比悬殊而怀疑"仁"的力量。同时,指出"仁"本身也有一个成熟与否的问题。第二十章主要阐述学习为人处事的大道应该高标准、严要求。

一

【原文】 告子曰："性,犹杞柳也①;义,犹桮棬也②。以人性为仁义,犹以杞柳为桮棬。"

孟子曰："子能顺杞柳之性而以为桮棬乎？将戕贼杞柳而后以为桮棬也？如将戕贼杞柳而以为桮棬,则亦将戕贼人以为仁义与？率天下之人而祸仁义者,必子之言夫！"

【注释】 ①杞柳:杨柳科植物,落叶丛生灌木,枝条柔软,可用来编器物。②桮棬:器物名。桮,同"杯"。棬,用树条编成的饮器。

【译文】 告子说："人的本性就像杞柳树,义理就像杯盘;把人性纳入仁义当中,就像用杞柳树来制作杯盘。"

孟子说："你是顺应杞柳树的本性来制作杯盘呢？还是残害它的本性来制成杯盘呢？如果要通过残害杞柳树本性的方式来制作杯盘,那么也要残害人的本性才能使人具有仁义吗？带领天下人来损害仁义的,一定是你的这种言论吧！"

二

【原文】 告子曰："性犹湍水也①,决诸东方则东流②,决诸西方则西流。人性之无分于善不善也,犹水之无分于东西也。"

孟子曰："水信无分于东西③,无分于上下乎？人性之善也,犹水之就下也。人无有不善,水无有不下。今夫水,搏而跃之,可使过颡④;激而行之,可使在山。是岂水之性哉？其势则然也。人之可使为不善,其性亦犹是也。"

【注释】 ①湍:急流的水。②决:打开缺口排水。③信:的确。④颡:额头。

【译文】 告子说："人性好比湍急的水流,从东方打开缺口就向东流,从西方打开缺口就向西流。人性不分善与不善,就好像水没有东流、西流的分别。"

孟子说："水的确没有东流、西流的定向,难道也没有上流、下流的定向吗？人性的善良,就像水性趋向下流。人的本性没有不善良的,水的本性没有不向下流的。假如拍打水让它飞溅起来,可以高过人的额头;堵住水道让它倒流,可以引上高山。然而,这难道是水的本性吗？是所处形势迫使它这样的。人之所以能够使他做坏事,是由于他的本性也像这样受到了逼迫。"

三

【原文】 告子曰："生之谓性。"

孟子曰："生之谓性也,犹白之谓白与？"

曰："然。"

"白羽之白也,犹白雪之白;白雪之白,犹白玉之白与？"

曰:"然。"

"然则犬之性,犹牛之性;牛之性,犹人之性钦?"

【译文】 告子说:"天生的东西叫作天性。"

孟子说:"天生的东西叫作天性,就像所有物体的白色都叫作白吗?"

告子回答说:"是的。"

"这么说,白羽毛的白就像白雪的白,白雪的白如同白玉的白吗?"

告子回答说:"是的。"

"那么,狗的天性就像牛的天性,牛的天性就像人的天性吗?"

四

【原文】 告子曰:"食、色,性也。仁,内也,非外也;义,外也,非内也。"

孟子曰:"何以谓仁内义外也?"

曰:"彼长而我长之,非有长于我也。犹彼白而我白之,从其白于外也,故谓之外也。"

曰:"(异于)白马之白也①,无以异于白人之白也。不识长马之长也,无以异于长人之长钦?且谓长者义乎?长之者义乎?"

曰:"吾弟则爱之,秦人之弟则不爱也,是以我为悦者也,故谓之内。长楚人之长,亦长吾之长,是以长为悦者也,故谓之外也。"

曰:"耆秦人之炙②,无以异于耆吾炙,夫物则亦有然者也,然则耆炙亦有外钦?"

【注释】 ①异于:此二字疑为衍文。②耆:同"嗜"。炙:烤熟的肉。

【译文】 告子说:"饮食男女,是人的天性。仁是内在的,而不是外在的;义是外在的,而不是内在的。"

孟子说:"为什么说仁是内在的,而义是外在的呢?"

告子回答说:"他年纪大所以我尊敬他,并不是我内心原本就尊敬他。正如白色的东西我认为它白,是根据它外表的白色,所以说义是外在的。"

孟子说:"白马的白和白人的白或许没什么不同;但是不知道怜惜老马和不知道尊敬年长的人,也是没有什么不同吗?而且你说的义,在于年长者一方呢?还是在于尊敬年长者的一方呢?"

告子回答说:"是我的弟弟就爱他,是秦国人的弟弟就不爱他,爱不爱是由我自己内心决定的,所以说仁是内在的。尊敬楚国的长者,也尊敬我自己的长者,尊敬与否,是由年长这个外在因素决定的,所以说义是外在的。"

孟子说:"喜欢吃秦国人的烤肉,和喜欢吃自己的烤肉没什么不同,事物也有这种情况,那么,喜欢吃烤肉的心也是外在的吗?"

五

【原文】 孟季子问公都子曰①:"何以谓义内也?"

曰:"行吾敬,故谓之内也。"

"乡人长于伯兄一岁,则谁敬?"

曰:"敬兄。"

"酌则谁先?"

曰:"先酌乡人。"

"所敬在此,所长在彼,果在外,非由内也。"

公都子不能答,以告孟子。

孟子曰:"敬叔父乎?敬弟乎?彼将曰:'敬叔父。'曰:'弟为尸②,则谁敬?'彼将曰:'敬弟。'子曰:'恶在其敬叔父也?'彼将曰:'在位故也。'子亦曰:'在位故也。庸敬在兄,斯须之敬在乡人。'"

季子闻之,曰:"敬叔父则敬,敬弟则敬,果在外,非由内也。"

公都子曰:"冬日则饮汤,夏日则饮水,然则饮食亦在外也?"

【注释】 ①孟季子:人名,其人不详。②尸:代死者受祭的人。男者以其孙或孙辈为尸。女者必异姓,以其孙辈之妇为尸。

【译文】 孟季子问公都子说:"为什么说义是内在的东西呢?"

公都子回答说:"恭敬发自我的内心,所以说是内在的东西。"

孟季子问:"同乡人比你的大哥年长一岁,那你该恭敬谁呢?"

公都子说:"恭敬哥哥。"

"假如在一起喝酒,该先给谁斟酒?"

公都子说:"先给那个年长的乡人斟酒。"

"所敬重的是哥哥,却要向那个年长的乡人敬酒,说明义果然是外在的,而不是内在的。"

公都子无法回答这个问题,于是将这件事告诉了孟子。

孟子说:"你问他,该恭敬叔父呢?还是恭敬弟弟?他会说:'恭敬叔父。'问他:'弟弟如果做了受祭的代理人,那么该恭敬谁呢?'他会说:'恭敬弟弟。'你再问:'那你为什么说要恭敬叔父呢?'他会说:'这是由于弟弟处在受恭敬位置的缘故。'你就说:'那也是由于本乡长者处在先敬酒位置的缘故,平日恭敬的对象是哥哥,临时的恭敬对象是同乡。'"

季子听了这话,说:"恭敬叔父是敬,恭敬弟弟也是敬,可见义是外在的,不是发自内心的。"

公都子说:"冬天喝热水,夏天喝凉水,那么饮食也取决于外物,而不是内在的需要吗?"

六

【原文】 公都子曰:"告子曰:'性无善无不善也。'或曰:'性可以为善,可以为不善。是故文、武兴①,则民好善;幽、厉兴②,则民好暴。'或曰:'有性善,有性不善。是故以尧为君而有象,以瞽瞍为父而有舜,以纣为兄之子且以为君,而有微子启、王子比干③。'今日'性善',然则彼皆非欤?"

孟子曰:"乃若其情,则可以为善矣,乃所谓善也。若夫为不善,非才之罪也。恻隐之心,人皆有之;羞恶之心,人皆有之;恭敬之心,人皆有之;是非之心,人皆有之。恻隐之心,仁也;羞恶之心,义也;恭敬之心,礼也;是非之心,智也。仁义礼智,非由外铄我也,我固有之也,弗思耳矣。故曰:'求则得之,舍则失之。'或相倍蓰而无算者,不能尽其才者也。《诗》曰:'天生蒸民,有物有则。民之秉彝,好是懿德。'孔子曰:'为此诗者,其知道乎!故有物必有则,民之秉彝也,故好是懿德。'"

【注释】 ①文、武:即周文王、周武王,是周代的两个圣王。②幽、厉:即周幽王、周厉王,是周代的两个暴君。③微子启:商纣王庶兄,名启。曾屡次劝谏商纣。周灭商后,称臣于周,后被封于宋,为宋国始祖。王子比干:商纣王的叔父,因屡次劝谏商纣,被剖心而死。

【译文】 公都子说:"告子说:'人的本性没有善和不善的问题。'有人说:'人的本性可以让它善良,也可以让它不善;因此,周文王、周武王当政的时候,百姓就趋于善良;周幽王、周厉王当政的时候,百姓就趋于残暴。'又有人说:'有本性善良的,有本性不善良的;因此,有尧这样的圣人做君主,却有象这样恶劣的百姓;有瞽瞍这样的坏父亲,却有舜这样的好儿子;有商纣这样恶劣的侄儿,而且身为君主,却有微子启、王子比干这样的仁人。'如今您说人本性善良,那么他们说的都不对吗?"

孟子说:"从人的天赋资质来看,是可以使它善良的,这就是我所说的人性善良。至于有些人做坏事,不是天赋资质的错。同情心,人人有;羞耻心,人人有;恭敬心,人人有;是非心,人人有。同情心即是仁,羞耻心即是义,恭敬心即是礼,是非心即是智。仁、义、礼、智,不是外人教我的,是我原本就有的,只是没深入思考过罢了。因此说:'一经探求就会得到它,一加放弃就会失掉它。'人们之间有相差一倍、五倍甚至无数倍的,就是不能全部发挥出人的天赋资质的缘故。《诗经》说:'上天生养万民,事物都有法则。百姓把握常规,喜爱美好品德。'孔子说:'作这首诗的人,一定是个了解大道的人啊!因此,有事物便有其不变的法则;百姓把握了它,所以喜欢美好的品德。'"

七

【原文】 孟子曰:"富岁,子弟多赖①;凶岁,子弟多暴。非天之降才尔殊也,其所以陷溺其心者然也。今夫麰麦②,播种而耰之③,其地同,树之时又同,浡然而生,至于日至之时④,皆熟矣。虽有不同,则地有肥硗⑤,雨露之养、人事之不齐也。

故凡同类者,举相似也,何独至于人而疑之?圣人与我同类者。故龙子曰:'不知足而为屦⑥,我知其不为蒉也⑦。'屦之相似,天下之足同也。口之于味,有同耆也,易牙先得我口之所耆者也⑧。如使口之于味也,其性与人殊,若犬马之与我不同类也,则天下何耆皆从易牙之于味也？至于味，天下期于易牙，是天下之口相似也。惟耳亦然。至于声，天下期于师旷，是天下之耳相似也。惟目亦然。至于子都^⑨，天下莫不知其姣也。不知子都之姣者，无目者也。故曰：口之于味也，有同耆焉；耳之于声也，有同听焉；目之于色也，有同美焉。至于心，独无所同然乎？心之所同然者何也？谓理也，义也。圣人先得我心之所同然耳。故理义之悦我心，犹刍豢之悦我口^⑩。"

【注释】 ①赖：通"懒"，懒惰。②葬麦：大麦。③耰：古农具，用于碎土平田。文中指播种后，覆土保护种子。④日至：指夏至和冬至。文中指夏至。⑤硗：坚硬多石的贫瘠土地。⑥屦：草鞋。⑦蒉：草编的筐。⑧易牙：春秋时齐桓公的宠臣。长于调味，善于逢迎，传说曾烹其子为羹以献齐桓公。⑨子都：人名，春秋时郑国的美男子。⑩刍豢：草食动物叫刍，如牛、羊等；谷食动物叫豢，如狗、猪等。

【译文】 孟子说："丰年，年轻人大多懒惰；灾年，年轻人大多强暴，不是天生资质如此不同，而是所处的环境使他们心情变得糟糕。就拿大麦来说吧，撒下种子用土盖好，如果土质相同，播种时间又相同，便会生机勃勃地长起来。到夏至的时候，都会成熟了。即使有所不同，那也是土地有肥有瘠，雨露滋养有多有少，人们劳作程度不同的缘故。因此说，凡是同类的事物，都是相似的。为何单单说到人，就心生疑问了呢？圣人也是和我们同类的人。因此，龙子说过：'不用看清脚样去编草鞋，我知道编出来的不会是筐。'草鞋之所以相似，是由于天下人的脚都大致相同。嘴巴对于味道，有着同样的嗜好；易牙是预先摸清了这一嗜好的人。假如嘴巴对于味道的感觉，因人而异，而且就像狗、马和我们人类有着本质的不同一样，那么天下人为何都追随易牙的口味呢？说到口味，天下人都希望成为易牙，这是由于天下人的味觉都相似。耳朵也是这样。说到声音，天下人都希望成为师旷，这是由于天下人的听觉都相似。眼睛也是这样。说到子都，天下没有谁不知道他英俊。不知道子都的英俊的，是没长眼睛的人。因此说，嘴巴对于味道，有着相同的嗜好；耳朵对于声音，有着相同的听觉；眼睛对于姿色，有着相同的美感。一说到心，难道就单单没有什么相同的了吗？人心所公认的东西是什么？是理，是义。圣人先于普通人得知了我们心中共同的东西。因此说，理义使我心愉悦，就像牛、羊、猪、狗的肉合我的口味一样。"

八

【原文】 孟子曰："牛山之木尝美矣^①，以其郊于大国也^②，斧斤伐之，可以为美乎？是其日夜之所息，雨露之所润，非无萌蘖之生焉^③，牛羊又从而牧之，是以若彼濯濯也^④。人见其濯濯也，以为未尝有材焉，此岂山之性也哉？虽存乎人者，岂无仁义之心哉？其所以放其良心者，亦犹斧斤之于木也，旦旦而伐之，可以为美乎？其日夜之所息，平旦之气^⑤，其好恶与人相近也者几希，则其旦昼之所为^⑥，有梏亡之矣^⑦。梏之反覆，则其夜气不足以存。夜气不足以存，则其违禽兽不远矣。人见其禽兽也，而以为未尝有才焉者，是岂人之情也哉？故苟得其养，无物不长；苟失其养，无物不消。孔子曰：'操则存，舍则亡；出入无时，莫知其乡⑧。'惟心之谓与？"

【注释】　①牛山：在今山东临淄南。②郊：此指生长在郊外。大国：指临淄，是当时的大城市。③萌：草木萌发。蘖：树木被砍伐后再生的枝芽。④濯濯：光秃的样子。⑤平旦：清晨。⑥旦昼：白天。⑦梏：刑具名，木制手铐。此指器械。⑧乡：通"向"。

【译文】　孟子说："牛山的树木曾经是繁茂的，可是它生长在大城市的郊外，总有斧子去砍伐它，还能长得繁茂吗？这些树木日夜不停地生长繁殖着，雨水露珠滋润着它们，不是没有新条、嫩芽长出来，可是人们又紧跟着在这里放牧牛羊，因此才那样光秃。人们看见那山光秃秃的，就以为它不曾生长过树木，这难道是山的本性吗？在人的身上，难道没有仁义之心吗？之所以有人失掉了他的善良之心，也像斧子对待树木一样，天天砍它，怎么能让它繁茂呢？他在日里夜里萌生的善心，他在清晨触及的清新之气，这些在他心中所引发的好恶跟一般人也有点接近。然而，到了第二天白天做出的事，就把那点与常人相同的善心给泯灭了。反反复复地泯灭，那么他夜里心中萌生的良善就不能存在下去；夜里萌生的良善不能存留在心，那么他就和禽兽相差无几了。别人看见他是个禽兽，就以为他不曾有过好的资质，这难道是人的本性吗？因此说，假如得到好的滋养，没有东西不能生长；假如丧失了好的滋养，没有东西不会消亡。孔子说：'抓住了就存在，放弃了就失去；出来进去没有确定的时间，没谁知道它的去向。'说的就是人心吧？"

九

【原文】　孟子曰："无或乎王之不智也①。虽有天下易生之物也，一日暴之②，十日寒之，未有能生者也。吾见亦罕矣，吾退而寒之者至矣，吾如有萌焉何哉？今夫弈之为数③，小数也；不专心致志，则不得也。弈秋，通国之善弈者也。使弈秋诲二人弈，其一人专心致志，惟弈秋之为听。一人虽听之，一心以为有鸿鹄将至④，思援弓缴而射之⑤，虽与之俱学，弗若之矣。为是其智弗若与？曰：非然也。"

【注释】　①或：通"惑"，疑惑。②暴：晾晒。③弈：围棋。数：技艺。④鸿鹄：鸟名，即天鹅。⑤缴：系于箭上的丝绳。

【译文】　孟子说："难怪王不聪明。天下即使有容易生长的植物，晒它一天后，又冻它十天，没有能长得了的。我见您的次数也算很少了，我退居家中，把他冷淡到极点，纵使有善心萌动的情况，我能对它怎么办呢？下棋在各种技艺当中属于很小的技艺；可是，如果不全心全意，就学不好。弈秋是全国的下棋高手。假如让弈秋教两个人学下棋，其中一个人一心一意地学，只听弈秋的讲解。另一个人虽然也听着，但一心以为也许会有大雁飞来，想着拿起弓箭去射它，虽然和前一个人一起学下棋，但却不如那个人学得好。是因为他的聪明程度赶不上人家吗？当然不是这样。"

十

【原文】　孟子曰："鱼，我所欲也，熊掌，亦我所欲也；二者不可得兼，舍鱼而取熊掌者也。生，亦我所欲也，义，亦我所欲也；二者不可得兼，舍生而取义者也。生亦我所欲，所欲有甚于生者，故不为苟得也；死亦我所恶，所恶有甚于死者，故患有所不辟也。如使人之所欲莫甚于生，则凡可以得生者，何不用也？使人之所恶莫甚于死者，则凡可以辟患者，何不为也？由是则生而有不用也，由是则可以辟患而有不为也，是故所欲有甚于生者，所恶有甚于死者。非独贤者有是心也，人皆有之，贤者能勿丧耳。一箪食，一豆羹①，得之则生，弗得则死，呼尔而与之，行道之人弗受；蹴尔而与之②，乞人不屑也。万钟则不辩礼义而受之③。万钟于我何加焉？为宫室之美、妻妾之奉、所识穷乏者得我与？乡为身死而不受④，今为宫室之美为之；乡为身死而不受，今为妻妾之奉为之；乡为身死而不受，今为所识穷乏者得我而为之，是亦不可以已乎？此之谓失其本心。"

【注释】　①箪：盛饭的竹器。豆：古代一种盛食物的器皿，形似高脚盘。②蹴：踢。③钟：容量单位，六斛四斗为一钟。④乡：通"向"，以往。

【译文】　孟子说："鱼是我喜爱的，熊掌也是我喜爱的；如果二者不能兼得，那么就舍弃鱼，而要熊掌。生命是我所喜爱的，大义也是我所喜爱的；如果二者不能兼得，那么就牺牲生命，而去取义。生命是我所喜爱的，如果所喜爱的有比生存更重要的，因此就不苟且偷生；死是我所厌恶的，所厌恶的东西如果胜过了死亡，因此就不躲避祸患。如果使人所厌恶的没有超过生命的，那么所有能够求生的方法，有什么不用的呢？如果使人所喜爱的没有超过死亡的，那么所有能够躲避祸患的方法。哪有不用的呢？从中可以生存的办法，却有人不用；从中能够躲避祸患的方法，却有人不用，因此可以看出，有比生命更让人想得到的，有比死亡更让人厌恶的。不只是贤德的人有这种心理，人人都有，只是贤德的人没有丧失它罢了。一筐饭，一碗汤，得到了就能活下来，得不到就会死，吆喝着给他，连过路的饿人都不愿接受；用脚踩后再给人，连乞丐都不屑接受。有人面对万钟的俸禄就不管是否合乎礼义，欣然接受。万钟的俸禄对我有什么益处呢？为了住房的豪华、妻妾的侍奉、所认识的穷人感激我吗？从前宁愿去死都不肯接受的，现在为了住房的豪华而接受了；从前宁愿去死都不愿接受的，现在为了妻妾的侍奉而接受了；从前宁愿去死都不肯接受的，现在为了自己认识的穷人感激我而接受了，这些不是可以不做的事吗？这就叫失掉了他的本性。"

十一

【原文】　孟子曰："仁，人心也；义，人路也。舍其路而弗由①，放其心而不知求，哀哉！人有鸡犬放，则知求之；有放心而不知求。学问之道无他，求其放心而已矣。"

【注释】　①由：经过，通过。

【译文】　孟子说："仁指的是人心，义指的是人走的路。放弃那正道不走，丧失了善良的本性而不知道去寻找，可悲啊！人们有鸡狗走丢了，便知道去找回来；有丧失了善心的，却不知道去寻找。学问之道没有别的，就是找回来那丧失了的善心

图文珍藏版

罢了。"

十二

【原文】 孟子曰:"今有无名之指,屈而不信①,非疾痛害事也,如有能信之者,则不远秦、楚之路,为指之不若人也。指不若人,则知恶之;心不若人,则不知恶,此之谓不知类也。"

【注释】 ①信:通"伸"。

【译文】 孟子说:"现在有人无名指弯曲伸展不开,不是很疼痛,也不妨碍做事,可是,如果有人能让它重新伸直,那么就是让他前往秦国、楚国去治,他也不会觉得路远,为的是无名指不及别人。手指不如别人,就知道厌恶;心性赶不上别人,却不知道厌恶,这就叫不知轻重。"

十三

【原文】 孟子曰:"拱把之桐梓①,人苟欲生之,皆知所以养之者。至于身,而不知所以养之者,岂爱身不若桐梓哉? 弗思甚也。"

【注释】 ①拱把:指树木尚小。拱,两手合围。把,一手所握。

【译文】 孟子说:"一两把粗的桐树、梓树,假如人想要它生长起来,都知道怎么才能把它养大。说到自身,却不知道如何去修养,难道对自己的爱还赶不上对桐树、梓树的爱吗? 实在是太不愿动脑了。"

十四

【原文】 孟子曰:"人之于身也,兼所爱。兼所爱,则兼所养。无尺寸之肤不爱焉,则无尺寸之肤不养也。所以考其善不善者,岂有他哉? 于己取之而已矣。体有贵贱,有小大。无以小害大,无以贱害贵。养其小者为小人,养其大者为大人。今有场师,舍其梧槚①,养其樲棘②,则为贱场师焉。养其一指而失其肩背,而不知也,则为狼疾人也③。饮食之人,则人贱之矣,为其养小以失大也。饮食之人无有失也,则口腹岂适为尺寸之肤哉④?"

【注释】 ①梧:梧桐树。槚:即楸树,木理细密,是上等木料。②樲:即酸枣。棘:荆棘。③狼疾:即"狼藉",糊涂。④适:通"啻",但,只。

【译文】 孟子说:"人们对于自己的身体,无所不爱。全都爱护,就全都保养。没有一尺、一寸的肌肤不爱护,那么就没有一尺、一寸的肌肤得不到保养。因此,考察他保养得好与不好,难道有别的好办法吗? 只要看他重点养护的是哪些部分就可以了。身体有至关重要的部分,有微不足道的部分;有小的部分,有大的部分。不要因为小的部分而损害大的部分,不要因为微不足道的部分而损害至关重要的部分。能保养好小的部分的是小人,能保养好大的部分的是君子。假如说有这样一个园艺家,把梧桐、梓树丢在一边。而去养护酸枣、荆棘，那么他就是个不称职的园艺家。假如有人只保养他的一根手指，而失掉了肩头、后背的功能，自己却还不知道，那便是个糊涂虫。只在吃喝上下功夫的人，人们看不起他，因为他保养小的部分，而失掉了大的部分。如果讲究吃喝的那些人没丢掉思想的培养，那么他们吃喝的目的难道只为保养口、腹这些小部分的需要吗？"

十五

【原文】 公都子问曰："钧是人也①，或为大人，或为小人，何也？"

孟子曰："从其大体为大人，从其小体为小人。"

曰："钧是人也，或从其大体，或从其小体，何也？"

曰："耳目之官不思，而蔽于物。物交物，则引之而已矣。心之官则思，思则得之，不思则不得也。此天之所与我者。先立乎其大者，则其小者不能夺也。此为大人而已矣。"

【注释】 ①钧：通"均"，同样。

【译文】 公都子问道："同样是人，有人是君子，有人是小人，这是为什么呢？"

孟子说："顺应身体重要器官需要的就是君子，顺应身体次要器官需要的就是小人。"

公都子又问："同样是人，有人顺应重要器官的需要，有人顺应次要器官的需要，这又是为什么呢？"

孟子回答说："耳朵、眼睛这类器官不会思考，所以被外物所蒙蔽。耳朵、眼睛也只不过是物。物与物接触，便会受到诱惑罢了。心的功能在于思考，思考了就会有所得，不思考就一无所获。这是上天赐予我们人类的。所以，心是重要器官。先把心这个重要器官的地位树立起来，那么，那些次要的器官就不能夺走人心中的善性。这样就成为君子了。"

十六

【原文】 孟子曰："有天爵者，有人爵者。仁义忠信，乐善不倦，此天爵也；公卿大夫，此人爵也。古之人修其天爵，而人爵从之。今之人修其天爵，以要人爵；既得人爵，而弃其天爵，则惑之甚者也，终亦必亡而已矣。"

【译文】 孟子说："有天赐爵位，有社会爵位。仁义忠信，行善且乐此不疲，这是天赐的爵位；公卿大夫，这是社会的爵位。古时的人，修养自己的天赐爵位，然后社会爵位就随之而来。现在的人修养天赐爵位，以此来追逐社会爵位；得到社会爵位以后，就丢掉了天赐爵位，那实在是太糊涂了，最终必然连社会爵位也丧失掉。"

十七

【原文】 孟子曰："欲贵者，人之同心也。人人有贵于己者，弗思耳。人之所贵者,非良贵也。赵孟之所贵^①,赵孟能贱之。《诗》云:'既醉以酒,既饱以德。'^②言饱乎仁义也,所以不愿人之膏粱之味也^③。令闻广誉施于身,所以不愿人之文绣也^④。"

【注释】 ①赵孟:即春秋时晋国的执政大臣赵盾。此指代有权势的人。②诗句见《诗经·大雅·既醉》。③膏粱:指精美的食物。膏,指肥肉。粱,指谷类中的精细的小米。④文绣:绣有彩色花纹的衣服。

【译文】 孟子说:"希求富贵,是人们的共同心理。每个人自身都有可宝贵的东西,只是不去想它罢了。别人给予的尊贵,不是真正的尊贵。赵孟所尊贵的,赵孟也能使他卑贱。《诗经》说:"酒已经喝醉,德已经享尽。'说的就是已经饱尝了仁义之德,因而不美慕人家肥肉、精米的美味;广为人知的好名声集于一身,因而不美慕别人的锦绣衣裳。"

十八

【原文】 孟子曰:"仁之胜不仁也,犹水胜火。今之为仁者,犹以一杯水救一车薪之火也,不熄,则谓之水不胜火。此又与于不仁之甚者也,亦终必亡而已矣。"

【译文】 孟子说:"仁能够战胜不仁,就像水能够灭火。如今施行仁德的人,就像拿一杯水来救一车木柴燃起的大火;灭不了火,就说水不能扑灭火,这些人又和很不仁的人一样了,最后连他们已有的那点仁德也会丧失掉。"

十九

【原文】 孟子曰:"五谷者,种之美者也。苟为不熟,不如荑稗^①。夫仁亦在乎熟之而已矣。"

【注释】 ①荑稗:即"稊稗"。荑,稗子类的草,结实,可作饲料。

【译文】 孟子说:"五谷是庄稼中的好东西;可是如果没成熟,还不如稗子之类的野草。仁也是这样,关键在于使它成熟罢了。"

二十

【原文】 孟子曰:"羿之教人射,必志于彀^①。学者亦必志于彀。大匠诲人,必以规矩,学者亦必以规矩。"

【注释】 ①彀:把弓拉满。

【译文】 孟子说:"羿教人射箭,一定要让人把弓拉满;学习的人也一定要努力把弓拉满。技艺高超的木工教导人,一定要遵循规矩,学习的人也一定要遵循规矩。"

史学经典

导读

历史，记载着一个国家、民族产生和发展的全部过程，涵纳着这一国家、民族的精神财富和智慧，昭示着这一国家、民族兴衰更替的客观规律。

历史犹如一个大舞台，在这座舞台上，每个人都扮演着不同的角色，各种人物都做过不同的表演，在历史长河中留下不同的足迹。其中有些重要的历史人物还会给历史留下里程碑式的痕迹。因此，历史学家在撰写历史时，就必然要把他们的事迹如实地记载下来，并按照自己的价值判断和道德标准或歌颂或批判或贬斥。

在人类历史上，史学担负着记录保存人类生活中的每一件大事的职能。在科学不发达的时代，历史学本身就是内容广博的百科全书，历史记载成为保存人类文化和民族传统的主要方式之一。中华文明作为四大文明古国中唯一的一个五千年文化一脉相承、没有中断的古老文明，其原因固然是多方面的，但发达的治史传统，以及保存完好的历史典籍，应当是中华文明得以无限传承而不中断一个重要原因。中国史学的发达，历史记载的连续性，保证了我们民族虽经劫难，却能衰而复兴，蹶而复振。中华民族这种强烈的历史感，其实质就是重视民族自身的由来、发展，并且自觉地将其延续下去的精神。而史学作为其得以延续的重要载体起到了它应有的作用。

总结过去、面向未来的尚智精神也是历史学的一种基本精神，司马迁的"稽其成败兴衰之理""前世不忘，后世之师也"，讲的就是这种精神。可以肯定地说，探讨民族在过去的奋斗历程、兴衰成败，有助于提高民族的文化自觉，确立新的奋斗目标。

诚如鲁迅先生所言："历史上写着中国的灵魂，指示着民族的未来。"历史及其研究，不仅涉及历史人物、政治派别功过是非的评定，而且事关国运兴衰。学习、研究和编修历史对于民族、国家和个人都具有重大的现实意义。

史记

【导语】

　　《史记》是我国享誉中外的史学名著,名列二十四史之首,因其在史学和文学两大领域的卓越成就及对后世的深远影响,鲁迅在《汉文学史纲要》一书中誉之为"史家之绝唱,无韵之《离骚》"。

　　《史记》的作者司马迁(公元前145~约前90年),字子长,夏阳(今陕西省韩城市)人。

　　《史记》记述了中国古代上自黄帝下至汉武帝太初年间约三千多年的历史。全书由五大部分构成,即十二本纪、十表、八书、三十世家、七十列传,共一百三十篇,五十二万六千五百字。

　　《史记》成为我国第一部纪传体通史,并成为后世各朝代编修史书的范本,后世的二十四部所谓"正史",均未能超出司马迁所创设的体制。

　　《史记》内容浩博,艺术精湛,长期以来一直是我国人民视为瑰宝的艺术精品。

司马迁像

本　　纪

五帝本纪

【题解】

　　《五帝本纪》记述了我国古代神话传说中的五个圣明的帝王,即黄帝、颛顼、帝喾、尧、舜。有关黄帝的传说,春秋、战国以至西汉有不少,但因为"荒诞离奇",与真正的人类历史距离太远,孔子、孟子都不怎么讲。司马迁把他从众多神话人物中选出来,又择取了一些比较"可信"的材料,将之作为《史记》的开端。随后他将颛顼、帝喾、尧、舜、禹、汤、文、武,春秋战国时期的中原诸国、秦、楚、吴、越,以及周边的匈奴、东越、南越等都说成是黄帝的子孙,这就为中国人确定了"始祖",同时又确定了华夏与周边各民族的同胞兄弟关系。

　　司马迁之写尧、舜两位古代帝王,从中寄托了自己的政治理想,并使之与秦、汉以来的专制政治形成对照,其用意是显而易见的,尧、舜无疑是《史记》中最使司马迁尊崇的大公无私的理想帝王。司马迁把尧、舜的"禅让"放在"本纪"的第一篇,把吴太伯的"让"放在世家的第一篇,把伯夷的"让"放在"列传"的第一篇,这种安排不是偶然的。我们在此选取的就是尧、舜的故事。

【原文】 帝尧者,放勋①。其仁如天,其知如神。就之如日,望之如云。富而不骄,贵而不舒②。黄收纯衣③,彤车乘白马。能明驯德④,以亲九族⑤。九族既睦,便章百姓⑥。百姓昭明⑦,合和万国。

【注释】 ①帝尧者,放勋:帝号曰"尧",名"放勋",国号曰"陶唐"。②舒:放纵,恣意而行。③收:冕名,其色黄,故曰"黄收"。纯衣:即"缁衣",黑衣。纯,读曰"缁"。④驯德:顺天应人的美德。驯,同"顺"。⑤九族:泛指自己的宗族与外戚。⑥便章:也作"辨章",治理的意思。百姓:这里指百官。⑦昭明:指各自的权利、职责、义务分明。

【译文】 帝尧,名放勋。他的仁德有如苍天,覆盖大地;他的智慧有如神灵,无所不晓。人们对他的归附,如同葵花向阳;人们对他的企盼,有如大旱之望云雨。他富有而不骄奢,他尊贵而不放纵。他戴着黄色的帽子,穿着黑色的衣裳,坐着红色的车子,拉车的都是白马。他有顺天应人的美德,能使自己的九族亲善。九族亲善后,便进一步治理朝廷百官。等到朝廷百官的职分明确且又各司其职,再进一步使天下万国都变得融洽和睦。

【原文】 乃命羲、和①,敬顺昊天,数法②日月星辰,敬授民时。分命③羲仲,居郁夷④,曰旸谷⑤。敬道⑥日出,便程东作⑦。日中,星鸟⑧,以殷中春。其民析⑨,鸟兽字微⑩。申命⑪羲叔,居南交⑫,便程南为,敬致。日永,星火⑬,以正中夏。其民因⑭,鸟兽希革⑮。申命和仲,居西土,曰昧谷⑯。敬道日入,便程西成。夜中,星虚⑰,以正中秋。其民夷易⑱,鸟兽毛毨⑲。申命和叔,居北方,曰幽都⑳,便在伏物㉑。日短,星昴㉒,以正中冬。其民燠㉓,鸟兽氄毛㉔。岁三百六十六日,以闰月正四时。信饬百官㉕,众功皆兴。

【注释】 ①羲、和:羲氏和和氏的并称。尧命羲仲、羲叔、和仲、和叔分驻四方,观天象,制历法。②数法:遵循,推算。③分命:分派,派出。④郁夷:今山东半岛一带。⑤旸谷:也作"汤谷",相传为日出之处。⑥道:同"导",引导。⑦便程:分派,布置。东作:春天的农事活动。⑧鸟:鸟星,即"七星",也单称为"星",是"二十八宿"中的东方"七宿"之一。⑨析:分散,分散到田野上进行农业劳动。⑩字:乳也,谓产子、哺乳。微:同"尾",交尾。⑪申命:任命时予以告诫。⑫南交:南方的交阯。⑬火:也称"大火",即心宿,是"二十八宿"中的南方"七宿"之一。⑭因:就,指老弱到田中帮助丁壮务农。⑮革:改变。⑯昧谷:神话中的日落之处。⑰虚:星名,为"二十八宿"中的西方"七宿"之一。⑱夷易:平和、快乐的样子,言其为秋收而喜悦也。⑲毨:理,毛再生整理。⑳幽都:北方的阴气聚集之地。㉑便在:意同"便程"。伏:储藏。㉒昴:星名,是"二十八宿"中的北方"七宿"之一。㉓燠:暖,此指保暖之衣,或曰保暖之室。㉔氄毛:细毛。㉕信:同"申",申明条例、申明纪律。饬:约束,整顿。

【译文】 帝尧任命羲、和主管天文,让他们遵循上天的法则,考察日月星辰运行的规律,制定历法,告诉人们播种与收获的季节。他分派羲仲居住在郁夷的旸谷。让他虔敬地迎接东方升起的太阳,并督促黎民准备春耕生产。羲仲根据白天和黑夜的时间等长,和鸟星出现在正南方,确定这一天叫"春分"。这时人们都走向田野,忙于播种;各种鸟兽交尾繁殖。帝尧任命羲叔住在南方的交阯,让他督管南方民众的农事活动。羲叔根据白天的时间最长,和心宿出现在正南方,确定这一天为"夏至"。这时正是夏忙,老幼都到田里劳动,鸟兽的羽毛变得稀少。帝尧任命和仲到西部边极的昧谷,在那里敬送太阳下山,主管秋季收获的劳作。和仲根据白天和黑夜等长,而虚星位处正南,便确定这一天是"秋分"。这时候,人们的心情平和愉悦,鸟兽即将换毛。帝尧任命和叔住在北方的阴气聚集之地,督促人们的收藏。和叔根据这时的白昼最短,而昴星出现在正南方,确定这一天为"冬至"。这时人们穿的衣服很多,鸟兽也长了厚厚的羽毛。帝尧确定以三百六十六日为一年,其中设置闰月,以使四时不至于错位。在帝尧的严格要求下,百官各尽其责,于是各方面都呈现一派兴旺发达的景象。

【原文】 尧曰:"谁可顺①此事?"放齐曰:"嗣子丹朱开明。"尧曰:"吁!顽凶②,不用。"尧又曰:"谁可者?"讙兜③曰:"共工旁聚布功④,可用。"尧曰:"共工善言,其用僻⑤,似恭漫天,不可。"尧又曰:"嗟,四岳⑥,汤汤⑦洪水滔天,浩浩怀山襄陵⑧,下民其忧,有能使治者?"皆曰鲧⑨可。尧曰:"鲧负命毁族⑩,不可。"岳曰:"异哉,试不可用而已。"尧于是听岳用鲧。九岁,功用⑪不成。

【注释】 ①顺:循,继承。②顽凶:既愚顽又凶狠。或曰"凶"同"讼",争讼。③讙兜:尧的大臣,为后文所称的"四凶"之一。④共工:尧的大臣,水官,为后文所称的"四凶"之一,与"怒触不周山,天柱折,地维绝"的共工非一人。旁:同"溥""普"。⑤用:行事,实践。僻:邪恶。⑥四岳:四方的诸侯之长。⑦汤汤:水势浩大的样子。⑧怀:包围。襄:上,意即淹没。⑨鲧:尧臣,禹的父亲。⑩负命毁族:违抗命令,伤害同僚。负,背,违。族,类,同伙。⑪用:因。

【译文】 帝尧问群臣说:"谁可以继承我的事业?"放齐说:"你的长子丹朱英明通达,可以继承。"帝尧说:"哼,这孩子既愚顽又凶狠,不能用。"又问:"谁可以继承呢?"讙兜说:"共工能调集人力,兴办事业,可以继承此位!"帝尧说:"共工好夸夸其谈,做事不循正道,貌似虔敬而实则傲慢,不能用。"帝尧又问四方的诸侯之长:"嗨,你们四位诸侯之长,如今洪水滔天,包围着高山、淹没了丘陵,黎民百姓都为此忧伤,你们说说,谁能担此治水的重任?"四方诸侯之长都说鲧可以任用。帝尧说:"鲧常违抗命令、伤害同僚,不能用。"四位诸侯长说:"不会吧,他似乎不像你说的那样。先试试吧,不行再撤换。"帝尧于是只好听从他们的话,试着用鲧治水。结果治水九年,一无所成。

【原文】 尧曰:"嗟!四岳,朕在位七十载,汝能庸①命,践朕位?"岳应曰:"鄙德忝帝位②。"尧曰:"悉举贵戚及疏远隐匿者。"众皆言于尧曰:"有矜③在民间,曰虞舜。"尧曰:"然,朕闻之。其何如?"岳曰:"盲者子。父顽④,母嚚⑤,弟傲⑥,能和以孝,烝烝治⑦,不至奸⑧。"

【注释】　①庸:用。②鄙德:犹言"德鄙",品德不高。鄙,粗野。忝:辱,辱没。③矜:同"鳏",老而无妻。④顽:心不则德义之经为顽。⑤嚚:口不道忠信之言为嚚。⑥弟傲:舜之弟名"象",为人狂傲。⑦烝烝:温厚善良的样子。治:劝导使其自治。⑧奸:干,抵触,冒犯。

【译文】　帝尧说:"喂,几位诸侯长,我在位七十年了,你们谁能顺应天命,继承我的帝位呢?"四位诸侯长说:"我们的品德微薄,不敢辱没帝位。"帝尧说:"你们也可以从在朝的亲贵或远方的隐士当中推荐。"于是大家都说:"民间有个鳏夫,名叫虞舜。"帝尧说:"对,我听说过,这人怎样?"诸侯长们说:"他是一个盲人的儿子,他的父亲不讲德义,他的母亲不讲忠信,他的弟弟狂傲无礼;但他仍能凭借孝顺、友爱和他们共处,能温厚善良地感化他们而不和他们冲突。"

【原文】　尧曰:"吾其试哉。"于是尧妻之二女①,观其德于二女。舜饬下二女于妫汭②,如妇礼。尧善之,乃使舜慎和五典③,五典能从。乃遍入百官,百官时④序。宾⑤于四门,四门穆穆⑥,诸侯远方宾客皆敬。尧使舜入山林川泽,暴风雷雨,舜行不迷。尧以为圣,召舜曰:"女谋事至而言可绩⑦,三年矣,女登帝位。"舜让于德不怿⑧。正月上日⑨,舜受终于文祖⑩。文祖者,尧大祖⑪也。

【注释】　①二女:娥皇、女英。②饬:训教,告诫。妫汭:妫水入黄河的河口,舜的老家之所在,在今山西永济境内。③慎和:谨慎地制定并付诸实行。五典:也称"五常",指"父子有亲,君臣有义,夫妇有别,长幼有序,朋友有信"。④时:是,因此。⑤宾:用如动词,迎宾,礼宾。⑥穆穆:喜悦、心服的样子。⑦绩:考查。⑧让于德:推让说自己的德行不够。不怿:不乐,因感力不胜任。⑨正月上日:正月初一。上日,朔日。或曰"上日"谓上旬吉日。⑩受终:本意应该是指"接受禅让",但这里实际是指接受"摄政"之权。文祖:此指文祖之庙。⑪大祖:即太祖。大,同"太"。

【译文】　帝尧说:"那就先让我考验考验他。"于是尧把自己的两个女儿嫁给舜做妻子,通过这两个女儿来观察舜的德行。舜打发这两个女人回家侍奉公婆,这两个女人都能在舜家恪守妇道。尧认为舜做得很好,就让舜认真地制定"五常"之规,百姓都能遵从。于是又让他入朝治百官,百官因而能各居其位,各司其职。让他接待四方来宾,四方来宾都喜悦心服。舜又能让各地的诸侯、使臣、宾客都恭敬有礼。尧让舜视察山川水泽,正好遇到暴风雨,舜竟能不迷路。尧认为舜确实很神圣,便把他叫回来对他说:"你办事成功,说到做到,三年来很有成绩。你可以登天子之位。"舜推辞自己的德行不够,深感不能胜任。正月初一,舜不得已终于在文祖庙接受了尧的禅让。文祖,就是尧的太祖。

【原文】　于是帝尧老①,命舜摄行天子之政,以观天命。

【注释】　①老:即今之所谓"退位"。

【译文】　从此帝尧退位,让舜代行天子之政,以此观察上天的反应。

【原文】 讙兜进言共工,尧曰:"不可。"而试之工师①,共工果淫辟②。四岳举鲧治鸿水,尧以为不可,岳强请试之,试之而无功,故百姓不便。三苗③在江淮、荆州数为乱。于是舜归而言于帝,请流共工于幽陵④,以变北狄⑤;放调节讙兜于崇山⑥,以变南蛮⑦;迁三苗于三危⑧,以变西戎⑨;殛鲧于羽山⑩,以变东夷⑪:四罪⑫而天下咸服。

【注释】 ①工师:主管土木建筑的官员。②淫辟:骄纵,邪恶。③三苗:古代的少数民族名,生活在今湖南一带,其种不一,故称"三苗"。④流:迁,发配。幽陵:北部边裔的都城,约当今之北京密云。⑤以变北狄:使其逐渐同化北方的少数民族,也就是起一种抵御北方民族入侵的作用。⑥崇山:具体方位不详,约当今之越南北部一带。⑦南蛮:泛称南方的少数民族。⑧三危:山名,在今甘肃敦煌东南。⑨西戎:泛称西部的少数民族。⑩殛:诛。这里是"流放"的意思。羽山:东部边地的山名,约在今山东临沂一带。⑪东夷:泛称东部地区的少数民族。⑫罪:被治罪。

【译文】 讙兜举荐共工为继承人,尧说:"不行。"让他试任工师之职,共工果然骄纵邪恶。四岳举荐鲧治理洪水,尧认为他不合适,四岳一再请求试用,结果一无所成,使黎民大受其害。后来又有三苗在江淮、荆州一带多次作乱。于是舜巡视归来向尧建议,请求把共工流放到幽陵,让他去改造北方的少数民族;把讙兜流放到崇山,让他去改变南蛮的风俗;把三苗迁往三危,去改变西戎的风俗;把鲧发配到羽山,让他去改变东夷的风俗。惩办了这四个罪人,天下都感到心服。

【原文】 尧立七十年得舜,二十年而老,令舜摄行天子之政,荐之于天。尧辟位凡二十八年而崩①。百姓悲哀,如丧父母。三年,四方莫举乐,以思尧。尧知子丹朱之不肖,不足授天下,于是乃权授舜②。授舜,则天下得其利而丹朱病;授丹朱,则天下病而丹朱得其利。尧曰:"终不以天下之病而利一人。"③而卒授舜以天下。尧崩,三年之丧毕,舜让辟丹朱于南河之南④。诸侯朝觐者不之丹朱而之舜⑤,狱讼者不之丹朱而之舜,讴歌者不讴歌丹朱而讴歌舜。舜曰:"天也。"夫而后之中国践天子位焉⑥,是为帝舜。

【注释】 ①辟位:避位,退位。凡二十八年而崩:据文意,是舜"摄政"二十八年,尧始崩。此与后文所述不同,详见后。②权授舜:此以封建社会的制度推测远古。权,变通。③"授舜"至"终不以天下"六句不见于古书,乃史公所自增,可见其社会理想。④让辟:动词连用,让位于人而己回避之。⑤朝觐:指诸侯进京朝见天子。春见曰"朝",秋见曰"觐"。⑥之中国:由"南河之南"进入京城。中国,一国之中心,即首都。

【译文】 尧在位七十年得到舜,二十年后退位,让舜代行天子之政,把舜推荐给上天。尧离开帝位二十八年后去世。去世时百姓哀痛得就像死了父母。为了悼念帝尧,天下四方三年之内不演奏音乐。尧知道自己的儿子丹朱不成材,不足以把天下交给他,因而采用变通的做法,把天下交给了舜。交给舜可使天下人得利而只对丹朱一人不利;交给丹朱则对天下人不利而只对丹朱一人有利。尧说:"怎么着也不能让天下人受害而让一个人得利。"于是毅然地将天下交给了舜。尧死后，三年守丧结束，为了让位给丹朱，舜躲避到了黄河的南边。可是前来朝贡的诸侯们都不去丹朱那里而到舜这边来；打官司的都不去找丹朱而去找舜；唱颂歌的不歌颂丹朱而歌颂舜。舜说："这是天意啊！"于是回到京师即天子之位，这就是帝舜。

【原文】 舜，冀州之人也。舜耕历山，渔雷泽，陶河滨，作什器于寿丘①，就时于负夏②。舜父瞽叟顽，母嚚，弟象傲，皆欲杀舜。舜顺适不失子道③，兄弟孝慈。欲杀，不可得；即求，尝④在侧。

【注释】 ①什器：各种生活、劳动用品。②就时：犹逐时，乘时射利，即做买卖。③顺适：顺从。④尝：同"常"。

【译文】 舜是冀州人士。曾在历山种田，在雷泽捕鱼，在黄河边上制作陶器，在寿丘制造各种生产生活用品，还在负夏从事过商业活动。他的父亲瞽叟不讲道义，后母不讲忠信，弟弟象傲慢无礼，都想杀死舜。而舜则顺应父母心意，不失为子之道，对于那个狠毒狂傲的弟弟也很友善。他们想杀他，找不到借口；想找他，他又总是就在他们的身边。

【原文】 舜年二十以孝闻。三十而帝尧问可用者，四岳咸荐虞舜，曰可。于是尧乃以二女妻舜以观其内，使九男与处以观其外。舜居妫汭，内行弥谨①。尧二女不敢以贵骄事舜亲戚②，甚有妇道。尧九男皆益笃。舜耕历山，历山之人皆让畔③；渔雷泽，雷泽上人皆让居④；陶河滨，河滨器皆不苦窳⑤。一年而所居成聚，二年成邑，三年成都⑥。尧乃赐舜絺衣⑦，与琴，为筑仓廪⑧，予牛羊。瞽叟尚复欲杀之，使舜上涂廪⑨，瞽叟从下纵火焚廪。舜乃以两笠自扞而下⑩，去，得不死。后瞽叟又使舜穿井，舜穿井为匿空旁出⑪。舜既入深，瞽叟与象共下土实井，舜从匿空出，去。瞽叟、象喜，以舜为已死。象曰："本谋者象⑫。"象与其父母分。于是曰："舜妻尧二女，与琴，象取之。牛羊仓廪予父母。"象乃止舜宫居⑬，鼓其琴。舜往见之，象鄂不怿⑭，曰："我思舜正郁陶⑮！"舜曰："然，尔其庶矣⑯！"舜复事瞽叟爱弟弥谨。于是尧乃试舜五典百官，皆治。

【注释】 ①内行：在家族以内的行为表现与其处理事务的能力。②亲戚：这里指公婆。③畔：田界。④上：应作"之"。⑤不苦窳：精致，结实。苦窳，粗劣，易坏。⑥"一年"三句：聚，村落。邑，市镇。都，都城。⑦絺衣：细葛布做的衣裳，在当时很贵重。⑧仓：粮仓。廪：上有篷顶的粮仓。⑨涂廪：用泥抹粮仓上的屋顶。⑩扞：同"捍"，防护。⑪匿空：秘密通道。匿，藏，不使人知。空，孔。旁出：从旁边通向地面。⑫本谋：主谋。⑬止：这里指住。宫：屋舍。⑭不怿：不高兴。这里是尴尬的样子。⑮郁陶：伤心痛苦的样子。⑯庶：可以，够味。

【译文】 舜从二十岁就以孝顺出名，三十岁时尧问谁可以继天子之位，四岳全都举荐舜，说他可以继承帝位。于是帝尧就将自己的两个女儿嫁给了舜，以观察舜治家的能力；又让他的九个儿子与他交往，以观察他处理外部事务的能力。舜家住在妫汭，舜在家族内部的表现非常严谨。尧的两个女儿都不敢因出身高贵而在舜的家中稍有怠慢,表现得很守妇道;尧的九个儿子也变得愈发稳重厚道。舜在历山务农时,历山的人从来没有地界纠纷;舜在雷泽捕鱼,泽中的渔民常互相谦让住处;舜在河边制陶,河边的陶器从不出次品。舜在哪里住上一年,那里就会形成村落;住上两年,那里就成了市镇;住上三年,那里就成了都城。尧赐给舜上等布衣一套、琴一把,并且为他修建了粮仓、送给他一些牛羊。可是瞽叟还是总想置舜于死地,他让舜到仓顶上抹泥,而他却在底下放火。舜撑开两柄小伞从上面跳了下来,没有被烧死。后来瞽叟又让舜去挖井,舜预先在井中挖了个秘密通道。待至井挖深了,瞽叟和象便一齐往井里填土,舜早从秘密通道逃走了。瞽叟与象挺高兴,以为舜已死了。象说:"这个主意是我想出来的。"他与父母瓜分舜的财产,说:"舜的两个妻子和那把琴归我,牛羊和粮仓归父母。"象于是住进了舜的房子,弹琴取乐。舜又回来了去见他。象既惊愕,又尴尬,他说:"我正在想你想得很伤心呢!"舜说:"是啊,你我的兄弟情谊很不错啊!"事后,舜侍奉父亲依然恭谨,对待弟弟依然友爱。于是尧就试着让舜制定五典,教化民众,治理百官。舜都做得很好。

【原文】 昔高阳氏有才子八人①,世得其利,谓之"八恺"。高辛氏有才子八人,世谓之"八元"。此十六族者,世济其美②,不陨其名③。至于尧,尧未能举。舜举"八恺",使主后土④,以揆百事⑤,莫不时序⑥。举"八元",使布五教于四方⑦,父义,母慈,兄友,弟恭,子孝,内平外成⑧。

【注释】 ①才子:成材的人。②济:达到,成就。③陨:落。④后土:即指土,大地。⑤揆:观察,忖度。这里即指治理。⑥时序:承顺。⑦五教:即前所谓"五常"。⑧内:诸夏。外:夷狄。

【译文】 当年高阳氏有八位有才能的人,替世人做了许多好事,人们称他们为"八恺"。高辛氏有八个有才能的人,世人称他们为"八元"。这十六个家族,世世代代都能保持他们的美德,没有辱没他们先人的名声,一直到尧的时代仍是如此,但尧却没有起用他们。于是舜起用"八恺",让他们主管大地上的水利、农作诸事,结果他们都管理得井井有条。舜同时任用"八元",让他们主管国家的教育、教化,结果整个社会变得为父者义、为母者慈、为兄者友、为弟者恭、为子者孝,于是国内太平,四周的夷狄向化。

【原文】 昔帝鸿氏有不才子①,掩义隐贼②,好行凶慝③,天下谓之浑沌④。少皞氏有不才子⑤,毁信恶忠,崇饰恶言,天下谓之穷奇。颛顼氏有不才子,不可教训,不知话言⑥,天下谓之梼杌。此三族世忧之。至于尧,尧未能去。缙云氏有不才子⑦,贪于饮食,冒于货贿⑧,天下谓之饕餮。天下恶之,比之三凶。舜宾于四门,乃流四凶族,迁于四裔,以御螭魅,于是四门辟⑨,言毋凶人也⑩。

【注释】 ①帝鸿氏:指黄帝之族。②掩义隐贼:掩蔽仁义,包庇奸贼。"掩"亦可训为"袭击"。③凶慝:凶邪。④浑沌:即谨兜。⑤少皞氏:也作"少昊"。⑥话言:谓善言。⑦缙云氏:姜姓,炎帝之苗裔。⑧冒:没,其他皆所不顾。⑨四门辟:四门大开,言其太平无事之状。⑩毋:通"无"。

【译文】 从前帝鸿氏有个不成材的子弟,他袒护坏人,行凶作恶,人们管他叫浑沌;少皞氏有个不成材的子弟,他妒能忌贤,诽谤他人,粉饰错误,人们管他叫穷奇;颛顼氏有个不成材的子弟,他不知好歹,不懂人话,无法教育,人们管他叫梼杌,这三个家族成为世人的祸患。到尧的时代,尧未能把他们除掉。缙云氏有个不成材的子弟,好吃好喝,贪污受贿,天下人管他叫饕餮。大家都讨厌他,认为他与前面"三凶"没有什么两样。舜为了敞开国都四门以迎接四方贤者,就将这四个凶顽的家族流放到了边远的地方,让他们去抵御远方的妖魔鬼怪。从此国都的四门大开,因为国内已经没有为非作歹的坏人了。

【原文】 舜入于大麓①,烈风雷雨不迷,尧乃知舜之足授天下。尧老,使舜摄行天子政,巡狩。舜得举用事二十年,而尧使摄政。摄政八年而尧崩②。三年丧毕,让丹朱,天下归舜。而禹、皋陶、契、后稷、伯夷、夔、龙、倕、益、彭祖③,自尧时而皆举用,未有分职。于是舜乃至于文祖,谋于四岳,辟四门,明通四方耳目。命十二牧论帝德④,行厚德,远佞人⑤,则蛮夷率服⑥。

【注释】 ①麓:山脚。这里指深山。②摄政八年而尧崩:据前文,"尧立七十年得舜,二十年而老,令舜摄行天子之政,荐之于天,尧辟位凡二十八年而崩",所谓"得舜",指舜被尧看中,任以为首辅;所谓尧"辟位凡二十八年",即统舜为首辅与摄位两者合而言之。③禹:鲧之子,因治水有功,受舜禅让为帝。皋陶:舜时掌刑狱的大臣。契:舜时掌教化的官,商朝的祖先。后稷:名弃,舜时掌管农事的官,周朝的祖先。伯夷:舜时掌礼的官,与周初之饿死首阳山者同名。夔:舜时主乐的官。龙:舜时的谏官。倕:舜时主管建筑的官。益:也称"伯益""伯翳""大业",秦国的祖先。④十二牧:十二州的州长。论帝德:弘扬帝尧之德。论,阐发,光大。⑤佞人:以甜言蜜语取悦于人者。⑥率服:相率来归顺。

【译文】 由于舜能进入深山遇暴风雨而不迷路,因而尧知道舜是个贤才,可以将天下交给他。尧退位后,让舜代行天子之政,让舜出外巡视。舜被选拔任职二十年后代尧摄政,摄政八年后尧去世。三年守丧结束,舜退让天子之位与丹朱,但天下人心都归向舜。当时禹、皋陶、契、后稷、伯夷、夔、龙、倕、益、彭祖等人,虽从帝尧时代就被选拔任用,但却始终没有明确的职务分工。于是舜把四方的诸侯之长召集到文祖庙与他们商量,同时敞开京城的四门,广迎四方贤人,广泛听取各方面的意见。舜让十二州的州长发扬光大帝尧之德,让他们广施仁政,不要靠近那花言巧语的小人,只有这样才能让四方的蛮夷都来归服。

【原文】 此二十二人咸成厥功:皋陶为大理①,平,民各伏得其实②;伯夷主礼,上下咸让;倕主工师,百工致功;益主虞,山泽辟;弃主稷,百谷时茂;契主司徒,百姓亲和;龙主宾客③,远人至;十二牧行而九州莫敢辟违④;唯禹之功为大,披九山⑤,通九泽,决九河⑥,定九州,各以其职来贡⑦,不失厥宜。方五千里,至于荒服⑧。南抚交阯、北发⑨，西戎、析枝、渠廋、氐、羌⑩，北山戎、发、息慎⑪，东长、鸟夷⑫，四海之内咸戴帝舜之功⑬。于是禹乃兴《九招》之乐⑭，致异物，凤皇来翔。天下明德皆自虞帝始⑮。

【注释】 ①大理：官名，全国最高的司法官。②伏：通"服"，谓被定罪者皆内心服气。③龙主宾客：龙为"纳言"，求见舜者必须首先通过龙，故曰"龙主宾客"。④九州：华夏原称"九州"，其长官也只有"九牧"；后又增三州为"十二州"，故其长官也就成了"十二牧"。此处"十二"与"九"错落使用。辟：邪恶。违：抗命。⑤披：通"劈"。九山：极言为泄导洪水所开凿的山岭之多。⑥决：疏通。⑦职：责任，也就是按照本州地形与物产向朝廷进献的贡品。⑧方五千里，至于荒服：此指当时整个华夏的疆域。古称自天子王畿向四周辐射，"五百里甸服，五百里侯服，五百里绥服，五百里要服，五百里荒服"。按直径计算，即五千里。⑨交阯：也作"交趾"，其首府即今越南河内市。北发：即"北向户"，指广东、广西南部之北回归线以南，窗户向北开的地方。⑩西戎、析枝、渠廋、氐、羌："西"下省"抚"字。戎、析枝、渠廋、氐、羌，都是西部的少数民族名，大约生活在今陕西西部、四川西北部与甘肃、青海一带地区。⑪北山戎、发、息慎："北"下亦省"抚"字。山戎、发、息慎，都是当时东北地区的少数民族名。⑫东长、鸟夷：意即东抚长夷、鸟夷。鸟夷也作"岛夷"。这些指当时东部大海中的岛国名。⑬咸：全，都。戴：拥戴，拥护。⑭于是禹乃兴《九招》之乐："禹"字疑当作"夔"，叙禹于诸臣之后者，以禹功最大。而太乐之作，所以告成功，故又叙夔于禹之后。《九招》，同"《九韶》"，相传为舜时所做的古乐名。⑮明德：兼指崇高的道德与圣明的政治。

【译文】 二十二人在功业上都各有建树：皋陶当法官，司法公平，被定罪的人都很服气；伯夷主管礼仪，朝廷上下无不礼让；倕主管土木建筑及各种手工制作，各种工艺都很精致；益主管林牧，山林水泽的资源得到了开发；弃主管农业，各种谷物都种得及时，长得茂盛；契主管政教，百姓都亲爱和睦；龙主管接待宾客，远方的人都来朝拜；十二州牧奉法行事没有一个敢为非作歹；在这当中禹的功劳最大，他开凿九山以泄洪水，他疏导了九州的湖泊，疏通了九州的江河，他划定了九州的疆界，并规定了各州对朝廷的贡物，没有一处不妥当。从中央王朝的方圆五千里，直至四方的边荒之地。南至交阯、北发，西至西戎、析枝、渠廋、氐、羌，北至山戎、发、息慎，东至长夷、鸟夷，四海之内都称颂舜的功业。于是禹创作了《九韶》之乐，各种祥瑞之物闻声而至，连凤凰也会降临，随着乐声飞舞，天下理想的政德就是从虞舜开始的。

【原文】 舜年二十以孝闻，年三十尧举之，年五十摄行天子事，年五十八尧崩①，年六十一代尧践帝位。践帝位三十九年，南巡狩，崩于苍梧之野②，葬于江南九疑③，是为零陵④。

【注释】 ①年五十八尧崩：此与舜纪前文"舜得举用事二十年，而尧使摄政，摄政八年而尧崩"，及尧纪所谓"尧立七十年得舜，二十年而老，令舜摄行天子之政，荐之于天，尧辟位凡二十八年而崩"的说法相同。②苍梧：汉郡名，郡治广信，即今广西梧州。③九疑：山名，在今湖南宁远南，因山有九峰皆相似，故称"九疑"。④零陵：汉郡名，郡治在今广西兴安北，九疑山正处于当时苍梧郡与零陵郡的交界处。

【译文】　舜从二十岁时因孝顺而闻名天下，三十岁时被尧选拔任用，五十岁时代行天子之权，舜五十八岁时尧崩，六十一岁代尧即天子位。舜在帝位三十九年，到南方巡视，死在苍梧郡的郊野，葬在了长江以南的九疑山，也就是后来的零陵郡。

周本纪

【题解】

《周本纪》是以周朝帝王为纲领的整个周民族与周王朝的编年史。

周民族的发展史经历夏朝、殷朝共千余年，至商末强大起来，雄踞西方。至周文王，吞并了四周小国，为日后武王灭商奠定了基础。武王即位后，在姜太公、周公、召公等一大批贤才的辅佐下，于公元前 1046 年率领许多同盟力量共同伐纣，灭亡了殷朝，建立了周朝。

关于西周史，《诗经》《尚书》《逸周书》《国语》等文献中有比较丰富的史料可供依据，而战国以来还没有一种比较系统的西周历史，所以司马迁便对西周部分做了比较详细的铺陈，以一个"德"字贯穿西周史的始终，其中蕴含着令人警醒的教训。春秋时期的周史主要依据《春秋》《左传》而作。当时政治舞台的主宰者已由天子转为诸侯中的霸主，太史公在撰写这一时期的周史时突出了王道衰微的内容。战国史料被秦始皇焚烧殆尽，供司马迁取材的只有《战国策》与诸子中涉及的一些材料，而这些材料的真实性也成问题，再加上战国后期已经小得极其可怜的周国又分裂成东西两部分，以至于司马迁连这两个小国诸侯的名字与世系都无法说清了。

在周的历史上，周文王、武王无疑是最重要的两位君主，儒家学派认为周文王、武王都是"顺天应人"的大圣人，而武王伐纣，建立周朝，更是最重要的事件，所以我们在这里选取的就是"武王伐纣"这一段。

【原文】　武王即位，太公望为师①，周公旦为辅，召公、毕公之徒左右王②，师修文王绪业③。

【注释】　①师：官名，又称太师，帝王的辅导官。②左右：通"佐佑"，辅佐。③师修：动词连用，意即遵循。

【译文】　武王即位后，任命太公望做太师，周公旦做宰辅，召公、毕公这些人在左右辅佐他，承继文王遗留下来的事业。

【原文】　九年①，武王上祭于毕②。东观兵③，至于盟津。为文王木主，载以车中军④。武王自称太子发，言奉文王以伐⑤，不敢自专。乃告司马、司徒、司空、诸节⑥："齐栗⑦，信哉！予无知，以先祖有德臣，小子受先功⑧，毕立赏罚，以定其功。"遂兴师。师尚父号曰："总尔众庶⑨，与尔舟楫，后至者斩。"武王渡河，中流，白鱼跃入王舟中，武王俯取以祭。既渡，有火自上复于下⑩，至于王屋⑪，流为乌，其色赤，其声魄云。是时，诸侯不期而会盟津者八百。诸侯皆曰："纣可伐矣。"武王曰："女未知天命，未可也。"乃还师归。

【注释】①九年:武王即位之第九年(前1048年)。有人谓此指"文王受命"之第九年者,似不足取。②武王上祭于毕:指往祭文王墓。③观兵:显示武力,即今之所谓'示威'。④载以车中军:语略不顺,泷川引桃源说作"载以居中军",比较明畅。⑤'武王'二句:正因此,后人遂称周朝开国之王为文王与武王二人。⑥司马:官名,掌军政。司徒:官名,掌土地和役徒。司空:官名,掌工程营建。诸节:指接受任命的各种官员。⑦齐栗:迅捷,戒惧。⑧小子:谦词,自己。⑨总:集合。⑩复:通"覆",覆盖。⑪王屋:指武王所居之屋。

【译文】 九年,武王到文王的墓地毕举行祭祀。又到东方显示武力,到达了盟津。做了文王的灵牌,用车载着供在中军帐中。武王自称为太子发,说是奉行文王的旨意来讨伐,不敢自行专断。于是诏告司马、司徒、司空、诸节各官:"大家都要迅捷恭敬,切实努力!我是无知的人,但因为我的先祖是有德行的大臣,所以我承继了先人的功业,已确立了各种赏罚制度,来确保功业的建立。"于是起兵。师尚父发布号令道:"集合起你们的民众,整理好你们的船只。迟到者斩。"武王渡黄河,船到河流中间,有条白鱼跃入武王的船中,武王俯身拾取用以祭祀。渡过黄河后,有一团火从上覆盖而下,一直到达武王居住的房屋,变为乌鸦,它的颜色是红色的,发出"叭"的一声。这时,未经过事先约定而到达盟津参加盟会的有八百位诸侯。诸侯都说:"可以讨伐纣王了。"武王说:"你们不了解上天的意图,还不可以讨伐。"就班师回去了。

【原文】 居二年,闻纣昏乱暴虐滋甚,杀王子比干,囚箕子。太师疵、少师疆抱其乐器而奔周①。于是武王遍告诸侯曰:"殷有重罪,不可以不毕伐②。"乃遵文王,遂率戎车三百乘③,虎贲三千人④,甲士四万五千人,以东伐纣。十一年十二月戊午⑤,师毕渡盟津,诸侯咸会。曰:"孳孳无怠⑥!"武王乃作《太誓》⑦,告于众庶:"今殷王纣乃用其妇人之言⑧,自绝于天,毁坏其三正⑨,离逿其王父母弟⑩;乃断弃其先祖之乐,乃为淫声,用变乱正声⑪,怡说妇人。故今予发维共行天罚⑫,勉哉夫子⑬,不可再,不可三!"

【注释】 ①太师:官名,乐工之长。少师:官名,乐官太师之佐。②毕:迅速。③戎车:兵车。④虎贲:即勇士。⑤十一年十二月戊午:武王之十一年相当于公元前1046年。⑥孳孳:同"孜孜",勤勉的样子。⑦《太誓》:即《泰誓》,周武王伐纣前大会诸侯的誓师词。⑧妇人:指纣王的宠妃妲己。⑨三正:旧注说法分歧,或指建子、建丑、建寅三种历法,或指天、地、人之正道,刘起钎以为是指商朝的主要大臣。⑩离逿:又作"离逖",疏远。王父母弟:同出自一个祖父母的兄弟。王父母,祖父祖母。⑪"乃为"二句:古代以雅乐为正声,以俗乐为淫声。用,以。⑫维:发语词。共行:恭敬地执行。共,通"恭"。⑬夫子:男子汉,壮士。

【译文】 过了两年,听说纣王更加昏乱暴虐,他杀了王子比干,囚禁了箕子。太师疵、少师疆就抱了他们的乐器逃奔到周国。武王因此遍告诸侯说:"殷朝犯下重大的罪过，不可以不迅速进行讨伐。"于是遵照文王遗命，率领了三百乘兵车，三千名勇士，以及带甲的武士四万五千人，向东方去伐纣。十一年十二月戊午日，大军全部渡过盟津，各地诸侯都会集在一起。说："勤勉努力，不要懈怠！"武王于是写下《太誓》，向众人宣告道："如今殷王纣居然听信妇人的言论，自己与上天断绝关系，残害那些重臣，疏远自己同祖父母的兄弟；居然抛弃先祖创制的乐曲，谱写淫乱的音调，以此扰乱雅声，讨得妲己的欢心。所以现在我姬发恭敬地执行上天的惩罚。努力呀，各位壮士。不可能有第二次，更不可能有第三次！"

【原文】 二月甲子昧爽①，武王朝至于商郊牧野②，乃誓。武王左杖黄钺③，右秉白旄④，以麾⑤。曰："远矣，西土之人！"武王曰："嗟！我有国家君⑥，司徒、司马、司空、亚旅、师氏⑦，千夫长、百夫长⑧，及庸、蜀、羌、髳、微、卢、彭、濮人，称尔戈，比尔干，立尔矛，予其誓⑨。"王曰："古人有言：'牝鸡无晨。牝鸡之晨，惟家之索⑩。'今殷王纣维妇人言是用，自弃其先祖肆祀不答⑪；昏弃其家国⑫，遗其王父母弟不用，乃维四方之多罪逋逃是崇是长⑬，是信是使，俾暴虐于百姓，以奸轨于商国⑭。今予发维共行天之罚。今日之事，不过六步七步，乃止齐焉⑮，夫子勉哉！不过于四伐五伐六伐七伐⑯，乃止齐焉，勉哉夫子！尚桓桓⑰，如虎如羆，如豺如离⑱，于商郊，不御克奔，以役西土，勉哉夫子！尔所不勉，其于尔身有戮。"誓已，诸侯兵会者车四千乘，陈师牧野。

【注释】 ①二月甲子昧爽：武王十一年周历二月的甲子日拂晓。昧爽，黎明，拂晓。②牧野：地名，在殷都朝歌(在今河南淇县)南七十里。③左杖黄钺：左手杖钺，示有事于诛。杖，持。黄钺，以黄金饰斧。④右秉白旄：右手把旄，示有事于教令。秉，握。旄，装饰以旄牛尾的旗。⑤麾：通"挥"，晃动。⑥有：通"友"。冢君：大君。即指下述"庸""蜀"等八个西部古代部落的首领。⑦亚旅、师氏：皆高级军官名。⑧千夫长、百夫长：皆中下级军官名。⑨"称尔戈"四句：称，举。比，排列。干，盾牌。其，将。⑩索：尽，死光。⑪肆祀：祭祀。答：报，报谢祖先的祭祀。⑫昏弃：抛弃。⑬逋：逃亡。⑭奸轨：同"奸宄"，外来为奸，中出为宄。⑮止齐：暂止而取齐。⑯伐：击刺。⑰桓桓：威武貌。⑱离：同"螭"，古代传说中没有角的龙。

【译文】 周历二月的甲子日拂晓，武王很早来到商都郊外的牧野，举行了誓师会。武王左手持饰有黄金的铜斧，右手握着白色牦牛尾装饰的旗子，用来指挥。"辛苦啦，远道而来的西方的人们！"武王说，"啊！我的友邦君主们，司徒、司马、司空、亚旅、师氏，千夫长、百夫长各位官员，以及庸、蜀、羌、髳、微、卢、彭、濮各国的人们，举起你们的长戈，排列好你们的盾牌，竖起你们的长矛，你们听我宣誓。"武王说："古人说过这样的话：'母鸡是没有在黎明时啼叫的。如果哪家的母鸡在黎明时啼叫，那么这个人家就要灭绝了。'现在殷纣王只听信妇人的言论，自动废弃对他的先祖的祭祀，不答谢神灵；抛弃国家朝政，遗弃同出于一个祖父母的兄弟不加进用，对于那些从四方诸侯国逃亡到商国的罪人，推崇他们、尊敬他们、信任他们、任用他们。让他们来对百姓施加暴虐,让他们在商国为非作歹。如今我姬发恭敬地执行上天对商国的惩罚。今日战场出击不要超过六步、七步就停下来,把队伍整顿一下再继续推进。大家要努力啊!武器刺击敌人,少则四五下,多则六七下,就可以停下来整顿队伍继续前进。大家要努力啊!希望大家都勇往直前,像老虎像黑熊,像豺狼像螭蛟,在商都的郊外作战,不要迎击那些前来投降的殷国士兵,让他们给我们西方人服劳役。大家要努力啊!如果你们不努力,就会被处死。"宣誓完毕,诸侯的军队聚集在一起,兵车有四千乘,列阵于牧野。

【原文】 帝纣闻武王来,亦发兵七十万人距武王①。武王使师尚父与百夫致师②,以大卒驰帝纣师③。纣师虽众,皆无战之心,心欲武王亟入。纣师皆倒兵以战,以开武王。武王驰之,纣兵皆崩畔纣。纣走,反入登于鹿台之上④,蒙衣其珠玉,自燔于火而死。武王持大白旗以麾诸侯,诸侯毕拜武王,武王乃揖诸侯,诸侯毕从。武王至商国⑤,商国百姓咸待于郊⑥。于是武王使群臣告语商百姓曰:"上天降休⑦!"商人皆再拜稽首,武王亦答拜⑧。遂入,至纣死所。武王自射之,三发而后下车,以轻剑击之⑨,以黄钺斩纣头,县大白之旗⑩。已而至纣之嬖妾二女,二女皆经自杀。武王又射三发,击以剑,斩以玄钺,县其头小白之旗。武王已乃出复军。

【注释】 ①距:通"拒",抵御。②致师:即今所谓挑战。③大卒:指武王的嫡系部队,主要指虎贲而言。驰:以战车冲击。④鹿台:在当时的殷都朝歌城南,相传纣王在这里贮藏了大量珠玉钱帛。⑤商国:商朝的国都,即朝歌。⑥商国百姓:商朝之百官与各家贵族。⑦降休:降下福祥。休,吉祥。⑧武王亦答拜:据《逸周书·克殷解》,武王答拜的是诸侯,非答拜商人。⑨轻剑:佩剑。⑩县:悬挂。

【译文】 帝纣听说武王攻来,也派了七十万人的军队抵御武王。武王派师尚父与百名勇士挑战,让精锐部队以战车冲击纣王的军队。纣王的军队虽然人数众多,却没有斗志,心里希望武王迅速攻入殷国。纣王的军队都倒戈攻击己军,为武王开路。武王冲入殷军,纣王的军队四散奔逃,背叛纣王。纣王逃走,返回城中登上鹿台,穿上镶嵌有珍贵珠宝的衣服,自焚于火中而死。武王手持大白旗来指挥各地诸侯,诸侯们都向武王参拜,武王就作揖答谢诸侯,诸侯们都服从他。武王进入商都,商国的百官与各家贵族都在郊外迎接。于是武王派群臣告诉商国的百官与各家贵族说:"上天降下福祥!"商人们都再次跪拜叩头,武王也做了答谢回拜。接着就进城,到达纣王自焚的地方。武王亲自向纣王的尸体射箭,射了三箭以后下车,又用佩剑砍他,然后用铜斧砍下纣王的头颅,悬挂在大白旗的旗杆上。接着又来到纣王两位宠妾的住所,这两位女子已经上吊自杀。武王又向她们射了三箭,以剑砍击,用铁制的黑斧砍下她们的头颅,将头颅悬挂在小白旗的旗杆上。办完上述诸事武王返回军中。

【原文】 其明日,除道,修社及商纣宫①。及期,百夫荷罕旗以先驱②。武王弟叔振铎奉陈常车③,周公旦把大钺,毕公把小钺④,以夹武王⑤。散宜生、太颠、闳夭皆执剑以卫武王。既入,立于社南大卒之左⑥,左右毕从。毛叔郑奉明水⑦,卫康叔封布

兹⑧，召公奭赞采⑨，师尚父牵牲。尹佚策祝曰⑩："殷之末孙季纣，殄废先王明德⑪，侮
蔑神祇不祀，昏暴商邑百姓，其章显闻于天皇上帝⑫。"于是武王再拜稽首，曰："膺更
大命，革殷，受天明命。"⑬武王又再拜稽首，乃出。

【注释】 ①修社：修缮祭祀土神的地方。武王"修社及商纣宫"，盖即拆除商朝
之旧社，重立周朝之新社。②荷：扛，打着。罕旗：即云罕旗。先驱：仪仗队的一部分，
负责在前面开路。③常车：插着太常旗的仪仗车。太常旗指画有日月形象的旗，以象
征王者的地位与威严。④毕公把小钺：此处之"毕公"应作"召公"。⑤夹：左右陪侍，
兼有护卫之意。⑥社南大卒：战场破纣军之武王嫡系部队，今又充当仪卫，列于社南。
⑦明水：古代祭祀所用的净水，亦称"玄酒"。⑧布兹：铺草席于地。布，铺。兹，席子。
⑨赞采：帮助武王献上供品。也有说是为武王赞礼。⑩尹佚：又称"史佚"，西周初期
的史官、天文家、星占家。策祝：诵读策书上的祭神文字。⑪殄废：灭弃。⑫章显：明
显，谓其罪行显著。⑬曰："膺更大命，革殷，受天明命"：此"曰"字的主语是"史佚"，
不是"武王"。膺更，承受。大命，天命。革殷，上天改变了对殷朝的眷顾。有人解为
革除殷朝政权。

【译文】 第二天，清除道路，修缮祭祀土神的祭坛以及商纣的王宫。到了规定时
候，一百名士兵打着云罕旗为武王在前开道。武王的弟弟叔振铎为武王赶着车子，周
公旦拿着大斧，毕公拿着小斧，在左右陪侍武王。散宜生、太颠、闳夭都持剑护卫武
王。进入社庙，武王站在庙的南面、精锐部队的左边，左右护卫都跟随着他。毛叔郑
手捧玄酒，卫康叔封给地铺上草席，召公不分奭帮助武王献上供品，师尚父牵着祭祀
用的牲畜。尹佚诵读策书上的祭神文字，说："殷朝的末代子孙名叫纣的，灭弃先王的
善德，轻慢天地之神不去祭祀，祸害商邑的百姓，他的罪行显著，已被天皇上帝了解。"
于是武王再次跪拜叩头，尹佚说："禀承天命，上天改变了对殷朝的眷顾，接受上天圣
明的旨令。"武王又再次跪拜叩头，离开社庙。

秦始皇本纪

【题解】

《秦始皇本纪》记载了秦始皇在其历代祖先积蓄力量的基础上并吞六国，统一天
下，第一次建立了中央集权的强大国家的过程，肯定了秦始皇的丰功伟绩；同时也记
载了秦始皇称帝后由于缺少历史经验而采取的种种错误做法；尤其是写了秦始皇死
后，秦二世以非法手段篡取政权，倒行逆施，终致在两年多的时间里将秦王朝彻底葬
送的悲惨教训。作品篇幅很长，叙述极其精彩，是《史记》中篇幅较长的作品之一。如
果将这篇作品与《李斯列传》参照，就等于一篇详尽细致的秦王朝的兴亡史，其中包
含着深刻的历史教训。

司马迁是将始皇帝作为一个因缺少历史经验而招致失败的悲剧英雄来进行写作
的，笔下有无限惋惜之情。

我们在这里选取的是秦始皇称帝后建立、实施一系列制度与措施的片段,表现了秦始皇的雄才大略与恢宏气度。司马迁对此尽管也有批评、不满,但大体上是肯定的、赞扬的,这与《六国年表》所说的"秦取天下多暴,然世异变,成功大"观点一致;文章的气势亦高屋建瓴,与《商君列传》叙述商鞅变法的措施、功效两相辉映。

　　【原文】　秦初并天下,令丞相、御史曰①:"异日韩王纳地效玺,请为藩臣,已而倍约,与赵、魏合从畔秦,故兴兵诛之,虏其王。寡人以为善,庶几息兵革。赵王使其相李牧来约盟②,故归其质子。已而倍盟,反我太原,故兴兵诛之,得其王。赵公子嘉乃自立为代王,故举兵击灭之。魏王始约服入秦,已而与韩、赵谋袭秦,秦兵吏诛,遂破之。荆王献青阳以西,已而畔约,击我南郡③,故发兵诛,得其王,遂定其荆地。燕王昏乱,其太子丹乃阴令荆轲为贼,兵吏诛,灭其国。齐王用后胜计,绝秦使④,欲为乱,兵吏诛,虏其王,平齐地。寡人以眇眇之身,兴兵诛暴乱,赖宗庙之灵,六王咸伏其辜,天下大定⑤。今名号不更⑥,无以称成功,传后世,其议帝号。"丞相绾、御史大夫劫、廷尉斯等皆曰⑦:"昔者五帝地方千里,其外侯服夷服⑧,诸侯或朝或否,天子不能制。今陛下兴义兵,诛残贼⑨,平定天下,海内为郡县,法令由一统,自上古以来未尝有,五帝所不及。臣等谨与博士议曰⑩:古有天皇,有地皇,有泰皇,泰皇最贵⑪。臣等昧死上尊号,王为'泰皇'。命为'制',令为'诏',天子自称曰'朕'。"王曰:"去'泰',著'皇',采上古'帝'位号,号曰'皇帝'。他如议。"制曰可⑫。追尊庄襄王为太上皇。制曰:"朕闻太古有号毋谥,中古有号,死而以行为谥。如此,则子议父,臣议君也,甚无谓,朕弗取焉。自今已来,除谥法。朕为'始皇帝',后世以计数,二世三世至于万世,传之无穷。"

　　【注释】　①丞相:此时的秦丞相为王绾。御史:此指御史大夫,掌监察、纠弹,位同副丞相。此时秦的御史大夫为冯劫。②李牧:赵国的最后一位名将。③击我南郡:楚反秦于南郡在楚王被虏后,非在楚王被虏之前,此与事实不合。④"齐王"二句:据《田敬仲完世家》,后胜前乃受秦收买,哄骗齐王亲秦;迨秦兵击齐,"齐王听后胜计,不战,以兵降秦",与此说法不同。⑤"六王"二句:秦王于此文中将所有被他消灭的诸侯,通通说成是"阴谋"反他,甚至编无作有,完全是一套强盗逻辑。⑥名号不更:指还像以往的称"王"。⑦廷尉斯:即李斯。廷尉,九卿之一,全国最高的司法长官。⑧"昔者"二句:五帝,史公以为指黄帝、颛顼、帝喾、尧、舜五人。地方千里,其外侯服夷服,指自天子的都城向四周辐射,千里之内是"王畿";再向外辐射五百里为"侯服";再向外辐射五百里为"甸服";依次向外辐射,每五百里为一"服",有"男服""采服""卫服""蛮服""夷服""镇服""藩服"。这当然只是一种空想的安排,实际上戎、狄等少数民族就在王城不远,甚至可以赶着"天子"四处逃难。⑨残:残忍。贼:害,凶狠。⑩博士:官名,帝王身边的侍从人员,以知识渊博者为之,掌参谋、议论。⑪泰皇:即人皇。⑫制曰可:前面的一大段文字是记载始皇与群臣讨论的过程,"制曰可"三个字才是皇帝下达的命令。从现有的标点本看,人们通常是作如此理解,但联系《三王世家》,可以认为从"令丞相、御史曰"至"他如议",是由丞相、御史等共同起草的一个文件,其中记载了帝王与诸臣讨论该问题的过程;文件形成后,交由帝王审批,"制曰可"中的"可"字,即帝王最后在该文件上的批语。

【译文】 秦统一天下后,秦王对丞相、御史下令道:"前者韩王交出土地,献上玉玺,声称愿做秦国的诸侯王,但不久又背弃盟约,与赵、魏联合起来反叛秦国,所以我们兴兵讨伐他,停虏了他的国王。我认为这是件好事,这样就可以永远结束秦、韩之间的战争了。赵王曾派他的丞相李牧来签订盟约,我们归还了他们的质子。但不久他们背弃盟约,在太原反叛我们,所以我们兴兵讨伐他,停虏了赵国的国王。赵公子嘉又自立为代王,所以我们兴兵消灭了他。魏王当初已经说好服从秦国,不久又与韩、赵合谋袭击秦国。因此我们只得派兵前往讨伐,终于把他们击败了。楚王已经献出了青阳以西的土地,不久又违背约定,袭击我国的南郡,所以我们派兵讨伐他,停虏了他们的国王,平定了楚国之地。燕王头脑发昏,他的太子丹竟然暗地里派荆轲前来行刺,我们只好派兵前去讨伐,灭了他们的国家。齐王建采纳后胜的计谋,与秦国断交,想作乱,我们派兵前往征讨,停获了他们的国王,平定了齐国土地。就凭我这么一个渺小的人物,居然能兴兵讨平暴乱,倚仗着列祖列宗的威灵,六国之王都已服罪,天下已经大体平定。如今若不更改名号就无法与我们取得的功业相称,无法使之流传后世,你们都讨论一下我这个帝王应该用什么名号。"丞相王绾、御史大夫冯劫、廷尉李斯等一起上书说:"过去'五帝'直接管辖的地区方圆不过千里,千里之外是'侯服'、'夷服'的地区,那时的诸侯有的朝贡,有的不朝贡,天子无法控制。如今陛下起义兵,讨残暴,平定天下,整个国家实行郡县制,一切命令都由朝廷发出,这是自古以来从未有过的,连传说中的'五帝'也无法企及。我们与博士商量,共同认为:古代有'天皇'、'地皇'、'泰皇',三者之中'泰皇'最尊贵。因此我们大胆建议,您应当称为'泰皇',您的命令称为'制'和'诏',您应该自称为'朕'。"秦王说:"去掉'泰'字,留下'皇'字,再加上古代所称的'帝'字,合称为'皇帝'。其他就按你们商量的意见办。"说罢便在他们的上书上批示曰"可"。于是追尊庄襄王为"太上皇"。皇帝下令道:"我听说远古之时只有生时的帝号没有死后的谥号;中古之时生有帝号,死后又根据他生前的表现加一个谥号。这样做就等于是让儿子评议父亲,臣子评议君主了,这是很没有道理的,我不采取这种做法。从此以后,取消谥号。我就叫'始皇帝',后世以数字相称,从二世、三世直到万世,让它的传递无穷无尽。"

【原文】 始皇推终始五德之传①,以为周得火德,秦代周德,从所不胜②。方今水德之始③,改年始④,朝贺皆自十月朔。衣服旄旌节旗皆上黑⑤。数以六为纪,符、法冠皆六寸⑥,而舆六尺⑦,六尺为步,乘六马。更名河曰德水,以为水德之始。刚毅戾深⑧,事皆决于法,刻削毋仁恩和义⑨,然后合五德之数⑩。于是急法,久者不赦。

【注释】 ①终始五德之传:将金、木、水、火、土五行的相生相克,周而复始,引用到历史朝代的相承相变上。②从所不胜:前一个朝代所不能战胜的那种"德(性)",

就是下一个朝代的"德(性)"。秦人认为周朝是"火"德，能灭"火"的是"水"，因此秦朝是"水"德。③方今水德之始：据《封禅书》，秦文公获黑龙，以为水瑞，秦始皇因自谓水德。④改年始：指始皇改用颛顼历，以十月为岁首。⑤衣服：指帝王在祭祀、朝会时所穿的礼服。旄：饰有羽毛的旗帜。旌：编羽所成的旗帜。节：帝王所派使者所持的信物。旗：画有龙虎以及各种图案的旗帜。皆上黑：阴阳五行家以五行与五方、五色相配，说秦既为水德，其方位则在北，其颜色则主黑，故秦朝的服饰、旌旗皆上黑。上，通"尚"。⑥符：符节，皇帝使者的信物，以竹、金等为之。法冠：祭祀、朝会等隆重场合所戴的礼帽。⑦舆六尺：车子两轮之间的距离(即车宽)为六尺。⑧戾深：暴戾，酷苛。⑨刻削：谓执法严酷。⑩合五德之数：意谓秦朝的行政、司法，一切都与其"水德"相一致。

【译文】 始皇帝按照金、木、水、火、土五德终始循环、相生相克的原理，认为周朝是得火德，秦代替周的火德而兴盛，就应该是周德所不能胜的水德。现在是水德的开始，应更改每年的起始月，群臣入朝贺岁都从十月初一开始。衣服、旌旗、符节的颜色都应该崇尚黑色。数目以六为准，符节、法冠都是六寸，车子的宽度为六尺，以六尺为一步，驾车的马用六匹。黄河改称德水，以此作为水德的开始。为政应强硬果决，一切都取决于法律，执法严酷而不讲仁慈宽大，这样才符合水德之治。于是施行严厉的刑法，对犯罪者从不宽赦。

【原文】 丞相绾等言："诸侯初破，燕、齐、荆地远，不为置王，毋以填之①。请立诸子，唯上幸许。"始皇下其议于群臣，群臣皆以为便。廷尉李斯议曰："周文武所封子弟同姓甚众②，然后属疏远③，相攻击如仇雠，诸侯更相诛伐，周天子弗能禁止。今海内赖陛下神灵一统，皆为郡县④，诸子功臣以公赋税重赏赐之⑤，甚足易制。天下无异意，则安宁之术也。置诸侯不便。"始皇曰："天下共苦战斗不休，以有侯王。赖宗庙，天下初定，又复立国，是树兵也，而求其宁息，岂不难哉！廷尉议是。"

【注释】 ①毋以填之：无法维持那些地区的稳定。毋，通"无"。填，通"镇"，弹压。②周文武所封：实即武王所封，因武王灭纣时文王已死，武王乃托父命讨伐殷纣。③后属：后来的亲缘关系。④皆为郡县：早在春秋时期各国已有郡、县之置，然当时是郡县与有土封君相互错杂。至秦始皇统一天下后，遂大规模地实行郡县制，但极少数的国内封君也还存在。⑤公赋税：国家收敛上来的赋税。

【译文】 丞相王绾等人上书奏道："诸侯国刚被消灭，燕、齐、楚地区偏远，不在那里封建王侯就无法维持那些地区的稳定。请立各皇子为王，请您准许。"始皇把这个意见交给群臣讨论，群臣都认为此话有理。廷尉李斯则说："周文王、周武王所封的子弟及同姓很多，但是后来亲缘关系疏远，互相攻击就像冤家对头，诸侯更是互相征伐诛杀，周天子也无法制止。如今海内仰赖陛下的威灵而统一，各地都设置了郡县，各子弟功臣都用国家收来的赋税重赏他们，这样做很容易控制。天下人也都没有别的想法，这是使国家长治久安的好办法！封立诸侯对国家不利。"始皇说："天下人过去饱尝无休止的战争的苦难,就是因为有诸侯王的存在。如今仰赖先祖的神灵,统一的国家刚刚建立,又要建立诸侯国,这是埋下战争的种子,再想寻求国家的安宁,那不是很难吗? 廷尉的意见正确。”

【原文】 分天下以为三十六郡①,郡置守、尉、监②。更名民曰“黔首”③。大酺收天下兵④,聚之咸阳,销以为钟鐻⑤,金人十二,重各千石,置廷宫中。一法度衡石丈尺⑥,车同轨⑦,书同文字⑧。地东至海暨朝鲜,西至临洮、羌中,南至北向户⑨,北据河为塞,并阴山至辽东⑩。徙天下豪富于咸阳十二万户。诸庙及章台、上林皆在渭南⑪。秦每破诸侯,写放其宫室⑫,作之咸阳北阪上⑬。南临渭,自雍门以东至泾、渭⑭,殿屋复道周阁相属。所得诸侯美人钟鼓,以充入之。

【注释】 ①分天下以为三十六郡:这只是秦始皇二十六年刚统一六国时的数字。②郡置守、尉、监:守,郡守,郡里的最高行政长官。尉,郡尉,郡里的武官,主管治安,缉捕盗贼。监,监郡,皇帝派驻该郡的监察官员,由御史担任,主管监察该郡的吏治。③黔首:以“黔首”称百姓,不始于此时,然全国统一称黎民为“黔首”则自此时起。④兵:兵器,当时多为铜制。⑤鐻:夹钟,也是钟的一种。⑥一:统一,划一。衡石:“衡”是枰砣;“石”是重量单位。丈尺:长度单位。⑦车同轨:两轮间的距离一致。⑧书同文字:指规定凡刻石一律用小篆,官方文件一律用隶书。⑨北向户:指今海南岛与越南北部等地区,因其地处北回归线以南,门窗往往向北开。⑩“北据河”二句:此即令蒙恬筑长城事。塞,城障。并,通“傍”,沿着。辽东,秦郡名,其辖区约当今辽宁东部直达今朝鲜平壤市西北。⑪诸庙:秦国历代先王的祭庙。章台:秦宫名。上林:即上林苑,秦朝的皇家猎场。渭南:渭水之南。⑫写放:模仿,仿照。放,同“仿”。⑬作:建造。阪:山坡。六国宫殿在秦时咸阳城北部的宫城北侧。⑭雍门:地名,当时咸阳城的大西南。泾、渭:泾水与渭水的汇流处。

【译文】 于是把天下分成三十六郡,每个郡设置郡守、郡尉和监郡。对黎民百姓改称作“黔首”。让天下人聚集饮宴以示庆贺。收缴天下的兵器,汇总到咸阳,熔铸成大钟、大鐻各若干,又铸造了十二个大铜人,各重千石,放在宫廷内。统一法律和度量衡,统一车轨的尺寸,统一全国的文字。秦朝的版图东境到达大海及朝鲜,西境到达临洮、羌中,南境到达广州、南宁,北境以黄河作为要塞,沿着阴山直至辽东。把天下十二万户富豪人家迁到咸阳。秦朝各代先祖的祭庙、章台宫、上林苑都设置在渭水的南岸。秦每灭掉一个诸侯国,就按着被灭国家的宫殿模样,在咸阳城北的山坡上仿建一座。这些建筑向南对着渭水,从雍门以东直到泾水、渭水的汇合处。殿宇之间有天桥与各殿长廊相连相通,把从各诸侯国获得的美人、钟鼓,都安置在这些宫殿里。

【原文】 二十七年,始皇巡陇西、北地,出鸡头山,过回中。焉作信宫渭南①,已更命信宫为极庙,象天极②。自极庙道通骊山③,作甘泉前殿④。筑甬道⑤,自咸阳属之⑥。是岁,赐爵一级。治驰道⑦。

【注释】 ①焉作:于是建造。信宫:秦始皇举行重大朝会活动的宫殿。②天极:

星座名。中国古代天文学家把天空的星座分为五个区域,称作五宫,天极是中宫的中心星座。③骊山:在当时的咸阳城东南。④甘泉前殿:甘泉宫的前殿,在今陕西西安夹城堡、黄庄和铁锁村一带。⑤甬道:两侧筑有夹墙的通道。⑥属:连通。⑦驰道:驰骋车马的宽广道路,中央专供皇帝通行,列树标明,两旁任人行走。

【译文】 二十七年,秦始皇巡视陇西、北地二郡,越过鸡头山,经过回中宫。于是在渭水之南建造信宫,后又改名为极庙,来象征天极。从极庙修路直通骊山,建造甘泉宫前殿。又修造甬道,从咸阳直通这里。这一年给天下百姓普遍赐爵一级。又增修供皇帝出行使用的大道。

项羽本纪

【题解】
司马迁以无限饱满的热情歌颂了项羽在灭秦过程中所建立的丰功伟绩,充分地肯定了他的历史作用;而对于项羽在楚汉战争中由于政治思想落后,政策方略错误,以及他个人性格上的种种缺点所导致的最终失败,则寄予了极大的惋惜与同情。有人仅取一端,或扬之为千古英雄,或抑之为桀、纣再世,亦可谓偏颇之极。司马迁的叙述全面,评价准确。作品所展示的重大历史场面的复杂性与深刻性,所描绘的人际关系与种种细节的深沉的历史感,都是前所未见的文献资料。在艺术上,《项羽本纪》是《史记》中精彩的篇章之一,既是秦末农民战争与楚汉战争的生动的历史画卷,又是带有许多艺术夸张、充满作者浓厚感情的传记文学杰作,其叙事之生动,其语言之精彩,尤其是对项羽、刘邦这两个人物形象的描写,其成就更是空前的。他们既有英雄的伟大,又有普通人所常有的弱点,千载之下读之,仍觉其虎虎有生气,历历如在目前。

【原文】 项籍者,下相人也,字羽。初起时,年二十四。其季父项梁①,梁父即楚将项燕,为秦将王翦所戮者也②。项氏世世为楚将,封于项,故姓项氏。

【注释】 ①季父:小叔父。季是兄弟排行中最小的。②王翦:始皇前期的名将。

【译文】 项籍是下相人,字羽。开始起事的时候,年方二十四岁。他的小叔叔名叫项梁,项梁的父亲就是被秦将王翦所杀的楚国的名将项燕。项家世世代代在楚国为将,因为有功被封在项这个地方,所以他们就以项为姓了。

项羽像

【原文】 项籍少时,学书不成,去学剑,又不成。项梁怒之。籍曰:"书,足以记名姓而已;剑,一人敌,不足学;学万人敌。"于是项梁乃教籍兵法,籍大喜,略知其意,又不肯竟学。项梁尝有栎阳逮,乃请蕲狱掾曹咎书抵栎阳狱掾司马欣①,以故事得已。项梁杀人,与籍避仇于吴中②。吴中贤士大夫皆出项梁下。每吴中有大繇役及丧③，项梁常为主办，阴以兵法部勒宾客及子弟，以是知其能。秦始皇帝游会稽④，渡浙江⑤，梁与籍俱观。籍曰："彼可取而代也。"梁掩其口，曰："毋妄言，族矣！"梁以此奇籍。籍长八尺馀⑥，力能扛鼎⑦，才气过人⑧，虽吴中子弟皆已惮籍矣。

【注释】 ①狱掾：主管监狱的吏属。掾，旧时对吏目的通称。抵：犹今之所谓"致"。②吴：秦县名，其县治即今江苏苏州。③大繇役及丧：给国家出民力与当地大户人家办丧事，都是兴师动众的事。④会稽：山名，在今浙江绍兴东南。⑤浙江：即今钱塘江。⑥长八尺馀：约当今之一米八四以上。秦时一尺相当今之二十三厘米。⑦扛鼎：举鼎。扛，举。⑧才气：古时多以此称人之勇武多力，与后世之偏于称人之思维慧敏者略异。

【译文】 项籍小时候，开始学习写字，没有学成就不学了，于是改去学剑，还是没有学成。项梁很生他的气。项籍说："学了写字也不过是用来记个姓名而已；练好了剑术也不过是能对付一个人，这些都不值得学；我要学能对付万人的本事。"项梁见他有这份志向，于是就教他兵法，项籍很高兴，但他仍是粗知大意而已，不肯下功夫有始有终地好好学。项梁曾因为犯罪被栎阳县逮捕，于是他就请蕲县的典狱官曹咎给栎阳县的典狱官司马欣写了一封说情的信，案子得以了结。后来，项梁又杀了人，和项籍一起躲避仇人到了吴县。吴县的贤士大夫们对他们叔侄都很佩服敬重，每逢吴县有大的徭役或丧事，总是请项梁来操办，在办这些事的过程中，项梁常常用兵法来组织这些宾客和子弟，借此来了解这些人的能力。有一次，秦始皇出游会稽，在渡钱塘江的时候，项梁和项籍都赶上去观看，项籍说："我可以代替他！"项梁一听，赶紧捂住他的嘴，说："可别胡说，当心要灭族的！"但是从此他心里也觉得他这个侄子不寻常。项籍身高八尺多，力气超人，双手可以举起大鼎，连吴县土生土长的那些豪门子弟也都很怕他。

【原文】 秦二世元年七月①，陈涉等起大泽中②。其九月，会稽守通谓梁曰："江西皆反③，此亦天亡秦之时也。吾闻先即制人，后则为人所制。吾欲发兵，使公及桓楚将。"是时桓楚亡在泽中。梁曰："桓楚亡，人莫知其处，独籍知之耳。"梁乃出，诫籍持剑居外待。梁复入，与守坐，曰："请召籍，使受命召桓楚。"守曰："诺。"梁召籍入。须臾，梁眴籍曰④："可行矣！"于是籍遂拔剑斩守头。项梁持守头，佩其印绶。门下大惊，扰乱，籍所击杀数十百人。一府中皆慴伏⑤，莫敢起。梁乃召故所知豪吏，谕以所为起大事，遂举吴中兵。

【注释】 ①秦二世元年：前209年。②大泽：乡名，当时属蕲县，在今安徽宿县东南。③江西：长江自九江到南京的一段，是由西南流向东北，因此古人习惯称今皖北一带为江西。④眴：使眼色。⑤慴伏：因恐惧而服气。慴，恐惧失气的样子。

【译文】 秦二世元年七月，陈涉等人在大泽乡起义。这年的九月，会稽郡守殷通对项梁说："现在长江以西全部造反，看来是老天爷真要灭掉秦朝了。俗话说先发者制人，后发者就要被人所制。因此我也想起兵，想请您和桓楚给我当将军。"当时桓楚因为犯罪逃亡到大泽中去了。项梁说："桓楚逃亡在外，没人知道他的下落，只有我侄项籍知道。"说完就出来找到了项籍，让他手提宝剑在外头等着。项梁自己又进去陪着郡守坐了一会儿。然后说："请您叫项籍来，让他去找桓楚吧。"郡守说："好的。"于是项梁就把项籍叫了进来。又过了一会儿，项梁给项籍使了个眼色，说："可以动手了！"于是项籍拔出剑来就砍下了郡守的人头。项梁拎着郡守的人头，把郡守的印绶佩在自己身上。这时郡守的手下人都吓坏了，乱作一团。项籍趁势把他们一连杀了近百个，其余的都吓得趴倒在地，不敢再动弹。这时项梁就把他平日所了解的那些豪强大吏们找来，告诉了他们自己要干的事情，就在吴县发兵起义。

【原文】 章邯已破项梁军，则以为楚地兵不足忧，乃渡河击赵①，大破之。当此时，赵歇为王，张耳为相，皆走入钜鹿城②。章邯令王离、涉间围钜鹿③，章邯军其南，筑甬道而输之粟。陈馀为将，将卒数万人而军钜鹿之北，此所谓河北之军也④。

【注释】 ①渡河：谓北渡黄河。②皆走入钜鹿城：事在秦二世二年闰九月。钜鹿，秦县名，亦为钜鹿郡的郡治所在地，在今河北平乡西南，当时邯郸城的东北。③王离、涉间：皆秦将名。或曰王离不是章邯的部下，是与章邯并列的秦军统帅，其级别尚在章邯之上。④此所谓河北之军也：当时义军以楚、齐、赵三地者为劲旅，亦为各地所盛传，今楚、齐皆破，独存赵军，故敌我双方皆瞩目之。

【译文】 章邯打败项梁的军队后，认为楚地的义军用不着担心了，于是渡过黄河，北进攻赵，大败赵国。这时候，赵歇是赵国的国王，张耳是赵国的宰相，他们都退进了钜鹿城内。章邯命令王离、涉间二将领兵将钜鹿团团围住，他自己率大军驻扎在钜鹿的南面，中间修筑了一条甬道互相连接，从甬道中给王离、涉间输送粮草。陈馀是赵国的将军，他率领着几万人驻扎在巨鹿的城北，这就是当时人们所说的河北军。

【原文】 初，宋义所遇齐使者高陵君显在楚军，见楚王曰①："宋义论武信君之军必败，居数日，军果败。兵未战而先见败征，此可谓知兵矣。"王召宋义与计事而大说之，因置以为上将军②；项羽为鲁公，为次将；范增为末将③，救赵。诸别将皆属宋义④，号为卿子冠军⑤。行至安阳⑥，留四十六日不进。项羽曰："吾闻秦军围赵王钜鹿，疾引兵渡河，楚击其外，赵应其内，破秦军必矣。"宋义曰："不然。夫搏牛之虻不可以破虮虱⑦。今秦攻赵，战胜则兵罢⑧，我承其敝；不胜，则我引兵鼓行而西⑨，必举秦矣。故不如先斗秦、赵。夫被坚执锐，义不如公；坐而运策，公不如义。"因下令军中曰："猛如虎，很如羊⑩，贪如狼，强不可使者，皆斩之。"乃遣其子宋襄相齐，身送之至无盐⑪，饮酒高会⑫。天寒大雨，士卒冻饥。项羽曰："将戮力而攻秦⑬，久留不行。今岁饥民贫，士卒食芋菽⑭，军无见粮，乃饮酒高会，不引兵渡河因赵食，与赵并力攻秦，乃曰'承其敝'。夫以秦之强，攻新造之赵⑮，其势必举赵。赵举而秦强，何敝之承！且国兵新破，王坐不安席，扫境内而专属于将军，国家安危，在此一举。今不恤士卒而徇其私⑯，非社稷之臣⑰。"项羽晨朝上将军宋义，即其帐中斩宋义头，出令军中曰："宋义与齐谋反楚,楚王阴令羽诛之。"当是时,诸将皆慑服,莫敢枝梧[18]。皆曰:"首立楚者,将军家也。今将军诛乱[19]。"乃相与共立羽为假上将军[20]。使人追宋义子,及之齐,杀之。使桓楚报命于怀王。怀王因使项羽为上将军[21],当阳君、蒲将军皆属项羽[22]。

【注释】 ①楚王:即项梁等所立楚怀王的后代,名心。为了利用楚人同情怀念楚怀王的心理以团结民心,也称之为怀王。②上将军:非固定官名,盖令其位居诸将之上,以统领诸将而言。③次将、末将:亦非固定职位,只临时表示其在军中的地位。④诸别将:除怀王已有专门任命(如刘邦)之外的其他楚军诸将。⑤卿子冠军:"卿子"是当时对男人的敬称,"冠军"犹言"最高统帅"。⑥安阳:古邑名,在今山东曹县东北。⑦搏牛之虻不可以破虮虱:一曰搏,击,用手击牛背,可以杀其上之虻,而不能破虱,喻现在主要是要灭秦,不能尽力与章邯战,免得白费力。一曰虻之搏牛,本不拟破其上之虮虱,也是喻志在大不在小。⑧罢:同"疲"。⑨鼓行:击鼓而行,言其公行无忌之状。⑩很:执拗,不听招呼。⑪身:亲自。无盐:秦县名,县治在今山东东平东南。⑫高会:盛大的宴会。⑬戮力:合力,并力。⑭士卒食芋菽:芋,芋头,此处代指蔬菜、野菜。菽,豆类。一说,"芋"一作"半",半菽,半是量器名,容五升,言卒须食五升菽,现有的粮食不够。⑮新造之赵:新建立的赵国。时赵歇等建国仅九个月,故称"新造"。⑯恤:体怜。⑰社稷之臣:与国家同生死、共忧戚的大臣。⑱枝梧:同"支吾",抗拒。⑲今将军诛乱:此句语气未完,因与下面的叙述重复,故而省略对话,单由叙述语补足。⑳假上将军:代理上将军。假,权摄,代理。㉑怀王因使项羽为上将军:事在秦二世三年(前207年)十一月(当时以十月为岁首)。此怀王无可奈何事,其与项羽的矛盾又进一步发展。因使,因其请求而使为之。㉒当阳君:即黥布。

【译文】 当初宋义出使齐国时半路上遇见的齐国的使者高陵君显,这时正在楚国的兵营中。他对楚怀王说:"宋义早就预言过武信君必败,结果没过几天,武信君果然失败了。还没有打仗,就能先看出他失败的征兆,这真可以说是懂得用兵之道了。"楚怀王一听,立即派人把宋义找了来,和他谋计大事,心里很高兴,遂即任命他为上将军;封项羽为鲁公,让他为次将;让范增为末将,派他们一起率兵救赵。还有其他的一些将领,楚怀王也都通通把他们划到了宋义的部下,宋义号称卿子冠军。当这支军队前进到安阳的时候,停了下来,一直停了四十六天。项羽对宋义说:"现在赵王正被秦军围困在巨鹿,我们应该赶紧率兵渡河,这样我们从外向里打,赵军从里向外接应,就绝对可以打败秦军。"宋义说:"不对,牛虻是用来蜇牛的,而不是为了对付那些虱子。现在秦兵正在攻打赵国,打赢了,他们自己也必然疲惫不堪,到那时我们再乘机收拾他们;如果秦兵打败了,那我们就可以大摇大摆地长驱西进,一下子端掉秦朝的老窝。所以目前我们不如先让秦、赵两方互相火并。论冲锋陷阵,我比不上您;要说到筹谋划策,您就不如我了。"说罢宋义就命令全军:"凡是凶猛、执拗、贪婪、顽固而不听使唤的,一律斩首。"而后又派他的儿子宋襄到齐国去做宰相,还亲自把他一直送到无盐县,并在那里大摆筵席。而当时天气很冷,又下着大雨,士兵们都又冷又饿。项羽对左右的人们说:"现在最重要的事情是集中一切力量与秦兵作战,可是我们却长期地在这里停留不前。现在年荒人穷,士兵们吃的都是山芋野菽,军中一点粮食都没有。可是作为将军的宋义还在那里大摆筵席,他不赶紧领兵渡河去到赵国就地取粮,去和赵国合力攻秦,却说'要等秦军疲惫不堪'。现在让如此强大的秦军去攻打一个新建不久的赵国,那是肯定要把赵国攻打下来的。赵国一被攻打下来,秦军就会变得更强大,还有什么疲惫不堪的机会等着我们!再说我们楚国的军队刚刚失败不久,怀王急得坐立不安,把我们全国的军队集中起来交给了上将军一个人,我们整个国家的安危就决定在这次行动上。可是上将军现在竟然完全不体恤士兵,只顾徇他的私情,他不是一个忠于国家的人!"于是他就趁着清早参见宋义的机会,在大帐中把宋义杀了。然后提着人头出来对全军说:"宋义勾结齐国,企图谋反,怀王秘密命令我把他杀掉。"这时所有的将领都被吓得服服帖帖,没有一个人敢抗拒。大家都说:"当初第一个拥立怀王的,就是你们项家,现在您又为楚国杀掉了乱臣!"于是大家一致推举项羽代行上将军的职权。项羽又派人追踪到齐国,把宋义的儿子宋襄也杀掉了。然后,项羽派了桓楚去向怀王报告这件事情的过程。怀王只好顺水推舟地任命项羽做了上将军,让当阳君、蒲将军等各个将领都归项羽统辖。

【原文】 项羽已杀卿子冠军,威震楚国,名闻诸侯。乃遣当阳君、蒲将军将卒二万渡河,救钜鹿。战少利,陈馀复请兵。项羽乃悉引兵渡河,皆沉船,破釜甑,烧庐舍①,持三日粮,以示士卒必死,无一还心。于是至则围王离,与秦军遇,九战,绝其甬道,大破之②,杀苏角,虏王离。涉间不降楚,自烧杀。当是时,楚兵冠诸侯。诸侯军救钜鹿下者十馀壁③,莫敢纵兵。及楚击秦,诸将皆从壁上观。楚战士无不一以当十,楚兵呼声动天,诸侯军无不人人惴恐④。于是已破秦军,项羽召见诸侯将,入辕门⑤,无不膝行而前,莫敢仰视。项羽由是始为诸侯上将军,诸侯皆属焉。

【注释】 ①"皆沉船"三句:古兵书有类似记载,项羽所为,亦古兵法所示。釜,锅。甑,蒸饭的瓦罐之类。②"绝其"二句:此处所破的是章邯军。围钜鹿的是王离;护甬道以支持钜鹿之围的是章邯。项羽是先渡河破章邯,后击围钜鹿秦军,虏王离。③壁:营垒。④惴恐:恐惧。⑤"项羽"二句:有的版本"入辕门"前重出"诸侯将"三字,当从,这样才能统一这段文字的风格,见当时之气势。辕门,营门。

【译文】 项羽杀了卿子冠军宋义以后,威震楚国,名闻天下。于是他就派当阳君、蒲将军率领两万人渡河救赵。战斗初步取得了一些胜利,陈馀继续向项羽请求援助。于是项羽下令全军渡河。过河后,项羽下令把全部船只沉入河底,把全部锅碗一律砸了,把全部帐篷一律烧掉,只带着三天的粮食,以此来向士兵们表示一种只有前进、只有胜利而绝不能后退的决心。楚军一到钜鹿,就立即包围了王离的部队,随即与秦军开战,经过多次战斗,终于冲断了秦军的甬道,接着大破秦军,杀死了苏角,俘虏了王离。涉间不投降,自焚而死。在当时两军交战的时候,楚兵英勇无比。当时各地来援救钜鹿的军队有十几座大营,但是没有一处敢出来与秦军作战。等到项羽的军队与秦军开战了，各路援军的将领们都一个个站在营垒上远远观望。楚军的战士们无不以一当十，杀声震天。其他各路援军见到这种情景，个个都吓得胆战心惊。等到楚军击败了秦军之后，项羽召见各路的将领，这些将领们进辕门的时候，一个个都是跪在地上，用膝盖挪着进去的，谁也不敢抬起头来往上看一眼。从此项羽便成了诸侯们共同的上将军，各路诸侯都归项羽统辖。

【原文】 章邯军棘原①，项羽军漳南②，相持未战，章邯欲约。约未成，项羽使蒲将军日夜引兵度三户③，军漳南④，与秦战，再破之。项羽悉引兵击秦军汙水上⑤，大破之。

【注释】 ①棘原：地名，当在今河北平乡南。②漳南：漳水南岸。③三户：即三户津，漳水上的渡口名，在今河北磁县西南。④军漳南：前羽军漳南，现遣军"渡三户"，当往驻漳北。此"漳南"当作"漳北"。⑤汙水：源出河北武安西太行山，东南流，在临漳西注入漳水。

【译文】 这时，章邯的大营驻扎在棘原，项羽的大营驻扎在漳南，两军对峙，尚未正式开战，章邯想要和项羽谈判定盟，结果没有谈成。于是项羽就派蒲将军日夜兼程，带兵渡过了三户津，来到了漳水北岸。蒲将军与秦军接战，秦军又失败了。于是项羽全军出动，在汙水上对秦军发起总攻，把秦军打得一败涂地。

【原文】 章邯使人见项羽，欲约。项羽召军吏谋曰："粮少，欲听其约。"军吏皆曰："善。"乃立章邯为雍王，置楚军中①。使长史欣为上将军②，将秦军为前行。

【注释】 ①"乃立"二句：章邯投降项羽在秦二世三年七月。虽封为王，但被剥夺了兵权。②使长史欣为上将军：长史欣即司马欣，前为栎阳狱掾者。司马欣与项氏有故交，故立以为上将军，于此见项羽之用人全凭感情。长史，大将军或丞相手下的属官，为诸史之长，故称"长史"。

【译文】 章邯只好又派人去见项羽，请求订立盟约。项羽召集他的部下们一道商量，说："眼下我们的粮草太少，我想接受他们的请求。"部下们都一齐说："好。"于是项羽就封章邯为雍王，把他留在自己的军中，而封章邯的长史司马欣为上将军，让他统领着秦军在前头给自己开路。

【原文】 到新安①。诸侯吏卒异时故繇使屯戍过秦中②，秦中吏卒遇之多无状③；及秦军降诸侯，诸侯吏卒乘胜多奴虏使之，轻折辱秦吏卒④。秦吏卒多窃言曰："章将军等诈吾属降诸侯，今能入关破秦⑤，大善；即不能⑥，诸侯虏吾属而东，秦必尽诛吾父母妻子。"诸侯微闻其计⑦，以告项羽。项羽乃召黥布、蒲将军计曰："秦吏卒尚众，其心不服，至关中不听⑧，事必危。不如击杀之，而独与章邯、长史欣、都尉翳入秦⑨。"于是楚军夜击坑秦卒二十馀万人新安城南⑩。

【注释】 ①新安：秦县名，县治在今河南渑池城东。②诸侯吏卒：指东方起义军的将士，即项羽部下。异时：昔日，指秦朝统治时期。繇使屯戍：指被征调服徭役或屯守边地。秦中：汉时人们对关中地区的习惯称呼。③无状：不礼貌，不像样子。④轻折辱:随随便便地侮辱。轻,随意,不当一回事。⑤关:此指函谷关,在今河南灵宝东北。⑥即不能:如果不能胜秦。即,若。⑦微闻其计:隐隐约约地听到了他们的这些议论。计,计议,议论。⑧不听:不听指挥,意即叛变。⑨都尉翳:即董翳,原在章邯部下任都尉。都尉,这里是军职名,其地位略低于将军。⑩于是楚军夜击坑秦卒二十余万人新安城南:此事在汉元年(前206年)十一月,刘邦已在一个月前进驻秦都咸阳。此可见项羽之残暴短视,正是其败亡原因之一。

【译文】 他们西进到了新安。一些东方人过去到关中当兵服徭役时,关中的吏卒曾歧视虐待过他们;现在秦兵投降了东方诸侯,于是东方的官兵们也就乘着机会反过来把他们看作奴隶,随随便便地凌辱他们。于是很多秦国的士兵就悄悄议论说:"章将军骗咱们投降了东方诸侯,现在如果咱们真能打进关去灭了秦朝,那当然是很好了;如果进不了关、灭不了秦,那时诸侯们就会裹挟着咱们一起回东方去,到那时秦朝就必然要把咱们的父母妻儿统统杀光了。"这些话渐渐地传到了楚军将领的耳朵里,他们立刻报告了项羽。项羽立刻把黥布、蒲将军召来商量:"现在秦军的人数还很多,他们对我们也不服气,等到进关后他们万一不听指挥,那局面就危险了。不如现在就把他们全杀了,只带着章邯、司马欣和董翳三个人进关。"于是当夜就命令楚军在新安城南把二十几万秦朝降兵统统活埋了。

【原文】 行略定秦地①。函谷关有兵守关②,不得入。又闻沛公已破咸阳,项羽大怒,使当阳君等击关。项羽遂入,至于戏西③。沛公军霸上④,未得与项羽相见。沛公左司马曹无伤使人言于项羽曰:"沛公欲王关中,使子婴为相⑤,珍宝尽有之。"项羽大怒,曰:"旦日飨士卒⑥,为击破沛公军!"当是时,项羽兵四十万,在新丰鸿门⑦,沛公兵十万,在霸上。范增说项羽曰:"沛公居山东时⑧,贪于财货,好美姬。今入关,财物无所取,妇女无所幸,此其志不在小。吾令人望其气,皆为龙虎,成五采,此天子气也。急击勿失。"

【注释】 ①行:将要。②函谷关:在今河南灵宝东北,是东方入秦的关隘,自古为兵家必争之地。③戏西:戏水之西。戏水源出骊山,流过今陕西临潼东,注入渭水。④霸上:即霸水之西的白鹿原,在今陕西西安东南,当时的咸阳城东南。⑤子婴:有说是二世之兄,有说是二世之侄,也有说是始皇之弟,二世之叔者。二世三年(前207年)八月,赵高杀掉了胡亥,另立子婴为三世。子婴与其二子合力杀掉了赵高,灭其族。为帝四十六日,刘邦入关,子婴遂降。⑥旦日:明日。飨:犒劳。⑦新丰鸿门:新丰县的鸿门。新丰,汉县名,秦时原名郦邑,刘邦称帝后始改称"新丰",在今陕西临潼东北。鸿门,古邑名,在郦邑城东,今名项王营。⑧山东:崤山以东,泛指旧时的东方六国之地。

【译文】 项羽接着就要去平定秦国的本土。到了函谷关,函谷关有兵把守,没能进去。又听说沛公已经攻破了咸阳,于是大怒,命令当阳君攻打函谷关。这样项羽才进了关,长驱直入,直到戏水西岸。这时沛公正带领人马驻扎在霸上,还没有和项羽见面。沛公的左司马曹无伤派人给项羽通风报信说："沛公已经打算在关中称王，让秦朝的降王子婴给他当宰相，把秦朝的一切财宝都据为己有。"项羽勃然大怒，说："明早让士兵们饱餐一顿，把沛公的军队打垮！"这时候，项羽有四十万人，驻扎在新丰县的鸿门。沛公有十万人，驻扎在霸上。项羽的谋士范增对项羽说："沛公在山东老家的时候，又贪财又好色。现在进了关，居然财物也不贪了，妇女也不要了，可见他的野心不小。我让人观望他上空的云气，一片片都成为龙虎的形象，五彩斑斓，这是做皇帝的征兆。必须赶紧消灭他，万万不可错过了机会。"

【原文】 楚左尹项伯者^①，项羽季父也，素善留侯张良。张良是时从沛公，项伯乃夜驰之沛公军，私见张良，具告以事，欲呼张良与俱去。曰："毋从俱死也。"张良曰："臣为韩王送沛公^②，沛公今事有急，亡去不义，不可不语。"良乃入，具告沛公。沛公大惊，曰："为之奈何？"张良曰："谁为大王为此计者？"曰："鲰生说我曰^③：'距关，毋内诸侯^④，秦地可尽王也。'故听之。"良曰："料大王士卒足以当项王乎？"沛公默然，曰："固不如也，且为之奈何？"张良曰："请往谓项伯，言沛公不敢背项王也。"沛公曰："君安与项伯有故？"张良曰："秦时与臣游，项伯杀人，臣活之。今事有急，故幸来告良。"沛公曰"孰与君少长？"良曰："长于臣。"沛公曰："君为我呼入，吾得兄事之。"张良出，要项伯。项伯即入见沛公。沛公奉卮酒为寿，约为婚姻，曰："吾入关，秋毫不敢有所近，籍吏民^⑤，封府库，而待将军。所以遣将守关者，备他盗之出入与非常也^⑥。日夜望将军至，岂敢反乎！愿伯具言臣之不敢倍德也^⑦。"项伯许诺。谓沛公曰："旦日不可不蚤自来谢项王^⑧。"沛公曰："诺。"于是项伯复夜去，至军中，具以沛公言报项王。因言曰："沛公不先破关中，公岂敢入乎？今人有大功而击之，不义也，不如因善遇之。"项王许诺。

【注释】 ①左尹：楚国最高长官令尹的副职。②为韩王送沛公：张良是韩国的旧贵族，项梁立韩成为韩王，张良为韩国司徒。刘邦率军西下，张良随刘邦入关。送，这里是"跟从"的意思。③鲰生：一个无知的人。鲰，杂小鱼，此以喻浅妄无知。④距：通"拒"。内：通"纳"。⑤籍吏民：登记所有人口。籍，登记。⑥非常：意外的变故。⑦倍德：忘恩。倍，通"背"。⑧蚤：通"早"。谢：谢罪，赔礼。

【译文】 楚国的左尹项伯是项羽的叔叔，他向来和张良交好。而张良这时正跟着沛公，项伯于是当夜偷偷地飞马疾驰到沛公的军营，私下去找张良，把情况对张良说了，要拉着张良一道逃走。他说："你不要跟着沛公一道送死了。"张良说："我是替韩王护送沛公，现在沛公有了难，我一声不吭独自逃跑，也太不仗义了。我不能不告诉他。"说罢进去，把一切都对沛公讲了。沛公一听大惊，说："这可怎么办呢？"张良说："把住函谷关，不让项羽进来，这是谁的主意？"沛公说："有个什么也不懂的小子对我说：'把住函谷关，不让别的诸侯进来，您就可以占有秦国全部地盘称王。'我就听了他的话。"张良说："大王自己估计，我们的军队可以敌得过项羽吗？"沛公半天不作声，过了好久才说："当然敌不过了。现在你就说咱们该怎么办吧！"张良说："那就请您出去告诉项伯,说您从来没敢背叛项王。"沛公立刻问张良:"你怎么跟项伯认识?"张良说:"以前在秦朝的时候,我和项伯是朋友,项伯杀了人,我救了他的命。所以现在有了紧急情况,他来给我送信。"沛公问道:"你和他谁的年纪大?"张良说:"他比我大。"沛公说:"你马上请他进来,我要用对待兄长的礼节对待他。"于是张良出来把项伯请了进去。沛公一见项伯,端起酒杯向他敬酒,并和他约定做了儿女亲家。沛公说:"我进关以来,没敢动关中的一草一木,登记好了吏民的户口,封起了一切大小仓库,就是恭候着项将军的到来。我之所以派兵把守函谷关,是为了防备土匪强盗以及意外的事故。我是日夜地盼望着项将军驾到,怎么敢有别的心呢?请您回去在项将军面前把我这份心思替我说说。"项伯答应了,并对沛公说:"明天一早您要早点儿亲自去向项将军赔罪。"沛公说:"是。"于是项伯又连夜赶回了项羽的大营。回营后,他把沛公的话如实地报告了项羽,并接着说:"如果不是人家沛公先攻入关中,您今天能够这么容易地进来吗?现在人家有这么大的功劳,我们不仅不赏人家还要去打人家,这是不合道义的,我们不如就此好好地对待他吧。"项王听着有理,于是也就答应了。

【原文】 沛公旦日从百馀骑来见项王,至鸿门,谢曰:"臣与将军戮力而攻秦,将军战河北,臣战河南,然不自意能先入关破秦①,得复见将军于此。今者有小人之言,令将军与臣有郤。"项王曰:"此沛公左司马曹无伤言之,不然,籍何以至此。"项王即日因留沛公与饮。项王、项伯东向坐②,亚父南向坐③。亚父者,范增也。沛公北向坐,张良西向侍。范增数目项王,举所佩玉玦以示之者三④,项王默然不应。范增起,出召项庄⑤。谓曰:"君王为人不忍,若入前为寿⑥,寿毕,请以剑舞,因击沛公于坐,杀之。不者,若属皆且为所虏。"庄则入为寿,寿毕,曰:"君王与沛公饮,军中无以为乐,请以剑舞。"项王曰:"诺。"项庄拔剑起舞,项伯亦拔剑起舞,常以身翼蔽沛公⑦,庄不得击。于是张良至军门,见樊哙⑧。樊哙曰:"今日之事何如?"良曰:"甚急。今者项庄拔剑舞,其意常在沛公也。"哙曰:"此迫矣,臣请入,与之同命⑨。"哙即带剑拥盾入军门⑩。交戟之卫士欲止不内,樊哙侧其盾以撞,卫士仆地,哙遂入。披帷西向立⑪,瞋目视项王,头发上指,目眦尽裂。项王按剑而跽曰⑫:"客何为者?"张良曰:"沛公之参乘樊哙者也⑬。"项王曰:"壮士!赐之卮酒。"则与斗卮酒⑭。哙拜谢,起,立而饮之。项王曰:"赐之彘肩。"则与一生彘肩。樊哙覆其盾于地,加彘肩上,拔剑切而啖之。项王曰:"壮士,能复饮乎?"樊哙曰:"臣死且不避,卮酒安足辞!夫秦王有虎狼之心,杀人如不能举⑮,刑人如恐不胜⑯,天下皆叛之。怀王与诸将约曰:'先破秦入咸阳者王之。'今沛公先破秦入咸阳,豪毛不敢有所近,封闭宫室,还军霸上,以待大王来。故遣将守关者,备他盗出入与非常也。劳苦而功高如此,未有封侯之赏,而听细说⑰,欲诛有功之人。此亡秦之续耳,窃为大王不取也。"项王未有以应,曰:"坐。"樊哙从良坐。坐须臾,沛公起如厕,因招樊哙出。

【注释】 ①不自意:自己料想不到。刘邦这时是极力装出谦卑。②东向坐:朝东坐。战国秦汉时期除升殿升堂仍南向外,其他场合多以东向为尊,其次为南向、北向,最下为西向。③亚父:项羽对范增的敬称,言对其侍奉的礼数仅次于父。④玦:有缺口的玉环。玦与"决"谐音,范增举以示羽,是暗示要他下决心杀刘邦。⑤项庄:项羽的堂兄弟。⑥若:尔,你。下文"若属",犹言"尔等"。⑦翼蔽:遮挡,掩护。⑧樊哙:吕后的妹夫,刘邦的开国功臣。⑨同命:并命,拼命。一说谓与刘邦同生死,亦通。⑩带剑:樊哙是刘邦卫士,可以"带剑";然又非如后文刘邦逃走时之"持剑",故可闯过交戟之卫士。拥盾:持盾于身前。拥,前持。⑪拔:用手背猛地一拨。西向立:与前文项王之"东向坐"正好相对。⑫踞:古人席地跪坐,臀部离开小腿,身子挺直,叫作踞。按剑而踞是一种准备行动的警戒姿势。⑬参乘:古代在王侯右侧充当警卫的人。⑭斗卮:大酒杯。⑮如不能举:像是只怕杀不尽似的。举,克,尽。⑯如恐不胜:就像只怕完不成任务似的。胜,胜任。谓极尽其力而犹恐不够。⑰细说:小人的谗言。

【译文】 第二天一早,沛公只带了百十来个人,骑马来到了鸿门,他一见项羽就道歉说:"这几年我和将军您齐心协力地攻打秦朝,您攻取河北,我攻取河南,我自己并没想到能先人关灭了秦朝,今天又能在这里见到您。可是今天居然有小人挑拨您和我的关系,让您怀疑我。"项羽说:"这都是您的左司马曹无伤说的,不然我怎么能怀疑您呢?"于是项羽就把沛公留下来一起喝酒。项羽和项伯朝东坐,亚父朝南坐,亚父就是范增,沛公朝北坐,张良朝西陪侍。酒会开始后,范增连连地给项羽使眼色,又几次地拨弄他身上所佩的玉玦向项羽示意,但项羽总是默默地不加理睬。范增于是站起来出去找项庄。他对项庄说:"大王为人心肠太软,你现在进去给他们敬酒,敬完酒就请求给他们舞剑助兴。趁机把沛公杀死在他的座位上,要不然你们这些人日后都得成了他的俘虏。"项庄进账向沛公、项羽敬酒,敬完酒后说:"大王和沛公在这里饮酒,军营中也没什么东西可以供娱乐,那就请让我舞一趟剑来给你们助兴吧。"项羽说:"好。"于是项庄就拔出宝剑舞了起来。项伯一看就明白了项庄的意思,于是也起来拔剑起舞,而且有意地用自己的身体掩护着沛公,使得项庄没有办法下手。张良一看,赶紧出帐到军门去找樊哙。樊哙一见张良,赶紧迎上前问:"里边的事情怎么样了?"张良说:"危险极了。现在项庄正在舞剑,他的意思完全是对着沛公的。"樊哙说:"这就很紧急了。我要进去,和项羽拼命。"说罢樊哙就左手按着剑柄,右手用盾牌护身往军门里闯。守门的卫士们架起双戟,拦住他不让他进去,樊哙侧过盾牌朝卫士们一撞,卫士们被撞倒在地,于是樊哙进了军门,来到帐前。他用手掌打开了门帘,对着项羽一站,瞪眼看着他,头发上指,眼圈圆得都快要裂开了。项羽手按剑柄,跪了起来,问道:"你是什么人?"张良赶紧从旁边介绍说:"他是沛公的参乘樊哙。"项羽于是顺口称赞说:"壮士!给他来杯酒!"旁边赶紧递给了他一大斗酒。樊哙俯身叩谢后,站起来接过酒一饮而尽。项羽又说:"给他来只猪腿。"这次旁边的人故意给了他一只生猪腿。樊哙把盾牌扣在地上,接过猪腿放在上面,拔出剑来一边切一边吃。项羽不由得又赞美说:"壮士!还能再喝吗?"樊哙说:"我连死都不怕,难道还推辞一杯酒吗?想当初秦王像虎狼一样,杀人没够,用刑唯恐不狠,结果弄得天下都造反。一年前怀王当众和各路诸侯们约定：'谁最先破秦入咸阳，谁就当关中王。'现在沛公先破秦进了咸阳，进城后，一草一木都没敢动，封好了宫室，退军驻扎到霸上，来等候大王的到来。我们之所以派人守住函谷关，那是为了防备盗贼出入和意外的变故。像沛公这样劳苦功高的人，不仅没得到您应有的封赏，您反而听信小人的坏话，要杀害有功之臣。您所走的，完全是那个已被灭亡的暴秦的老路。我认为您是万万不该这样的。"项羽听罢无言以对，只是说："请坐。"于是樊哙就挨着张良坐下来。过了一会儿，刘邦站起来去厕所，也一道把樊哙叫了出来。

【原文】 沛公已出，项王使都尉陈平召沛公①。沛公曰："今者出，未辞也，为之奈何？"樊哙曰："大行不顾细谨，大礼不辞小让。如今人方为刀俎，我为鱼肉，何辞为？"于是遂去。乃令张良留谢。良问曰："大王来何操？"曰："我持白璧一双，欲献项王；玉斗一双，欲与亚父，会其怒，不敢献。公为我献之。"张良曰："谨诺。"当是时，项王军在鸿门下，沛公军在霸上，相去四十里。沛公则置车骑②，脱身独骑，与樊哙、夏侯婴、靳强、纪信等四人持剑盾步走，从郦山下③，道芷阳间行④。沛公谓张良曰："从此道至吾军，不过二十里耳。度我至军中，公乃入。"沛公已去，间至军中⑤，张良入谢，曰："沛公不胜杯杓，不能辞。谨使臣良奉白璧一双，再拜献大王足下；玉斗一双，再拜奉大将军足下。"项王曰："沛公安在？"良曰："闻大王有意督过之⑥，脱身独去，已至军矣。"项王则受璧，置之坐上。亚父受玉斗，置之地，拔剑撞而破之，曰："唉！竖子不足与谋。夺项王天下者，必沛公也，吾属今为之虏矣。"沛公至军，立诛杀曹无伤。

【注释】 ①都尉陈平：陈平时属项羽，后归刘邦为重要谋士。②置车骑：这是为了不惊动里面的项羽、范增。置，抛弃，留下。③骊山：在今陕西临潼东南，地处当时的鸿门西南，霸上之东北。④芷阳：秦县名，在骊山西侧，今陕西西安东北。间行：抄小路而走。⑤间：估计。⑥督过：责备，怪罪。过，用如动词，责其过失。

【译文】 沛公出去后，项羽让都尉陈平出去叫沛公。沛公说："刚才我们出来，并没有向项羽告辞，这样合适吗？"樊哙说："要干大事就不要管那些细节的挑剔，要行大礼就不要怕那些琐碎的指责。如今人家是菜刀砧板，我们是受人家宰割的鱼肉，还告什么辞？"于是沛公决定离开。他把张良留下来辞谢。张良问道："您来的时候带了什么礼物？"沛公说："我带了一对白璧，是给项羽的；一对玉斗，是给范增的。刚才正赶上他们发脾气，没敢献给他们。你替我献给他们吧。"张良说："好。"当时，项羽的大营在鸿门，沛公的大营在霸上，中间相隔四十里。于是沛公就把来时的车马从人都扔下，独自骑着一匹马，让樊哙、夏侯婴、靳强、纪信四人手持剑盾，步行跟着，从骊山下经芷阳抄小路而行。沛公临走时对张良说："我从这条小道回军营，不过二十里路，你估计等我已经到了驻地的时候，再进账去对项羽说。"沛公走后，估计已经到了霸上军营，张良进账对项羽说："刚才沛公不胜酒力，喝醉了，不能亲自来向您告辞。他来时带的礼物有白璧一对，让我拜献给您，有玉斗一对，让我拜献给大将军范增。"项羽问："沛公现在哪里？"张良说："他听说您想要责罚他，所以他吓得回去了，估计现在已经回到了军营。"项羽接过了玉璧,放在了座位上。范增接过玉斗,气愤地往地上一摔,拔出剑来把它砍得粉碎,说:"唉!这个不成事的小子,不值得与他共谋大事!将来夺走项王天下的,一定是沛公!我们这些人全都要成为他的俘虏啦!"沛公一回到军营,立刻诛杀了曹无伤。

【原文】 居数日,项羽引兵西屠咸阳,杀秦降王子婴,烧秦宫室,火三月不灭;收其货宝妇女而东。人或说项王曰:"关中阻山河四塞,地肥饶,可都以霸。"项王见秦宫室皆以烧残破,又心怀思欲东归,曰:"富贵不归故乡,如衣绣夜行,谁知之者!"说者曰:"人言楚人沐猴而冠耳①,果然。"项王闻之,烹说者。

【注释】 ①沐猴而冠:言沐猴纵使戴上人帽子,也始终办不成人事。沐猴,猕猴。

【译文】 又过了些天,项羽带兵西进,屠戮咸阳城,杀了已经投降的秦三世子婴,烧毁了秦朝的所有宫殿,熊熊大火一直烧了三个月;而后他席卷了秦朝的一切财宝和妇女,准备向东撤去。当时有人曾劝他说:"关中地区四面有高山大河为屏障,土地肥沃富饶,如果建都在这里真可以成就霸业。"项羽看着秦朝的宫殿都已烧成了一片瓦砾,加上他怀念故乡想东归,就说:"富贵了如果不回故乡,那就好比穿着锦绣的衣裳在夜间走路,谁能看得见呀!"那个劝项羽的人下去后情不自禁地感叹说:"人家都说楚国人目光短浅,就像是一只猕猴,即使给它戴上了帽子,也始终成不了人,果真是如此!"项羽听到了这话,立刻把他抓起来,烹死了。

【原文】 项王使人致命怀王①。怀王曰:"如约。"乃尊怀王为义帝。项王欲自王,先王诸将相。谓曰:"天下初发难时,假立诸侯后以伐秦②。然身被坚执锐首事,暴露于野三年,灭秦定天下者,皆将相诸君与籍之力也。义帝虽无功,故当分其地而王之。"诸将皆曰:"善。"乃分天下,立诸将为侯王。项王、范增疑沛公之有天下,业已讲解,又恶负约,恐诸侯叛之。乃阴谋曰③:"巴、蜀道险④,秦之迁人皆居蜀⑤。"乃曰:"巴、蜀亦关中地也⑥。"故立沛公为汉王,王巴、蜀、汉中⑦,都南郑。而三分关中,王秦降将以距塞汉王。项王自立为西楚霸王⑧,王九郡,都彭城⑨。

【注释】 ①致命:禀命,请示。②假立:临时拥立。③阴谋:暗中商量。④巴、蜀:皆秦郡名,巴郡辖今重庆一带地区;蜀郡辖今四川西部地区。⑤迁:流放,发配。⑥巴、蜀亦关中地:巴、蜀亦处于函谷关之西,自战国时已属秦,故项羽等可以这样说。⑦王巴、蜀、汉中:项羽最初封给刘邦的地盘只有巴、蜀,后刘邦贿赂项伯,项伯劝说项羽,才将汉中给了刘邦。汉中,秦郡名,辖今陕西秦岭以南地区,郡治南郑,即今陕西汉中。⑧西楚霸王:旧称江陵为南楚,吴为东楚,彭城为西楚。项羽建都于彭城,故称"西楚霸王"。霸王,略同于春秋时期的霸主,即"诸侯盟主"的意思。⑨王九郡,都彭城:项羽之九郡大致相当于战国时梁国和楚国的部分地区,即今河南东部、山东西南部,和安徽、江苏的大部分地区。

【译文】 项羽派人去向楚怀王请示。楚怀王坚持说:"按原来的约定办!"项羽就把楚怀王尊为了义帝。项羽想自己称王,于是他就先给各路将领们封王加号。他说:"当初大家发难起事的时候,曾临时立了一些六国诸侯的后代,但真正冲锋陷阵,风餐露宿,野战三年,推翻了秦朝的,是你们诸位和我。义帝虽然没有什么具体功劳,我们还应当分给他一块土地让他称王。"大家都说:"对!"于是项羽就分割天下,封立各路将领们为王。项羽和范增本来就担心将来整个天下落入沛公手里,但由于已经讲和了,不好反悔,怕由此引起其他诸侯们的反叛,于是他们私下谋划说:"巴、蜀地区山路险远,是过去秦朝流放罪人的地方。"于是对大家说:"巴、蜀,也是关中管辖的一部分。"所以封沛公为汉王,统管巴、蜀、汉中三个地区,都城设在南郑。而把真正的关中平原分为三块,分给秦朝的三个降将,让他们在关中堵住汉王的出路。项王自立为西楚霸王,统辖九郡,定都彭城。

【原文】 汉之元年四月①,诸侯罢戏下②,各就国。项王出之国,使人徙义帝③,曰:"古之帝者地方千里,必居上游。"乃使使徙义帝长沙郴县,趣义帝行。其群臣稍稍背叛之,乃阴令衡山、临江王击杀之江中④。

【注释】 ①汉之元年:刘邦称汉王的第一年,前206年。②戏下:戏水之滨。③使人徙义帝:当时义帝尚在彭城,故必须在项羽到达之前将其迁走。④乃阴令衡山、临江王击杀之江中:据此文击杀义帝者是衡山王吴芮与临江王共敖,然据《黥布列传》,则杀义帝者主要是黥布,而且是杀于郴县,非杀于"江中"。

【译文】 汉王元年四月,各路诸侯们都离开了戏水之滨,各自到自己的封地去了。项羽也准备离开关中到自己的封地去,派出一哨人马催着义帝迁都,说:"古时候的帝王不仅拥有千里封地,而且还必定要居住在江河的上游。"于是下令将义帝迁到长沙郡的郴县去,而且催着义帝快快启程。义帝的群臣们见到这种情景,渐渐地开始背叛项羽,项羽于是暗中给衡山王吴芮和临江王共敖下密令,让他们在长江上伺机杀掉义帝。

【原文】 春,汉王部五诸侯兵①,凡五十六万人,东伐楚。项王闻之,即令诸将击齐,而自以精兵三万人南从鲁出胡陵②。四月,汉皆已入彭城,收其货宝美人,日置酒高会。项王乃西从萧,晨击汉军而东③,至彭城,日中,大破汉军。汉军皆走,相随入谷、泗水④,杀汉卒十馀万人。汉卒皆南走山,楚又追击至灵璧东睢水上⑤。汉军却,为楚所挤,多杀,汉卒十馀万人皆入睢水,睢水为之不流。围汉王三匝。于是大风从西北而起,折木发屋,扬沙石,窈冥昼晦⑥,逢迎楚军⑦。楚军大乱,坏散,而汉王乃得与数十骑遁去。欲过沛,收家室而西;楚亦使人追之沛,取汉王家,家皆亡,不与汉王相见。汉王道逢得孝惠、鲁元⑧,乃载行。楚骑追汉王,汉王急,推堕孝惠、鲁元车下,滕公常下收载之⑨。如是者三。曰:"虽急不可以驱,奈何弃之?"于是遂得脱。求太公、吕后⑩,不相遇。审食其从太公、吕后间行,求汉王,反遇楚军。楚军遂与归,报项王,项王常置军中。

【注释】 ①部五诸侯兵:犹言"率天下之兵"。事在汉之二年(前205年)。部,部署,统领。②南从鲁出胡陵:意谓直插彭城之西,以截断刘邦之退路。鲁,秦县名,县治即今山东曲阜。出，经由。胡陵，也作"湖陵"，秦县名，县治在今山东鱼台东南。③"西从"二句：谓项羽由胡陵南至萧县，截断刘邦之退路后，始对刘邦发动攻击。萧，秦县名，在今安徽萧县西北，当时的彭城西六十里处。④谷、泗水：二水名。谷水是泗水的支流，西从砀山、萧县流来，在彭城东北入泗水。泗水源于今山东泗水东，流经曲阜、沛县，经彭城东，南流入淮水。⑤灵璧：古邑名，在今安徽淮北西。睢水：古代鸿沟的支派之一，自今河南开封东由鸿沟分出，流经商丘南、夏邑北、灵璧东，东南入泗水。⑥窈冥昼晦：昏暗得有如黑夜。窈冥，幽黑的样子。⑦逢迎楚军：这也可能是当时为神化刘邦而捏造的，史公姑妄言之，以见刘邦之获免为侥幸。逢迎，冲着，迎着。⑧孝惠、鲁元：刘邦的一子一女，皆吕后所生。孝惠，名盈，即日后的孝惠帝。鲁元，孝惠之姊，后嫁与张耳之子张敖，子张偃封为鲁王，遂为鲁太后，谥曰"元"。这里是史公用后来的称号追述当时的事件。⑨滕公：即夏侯婴，因其曾为滕县令，故称"滕公""滕婴"。⑩求：寻找。太公：刘邦之父。吕后：刘邦妻吕雉。

【译文】 这年春天，汉王统率着所有反对项羽的各路军队，共达五十六万人，东进伐楚。项羽听到消息后，让诸将继续在齐国作战，自己率领着精兵三万人，向南经由鲁县穿过胡陵，星夜返回楚国。这一年的四月，汉军已经攻入了彭城，占有了项羽所有的珍宝美女，每天大摆酒宴大会宾客。这时项羽已经由侧翼绕过了彭城，到达彭城西面的萧县，截断了汉王的归路。第二天一早，项羽向东发起攻击，直逼彭城，到中午时，项羽在彭城大破汉王。汉军溃逃，相随掉入谷水、泗水，仅在这里被杀的汉兵就有十多万人。其他的一些败军都向南逃进了山里，楚军又乘胜追杀到了灵璧东面的睢水上。汉军再次溃退，汉军被楚军逼挤，很多人被杀伤。十多万人纷纷跳进了睢水，以至于睢水都被堵塞得流动不了。楚军里外三层紧紧包围了汉王。正在这关键时刻，一阵大风忽然从西北刮起，拔起了树木，掀走了屋顶，飞沙走石，刮得天昏地暗，白天变成了黑夜，这阵大风迎面向楚军吹去。楚军一下子乱了阵脚，溃不成形，于是汉王才乘这个机会带着几十个随从骑马逃走了。当汉王经过沛县的时候，他想把他的家眷也带上一起向西逃；而这时项羽也正好派兵到沛县，去抓拿汉王的家眷，结果汉王的家眷早已经不知跑到什么地方去了，没能与汉王见面。汉王在路上遇见了他的儿子和女儿，也就是日后的孝惠帝和鲁元公主，汉王让他们上了自己的车。不一会儿，楚国的骑兵追上来了，汉王急了，又把儿子和女儿推下车去。滕公夏侯婴赶紧下去把他们抱了上来，就这样接连好几次。滕公说："就算是情况紧急，车子跑不快，又怎么能忍心把孩子扔下呢？"后来大家终于都脱了险。汉王一路上寻找着太公和吕后，没有找到。审食其跟着太公和吕后抄小道，也在寻找汉王，不料遇上了项羽的军队。项羽的军队把他们捉回去，禀报了项羽。从此项羽就把他们当作人质拘留在楚军的营中。

【原文】 当此时，彭越数反梁地，绝楚粮食，项王患之。为高俎，置太公其上，告汉王曰："今不急下，吾烹太公。"汉王曰："吾与项羽俱北面受命怀王，曰'约为兄弟'，吾翁即若翁,必欲烹而翁,则幸分我一杯羹①。"项王怒,欲杀之。项伯曰:"天下事未可知,且为天下者不顾家,虽杀之无益,只益祸耳②。"项王从之。

【注释】 ①则幸分我一杯羹:此事原见于《楚汉春秋》,文字大体相同。②"虽杀"二句:按,项伯之言固亦在理,然其为刘邦收买之情实,事事可见。

【译文】 而在这时,项羽后方的彭越不断地在大梁一带进行骚扰,截断了楚军的粮草补给,项羽很担心。于是他派人搭了一个高台,上设案板,把汉王的父亲绑在案板上面,告诉汉王说:"你要是还不赶快撤走,我就把你父亲煮了!"汉王大声喊道:"当初我和你项羽一道在怀王的驾下称臣,大家说好'彼此兄弟相待'。我的父亲也就是你的父亲,你如果一定要煮你的父亲,那就请你也给我一碗肉羹喝!"项羽大怒,真想把刘太公杀了。项伯劝他说:"现在天下的大局还看不出,再说打天下的人都是不顾家的,你就是杀了太公也没用,只给自己增添祸患罢了。"项羽听了他的意见。

【原文】 楚、汉久相持未决,丁壮苦军旅,老弱罢转漕①。项王谓汉王曰:"天下匈匈数岁者②,徒以吾两人耳,愿与汉王挑战决雌雄,毋徒苦天下之民父子为也。"汉王笑谢曰:"吾宁斗智,不能斗力。"项王令壮士出挑战,汉有善骑射者楼烦③,楚挑战三合④,楼烦辄射杀之。项王大怒,乃自被甲持戟挑战。楼烦欲射之,项王瞋目叱之,楼烦目不敢视,手不敢发,遂走还入壁,不敢复出。汉王使人间问之,乃项王也,汉王大惊。于是项王乃即汉王相与临广武间而语⑤。汉王数之⑥,项王怒,欲一战。汉王不听,项王伏弩射中汉王⑦。汉王伤,走入成皋⑧。

【注释】 ①罢转漕:疲弊劳乏于运送粮饷。车运曰转,船运曰漕。罢,同"疲"。②匈匈:烦苦劳扰的样子。③楼烦:原为少数民族名,汉时在其所居之地设楼烦县,即今山西宁武。④三合:三次,三回。⑤即:靠近。广武间:即广武涧。⑥数:一条条地列其罪状。⑦项王伏弩射中汉王:刘邦受伤时表现得绝顶机灵,可参见《高祖本纪》。⑧"汉王伤"二句:时刘邦伤势严重,仍听张良强起劳军,以安士卒。见《高祖本纪》。

【译文】 楚、汉两军相持的时间太长了,双方的青壮年苦于军旅,老弱者也都因运送粮草物资劳累得疲惫不堪。因此项羽对着汉王喊道:"百姓们一连几年不得安宁,就是因为你我二人,我愿与汉王挑战决一雌雄,别再让天下百姓们为我们受困苦了。"汉王哈哈大笑说:"我要和你斗智,不和你比匹夫之勇。"于是项羽派出一些武艺高强的人挑战,汉王部下有一个楼烦的神箭手,每当项羽的人挑战,这个神箭手就射杀他。项羽大怒,于是自己披甲持戟冲了出来,神箭手搭箭正要再射,项羽瞪起眼睛向他大喝一声,那个神箭手被吓得眼也不敢看,箭也不敢发,掉头跑回营内,再也不敢出来了。汉王赶紧派人出去打探,才知道出来挑战的是项羽,内心大吃一惊。于是项羽找了一天约汉王隔着广武涧对话。汉王当面历数了项羽的十大罪状,项羽很生气,想和汉王决一死战。汉王不答应,项羽就让预先埋伏的弓箭手射汉王,汉王被射中,退进了成皋。

【原文】 是时,汉兵盛食多,项王兵罢食绝①。汉遣陆贾说项王,请太公,项王弗听。汉王复使侯公往说项王,项王乃与汉约,中分天下,割鸿沟以西者为汉②,鸿沟而东者为楚。项王许之,即归汉王父母妻子。军皆呼万岁。

项王已约,乃引兵解而东归③。

【注释】 ①项王兵罢粮绝:此时韩信已下赵、齐,大破楚龙且军;彭越复反,下梁地,绝楚粮道。②鸿沟:战国时魏国开凿的沟通黄河与淮水的运河,北起荥阳,东经中牟、开封,南流至淮阳东南入颍水(淮水的支流)。③乃引兵解而东归:此时灌婴已攻入彭城,故项羽立即东归。

【译文】 这时汉军方面人多粮足,而楚军方面则是兵疲粮尽。汉王于是就派了陆贾去见项羽,请他放回太公,项羽不答应。汉王又派了侯公去游说项羽,项羽才同意与汉王订立条约,平分天下,约定鸿沟以西的地盘归汉王,鸿沟以东的地盘属项羽。项羽同意了这个协定后,把汉王的父亲和妻子都放了回去。汉军欢呼万岁。

项羽签订条约后,就带着军队撤离,准备回自己东方的领地去了。

【原文】 汉欲西归,张良、陈平说曰:"汉有天下太半,而诸侯皆附之。楚兵罢食尽,此天亡楚之时也,不如因其机而遂取之。今释弗击,此所谓'养虎自遗患'也。"汉王听之。

【译文】 汉王也准备撤军西行,这时张良、陈平说:"汉王已经占据了大半个天下,许多诸侯都已经归附了您。而项羽兵疲粮尽,这是上天要灭亡楚国的时候了。我们不如乘机灭了他。如果现在错过不打,那可真成了俗话说的'养虎遗患'啦。"汉王采纳了他们的意见。

【原文】 项王军壁垓下,兵少食尽①,汉军及诸侯兵围之数重。夜闻汉军四面皆楚歌,项王乃大惊,曰:"汉皆已得楚乎?是何楚人之多也!"项王则夜起,饮帐中。有美人名虞②,常幸从;骏马名骓③,常骑之。于是项王乃悲歌慷慨,自为诗曰:"力拔山兮气盖世,时不利兮骓不逝。骓不逝兮可奈何,虞兮虞兮奈若何!"歌数阕④,美人和之。项王泣数行下,左右皆泣,莫能仰视。

【注释】 ①"项王"二句:在会军垓下前,楚、汉还有一次固陵之战,因韩信、彭越等未听命前来,汉大败。后来刘邦听张良之计,许诺给韩信等大片封地,诸路军才来。汉军诸路到达垓下后,与项羽尚有一次决定性的大战。时韩信将三十万居中,孔将军居左,费将军居右,刘邦在后,周勃、柴将军在刘邦后。项羽率军十万。韩信先诈败诱敌深入,孔将军、费将军从两翼合围,楚兵败;韩信回军掩杀,项羽大败。②有美人名虞:虞本为其姓,因从项羽,故从夫姓,以己姓为名。③骓:毛色黑白相间的马。④歌数阕:一连唱了几遍。阕,段,遍。

【译文】 项羽军驻扎在垓下,兵力又少,粮食也已经没有了,汉军和各路诸侯的军队把他们层层围住。深夜里四面的汉军都在唱着楚地的歌谣,项羽听到后吃惊地说:"莫非汉军已把楚国全部占领了吗?要不然他们的军中怎么有这么多楚人呢?"于是项羽就披衣起来,在帐中饮酒浇愁。当时他身边有一个美人名字叫虞,深受项羽宠爱，几年来一直跟在他身边；还有一匹骏马名字叫骓，这是项羽冲锋陷阵一直骑乘的。项羽感慨万分，作歌道："力能拔山啊，豪气盖世，时运不利啊，骓马不再奔驰。不再奔驰啊，又有何妨？虞姬虞姬啊，我把你怎样安放？"他一连唱了好几遍，虞美人也和着唱。项羽泪如雨下，左右将士们也一个个涕泣嘘唏，谁都不忍心抬头仰视。

【原文】　于是项王乃上马骑①，麾下壮士骑从者八百馀人，直夜溃围南出②，驰走。平明，汉军乃觉之，令骑将灌婴以五千骑追之。项王渡淮，骑能属者百馀人耳③。项王至阴陵④，迷失道，问一田父，田父绐曰"左"⑤。左，乃陷大泽中，以故汉追及之⑥。项王乃复引兵而东，至东城⑦，乃有二十八骑。汉骑追者数千人。项王自度不得脱，谓其骑曰："吾起兵至今八岁矣，身七十馀战⑧，所当者破，所击者服，未尝败北，遂霸有天下。然今卒困于此，此天之亡我，非战之罪也。今日固决死，愿为诸君快战⑨，必三胜之，为诸君溃围，斩将，刈旗⑩。令诸君知天亡我，非战之罪也。"乃分其骑以为四队，四向⑪。汉军围之数重。项王谓其骑曰："吾为公取彼一将。"令四面骑驰下，期山东为三处。于是项王大呼驰下，汉军皆披靡⑫，遂斩汉一将。是时赤泉侯为骑将⑬，追项王，项王瞋目而叱之，赤泉侯人马俱惊，辟易数里⑭，与其骑会为三处。汉军不知项王所在，乃分军为三，复围之。项王乃驰，复斩汉一都尉，杀数十百人。复聚其骑，亡其两骑耳。乃谓其骑曰："何如？"骑皆伏⑮，曰："如大王言"

【注释】　①骑：涉下文而衍。②直夜：中夜，半夜。③属：跟随。④阴陵：秦县名，县治在今安徽定远西北。⑤绐：欺骗。⑥以故汉追及之：史公极力突出项羽被追及的偶然性，以寄托其无限同情。⑦东城：秦县名，县治在今安徽定远东南。⑧身七十馀战：史公称道将军之勇好用"七十"字，并非确数。⑨快战：痛痛快快、漂漂亮亮地打一仗。一说，"快战"为"决战"。⑩刈旗：砍倒敌军的大旗。⑪四向：朝着四个方向，盖围做一个圆阵。⑫披靡：倒伏、避散的样子。⑬赤泉侯：杨喜，刘邦的部将，因获项羽尸体而被封为赤泉侯。⑭辟易：因畏惧而退避。辟，退避。易，易地，挪动了地方。⑮伏：通"服"。

【译文】　于是项羽上马突围，这时帐下的骑兵还有八百多人跟着他，他们乘着夜色向南冲出重围，疾驰逃走。到天快亮的时候，汉军才发觉。汉王命令骑将灌婴率领五千骑兵追赶项羽。等到项羽渡过淮河，跟着他的骑兵就只剩下一百来人了。项羽跑到阴陵县时，迷了路。他向一个农民打听，这个农民骗他说"往左拐"。项羽向左拐，结果陷在了沼泽里，就因为这一耽误，后面灌婴的追兵就赶了上来。项羽再领着人向东跑，到了东城，身边只剩下了二十八个人，而刘邦派来的追兵有好几千。项羽自己估计着这回是无法脱险了，就对随从们说："自从我起兵到现在已经八年了，曾身经七十多场大战，所向披靡，没有失败过一次，从而成了天下的霸主。想不到今天竟然被困在这里，这是老天爷要灭亡我，不是我不会打仗。今天要决一生死，为你们诸位再痛痛快快地打一仗，一定要连胜它几回，我要为你们突破重围，杀死追将，砍倒敌旗,让你们明白,这是老天爷要灭亡我,不是我不会打仗!"说罢就把他这二十八个人分成了四组,分别朝着四个方向。这时汉军已经把他们围了好几层。项羽对他的骑兵们说:"看我给你们杀他一个将领!"他命令四个小组分别朝四个方向冲出,并约定好大家在山的东面分三处集合。然后项羽大吼一声拍马冲了出去,汉军一看吓得纷纷倒退,混乱中汉军被项羽杀掉了一个将领。当时,赤泉侯杨喜正给汉王当骑将,他在后面追赶项羽。项羽回头瞪起眼睛,大喝一声,吓得杨喜连人带马向后退出去了好几里地。项羽果然和他的部下们分三个地方集合了,汉军弄不清项羽在哪一处,于是只好把追兵分成三股,分别包围。这时项羽又冲出来杀死了汉军的一个都尉,杀死了汉军士兵近百人。而后把自己的人集合起来一清点,发现才只少了两个。项羽问他的部下说:"怎么样?"大家都敬佩地说:"果然像大王说的一样!"

【原文】 于是项王乃欲东渡乌江①。乌江亭长舣船待②,谓项王曰:"江东虽小,地方千里,众数十万人,亦足王也。愿大王急渡。今独臣有船,汉军至,无以渡。"项王笑曰:"天之亡我,我何渡为!且籍与江东子弟八千人渡江而西,今无一人还;纵江东父兄怜而王我,我何面目见之?纵彼不言,籍独不愧于心乎③?"乃谓亭长曰:"吾知公长者。吾骑此马五岁,所当无敌,尝一日行千里,不忍杀之,以赐公。"乃令骑皆下马步行,持短兵接战。独籍所杀汉军数百人,项王身亦被十馀创。顾见汉骑司马吕马童,曰:"若非吾故人乎?"马童面之④,指王翳曰⑤:"此项王也。"项王乃曰:"吾闻汉购我头千金,邑万户,吾为若德。"乃自刎而死⑥。王翳取其头,馀骑相蹂践争项王,相杀者数十人。最其后⑦,郎中骑杨喜,骑司马吕马童,郎中吕胜、杨武各得其一体⑧。五人共会其体,皆是。故分其地为五:封吕马童为中水侯,封王翳为杜衍侯,封杨喜为赤泉侯,封杨武为吴防侯,封吕胜为涅阳侯。

【注释】 ①乌江:乌江浦,在今安徽和县东北之长江西岸。②舣船:拢船靠岸。③籍独不愧于心乎:按,或曰项羽因亭长说得太好听而生疑,宁愿战死而不愿被俘,故不上船。所谓江东父老只是借口而已。④面:正面相对。⑤王翳:灌婴的部下。⑥乃自刎而死:项羽败于垓下,自刎乌江,在汉五年(前202年)十二月,时年三十一。⑦最:同"聚"。⑧一体:一肢,通常以四肢加头称为"五体"。

【译文】 这时,项羽到了乌江浦,准备东渡。乌江亭的亭长驾着一只小船靠在岸边,对项羽说:"江东虽小,可也还有纵横上千里的土地,还有民众几十万,也足够您称王的。请您赶紧上船过江。这里只我一个人有船,汉军追到这里,他们也无法渡过江去。"项羽笑道:"既然老天爷要灭亡我,我还渡江干什么!想当初我渡江西下时曾带着江东子弟八千人,如今他们没有一个活着回去,即使江东父老们可怜我,还拥戴我为王,我自己又有什么脸面去见他们呢?就算人家什么也不说,难道我自己就不问心有愧吗?"接着他又对亭长说:"我知道你是好人。我骑这匹马已经五年了,所向无敌,它能一日奔驰千里,我不忍心杀它,就把它送给您吧。"说罢命令所有的人都下马步行,手持短兵与汉军接战。光是项羽一个人就杀死了汉兵好几百,而项羽自己身上也有十余处受了伤。项羽回头忽然看见了汉军的骑司马吕马童，就招呼他说："那不是我的老朋友吕马童吗？"吕马童定睛一看，指着项羽回头对王翳说："这就是项王。"项羽对他们说："我听说刘邦曾悬赏千金买我的人头，还要给他万户的封地，我今天就成全你们吧！"说罢拔剑自刎而死。王翳赶紧奔过去割了项羽的人头，其余的骑兵蜂拥而上去抢项羽的尸体，互相拥挤践踏，就死了好几十人。最后，郎中骑杨喜、骑司马吕马童、郎中吕胜、杨武四个人分别各自抢到了项羽的一条腿或一只手。他们四个和王翳五个人把手里的残肢凑在一起，可以确认都是项羽的。于是汉王就把当初悬赏的万户封邑一分为五，封吕马童为中水侯，封王翳为杜衍侯，封杨喜为赤泉侯，封杨武为吴防侯，封吕胜为涅阳侯。

【原文】 项王已死，楚地皆降汉，独鲁不下，汉乃引天下兵欲屠之。为其守礼义，为主死节①，乃持项王头视鲁②，鲁父兄乃降。始，楚怀王初封项籍为鲁公，及其死，鲁最后下，故以鲁公礼葬项王谷城。汉王为发哀，泣之而去。

【注释】 ①为主死节：当年楚怀王曾封项羽为"鲁公"，故鲁人对项羽忠心耿耿。②视鲁：让鲁县人看。视，同"示"。

【译文】 项羽死后，楚国的地面都相继投降了汉王，只有鲁城曲阜拒不投降。汉王想要带领全国的军队把它夷平，后来考虑到曲阜的军民是出于他们守礼义，忠于其主，于是就派人拿着项羽的人头去给曲阜的百姓们看，曲阜的父老们才宣告向汉王投降。起初，楚怀王曾封项羽为鲁公，项羽死后，鲁城曲阜又最后投降，所以汉王就用鲁公的礼仪把项羽安葬在了谷城。汉王也亲自前来为项羽哭了一场。

【原文】 太史公曰：吾闻之周生曰"舜目盖重瞳子"①，又闻项羽亦重瞳子。羽岂其苗裔邪？何兴之暴也②！夫秦失其政，陈涉首难，豪杰蜂起，相与并争，不可胜数。然羽非有尺寸，乘势起陇亩之中，三年遂将五诸侯灭秦，分裂天下，而封王侯，政由羽出，号称霸王，位虽不终，近古以来未尝有也③。及羽背关怀楚④，放逐义帝而自立，怨王侯叛己，难矣。自矜功伐，奋其私智而不师古，谓霸王之业，欲以力征经营天下，五年卒亡其国，身死东城⑤，尚不觉寤而不自责，过矣。乃引"天亡我，非用兵之罪也"，岂不谬哉！

【注释】 ①重瞳子：眼球上有两个瞳孔。②暴：突然。③"夫秦"至"近古以来未尝有也"十四句：可以见史公列项羽于本纪之意。④背关：即舍关中形胜之地，而都彭城。怀楚：即其"富贵不归故乡，如衣绣夜行"之想。⑤身死东城：按，项羽败走至东城，以二十八骑大力冲杀汉军后，复南逃至乌江浦乃自刎而死。乌江浦当时属历阳县，离东城百馀里。

【译文】 太史公说：我先前曾听周生说过"舜的眼睛有两个瞳孔"，又听说项羽也有两个瞳孔，项羽莫非是舜的后代吗？不然怎么会兴起得这么突然呢！当秦朝暴虐无道，陈涉首先起兵发难，各地豪杰们都蜂拥而起，你争我夺，不胜枚举。而项羽并没有尺寸的封地为根基，而是以一个平民百姓的身份拔地而起的。结果不出三年，就率领着东方的诸侯们灭掉了秦朝,接着他切割土地,分封王侯,所有政令都由项羽一人发布,自己号称"西楚霸王"。他的事业虽然没能善始善终,但像他这样的,近古以来也没有过。可是后来他放弃关中,而眷恋楚地,又驱逐了义帝而以自己为尊,这时候他再埋怨王侯们背叛他,那就很难啦!他夸耀自己的战功,只知道一意孤行而不吸取古代的历史经验,他只想着成为一代霸主,只想着用武力征伐经营天下,结果五年的时间,弄了个国灭身亡,到临死的时候还不悔悟,不知道责备自己,这就大错特错了,说什么"这是老天爷要灭亡我,不是我不会打仗",这不就太荒谬了吗!

高祖本纪

【题解】

本篇记述了刘邦由起事反秦、楚汉相争,到统一国家、建号称帝、草创制度,以及建国初期为稳定局势所采取的诛杀功臣、平定叛乱等,是一篇既突出地表现了刘邦个人,同时也兼顾了全局的具有典范性的传记杰作。作品对于刘邦取得成功的一切优胜之处,如顺应时代、从和民心、分化敌人、团结内部、知人善任而又驾驭有方,刚柔并济、恩威兼施等,一一做了生动的描绘,说明了他的成功绝非偶然。而对于刘邦的造言妖异,自托圣神,表面豁达而内心忌刻;尤其是他晚年残杀功臣,诛除无已,则表现了极大的厌恶。

汉高祖刘邦像

刘邦是《史记》中描写最生动、最精彩的人物,因为除本篇外还有如《项羽本纪》《淮阴侯列传》等二十多篇作品中也描写到刘邦其人,所以刘邦的性格也就表现得最充分、最本质。无与伦比的聪明智慧、雄才大略与明显的粗俗的流氓气水乳交融地统一在一起,就是司马迁为我们展现的那个开创了汉朝几百年基业的汉高祖刘邦,他是个有血有肉、活生生的、令人相信的人物,是司马迁的艺术天才与其"不虚美、不隐恶"的创作思想的光辉体现。

【原文】 高祖,沛丰邑中阳里人,姓刘氏,字季①。父曰太公②,母曰刘媪。其先刘媪尝息大泽之陂③,梦与神遇。是时雷电晦冥④,太公往视,则见蛟龙于其上。已而有身,遂产高祖⑤。

【注释】 ①字季:"季"是排行,不是字。刘邦之名邦,也是后世史臣所拟。②太公:与下文的"刘媪"皆非人之姓名,大概是由于下层人其名不雅,故史公以此称之。③大泽之陂:水泽边上的堤岸。④晦冥:天色昏黑的样子。⑤遂产高祖:以上数句,皆刘邦称帝后为神化自己所编造,或汉初人为神化刘邦所附会,历朝的开国统治者大体都有这一套。有身,指怀孕。

【译文】 汉高祖,沛县丰邑中阳里人,姓刘字季。他的父亲为刘太公,母亲为刘媪。当年刘媪有一次在大泽旁边的堤岸上休息睡着了,梦中与天神交合。当时电闪雷鸣,天昏地暗,刘太公前去寻找她,看见一条龙趴在她身上。后来刘媪就怀了孕,生了高祖。

【原文】 高祖为人,隆准而龙颜①,美须髯,左股有七十二黑子。仁而爱人,喜施,意豁如也②。常有大度,不事家人生产作业③。及壮,试为吏,为泗水亭长,廷中吏无所不狎侮④。好酒及色。常从王媪、武负贳酒⑤,醉卧,武负、王媪见其上常有龙,怪之。高祖每酤留饮,酒雠数倍⑥。及见怪,岁竟,此两家常折券弃责⑦。

【注释】 ①隆准:高鼻梁。准,鼻梁。龙颜:上额突起状。颜,上额。②豁如:豁然,阔达、豪爽的样子。③家人:平民百姓。④廷中吏:整个县廷里的吏员。狎侮:戏弄,耍笑。⑤媪、负:皆老妇人之称谓。贳:赊欠。⑥雠:售,卖出。⑦折券弃责:毁弃借据,免除债务。券,赊欠的字据。责,同"债"。

【译文】 高祖长着高鼻梁,额头突出,胡须很漂亮,左腿上有七十二颗黑痣。他待人慈和,喜欢施舍,心胸豁达。从小有大志,不愿从事平民百姓的生产劳作。长大后试为小吏,任泗水亭长,对于县衙里的吏目们却没有一个不加以耍笑和戏弄。他好喝酒爱女色,常到王媪和武负的酒店里赊酒喝。喝醉了就躺倒在酒店里睡觉。武负和王媪常常看见他醉卧的上方有龙盘绕,感到很奇怪。而且每当刘邦来到酒店喝酒,这天卖出的酒总要比平常多出几倍。由于这种种怪现象,所以在年终结算时,这两家酒店常常把高祖欠的账一笔勾销。

【原文】 高祖常繇咸阳①,纵观②,观秦皇帝,喟然太息曰③:"嗟乎,大丈夫当如此也!"

【注释】 ①常:同"尝",曾。②纵观:许可百姓观看。③喟然:动心的样子。

【译文】 高祖在到咸阳服劳役时,有一天正好遇上秦始皇出巡,允许百姓们夹道观看,高祖看到秦始皇,感慨地说:"哎,大丈夫就应当像这样啊!"

【原文】 单父人吕公善沛令,避仇从之客①,因家沛焉。沛中豪桀吏闻令有重客②,皆往贺。萧何为主吏③,主进④,令诸大夫曰⑤:"进不满千钱,坐之堂下。"高祖为亭长,素易诸吏⑥,乃绐为谒曰"贺钱万"⑦,实不持一钱。谒入,吕公大惊,起,迎之门。吕公者,好相人,见高祖状貌,因重敬之,引入坐。萧何曰:"刘季固多大言,少成事。"高祖因狎侮诸客,遂坐上坐,无所诎⑧。酒阑⑨,吕公因目固留高祖⑩。高祖竟酒,后。吕公曰:"臣少好相人⑪,相人多矣,无如季相,愿季自爱⑫。臣有息女⑬,愿为季箕帚妾⑭。"酒罢,吕媪怒吕公曰:"公始常欲奇此女⑮,与贵人。沛令善公,求之不与,何自妄许与刘季?"吕公曰:"此非儿女子所知也⑯。"卒与刘季。吕公女乃吕后也,生孝惠帝、鲁元公主⑰。

【注释】 ①从之客:到他这里做客,亦即投奔。②沛中豪桀吏:沛县的豪绅与县廷诸吏。桀,同"杰"。③主吏:即主吏掾,亦称功曹掾,主管县廷的人事考核等工作。④主进:帮县令接收礼品。一曰,进,谓接过礼品转进于主人。⑤诸大夫:即指来贺的诸位豪绅县吏。⑥易:轻视。⑦绐:欺骗,诈说。谒:名帖。⑧诎:同"屈",局促,客气。⑨酒阑:酒席将散,人已渐渐离去。⑩目:使眼色。⑪臣:古人自称的谦词,不是君臣的臣。⑫自爱:自重,自勉,希望其多加努力,以成大事。⑬息女:亲生女。息,生也。⑭箕帚妾:打扫清洁的使女,妻子的客气说法。⑮奇:异,显而异之,使与他人不同。⑯儿女子:犹通常所谓"妇人、小孩子",以称智商低的人。⑰孝惠帝:刘邦的嫡子,名盈,刘邦死后继位为帝,"惠"字是谥。鲁元公主:刘邦之女,子张偃,被封为鲁王。"鲁元"盖后人之称,非其生时之号。

【译文】　单父县的吕公与沛县县令交好,为躲避仇家来到沛县县令家里做客,后来干脆把家搬到了沛县。沛县的豪绅、官吏们听说县令家里来了贵客,便都去送礼祝贺。当时萧何在县衙里当功曹,主管收贺礼。他对客人们说:"凡是贺礼不满千钱的请坐在堂下。"高祖是亭长,一向看不起县里的这些吏目,于是便在自己的名帖上假意地写了"贺钱一万",实际上他一文不名。他的名帖递进去后,吕公看了大惊,起身到大门口来迎接。吕公善于给人看相,他一见高祖的相貌,就很敬重他,把他领到了堂上就座。萧何说:"刘季一向好说大话,很少能实现。"而高祖则把满座的客人都戏弄了一番后,坐在了上座,没有丝毫的客气。酒宴要结束时,吕公向高祖递眼色要他留下,高祖便一直等到了席散。吕公说:"我从年轻时候就喜欢给人相面,相过的人太多了,但还没有见过一个像你这么富贵的相貌,希望你自己珍重。我有个女儿,想让她去侍候你,给你当妻子。"酒宴结束后,吕媪生气地对吕公说:"你平常总说这个女儿与众不同,要把她嫁给贵人。沛县县令跟你交好,向你请求你都不答应,今天为什么竟胡乱地把她许给了刘季?"吕公说:"这不是你们妇人们所能理解的。"吕公最终把女儿嫁给了刘邦,她就是后来的吕后,生了孝惠皇帝和鲁元公主。

【原文】　高祖以亭长为县送徒骊山①,徒多道亡②。自度比至皆亡之③,到丰西泽中,止饮,夜乃解纵所送徒④。曰:"公等皆去,吾亦从此逝矣⑤!"徒中壮士愿从者十馀人。高祖被酒⑥,夜径泽中⑦,令一人行前。行前者还报曰:"前有大蛇当径,愿还。"高祖醉,曰:"壮士行,何畏!"乃前,拔剑击斩蛇,蛇遂分为两,径开。行数里,醉,因卧。后人来至蛇所,有一老妪夜哭。人问何哭,妪曰:"人杀吾子,故哭之。"人曰:"妪子何为见杀?"妪曰:"吾子,白帝子也⑧,化为蛇,当道,今为赤帝子斩之⑨,故哭。"人乃以妪为不诚,欲笞之,妪因忽不见。后人至,高祖觉。后人告高祖,高祖乃心独喜,自负⑩。诸从者日益畏之。

【注释】　①徒:苦役犯。骊山:在今陕西临潼东南,其地为秦始皇的陵墓工地。②亡:逃走。③度:心想。比:及,等到。④解纵:解开绳索,任其逃走。⑤逝:潜逃。⑥被酒:带着酒意。被,同"披"。⑦径:原指小路,离开大路,走小路直穿,即所谓"斜过"也。⑧白帝子:暗喻秦朝的后代。白帝为古代传说的五方上帝之一,于五行为金居于西方,秦朝祭礼白帝,以为自己和天上的白帝相应。⑨赤帝:古代传说的五方上帝之一,于五行为火,居于南方,汉代自称是赤帝的子孙。赤帝子斩白帝子,即意味着刘邦将取代秦朝。⑩自负:意即心中有了底,有了仗恃,知道自己是上应"天命"了。

【译文】 高祖曾以亭长的身份为县里押送劳役去骊山,结果很多劳役在路上逃跑了。他估计等不得到骊山劳役们就会跑光,于是当他们走到丰邑西边的沼泽地带时,他让劳役们休息喝酒,到了夜里便把他们都放了,他说:"各位都走吧,我也从此远走高飞了!"这时劳役中有十多个年轻小伙子愿意跟随着他。高祖带着醉意,趁夜直穿沼泽地,他让一人前面探路。那人回来报告说:"前面有一条大蛇挡住了去路,我们往回走吧。"高祖醉醺醺地说:"壮士走路,有什么可怕的!"走上前去,拔剑把大蛇斩作了两段,路让开了。他又往前走了几里,醉倒在地,睡着了。后面的人来到高祖斩蛇的地方,见有一个老妇人在那里哭泣。人们问她哭什么,老妇人说:"有人杀了我的儿子,所以我在这里哭。"人们问她:"你儿子为什么被人家杀了?"老妇人说:"我的儿子是白帝子,他化为大蛇,挡在道上,结果被赤帝子杀了,所以我哭。"人们都以为这个老妇人说谎,刚想打她,而老妇人忽然不见了。当这几个人来到高祖睡觉的地方时,高祖已经酒醒。这几个人便把刚才碰上的情况告诉了高祖,高祖听了心里暗暗高兴,觉得自己大概真不是平凡人。而跟随他的那些人也从此一天比一天地更加惧怕他了。

【原文】 秦始皇帝常曰"东南有天子气",于是因东游以厌之①。高祖即自疑,亡匿,隐于芒、砀山泽岩石之间。吕后与人俱求,常得之。高祖怪问之。吕后曰:"季所居上常有云气,故从往常得季②。"高祖心喜。沛中子弟或闻之,多欲附者矣。

【注释】 ①厌:同"压",迷信活动,即通过某种手段以压制某种征兆的兴起。②故从往常得季:这些大体皆为后人所捏造。

【译文】 秦始皇常说"东南方上有一股天子气",于是便向东巡游去压一压它。高祖怀疑与自己有关,便逃了出去,隐藏在芒山、砀山的岩洞里,吕后带着人去找他,一下子就找到了。高祖奇怪地问她缘故,吕后说:"你躲藏的地方上空总有一股云气,我们奔着那股云气就能找到你。"高祖心里高兴。沛县的年轻人听说这些话后,想去投奔他的越来越多了。

【原文】 秦二世元年秋①,陈胜等起蕲②,至陈而王③,号为"张楚"④。诸郡县皆多杀其长吏以应陈涉。沛令恐,欲以沛应涉。掾、主吏萧何、曹参乃曰⑤:"君为秦吏,今欲背之,率沛子弟,恐不听。愿君召诸亡在外者,可得数百人,因劫众,众不敢不听。"乃令樊哙召刘季,刘季之众已数十百人矣⑥。

【注释】 ①秦二世元年:前209年。秦二世,名胡亥,秦始皇的第十八子。②陈胜等起蕲:即陈胜、吴广等于蕲县之大泽乡起义。③陈:秦县名,即今河南淮阳,当时也是陈郡的郡治所在地。④张楚:取张大楚国之义。⑤掾:县令的属吏,指曹参,当时曹参为狱掾。主吏:指萧何。⑥刘季之众已数十百人矣:据此可知刘邦之"解纵"囚徒乃在不久之前。

【译文】　秦二世元年秋天,陈胜等人在蕲县起兵反秦,占领陈县后自立为王,号称"张楚"。这时天下各郡县的人们都纷纷起来杀死自己郡县的官吏响应陈胜。沛县县令害怕了,想及早率领沛县百姓响应陈胜。县里的大吏萧何、曹参对他说:"您是秦朝官吏,今天想背叛秦朝统领沛县子弟,恐怕大家不听您指挥。您可以把那些逃亡在外的人召回来,这样可以得到几百人,然后您再利用这些人去挟持民众,那时大家就不敢不听您的命令了。"于是县令便派樊哙去叫刘邦。这时刘邦部下已经聚积起百把人了。

【原文】　于是樊哙从刘季来。沛令后悔,恐其有变,乃闭城城守,欲诛萧、曹。萧、曹恐,逾城保刘季①。刘季乃书帛射城上,谓沛父老曰:"天下苦秦久矣。今父老虽为沛令守,诸侯并起,今屠沛②。沛今共诛令,择子弟可立者立之,以应诸侯,则家室完。不然,父子俱屠,无为也。"父老乃率子弟共杀沛令,开城门迎刘季,欲以为沛令。刘季曰:"天下方扰,诸侯并起,今置将不善,一败涂地。吾非敢自爱,恐能薄,不能完父兄子弟。此大事,愿更相推择可者③。"萧、曹等皆文吏,自爱④,恐事不就,后秦种族其家,尽让刘季。诸父老皆曰:"平生所闻刘季诸珍怪⑤,当贵,且卜筮之,莫如刘季最吉。"于是刘季数让,众莫敢为,乃立季为沛公⑥。祠黄帝⑦,祭蚩尤于沛庭⑧,而衅鼓旗⑨,帜皆赤。由所杀蛇白帝子,杀者赤帝子,故上赤。于是少年豪吏如萧、曹、樊哙等皆为收沛子弟二三千人,攻胡陵、方与,还守丰。

【注释】　①保:投奔。②今:即,行将。③推择:推选。④自爱:爱惜自身,此指不愿搭上自己的身家性命。⑤平生:向来,素来。⑥乃立季为沛公:事在二世元年九月,陈胜起义后的第三个月。⑦黄帝:黄帝据说曾打败炎帝,擒杀蚩尤,是最早的军事统帅。⑧蚩尤:相传蚩尤好五兵,制造剑戟,故被后世供为战神。⑨衅鼓旗:古代的一种祭祀仪式,以人血或以动物之血涂在鼓上、旗上,以希冀其灵异,助己之战争取胜。

【译文】　樊哙跟着刘邦来到了沛县,沛县县令又后悔了,他害怕刘邦有别的心,因而闭门守城,并想杀掉萧何、曹参。萧何、曹参害怕,翻出城去投奔了刘邦。刘邦用绸绢写了一封信射进城内,对沛县的父老们说:"天下人受秦朝暴政的苦已经很久了。今天父老们居然还替沛县县令卖命守城,现在各地诸侯都早已起兵反秦,沛县很快就要被屠灭了。你们应该赶紧杀掉沛县县令,另选一个你们信任的年轻人来主事,以响应各路诸侯,只有这样你们的家室才可以保全。否则全城老少就要都被人家杀光,那可不是闹着玩的。"城中父老们见信后就发动一批青年子弟起来杀掉了县令,打开城门迎接刘邦,并推选他为沛县县令。刘邦说:"如今天下大乱,诸侯纷起,如果我们这里的领头人选得不当,就会一败涂地。我不是顾惜自己什么,实在是担心自己的本事不大,不能保全你们大家。这是一件大事,希望大家另推选更合适的人。"萧何、曹参等都是文官,多所顾忌,害怕大事不成,自己被秦朝诛灭九族,因而一致推选刘邦。父老们都说:"我们早就听说你的许多奇闻异事,说你一定显贵,而且我们也进行了占卜，没有比你更吉利的人了。"刘邦再三推让，但是别人再也没有敢出头的，于是拥立刘邦做了沛公。他们就在沛县衙门里祭祀了黄帝和蚩尤，同时杀牲取血涂抹了战鼓和军旗，军旗都用红色。因为从前所杀的那条蛇是白帝子，而杀它的刘邦是赤帝子，所以刘邦崇尚红色。接着萧何、曹参、樊哙等一群豪吏在沛县聚集起了两三千人，领着他们去攻打胡陵、方与，而后又回到了丰邑。闻项梁在薛，从骑百馀往见之。

【原文】 闻项梁在薛，从骑百馀往见之。

【译文】 刘邦听说项梁已经到了薛县，就带着一百多个随从去拜见他。

【原文】 项梁再破秦军①，有骄色。宋义谏，不听。秦益章邯兵，夜衔枚击项梁②，大破之定陶，项梁死③。沛公与项羽方攻陈留，闻项梁死，引兵与吕将军俱东④。吕臣军彭城东，项羽军彭城西，沛公军砀。

【注释】 ①再破秦军：谓先破秦军于东阿，又破秦军于雍丘。再，两次。②衔枚：枚者其状如箸，横衔之，以小绳结之于颈，用于奔袭时防止喧哗。③项梁死：事在秦二世二年九月。④俱东：一齐向东撤退。

【译文】 项梁接连打败秦军，开始流露出骄傲的神色。宋义提醒他骄兵必败，项梁不听。这时秦朝派兵增援章邯，章邯趁黑夜率军衔枚袭击项梁，大败楚军于定陶，项梁战死。这时沛公和项羽正在围攻陈留，他们听到项梁战死的消息，就带领军队与吕将军一道往东撤退。吕臣军驻扎在彭城东面，项羽军驻扎在彭城西面，沛公军驻扎在砀县一带。

【原文】 章邯已破项梁军，则以为楚地兵不足忧，乃渡河，北击赵，大破之。当是之时，赵歇为王，秦将王离围之钜鹿城，此所谓河北之军也。

【译文】 章邯打败项梁的军队后，就以为楚地的局势不用担忧了，于是便渡过黄河，北攻赵国，大破了赵国的军队。此时赵歇为赵王，被秦将王离围在巨鹿城中，这就是当时人们所说的河北军。

【原文】 秦二世三年①，楚怀王见项梁军破②，恐，徙盱眙都彭城③，并吕臣、项羽军自将之④。以沛公为砀郡长，封为武安侯，将砀郡兵⑤。

【注释】 ①秦二世三年：前207年。②楚怀王：此指项梁等所立之楚王熊心，号怀王是为了用以唤起遗民思楚之心。③徙盱眙都彭城：将都城更迁向西北前线，怀王盖非懦弱之辈。④并吕臣、项羽军自将之：实际是剥夺了项羽的兵权，自此项羽与怀王的矛盾日益尖锐。⑤将砀郡兵：项羽的兵权被剥夺，而刘邦却独当一面，怀王之偏袒刘邦，极其分明。

【译文】 秦二世三年，楚怀王见项梁的军队被打垮了，十分恐慌，就把都城从盱眙迁到了彭城，并把吕臣和项羽的军队合并一起收归自己统领。他任命沛公为砀郡长，封为武安侯，让他统领砀郡的军队。

【原文】 赵数请救，怀王乃以宋义为上将军①，项羽为次将，范增为末将，北救赵。令沛公西略地入关②。与诸将约，先入定关中者王之③。

【注释】 ①上将军:当时最高的武官名。②西略地:向西方扩展。入关:指攻入函谷关。③先入定关中者王之:打发项羽北上,指派刘邦西下,而约之曰"先入定关中者王之",此怀王故意将关中王给予刘邦也。

【译文】 被围困的赵国连连向楚军求救,于是怀王就任命宋义为上将军,项羽为次将,范增为末将,让他们北上救赵。同时命令沛公向西攻城略地,直逼关中。楚怀王与各路将领们约定,谁先占领关中谁就做关中王。

【原文】 当是时,秦兵强,常乘胜逐北,诸将莫利先入关①。独项羽怨秦破项梁军,奋②,愿与沛公西入关。怀王诸老将皆曰:"项羽为人僄悍猾贼③。项羽尝攻襄城,襄城无遗类,皆阬之④,诸所过无不残灭。且楚数进取⑤,前陈王、项梁皆败。不如更遣长者扶义而西⑥,告谕秦父兄。秦父兄苦其主久矣,今诚得长者往,毋侵暴,宜可下。今项羽僄悍,今不可遣。独沛公素宽大长者,可遣。"卒不许项羽,而遣沛公西略地,收陈王、项梁散卒。乃道砀至咸阳,与杠里秦军夹壁⑦,破秦二军。楚军出兵击王离,大破之⑧。

【注释】 ①莫利:不以入关为利,是畏秦也。②奋:愤激。③僄悍猾贼:勇猛凶残。僄悍,迅疾勇猛。猾贼,狡猾残忍。④阬:通"坑",活埋。⑤进取:发动进攻。⑥扶义:仗义,一切行事以仁义为本。⑦夹壁:犹言"对垒"。⑧"楚军"二句:此即钜鹿之战,事在秦二世三年十二月。

【译文】 当时,秦军的势力还很大,常乘胜逐北,因此各路将领都不愿意先往关中打。唯独项羽因为痛恨秦军打败项梁,所以奋勇当先,希望能和沛公一道入关。而怀王的老将们都说:"项羽彪悍狠毒。他曾攻过襄城,襄城攻克后,没留下一个人,全部被他活埋了,凡是他所经过的地方,没有一个不被彻底毁灭的。再说在此以前陈胜、项梁的几次西进全都失败了,这次不如改派一个宽厚的长者以仁义之心率军西进,去向秦国父老讲清道理。秦国父老们吃他们君主的苦头已经很久了,今天如果真有个宽厚长者前去,不施行暴力,那么关中是会攻下来的。项羽为人凶暴,不能派他去,只有沛公是个宽大忠厚的长者,应该派他领兵西进。"怀王最后没有派项羽,而派沛公率兵西进,一路上收编陈胜、项梁的许多散兵,经由砀县直达咸阳,与驻扎杠里的秦军对垒,随后很快地打败了秦朝的两支军队。这时北上救赵的楚军也已经出击王离,将秦军打垮了。

【原文】 沛公引兵西,西过高阳,郦食其为监门①,曰:"诸将过此者多,吾视沛公大人长者。"乃求见,说沛公。沛公方踞床②,使两女子洗足。郦生不拜,长揖曰③:"足下必欲诛无道秦,不宜踞见长者④。"于是沛公起,摄衣谢之⑤,延上坐⑥。食其说沛公袭陈留,得秦积粟。

【注释】 ①郦食其为监门:谓郦食其在高阳为闾里监门。监门,门卒。②踞床:坐床:坐具,如今之板凳一类。③长揖:深深地作了一个揖。④踞:通"倨",傲慢。⑤摄衣:整理衣襟。谢:道歉。⑥延上坐:可见郦生雄心,刘邦大度,英雄相惜。延,引,请。

【译文】 沛公率军继续西进,西抵高阳,这时在高阳看城门的郦食其说:"各路将领路过这里的我见过不少了,我看只有沛公是个气度宏大的仁厚长者。"于是去求见沛公劝说他。当时沛公正坐在床上,让两个女人给他洗脚。郦生见了刘邦并不下拜,只是深深地作了个揖,说道:"您要是真想讨伐暴秦,就不应该傲慢地接见长者。"沛公一听立即站了起来,整好衣服向郦生道歉,请他坐在了上首。郦食其劝沛公袭击陈留,从那里夺取秦军储备的大批粮食。

【原文】 当是时,赵别将司马卬方欲渡河入关,沛公乃北攻平阴,绝河津①。南,战雒阳东,军不利,还至阳城,收军中马骑②,与南阳守齮战犨东,破之。略南阳郡,南阳守齮走保城守宛③。沛公引兵过而西。张良谏曰:"沛公虽欲急入关,秦兵尚众,距险。今不下宛,宛从后击,强秦在前,此危道也。"于是沛公乃夜引兵从他道还,更旗帜④,黎明,围宛城三匝⑤。南阳守欲自刭,其舍人陈恢曰⑥:"死未晚也。"乃逾城见沛公,曰:"为足下计,莫若约降⑦,封其守,因使止守,引其甲卒与之西。诸城未下者,闻声争开门而待,足下通行无所累⑧。"沛公曰:"善。"乃以宛守为殷侯,封陈恢千户。引兵西,无不下者。

【注释】 ①绝河津:封锁黄河渡口。津,渡口。司马卬欲渡河入关,刘邦则绝河津以阻之,显然是想独自入关称王。②收军中马骑:集中军中的马匹,组成一支强有力的骑兵。③走保城守宛:走,退向。保,往依。城,筑城。守,防守。四个动词并列,共带一个宾语。④更旗帜:为掩人耳目,不使南阳守军知刘邦之军复还也。⑤三匝:三遭,三层。⑥舍人:半宾客、半仆役的左右亲信人员。⑦约降:共立盟约,许其投降。⑧通行无所累:即通行无阻。累,牵扯,挂累。

【译文】 这时,赵国的偏将司马卬正要渡过黄河西入函谷关,沛公为阻止他前进便北攻平阴,封锁了黄河渡口。接着沛公南下,与秦军会战于雒阳城东,结果没打胜,只好退到了阳城。沛公把军中的骑兵集中起来,与南阳郡守齮交战于犨县城东,秦军大败。随后沛公平定了南阳郡,这时南阳郡的郡守齮败退到了宛城在宛城坚守。沛公又想率军绕过宛城西进,张良劝他说:"您希望入关的迫切心情是可以理解的,但目前秦朝还兵多势众,占据着许多险要的地方。现在我们如不攻下宛城,日后宛城守军就会从后面袭击我们,那时前面又有强大的秦军阻挡,我们不就危险了吗?"于是沛公便在夜里领兵从另一条道上折了回来,变换了旗帜,到天亮时,把宛城密密地围了三层。南阳郡守一看就想自杀,这时他的门客陈恢说:"还不到寻死的时候!"于是他翻出城墙求见沛公说:"我为您考虑,不如招纳宛城投降,您可以封南阳郡守为侯,还让他继续当南阳郡守,您可以带着宛城的军队一道西进。这样一来前面那些还没有攻下的城邑,就会闻风而动,争着打开城门迎接您了,那时您的西进就会畅通无阻。"沛公说:"好。"于是便封南阳郡守为殷侯,封陈恢千户。从此刘邦西进,所过之处没有不望风而下的。

【原文】 及赵高已杀二世①,使人来,欲约分王关中。沛公以为诈,乃用张良计②，使郦生、陆贾往说秦将③，啖以利④，因袭攻武关⑤，破之。又与秦军战于蓝田南⑥，益张疑兵旗帜⑦，诸所过毋得掠卤③，秦人熹⑨，秦军解⑩，因大破之。又战其北，大破之。乘胜，遂破之⑪。

【注释】　①赵高已杀二世：事在秦二世三年八月。②乃用张良计：据《留侯世家》，刘邦进入武关后，欲进兵击秦峣下军，张良劝刘邦"使人先行，为五万人具食，益为张旗帜诸山上，为疑兵"，而后派郦食其往说秦将投降。③使郦生、陆贾往说秦将："陆贾"二字衍文。④啖以利：谓以利益吸引之。啖，以食物喂人。⑤武关：是河南南部进入陕西的交通要道。⑥蓝田：秦县名，县治在今陕西蓝田西南。⑦益张疑兵旗帜：此即前述张良之计，不宜书于此。⑧掠卤：同"掠虏"，谓抢物抢人。⑨熹：此处通"喜"。⑩解：通"懈"。⑪乘胜，遂破之：此事过程如下：刘邦以秦二世三年八月破武关，九月，秦遣将拒峣关，张良说沛公张旗帜，为疑兵，使郦生啖秦将以利。秦军懈，因引兵绕峣关，逾蒉山击破之蓝田南。

【译文】　等到赵高杀掉秦二世，派人与沛公进行联络，想和沛公在关中划分地盘共同为王时，沛公又怀疑其中有诈，于是便采取了张良的计策，派郦生、陆贾前去说服秦将，以财宝引诱他们，而后趁他们松懈的时候袭击了武关，把秦军打得大败。接着又在蓝田县南与秦军会战，这时沛公派人多插旗帜，巧布疑阵，又下令全军所到之处不准掳掠，因而使得秦国人非常高兴，秦朝的军队也日益松懈，于是沛公又一次大破秦军。随后在蓝田北大破秦军，接着刘邦乘胜追击，于是秦军就彻底溃败了。

【原文】　汉元年十月①，沛公兵遂先诸侯至霸上②。秦王子婴素车白马，系颈以组③，封皇帝玺符节④，降轵道旁。诸将或言诛秦王。沛公曰："始怀王遣我，固以能宽容；且人已服降，又杀之，不祥。"乃以秦王属吏⑤。遂西入咸阳，欲止宫休舍。樊哙、张良谏，乃封秦重宝财物府库，还军霸上⑥。召诸县父老豪桀曰："父老苦秦苛法久矣，诽谤者族，偶语者弃市⑦。吾与诸侯约，先入关者王之，吾当王关中。与父老约，法三章耳：杀人者死，伤人及盗抵罪⑧。余悉除去秦法⑨。诸吏人皆案堵如故⑩。凡吾所以来，为父老除害，非有所侵暴，无恐！且吾所以还军霸上，待诸侯至而定约束耳。"乃使人与秦吏行县乡邑，告谕之。秦人大喜，争持牛羊酒食献飨军士⑪。沛公又让不受，曰："仓粟多，非乏，不欲费人。"人又益喜，唯恐沛公不为秦王⑫。

【注释】　①汉元年：前206年，因刘邦于此年被项羽封为"汉王"，故称"汉元年"。②霸上：地名，在今陕西西安东南，亦当时秦都咸阳之东南。为古代咸阳、长安附近的军事要地。③秦王子婴：或说是始皇之孙，或说是始皇之弟。秦二世三年八月，赵高弑秦二世，改立子婴。子婴即位后，诛灭赵高。再过四十六日，刘邦军遂至霸上。素车白马，系颈以组：这是古代帝王向人投降时自己表示认罪服罪的样子。组，丝缘。④玺：天子印。符：发兵符。节：使者所拥，以宣布皇帝赏罚号令。⑤属：交付，委托。⑥还军霸上：此举避免了部下入城掳掠，收买了秦人之心，又成为后来向项羽辩解无争权意的理由，虽非刘邦初意，但对于刘邦取得最后的成功很关键。⑦偶语：

相聚而语。偶,相对,相聚。弃市:指将罪犯处死于街头。⑧抵:当,判处。⑨馀悉除去秦法:刘邦能始终得关中之力,约法三章起了很大作用。⑩案堵如故:犹言"各就各位,一切照常"。案堵,也作"安堵",不动。⑪献飨:即今所谓"犒劳"。飨,以酒食招待人。⑫唯恐沛公不为秦王:刘邦已深得秦人之心,项羽强迁其入蜀,又立三秦王以阻之,根本无益于事。所以刘邦还定三秦易如反掌。

【译文】 汉元年十月,沛公的军队率先来到了咸阳东南的霸上。这时已经退去帝位,重称秦王的三世子婴,乘着白马素车,用绳子系着脖子,捧着已经封好的皇帝印信,来到轵道亭的路边向沛公投降。沛公的将领们有人提议杀死他,沛公说:"当初怀王之所以派我来,就是因为我待人宽厚;再说人家都已经投降了,我们还杀人家,这不吉祥。"于是就把子婴交给专人看管起来。于是带人进入了咸阳,沛公进宫后就想住在里面不出来了,幸亏有樊哙、张良出来劝说,沛公才封起了秦宫的仓库和各种珍宝,带着人马重又回到了霸上。沛公把关中各县的父老乡绅们找来,对他们说:"你们受秦朝酷法的罪时间不短了,秦法规章,敢说朝廷坏话的灭族,敢相聚议论国事的杀头。我们各路将领在东方出发前已经说好了,谁先打入关内谁当关中王,根据这个规定,我是应该当关中王的。现在我与诸位约法三条:杀人者偿命,伤人及偷人东西的各自按情节定罪。秦法的条款一概废除。各级官吏都各回各位,照常办公。我们到这里来是为父老们除害的,绝不会损害大家,请大家不要怕。我之所以带领人马回到霸上,就是为了等候其他各路将领到来,共同商定日后的办法。"随后他派人跟着各地的官吏们到各县各乡各镇去向人们说明他的这番意思。秦人听了都很高兴,大家纷纷地带牛羊酒饭来慰劳沛公的军队。沛公推辞不要,说:"仓库里有的是粮食,我们什么都不缺,不能再让大家破费了。"于是人们更高兴了,唯恐日后不让沛公当关中王。

【原文】 或说沛公曰:"秦富十倍天下,地形强。今闻章邯降项羽,项羽乃号为雍王,王关中①。今则来②,沛公恐不得有此。可急使兵守函谷关,无内诸侯军,稍征关中兵以自益,距之③。"沛公然其计,从之。十一月中,项羽果率诸侯兵西,欲入关,关门闭。闻沛公已定关中,大怒,使黥布等攻破函谷关。十二月中,遂至戏④。亚父劝项羽击沛公⑤。方飨士,旦日合战。是时项羽兵四十万,号百万。沛公兵十万,号二十万,力不敌。会项伯欲活张良⑥,夜往见良,因以文谕项羽⑦,项羽乃止。沛公从百馀骑,驱之鸿门⑧,见谢项羽。沛公以樊哙、张良故,得解归。

【注释】 ①"项羽"二句:秦二世三年七月,章邯降项羽,项羽遂划今陕西西部以封章邯为雍王,都废丘(今陕西兴平东南)。②今则来:这句话的主语是"项羽"。则,若。③距:通"拒"。④遂至戏:遂前进至今陕西临潼东的戏水。其方位在今陕西西安东北,当时的咸阳城东。⑤亚父:指范增。所谓"亚父"者,是说对其尊敬的礼数仅次于父。⑥项伯欲活张良:项伯是项羽的族叔,曾因杀人逃亡,被张良掩护过。现张良在刘邦部下,面临毁灭,故项伯欲救之。⑦因以文谕项羽:此句的主语为"刘邦"。⑧鸿门:地名,在今陕西临潼东,今称项王营。

【译文】 这时有人对沛公说："关中地区的富有,是其他地区总和的十倍,而且地势险要。听说秦将章邯已经率领军队投降了项羽,项羽封他为雍王,让他占有关中地区。项羽如果进来了,恐怕您就不能拥有了。您应该赶紧派兵把守函谷关,不要再让其他各路人马进来,您再从关中地区征调一些人马加强自己的实力,挡住项羽他们。"沛公采纳了这个意见。十一月中旬,项羽果然率领着各路人马西进,当他们要进关时,发现函谷关已被人把守起来。听说沛公已经平定了关中,项羽大怒,下令让黥布等人攻打函谷关,函谷关很快被攻下了。十二月中旬,项羽来到了咸阳城东的戏水。亚父范增怂恿项羽打沛公。项羽同意了,于是犒劳士兵,准备第二天与沛公开战。这时项羽有四十万人,号称百万。沛公有十万人,号称二十万,从兵力对比上看,沛公不是项羽的对手。正好这时项伯想救他的恩人张良,于是他趁着夜色到沛公的军营去,而沛公则借着这个机会给项羽写了一封信,使项羽改变了开战的意图。接着沛公又带着百十个随从来到鸿门,向项羽表示了歉意。沛公就在樊哙、张良等人的帮助下安全地回到了霸上。

【原文】 项羽遂西,屠烧咸阳秦宫室,所过无不残破。秦人大失望,然恐,不敢不服耳①。

【注释】 ①不敢不服耳:叙项羽所为与刘邦相反,以见二人高下之分。

【译文】 鸿门宴后,项羽带兵西入咸阳,大肆杀戮咸阳居民,焚烧秦朝宫殿,兵到哪里,哪里便成了一片废墟。秦地人大失所望,但由于怕他,所以不得不服从他。

【原文】 项羽使人还报怀王。怀王曰:"如约①。"项羽怨怀王不肯令与沛公俱西入关,而北救赵,后天下约。乃详尊怀王为义帝,实不用其命。

【注释】 ①如约:按照原来的约定办事,即"先入关者王之"。

【译文】 项羽派人东归向楚怀王汇报。楚怀王坚持原来的说法:"按着原来的约定办。"项羽早就恨楚怀王当初不让他和沛公一齐西进入关,而硬是让他北上救赵,所以才使得他进关晚了。于是他就假意地推尊楚怀王为"义帝",实际上根本不理睬他。

【原文】 正月①,项羽自立为西楚霸王,王梁、楚地九郡,都彭城。负约,更立沛公为汉王,王巴、蜀、汉中,都南郑。三分关中,立秦三将:章邯为雍王,都废丘;司马欣为塞王,都栎阳;董翳为翟王,都高奴。

【注释】 ①正月:当时仍用秦历,以"十月"为岁首,此月乃"汉元年"(前206年)的第四个月。

【译文】 正月,项羽自封为西楚霸王,占有梁、楚一带的九个郡,建都彭城。改变旧约,封沛公为汉王,占有巴郡、蜀郡、汉中一带地区,建都南郑。把关中地区分成了三份,分给了投降他的三位将领:封章邯为雍王,建都废丘;封司马欣为塞王,建都栎阳;封董翳为翟王,建都高奴。

【原文】 四月,兵罢戏下①,诸侯各就国。汉王之国,项王使卒三万人从②,楚与诸侯之慕从者数万人,从杜南入蚀中。去辄烧绝栈道③,以备诸侯盗兵袭之,亦示项羽无东意。至南郑,诸将及士卒多道亡归,士卒皆歌思东归。韩信说汉王曰:"项羽王诸将之有功者,而王独居南郑,是迁也④。军吏士卒皆山东之人也⑤,日夜跂而望归⑥。及其锋而用之,可以有大功;天下已定,人皆自宁,不可复用。不如决策东乡⑦,争权天下。"

【注释】 ①戏:戏水。②项王使卒三万人从:刘邦居霸上时有卒十万,今使"三万人从",是项羽已夺去刘邦之兵。③去辄烧绝栈道:此用张良计,目的是麻痹项羽,使其不再防备刘邦。栈道,也称"阁道",山间架木构成的空中通道。④迁:贬官,下放。⑤山东:崤山(今河南灵宝东南)以东。⑥跂:翘起脚跟,以形容思念心情之急切。⑦东乡:向东方杀出。乡,通"向"。

【译文】 四月,各路将领从戏水之滨解散,各自去自己的封地。汉王前往汉中时,项羽只让他带走了三万人,此外项羽与其他将领部下愿意跟随汉王入汉中的还有几万人。汉王从杜县城南进入蚀中山路,一路上每通过一段栈道就下令把它烧毁,其目的一方面是免得别人来打汉中,同时也是故意做出他没有回去和项羽争天下的意思。在汉王从咸阳到南郑的一路上,他手下的将领和士兵们纷纷开小差,即便那些留下的人们,唱歌说话也总是带着浓重的思乡情绪。这时韩信对汉王说:"项羽分封有功的将领,而把您放到南郑来,这简直是一种发配。您部下的官兵们都是东方人,他们日夜急切地盼着回家,如能趁着他们当前的这股劲头打回去,肯定可以成大功;如果现在不动,等到日后天下太平,人人贪求安乐,那就没有办法了。不如下定决心现在就打回去,和项羽争天下。"

【原文】 八月,汉王用韩信之计,从故道还①,袭雍王章邯。邯迎击汉陈仓,雍兵败,还走,止战好畤;又复败,走废丘,汉王遂定雍地。东至咸阳,引兵围雍王废丘②。而遣诸将略定陇西、北地、上郡③。令将军薛欧、王吸出武关,因王陵兵南阳④,以迎太公、吕后于沛。楚闻之,发兵距之阳夏,不得前。

【注释】 ①故道:即陈仓道,自汉中入褒谷,而北出陈仓(今陕西宝鸡东),是旧有秦蜀通道。②引兵围雍王废丘:围废丘的是樊哙。秦民怨秦已久,又爱刘邦,项羽使秦将王秦而拒刘邦,势必不能,所以章邯虽善战仍屡败。③略定陇西、北地、上郡:三地皆秦郡名,在甘肃陕北一带,是秦汉时期的西北边境。刘邦尚未出关先定边境稳固根基,很有战略眼光。④因王陵兵南阳:王陵在南阳以西的丹水归附刘邦后,仍在当地据守,未随刘邦入武关。

【译文】 八月,汉王采用韩信的计策,率军从陈仓小道偷偷出来,袭击雍王章邯。章邯率军与汉王战于陈仓,章邯兵败。章邯且战且退,退到好畤时,整兵又战,又被打败了,章邯只好逃回了自己的都城废丘。汉王很快平定了章邯管辖的地面,东路的前锋已经抵达咸阳。这时汉王一方面派人包围章邯的都城废丘,一方面又派人西出、北上平定了陇西、北地、上郡。而后他派薛欧、王吸,率军从南路出武关,与活动在南阳一带的王陵会师，而后东向沛郡以迎自己的父亲太公和妻子吕后。楚方闻讯后，派兵到阳夏挡住了薛欧、王陵的军队。

【原文】 二年，汉王东略地①，塞王欣、翟王翳、河南王申阳皆降②。

【注释】 ①二年：刘邦为汉王的第二年，前205年。②塞王欣、翟王翳、河南王申阳皆降：塞、翟之降在元年八月，在雍王之败后望风而降。

【译文】 汉二年，汉王率军正面向东进军，这时塞王司马欣、翟王董翳，以及河南王申阳都望风而降。

【原文】 二月，令除秦社稷，更立汉社稷①。

【注释】 ①"令除秦"二句：更立社稷表示一个新王朝的开始。可见刘邦规模宏远。

【译文】 二月，汉王下令拆掉了咸阳秦朝的社稷坛，而另建立了一个汉王朝的社稷坛。

【原文】 三月，新城三老董公遮说汉王以义帝死故①。汉王闻之，袒而大哭②。遂为义帝发丧，临三日③。发使者告诸侯曰："天下共立义帝，北面事之。今项羽放杀义帝于江南④，大逆无道。寡人亲为发丧，诸侯皆缟素⑤。悉发关内兵，收三河士⑥，南浮江、汉以下⑦，愿从诸侯王击楚之杀义帝者⑧。"

【注释】 ①三老：乡官名，掌教化。遮说汉王以义帝死故：董公劝刘邦打出讨伐项羽杀义帝的旗号东征。遮说，拦路劝说。②袒：脱掉衣袖。③临：哭吊。这只是刘邦的一种姿态，借此激怒天下，不是真哀痛之。④放杀：放逐，杀害。⑤缟素：这里指孝服。⑥三河士：指河东、河内、河南的三郡之众，当时此三郡已皆为刘邦占领。⑦南浮江、汉以下：此处似有脱略，其意盖谓关中军与三河士大举东下，此北路之军；而南路军则自江、汉顺水东下。⑧愿从诸侯王击楚之杀义帝者：说"从诸侯王""击楚之杀义帝者"，见刘邦辞令得体。

【译文】 三月，新城县的三老董公拦着马头告诉汉王义帝已被项羽杀害了。汉王一听，立刻袒露臂膀大哭起来，他为义帝设祭哭吊了三天，而后派使者四出通告各路诸侯，说："义帝是我们共同拥立的，我们都是他的臣子。现在项羽居然把义帝流放到了江南又把他杀掉，真是大逆不道。我已经亲自为义帝发丧设祭，诸侯们也都披麻戴孝了。现在我要调动关中的全部军队，再收集河南、河东、河内的士兵，沿着汉水、长江顺流而下，跟着你们各路诸侯去共同讨伐楚地那个杀害义帝的家伙。"

【原文】 是时项王北击齐，虽闻汉东，既已连齐兵①，欲遂破之而击汉。汉王以故得劫五诸侯兵②，遂入彭城。项羽闻之，乃引兵去齐，从鲁出胡陵，至萧，与汉大战彭城灵璧东睢水上，大破汉军，多杀士卒，睢水为之不流。乃取汉王父母妻子于沛，置之军中以为质。当是时，诸侯见楚强汉败，还皆去汉复为楚。

【注释】 ①连齐兵：与齐交战。②劫五诸侯兵：即统率天下军队。劫，控制，统领。

【译文】 这时项羽正率兵在北面与齐国作战,已经听到汉王向东方杀来的消息,但既然这里已经与齐国开战,就想先把齐国灭掉再去对付汉王。而汉王则正好趁着这个机会,挟持着其他各地的诸侯一举攻入了彭城。项羽听说彭城失守,立即率兵离开齐国,经由曲阜、胡陵,到达萧县,与汉王大战于彭城灵璧以东的睢水上,汉王大败,尸横遍野,以致把睢水堵塞得都不流了。而且项羽还把汉王的父亲与妻子吕后从沛县逮了来,带在军中当作人质。这时候,许多诸侯一见楚强汉败,遂又纷纷离开了汉王投奔项羽。

【原文】 吕后兄周吕侯为汉将兵,居下邑①,汉王从之。稍收士卒,军砀②。汉王乃西过梁地,至虞③,使谒者随何之九江王布所④,曰:"公能令布举兵叛楚,项羽必留击之。得留数月,吾取天下必矣。"随何往说九江王布,布果背楚⑤。

【注释】 ①"吕后"二句:周吕侯,名泽,吕后之兄,以佐刘邦开国功,后被刘邦封为周吕侯。下邑,秦县名,在彭城的正西偏北,今安徽砀山东。②砀:砀县,县治在今河南夏邑东南。③虞:秦县名,县治在今河南虞城北。④谒者:官名,帝王身边主管赞礼与收发传达的官员。⑤布果背楚:英布叛楚归汉使项羽失去侧翼援助,对汉大为有利。

【译文】 这时吕后的哥哥吕泽正为汉王率兵驻扎在下邑县。汉王到他那里后,又逐渐地收起一些散兵,领着他们驻扎在砀县。接着汉王经由梁地西行,到了虞县。他打发谒者随何去六县游说九江王英布说:"你要能说动英布叛变项羽,项羽必然就得留下来对付英布。只要能拖住他几个月,我就能趁此夺得天下。"于是随何到六县一鼓动,英布果然背叛了项羽。

【原文】 汉王军荥阳南,筑甬道属之河①,以取敖仓②。与项羽相距岁馀③。项羽数侵夺汉甬道,汉军乏食,遂围汉王。汉王请和,割荥阳以西者为汉。项王不听。汉王患之,乃用陈平之计,予陈平金四万斤,以间疏楚君臣。于是项羽乃疑亚父。亚父是时劝项羽遂下荥阳④,及其见疑,乃怒,辞老⑤,愿赐骸骨归卒伍⑥,未至彭城而死。

【注释】 ①甬道:两侧筑有防御工事的通道,以防止敌方攻击抄掠也。属:连接。②敖仓:秦朝在荥阳西北敖山上所筑的大粮仓。③相距岁馀:刘邦自二年五月彭城溃退后坚守荥阳一线,至此三年四月被项羽围困于荥阳,正好一年。距,通"拒"。④遂下荥阳:趁热打铁地一举攻下荥阳。⑤辞老:以自己年老无用为辞。或曰,即"告老归田"。老,也称"致仕"。⑥赐骸骨:请求解职归田的婉转说法。归卒伍:即回家为民。卒伍,古代乡里的基层编制。

【译文】 汉王带领军队驻扎在荥阳城南,他们修筑了一条甬道一直通到黄河边上,以取用敖仓里的粮食,就这样和项羽对峙了一年多。后来项羽多次地攻断甬道,汉军粮草供应不上了,接着他们又陷入包围。汉王无奈只好向项羽求和,其条件是让他享有荥阳以西的地盘。项羽不答应。汉王很着急,就采用了陈平的计策,给了陈平四万斤金，让他去离间项羽与其部下的关系。结果很快地项羽就对范增起了疑心。这时范增正劝项羽赶紧拿下荥阳，当他发现项羽已经对他生疑时，就生气地以年老为名请求解职归田，结果还没有走到彭城就病死了。

【原文】 汉军绝食，乃夜出女子东门二千馀人，被甲①，楚因四面击之。将军纪信乃乘王驾，诈为汉王诳楚②，楚皆呼万岁，之城东观，以故汉王得与数十骑出西门遁。

【注释】 ①"乃夜出"二句：使出城女子化装为士兵，以吸引楚军往攻，此陈平之计。②诈为汉王诳楚：纪信装作刘邦出荥阳东门出降项羽，以掩护刘邦从西门逃跑，自己被项羽所杀。诳，欺骗。

【译文】 这时被包围在荥阳的汉军已经断粮，于是汉王抓来两千妇人让他们穿上士兵的铠甲，把她们推出了东门，楚兵一见，立即把她们包围起来，四面攻杀。与此同时将军纪信坐着帝王的车子冒充汉王去向项羽投降，楚兵一见都高兴地大呼万岁，拥到东门观看，而汉王则趁着这个机会带着几十个随从开西门逃跑了。

【原文】 项羽闻汉王在宛，果引兵南。汉王坚壁不与战。是时彭越渡睢水①，与项声、薛公战下邳，彭越大破楚军。项羽乃引兵东击彭越，汉王亦引兵北军成皋。项羽已破走彭越，闻汉王复军成皋，乃复引兵西，拔荥阳，遂围成皋。

【注释】 ①渡睢水：谓渡睢水而东。

【译文】 项羽听说汉王到了宛城，果然引兵南下。而汉王却坚壁清野不和他开战。这时彭越渡过睢水，与项声、薛公战于下邳，大破楚军。项羽闻讯后只好率军东下讨伐彭越，汉王则趁机率兵北上回到了成皋。待至项羽打败赶走了彭越后，听说汉王已经回到了成皋，便又引兵西下，先攻克了荥阳，接着进兵包围了成皋。

【原文】 汉王跳①，独与滕公共车出成皋玉门，北渡河，驰宿脩武②。自称使者，晨驰入张耳、韩信壁③，而夺之军。汉王得韩信军，则复振。

【注释】 ①跳：凡轻装减从而疾走。②脩武：秦县名，即今河南获嘉，韩信、张耳破赵后驻兵于此。③壁：军营。

【译文】 汉王独自一人，让滕公给他赶着车子逃出了成皋北面的玉门，向北渡过了黄河，来到了脩武住宿下来。第二天一早他假称是汉王派来的使者闯进了张耳、韩信的军营，夺取了他们的军队。汉王夺取了韩信、张耳的军队后，又振作起来。

【原文】 楚、汉久相持未决①，丁壮苦军旅，老弱罢转饷②。汉王项羽相与临广武之间而语③。项羽欲与汉王独身挑战。汉王数项羽，项羽大怒，伏弩射中汉王。汉王伤匈，乃扪足曰："虏中吾指！"④汉王病创卧，张良强请汉王起行劳军，以安士卒，毋令楚乘胜于汉。汉王出行军⑤，病甚，因驰入成皋。

【注释】 ①楚、汉久相持：楚、汉自汉二年五月相持于荥阳一带，至此已一年零五个月。②罢转饷：疲敝于运送粮饷。罢，通"疲"。③广武之间：即广武涧。④"汉王"三句：刘邦怕军心动摇，所以谎称伤足，应变之快非常人所及。匈，通"胸"。指，通"趾"。⑤行军：视察、检阅军队。行，巡视。

【译文】　这时中路战场楚、汉双方已经相持很久了，当时青壮年男人被迫当兵打仗，老弱也都被拉去送运粮草，吃尽了战乱的苦头。有一天项羽和汉王隔着广武涧对话，项羽提出要和汉王单打独斗决一生死。汉王数落项羽的罪行，项羽大怒，他让预先埋伏的弓弩手开弓，一箭射中了汉王的胸膛，汉王中箭后立即机灵地弯腰下去抚摸着脚说："这个奴才射中了我的脚！"汉王中箭后躺在床上不能动，张良过来一定要他出去劳军，目的是让士兵们安心，同时也是向楚军显示汉王无恙，免得他们乘胜发动进攻。汉王出来在军前走了一趟，实在坚持不住了，便乘车进入了成皋。

【原文】　项羽数击彭越等，齐王信又进击楚。项羽恐，乃与汉王约，中分天下，割鸿沟而西者为汉，鸿沟而东者为楚。项王归汉王父母妻子，军中皆呼万岁[1]，乃归而别去[2]。

【注释】　[1]军中皆呼万岁：此军应指刘邦之军；然指项羽之军亦可，指刘、项双方之军亦可。[2]乃归而别去：意思含混，可指"汉王父母妻子"，亦可指刘、项结约之双方。按：刘、项订鸿沟之约，在汉四年八月；楚归汉王父母妻子，在汉四年九月。

【译文】　项羽本来早就为了打彭越而多次东归，现在韩信又南下逼近楚境。项羽害怕了，于是与汉王订立条约，把天下一分为二，划鸿沟以西归汉王，鸿沟以东归项羽。项羽把汉王的父亲和妻子放了回去，汉王军中一见都欢呼万岁，于是楚、汉双方分别撤军而归。

【原文】　项羽解而东归。汉王欲引而西归，用留侯、陈平计[1]，乃进兵追项羽，至阳夏南止军，与齐王信、建成侯彭越期会而击楚军[2]。至固陵[3]，不会。楚击汉军，大破之。汉王复入壁，深堑而守之。用张良计[4]，于是韩信、彭越皆往。及刘贾入楚地，围寿春，汉王败固陵，乃使使者召大司马周殷举九江兵而迎武王[5]，行屠城父，随刘贾、齐梁诸侯皆大会垓下[6]。

【注释】　[1]用留侯、陈平计：张良、陈平劝刘邦趁项羽衰败、无备之机，进兵一举消灭之。[2]期会：约期会师。[3]固陵：秦县名，在当时的阳夏县（今河南太康）南。项羽自荥阳撤兵回彭城本来不需经过固陵，但因为彭越已占领梁地，故项羽不得不绕道而行。[4]张良计：即给韩信、彭越等预划地盘，令其各为自战。[5]"汉王"二句：此句不顺，"败固陵"三字疑是衍文。周殷，原是项羽的部将，官任大司马，在被刘贾围困于寿春的时候被刘邦派人招降。迎武王，即迎回英布。[6]大会垓下：从止军阳夏南至此都是汉五年冬之事，此误书于四年。垓下，古邑名，在今安徽灵璧东的沱河北岸。

【译文】　项羽撤兵东归，汉王也想撤兵西回，后来采纳了张良、陈平的计谋，进兵追击项羽，一直追到阳夏南才停下来。汉王本来是和齐王韩信、建成侯彭越等一起约定好共同进击项羽的，结果等汉王到达固陵时，韩信、彭越等各路兵马都未到。项羽回头迎击汉王，汉王又被打得大败。汉王失败后躲进营盘，深沟高垒坚守不出。采用了张良的计策，才把韩信、彭越等都叫了过来。在此以前刘贾已经率军进入楚地，包围了寿春，汉王在固陵失败后，派人去游说项羽的大司马周殷，让他带着九江的兵力去迎接淮南王英布。他们中途屠灭了城父县，而后跟着刘贾和齐梁地区的诸侯们一起会师于垓下。

【原文】 五年①，高祖与诸侯兵共击楚军，与项羽决胜垓下。淮阴侯将三十万自当之，孔将军居左，费将军居右②，皇帝在后，绛侯、柴将军在皇帝后③。项羽之卒可十万。淮阴先合④，不利，却⑤；孔将军、费将军纵⑥，楚兵不利。淮阴侯复乘之⑦，大败垓下⑧。项羽卒闻汉军之楚歌，以为汉尽得楚地，项羽乃败而走，是以兵大败。使骑将灌婴追杀项羽东城⑨，斩首八万，遂略定楚地。鲁为楚坚守不下⑩，汉王引诸侯兵北，示鲁父老项羽头，鲁乃降。

【注释】 ①五年：前202年。前文所述韩信、彭越、刘贾、英布诸军之会垓下，皆汉五年十月、十一月事。②费将军：陈贺，韩信的部将，后封费侯。③绛侯：周勃，刘邦的开国元勋。④合：交锋。⑤不利，却：假装失败，后撤。⑥纵：出击。⑦乘：加，陵。⑧大败垓下：此刘邦、项羽间的最后关键一战。⑨东城：秦县名，在今安徽定远东南。⑩鲁为楚坚守不下：因项羽曾被楚怀王封为鲁公，故鲁县（即今山东曲阜）为之坚守。

【译文】 汉五年，高祖与各路诸侯的大军共同与项羽决战于垓下。韩信率领着三十万人马正面对着项羽，孔将军在左翼，费将军在右翼。皇帝在韩信的后面，周勃、柴武在皇帝的后面。这时项羽的军队大约有十万人。韩信在正面先对项羽开战，但很快做出不敌的样子，向后撤退；而孔将军、费将军在两翼向前进兵，项羽的形势不利了。韩信又回头从正面压了过来，大破楚军于垓下。这时项羽的士兵夜间听到汉军唱的都是楚地歌谣，以为楚地都被汉军占领了，所以项羽溃败逃走，楚兵不可收拾。高祖派骑将灌婴紧紧追赶，击杀项羽于东城，整个战役杀死楚兵八万人，楚地遂告平定。这时只有曲阜还在为项羽坚守，高祖带着各路大军北归到达曲阜，拿着项羽的人头给曲阜坚守的人们看，曲阜的人们这才投降了高祖。

【原文】 正月，诸侯及将相相与共请尊汉王为皇帝。汉王三让，不得已，曰："诸君必以为便，便国家。"甲午①，乃即皇帝位汜水之阳②。

【注释】 ①甲午：汉五年（前202年）的阴历二月初三。②汜水之阳：这里是指定陶县（今山东定陶西北）城北的汜水北岸。

【译文】 这年的正月，各路诸侯与汉王部下的将相们一同请汉王即位为皇帝。汉王推让了好几回，实在推辞不掉了才说："既然你们认为我做皇帝对国家有好处，那我就服从吧。"于是在甲午那一天，汉王正式即位于汜水之北。

【原文】 高祖置酒雒阳南宫。高祖曰："列侯诸将无敢隐朕，皆言其情。吾所以有天下者何？项氏之所以失天下者何？"高起、王陵对曰："陛下慢而侮人，项羽仁而爱人。然陛下使人攻城略地，所降下者因以予之，与天下同利也。项羽妒贤嫉能，有功者害之①，贤者疑之；战胜而不予人功，得地而不予人利，此所以失天下也。"高祖曰："公知其一，未知其二。夫运筹策帷帐之中②，决胜于千里之外，吾不如子房；镇国家，抚百姓，给馈饷③，不绝粮道，吾不如萧何；连百万之军，战必胜，攻必取，吾不如韩信。

此三者,皆人杰也,吾能用之,此吾所以取天下也。项羽有一范增而不能用,此其所以为我擒也④。"

【注释】 ①害:嫉恨。②筹策:古代计算数目时所用的筹码,后用为"谋划"之义。③给馈饷:供应前方粮食。④此其所以为我擒也:这是对楚汉战争成败原因的一个总结,也可见刘邦自负其胆略。

【译文】 高祖在雒阳南宫大宴群臣,在宴会上说:"你们各位诸侯将领不要隐瞒,都对我说真话。你们说我为什么能取得天下,项羽为什么丢了天下?"高起、王陵回答说:"虽然您傲慢爱侮辱人,项羽为人宽厚,但您派人出去攻城占地时,谁获得了什么,您就顺势赏给他,这叫'与天下同利'。而项羽则妒贤嫉能,谁有功他嫉恨谁,谁有本事他怀疑谁;打了胜仗的他不奖励,得了土地的他不赏赐,这就是他丢失天下的原因。"高祖说:"你们只知其一,不知其二。要讲运筹帷幄,决胜千里,我不如张良。要讲镇守后方,安抚百姓,给前方运粮草,保证供应不断,我不如萧何。要讲统兵百万,战必胜,攻必取,我不如韩信。这三个都是人中的豪杰,我能够重用他们,这才是我所以得天下的原因。而项羽只有一个范增他还:不能用,所以他最后被我所收拾。"

【原文】 高祖欲长都雒阳,齐人刘敬说①,及留侯劝上入都关中,高祖是日驾,入都关中②。六月,大赦天下。

【注释】 ①刘敬:本姓"娄",原是一个服徭役的人,因劝说刘邦迁都关中而得到刘邦赞赏,于是被赐姓"刘"。②"高祖"二句:刘敬始劝刘邦,刘邦未予注意;张良趁势再劝,刘邦遂采纳二人建议,当日迁往关中。刘邦迁其政权机构于关中后,开始都于栎阳(今陕西渭南西北),未央宫建成后始迁入长安。

【译文】 高祖本想永远地建都雒阳,后来齐人刘敬劝他入都关中,再加上张良也是这么说,于是高祖很快地就迁到关中去了。这年六月,刘邦宣布实行大赦。

【原文】 (十一年)春,淮阴侯韩信谋反关中①,夷三族。

【注释】 ①淮阴侯韩信谋反关中:韩信被刘邦袭捕于陈郡后,免去楚王,赦为淮阴侯,在长安闲居,至今五年。陈豨反汉于代时,据说韩信欲乘机为乱于长安,被吕后等骗进宫中杀害。

【译文】 高祖十一年春天,淮阴侯韩信在关中谋反,被诛灭三族。

【原文】 夏,梁王彭越谋反,废迁蜀;复欲反,遂夷三族①。立子恢为梁王,子友为淮阳王②。

【注释】 ①遂夷三族:刘邦北讨陈豨,征彭越同往,彭越称病,被刘邦袭捕,流放蜀郡,中途被吕后带回杀害。②"立子恢"二句:刘邦立国后杀了大部分异姓诸侯王,分立自己子侄为王。

【译文】 这年夏天,梁王彭越谋反,被废除王位流放蜀地;他又想谋反,于是被诛灭三族。高祖立儿子刘恢为梁王,刘友为淮阳王。

【原文】 秋七月,淮南王黥布反①,高祖自往击之,立子长为淮南王。

【注释】 ①淮南王黥布反：刘邦杀死彭越后，将其剁为肉酱，分送给诸侯们吃，黥布见此疑惧，遂举兵反。

【译文】 这年的秋天七月，淮南王黥布造反，高祖闻讯后亲自率军征讨，同时宣布封自己的儿子刘长为淮南王。

【原文】 高祖还归，过沛，留。置酒沛宫①，悉召故人父老子弟纵酒。发沛中儿得百二十人，教之歌。酒酣，高祖击筑，自为歌诗曰："大风起兮云飞扬，威加海内兮归故乡，安得猛士兮守四方②！"令儿皆和习之。高祖乃起舞，慷慨伤怀，泣数行下。谓沛父兄曰："游子悲故乡，吾虽都关中，万岁后吾魂魄犹乐思沛③。且朕自沛公以诛暴逆，遂有天下，其以沛为朕汤沐邑，复其民④，世世无有所与。"沛父兄诸母故人日乐饮极欢，道旧故为笑乐。十馀日，高祖欲去，沛父兄固请留高祖。高祖曰："吾人众多，父兄不能给。"乃去。沛中空县皆之邑西献⑤。高祖复留止，张饮三日⑥。沛父兄皆顿首曰："沛幸得复，丰未复⑦，唯陛下哀怜之。"高祖曰："丰吾所生长，极不忘耳，吾特为其以雍齿故反我为魏⑧。"沛父兄固请，乃并复丰，比沛。于是拜沛侯刘濞为吴王。

【注释】 ①沛宫：在沛县为刘邦建造的行宫。②安得猛士兮守四方：自汉灭楚后，韩信、彭越、黥布及诸将诛死殆尽，刘邦四顾寂寥，此歌语壮而意悲。③乐思沛："乐""思"二动词叠用，谓思念、爱恋故乡。④复其民：免除该地居民的一切赋税、劳役。⑤献：谓献牛酒。⑥张饮：搭设帐篷，相聚而饮。张，同"帐"。⑦"沛幸"二句：秦时的"丰邑"是沛县境内的一个乡镇，至刘邦建国后，将"丰邑"上升为县，故此处遂与"沛"对称。⑧吾特为其以雍齿故反我为魏：雍齿原是刘邦的部将，为刘邦守丰，结果雍齿降魏，并据丰以反刘邦。特，只不过。

【译文】 高祖移驾北归，路过沛县时，他停下来。他在自己的老宅子里摆酒，招待昔日的亲朋故旧尽情畅饮。他从沛县城里找来一百二十个青少年，教给他们唱歌。等大家喝到兴高采烈时，高祖一边击筑，一边自己做歌道："大风起兮云飞扬，威加海内兮归故乡，安得猛士兮守四方！"他让那一百二十名青少年都跟着唱。接着高祖又起来跳了一回舞，他伤心慷慨，泪珠滚滚而下。他对沛县的父老们说："游子思故乡。我今天虽然建都于关中，但我死后魂灵还是想念沛县的。再说我是以沛县县令身份起家讨伐暴逆，夺得天下的，我要以沛县作为我的汤沐邑，免除这个县里人们的劳役、赋税，并且让他们以后世世代代都不服役纳税。"沛县的父老亲朋故旧们一起和高祖欢欢喜喜地谈笑了十来天。高祖告辞要走，大家执意请他再住几天。高祖说："我部下的人多，你们供应不起。"于是起驾上路。沛县的父老们倾城出动，大家都拿着东西到城西向高祖进献。高祖见此情景，便又停下来搭设帐篷一起畅饮了三天。沛县的父老们说："沛县的徭役、赋税是免了，但丰邑还没有豁免，请您可怜他们，把他们的也免了吧。"高祖说："丰邑本是我出生的地方，我绝忘不了它，我所恨的是当年他们居然跟着雍齿投靠魏人而反我。"沛县的父老们再三请求，于是高祖便把丰邑的劳役、赋税也豁免了，让他们和沛县享受同样的待遇。也就在这个时候，高祖封他的侄子沛侯刘濞做了吴王。

【原文】 汉将别击布军洮水南北[1]，皆大破之，追得斩布鄱阳[2]。

【注释】 ①洮水：当是泚水。泚水今作"淠水"，源于大别山，经霍山、六安入淮河。②斩布鄱阳：英布战败后逃走江南，被长沙王吴臣所骗，杀英布于鄱阳。

【译文】 高祖派去追击英布的将领们追到洮水两岸，大破英布军，接着追到鄱阳县斩杀了英布。

【原文】 高祖击布时，为流矢所中，行道病。病甚，吕后迎良医，医入见。高祖问医，医曰："病可治[1]。"于是高祖嫚骂之曰："吾以布衣提三尺剑取天下，此非天命乎？命乃在天，虽扁鹊何益！"遂不使治病，赐金五十斤罢之。已而吕后问："陛下百岁后，萧相国即死，令谁代之？"上曰："曹参可。"问其次，上曰："王陵可。然陵少戆[2]，陈平可以助之。陈平智有馀，然难以独任。周勃重厚少文[3]，然安刘氏者必勃也，可令为太尉[4]。"吕后复问其次，上曰："此后亦非而所知也。"

【注释】 ①病可治：婉辞，实即不能治了。②少戆：稍有点粗直，认死理。戆，憨厚刚直。③重厚少文：沉着厚道，而不善花言巧语。④太尉：秦汉时的"三公"之一，掌全国军事。

【译文】 高祖讨伐英布时，曾被流矢射中，回来的时候，半道上就顶不住了。后来越发厉害，吕后请来名医为他治疗。医生看过之后，高祖问病情如何，医生说："还可以治好。"高祖一听谩骂起来："我以一个平民的身份，提三尺剑打出了天下，这不都是天命吗？命由天定，即使是神医扁鹊，对我又能起什么作用！"于是就不让医生再治，而给了他五十斤金，把他打发走了。过了一会儿，吕后问高祖："你百年之后，如果萧何死了，让谁接续当宰相呢？"高祖说："可以用曹参。"吕后又问："曹参以后呢？"高祖说："可以用王陵。但王陵有些认死理，可以让陈平帮他。陈平智谋不少，但难以独当大任。而周勃虽然沉着厚道不善言谈，但日后能捍卫刘氏政权的必定是他。"吕后还要再问以后的事情，高祖说："再往后也不是你能知道的了。"

【原文】 四月甲辰[1]，高祖崩长乐宫。

【注释】 ①四月甲辰：汉之十二年，阴历四月二十五。

【译文】 这年四月的甲辰日，高祖病逝于长乐宫。

世　家

孔子世家

【题解】

《孔子世家》记述了孔子一生所从事的种种活动，介绍并高度评价了他的思想学说，对其坎坷周流、困顿不遇的一生，寄寓了极大的惋惜和同情。司马迁对孔子顽强刻苦、虚心好学的精神和他那种渊博的知识学问，以及他为研究整理古代文献所付出的巨大努力与他所取得的丰富成果，表现了极大的敬仰与赞佩之情。司马迁认为孔子是我国古代足以称为"周公第二"的大圣人、大学者，并立志以孔子为楷模，要写"第二部《春秋》"，要做"孔子第二"。孔子有宏伟的政治理想，并有将这种理想付诸实践的政治才干，作品中对此有充分表现，但客观形势总是对孔子不利，以至于使他到处碰壁，司马迁对此表现了无比的愤慨与同情。《孔子世家》的悲剧气氛与整个《史记》的悲剧气氛相一致。孔子那种百折不挠、锲而不舍，宁知其不可为而为之，以及他那种不改变信念、不降低目标、绝不与恶势力同流合污的奋斗精神，使司马迁极为赞赏。在这篇作品里，司马迁塑造了一个他心目中所理想的古代士人的悲剧形象。

孔子像

《孔子世家》是司马迁根据《论语》《左传》《孟子》《礼记》等书中旧有的资料加以排比、谱列而成的。这项谱列工作在很大的程度上是出于司马迁的独创，因为迄今为止，我们还没有发现先秦的古籍中有过孔子的传记或是年谱一类的东西，因此《孔子世家》就成了远从汉代以来研究孔子思想生平的最重要的依据之一，在我国学术史上有着极其重要的地位。

【原文】　孔子生鲁昌平乡陬邑①。其先宋人也②，曰孔防叔。防叔生伯夏，伯夏生叔梁纥。纥与颜氏女野合而生孔子③，祷于尼丘得孔子④。鲁襄公二十二年而孔子生⑤。生而首上圩顶⑥，故因名曰"丘"云。字仲尼，姓孔氏。

【注释】　①陬邑：古邑名，即今山东曲阜东南之陬村。②宋：西周初期建立的诸侯国名，始封之君为殷纣王之庶兄微子启。③颜氏女：据《孔子家语》此女名"徵在"。野合：未经婚嫁而交合。④祷：谓祭祀祈祷以求子也。尼丘：即曲阜东南的尼山。⑤鲁襄公二十二年：前551年。孔子生：还有一种说法说孔子生于鲁襄公二十一年。⑥圩(yd)顶：头顶凹陷。

【译文】　孔子生在鲁国昌平乡的陬邑。他的祖先是宋国人，叫孔防叔。孔防叔生了伯夏，伯夏生了叔梁纥。叔梁纥与颜家的一个女子私通生了孔子。据说是祈祷于尼丘山而得孔子的。鲁襄公二十二年孔子降生，脑袋长得中间凹四面高，因此他的母亲给他取名叫丘，字仲尼，姓孔。

【原文】　丘生而叔梁纥死①，葬于防山②。防山在鲁东，由是孔子疑其父墓处，母讳之也③。孔子为儿嬉戏，常陈俎豆④，设礼容⑤。孔子母死，乃殡五父之衢⑥，盖其慎也。陬人輓父之母诲孔子父墓⑦，然后往合葬于防焉。

【注释】　①丘生而叔梁纥死：有曰孔子生三岁而梁纥死。②防山：又名笔架山，在今山东曲阜东。③讳：不愿说。可能是徵在以野合生子为耻而不愿说。④俎：形如几案，用以盛放祭祀用的牛羊豕。豆：形如镫，用以装带汁的祭品。⑤设礼容：此言孔子自幼时即与他儿不同,天生好礼。⑥殡:停柩。这里指临时埋葬。五父之衢:当时曲阜城里的街道名。⑦诲:教导,告知。

【译文】 孔丘降生不久叔梁纥就死了,埋在防山。防山在鲁国东部,但是孔子始终不知道父亲埋在什么地方,因为他的母亲故意不告诉他。孔子小时候做游戏,常常摆放各种祭器,模仿大人祭祀的礼仪。孔子的母亲死后,孔子就把她临时埋葬在五父之衢,是因为还没有找到父亲的墓地而谨慎等待的缘故吧。后来陬邑人輓父的母亲告诉了孔子他父亲坟地的地点,孔子才把母亲的灵柩送到防山与父亲合葬在一起。

【原文】 孔子年十七①,鲁大夫孟釐子病且死,诫其嗣懿子曰:"孔丘,圣人之后②,灭于宋③。其祖弗父何始有宋而嗣让厉公④。及正考父佐戴、武、宣公,三命兹益恭⑤,故鼎铭云:'一命而偻⑥,再命而伛⑦,三命而俯,循墙而走⑧,亦莫敢余侮。饘于是⑨,粥于是,以糊余口。'其恭如是。吾闻圣人之后,虽不当世⑩,必有达者。今孔丘年少好礼,其达者欤?吾即没,若必师之。"及釐子卒,懿子与鲁人南宫敬叔往学礼焉⑪。是岁⑫,季武子卒,平子代立⑬。

【注释】 ①孔子年十七:时当鲁昭公七年,前535年。②圣人:"圣人"指正考父。正考父所以能称"圣人",即因有下面所述之名言。③灭于宋:指孔子六世祖孔父嘉为华督所杀,其子奔鲁。④弗父何始有宋而嗣让厉公:弗父何是西周时人,宋潜公之嫡子,宋厉公之兄,让国于厉公。此与《宋世家》讲潜公卒,其子鲋祀(即厉公)弑炀公自立不同。⑤三命:一命为士,再命为大夫,三命为卿。兹益:越发。兹,通"滋",更加。⑥偻:躬身弯腰。⑦伛:与下文的"俯"都是弯腰的意思,其程度依次较"偻"更深。⑧循墙而走:言不敢安然行于路中,盖谨慎之极也。⑨饘:稠粥。这里用如动词,意即煮稠粥。⑩当世:当政,治国。⑪懿子与鲁人南宫敬叔往学礼焉:这是后来的事,大约在昭公二十四年(前518年),孔子时为三十四岁。南宫敬叔,孟釐子之子,懿子弟。⑫是岁:指孔子十七岁这一年,昭公七年,前535年。⑬平子代立:此事及懿子与南宫敬叔学礼事均在昭公二十四年(前518年),时孔子三十四岁,司马迁误认为二事与孟釐子死都是孔子十七岁时事。

【译文】 孔子十七岁的时候,鲁国大夫孟釐子病重,临终告诫他的儿子孟懿子说:"孔丘是圣人的后代,他的先祖在宋国灭败。孔子的九世祖弗父何本来应该享有宋国却让给了宋厉公。弗父何的曾孙正考父先后辅佐过宋戴公、宋武公、宋宣公三代,曾受过三次晋封的任命,而他的表现却是地位越高为人越谦逊。因此他家一个鼎上刻的铭文说:'第一次听到任命我鞠躬而受,第二次听到任命我弯腰而受,第三次听到任命我俯首而受。顺着墙根走,别说这么无用,到头来也没有人给我气受。我每天一碗稀饭一碗粥,就靠着这个糊口。'他谦恭得就是这个样子。我听说凡是圣人的后代,即便不能为政治国,也一定会才德显达。现在孔丘从小就喜好礼仪,难道他不是才德显达的人吗?我就要死了,你一定要去拜他为师。"孟釐子死后,孟懿子和鲁国人南宫敬叔便前往孔子处学礼。也就在这一年,季武子死了,季平子代立为卿。

【原文】 其后定公以孔子为中都宰①,一年,四方皆则之。由中都宰为司空,由司空为大司寇②。

【注释】 ①中都宰:中都地方的行政官。中都,鲁邑名,在今山东汶上西。②大司寇:掌管诉讼司法的最高长官。

【译文】 鲁定公叫孔子做了中都的地方官,一年之间大见成效,周围的地方官们都以他为榜样。很快地孔子也就由中都宰被提升到鲁国朝廷做了司空,又由司空晋升为大司寇。

【原文】 定公十年春①,及齐平②。夏,齐大夫黎鉏言于景公曰:"鲁用孔丘,其势危齐。"乃使使告鲁为好会,会于夹谷③。鲁定公且以乘车好往④。孔子摄相事⑤,曰:"臣闻有文事者必有武备,有武事者必有文备。古者诸侯出疆,必具官以从,请具左、右司马⑥。"定公曰:"诺。"具左、右司马。会齐侯夹谷,为坛位,土阶三等⑦,以会遇之礼相见⑧,揖让而登。献酬之礼毕⑨,齐有司趋而进曰:"请奏四方之乐⑩。"景公曰:"诺。"于是旍旄羽被矛戟剑拨鼓噪而至⑪。孔子趋而进,历阶而登⑫,不尽一等⑬,举袂而言曰⑭:"吾两君为好会,夷狄之乐何为于此!请命有司!"有司却之⑮,不去,则左右视晏子与景公⑯。景公心怍⑰,麾而去之。有顷,齐有司趋而进曰:"请奏宫中之乐。"景公曰:"诺。"优倡侏儒为戏而前⑱。孔子趋而进,历阶而登,不尽一等,曰:"匹夫而营惑诸侯者罪当诛⑲!请命有司!"有司加法焉,手足异处⑳。景公惧而动,知义不若,归而大恐,告其群臣曰:"鲁以君子之道辅其君,而子独以夷狄之道教寡人,使得罪于鲁君,为之奈何?"有司进对曰:"君子有过则谢以质㉑,小人有过则谢以文㉒。君若悼之㉓,则谢以质。"于是齐侯乃归所侵鲁之郓、汶阳、龟阴之田以谢过㉔。

【注释】 ①定公十年:前500年,是年孔子五十二岁。②平:也叫"成",指国与国间为结束敌对状态,恢复和平友好而订立盟约。③夹谷:地名,有说即今山东莱芜南的夹谷峪。④乘车:日用的一般车驾,与"兵车"相对而言。好:指无敌意,无戒备。⑤摄相事:史公之意谓孔子遂由大司寇代行宰相职务。这是史公对孔子当时在鲁国地位的理解。至于事实是否如此,说法不同,多数人认为此"相"是相礼之"傧相",而非宰相。⑥具左右司马:即指带领一定数量的武装保卫人员。司马,武官名。然鲁从没有左右司马之官,这也是史公附会。⑦土阶三等:夯土为阶,坛高三级,极言其简。⑧会遇之礼:两国国君平等相会的礼节。这是比较简略的礼节。⑨献酬:献、酬都是"敬酒"的意思。⑩四方之乐:四境少数民族的舞蹈音乐。⑪旍旄羽被矛戟剑拨:皆武舞中所用的道具。旍,同"旌",旗类。旄,幢也,其形如宝盖。羽、被,皆编羽而成,舞者所执。拨,大盾。鼓噪而至:欲劫执鲁君。⑫历阶:一步一级。古礼登阶应每登一阶并一下脚,此时因事态紧急,没有并脚。⑬不尽一等:还有一层台阶没有上完,(就开口说话了,)极言其情势之紧急。⑭举袂而言:见其急迫之态。⑮却:使之离去。⑯则左右视晏子与景公:主语是孔子。又,此处不应述及晏子。晏子代父桓子为大夫,在鲁襄公十七年,是时孔子尚未生。而会于夹谷时,孔子已五十有二,晏子恐未必尚在。《左氏》记晏子事极详，但自鲁昭公二十六年以后，竟无一言一事见于《内》《外》传，其人当在昭公、定公之间已经去世。⑰怍：惭愧。⑱优倡侏儒：古代统治者身边供其玩笑取乐的歌舞、杂戏、滑稽、诙谐等各种人员。侏儒，矮人，古代常使之充当滑稽角色，供人笑乐。⑲匹夫：指小人，下等人。营惑：通"荧惑"，迷惑，乱人视听。⑳手足异处：指杀死。㉑谢：道歉。质：实，实在的东西。㉒文：指花言巧语，没用的东西，与"实"相反。㉓悼：痛心，愧悔。㉔乃归所侵鲁之郓、汶阳、龟阴之田：《左传》于此会还记有孔子拒绝不合理条约之事。若无夸饰，孔子于此会之表现堪称大智大勇。

【译文】　鲁定公十年春，鲁国同齐国和解。同年夏天，齐国的大夫黎钽对齐景公说："鲁国重用孔丘，势必危及齐国。"于是派人去邀请鲁定公来齐国的夹谷进行友好会见。鲁定公准备好车辆随从。孔子这时被任为代理宰相，说："俗话说办文事也得有武力做后盾，办武事也得有文备。自古以来凡是诸侯离开自己的国家，必须带齐必要的文武官员，请您安排左、右司马一起去。"鲁定公说："好。"于是让左、右司马跟着一道出发了。到达夹谷与齐侯相会，那里已经修起了台子，台子的边上有三磴土台阶。鲁定公与齐景公按着应有的礼节见面后，彼此推让着登上了台子。互相敬过了酒，齐国有关官员过来请示说："请允许演奏四方的乐舞。"齐景公说："好。"于是一群武士举着旗帜，拿着弓弩、矛戟、宝剑等各种武器，大呼小叫地一齐拥到了台下。孔子立刻小步急速地走到了台前，又一步一磴地登台，站上了倒数第二磴台阶，他一挥袖子对着下面喝道："现在是两国的君主在进行友好会见，这些夷狄的乐舞来干什么！管事的赶快把他们轰出去！"齐国的有关官员示意叫他们退下，可是那些人不退。于是孔子就转过头来左右扫视晏子和齐景公，齐景公自己也觉得理亏，于是就挥手让那些人退了出去。过了一会儿，齐国的有关官员又过来请示说："请允许演奏宫中的乐舞。"齐景公说："好。"于是一群歌舞艺人和身材矮小的侏儒立刻拥上前来。孔子一见马上又跑上前去，一步一磴地登台，站上了倒数第二磴台阶说："匹夫小人凡是胆敢惑乱诸侯视听的，论罪当杀，请有关官员迅速执法！"于是齐国的有关官员只好过去把他们全部腰斩，让他们手足异处。齐景公一看，大为震恐，知道自己的道义敌不住孔子。回去后他害怕地对群臣们说："鲁国的孔子是用君子之礼来辅佐他们的国君，而你们却用夷狄的那一套，来给我帮倒忙，结果让我得罪了鲁君，我这以后该怎么办？"齐国的有关官员上前说："君子有了过错就用实际行动来表示悔改；小人有了过错就用粉饰来谢罪。您如果心里真过，那就用具体行动来表示道歉吧。"于是齐景公立即下令把从前侵占的鲁国的郓、汶阳、龟阴等地还给了鲁国以表示认错。

【原文】　定公十四年①，孔子年五十六，由大司寇行摄相事②，有喜色。门人曰："闻君子祸至不惧，福至不喜。"孔子曰："有是言也，不曰'乐其以贵下人'乎③？"于是诛鲁大夫乱政者少正卯④。与闻国政三月，粥羔豚者弗饰贾⑤，男女行者别于涂⑥，涂不拾遗。四方之客至乎邑者不求有司，皆予之以归。

【注释】　①定公十四年：前496年。②由大司寇行摄相事："摄""行"二字皆谓代理、权任。又,前文已云"摄相事",今又云"行摄相事",前后重复,且鲁之相一直由季氏担任,孔子不可能代理。③乐其以贵下人:孔子此语答非所问,近于巧辩。④诛鲁大夫乱政者少正卯:"少正"是官名,其人名"卯"。关于孔子诛少正卯的事情,最早见于《荀子·宥坐》,但后人多疑孔子无此事。⑤粥:通"鬻",卖。羔豚:羊、猪。饰:虚增。贾:通"价"。⑥别于涂:分路行走,各走一边。涂,同"途"。

【译文】 鲁定公十四年,孔子五十六岁,这时他又从大司寇被任命为代理宰相,脸上流露出很高兴的神色。他的学生们对他说:"人们常说,君子在大祸临头的时候面无惧色,在福禄降临的时候也面无喜色。"孔子说:"的确有这么一说。不是还有一种说法'君子有了高位能以礼贤下士为乐'吗?"于是孔子掌权后诛杀了扰乱鲁国政局的大夫少正卯。孔子参与鲁国政权仅仅三个月,鲁国那些贩卖羊羔猪仔的人们不再以次充好漫天要价,男女在路上行走时也自觉地分开来各走一边,丢在路上的东西也都没有人拾取。四面八方来到鲁国的客人,用不着到主管官员那里去求告,谁见了都能给他们安排很好的住处。

【原文】 齐人闻而惧,曰:"孔子为政必霸,霸则吾地近焉,我之为先并矣,盍致地焉①?"黎鉏曰:"请先尝沮之②,沮之而不可则致地,庸迟乎!"于是选齐国中女子好者八十人,皆衣文衣而舞《康乐》③,文马三十驷④,遗鲁君。陈女乐文马于鲁城南高门外⑤。季桓子微服往观再三,将受,乃语鲁君为周道游⑥,往观终日,怠于政事⑦。子路曰:"夫子可以行矣。"孔子曰:"鲁今且郊⑧,如致膰乎大夫⑨,则吾犹可以止。"桓子卒受齐女乐,三日不听政;郊,又不致膰俎于大夫,孔子遂行,宿乎屯⑩。而师己送,曰:"夫子则非罪。"孔子曰:"吾歌可夫?"歌曰:"彼妇之口,可以出走;彼妇之谒⑪,可以死败。盖优哉游哉,维以卒岁!"师己反,桓子曰:"孔子亦何言?"师己以实告。桓子喟然叹曰:"夫子罪我以群婢故也夫!"

【注释】 ①盍致地焉:此事不见于史书,司马迁在此将孔子的作用夸得过神。②尝:试。沮:以言语破坏。③文衣:彩衣。《康乐》:舞曲名。④文马:带有文采装饰的马。驷:古代称一车四马为"驷"。三十驷即一百二十匹。⑤高门:鲁都曲阜的南门。⑥周道游:季氏与鲁君因不好明言去城南看齐国女乐,故而说是"到各处走走"。⑦往观终日,怠于政事:这是因《论语》之言而附会,且与秦穆公离间由余的计策相似,真实性是很值得怀疑的。⑧郊:郊祀,在城外举行的祭天活动。⑨致膰乎大夫:按照礼节规定,天子或诸侯的祭祀过后,要把祭肉分发给大臣,以表示对这些大臣的尊重。膰,祭肉。⑩宿乎屯:孔子去鲁在定公十二年,不在此年。屯,鲁邑名,在今山东曲阜之南。⑪谒:进,进言。

【译文】 齐国听说了很害怕,说:"鲁国要是真让孔子当了政就一定会称霸;鲁国一旦称了霸,离它最近的是我们齐国,那我们就势必要被他们吞并了。我们何不先割给他一些土地呢?"他的大夫黎鉏说:"我们先想办法阻止,如果阻止不成再给他们割地,这难道还算迟吗?"于是他就在齐国挑选了八十个漂亮女子,穿上华丽的衣服,教会她们跳《康乐》舞;又挑了装饰着文采的骏马一百二十四,一齐给鲁君送了去。到鲁国后他们把这些舞女和骏马先安置在鲁都城南的高门外。季桓子穿着便衣溜到那里去看了好几遍,打算接受下来。就跟鲁君说外出周游视察,却整天在那里观看,无心再想政事了。子路对孔子说:"先生可以离开这个国家了。"孔子说:"鲁国很快就该到郊外去祭天了,如果祭祀后还能把祭肉分送给大夫们,那我们就还可以留下来。"季桓子终于接受了齐国送来的女乐,并一连三日不过问国家大事,等到郊外祭天的仪式结束后,又不把祭肉分送给大夫们。于是孔子只好离开鲁国,当晚他们寄宿在鲁城南面的屯邑。鲁国的师已为他送行,师已对孔子说:"您可没有任何过错呀。"孔子说:"我唱首歌给你听听?"于是他就唱道:"妇人搬弄口舌,可以害得你四处奔波;妇人在君前告状,可以叫你不死则亡。悠闲啊悠闲,我只有这样安度岁月!"师已回朝后,季桓子问他:"孔子临走时说了些什么?"师已如实相告。季桓子叹了一口气说:"他是怪我接受了那群女乐啦!"

【原文】 将适陈①,过匡②,颜刻为仆③,以其策指之曰:"昔吾入此,由彼缺也。"匡人闻之,以为鲁之阳虎。阳虎尝暴匡人④,匡人于是遂止孔子。孔子状类阳虎,拘焉五日。颜渊后⑤,子曰:"吾以汝为死矣。"颜渊曰:"子在,回何敢死!"匡人拘孔子益急,弟子惧。孔子曰:"文王既没,文不在兹乎?天之将丧斯文也,后死者不得与于斯文也⑥;天之未丧斯文也,匡人其如予何!"孔子使从者为宁武子臣于卫⑦,然后得去⑧。

【注释】 ①陈:诸侯国名,都城即今河南淮阳。②匡:卫国邑名,在今河南长垣西。③颜刻:孔子弟子,或曰当是颜高。④阳虎尝暴匡人:事在鲁定公六年。时匡为郑邑,鲁侵郑,匡邑城墙有缺口,阳虎从此破墙入城。暴,施暴,肆虐。⑤颜渊:名回,字渊,孔子最欣赏的学生。后:同行而落在后面,此指随后赶了上来。⑥后死者:孔子指称自己,与"既没"的文王相对而言。与:参与,掌握。⑦宁武子:名俞,卫国大夫,颇受孔子敬重。但在宁武子时,孔子未生;在孔子畏匡时,宁氏则族灭已久。或曰此宁武子是孔文子之误。⑧然后得去:此处记孔子畏于匡事与《论语》所记不太一样。孔子得以脱困,据《庄子》是匡人认识到弄错了人而放了他,《孔子家语》记为弦歌解围,还有谓孔子靠自己辩说得以解围者。

【译文】 孔子准备到陈国去,中途经过卫国的匡邑,颜刻这时给他赶车,颜刻用马鞭子指着城墙说:"我过去曾进过匡邑,就是从那个缺口进去的。"匡人听他这么一说,误认为是鲁国的阳虎又来了,阳虎曾经劫掠过匡邑人,于是匡人就把孔子围困起来。孔子的相貌很像阳虎。一连围困了五天,五天后颜渊赶到,孔子说:"我以为你已经死了。"颜渊说:"您还活着,我怎么能死?"匡人围逼孔子越来越急,弟子们都很害怕。孔子说:"文王死了之后,周代的礼乐不就在我们这里吗?老天爷要是真想叫周代的礼乐毁坏,那它就不会让我再学;老天爷要是不想叫周代的礼乐毁坏,那匡人又能把我怎么样呢?"后来孔子打发了他的一个学生去给卫国的宁武子做家臣,孔子才得以离开。

【原文】 灵公夫人有南子者^①，使人谓孔子曰："四方之君子不辱欲与寡君为兄弟者^②，必见寡小君^③。寡小君愿见。"孔子辞谢，不得已而见之。夫人在絺帷中^④，孔子入门，北面稽首^⑤。夫人自帷中再拜，环佩玉声璆然^⑥。孔子曰："吾乡为弗见^⑦，见之礼答焉。"子路不说，孔子矢之曰^⑧："予所不者^⑨，天厌之！天厌之！"居卫月馀，灵公与夫人同车，宦者雍渠参乘^⑩，出，使孔子为次乘^⑪，招摇过市之^⑫。孔子曰："吾未见好德如好色者也^⑬。"于是丑之，去卫，过曹^⑭。是岁，鲁定公卒^⑮。

【注释】 ①南子：据说此女美而淫，偏受灵公之宠。②不辱：不以为辱，谦词。寡君：对别国人说话时，自称本国的国君曰"寡君"。③寡小君：称本国的国君夫人曰"寡小君"。④絺：葛草织品之精者。⑤稽首：最重的拜见之礼。⑥环佩玉声璆然：隔帷拜答之事不合礼，司马迁此记也无根据。璆然，佩玉相击声。⑦乡：通"向"，前者。为：将。⑧矢：起誓。⑨不：通"否"。⑩参乘：原指在车上立于国君之旁，为国君担任警卫，这里即指同车陪侍。⑪次乘：第二辆车。⑫招摇：故意显示、卖弄的样子。⑬吾未见好德如好色者也：南子是卫灵公宠幸的女人，雍渠是卫灵公的男宠，都是"以色待人"者，故孔子有这样的慨叹。⑭曹：西周初年建立的诸侯国名，都于陶丘，即今山东定陶西南。⑮鲁定公卒：前495年，是年孔子五十七岁。

【译文】 卫灵公的夫人南子，派人来对孔子说："各国的君子凡是来到卫国想跟我们国君建立像兄弟一样的情谊的，一定会来见见我们的南子夫人。现在我们的南子夫人也想见见您。"孔子开始时推辞不见，后来不得已只得去了。南子夫人坐在一层薄薄的纱幕后面。孔子进门后，向着北面叩头，南子夫人也在纱幕后拜了两拜，她身上的各种佩饰发出叮当的声响。孔子回来对他的弟子们说："我本来是不愿意见她的，后来既已见了，也就只好以礼相答。"子路很不高兴，孔子就发誓说："如果我说的不是真心话，那就让老天爷厌弃我，让老天爷厌弃我！"过了一个来月，卫灵公外出，他和南子夫人同坐一辆车，让宦官雍渠同车侍候，而让孔子坐在第二辆车子上，从集市上招摇而过。孔子说："我还真没见过谁能爱好道德像爱好女色一样。"于是他感到羞耻，就离开了卫国，到曹国去了。也就在这一年，鲁定公去世了。

【原文】 孔子去曹适宋^①，与弟子习礼大树下。宋司马桓魋欲杀孔子^②，拔其树，孔子去^③。弟子曰："可以速矣。"孔子曰："天生德于予，桓魋其如予何！"

【注释】 ①孔子去曹适宋：孔子过宋在鲁哀公三年，应书于后文"吴败越王勾践会稽"之后，不应书于哀公元年之事前。②司马：主管全国兵事。桓魋：宋国的权臣。③"拔其树"二句："拔其树，孔子去"是"孔子去，拔其树"的倒文。桓魋想杀孔子，赶到后，孔子已去，因此拔掉这棵树表示愤恨。

【译文】 后来孔子又离开曹国到了宋国，和弟子们在一棵大树下演习礼仪。宋国的司马桓魋想杀孔子，赶到后孔子已经离开了，就让人把那棵大树拔掉了。弟子们催促说："我们还是走快点吧。"孔子说："老天爷已经把品格、责任赋予了我，桓魋又能把我怎么样呢？"

【原文】 孔子适郑①,与弟子相失,孔子独立郭东门。郑人或谓子贡曰②:"东门有人,其颡似尧③,其项类皋陶,其肩类子产④,然自要以下不及禹三寸,累累若丧家之狗⑤。"子贡以实告孔子。孔子欣然笑曰:"形状,末也⑥;而谓似丧家之狗,然哉⑦!然哉!"

【注释】 ①郑:西周后期建立的诸侯国,始都于棫林,即今陕西华县。西周灭,东迁,都于新郑,即今河南新郑。②子贡:姓端木名赐,字子贡,孔子的学生。③颡:上额。④子产:即公孙侨,春秋后期郑国的名臣。⑤累累:垂头丧气的样子。⑥末:末节,不重要。有的版本作"未",未必,意佳。⑦然哉:有人认为适郑被嘲之事不过是传闻,不是事实。

【译文】 孔子到达郑国时,和弟子们走散了,一个人孤零零地站在外城的东门。有个郑国人对子贡说:"东门外有个人,他的前额有点像唐尧,他的脖子有点像皋陶,他的肩膀有点像子产,他的下半身比大禹矮三寸,他那萎靡不振的样子活像一只丧家狗。"子贡找到孔子后就把那个人的话如实地对孔子说了。孔子一听反而开心地笑起来,说:"他所美言我的那种相貌,我可真是不敢当。但他说我像只丧家狗,那可真对极了!对极了!"

【原文】 秋,季桓子病,辇而见鲁城①,喟然叹曰:"昔此国几兴矣,以吾获罪于孔子②,故不兴也③。"顾谓其嗣康子曰:"我即死,若必相鲁;相鲁,必召仲尼。"后数日,桓子卒,康子代立。已葬,欲召仲尼。公之鱼曰④:"昔吾先君用之不终,终为诸侯笑。今又用之,不能终,是再为诸侯笑。"康子曰:"则谁召而可?"曰:"必召冉求⑤。"于是使使召冉求。冉求将行,孔子曰:"鲁人召求,非小用之,将大用之也。"是日,孔子曰:"归乎归乎!吾党之小子狂简,斐然成章⑥,吾不知所以裁之⑦。"子赣知孔子思归⑧,送冉求,因诫曰"即用,以孔子为招"云。

【注释】 ①辇:人抬的轿子,或人挽的车子。见:巡视。②获罪:"得罪"的客气说法,指季桓子当年接受齐国女乐,致使孔子离开鲁国事。③故不兴也:让季桓子将孔子作用估计得如此之高,也可见司马迁的感情态度。④公之鱼:季氏的主要家臣。⑤冉求:字子有,孔子的学生,以长于政事闻名。⑥斐然:文采繁盛的样子。⑦裁:一说意为裁制,一说即剪裁之裁,意即继续陪养辅助之。⑧子赣:即子贡。

【译文】 这年秋天,鲁国的季桓子病重,乘着辇车巡视鲁都的城墙,非常感慨地说:"过去这个国家曾一度要兴旺起来了,就是因为我,闹得让孔子离开了这个国家,所以鲁国就没有能振兴起来。"他回头看着他的继承人季康子说:"我死了以后,你一定会接替我做鲁国的宰相,你做了宰相之后,一定要把孔子叫回来。"几天后,季桓子去世了,季康子接着当了鲁国的宰相,他安葬完了季桓子,就准备派人去请回孔子。公之鱼拦阻说:"当初我们的老宰相就因为对待孔子没能善始善终,所以才遭到了诸侯们的耻笑。今天我们又要用他,要是再不能善始善终,那就又要惹得诸侯们耻笑了。"季康子说:"那我们叫谁来好呢?"公之鱼说:"可以叫孔子的弟子冉求。"于是季康子就派了人去叫冉求。冉求准备动身前,孔子对他说:"鲁国派人来叫你回去,一定不会小用你,他们一定会大用你的。"也就在同一天,孔子感叹地说:"回去吧,回去吧!我家乡的那些弟子们志大才疏,他们下笔成章而又文情并茂,我都不知道该怎么引导他们才好。"子贡心里明白这是孔子也想回鲁国。于是他送冉求时,叮嘱过冉求"你回去一旦主了事,可一定要想办法把咱们先生接回去"的话。

【原文】 孔子迁于蔡三岁①,吴伐陈。楚救陈,军于城父②。闻孔子在陈、蔡之间,楚使人聘孔子③。孔子将往拜礼④,陈、蔡大夫谋曰:"孔子贤者,所刺讥皆中诸侯之疾。今者久留陈、蔡之间,诸大夫所设行皆非仲尼之意⑤。今楚,大国也,来聘孔子。孔子用于楚,则陈、蔡用事大夫危矣。"于是乃相与发徒役围孔子于野⑥。不得行,绝粮。从者病,莫能兴⑦。孔子讲诵弦歌不衰。子路愠见曰⑧:"君子亦有穷乎?"孔子曰:"君子固穷,小人穷斯滥矣⑨。"

【注释】 ①孔子迁于蔡三岁:即哀公六年,前489年,是年孔子六十三岁。②城父:陈邑名,在今河南宝丰东,平顶山西北。③聘:以财物迎请。④拜礼:接受聘礼,前往拜谢。⑤设行:施行,实行的章程、制度。⑥于是乃相与发徒役围孔子于野:楚欲用孔子而陈、蔡围之于野事不可能。当时陈事楚,蔡事吴,是敌国,二国之大夫不可能合谋。且此年吴志在灭陈,陈仗楚救之,岂敢围楚欲用之人。徒役,这里指士兵。⑦兴:起,立。⑧愠:恼怒。⑨斯:则。滥:不能克制自己。

【译文】 孔子迁居到蔡国的第三年,吴国出兵伐陈。楚国派兵救陈,驻兵于城父,楚王听说孔子这时就在陈、蔡两国之间,于是就派人去请孔子。孔子准备前去拜见。陈、蔡两国的大夫们听到这个消息立刻商量:"孔子可是个有才德的贤人,他对哪个国家所做的批评都能切中那个国家的要害。如今住在我们陈、蔡两国之间,我们这些人的所作所为都不合乎孔子的思想。现在楚国这个大国来请孔子了。如果孔子在楚国被重用,那我们陈、蔡两国这些主事人可就危险了。"于是他们就串通起来发兵把孔子一行围困在野外,使得他们想走走不了,带的干粮也都吃完了,饿得那些随从的弟子们一个个都躺在地上,站不起来。而孔子却还在那里讲诗书,读文章,弹琴唱歌不停。子路恼怒地过来对孔子说:"君子难道也有走投无路的时候吗?"孔子说:"君子到了困窘的时候能够坚守节操,而小人到了困窘的时候就会不择手段地乱来了。"

【原文】 子贡色作。孔子曰:"赐,尔以予为多学而识之者与①?"曰:"然。非与?"孔子曰:"非也,予一以贯之②。"

【注释】 ①识:通"志",记忆。②一以贯之:据《论语·里仁》:"子曰:'参乎,吾道一以贯之。'曾子曰:'夫子之道,忠恕而已矣。'"则此文之所谓"一"者,"忠恕"也。以上孔子对子路、子贡所说的"君子固穷"与"一以贯之"两条,皆见于《论语·卫灵公》,但两条之间没有关系;而史公乃于第二条之开头加了"子贡色作"四字,而与子路之"愠"连在一起,合为一事,殊为不伦。

【译文】 子贡的脸色变了。孔子说:"赐啊,你认为我是学了很多的东西能牢记不忘的人吗?"子贡说:"是的。难道您不是这样吗?"孔子说:"不是的,我是能用一个基本的思想把所学的东西贯串起来。"

【原文】 孔子知弟子有愠心,乃召子路而问曰:"《诗》云'匪兕匪虎,率彼旷野'①。吾道非邪?吾何为于此?子路曰:"意者吾未仁邪②?人之不我信也。意者吾未知邪③?人之不我行也。"孔子曰:"有是乎!由,譬使仁者而必信④,安有伯夷、叔齐?使知者而必行,安有王子比干?"

【注释】 ①"匪兕"二句:见《诗经·小雅·何草不黄》。匪,同"非"。兕,野牛。率,循,沿着。②意者:莫非是,推测之辞。③未知:智慧不足。知,同"智"。④信:理解。

【译文】 孔子知道弟子们都有怨气,于是把子路叫来问道:"《诗·何草不黄》里说'既不是犀牛,又不是老虎,可是却在原野上东奔西跑',是我追求的理想不对吗?我为什么落到了这步田地呢?"子路说:"也许是我们还没有达到'仁人'的标准,所以人们对我们还不够信任。也许是我们的聪明智慧还有欠缺,所以人们才处处同我们为难。"孔子说:"有你说的这种道理吗?由啊,要是凡够'仁人'标准的人就能让别人相信,那伯夷、叔齐还会饿死在首阳山吗?要是聪明智慧无欠缺的人就一定能通行无阻,那王子比干还会被挖了心吗?"

【原文】 子路出,子贡入见。孔子曰:"赐,《诗》云'匪兕匪虎,率彼旷野'。吾道非邪?吾何为于此?"子贡曰:"夫子之道至大也,故天下莫能容夫子。夫子盖少贬焉①?"孔子曰:"赐,良农能稼而不能为穑②,良工能巧而不能为顺③。君子能修其道,纲而纪之,统而理之,而不能为容④。今尔不修尔道而求为容,赐,而志不远矣!"

【注释】 ①盖少贬焉:何不自己稍微降低一点呢?盖,同"盍",何不。②稼:种。穑:收获。③巧:工艺精巧。顺:符合别人的心意。④容:接受,容纳。

【译文】 子路出去后,子贡进来了。孔子说:"赐啊,《诗·何草不黄》里说'既不是犀牛,又不是老虎,可是却在原野里东奔西跑',是我追求的理想不对吗?我为什么落到这步田地呢?"子贡说:"这是由于先生您的理想太高尚太伟大了,因此普天下才无法容纳您。先生您难道就不能把标准降低点吗?"孔子说:"赐,最好的农民能保证把地种好,但不能保证就一定能获得丰收;最好的能工巧匠能保证把东西做得巧夺天工,但不能保证买东西的人一定满意;君子能够尽力使自己的理想趋于完善,能让它有条有理,一以贯之,但不能保证一定能让世人接受。现在你不是去修养自己而是只想去取得世人的接纳,你的志向可不够远大!"

【原文】 子贡出,颜回入见。孔子曰:"回,《诗》云'匪兕匪虎,率彼旷野'。吾道非邪?吾何为于此?"颜回曰:"夫子之道至大,故天下莫能容。虽然,夫子推而行之。不容何病①,不容然后见君子!夫道之不修也,是吾丑也。夫道既已大修而不用,是有国者之丑也。不容何病,不容然后见君子!"孔子欣然而笑曰:"有是哉颜氏之子②!使尔多财,吾为尔宰③。"

【注释】 ①病:损害,害处。②有是哉:犹今之所谓"真有你的",惊喜敬佩之词。③宰:主管,即前"阳虎为季氏宰"之"宰"。

【译文】 子贡出去后,颜回进来了。孔子说:"颜回,《诗·何草不黄》里说'既不是犀牛,又不是老虎,可是却在原野里东奔西跑',是我的理想不对吗? 我为什么落到了这步田地呢?"颜回说:"先生的理想太伟大了,因此才使得天下哪里也无法容纳。尽管如此,先生您还是坚持不懈地在推行它,不被容纳又有什么关系呢,不被容纳才更显示出您作为君子的伟大! 一个人的理想学说不完美,那是自己的耻辱;如果理想学说完美无缺而只是不能被人容纳,那就是当权者们的羞耻了。不被容纳有什么关系,不被容纳才显示出您作为君子的伟大!"孔子一听称心地笑着说:"颜家的小子,可真有你的! 假如你是个大富翁,我情愿去给你当管家。"

【原文】 于是使子贡至楚。楚昭王兴师迎孔子①,然后得免。

【注释】 ①楚昭王兴师迎孔子:昭王没有招孔子的事。

【译文】 后来孔子派子贡去向楚王报告了情况,楚昭王派兵来迎接孔子,孔子师徒才摆脱了困境。

【原文】 其明年①,冉有为季氏将师,与齐战于郎,克之。季康子曰:"子之于军旅,学之乎? 性之乎②?"冉有曰:"学之于孔子。"季康子曰:"孔子何如人哉③?"对曰:"用之有名;播之百姓,质诸鬼神而无憾④。求之至于此道⑤,虽累千社⑥,夫子不利也。"康子曰:"我欲召之,可乎?"对曰:"欲召之,则毋以小人固之⑦,则可矣。"而卫孔文子将攻太叔,问策于仲尼。仲尼辞不知,退而命载而行⑧,曰:"鸟能择木,木岂能择鸟乎!"文子固止。会季康子使公华、公宾、公林,以币迎孔子⑨,孔子归鲁。

【注释】 ①其明年:当作后四年,哀公十一年(前484年),距吴会缯已四年,时孔子年六十八。②性:生。③孔子何如人哉:季孙肥这里主要是问孔子的军事才能。④质:询问。无憾:无不满,无意见。⑤求之至于此道:此句上下不连贯,上下疑有脱文。⑥累:几个。千社:两万五千户人家,古代二十五家为一社。⑦固:拘泥,限制。⑧命载:犹言"命驾",打发人备车。见孔子对卫国之污浊极其厌恶。⑨币:贽也,聘迎之礼品。

【译文】 第二年,冉有为季孙氏统领部队,在鲁国的郎亭与齐国作战,获得了胜利。季康子问冉有说:"您这份指挥作战的才能,是学来的呢? 还是天生的呢?"冉有说:"是跟着孔子学的。"季康子说:"孔子是一个什么样的人呢?"冉有说:"孔子办什么事情都要求名正言顺。他的所作所为都可以讲给百姓们听,都可以摆给鬼神们看,而保险不会有任何欠缺。像我现在所做的这些事情,我想您即使拿两万五千家的封地去吸引他,他也不会为了这点利益来做的。"季康子说:"我想把他请回鲁国来,行吗?"冉有说:"您要是想请他回来,那就决不能把他当成小人对待。这样也许还可以。"当时,卫国的孔文子准备攻击太叔,孔文子跑去向孔子讨教。孔子婉转地推说自己不懂这方面的事情,说罢立即叫人收拾行装离开了卫国,他说:"只能够由鸟来选择树木，难道还能由树木来选择鸟吗?"孔文子听说后，坚决请他留下来。这时正赶上季康子派了公华、公宾、公林几个人带着礼物来卫国迎孔子，于是孔子便返回了鲁国。

【原文】 孔子之去鲁凡十四岁而反乎鲁①。

【注释】 ①去鲁凡十四岁而反乎鲁:孔子去鲁在定公十三年，去鲁实十四年也。

【译文】 孔子离开鲁国一共十四年后才又回到鲁国。

【原文】 孔子之时，周室微而礼乐废，《诗》《书》缺。追迹三代之礼①，序《书传》②，上纪唐虞之际③，下至秦缪④，编次其事。故《书传》《礼记》自孔氏⑤。

【注释】 ①追迹:追索，考察。三代:指夏、商、周三朝。②序《书传》:意即编订《尚书》。也有人以为是编订《尚书》并给《尚书》的各篇作序。序，编次。③上纪唐虞之际:《尚书》中所记的最早的事情是关于尧、舜的，见《尧典》。④下至秦缪:《尚书》中所记的最晚的事情是关于秦穆公的，即《秦誓》。缪，通"穆"。⑤《礼记》:孔子所见的讲述上古礼仪的书，而绝非指今所传之《礼记》。

【译文】 在孔子生活的那个年代，周王室已经衰微，礼崩乐坏，《诗》《书》也都残缺不全。于是孔子就一方面考查夏、商、周三代的礼乐制度，一方面整理《书传》的编次，他把上起唐尧、虞舜，下至秦穆公的所有的篇章，都编排了起来。所以后人诵读的《书传》和《礼记》都是经孔子整理编定的。

【原文】 孔子语鲁大师①:"乐其可知也。始作翕如②，纵之纯如③，皦如④，绎如也⑤，以成。""吾自卫反鲁，然后乐正，《雅》《颂》各得其所⑥。"

【注释】 ①鲁大师:鲁国的乐官。大，同"太"。②翕如:翕翕然，妥贴的样子。③纯如:和谐貌。④皦如:清晰貌。⑤绎如:连续不绝貌。⑥《雅》《颂》各得其所:《雅》《颂》既是《诗经》内容的分类，也是乐曲的分类。此篇以为主要是正其篇章，即只调整《诗经》篇章的次序。

【译文】 孔子对鲁国乐官太师说:"音乐的演奏规律是可以掌握的，开始时各种音响要平和，随着音调的展开声音要和谐悦耳，要顿挫鲜明，要悠扬回荡，一直到结束。"又说:"我从卫国返回鲁国，就开始对乐曲进行审定;使《雅》《颂》都各自发挥了它们应发挥的作用。"

【原文】 古者《诗》三千馀篇，及至孔子，去其重，取可施于礼义①，上采契、后稷②，中述殷、周之盛③，至幽、厉之缺④，始于衽席⑤，故曰"《关雎》之乱以为《风》始⑥，《鹿鸣》为《小雅》始⑦，《文王》为《大雅》始⑧，《清庙》为《颂》始⑨"。三百五篇孔子皆弦歌之⑩，以求合《韶》《武》《雅》《颂》之音⑪。礼乐自此可得而述，以备王道⑫，成六艺⑬。

【注释】 ①"去其重"二句:此即通常所说的"孔子删《诗》"，今之学者已大多不取此说，认为孔子只是对基本定型的《诗经》进行过某些整理、编订，而没有将三千篇删为三百篇之事。礼义，即礼仪，指典礼仪式等。②上采契、后稷:《诗经·商颂·玄鸟》叙商朝祖先契生人之异也;《诗经·大雅·生民》则叙述了周代祖先后稷的初生与其生后的种种灵异。③中述殷、周之盛:《诗经》中有《长发》《清庙》以及《大明》等叙述殷代开国帝王汤和周代开国帝王文王、武王功业的作品。④至幽、厉之缺:《诗经》中有许多反映周幽王、周厉王时代政治黑暗的作品,如《正月》《十月之交》等。幽,指周幽王,西周末期的昏君,宠褒姒,被戎族所杀。厉,指周厉王,西周后期的暴君,被人民暴动所驱逐,逃死于外。⑤衽席:即床席,代指夫妻家庭生活。⑥《关雎》之乱以为《风》始:"之乱"二字当删。乱,乐曲末后之总章。《关雎》是《诗经·国风》中的第一篇,内容是描写青年男女求爱结婚的,与上文"始于衽席"正相应。风,是《诗经》中的门类之一,其中所收为从全国各地采集来的歌谣。⑦《鹿鸣》为《小雅》始:《鹿鸣》是《诗经·小雅》的第一篇,内容是宴乐群臣,歌颂明主喜得嘉宾。小雅,《诗经》中的门类之一。⑧《文王》为《大雅》始:《文王》是《诗经·大雅》中的第一篇,内容是歌颂文王姬昌发展周国的功德。⑨《清庙》为《颂》始:《清庙》是《诗经·周颂》中的第一篇,是周王朝的子孙祭祀文王时所唱的赞歌。颂,《诗经》中的门类之一,其中所收都是祭祀宗庙时所唱的歌。⑩三百五篇:《诗经》作品的总数。⑪《韶》:相传为虞舜时代的乐曲。《武》:相传是武王所做的乐曲。《雅》《颂》:这里也应该是指旧有的乐曲,《雅》是用于朝会宴享的,《颂》是用于祭祀的。⑫备王道:使王道政治的旧观重新展现出来。儒家讲究"礼乐治世",故把治礼作乐视为"王道"完成的一种表现。⑬成六艺:把《诗》与《乐》都列入儒家"六艺"。"六艺"指《诗》《书》《易》《礼》《乐》《春秋》。

【译文】 古代流传下来的诗大约有三千多篇,到孔子时,他删掉了那些重复的,选出了那些可以用来对人们进行礼仪教育的,最早的是歌颂殷契、后稷的诗篇,其次是称述殷、周两代繁荣兴盛的诗篇,接着还有批评周厉王、周幽王道德衰败的诗篇,而编排的顺序又首先是从夫妻之间的关系开始的。所以说"《关雎》是《国风》的开篇,《鹿鸣》是《小雅》的开篇,《文王》是《大雅》的开篇,《清庙》是《颂》的开篇"。孔子给选出来的这三百零五篇古诗都一一地配上了乐谱,让它们和《韶》《武》《雅》《颂》的音调相一致。礼乐才得以恢复旧观而被称述,王道完备,孔子也完成了"六礼"的编修。

【原文】 孔子晚而喜《易》①,序《彖》《系》《象》《说卦》《文言》②。读《易》,韦编三绝③。曰:"假我数年,若是,我于《易》则彬彬矣④。"

【注释】 ①《易》:原是远古流传下来的一种占卜书,经过孔子的提倡,被儒家视为孔门经典之一。②序《彖》《系》《象》《说卦》《文言》:司马迁认为这些都是孔子所作,后人则多认为不是,而是成于不同时代。《彖辞》《系辞》《象辞》《说卦》《文言》,是《易经》的五种注释书。③韦编:穿联简册的皮条。④彬彬:有修养、有学问的样子。这里指对文章理解的深透。

【译文】 孔子晚年特别喜欢《周易》,他为《周易》写了《彖辞》《系辞》《说卦》《文言》等著作。由于他不停地翻读《周易》,以至于把那些串竹简的皮条都弄断了多次。他说:"要是能够再多给我几年时间,我对于《周易》也就能领会得更透彻、更深入了。"

【原文】 孔子以《诗》《书》《礼》《乐》教,弟子盖三千焉①,身通六艺者七十有二人。如颜浊邹之徒,颇受业者甚众。

【注释】 ①三千:盖极言弟子之多,非必为三千人。

【译文】 孔子把《诗》《书》《礼》《乐》作为教育弟子的主要内容,受过孔子教育的弟子大概有三千人,其中对于"六艺"精通的有七十二个。像颜浊邹那样,受过孔子教诲而不算正式弟子的人就更多了。

【原文】 鲁哀公十四年春①,狩大野②。叔孙氏车子鉏商获兽③,以为不祥。仲尼视之,曰:"麟也。"取之。曰:"河不出图,雒不出书,吾已矣夫④!"颜渊死,孔子曰:"天丧予⑤!"及西狩见麟,曰:"吾道穷矣!"

【注释】 ①鲁哀公十四年:前481年,是年孔子七十一岁。②狩:冬猎。大野:后称钜野,薮泽名,在今山东巨野北。③车子:犹言"车士",乘车的武士。④河不出图,雒不出书,吾已矣夫:据说伏牺氏的时代曾有龙马背着图出于黄河,伏牺氏就是根据此图画了八卦。又说大禹时代曾有灵龟背着书出于雒水,禹就是根据此书作了《九畴》。后世遂常以"河出图,洛出书"来称说时代清平、国有圣土。⑤天丧予:颜渊去世是十一年前的事,史公为突出孔子晚年的悲剧性,故依《公羊传》将其彼时之叹也集中到了这里。

【译文】 鲁哀公十四年春天,哀公带着人在大野泽打猎,给叔孙氏赶车的鉏商捕获了一只奇怪的野兽,人们都认为是不祥之兆。孔子看了后说:"这是一只麒麟啊。"于是就把它要了回来。孔子早就说过:"黄河里没再出现八卦图,雒水里也没再出现文书,看来我这辈子大概是没什么希望了!"后来颜渊一死,孔子更伤感地说:"老天爷这下子可真要了我的命了!"等到他这回再见到这只被捉的麒麟,就绝望地说:"这回我的确再无路可走了!"

【原文】 子曰:"弗乎弗乎,君子病没世而名不称焉①。吾道不行矣,吾何以自见于后世哉②?"乃因史记作春秋③,上至隐公④,下讫哀公十四年⑤,十二公。据鲁⑥,亲周⑦,故殷⑧,运之三代⑨。约其文辞而指博⑩。故吴、楚之君自称王,而《春秋》贬之曰"子"⑪;践土之会实召周天子,而《春秋》讳之曰"天王狩于河阳"⑫:推此类以绳当世⑬,贬损之义,后有王者举而开之⑭。《春秋》之义行,则天下乱臣贼子惧焉⑮。

【注释】 ①病:用如动词,害怕,不愿意。②吾何以自见于后世哉:意即只有写出著作让后人认识、了解自己。这是司马迁自己的思想,不一定是孔子的想法。③史记:此泛指旧有的历史书。④上至隐公:《春秋》起自隐公元年。至,应作"自"。⑤讫:止,结束。⑥据鲁:以鲁国为中心、为纲领。⑦亲周:尊周,尊崇周天子。⑧故殷:以殷事为借鉴。故,旧事,引申为规鉴。⑨运:贯通。⑩约:简明。指:同"旨",文章的思想。⑪而《春秋》贬之曰"子":西周建国以来,唯周天子称"王",但是楚国和吴国不遵从这一规定而称王。但孔子不管他们自称什么,写《春秋》时乃称他们为"子"。⑫而《春秋》讳之曰"天王狩于河阳":僖公二十八年(前632年),晋文公破楚师于城濮,而后在践土(今河南原阳西南)与诸侯举行盟会,并邀请周天子也来参加。孔子认为这是以臣召君,故讳之。河阳,晋邑,在今河南孟州市西,离践土不远。⑬绳:标准,尺度。这里用为动词。⑭举:出现。开:宣示申发。⑮则天下乱臣贼子惧焉:此史公用《孟子》文以褒扬孔子之《春秋》,兼述自己之作史思想。

【译文】 孔子说:"不行呀,不行呀,君子最担忧的是死了之后名不传于后世呀。我的主张不能推行,那我还能靠着什么扬名后世呢?"于是他就依据鲁国的史书作了《春秋》。这部书上起鲁隐公元年,下至鲁哀公十四年,一共记载了鲁国十二代君侯间的天下大事。这部书以鲁国历史为依据,以赞美周朝为宗旨,以殷朝的旧闻为借鉴,贯通夏商周三代的历史变化。它的文辞简洁,而旨意广博。吴国、楚国的国君自称为王的,孔子在《春秋》里却把他们贬称为"子";践土会盟,事实上是晋文公命令周天子去的,孔子在《春秋》里却粉饰周天子,说是"同天子巡狩到河阳",孔子就是运用这样的写法,使《春秋》成为一种批评、褒贬当时政治的准绳,等待日后有圣王出现能把《春秋》的宗旨张大开来。《春秋》的思想如果能够得到推行,那么普天下的乱臣贼子就要害怕了。

【原文】 孔子在位听讼①,文辞有可与人共者,弗独有也。至于为《春秋》,笔则笔②,削则削,子夏之徒不能赞一辞③。弟子受《春秋》④,孔子曰:"后世知丘者以《春秋》,而罪丘者亦以《春秋》。"

【注释】 ①在位听讼:在法官之位,听取诉讼者的口供,盖指为司寇时事也。②笔:写。③子夏:姓卜名商,孔子的学生,以长于文学著称。不能赞一辞:不能改动一个字。赞,助,加。④受《春秋》:听孔子讲《春秋》。受,受教、受业。

【译文】 孔子在鲁国任司寇断案时,书写判辞时凡是应该与人商量的地方,个人从不专断。至于写《春秋》,凡是他认为该写的就一定写,该删的就一定删,即使像子夏等这些以文章擅长的学生也不能随便给他改动一个字。弟子们学《春秋》,他说:"后代赏识我的人将是根据这部《春秋》,批评我的人也将是根据这部《春秋》。"

【原文】 明岁①,子路死于卫②。孔子病,子贡请见。孔子方负杖逍遥于门③,曰:"赐,汝来何其晚也?"孔子因叹,歌曰:"太山坏乎④!梁柱摧乎!哲人萎乎⑤!"因以涕下。谓子贡曰:"天下无道久矣,莫能宗予⑥。夏人殡于东阶⑦,周人于西阶,殷人两柱间。昨暮予梦坐奠两柱之间,予始殷人也。"后七日卒。

【注释】 ①明岁:鲁哀公十五年,前480年,是年孔子七十二岁。②子路死于卫:死于卫太子蒯聩叛乱夺权,推翻其子出公辄之役。③负杖:挂着拐杖。逍遥:这里指"散心",徘徊周览以解闷。④太山:即泰山。⑤哲人:明智的人,指自己。⑥莫能宗予:见孔子至死而不忘用世之志,有无限凄怆悲恍之态。这是史公为孔子悲哀,亦是为自己悲哀。宗,尊,以之为本,以之为师。⑦东阶:古代贵族厅堂的台阶分三道,西阶供客人行走,东阶供主人行走。

【译文】 第二年,子路死在卫国。当时孔子也正有病,子贡来看孔子。孔子正拄着拐杖在门外散心,他一见子贡就说:"赐啊,你来得为什么这么晚啊?"随即他感慨地唱道:"泰山崩塌了! 梁柱折断了! 哲人枯萎了!"随着歌声他的眼泪也往下流。接着他又对子贡说:"天下无道已经很久了,没有一个人尊重我的主张。夏人死了,灵柩是停在东面的台阶上;周人死了,灵柩是停在西面的台阶上;殷人死了,灵柩是停在两根柱子的中间。昨天晚上我梦见自己坐在两根柱子的中间享受祭奠,我原本就是殷商人啊。"七天以后孔子就死了。

【原文】 孔子年七十三,以鲁哀公十六年四月己丑卒①。

【注释】 ①鲁哀公十六年:前479年。四月己丑卒:史公此说依《春秋》《左传》。而《春秋》之所谓"四月"乃指周历,合夏历之二月,夏历的"二月己丑"即二月初十。

【译文】 孔子是在鲁哀公十六年四月己丑日死的,终年七十三岁。

【原文】 孔子葬鲁城北泗上,弟子及鲁人往从冢而家者百有馀室,因命曰孔里①。鲁世世相传以岁时奉祠孔子冢②,而诸儒亦讲礼乡饮、大射于孔子冢③。孔子冢大一顷④,故所居堂、弟子内⑤,后世因庙,藏孔子衣冠琴车书⑥,至于汉二百馀年不绝。高皇帝过鲁⑦,以太牢祠焉。诸侯卿相至⑧,常先谒然后从政。

【注释】 ①孔里:即今之"孔林",为孔子及其后代子孙之墓地。②岁:年关。时:四时,四季。③讲礼乡饮、大射:即讲习乡饮、大射之礼。讲,讲习,演练。乡饮,乡官为送本乡贤士入京应试而举行的宴饮。大射,诸侯于祭祀前和臣下举行的射箭仪式,射中者参加祭祀,不中者不得参加。冢:应作"家"。④孔子冢大一顷:此句"冢"字亦应作"家",孔子家即今所谓"孔府"。⑤内:内室,卧室。⑥"后世"二句:据今日曲阜古迹的格局,乃"孔庙"在前(南),"孔府"在后,并非将"孔府"当作"孔庙"。⑦高皇帝:指汉高祖刘邦。⑧诸侯卿相:指凡是被封在鲁地的王侯或是来鲁上任的行政官员。

【译文】 孔子死后埋在了鲁国都城北面的泗水旁边,孔子的弟子和其他鲁国人,自愿搬到孔子的坟墓旁边去住的有一百多家,于是人们就称这片地方叫孔里。这个地区的人们世代相传每逢过年过节总要到孔子的墓前去进行祭扫,儒生们也常到孔子的故居来举行乡饮、乡射一类的礼仪。孔子的墓地有一顷多地。孔子的故居以及他的弟子们住过的房子,后代就把它改做了庙,里面收藏着孔子的衣帽、琴书、车仗;到汉朝建立,孔子已经死去二百多年了,而人们的祭祀一直不绝;汉高祖在经过鲁国的时候,也用了太牢的祭品去祭祀孔子。受封到这个地区来上任的诸侯卿相们,一下车总是先要来拜谒孔子的祠庙,而后再履行政务。

【原文】 太史公曰:《诗》有之:"高山仰止,景行行止①。"虽不能至,然心乡往之。余读孔氏书,想见其为人。适鲁,观仲尼庙堂车服礼器,诸生以时习礼其家,余祗回留之不能去云②。天下君王至于贤人众矣,当时则荣,没则已焉。孔子布衣,传十馀

【注释】 ①景行:大道。止:通"只",语气词。②祗回:有作"低回"。祗,敬也。③折中:取正,判断。

【译文】 太史公说:《诗经》里说过:"高山哪,让人仰望。大路啊,让人遵循。"尽管我达不到那样的境界,但是心里却向往着他。每当我读孔子的书时,可以想见到他的为人。我曾经到过鲁国,参观过孔子的庙堂、车子、衣帽、礼器等,那里的儒生定时到孔子的故居去演习礼仪。我也不由地为之流连徘徊久久地舍不得离去。自古以来出色的君主贤人也多得是,但他们大多数都是活着的时候非常显赫,而死后也就什么都没有了。唯有孔子,活着的时候是一个平民百姓,死去又已经十几代了,而学者们至今把他奉为祖师。现在上起天子王侯,所有中国讲"六经"的人都把孔子的言论作为衡量一切的标准,真可以算得上是至高无上的圣人了!

陈涉世家

【题解】

《陈涉世家》是司马迁为陈涉所领导的整支农民反秦起义军所立的传记,系统、全面地描写了这支起义军由发动起义、蓬勃发展、战绩辉煌到最后失败的全过程,是我国第一场伟大农民战争的忠实记录,诸如起义的原因,反秦的声势,以及早期农民战争的种种弱点,和它失败的历史教训,无不包含其中。在这里我们主要选了"大泽乡起义"与"陈涉败亡"两段。

在"大泽乡起义"一节里,司马迁热情地歌颂了陈涉的果敢精神。陈涉的生死观、陈涉的才智以及陈涉所发动的这场起义的深刻影响,都使司马迁感佩不已。他在《太史公自序》中说:"桀纣失其道而汤武作,周失其道而《春秋》作,秦失其道而陈涉发迹。"竟把陈涉比作商汤、周武王、孔子这种古代的大圣人,其评价之高可谓空前绝后。

陈涉失败的教训可以总结很多,但司马迁只具体写了陈涉的骄奢蜕化与脱离群众两条,但这两条却在陈涉之后两千多年中的历次农民起义中反复出现,说明这两条也的确是非常重要的。

陈胜像

【原文】 陈胜者,阳城人也,字涉。吴广者,阳夏人也,字叔。陈涉少时,尝与人佣耕①,辍耕之垄上②,怅恨久之,曰:"苟富贵,无相忘。"庸者笑而应曰③:"若为庸耕④,何富贵也?"陈涉太息曰:"嗟乎,燕雀安知鸿鹄之志哉⑤!"

【注释】 ①佣耕:被雇佣从事耕作。②辍耕:停止耕作。这里指中间休息。③庸者:与陈涉一起受雇佣的人。庸,同"佣"。④若:尔,你。⑤鸿鹄:天鹅。

【译文】 陈胜是阳城人,字涉。吴广是阳夏人,字叔。陈涉年轻时,曾经与人一起被雇佣耕地,陈涉停止了耕作,到田埂上休息,怅恨不平了很久,说:"如果将来谁富贵了,不要彼此相忘呀。"同伴们都笑话他:"你受雇佣给人家耕地,怎么可能富贵呢?"陈涉长叹一声:"唉!燕雀哪能知道鸿鹄的凌云志向啊!"

【原文】 二世元年七月①,发闾左适戍渔阳②,九百人屯大泽乡③。陈胜、吴广皆次当行④,为屯长⑤。会天大雨⑥,道不通,度已失期⑦。失期,法皆斩。陈胜、吴广乃谋曰:"今亡亦死,举大计亦死,等死,死国可乎⑧?"陈胜曰:"天下苦秦久矣⑨。吾闻二世少子也⑩,不当立,当立者乃公子扶苏⑪。扶苏以数谏故,上使外将兵⑫。今或闻无罪,二世杀之⑬。百姓多闻其贤,未知其死也。项燕为楚将⑭,数有功,爱士卒,楚人怜之。或以为死,或以为亡。今诚以吾众诈自称公子扶苏、项燕,为天下唱⑮,宜多应者。"吴广以为然,乃行卜。卜者知其指意⑯,曰:"足下事皆成,有功。然足下卜之鬼乎⑰!"陈胜、吴广喜,念鬼⑱,曰:"此教我先威众耳。"乃丹书帛曰"陈胜王",置人所罾鱼腹中⑲。卒买鱼烹食,得鱼腹中书,固以怪之矣⑳。又间令吴广之次所旁丛祠中㉑,夜篝火㉒,狐鸣呼曰:"大楚兴,陈胜王。"卒皆夜惊恐。旦日㉓,卒中往往语,皆指目陈胜㉔。

【注释】 ①二世元年:公元前209年。②发闾左适戍渔阳:征调住在里巷左侧的居民到渔阳服役。闾左,住在里门左侧的。其他如曰"平民居闾左""穷者居闾左"云云,皆不可信。适戍,发配戍守。适,同"谪"。渔阳,秦县名,县治在今北京密云西南。③屯:停驻。大泽乡:在今安徽宿县东南,当时上属蕲县。④皆次当行:都按次序应该前去服役。⑤屯长:下级军吏,大约相当于后世的连排长。⑥会:值,正赶上。⑦度已失期:估计着肯定要迟到。⑧"今亡"四句:亡,潜逃。举大计,行大谋,指造反。死国,为建立自己的王朝豁出命去干。按:此处见陈涉的决心、气势,这是生死关头的严峻抉择。《廉颇蔺相如列传》有云:"知死必勇,非死者难也,处死者难。"陈涉这种选择"举大事"的气概,最为史公所敬佩。⑨苦秦:以受秦的统治为苦。⑩二世少子:《索隐》引姚氏按:"隐士谓章邯书云'李斯为二世废十七兄而立今王',则二世是始皇第十八子也。"⑪公子扶苏:秦始皇的长子。⑫"扶苏"二句:扶苏因焚书坑儒事向始皇提过意见,始皇发怒,令其北出监蒙恬军于上郡。⑬二世杀之:始皇死前遗诏传位于扶苏;始皇死后,赵高、李斯审改诏书立二世,并将扶苏赐死,过程详见《秦始皇本纪》《李斯列传》。⑭项燕:项羽之祖父,战国末期楚国的将领,被秦将王翦所杀,事见《楚世家》与《白起王翦列传》。⑮诈自称公子扶苏、项燕,为天下唱:唱,引头,发端。按:扶苏、项燕是一对矛盾体,只能择取其一而举以为号,不可能同时并举。⑯指意:心思。指,同"旨"。⑰然足下卜之鬼乎:"卜"上应增"何不"二字,意谓"您为何不到鬼神那里去占卜一下",实际是暗示让他假借鬼神以号召群众。⑱念鬼:心里寻思卜者所说的"卜之鬼"是什么意思。⑲罾:渔网。这里用如动词,即"捕捞"之意。⑳以:同"已"。㉑间:私下,暗中。之:往。次所:戍卒所驻之处。丛祠:一说谓草树荫蔽中的野庙。一说谓"丛祠"即指社树。㉒篝火:举火,点火。㉓旦日:天亮之后。㉔指目:指

【译文】 秦二世元年七月,遣送住在里巷左边的壮丁到渔阳去守边。同行者九百人,中途驻扎在大泽乡。陈胜、吴广都在这一行人里,还充当小头目。凑巧天降大雨,道路不通,他们估算着肯定不能按时赶到渔阳了。误期,按照秦法,都要被杀头。陈胜、吴广一起商量说:"现在我们如果逃跑,被抓回来肯定是死;我们如果造反,失败了,也就是个死。都是死,为国事而死不好吗?"陈胜说:"老百姓受秦朝暴政的苦时间不短了。我听说秦二世是秦始皇的小儿子,不该由他当皇帝,应该立为皇帝的是长子扶苏。扶苏由于多次劝说始皇,始皇讨厌他,派他带兵到外头去守边。我听说他已经无辜被秦二世杀害了。老百姓们都只知道扶苏贤明,很多人还不知道他已经被杀。项燕是楚国的名将,曾多次立过战功,而且关心士卒,楚国人都很爱戴他。现在有人认为他死了,有人认为他还活着,只是不知道躲在什么地方。现在我们真要是冒充公子扶苏和项燕,带头造反,响应我们的人应该会很多。"吴广觉得有理。两人便去找占卜。占卜的猜出了他们的心思,就说:"你们的事情都能办成,而且一定会有大功效。但是你们为什么不再去找鬼神算一卦呢?"陈胜、吴广听着心里高兴,又暗自琢磨"找鬼神"是什么意思,后来他们恍然大悟:"这是教我们用装神弄鬼的办法来提高威信。"于是他们在一条白绸带上写了"陈胜王"三个红字,偷偷塞进捕鱼人逮上来的一条鱼的肚子里。戍卒们买鱼做来吃,发现了鱼肚子里的红字条,人们觉得很奇怪;陈胜又让吴广夜里偷偷地到营房附近林中的破庙里,点起火,学狐狸似的嗥叫:"大楚兴,陈胜王。"戍卒们都被吓得一夜没有睡好觉。第二天早晨,戍卒们三三两两交头接耳地开始议论,同时还指指点点地斜着眼睛看陈胜。

【原文】 吴广素爱人,士卒多为用者。将尉醉①,广故数言欲亡②,忿恚尉③,令辱之,以激怒其众④。尉果笞广⑤,尉剑挺⑥,广起,夺而杀尉。陈胜佐之,并杀两尉。召令徒属曰:"公等遇雨,皆已失期,失期当斩。藉弟令毋斩⑦,而戍死者固十六七⑧。且壮士不死即已⑨,死即举大名耳⑩,王侯将相宁有种乎!"徒属皆曰:"敬受命。"乃诈称公子扶苏、项燕,从民欲也⑪。袒右⑫,称大楚,为坛而盟,祭以尉首⑬。陈胜自立为将军,吴广为都尉⑭。攻大泽乡,收而攻蕲⑮。蕲下,乃令符离人葛婴将兵徇蕲以东⑯。攻铚、酂、苦、柘、谯⑰,皆下之。行收兵⑱,比至陈⑲,车六七百乘,骑千馀,卒数万人。攻陈,陈守令皆不在⑳,独守丞与战谯门中㉑。弗胜,守丞死,乃入据陈。数日,号令召三老、豪杰与皆来会计事㉒。三老、豪杰皆曰:"将军身被坚执锐㉓,伐无道,诛暴秦,复立楚国之社稷㉔,功宜为王。"陈涉乃立为王,号为张楚㉕。

【注释】 ①将尉:统领戍卒的县尉。将,统领,率领。②故数言欲亡:故意地在将尉面前扬言自己想要开小差。③忿恚尉:激怒将尉。忿恚,恼怒。这里是使动用法,激之使怒。④"令辱之"二句:故意想激怒将尉,使将尉打自己,借以激起众人对将尉的不满。⑤笞:用鞭或用棍棒、竹板打人。⑥尉剑挺:将尉在打人时,其佩剑由鞘中甩脱出来。一说谓"挺"即"拔",剑挺,即拔剑出鞘。疑前说是。⑦藉弟令毋斩:即使暂时不被杀。藉弟令，即便，即使。弟，同"第"。"藉""假"一声之转，"第""但"一声之转。"藉""假""第""但"四字于此同义。⑧戍死：为守边、修城而累死。十六七：十分之六、七。⑨即：同"则"。⑩大名：即谓"侯""王"之类。⑪"乃诈称"二句：按，此云陈涉诈称扶苏、项燕以从民欲，而后面竟无具体事实，似有漏洞。⑫袒右：脱右肩之衣，表示与一般人不同。按：此乃宣誓结盟时的一种状态。⑬祭以尉首：起兵者要祭战神，刘邦起兵于沛，亦"祠黄帝，祭蚩尤于沛庭"也。⑭都尉：军官名，级别低于将军，略当于校尉。⑮蕲：秦县名，县治在今安徽宿州南。⑯符离：秦县名，县治在今安徽宿州东北。徇：巡行宣令使之听己。⑰铚、酂、苦、柘、谯：皆秦县名。铚，县治在今安徽宿州西南；酂，县治在今河南永城西；苦，县治即今河南鹿邑；柘，县治在今河南柘城西北；谯，县治即今安徽亳县。⑱行收兵：一面前进，一面招募、收编部队。⑲比：及，至。陈：秦县名，县治即今河南淮阳，当时也是陈郡的郡治所在地。⑳陈守令：陈郡的郡守和陈县县令。㉑守丞：留守的郡丞。郡丞是郡守的副官，秩六百石。谯门：上有望楼的城门。㉒号令召三老、豪杰与皆来会计事：三老，乡官，职掌教化。豪杰，当地有名望、有势力的人物。按："与"字疑衍文。㉓被坚执锐：披坚甲，执利兵，极言其勇敢辛劳。被，同"披"。㉔复立楚国之社稷：意即重建了楚国。社稷，社稷坛，帝王祭祀土神与农神的地方，历来被用以代指王朝政权。㉕"陈涉"二句：事在秦二世元年（前209年）七月。张楚，国号。一说即"张大楚国"意。按：此说勉强。张楚，即大楚也。张，大也。

【译文】　吴广向来爱护士卒，因此戍卒们都愿意为他效力。一天，押送戍卒的两个尉官喝醉了，吴广就当着他们的面一再扬言要逃跑，故意激怒尉官，让他们责辱自己，以便激起戍卒们的义愤。尉官果然鞭打吴广，腰间的佩剑甩脱出来，吴广一跃而起，抓过宝剑，杀死了那个尉官。陈胜在一旁帮忙，把另一个尉官也杀掉了。紧接着他们把戍卒们召集起来说："各位在这里遇上大雨，无论如何也不能按时赶到渔阳了。而不能按时到达，按法是要杀头的。即使不杀头，为守边而死的人，十个里头也有六七个。大丈夫如果豁不出命去也就罢了，如果敢于豁出命去那就要干出点大名堂。那些当王侯将相的难道都是天生的贵种吗！"戍卒们异口同声地说："愿意听从您的指挥。"于是他们就冒充公子扶苏、项燕，来顺从百姓的心愿。他们露出右臂做标志，自己号称"大楚"，又搭起台子结盟誓师，用那两个尉官的头祭祀天地。陈胜自己做将军，吴广做都尉。先攻下了大泽乡，紧接着又带领大泽乡的人去攻蕲县。蕲县攻下之后，就派符离人葛婴带兵去夺取蕲县以东的地方。而他自己和吴广则率军西进攻打铚、酂、苦、柘、谯，都攻了下来。他们一路上扩充军队，等到了陈郡城郊时，兵车已经有了六七百辆，骑兵有一千多，步兵也有好几万人了。于是他们开始进攻陈郡，当时郡守和县令都不在城中，只有郡丞在城门下应战。义军一时不能战胜，不久郡丞被人杀死，才占据了陈郡。过了几天，陈胜下令召集郡中各县的三老、豪杰都来集会议事。这些三老、豪杰们都说："将军您身披铠甲，手执利刃，为民众讨伐无道的秦王，进攻残暴的秦朝，重新建立了楚国的政权，论功应当称王。"于是陈胜就自立为王，国号"张楚"。

【原文】 当此时,诸郡县苦秦吏者,皆刑其长吏,杀之以应陈涉。乃以吴叔为假王①,监诸将以西击荥阳②。令陈人武臣、张耳、陈馀徇赵地③,令汝阴人邓宗徇九江郡④。当此时,楚兵数千人为聚者,不可胜数。

【注释】 ①假王:非实授,而暂行王者之事。犹后世之"代理""权署"。②荥阳:秦县名,县治在今河南荥阳东北。③赵地:战国时赵国的地盘,相当于今河北南部一带地区。④汝阴:秦县名,县治即今安徽阜阳。九江郡:秦郡名,郡治寿春,即今安徽寿州。

【译文】 在这个时候,天下各郡县痛恨秦朝官吏的百姓们,都纷纷起来杀掉他们的长官响应陈涉。于是陈王就派吴广代行王事,以自己的名义节制将领们西攻荥阳;派陈郡人武臣、张耳、陈馀等人到赵国一带扩充地盘;派汝阴人邓宗南下开辟九江郡。当时楚地几千人成伙的起义军多得不可指数。

【原文】 陈胜王凡六月①,已为王,王陈②。其故人尝与庸耕者闻之,之陈③,扣宫门曰:"吾欲见涉。"宫门令欲缚之④,自辩数⑤,乃置⑥,不肯为通⑦。陈王出,遮道而呼涉⑧。陈王闻之,乃召见,载与俱归。入宫,见殿屋帷帐,客曰:"夥颐⑨!涉之为王沉沉者⑩!"楚人谓多为夥,故天下传之"夥涉为王",由陈涉始⑪。客出入愈益发舒⑫,言陈王故情。或说陈王曰:"客愚无知,颛妄言⑬,轻威。"陈王斩之。诸陈王故人皆自引去⑭,由是无亲陈王者。陈王以朱房为中正⑮,胡武为司过⑯,主司群臣⑰。诸将徇地至⑱,令之不是者⑲,系而罪之,以苛察为忠。其所不善者⑳,弗下吏㉑,辄自治之㉒,陈王信用之。诸将以其故不亲附,此其所以败也。

【注释】 ①凡六月:总共六个月。凡,总计。②王陈:在陈县称王,即以陈县为其都城。③之陈:前往陈县。之,往。④宫门令:守卫宫门的长官。⑤辩数:分辩诉说,力言自己不是坏人。数,一条一条地说。⑥乃置:放过不管。⑦不肯为通:不给向里禀告。按:史公于此写尽世态人情,《红楼梦》写刘姥姥进荣国府盖亦如此。⑧遮道:拦路。遮,拦截。⑨夥颐:惊讶诧异某种器物、景象之多与美时的一种叹词,今河北、天津、北京等地区犹有这种口语。⑩沉沉者:富丽深邃的样子。⑪"夥涉为王",由陈涉始:"夥涉"即被人呼过"夥颐"的陈涉,"夥"字遂成为外号,冠在了名字的前面。可以用以指称这种类似的草头王之多;但也可以理解为极言其变得快。⑫发舒:放纵。⑬颛:同"专",专门,一味地。⑭诸陈王故人皆自引去:《索隐》引《孔丛子》云:"陈胜为王,妻之父兄往焉,胜以众宾(一般宾客)待之。妻父怒曰:'怙强而傲长者,不能久焉!'不辞而去。"盖其一例。⑮中正:官名,主管考核官吏,确定官吏的升降。⑯司过:官名,犹如异时之监察御史,职掌纠弹。⑰司:读为"伺",暗中监视、查访。⑱诸将徇地至:诸将外出作战回来。⑲令之不是者:不服从朱房、胡武命令的人。⑳其所不善者:凡是被朱房、胡武看着不顺眼的人。㉑弗下吏:不交由主管官吏处置。㉒辄自治之:经常由他们自己审理。

【译文】 陈胜称王前后总共六个月,他刚刚称王时建都陈郡,一位旧日一起受雇耕地的同伴听说了，来到陈郡，扣着宫门说："我要见陈涉！"守门令要把他绑起来，这个人费了许多口舌说明自己是陈涉的老朋友，守门令才饶了他，但不给他向里通报。这时正好陈王出来，于是这个人就过去拦着车子大声呼叫陈涉。陈王听见呼声，停车叫他过来相见，叫他上车，一同回到宫里。一看宫里的殿堂陈设，这个人就惊讶地大嚷道："夥颐！陈涉你这个王当的可真阔啊！"楚国方言称"多"叫"夥"，后来人们之所以把那些草头王们称之为"夥涉为王"，就是从陈涉开始的。这个人在宫里宫外说话越来越随便，有时还讲一些陈王旧日的不体面事，于是有人劝陈王说："您的那位客人愚昧无知，专门胡说八道，降低您的威信。"陈王于是下令把他杀掉了。陈王的其他老熟人们也都悄悄地离去，从此没有再来亲近陈王的。陈王用朱房做中正官，用胡武为司过官，专管探听臣僚们的过失。将领们出去开疆辟地回来，谁要是不听从朱房、胡武的命令，朱房、胡武就把谁关起来治罪，他们以对别人的吹毛求疵来向陈王表示忠心。凡是他们不喜欢的人，他们根本不通过司法官吏，而是自己随意治他们的罪，陈王偏偏就信用这种人。各位将领们也与陈王越来越疏远，这就是陈王所以失败的原因。

【原文】　陈胜虽已死，其所置遣侯王将相竟亡秦，由涉首事也。高祖时为陈涉置守冢三十家砀，至今血食①。

【注释】　①血食：指享受祭祀，因为祭祀时要杀牛、羊、豕作为供品，故云。

【译文】　陈王虽然已经死了，但是由他分封、派遣出去的侯王将相，最终灭掉了秦朝，而陈涉是首先发难者。汉高祖即位后，专门派了三十户人家在砀地为陈涉守墓，一直到今天祭祀不断。

资治通鉴

【导语】

　　《资治通鉴》是宋代史学家司马光和助手刘恕、刘攽、范祖禹、司马康等人历时 19 年编纂而成的史学巨著,是我国第一部编年体通史,规模空前。全书共 294 卷,约 300 多万字。其所记载的历史断限,上起周威烈王二十三年(前 403 年),下迄后周显德六年(959 年),涵盖了 1362 年的历史。

司马光像

　　《资治通鉴》主编司马光(1019~1086),字君实,陕州夏县涑水乡(今属山西)人。完成了《资治通鉴》这部史学巨著,开创了编年体通史这一体例。

　　《通鉴》在材料的分配上并不均匀,其中战国到三国共 646 年,78 卷。晋到隋历时 353 年,106 卷。唐五代 343 年,110 卷。这主要受制于史料的详略。三国以前史料的主要来源是前四史,并没有新的材料,因此内容极其简略。西晋到隋这一时期在编写时无疑参考了新的史料,但由于历史的原因,现在已无法分辨信史。而唐五代部分则运用了大量新史料,内容所占的比重也最大,是书中最具价值的部分。

　　北宋时期,天下承平日久,文化发展迅速,私人藏书大量增加,很多失传的史书比如唐代的国史、实录、时政记等都重现于世,因此司马光在编撰这一部分史书的时候,对于其时种种野史、官史、谱录、墓志、行状、碑碣材料无不毕览,今人认为书中所引用的材料有 200 余种。

　　在《通鉴》的具体内容上,以周威烈王二十三年(前 403 年)为开端,这一年周王正式承认三家分晋,因为史书的目的即在于"史鉴",司马光于此作了第一篇议论——"臣光曰"。下迄后周世宗显德六年(959 年),不及当代史。纪年的体例上,凡是一年有几个年号的,《通鉴》一律用最后一个。分裂时期,三国用魏、晋的年号,南北朝则用南朝。

　　和《史记》有所不同，司马迁的目标是"究天人之际，通古今之变，成一家之言"，重视天人关系和朝代更替的规律；而司马光写《资治通鉴》的目的则更加现实，他是要"鉴前世之兴衰，考当今之得失"。因此在选材上，能够为统治者提供借鉴作用的政治史就毫无疑问地占据了最重要的位置。《通鉴》极其重视政治，对于政治清明和黑暗时期都用功很深，也重视战争。举凡权力更迭、施政得失、制度沿替、人才进退都有详尽深入的记载，这些内容也是《通鉴》一书的精华所在，记述中尤其表现出编年史的优点。比起纪传体的一事互见于不同传记，《通鉴》在记述一件事、一项制度的时候，可以更清晰地表现出全貌和发展变化的过程。

　　本书限于篇幅，只选取《通鉴》记载的 26 项事件，而且因为其书自身的特点，选材上也倾向于政治方面，加以整理，稍做概括，希望读者通过这个选本能略微体会到《通鉴》精华的万一。选择上挂一漏万，在所难免；自然，领略其书精髓最好的方法就是翻开《资治通鉴》，从第一页开始，读下去。

秦　纪

荆轲刺秦

【题解】

　　面对秦国的强大实力和咄咄逼人的野心，六国丢盔弃甲，一败涂地。燕国太子丹清醒地看到了自己国家的命运，他努力寻求可以挽救燕国的办法。在他看来，秦国和六国之间的实力对比过于悬殊，而且六国已经被秦国的强大吓破了胆，都战战兢兢，只求自保。所以他拒绝了太傅从长计议的主张，选择了他眼中最快、最有效的方式——刺杀秦王。

　　《通鉴》的记载比起《史记》来要简单得多。其着重点不在人物性格的塑造和人物关系的挖掘上，而将选材集中于太子丹和太傅的两种观点上，表现出《通鉴》和之前的史书记载方式与解读方式的不同。

【原文】　燕太子丹怨王[①]，欲报之，以问其傅鞠武[②]。鞠武请西约三晋，南连齐、楚，北媾匈奴以图秦[③]。太子曰："太傅之计，旷日弥久，令人心惛然[④]，恐不能须也[⑤]。"顷之，将军樊於期得罪[⑥]，亡之燕；太子受而舍之。鞠武谏曰："夫以秦王之暴而积怒于燕，足为寒心，又况闻樊将军之所在乎！是谓委肉当饿虎之蹊也[⑦]。愿太子疾遣樊将军入匈奴！"太子曰："樊将军穷困于天下，归身于丹，是固丹命卒之时也，愿更虑之！"鞠武曰："夫行危以求安，造祸以为福，计浅而怨深，乃连结一人之后交，不顾国家之大害，所谓资怨而助祸矣[⑧]。"太子不听。

【注释】　①太子丹：燕王喜的太子，曾被送到秦国当人质，因为受到冷遇，逃回燕国。荆轲行刺秦王失败后，秦国发兵攻燕，太子丹率部退保辽东，被燕王喜斩首，奉献秦国。②鞠武：燕国太子丹的老师，曾跟随太子丹到赵国都城邯郸做人质。③媾：求和。④悟然：神志不清。⑤须：等待。⑥樊於期：秦国将领，由于反对秦王获罪逃亡入燕。⑦蹊：小路，路。⑧资：帮助。

【译文】 始皇帝十九年（前 228 年），燕太子丹怨恨秦王嬴政，想要报复，于是就向太傅鞠武求教。鞠武提出燕国和西面的三晋，南面的齐、楚联合，同时和北方的匈奴结好，来共同对付秦国。太子丹说："太傅的计策，旷日持久，恐怕我们等不及。"不久，秦国将军樊於期得罪了秦王逃到燕国，太子丹收留了他，还提供地方安顿他。鞠武劝谏说："以秦王的残暴和他对燕国的积怨，已经够让人害怕的了，要是他再听说我们接纳樊将军的事，岂不是像人家说的，把肉丢在饿虎出没的小路。请太子快将樊将军打发到匈奴去。"太子丹说："樊将军走投无路，投奔到我这里，这正是我舍弃生命也要保全他的时候，请您再考虑一下。"鞠武说："做危险之事来企求平安，制造祸端以期得到福祉，用简单浅陋的方法去解决怨恨，这些都是为结交一个人而不顾国家安危的做法，只能让怨恨加深，加速祸事来临而已！"太子丹听不进去。

【原文】 太子闻卫人荆轲之贤①，卑辞厚礼而请见之。谓轲曰："今秦已虏韩王，又举兵南伐楚，北临赵；赵不能支秦，则祸必至于燕。燕小弱，数困于兵，何足以当秦？诸侯服秦，莫敢合从②。丹之私计愚，以为诚得天下之勇士使于秦，劫秦王，使悉反诸侯侵地，若曹沫之与齐桓公③，则大善矣；则不可，因而刺杀之。彼大将擅兵于外而内有乱，则君臣相疑，以其间，诸侯得合从，其破秦必矣。唯荆卿留意焉！"荆轲许之。于是舍荆卿于上舍，太子日造门下④，所以奉养荆轲，无所不至。及王翦灭赵，太子闻之惧，欲遣荆轲行。荆轲曰："今行而无信，则秦未可亲也。诚得樊将军首与燕督亢之地图⑤，奉献秦王，秦王必说见臣⑥，臣乃有以报。"太子曰："樊将军穷困来归丹，丹不忍也！"荆轲乃私见樊於期曰："秦之遇将军，可谓深矣，父母宗族皆为戮没！今闻购将军首，金千斤，邑万家，将奈何？"於期太息流涕曰："计将安出？"荆卿曰："愿得将军之首以献秦王，秦王必喜而见臣，臣左手把其袖，右手揕其胸⑦，则将军之仇报而燕见陵之愧除矣！"樊於期曰："此臣之日夜切齿腐心也！"遂自刭⑧。太子闻之，奔往伏哭，然已无奈何，遂以函盛其首⑨。太子豫求天下之利匕首，使工以药焠之⑩，以试人，血濡缕⑪，人无不立死者。乃装为遣荆轲，以燕勇士秦舞阳为之副，使入秦。

【注释】 ①荆轲：战国末期卫人，好读书击剑，卫人称为"庆卿"，后到燕国，被当地人称为荆卿。由燕国田光推荐给太子丹，拜为上卿。公元前 227 年，荆轲带燕督亢地图和樊於期首级，前往秦国进献。秦王大喜，在咸阳宫隆重召见。献图时，图穷匕首现，刺秦王不中，被杀。②合从：即"合纵"，泛指联合。③曹沫之与齐桓公：曹沫，鲁国人。齐桓公和鲁会盟，曹沫劫持齐桓公，逼迫他答应尽数归还侵夺鲁国的土地。④造：到。⑤督亢：今河北涿州东南有督亢陂，其附近定兴、新城、固安诸县一带即战国燕督亢，是燕国的膏腴之地。⑥说：同"悦"。⑦揕：刺。⑧自刭：割颈自杀。⑨函：匣子。这里作动词用,指用盒子装上。⑩焠:浸染。⑪濡缕:沾湿一缕。形容沾湿范围极小,引申指力量微弱。

【译文】 太子丹听说卫人荆轲的贤名,于是带了很多礼物,态度谦恭地去拜访。太子丹对荆轲说:"现在秦国已俘虏了韩王,又举兵南伐楚,北伐赵。赵国无力抵抗秦兵,一旦赵国被灭,则燕国的亡国之祸也就不远了。燕国弱小,屡屡受到战争的骚扰,怎么能抵抗秦国的进攻呢? 各国诸侯都被秦国的强大震慑,不敢以合纵之计对敌。我有一条计策,只要找到天下的勇士出使秦国,劫持秦王,逼迫他交还诸侯的土地,就像以前曹沫对待齐桓公的方法,如果能圆满完成就再好不过了;万一不成功,也可以借此机会刺杀秦王,一旦秦王遇刺,出征在外的大将听说国内出事,必定使得秦国君臣彼此猜疑,趁此机会,诸侯得以行合纵之计,那时秦国必定为六国所破。这件事希望荆卿能认真考虑一下!"荆轲答应了太子丹。于是太子丹将荆轲安顿在上舍,每天上门拜望,奉养荆轲无微不至。等到秦国将军王翦灭赵的消息传来,太子丹害怕了,想立刻派荆轲去秦国。荆轲说:"现在我们没有可以取信于秦国的办法,即使去了也很难接近秦王。如果有樊将军的首级和燕督亢的地图献给秦王,秦王必定高兴地召见臣,臣才可以依计行事。"太子丹说:"樊将军走投无路来投靠我,我不忍心这么做啊!"于是荆轲单独去见樊於期说:"秦国对待将军真可谓残忍啊,父母宗族都被诛杀!如今还以金千斤,邑万家悬赏将军首级,将军有何打算?"樊於期叹息流泪说:"你有什么办法呢?"荆卿说:"我希望得到将军首级进献秦王,秦王必定欢喜地召见我,我左手抓住他的袖子,右手直刺他的胸膛,那时候,将军大仇得报而燕国被欺侮的耻辱也可以消除了!"樊於期说:"你说的也正是我日夜刻骨铭心想着的事啊!"于是自刭。太子丹听说了赶去哭祭,但已经没有别的办法了,只得用盒子将樊於期的首级盛放起来。太子事先找到了天下最锋利的匕首,派工匠以药焠炼,用人来试验,见血封喉,没有不立刻毙命的。于是准备好一切派荆轲,又以燕国勇士秦舞阳为荆轲的副手,让他们出发到秦国去。

【原文】 荆轲至咸阳①,因王宠臣蒙嘉卑辞以求见;王大喜,朝服,设九宾而见之②。荆轲奉图以进于王,图穷而匕首见③,因把王袖而揕之;未至身,王惊起,袖绝。荆轲逐王,王环柱而走。群臣皆愕,卒起不意④,尽失其度。而秦法,群臣侍殿上者不得操尺寸之兵⑤,左右以手共搏之,且曰:"王负剑⑥!"负剑,王遂拔以击荆轲,断其左股⑦。荆轲废,乃引匕首摘王⑧,中铜柱。自知事不就,骂曰:"事所以不成者,以欲生劫之,必得约契以报太子也!"遂体解荆轲以徇⑨。王于是大怒,益发兵诣赵,就王翦以伐燕⑩,与燕师、代师战于易水之西,大破之。

【注释】 ①咸阳:秦国都城,今陕西咸阳。②九宾:为古代宾礼中最隆重的礼仪,主要有九个迎宾赞礼的官员延迎上殿。③图穷而匕首见:地图打开到最后,里面藏着的匕首露了出来。图,地图。穷,尽。见,同"现"。④卒:同"猝"。⑤兵:武器。⑥负:背。⑦股:腿。⑧摘:投掷。⑨徇:示众。⑩王翦:秦著名将领,在秦始皇统一六国的战争中立有大功。荆轲事件之后,秦王派王翦攻打燕国,在易水西击破燕军主力,逼迫燕王逃到辽东,平定了燕蓟。

【译文】 始皇帝二十年(前227年),荆轲到了咸阳,通过秦王宠臣蒙嘉态度谦卑地请求谒见。秦王听说了他们带来的礼物大喜,身穿朝服,在朝廷上设九宾之礼召见。荆轲捧着地图进献秦王,图穷而匕首现,他抓住秦王的衣袖,以匕首行刺;没有刺中,秦王惊起,袖子挣断。荆轲追上去,秦王绕着柱子跑。群臣一时都惊呆了,因事情发生得突然,出乎意料,大家尽失常态,而秦法规定,殿上群臣不得携带武器,于是左右上前徒手和荆轲搏击,有人叫道:"大王背上的剑!"于是秦王拔出背后的剑斩断了荆轲的左腿。荆轲无法再继续追击,就把匕首投向秦王,却击中了铜柱。荆轲自知行刺不成,大骂道:"之所以没有成功,是因为想活捉秦王,逼他许下有利于燕国的约定,来回报太子!"于是秦人将荆轲分尸示众。秦王大怒,增加兵力到赵国,命令王翦攻打燕国,在易水之西大破燕、代的军队。

汉　纪

楚汉相争

【题解】

刘邦、项羽之间的战争延续了好几年,时战时和,互有胜败。刘邦从弱小到强大,项羽从占尽优势到渐落下风,相关的史料在《通鉴》中并不是最早和最详尽的,但是所有的记载都沿着时间推进而展开,其间双方力量对比的变化,不同人物对于情势的不同理解和反应,都使得这一事件的铺陈显得特别生动。以这里所选的段落看,刘邦一方陈平的反间计、纪信的忠心和牺牲、张良对于局势精审的分析,都表现出知己知彼的智慧。刘邦的记载虽少,却清晰地展现了其人从善如流的豁达作风;反之,项羽的多疑、心胸狭窄直接导致了楚军内部的离心,最后造成他的失败。而垓下一战,《通鉴》用了相当详尽的篇幅记述了项羽的最后时刻。一改原先的"意忌信谗"、优柔寡断的形象,在面临生死胜败之际,项羽镇定如恒,谈笑处之,我们可以从史书上看到一个无论勇猛、胆略、气度无不令人心折的末路英雄。当然这样运用大量对话和细节的史书写作方式在《通鉴》一书中也并不典型。

另外,在汉军节节胜利的背景下,我们已经可以看到刘邦和韩信、彭越等功臣之间隐隐的阴影。

【原文】 汉王谓陈平曰①:"天下纷纷,何时定乎?"陈平曰:"项王骨鲠之臣②,亚父、钟离眛、龙且、周殷之属③,不过数人耳。大王诚能捐数万斤金④,行反间⑤,间其君臣,以疑其心;项王为人,意忌信谗,必内相诛,汉因举兵而攻之,破楚必矣。"汉王曰:"善!"乃出黄金四万斤与平,恣所为⑥,不问其出入。平多以金纵反间于楚军,宣言:

"诸将钟离眜等为项王将,功多矣,然而终不得裂地而王,欲与汉为一,以灭项氏而分王其地。"项王果意不信钟离眜等。

【注释】 ①陈平:刘邦谋臣。足智多谋,锐意进取,屡以奇计辅佐刘邦定天下,汉初被封为曲逆侯。汉文帝时,曾升为右丞相,后改任左丞相。②骨鲠之臣:忠直敢于直言进谏的属下。③亚父:即范增,项羽的主要谋士,被尊称为"亚父"。钟离眜:楚王项羽的大将。龙且、周殷:均为项羽的大将。④捐:舍弃。⑤间:离间。⑥恣:放纵,没有拘束。

【译文】 汉太祖高皇帝三年(前204年),汉王对陈平说:"纷乱的天下什么时候才能太平呢?"陈平说:"项王身边正直忠心的臣子不过是亚父、钟离眜、龙且、周殷这些人,只几个人而已。大王如果能拿出数万斤金,行反间计,就能离间他们君臣关系,让他们互生疑心。项王的为人,易于猜忌,偏听偏信,君臣之间起了疑心,必定内部互相残杀。我们借机举兵进攻,一定

刘邦像

能够打败项王。"汉王说:"好!"拿出黄金四万斤交给陈平,任由他自己掌握,不再过问支出。陈平用钱在楚军中施行反间,传播谣言:"钟离眜将军他们跟着项王立了那么多功劳,然而总是不能裂土封王,现在要跟汉联合,消灭项氏取得土地称王。"流言传布,项王果真开始怀疑钟离眜等人了。

【原文】 夏,四月,楚围汉王于荥阳①,急;汉王请和,割荥阳以西者为汉。亚父劝羽急攻荥阳;汉王患之②。项羽使使至汉,陈平使为大牢具③。举进,见楚使,即佯惊曰:"吾以为亚父使,乃项王使!"复持去,更以恶草具进楚使④。楚使归,具以报项王,项王果大疑亚父。亚父欲急攻下荥阳城,项王不信,不肯听。亚父闻项王疑之,乃怒曰:"天下事大定矣,君王自为之,愿请骸骨⑤!"归,未至彭城⑥,疽发背而死⑦。

【注释】 ①荥阳:今河南荥阳西。②患:担心,担忧。③大牢具:即太牢具。盛牲的食具叫牢,大的叫太牢,太牢盛牛、羊、豕三牲,因此宴会或祭祀时并用三牲也称为太牢。这里指丰盛的酒食款待。④恶草具:粗糙简陋的待客食具。⑤请骸骨:请求退休。⑥彭城:今江苏徐州。⑦疽:指毒疮。

【译文】 (公元前204年)夏四月,汉王在荥阳陷入了楚的包围,情形危急;汉王求和,准备仅保留荥阳以西为汉地。亚父范增劝项羽急攻荥阳;汉王十分担心。项羽派使者到汉地来,陈平准备了丰盛的酒食款待来宾,一见楚使就假装吃惊地说:"我还以为是亚父的使者,原来是项王派来的!"让人把东西端走,重新准备了比较粗陋草率的酒食进奉楚使。楚使回去后如实禀报给项王,项王果然对亚父起了很重的疑心。亚父急着要攻下荥阳城,项王不相信他,不肯听他的意见。亚父发现了项王对自己的怀疑,怒道:"天下大局已定,君王好自为之,请让老臣告老还乡吧。"他在前往彭城的中途,背上的毒疮发作而死。

【原文】 五月,将军纪信言于汉王曰①:"事急矣!臣请诳楚②,王可以间出。"于

是陈平夜出女子东门二千余人,楚因四面击之。纪信乃乘王车,黄屋,左纛③,曰:"食尽,汉王降。"楚皆呼万岁,之城东观。以故汉王得与数十骑出西门遁去,令韩王信与周苛、魏豹、枞公守荥阳④。羽见纪信,问:"汉王安在?"曰:"已出去矣。"羽烧杀信。

【注释】　①纪信:刘邦手下将领,在"楚汉之争"中保护刘邦有功。②诳:欺骗。③纛:古时军队或仪仗队的大旗。④枞:音。

【译文】　五月,将军纪信对汉王说:"局势紧急!请让臣用计策引开楚军,汉王可以趁机离开。"于是陈平在夜里将二千余女子放出东门,引来楚军四面围击她们。纪信乘汉王的车,车上张黄盖,左边竖立着汉王的旗帜,叫道:"食尽粮绝,汉王降楚。"楚人高呼万岁,都聚集到城东来围观。汉王则趁此机会带了数十骑出西门逃走,令韩王信与周苛、魏豹、枞公守荥阳。项羽见到是纪信,问:"汉王在哪里?"纪信回答道:"已经离开了。"项羽烧死了纪信。

【原文】　项羽自知少助;食尽,韩信又进兵击楚①,羽患之。汉遣侯公说羽请太公②。羽乃与汉约,中分天下,割洪沟以西为汉③,以东为楚。九月,楚归太公、吕后,引兵解而东归。汉王欲西归,张良、陈平说曰:"汉有天下太半,而诸侯皆附;楚兵疲食尽,此天亡之时也。今释弗击④,此所谓养虎自遗患也⑤。"汉王从之。

【注释】　①韩信:刘邦大将,汉初著名军事家。②太公:汉王刘邦的父亲。③洪沟:即鸿沟。古代最早沟通黄河和淮河的人工运河。西汉时期又称狼汤渠。④释:放弃。⑤养虎自遗患:留着老虎不除掉,就会成为后患。比喻纵容坏人坏事,留下后患。

【译文】　高帝四年(前203年)八月,项羽自知身边缺少帮手,粮草即将用尽,韩信又进兵击楚,心中非常忧虑。汉王派了侯公来劝说项羽放回太公、吕后。于是项羽和汉王约定平分天下,以洪沟为界,以西归汉,以东归楚。九月,项羽放还了太公和吕后,带兵解了荥阳之围而东归。汉王也打算西归关中,张良、陈平劝阻说:"汉已拥有大半天下,各地诸侯也都前来归附,而楚兵已疲惫不堪,粮草将尽,这是上天赐予的灭楚的最好时机。如果就此放过楚人,这就是所谓的养虎遗患。"汉王听从了他们的意见。

【原文】　冬,十月,汉王追项羽至固陵①,与齐王信、魏相国越期会击楚②;信、越不至,楚击汉军,大破之。汉王复坚壁自守,谓张良曰:"诸侯不从,奈何?"对曰:"楚兵且破③,二人未有分地,其不至固宜。君王能与共天下,可立致也④。齐王信之立,非君王意,信亦不自坚;彭越本定梁地,始,君王以魏豹故拜越为相国⑤,今豹死,越亦望王,而君王不早定。今能取睢阳以北至穀城皆以王彭越⑥,从陈以东傅海与齐王信⑦。信家在楚,其意欲复得故邑。能出捐此地以许两人,使各自为战,则楚易破也。"汉王从之。于是韩信、彭越皆引兵来。

【注释】　①固陵:古地名,今河南淮阳西北。②齐王信:即韩信,时为齐王。魏相国越:即彭越,汉初著名将领。拜魏相国,又被封为梁王。③且:将要,快要。④致:招引,引来。⑤魏豹:六国时魏国的公子。⑥睢阳:今河南商丘南。穀城:今山东东阿。

⑦陈:陈州,相当于今河南周口地区。

【译文】 高帝五年(前202年)十月,汉王追击项羽到固陵,和齐王韩信、魏相国彭越约好共同出击楚国。可是韩信、彭越二人失期不至,楚大败汉军。汉王只好重新坚壁自守,对张良说:"韩信、彭越这些手下不听我的,我该怎么办?"张良说:"楚兵就快要败了,而韩信、彭越二人未有明确分封到土地,所以他们不来也是很正常的事。如果您能和他们共享天下,他们立刻就会来。齐王韩信的封爵并非汉王的意思,他自己也觉得不安心;彭越平定了梁地,原来您因为魏豹是魏王的缘故所以拜彭越为相国,现在魏豹死了,彭越也在等着您能封他为王,您却没有早些决定。如果您能把睢阳以北至榖城的土地都封给彭越,把从陈以东沿海一带都给韩信。韩信的家在楚地,他想要的封地包括他的故乡。假如您答应分割这些土地给他们二人,让他们各自为战,则打败楚军轻而易举。"汉王听从了他的意见,于是韩信、彭越都带了军队来会合。

【原文】 十二月,项王至垓下①,兵少,食尽,与汉战不胜,入壁;汉军及诸侯兵围之数重。项王夜闻汉军四面皆楚歌,乃大惊曰:"汉皆已得楚乎?是何楚人之多也!"则夜起,饮帐中,悲歌慷慨,泣数行下;左右皆泣,莫能仰视。于是项王乘其骏马名骓②,麾下壮士骑从者八百余人③,直夜,溃围南出驰走。平明④,汉军乃觉之,令骑将灌婴以五千骑追之⑤。项王渡淮,骑能属者才百余人⑥。至阴陵⑦,迷失道,问一田父,田父绐曰"左"。左,乃陷大泽中,以故汉追及之。

【注释】 ①垓下:古地名,在今安徽灵璧东南。②骓:毛色苍白相杂的马。③麾下:指将帅的部下。④平明:天刚亮的时候。⑤灌婴:汉初名将。⑥属:连接,跟着。⑦阴陵:春秋楚邑。为项羽兵败后迷失道处,汉时置县。故城在今安徽定远西北。

【译文】 十二月,项王撤兵至垓下,兵少食尽,与汉军作战不顺利,退守营垒;陷入了汉军和诸侯兵的重重包围之中。项王夜里听见汉军阵营中到处传唱楚歌,大惊问道:"汉军已得到所有的楚地吗?怎么有这么多的楚人?"半夜在帐中饮酒,慷慨悲歌,流下数行眼泪;身边的人也都流泪哭泣,不敢抬头看他。于是项王乘上叫作骓的骏马,带领八百余壮士骑从,趁夜深突破重围向南快马奔驰。天亮时分,汉军才发觉,骑将灌婴带了五千骑兵追击。项王渡过淮河的时候,跟随他的只有百余骑兵了。到阴陵时迷了路,向一农夫询问,农夫骗他们说"向左"。他们向左走,结果陷入大泽中,因此被汉军追上来。

【原文】 项王乃复引兵而东,至东城①,乃有二十八骑。汉骑追者数千人,项王自度不得脱,谓其骑曰:"吾起兵至今,八岁矣;身七十余战,未尝败北,遂霸有天下。然今卒困于此,此天之亡我,非战之罪也。今日固决死,愿为诸君快战,必溃围,斩将,刈旗②,三胜之,令诸君知天亡我,非战之罪也。"乃分其骑以为四队,四乡。汉军围之数重。项王谓其骑曰:"吾为公取彼一将。"令四面骑驰下,期山东为三处。于是项王大呼驰下,汉军皆披靡③,遂斩汉一将。是时,郎中骑杨喜追项王④,项王瞋目而叱之⑤,喜人马俱惊,辟易数里⑥。项王与其骑会为三处,汉军不知项王所在,乃分军为三，复围之。项王乃驰，复斩汉一都尉⑦，杀数十百人。复聚其骑，亡其两骑耳。乃谓其骑曰："何如？"骑皆伏曰："如大王言！"

【注释】 ①东城：今安徽定远东南。②刈旗：砍断敌旗。刈，砍断。③披靡：草木随风倒伏，比喻军队溃败。④郎中骑：骑兵禁卫官。⑤嗔目：睁大眼睛。叱：大声责骂。⑥辟易：惊慌地退避、避开。⑦都尉：武官名。始置于战国，位略低于将军。秦时设郡，掌郡内军事。西汉时为郡守之辅佐，掌全郡军事。

【译文】 项王又率兵向东，到东城时只剩下二十八骑。而汉军的追兵有数千人。项王估计不可能脱身，对属下骑兵说："我起兵至今八年，身经七十余战，从未失败过，这才霸有天下。但是如今终究被困于此，这是天要亡我，不是我仗打得不好。今日自然要决一死战，愿为大家痛痛快快地打一场仗，突出重围、斩杀敌将、拔取敌旗，要打赢对手，让大家知道是天要亡我，而不是我指挥作战有什么过错。"于是分二十八骑为四队，向四个方向冲杀。汉军围了几层。项王对属下说："我为各位斩对方一将。"同时他命令骑兵们向四面骑驰而下，约定在山的东面分三处集合。于是项王和属下骑兵大呼驰下，汉军溃散，项王斩了一员汉将。当时郎中骑杨喜追项王，项王瞪大眼睛怒喝，杨喜人马俱惊，向后奔逃数里。项王和属下分为三处，汉军不知项王在哪里，于是分军为三，又将楚军包围起来。项王继续奔驰冲杀，又斩杀一名汉军都尉，杀死汉军数百人。召集属下人马，发现只损失了两骑。项王问道："怎么样？"属下都佩服地说："正如大王所说。"

【原文】 于是项王欲东渡乌江①，乌江亭长舣船待②，谓项王曰："江东虽小，地方千里，众数十万人，亦足王也。愿大王急渡！今独臣有船，汉军至，无以渡。"项王笑曰："天之亡我，我何渡为！且籍与江东子弟八千人渡江而西，今无一人还；纵江东父兄怜而王我，我何面目见之！纵彼不言，籍独不愧于心乎！"乃以所乘骓马赐亭长，令骑皆下马步行，持短兵接战。独籍所杀汉军数百人，身亦被十余创。顾见汉骑司马吕马童③，曰："若非吾故人乎？"马童面之，指示中郎骑王翳曰④："此项王也！"项王乃曰："吾闻汉购我头千金，邑万户，吾为若德⑤。"乃刎而死。王翳取其头，余骑相蹂践争项王⑥，相杀者数十人。最其后，杨喜、吕马童及郎中吕胜、杨武各得其一体；五人共会其体，皆是。故分其户，封五人皆为列侯⑦。

【注释】 ①乌江：在安徽和县境内。②亭长：秦汉时每十里为一亭，设亭长一人，掌治安、诉讼等事。舣船：使船靠岸。③骑司马：项羽自立建立郡国后采用的新的军事官职。④翳：音yì。⑤德：情义，恩惠。⑥蹂践：踩踏。⑦列侯：爵位名。秦制爵分二十级，彻侯位最高。汉承秦制，为避汉武帝刘彻讳，改彻侯为通侯，或称列侯。

【译文】 这时项王想要东渡乌江，乌江亭长停船靠岸等着他，对项王说："江东虽小，方圆千里，百姓数十万，也足以让您称王了。请大王立刻渡江！这里只有臣有船，汉军即使追到，也无法过江。"项王笑着说："上天要亡我，我还渡江干什么！而且项籍当年带了八千江东子弟渡江西征，如今没有一人回去；纵使江东父兄怜惜我而仍然视我为王，可我又有何面目去见他们！即使他们不怪我，难道我就不会有愧于心吗？"把所乘骓马赐亭长，下令骑兵都下马步行，持短兵器迎战。仅项王一人就杀了数百汉军，身上也负伤十余处。回头忽然看见汉骑司马吕马童，说："你不是故人吗？"吕马童看到了，用手指着项羽对中郎骑王翳说："这是项王！"项王说："我听说汉王以千金，邑万户悬赏我的头颅，我就把这件好处留给故人吧。"自刎而死。王翳取其头，别的骑兵互相践踏争抢项王，有数十人在争斗中被杀。最后，杨喜、吕马童及郎中吕胜、杨武各得到项王的一件肢体，将肢体拼凑起来，证实是项羽。所以刘邦在封赏时，将悬赏的邑万户分为五份，五人都被封为列侯。

诸吕之变

【题解】

诸吕之变是西汉初期的著名历史事件。高祖刘邦已经考虑到异姓王的威胁，所以生前和大臣杀白马盟誓，非刘不王。但是由于吕太后的擅权和惠帝的早逝，其后出现了太后称制时期。因此诸吕牟王位，直接威胁到刘氏宗室的安全。外戚专权在汉代一直是个严重的问题，吕后应该是开风气之先的一位皇后。

值得注意的是，诸吕意图叛乱是在吕后过世之后的事。事实上，吕氏家族除了吕后之外，新任诸王在朝廷中毫无根基，也谈不到真正的势力。太后这座靠山一倒，颇有四面楚歌之势。从史书的记载看，陈平、周勃和宗室合作，在极短的时间内就轻松平定了这次未遂的政变。比起空有其表的外戚诸王，反而是刘姓宗室的力量不可小看，他们有地位，有血统的联系，有诸多关系网络和掌握各种权力，后来发动七国之乱的宗室势力已经在此时初露锋芒，等到汉武帝用一系列政策削夺宗室实力以后，刘姓家族的力量才渐渐削弱下去。

【原文】 冬，太后议欲立诸吕为王①，问右丞相陵②。陵曰："高帝刑白马盟曰：'非刘氏而王，天下共击之。'今王吕氏，非约也。"太后不说③。问左丞相平、太尉勃④，对曰："高帝定天下，王子弟⑤；今太后称制，王诸吕，无所不可。"太后喜，罢朝。王陵让陈平、绛侯曰⑥："始与高帝啑血盟⑦，诸君不在邪？今高帝崩，太后女主，欲王吕氏；诸君纵欲阿意背约⑧，何面目见高帝于地下乎？"陈平、绛侯曰："于今，面折廷争，臣不如君；全社稷，定刘氏之后，君亦不如臣。"陵无以应之。十一月，甲子，太后以王陵为帝太傅⑨，实夺之相权。陵遂病免归。

【注释】 ①太后：刘邦皇后吕雉。②右丞相陵：王陵，刘邦的重臣之一。孝惠帝六年（前189年），相国曹参去世，安国侯王陵为右丞相，陈平为左丞相。③说：同"悦"。④太尉：掌军事，地位与丞相相同。勃：即周勃，是刘邦的大将，被封为绛侯。⑤王子弟：封子弟为王。⑥让：责备。⑦啑血盟：古代几方柑会结盟时的一种仪式。口中含牲血表示忠诚。一说手指蘸血涂在口四周。啑血，即"歃血"。⑧阿意：迎合他人的意旨。⑨太傅：太子太傅，辅导太子的官。

【译文】 高后元年(前187年)冬天，吕太后与臣下商议想立吕氏诸人为王，于是问右丞相王陵。王陵说："高皇帝当年杀白马盟誓：'不是刘氏子弟而封了王，天下共起讨伐。'如今封吕氏为王，岂不是违背了誓约。"太后不高兴。又问左丞相陈平、太尉周勃，他们回答说："高皇帝平定天下，所以封刘姓子弟为王；如今太后称制，那么封吕氏子弟为王，也无不可。"太后听了很高兴。罢朝后王陵责备陈平、周勃道："早先和高皇帝歃血盟誓时，难道诸君不在吗？如今高帝驾崩，太后要封吕氏为王，诸君想要迎合太后的意旨，阿谀奉承，违背誓约，将来有何面目去见高帝？"陈平、周勃说："在朝廷上面折廷争，我们不如阁下；保全社稷，安定刘氏后人，阁下就不如我们了。"王陵也无话可说。十一月，甲子，太后以王陵为帝太傅，实际剥夺了他的相权。王陵于是告病归家。

【原文】 乃以左丞相平为右丞相，以辟阳侯审食其为左丞相①，不治事，令监宫中，如郎中令②。食其故得幸于太后，公卿皆因而决事。

【注释】 ①审食其：刘邦同乡，汉初被封为辟阳侯。②郎中令：掌宫殿掖门户。

【译文】 太后用左丞相陈平为右丞相，以辟阳侯审食其为左丞相，不负责宰相事务，而是让他监理宫中事务，像郎中令。审食其得到太后的宠幸，公卿都按照他的意思办事。

【原文】 太后怨赵尧为赵隐王谋①，乃抵尧罪。上党守任敖尝为沛狱吏②，有德于太后，乃以为御史大夫③。

太后又追尊其父临泗侯吕公为宣王，兄周吕令武侯泽为悼武王，欲以王诸吕为渐。

【注释】 ①赵隐王：刘邦之子刘如意，戚夫人所出，后为吕后所杀。②上党：上党郡，在今山西的东南部。任敖：初为沛县狱吏，与刘邦友善。后跟随刘邦起兵。③御史大夫：秦置，为御史台长官，地位仅次于丞相，掌管弹劾纠察及图籍秘书。与丞相(大司徒)、太尉(大司马)合称"三公"。

【译文】 太后怨恨赵尧为赵隐王出主意，就治了赵尧的罪。上党太守任敖曾经做过沛县狱吏，有恩于太后，太后就任用他为御史大夫。太后又追尊父亲临泗侯吕公为宣王，兄周吕令武侯吕泽为悼武王，想以此为封诸吕为王的开端。

【原文】 七月，太后病甚，乃令赵王禄为上将军，居北军①；吕王产居南军。太后诫产、禄曰："吕氏之王，大臣弗平。我即崩，帝年少，大臣恐为变。必据兵卫宫，慎毋送丧，为人所制！"辛巳，太后崩，遗诏：大赦天下，以吕王吕产为相国，以吕禄女为帝后。高后已葬，以左丞相审食其为帝太傅。

【注释】 ①北军：汉代守卫京师的屯卫兵。未央宫在京城西南，其卫兵称南军；长乐宫在京城东面偏北，其卫兵称北军。

【译文】 高后八年(前180年)七月，太后病重，下令赵王吕禄为上将军，统率北军；吕王吕产统率南军。太后告诫吕产、吕禄说："吕氏封王，大臣心中不服。我快要死了，皇帝年幼，大臣中恐怕会有人要趁机政变。你们一定要握住兵权，保卫皇宫，千万不要送丧，以免为人所制！"辛巳，太后驾崩，遗诏：大赦天下，以吕王吕产为相国，以吕禄女为帝后。高后下葬之后，左丞相审食其出任太傅。

【原文】　诸吕欲为乱，畏大臣绛、灌等，未敢发。朱虚侯以吕禄女为妇①，故知其谋，乃阴令人告其兄齐王，欲令发兵西，朱虚侯、东牟侯为内应②，以诛诸吕，立齐王为帝。齐王乃与其舅驷钧、郎中令祝午、中尉魏勃阴谋发兵③。齐相召平弗听。八月，丙午，齐王欲使人诛相。相闻之，乃发卒卫王宫。魏勃绐召平曰④："王欲发兵，非有汉虎符验也⑤。而相君围王固善，勃请为君将兵卫王。"召平信之。勃既将兵，遂围相府，召平自杀。于是齐王以驷钧为相，魏勃为将军，祝午为内史⑥，悉发国中兵。

【注释】　①朱虚侯：刘章，齐悼惠王刘肥次子。刘肥是汉高祖长子，公元前201年，立刘肥为齐王。惠帝中，刘肥去世，子襄立，是为齐哀王。刘章到长安入宿卫，被吕后封为朱虚侯，并以吕禄女妻之。文帝即位，因朱虚侯刘章诛诸吕有功，封朱虚侯户二千，银千斤。后又被封为城阳王，都莒（今山东莒城）。②东牟侯：刘兴居，齐悼惠王刘肥之子。③郎中令：秦置，汉初沿袭，为皇帝左右亲近的高级官职，掌守卫宫殿门户。中尉：汉官，掌京师治安。④绐：欺哄。⑤虎符：中央发给地方官或驻军首领的调兵凭证，作虎形。刻有铭文，分为两半，多为铜质。调兵遣将时需要两半勘合验真，才能生效。⑥内史：官名，西汉初，诸侯王国置内史，掌民政。

【译文】　吕氏诸人想作乱，但是畏惧大臣绛侯周勃、灌婴等人，不敢先发难。朱虚侯娶了吕禄的女儿为妻，所以知道了吕家的阴谋。他悄悄地让人告诉了兄长齐王，想让他发兵西进，朱虚侯、东牟侯为内应，来诛杀诸吕，立齐王为帝。齐王和他的舅舅驷钧、郎中令祝午、中尉魏勃密谋发兵。齐相召平不愿参与。八月丙午，齐王想派人杀召平。召平听说了，于是发兵守住王宫。魏勃骗召平说："齐王要发兵，非有汉虎符证明不可。而您想围住王宫也好，我自请为您带兵保护齐王。"召平相信了。结果魏勃一拿到兵权，就包围了召平的相府，召平自杀。于是齐王以驷钧为齐相，魏勃为将军，祝午为内史，把国中的士卒全部派了出去。

【原文】　太尉欲入北军，不得入。襄平侯纪通尚符节①，乃令持节矫内太尉北军。太尉复令郦寄与典客刘揭先说吕禄曰②："帝使太尉守北军，欲足下之国。急归将印辞去。不然，祸且起。"吕禄以为郦况不欺己，遂解印属典客，而以兵授太尉。太尉至军，吕禄已去。太尉入军门，行令军中曰："为吕氏右袒，为刘氏左袒！"军中皆左袒，太尉遂将北军。然尚有南军。丞相平乃召朱虚侯章佐太尉，太尉令朱虚侯监军门，令平阳侯告卫尉③："毋入相国产殿门。"

【注释】　①符节：古代派遣使者或调兵时用作凭证的东西。用竹、木、玉、铜等制成，刻上文字，分成两半，一半存朝廷，一半给外任官员或出征将帅。尚：管理，掌管。②郦寄：汉初大臣郦商之子。典客：官名，秦置，掌管接待少数民族和诸侯来朝事务。③卫尉：汉九卿之一，掌宫廷警卫。卫尉主官门和宫内，与主宫外的中尉相为

【译文】 太尉想入北军,但无法进入。襄平侯纪通掌管符节,就让人持节假传圣旨让太尉入北军。太尉又让郦寄与典客刘揭先劝吕禄说:"皇帝派太尉掌管北军,想要足下回封地去。你赶紧回去将掌管的北军的印交出去,否则就要大祸临头了。"吕禄以为郦况不会骗自己,就解印交给典客刘揭先,将北军的兵权交给了太尉周勃。太尉到北军时吕禄已经离开。太尉一入军门,就在军中下令说:"站在吕氏一边的袒露右臂,站在刘氏一边的袒露左臂。"军中都袒露左臂,太尉就此接管了北军。而还有南军仍然在吕氏手中。丞相陈平召朱虚侯刘章都助太尉,太尉令朱虚侯守着军门,令平阳侯告诉卫尉:"别让相国吕产进殿门。"

【原文】 吕产不知吕禄已去北军[1],乃入未央宫[2],欲为乱。至殿门,弗得入,徘徊往来。平阳侯恐弗胜,驰语太尉。太尉尚恐不胜诸吕,未敢公言诛之,乃谓朱虚侯曰:"急入宫卫帝!"朱虚侯请卒,太尉予卒千余人。入未央宫门,见产廷中。日餔时[3],遂击产,产走。天风大起,以故其从官乱,莫敢斗,逐产,杀之郎中府吏厕中。朱虚侯已杀产,帝命谒者持节劳朱虚侯[4]。朱虚侯欲夺其节,谒者不肯。朱虚侯则从与载,因节信驰走,斩长乐卫尉吕更始[5]。还,驰入北军报太尉。太尉起,拜贺朱虚侯曰:"所患独吕产。今已诛,天下定矣!"遂遣人分部悉捕诸吕男女,无少长皆斩之。

【注释】 [1]去:离开。[2]未央宫:汉未央宫在长安城的西南部(今陕西西安西北),是汉朝君臣朝会的地方。[3]餔时:午后三时到五时,傍晚。[4]谒者:官名。始置于春秋、战国时,秦汉因之。掌宾赞受事,即为天子传达。节:符节,使臣执以示信之物。[5]长乐卫尉:皇后所居为长乐宫,设长乐卫尉。

【译文】 吕产不知吕禄已离开北军,就直入未央宫,试图叛乱。到了殿门却不能进入,在外徘徊。平阳侯怕出纰漏,骑马通报了太尉。太尉也怕不能战胜诸吕,不敢公开宣布诛杀诸吕的事。他对朱虚侯说:"马上进宫保卫皇上!"朱虚侯要求给他一些人马,太尉给了他千余人。朱虚侯进入未央宫门,看见吕产正在廷中。傍晚,刘章带人袭击吕产,吕产逃跑,这时天起了大风,吕产的随从乱作一团,都不敢狠斗,刘章追上吕产,在郎中府吏的厕所里杀了他。朱虚侯杀了吕产之后,皇帝命谒者持节慰劳朱虚侯。朱虚侯想将他的符节抢过来,谒者不肯。朱虚侯就和他同车而行,进入长乐宫,斩杀了长乐卫尉吕更始。回去驰入北军向太尉回报。太尉站起来拜谢朱虚侯说:"我们担心的不过是吕产。如今已死,天下太平了。"于是派人分部捉拿诸吕男女,无论老少一律处死。

王莽的复出

【题解】

王莽在很长一段时间里,都是以谦谦君子的面貌出现的,礼贤下士、温和谦恭。他不断地退让应该得到的官爵,完全不像骄慢的外戚子弟。因此他拥有王氏家族中绝无仅有的好名声。哀帝即位之后，推崇自己外家的势力，太皇太后的家族受到冷落，于是王莽又一次辞去显要的职位，安然退隐。

西汉元寿二年（公元前1年），哀帝去世，太皇太后见大司马董贤一时无力处理事务，立刻举荐了自己的侄子——新都侯王莽进宫佐助。这是他篡位之前最后一次复出，下文选取的就是这一时期的记载片段。

当时局势已经发生了根本的变化，无论即位的是怎样的幼主，几乎都要倚仗太皇太后的支持。王莽也不再需要随时做好准备放弃显赫的职位。所以他开始毫无忌惮地扩张势力。和太皇太后联手除掉董贤及其家族。然后在宫廷里，他将可能成为王氏家族敌手的人一一清除。又在太皇太后的支持下，将他在朝廷里的对手排挤出去；与此同时，王莽已经开始准备一个顺我者昌逆我者亡的朝廷。他擅长表演，拥有一个深刻体会他心意的智囊团，最后他连官员的任免权也已牢牢掌握，到了这个时候，王莽和皇位之间已经没有了任何障碍。

【原文】 太皇太后闻帝崩①，即日驾之未央宫，收取玺绶。太后召大司马贤②，引见东箱，问以丧事调度。贤内忧，不能对，免冠谢。太后曰："新都侯莽③，前以大司马奉送先帝大行④，晓习故事，吾令莽佐君。"贤顿首："幸甚！"太后遣使者驰召莽。诏尚书，诸发兵符节、百官奏事、中黄门、期门兵皆属莽⑤。莽以太后指，使尚书劾贤帝病不亲医药，禁止贤不得入宫殿司马中⑥；贤不知所为，诣阙免冠徒跣谢⑦。己未，莽使谒者以太后诏即阙下册贤曰⑧："贤年少，未更事理，为大司马，不合众心，其收大司马印绶，罢归第！"即日，贤与妻皆自杀；家惶恐，夜葬。莽疑其诈死。有司奏请发贤棺，至狱诊视，因埋狱中。太皇太后诏"公卿举可大司马者"。莽故大司马，辞位避丁、傅⑨，众庶称以为贤，又太皇太后近亲，自大司徒孔光以下⑩，举朝皆举莽。独前将军何武、左将军公孙禄二人相与谋⑪，以为"往时惠、昭之世，外戚吕、霍、上官持权，几危社稷；今孝成、孝哀比世无嗣，方当选立近亲幼主，不宜令外戚大臣持权。亲疏相错，为国计便。"于是武举公孙禄可大司马，而禄亦举武。庚申，太皇太后自用莽为大司马、领尚书事。

【注释】 ①太皇太后：即王政君，汉元帝皇后，成帝时尊为皇太后，以其兄王凤为大司马大将军领尚书事，开启了外戚王氏专权的时期。哀帝即位尊为太皇太后。这里的皇帝即哀帝，公元前1年去世。②大司马：武官名，汉武帝时置大司马，与大司徒、大司空并称"三公"，共理军国事务。贤：指董贤。汉哀帝的男宠，官至大司马。哀帝死后，董贤随即失势，自杀死去。③新都侯莽：指王莽，王政君之侄。公元前16年，受封新都侯。汉哀帝继位后由于丁皇后的外戚势力，王莽退居新野。④前以大司马奉送先帝大行：指王莽在大司马任上备办过汉成帝的丧事。⑤中黄门：在宫廷服役的太监。期门兵：掌扈从护卫。⑥宫殿司马：掌宫廷军事宿卫。⑦徒跣：赤足。⑧谒者：官名，掌宾赞受事，即为天子传达。⑨丁、傅：丁太后、傅太后，外戚势力。⑩大司徒：官名，汉哀帝时罢丞相之职，置大司徒，与大司马、大司空并称"三公"。孔光：西汉时

【译文】 公元前1年,太皇太后王氏听到哀帝驾崩的消息,当日前往未央宫收取玺绶。她在东厢召见大司马董贤,询问皇帝后事的办理情形。董贤内心忧惧,什么也回答不出来,只好免冠谢罪。太后说:"新都侯王莽过去曾经以大司马一职处理过先帝的丧事,熟悉旧例,我让他来帮助你料理。"董贤磕头说:"这真是太好了。"太后派使者驰召王莽。下诏尚书省,凡是发兵符节、百官奏事、宫官、期门兵都归王莽统管。王莽遵循太后的指示,派尚书弹劾董贤在皇帝生病时没有亲自料理医药事宜,并禁止他不得入宫殿司马中。董贤不明事理,只得脱下官帽,赤足到未央宫外谢罪。已未,王莽派谒者在宫门下向董贤宣读太后诏书:"董贤年少,不明事理,担任大司马不合众心,立即收回大司马印信,罢官归第。"董贤与他的妻子当天自杀;其家人惊恐,连夜下葬。王莽怀疑董贤诈死,有司奏请开棺,带到狱中检验,后来董贤就被埋在了狱中。太皇太后下诏让"公卿推举可以担任大司马的人"。王莽过去就担任过大司马,后来辞官以避让外戚丁、傅两家的势力,众人都称许他贤明,加上他又是太皇太后的侄子,因此自大司徒孔光以下,满朝官员都举荐王莽。只有前将军何武、左将军公孙禄二人商量,认为"以往惠帝、昭帝时期,外戚吕、霍、上官擅权,几乎危害到社稷;如今孝成皇帝、孝哀皇帝接连都没有后嗣,正在选立近亲宗室中的幼主继承皇位,因此不宜让外戚大臣总揽大权。掌权的大臣要有亲有疏,互相交错,才有利于国家。"于是何武推举公孙禄为大司马,而公孙禄也推举何武。庚申,太皇太后任用王莽为大司马、领尚书事。

【原文】 莽又白太皇太后,诏有司以皇太后前与女弟昭仪专宠锢寝①,残灭继嗣,贬为孝成皇后,徙居北宫②。又以定陶共王太后与孔乡侯晏同心合谋③,背恩忘本,专恣不轨,徙孝哀皇后退就桂宫④,傅氏、丁氏皆免官爵归故郡,傅晏将妻子徙合浦⑤。独下诏褒扬傅喜曰⑥:"高武侯喜,姿性端悫⑦,论议忠直,虽与故定陶太后有属,终不顺指从邪⑧,介然守节,以故斥逐就国。《传》不云乎:'岁寒然后知松柏之后凋也。'其还喜长安,位特进⑨,奉朝请⑩。"喜虽外见褒赏,孤立忧惧;后复遣就国,以寿终。莽又贬傅太后号为定陶共王母,丁太后号曰丁姬。莽又奏董贤父子骄恣奢僭⑪,请收没入财物县官,诸以贤为官者皆免。父恭、弟宽信与家属徙合浦,母别归故郡巨鹿⑫。长安中小民欢哗,乡其第哭⑬,几获盗之。县官斥卖董氏财,凡四十三万万。贤所厚吏沛朱诩自劾去大司马府⑭,买棺衣,收贤尸葬之。莽闻之,以他罪击杀诩。莽以大司徒孔光名儒,相三主,太后所敬,天下信之,于是盛尊事光,引光女婿甄邯为侍中、奉车都尉⑮,诸素所不说者,莽皆傅致其罪,为请奏草,令邯持与光,以太后指风光⑯。光素畏慎,不敢不上之;莽白太后,辄可其奏。于是劾奏何武、公孙禄互相称举,皆免官,武就国。

【注释】 ①皇太后前与女弟昭仪：成帝皇后赵飞燕和其妹昭仪赵合德。专宠锢寝：受到专房之宠。②北宫：位于汉长安城西北。③定陶共王太后：傅太后，死后谥为孝哀皇后。孔乡侯晏：即傅晏，哀帝傅皇后之父。④桂宫：汉代五大宫之一。⑤合浦：古郡名。郡治在今广西壮族自治区合浦东北。⑥傅喜：哀帝祖母定陶傅太后从父弟。⑦端悫：正直诚谨。⑧指：同"旨"。⑨特进：官名。始设于西汉末。授予列侯中有特殊地位的人，位在三公下。⑩奉朝请：古代诸侯春季朝见天子叫朝，秋季朝见为请。因称定期参加朝会为奉朝请。汉代退职大臣、将军和皇室、外戚多以奉朝请名义参加朝会。⑪骄恣奢僭：骄横放纵，过分奢侈。⑫巨鹿：郡名。秦置，汉因之。唐名邢州，其地约当今河北南 自任县至晋州市藁城一带地区。⑬乡：通"向"。⑭沛：郡名，今江苏沛县。⑮甄邯：字子心，中山无极人，孔光婿。侍中：古代职官名，为正规官职外的加官之一。因侍从皇帝左右，出入宫廷，与闻朝政，逐渐变为亲信贵重之职。奉车都尉：官名，汉武帝设，掌管皇帝乘舆之事。⑯风：讽喻。

【译文】 七月，王莽又禀告太皇太后，诏有司因为皇太后过去与妹妹昭仪为专宠，残害皇子事，贬她为孝成皇后，迁居北宫。又因为定陶共王太后与孔乡侯傅晏同心合谋，背恩忘义，专权放纵，图谋不轨，因此迁孝哀皇后退住桂宫，傅氏、丁氏家族一律免官，遣送回乡。傅晏携妻子迁到合浦。下诏褒奖傅喜说："高武侯傅喜，秉性谨慎，议论正直，虽是故定陶太后的亲属，终究没有顺从她的意旨，去干邪恶的事，而是清介有节操，因此遭到斥逐，遣归封国。《传》有云：'岁寒然后知松柏之后凋。'准许他回长安，官位特进，定期参加朝会。"傅喜虽得到褒赏，但孤立忧惧；后来又再遣他回国，得以安享天年。王莽又贬傅太后号为定陶共王母，贬丁太后号为丁姬。又上奏太皇太后下诏称董贤父子骄纵奢侈，放肆僭越，请求没收其财物归公，所有因董贤的缘故得官的全部免职。其父董恭、弟董宽信与家属流放到合浦郡，其母则准许回故乡巨鹿郡。这些处置得到了长安百姓的欢呼和拥戴。一些人假装去董氏府第哀哭，实际是想盗窃财物。官府变卖董氏家产得四十三万万钱。董贤所亲厚的属吏沛郡朱诩，辞职离开大司马府，买了棺材和衣服，收敛董贤尸体安葬。王莽听说之后借口以其他罪名杀了他。王莽因为大司徒孔光是当世名儒，三朝宰相，为太皇太后和天下人敬信，于是处处尊重孔光，援引其婿甄邯为侍中、奉车都尉。凡是平常不喜欢的，王莽都罗织罪名，写成奏章，让甄邯带给孔光，用太皇太后的意旨暗示孔光。孔光向来谨慎，不敢不上奏。王莽就转告太后，太后自然也同意其所奏的内容。于是弹劾何武、公孙禄互相推举，二人被革职，何武回到封国。

【原文】 红阳侯立，太后亲弟，虽不居位，莽以诸父内敬惮之，畏立从容言太后，令己不得肆意，复令光奏立罪恶。

莽之所以胁持上下，皆此类也。

【译文】 红阳侯王立是太后的亲弟，虽不居官职，但王莽因为他是叔父比较敬惮他，担心王立在太后面前毫无拘束地说话，自己就不能肆意行事，又令孔光奏王立的罪恶。

王莽挟上持下，用的大多都是这一类的手段。

【原文】　于是附顺莽者拔擢，忤恨者诛灭，以王舜、王邑为腹心，甄丰、甄邯主击断①，平晏领机事，刘秀典文章，孙建为爪牙。丰子寻、秀子棻、涿郡崔发、南阳陈崇皆以材能幸于莽②。莽色厉而言方，欲有所为，微见风采，党与承其指意而显奏之。莽稽首涕泣，固推让，上以惑太后，下用示信于众庶焉。

【注释】　①击断：专断，决断。②棻：涿郡：治涿县，即今河北涿州市。南阳：郡名，辖境相当于今河南熊耳山以南叶县内乡之间和湖北大洪山以北应山郧阳区之间的大部分地区。

【译文】　于是顺从王莽的得到提升，违逆他的惨遭诛灭，以王舜、王邑为心腹，甄丰、甄邯主管刑法，平晏掌管机要事务，刘秀负责舆论，孙建为爪牙。甄丰的儿子甄寻、刘秀的儿子刘棻、涿郡崔发、南阳陈崇都因为才能受到重用。王莽神色严厉而言谈方正，想要做什么，只微露口风，党羽就会按照他的意思公开请求朝廷封赠。王莽再磕头涕泣，坚持推让，上以迷惑太后，下以示威信于百姓百官。

【原文】　八月，莽复白皇太后，废孝成皇后、孝哀皇后为庶人，就其园。是日，皆自杀。

大司空彭宣以王莽专权①，乃上书言："三公鼎足承君；一足不任，则覆乱美实②。臣资性浅薄，年齿老眊③，数伏疾病，昏乱遗忘，愿上大司空、长平侯印绶，乞骸骨归乡里，俟真沟壑④。"莽白太后策免宣，使就国。

【注释】　①彭宣：字子佩，淮阳阳夏人。成帝时为博士，哀帝时进右将军，徙左将军，免。后拜大司空。封长平侯。②覆乱美实：倾倒。③眊：眼睛失神，看不清楚。④真沟壑：代指死亡。真，置。

【译文】　八月，王莽又通报太皇太后，废孝成皇后、孝哀皇后为庶人，迁居到园中。当天二人自杀。

大司空彭宣因为王莽专权，就上书说："三公鼎足承君；一足不任，则损害完美的格局。臣资性浅薄，年老糊涂，常年卧病，昏乱善忘，想交出大司空、长平侯印绶，愿乞骸骨还乡，终养老年。"王莽请太后策免去其职位，使就国。

【原文】　平帝年九岁，太皇太后临朝，大司马莽秉政，百官总己以听于莽。莽权日盛，孔光忧惧，不知所出，上书乞骸骨；莽白太后，帝幼少，宜置师傅，徙光为帝太傅，位四辅①。

【注释】　①四辅：官名。相传古代天子身边的四个辅佐。

【译文】　平帝九岁，太皇太后临朝，大司马王莽秉政，百官受王莽节制。王莽的权势日盛一日，孔光担忧，不知怎么办，上书告老；王莽向太后提出，皇帝幼少，应当置师傅，任命孔光为皇帝太傅，位四辅。

【原文】　春，正月，王莽风益州，令塞外蛮夷自称越裳氏重译献白雉一、黑雉二。

莽白太后下诏,以白雉荐宗庙①。于是群臣盛陈莽功德,致周成白雉之瑞,周公及身在而托号于周,莽宜赐号曰安汉公,益户畴爵邑。太后诏尚书具其事。莽上书言:"臣与孔光、王舜、甄丰、甄邯共定策;今愿独条光等功赏②,寝置臣莽,勿随辈列。"甄邯白太后下诏曰:"'无偏无党,王道荡荡。'君有安宗庙之功,不可以骨肉故蔽隐不扬,君其勿辞!"莽复上书固让数四,称疾不起。左右白太后,"宜勿夺莽意,但条孔光等,莽乃肯起"。

【注释】　①荐:进献。②条:分条列举,举出。

【译文】　元始元年(公元1年)正月,王莽暗示益州,让塞外自称是越裳氏,几经翻译而通使的少数民族,进献白雉一只、黑雉两只。王莽禀告太后,请太后下诏,以白雉进献给宗庙。于是群臣盛赞王莽的功德过人,以致获得和周公时一样的白雉祥瑞,而周公生前在周朝就有美号,所以请朝廷赐王莽号安汉公,增加户畴爵邑。太后诏尚书讨论具体事宜。王莽上书:"臣与孔光、王舜、甄丰、甄邯共同定策;现在朝廷爵赏,宁愿全部加封给孔光等人,臣王莽就不必了。"甄邯请太后下诏给王莽:"没有偏私,没有党派,才是坦荡的王道。'你有安定宗庙的功劳,不可以因为是太皇太后的家人就隐蔽不宣扬,请不要再推辞。"王莽再次上书一再要求辞让,并称病不起。左右向太后提议,"还是按照王莽的本意好了,只封赏孔光等人,他就肯起来了"。

【原文】　四人既受赏,莽尚未起。群臣复上言:"莽虽克让,朝所宜章,以时加赏,明重元功,无使百僚元元失望①!"太后乃下诏:"以大司马、新都侯莽为太傅,干四辅之事,号曰安汉公,益封二万八千户。"于是莽为惶恐,不得已而起,受太傅、安汉公号,让还益封事,云:"愿须百姓家给,然后加赏。"群臣复争,太后诏曰:"公自期百姓家给,是以听之,其令公奉赐皆倍故。百姓家给人足,大司徒、大司空以闻。"莽复让不受,而建言褒赏宗室群臣。立故东平王云太子开明为王②;又以故东平思王孙成都为中山王③,奉孝王后④;封宣帝耳孙信等三十六人皆为列侯⑤;太仆王恽等二十五人皆赐爵关内侯⑥。又令诸侯王公、列侯、关内侯无子而有孙若同产子者⑦,皆得以为嗣⑧;宗室属未尽而以罪绝者⑨,复其属⑩;天下令比二千石以上年老致仕者⑪,参分故禄⑫,以一与之,终其身。下及庶民鳏寡⑬,恩泽之政,无所不施。

【注释】　①元元:百姓,庶民。②东平王云:刘云,汉东平思王刘宇之子,其父死后继任为东平王。后自杀,国除。太子开明:刘云之子。③东平思王:刘宇,汉宣帝之子,元帝之弟。④孝王:中山孝王刘兴,元帝之子。⑤耳孙:泛指远代子孙。⑥太仆:官名,秦汉九卿之一,掌为天子执御,与马畜牧之事。⑦列侯:爵位名,秦汉二十等爵中的最高一级,最初称彻侯,后避汉武帝刘彻讳,改称通侯,后又改称列侯,有封邑。关内侯:爵位名,秦汉二十等爵级之第十九级,位于列侯之下。无子:没有嫡长子可以继承爵位。同产子:指兄弟之子。同产:同母所生者,兄弟。⑧嗣:继承者。⑨属:亲属。⑩复:恢复。属:属籍,宗室家谱。⑪二千石:汉代郡守俸禄为二千石,因此就称郡守为"二千石"。致仕:辞官,退休。⑫参分:参通"三"。故禄:没有退休以前的俸

【译文】　二月里，孔光等四人接受了封赏，而王莽仍然称病不起。群臣再次上言："王莽虽然谦让，朝廷典章还是要按时加赏，彰显功劳，不要让百僚和百姓失望！"太后于是下诏："任命大司马、新都侯王莽为太傅，主管四辅之事，赐号安汉公，增加封邑二万八千户。"于是王莽假装惶恐，不得已而起，接受太傅、安汉公的封号，让还增加的封户，说："希望等到百姓家给人足了，然后再受赏。"群臣坚持要赏赐，太后下诏说："你希望百姓富足，朝廷满足了你的要求，但对你的赏赐都要加倍。等到百姓家给人足的时候，大司徒、大司空要记得上奏。"王莽还是推辞不受，而提议褒赏宗室群臣。于是朝廷下令已故东平王刘云的太子开明继立为王；以故东平思王刘宇的孙子刘成都为中山王，奉孝王后；封宣帝耳孙刘信等三十六人为列侯；太仆王恽等二十五人皆赐爵关内侯。又令诸侯王公、列侯、关内侯，如果没有嫡长子，却有庶子生的孙儿，或有同母兄弟的儿子，都可以继承爵位。宗室族属未尽而因罪被剔除。恢复爵位；天下令比二千石以上高级官员年老退休的，可以终身领取原来俸禄的三分之一。下及庶民鳏寡，加恩于人的，无不实施。

【原文】　莽既媚说吏民①，又欲专断，知太后老，厌政，乃风公卿奏言："往者吏以功次迁至二千石，及州部所举茂材异等吏②，率多不称，宜皆见安汉公。又，太后春秋高，不宜亲省小事。"令太后下诏曰："自今以来，唯封爵乃以闻，他事安汉公、四辅平决。州牧、二千石及茂材吏初除奏事者，辄引入，至近署对安汉公，考故官，问新职，以知其称否。"于是莽人人延问，密致恩意，厚加赠送，其不合指，显奏免之，权与人主侔矣③。

【注释】　①说：同"悦"。②茂材：秀才。异等吏：考核成绩优秀的官员。③侔：相等。

【译文】　王莽既取悦了官员和百姓，又想要独断独行，他知道太后年纪老迈，厌烦朝政，就暗示公卿上奏说："以往官吏凭借功勋依次升到二千石，由州部所举荐的茂材官吏，大多名实不符，所以以后这些人都要先由安汉公审察。还有，太后年纪大了，不宜亲自处理小事。"让太后下诏说："自今以后，只有封爵的事需要上奏，其余事都由安汉公、四辅决定。州地方官、二千石及茂材吏初次接受任命奏报事务的，则引入到近署衙门，由安汉公考察他们对前任政绩的评价，询问他们上任后的打算，来了解他们是否名实相符。"于是王莽接见官员，向他们问好致意，厚加赠送，其中有不合自己心意的，上奏将其免职，王莽拥有了和皇帝一样的权力。

【原文】　王莽恐帝外家卫氏夺其权，白太后："前哀帝立，背恩义，自贵外家丁、傅，挠乱国家，几危社稷。今帝以幼年复奉大宗为成帝后①，宜明一统之义，以戒前事，为后代法。"六月，遣甄丰奉玺绶，即拜帝母卫姬为中山孝王后。赐帝舅卫宝、宝弟玄爵关内侯。赐帝女弟三人号曰君，皆留中山，不得至京师。

【注释】　①奉大宗为成帝后：奉平帝刘箕子为成帝的儿子入继皇位。

【译文】　王莽怕皇帝的外家卫氏夺权，对太后说："以前哀帝即位，背恩忘义，抬高自己外家丁、傅，扰乱国家法度，危害皇权。现在，皇帝以幼年继承大宗为成帝后嗣，应该申明一统之义，以为惩戒，也可以为后代效法。"六月，派甄丰奉玺绶，即拜帝母卫姬为中山孝王后。赐皇帝的舅舅卫宝、卫宝的弟弟卫玄为关内侯。赐皇帝三位妹妹为君，让他们都留在中山国，不得进入京师。

晋　　纪

桓温废立

【题解】

桓温在东晋是个重要人物。随着他军功和人望的增长，他和朝廷的关系变得越来越微妙。在某个程度上说，东晋需要桓温的军事力量，更寄希望于他北伐成功，恢复故地。但是随着桓温在征伐中的胜利，朝廷和他之间渐渐陷入了功高不赏的尴尬境地。桓温平蜀有大功，威名大振，这些军事上的胜利对于东晋来说无疑是好事，但是桓温的位置也越来越难以安顿。在每次酬功之际，我们都可以看出代表朝廷立场的官员小心翼翼的态度。

东晋这个偏安的朝廷，外敌环伺，皇室衰落，朝中门阀力量强大，军事实权操于如桓温这样的悍将之手。朝廷中不同势力之间相互牵制、妥协和对立。桓温废立的过程中，王彪之、王坦之、谢安等人，在桓温的野心和实力作用之下，每次都通过合于法度的方法保护皇权，尽力让东晋在原来的格局下延续下去。

【原文】　（永和二年）安西将军桓温将伐汉①，将佐皆以为不可。

朝廷以蜀道险远，温众少而深入，皆以为忧，惟刘惔以为必克②，或问其故，惔曰："以博知之。温，善博者也，不必得则不为。但恐克蜀之后，温终专制朝廷耳。"

【注释】　①安西将军桓温：桓温，东晋大将。娶明帝女南康公主为妻，曾三次北伐，一度收复洛阳，但北伐最终未能成功。由于长期掌握大权，渐渐有了不臣之心。成安元年（371），废帝司马奕为东海王，改立简文帝，以大司马专掌朝政。次年，简文帝死，桓温有代晋之心，但不久病故。汉：成汉，十六国之一。巴賨贵族李雄所建。以成都为都城，最盛时包括了今四川东部和云南、贵州的一部分。347年东晋桓温伐蜀，成汉亡。②惔：音 tán。

【译文】　永和二年（346年），安西将军桓温将伐成汉，将佐都不赞成。

朝廷认为蜀道险远，桓温人少而深入，都为之担忧。惟刘惔以为必定成功，有人问他怎么知道的，刘惔说："从赌博中知道的。桓温是个善赌的人，不是志在必得就不会出手。但是怕他克蜀之后，会渐渐控制朝廷。"

【原文】　（永和四年）八月，朝廷论平蜀之功，欲以豫章郡封桓温①，尚书左丞荀蕤曰②："温若复平河、洛,将何以赏之?"乃加温征西大将军、开府仪同三司③,封临贺郡公④。

温既灭蜀,威名大振,朝廷惮之。会稽王昱以扬州刺史殷浩有盛名⑤,朝野推服,乃引为心膂⑥,与参综朝权,欲以抗温,由是与温寖相疑贰⑦。

【注释】 ①豫章郡:治所南昌(今江西南昌),原辖境大致同今江西省。②尚书左丞:尚书省官员,类似于秘书长之类的官职。③开府仪同三司:魏晋南北朝时期的一种高级官位,东晋南朝,开府仪同三司是虚号,渐不为人所重。④临贺郡:今广西贺州东南。⑤会稽王昱:司马昱,初封琅邪王,后徙会稽王。司马奕为帝,进位丞相。桓温废立,迎司马昱为帝。在位二年病故,谥简文帝。会稽,在今江苏东部及浙江西部。殷浩:善玄谈,有重名。晋康帝时,会稽王司马昱征聘殷浩出山,以对抗桓温。永和九年(公元353年)十月,殷浩率领7万人北征许昌、洛阳,大败,被废为庶人。⑥心膂:心与脊骨,比喻主要的辅佐人员,或亲信得力之人。⑦寖相疑贰:渐渐起了疑忌之心。疑贰,也作"疑二"。因猜忌而生异心。

【译文】 永和四年(348年)八月,朝廷论赏平蜀的功劳,想要将豫章郡封给桓温。尚书左丞苟蕤说:"如果赏了豫章郡,那么桓温若平复河、洛,还有什么可以赏的?"于是就加封桓温为征西大将军、开府仪同三司,封临贺郡公。

桓温灭蜀以后,威名大振,朝廷也很忌惮他。会稽王司马昱因为扬州刺史殷浩有盛名,朝野都很推崇他,所以将他视为心腹,参与朝政,想用他来对抗桓温,由此殷浩和桓温渐渐地开始互生猜疑。

【原文】 (兴宁元年)五月,加征西大将军桓温侍中、大司马、都督中外诸军、录尚书事①,假黄钺②。温以抚军司马王坦之为长史③。坦之,述之子也。又以征西掾郗超为参军④,王珣为主簿⑤,每事必与二人谋之。府中为之语曰:"髯参军⑥,短主簿,能令公喜,能令公怒。"温气概高迈,罕有所推。与超言,常自谓不能测,倾身待之,超亦深自结纳。珣,导之孙也,与谢玄皆为温掾④,温俱重之。

【注释】 ①侍中:魏晋以后,往往相当于宰相。大司马:南朝时为兼握政务与军事重权的高官。都督中外诸军:掌管全国军事。录尚书事:南北朝时代,凡掌握重权的大臣经常带"录尚书事"的名号,总揽政要大权,无所不管。②假黄钺:魏晋南北朝时,重臣出征往往加有假黄钺的称号。黄钺,以黄金为饰,古代帝王所用,后世用为仪仗。借之以增威重,有代表皇帝亲征之意。③抚军司马:官名。抚军府中掌军事的属官。长史:官名,战国末年秦已置,属官。④征西掾:征西将军的属官。掾,属官,辅佐的助手。郗超:字景兴,东晋大臣。参军:武官名,掌辅助谋划军事。⑤王珣:和其父亲洽、祖父导三代皆以能书著名。主簿:掌管文书的属吏。⑥髯:两腮上面的胡子,也泛指胡子。⑦谢玄:宰相谢安之侄,东晋著名军事家。

【译文】 兴宁元年(363年)五月,加封征西大将军桓温侍中、大司马、都督中外诸军、录尚书事,假黄钺。桓温以抚军司马王坦之为长史。王坦之是王述之子。又以征西掾郗超为参军,王珣为主簿,遇事必与二人商量。府中人总结道:"胡子参军,矮子主簿,能让桓公欢喜,也能让桓公生气。"桓温气概高迈,很少有人能得到他的器重。桓温和郗超谈话,常常觉得对方深不可测,推心置腹地对待他,郗超也深相结纳。王珣是王导的孙子,与谢玄都是桓温的属吏,桓温也都很器重他们。

【原文】 (兴宁二年五月)加大司马温扬州牧、录尚书事①。壬申,使侍中召温入参朝政,温辞不至。

【注释】 ①扬州牧:扬州的最高官员。牧,州郡长官。

【译文】 兴宁二年(364年)五月,朝廷加封大司马桓温扬州牧、录尚书事。壬申,朝廷派侍中召桓温入参朝政,桓温推辞不去。

【原文】 (兴宁三年)大司马温移镇姑孰①。二月,乙未,以其弟右将军豁监荆州、扬州之义城、雍州之京兆诸军事②,领荆州刺史,加江州刺史桓冲监江州及荆、豫八郡诸军事③,并假节。

司徒昱闻陈祐弃洛阳④,会大司马温于洌洲⑤,共议征讨。丙申,帝崩于西堂,事遂寝⑥。帝无嗣,丁酉,皇太后诏以琅邪王奕承大统。百官奉迎于琅邪第,是日,即皇帝位,大赦。

【注释】 ①姑孰:今江苏苏州。②监:掌管。荆州:治所在今湖北江陵。义城:义城郡,治所在今湖北光化。雍州之京兆:治所在今湖北襄阳。③江州:今江西九江。④陈祐:东晋冠军将军,镇守洛阳。燕人进攻洛阳,陈祐不敌,选出洛阳。⑤洌洲:今安徽当涂长江中小岛。⑥寝:平息,停止。

【译文】 兴宁三年(365年),大司马桓温移镇姑孰。二月乙未,以其弟右将军桓豁掌荆州、扬州之义城、雍州之京兆的军事,领荆州刺史;加封江州刺史桓冲掌管江州及荆、豫八郡诸军事,同时假节。

司徒昱听说了陈祐放弃洛阳的事,在洌洲和大司马桓温会面,商议征讨洛阳的事。丙申,东晋哀帝司马丕在太极殿西堂病逝,事情中止。哀帝无嗣,丁酉,皇太后下诏以琅邪王司马奕继承皇位。百官去琅邪王府第迎接他入宫,当天,司马奕即皇帝位,大赦天下。

【原文】 (咸安元年十月)大司马温恃其材略位望,阴蓄不臣之志①,尝抚枕叹曰:"男子不能流芳百世,亦当遗臭万年!"术士杜炅能知人贵贱②,温问炅以己禄位所至,炅曰:"明公勋格宇宙,位极人臣。"温不悦。温欲先立功河朔③,以收时望,还受九锡④。及枋头之败⑤,威名顿挫。既克寿春⑥,谓参军郗超曰:"足以雪枋头之耻乎?"超曰:"未也。"久之,超就温宿,中夜,谓温曰:"明公都无所虑乎?"温曰:"卿欲有言邪?"超曰:"明公当天下重任,今以六十之年,败于大举,不建不世之勋,不足以镇惬民望⑦!"温曰:"然则奈何?"超曰:"明公不为伊、霍之举者⑧,无以立大威权,镇压四海。"温素有心,深以为然,遂与之定议。以帝素谨无过,而床第易诬⑨,乃言"帝早有痿疾,嬖人相龙、计好、朱炅宝等,参侍内寝,二美人田氏、孟氏生三男,将建储立王,倾移皇基"。密播此言于民间,时人莫能审其虚实。

【注释】 ①不臣之志:不守臣节,不合臣道的心思,指想谋反篡位。②炅:音jiǒng。③立功河朔:收复北方,北伐成功。④九锡:古代天子赐给诸侯、大臣的九种器物,是最高的礼遇。西汉末,王莽篡汉时先受赐九锡,魏晋六朝以后权臣夺取政权、建立新王朝时都沿袭此例,后世就以九锡为权臣篡位先声。⑤枋头之败:枋头,今河南浚县。369年,桓温第三次北伐,在枋头大败于燕人。⑥寿春:魏晋南北朝时期淮南军事重镇,今安徽寿县。⑦惬:满足,称心。⑧伊、霍之举:伊尹、霍光,即指废立。⑨床第:床和垫在床上的竹席,指男女房中之事。

【译文】 咸安元年(371年)十月,大司马桓温凭借自身的材略位望,暗地里积蓄不臣之心,曾经抚枕叹息:"男子不能流芳百世,就应当遗臭万年!"术士杜炅能够预知人的贵贱,桓温就问他,自己的官爵最大可以做到什么位置。杜炅说:"明公的功劳大如宇宙,必定可以位极人臣。"桓温不高兴。他想先北伐立功,增加威望,然后回来接受九锡之赐。但是经过369年枋头之败后,桓温的威名受挫。371年成功攻占寿春之后,他问参军郗超道:"这次胜利足以洗雪枋头之败的耻辱吗?"郗超答道:"还不能。"过了很久,一天郗超住在桓温那里,夜半时问道:"明公都没有忧虑的事吗?"桓温说:"你想说什么?"郗超说:"明公身上担负着天下重任,现在已六十岁了,遇到惨败,在这种情形之下,只有建立非同一般的功勋,才足以震慑人心。"桓温问:"那要怎么做?"郗超答:"明公没有行伊尹、霍光那样的废立之事,就不可以立大威权,慑服天下。"桓温向来就有类似的想法,深以为然,于是决定要废立。由于皇帝司马奕素来谨慎没有过错,只有男女间的事容易造谣,于是传播谣言说"皇帝早有阳痿的毛病,他宠信的相龙、计好、朱炅宝等人,出入寝宫侍候,皇帝的两位美人田氏、孟氏生了三个儿子,将要立为太子,这样皇室的根本就被动摇了"。这种说法在民间秘密流传,谁也不知道真假。

【原文】 十一月,癸卯,温自广陵将还姑孰①,屯于白石②。丁未,诣建康③,讽褚太后④,请废帝,立丞相会稽王昱,并作令草呈之。太后方在佛屋烧香,内侍启云:"外有急奏。"太后出,倚户视奏数行,乃曰:"我本自疑此!"至半,便止,索笔益之曰:"未亡人不幸罹此百忧⑤,感念存没,心焉如割。"

【注释】 ①广陵:今江苏扬州。②白石:今安徽当涂采石矶西南。③建康:东晋都城,今江苏南京。④褚太后:名蒜子,晋康帝司马岳皇后。⑤罹:遭遇。

【译文】 十一月癸卯,桓温自广陵打算返姑孰,驻扎在白石。丁未,到了都城建康,他暗示褚太后,请求废黜皇帝,另立丞相会稽王司马昱,并将大致意思写成奏稿进呈。太后正在佛屋烧香,内侍启奏:"外面有急奏。"太后出来,靠在门边看了数行,就说:"我本就疑心这个。"看到一半便停下不看,索笔添写道:"未亡人不幸遭遇种种忧患,想起活在人世的和过世的,心如刀割。"

【原文】 己酉,温集百官于朝堂。废立既旷代所无①,莫有识其故典者,百官震慄②。温亦色动，不知所为。尚书仆射王彪之知事不可止③，乃谓温曰："公阿衡皇家④，当倚傍先代。"乃命取《汉书·霍光传》，礼度仪制，定于须臾⑤。彪之朝服当阶，神彩毅然，曾无惧容。文武仪准，莫不取定，朝廷以此服之。于是宣太后令，废帝为东海王，以丞相、录尚书事、会稽王昱统承皇极。百官入太极前殿，温使督护竺瑶、散骑侍郎刘亨收帝玺绶⑥。帝著白帢单衣⑦，步下西堂，乘犊车出神虎门⑧，群臣拜辞，莫不歔欷⑨。侍御史、殿中监将兵百人卫送东海第⑩。温帅百官具乘舆法驾⑪，迎会稽王于会稽邸。王于朝堂变服，著平巾帻、单衣⑫，东向流涕，拜受玺绶，是日，即皇帝位，改元。温出次中堂，分兵屯卫。温有足疾，诏乘舆入殿。温撰辞，欲陈述废立本意，帝引见，便泣下数十行，温兢惧，竟不能一言而出。

【注释】　①旷代：绝代，当代无人能及。②震慄：震惊害怕。③尚书仆射：官名，地位仅次于尚书令。王彪之：王导之侄。④阿衡：商代官名，伊尹曾任此职。后引申为辅导帝王，主持国政。⑤须臾：片刻。⑥督护：武官名，晋置。散骑侍郎：官名，三国魏置。⑦白帢单衣：白色便帽和单衣。⑧犊车：牛车。⑨歔欷：悲泣，抽噎。⑩侍御史：官名，秦置，汉沿袭，在御史大夫之下。掌管给事殿中、举劾非法、督察郡县，或奉使出外执行指定任务。殿中监：官名，魏晋以后，在门下省设殿中监一官，多以皇帝之亲戚、贵臣担任，掌管皇帝生活起居之事。⑪乘舆法驾：天子车驾仪仗。⑫平巾帻：帻本是古时的头巾。东汉时用一种平顶的帻做戴冠时的衬垫物，称为平巾帻。西晋末，出现了一种小冠，前面呈半圆形平顶，后面升起呈斜坡形尖突，戴时不能覆盖整个头顶，只能罩住发髻的，就是平巾帻（也称小冠）。

【译文】　己酉，桓温在朝堂上召集百官。废立既然是当代没有过的事，也就没有官员知道制度应该如何，百官震惊恐惧。桓温变了脸色，不知应该怎么办。尚书仆射王彪之知道事情已不可挽回，就对桓温说："明公辅佐皇室治理天下，应当遵循先代制度。"让人取来《汉书·霍光传》，当时就定下礼仪制度。王彪之穿着朝服站在朝堂上，神情坚毅，毫无惧色。文武官员的礼仪格式都由王彪之一言而定。因此大家都很是佩服他。于是宣布太后的诏令，废皇帝司马奕为东海王，以丞相、录尚书事、会稽王司马昱继承皇位。百官进入太极前殿，桓温派督护竺瑶、散骑侍郎刘亨收取皇帝的印玺。司马奕戴着白帽子，身穿单衣，走下西堂，乘牛车出神虎门离开。群臣磕头拜别，没有不流泪叹息的。侍御史、殿中监带了百名士卒护送废帝至东海王府第。桓温带领百官准备了天子车驾仪仗，前往会稽王府迎接会稽王。会稽王在朝堂上更换衣服，戴着平巾帻，身穿单衣，面向东而立，流着眼泪，拜受天子印玺，当天即位改元。桓温在太极殿中堂，分派士兵守卫。桓温的脚有毛病，皇帝下诏他可以乘轿入殿。桓温准备了文章，想在进见时详细陈述废立的本意，皇帝召见他时不断哭泣，桓温战战兢兢的，最终竟一句话也说不出来。

【原文】　太宰武陵王晞好习武事①，为温所忌，欲废之，以事示王彪之。彪之曰："武陵亲尊，未有显罪，不可以猜嫌之间便相废徙。公建立圣明，当崇奖王室，与伊、周同美;此大事,宜更深详。"温曰:"此已成事,卿勿复言!"乙卯,温表"晞聚纳轻剽②,息综矜忍③;袁真叛逆④,事相连染。顷日猜惧,将成乱阶。请免晞官,以王归藩。"从之。并免其世子综、梁王瑒等官。温使魏郡太守毛安之帅所领宿卫殿中⑤。

【注释】 ①太宰:晋以避司马师讳,置太宰以代太师。武陵王晞:司马晞,晋元帝子,简文帝兄弟。综、瑒均为其子。②聚纳轻剽:召集轻浮急躁之徒。③息综:其子司马综。矜忍:傲慢残忍。④袁真叛逆:369年东晋发生袁真叛乱。⑤魏郡:今河北大名、临漳一带。毛安之:荥阳人,是简文帝时期的重要将领。

【译文】 太宰武陵王司马晞喜好武事,因此为桓温所忌,想要贬斥他,桓温借其他事由示意王彪之。王彪之说:"武陵王是天子的兄弟,并没有明显的罪状,不可因为猜嫌就将其废黜。既然明公废立是匡扶皇室,就应当努力保护好皇室,这样才能比美伊尹、周公。这样的大事,应该从长计议。"桓温说:"此事已定,你就不必再说了。"乙卯,桓温上表称"司马晞召集轻浮急躁之徒,其子司马综又傲慢残忍,而且牵连在袁真叛逆案中,朝廷和他彼此猜惧,必将酿成大乱。请将司马晞免官,以王爵回王府。"皇帝同意了。同时罢免其世子司马综、梁王司马瑒等人的官职。桓温派魏郡太守毛安之统带宿卫守在殿中。

【原文】 初,殷浩卒,大司马温使人赍书吊之①,浩子涓不答,亦不诣温,而与武陵王晞游。广州刺史庾蕴②,希之弟也,素与温有隙。温恶殷、庾宗强,欲去之。辛亥,使其弟秘逼新蔡王晃诣西堂叩头自列,称与晞及子综、著作郎殷涓、太宰长史庾倩、掾曹秀、舍人刘强、散骑常侍庾柔等谋反③;帝对之流涕,温皆收付廷尉。倩、柔,皆蕴之弟也。癸丑,温杀东海王三子及其母。甲寅,御史中丞谯王恬承温旨④,请依律诛武陵王晞。诏曰:"悲惋惶怛⑤,非所忍闻,况言之哉!其更详议!"恬,承之孙也。乙卯,温重表固请诛晞,词甚酷切。帝乃赐温手诏曰:"若晋祚灵长,公便宜奉行前诏;如其大运去矣,请避贤路。"温览之,流汗变色,乃奏废晞及三子,家属皆徙新安郡。丙辰,免新蔡王晃为庶人,徙衡阳;殷涓、庾倩、曹秀、刘强、庾柔皆族诛,庾蕴饮鸩死⑥。蕴兄东阳太守友子妇,桓豁之女也,故温特赦之。庾希闻难,与弟会稽王参军邈及子攸之逃于海陵陂泽中⑦。

【注释】 ①赍:送信。②庾蕴:庾希之弟,庾氏为东晋大族。③著作郎:官名,三国魏明帝始置,属中书省,掌编纂国史。太宰长史:太师的属吏。散骑常侍:官名,秦汉设散骑(皇帝的骑从)和中常侍,三国魏时将其并为一官,称"散骑常侍",在皇帝左右规谏过失,以备顾问。晋以后,往往预闻要政。④御史中丞:官名,汉以御史中丞为御史大夫的助理,外督部刺史,内领侍御史,受公卿章奏,纠察百僚,其权颇重。⑤惶怛:惶恐痛苦。⑥鸩:传说中的一种毒鸟。把它的羽毛放在酒里,可以毒杀人。后世指毒药。⑦陂泽:湖泽。

【译文】 当初殷浩过世,大司马桓温派人送信吊唁。殷浩子殷涓不回信,也不去回拜桓温,而和武陵王司马晞来往密切。广州刺史庾蕴是庾希的弟弟,向来和桓温有嫌隙。桓温讨厌殷、庾两家势力强大，想要铲除他们。辛亥，桓温派弟弟桓秘逼新蔡王司马晃诣西堂叩头自列，在皇帝面前供称说自己与司马晞及其子司马综、著作郎殷涓、太宰长史庾倩、掾曹秀、舍人刘强、散骑常侍庾柔等共同谋反；简文帝流下眼泪，桓温将他们都抓起来交付给廷尉。庾倩、庾柔都是庾蕴的弟弟。癸丑，桓温杀了东海王的三个儿子及其生母。甲寅，御史中丞谯王司马恬秉承桓温意旨，请皇帝依法诛杀武陵王司马晞。皇帝下诏说："这样诛杀亲族的事，令人悲哀惨痛，不是我所忍听闻的，何况是亲手做呢？此事再详加商议。"司马恬是司马承的孙子。乙卯，桓温再次上表坚持要求杀司马晞，言词迫切。简文帝赐桓温手诏说："如果晋朝的国祚还长，桓公就遵行我上道诏书的意思吧；如果晋室大运已去，请让我退位让贤。"桓温看到以后，汗流浃背，变了脸色，转而请求废黜司马晞及三子，家属流放到新安郡。丙辰，下诏免新蔡王司马晃为庶人，流放衡阳；殷涓、庾倩、曹秀、刘强、庾柔都被灭族，庾蕴服毒而死。庾蕴的哥哥东阳太守庾友的儿媳是桓温弟弟桓豁的女儿，所以得到桓温特赦。庾希听到此事，和弟弟会稽王参军庾邈以及儿子庾攸之逃到海陵的湖泽中。

【原文】　温既诛殷、庾，威势翕赫①，侍中谢安见温遥拜②。温惊曰："安石，卿何事乃尔？"安曰："未有君拜于前，臣揖于后。"

【注释】　①翕赫：显赫。②谢安：出身士族，东晋名臣。

【译文】　桓温杀了殷、庾之后，威势显赫，侍中谢安看见桓温远远就拜下去。桓温惊道："安石，你为什么这样做？"谢安道："君王尚且叩拜于前，臣下哪有以平礼相见的道理？"

【原文】　（咸安二年七月）甲寅，帝不豫①，急召大司马温入辅，一日一夜发四诏。温辞不至。

【注释】　①不豫：身体不适，生病。

【译文】　咸安二年（372 年）七月甲寅，简文帝生病，急召大司马桓温入京，一日一夜连发四道诏书。桓温推辞不去。

【原文】　己未，立昌明为皇太子，生十年矣。以道子为琅邪王，领会稽国，以奉帝母郑太妃之祀。遗诏："大司马温依周公居摄故事①。"又曰："少子可辅者辅之，如不可，君自取之。"侍中王坦之自持诏入，于帝前毁之。帝曰："天下，傥来之运②，卿何所嫌！"坦之曰："天下，宣、元之天下③，陛下何得专之！"帝乃使坦之改诏曰："家国事一禀大司马，如诸葛武侯、王丞相故事④。"是日，帝崩。

【注释】　①周公居摄：西周时周公旦在武王去世后，出任摄政，辅佐年幼的成王。故事：旧例。②傥来：无意中得到。③宣、元：宣帝司马懿，元帝司马睿，西晋的创立者。④诸葛武侯、王丞相：诸葛亮、王导，都是辅佐君主的名臣。

【译文】　己未，简文帝立司马昌明为皇太子，当时已经十岁了。封另一个儿子司马道子为琅邪王，统领会稽国，负责皇帝生母郑太妃之祭祀。遗诏说："大司马桓温依照周公居摄旧例。"又曰："太子可以辅佐就辅佐他，如不成器，大司马自取皇位。"侍中王坦之拿着诏书进见，在皇帝面前撕毁。简文帝说："我拥有天下也不过是出于意外，偶然的运气，你又何必如此？"王坦之说："天下，是宣帝、元帝创立的天下，陛下怎么能凭一己之意举以赠人！"于是简文帝让王坦之将诏书改为："家国事全部交付给大司马处分，如诸葛武侯和王丞相的旧例。"当天，简文帝去世。

【原文】 群臣疑惑，未敢立嗣，或曰："当须大司马处分①。"尚书仆射王彪之正色曰："天子崩，太子代立，大司马何容得异！若先面咨，必反为所责。"朝议乃定。太子即皇帝位，大赦。崇德太后令②，以帝冲幼，加在谅闇③，令温依周公居摄故事。事已施行，王彪之曰："此异常大事，大司马必当固让，使万机停滞，稽废山陵④，未敢奉令，谨具封还。"事遂不行。

【注释】 ①须：等待。②崇德太后：即褚太后。③谅闇：居丧，多用于皇帝。④稽废山陵：稽迟荒废安葬事宜。

【译文】 群臣疑惑，不敢就此立嗣，有人说："要等大司马来了处分。"尚书仆射王彪之正色说："天子驾崩，自然是太子继立，大司马又怎么会有异议呢！如果先去问他，反而会被大司马责备。"于是朝议决定由太子即皇帝位，大赦天下。崇德褚太后下令，因为皇帝年幼，又在居丧期，让桓温依照周公旧例摄政。这道诏令已经发下去了，王彪之说："这是非常之事，大司马一定会推辞，这样一来，朝廷上下所有的政务都停顿下来，连先皇的后事也会延迟，所以臣不敢奉命，还是将诏书封还。"因此桓温摄政一事终究未成。

淝水之战

【题解】

前秦王苻坚在王猛的辅佐下，将前秦治理得有声有色，也征服了周围很多的小国。国力强大，苻坚的名望也越来越高。东晋无论多么弱小，在南北朝人的眼中，终归是正朔之所在。苻坚在自信自满的时候很自然就想到了伐晋。他的心腹谋臣王猛在临终前曾经劝谏他不要起意南征。但是在公元383年，苻坚终于还是决心要和东晋打一仗。

这场仗打得几乎全无悬念。

苻坚的臣下、亲人无一赞成出兵，时人非常清醒地看到前秦的庞大架构中缺陷多多，臣服的诸国各怀异心，而东晋远不如苻坚以为的不堪一击。可是苻坚这一次非常坚定，或者更准确地说，这就是一意孤行。

淝水之战

最初交战双方的情况和苻坚想的差不多，数十万大军的声势也让晋军畏惧。但是刘牢之和梁成一战，前秦军败了东晋军胜了，东晋军开始有了信心，而寿阳城里的苻坚已开始草木皆兵。其后的淝水一役，前秦军还没怎么打就已经兵败如山倒。《通鉴》列于不同时间顺序下记载展现了苻坚在战争前后迥异的心态，对比读起来甚至有点残酷。

但是在这次记述得相当简单的战争中，苻坚确实要负主要的责任。这是一个关于知人知己的反面例证，联系到《通鉴》写作的初衷，作者是要明鉴君主在认识和判断上的错误可以带来多么严重的后果。

【原文】 （太元八年七月）秦王坚下诏大举入寇①，民每十丁遣一兵；其良家子年二十已下②，有材勇者，皆拜羽林郎③。又曰："其以司马昌明为尚书左仆射，谢安为吏部尚书，桓冲为侍中；势还不远，可先为起第。"良家子至者三万余骑，拜秦州主簿金城赵盛之为少年都统④。是时，朝臣皆不欲坚行，独慕容垂、姚苌及良家子劝之⑤。阳平公融言于坚曰⑥："鲜卑、羌虏⑦，我之仇雠⑧，常思风尘之变以逞其志，所陈策画，何可从也！良家少年皆富饶子弟，不闲军旅⑨，苟为谄谀之言以会陛下之意耳⑩。今陛下信而用之，轻举大事，臣恐功既不成，仍有后患，悔无及也！"坚不听。

【注释】 ①秦王坚：前秦王苻坚，氐族人，十六国时期前秦的皇帝。早期很有作为，曾统一中国北方，国力一度超过东晋数倍，很有机会统一全国，但是在淝水之战中惨败。鲜卑、羌等部族相继叛变，西燕慕容冲攻入长安，苻坚出逃被杀。入寇：侵入东晋。②良家子：出身清白的子女。③羽林郎：官名，汉代所置，皇家禁卫军军官。④秦州：今甘肃天水。金城：今甘肃兰州。都统：武官名，始置于十六国时期，为统兵将官。⑤慕容垂：又名慕容霸，鲜卑族人。公元384年建立后燕，后投降前秦。淝水之战中暗中保存实力，在前秦败后叛变。姚苌：后秦昭帝，羌族。十六国时期后秦政权的开国君主。公元357年与前秦战于三原，兵败投降，后为苻坚部将，累建战功。淝水之战后，前秦大败，姚苌趁机自立。公元385年缢杀苻坚于新平佛寺（今彬县南静光寺），称帝于长安，国号大秦。⑥阳平公融：苻融，苻坚之弟，封阳平公。⑦鲜卑、羌虏：即分别指慕容垂、姚苌的国家。⑧仇雠：仇敌。⑨闲：同"娴"，熟悉，精通。⑩谄谀：奉承拍马。会：迎合。

【译文】 太元八年（383年）七月，秦王苻坚下诏大举发兵入侵东晋，百姓每十名成年男子中征发一人当兵；良家子弟二十岁以下勇武有力的，都被任命为羽林郎。又说："胜利以后要用东晋皇帝司马昌明为尚书左仆射，宰相谢安为吏部尚书，车骑将军桓冲为侍中；想来也是很快的事了，可以先为他们起好宅第。"良家子弟自带战马应征而来的有三万多人，任命当时的秦州主簿金城赵盛之为少年都统，统领这些人。当时朝臣都不想让苻坚南下，只有慕容垂、姚苌和应征来的良家子弟希望打仗。阳平公苻融对苻坚说："鲜卑、羌虏都是我们的仇敌，他们一直在等待机会报仇复国，这样人所说的话怎么能听呢？良家少年不过是富家子弟，不熟悉军旅之事，不过是顺口说些阿谀奉承的话讨陛下欢心罢了。如今陛下信用这些人，轻率地南伐，我担心不仅不能成功，还会有后患，到时候悔之不及。"苻坚不听。

【原文】 （八月）甲子，坚发长安，戎卒六十余万^①，骑二十七万，旗鼓相望，前后千里。九月，坚至项城^②，凉州之兵始达咸阳^③，蜀、汉之兵方顺流而下，幽、冀之兵至于彭城^④，东西万里，水陆齐进，运漕万艘。阳平公融等兵三十万，先至颍口^⑤。

是时，秦兵既盛，都下震恐。

【注释】 ①戎卒：兵士。②项城：今河南项城。③凉州：今武威，地处甘肃河西走廊东端。咸阳：今陕西咸阳。④幽、冀：今河北地区。彭城：今江苏徐州。⑤颍口：今安徽颍上东南的西正阳镇。

【译文】 八月甲子，苻坚从长安出发，有步兵六十余万，骑兵二十七万，旗鼓相望，前后绵延千里。九月，苻坚到达项城，而凉州的军队才到达咸阳，蜀、汉的军队正沿长江顺流而下，幽州、冀州的军队到达彭城，东西万里之内，水陆并进，出动运输的船只数以万计。阳平公苻融等率兵三十万，先期到达颍口。

当时，秦兵声势浩大，建康人心惶惶。

【原文】 冬，十月，秦阳平公融等攻寿阳^①；癸酉，克之，执平虏将军徐元喜等^②。融以其参军河南郭褒为淮南太守^③。慕容垂拔郧城^④。胡彬闻寿阳陷，退保硖石^⑤，融进攻之。秦卫将军梁成等帅众五万屯于洛涧^⑥，栅淮以遏东兵^⑦。谢石、谢玄等去洛涧二十五里而军，惮成，不敢进。胡彬粮尽，潜遣使告石等曰："今贼盛，粮尽，恐不复见大军！"秦人获之，送于阳平公融。融驰使白秦王坚曰："贼少易擒，但恐逃去，宜速赴之！"坚乃留大军于项城，引轻骑八千，兼道就融于寿阳^⑧。遣尚书朱序来说谢石等以"强弱异势，不如速降"。序私谓石等曰："若秦百万之众尽至，诚难与为敌。今乘诸军未集，宜速击之；若败其前锋，则彼已夺气，可遂破也。"

【注释】 ①寿阳：今安徽寿县。②平虏将军：东晋武官名。③淮南太守：治所在安徽寿县，今安徽淮河以南地区的地方长官。④郧城：今湖北安陆。⑤硖石：安徽凤台、寿县一带。⑥卫将军：官名，汉代设立，掌握禁兵，预闻政务。洛涧：即洛水。⑦栅淮以遏东兵：在淮水上设立栅栏以阻挡东晋军队。栅，动词，用竹、木、铁条等做成的阻拦或防卫物。遏，阻拦，阻挡。⑧兼道：加倍赶路。

【译文】 十月，前秦阳平公苻融等攻打寿阳；癸酉，攻入城中，俘虏了东晋平虏将军徐元喜等人。苻融任命他的参军河南郭褒为淮南太守。慕容垂攻克郧城。东晋胡彬听说寿阳陷落，退守硖石，苻融继续进攻。前秦卫将军梁成等率领五万将士驻扎在洛水，在淮河上设立栅栏以阻止东晋的援军。谢石、谢玄等在离洛涧二十五里的地方扎营，因为害怕梁成而不敢进兵。胡彬粮草将要用尽，暗中派人告诉谢石等人说："现在秦军声势盛大，我一旦没有了粮草，恐怕我们就不能再相见了。"秦人抓到送信的人，押送到苻融那里。苻融派人驰报秦王苻坚，说："晋军人少，容易对付，只怕他们逃走，请秦王速来。"苻坚于是将大军留在项城，自己带了八千轻骑兵，日夜兼程，赶往寿阳和苻融会合。秦人派尚书朱序去劝降谢石，说"秦强晋弱，力量相差悬殊，不如速速投降"。朱序却私下对谢石等人说："如果秦军百万之众全数到达，晋军自然很难与之对抗。现在乘大军未会集，应该迅速出击；如果打败前秦前锋，则秦军气势一泄，就可击败他们了。"

【原文】 石闻坚在寿阳，甚惧，欲不战以老秦师①。谢琰劝石从序言。十一月，谢玄遣广陵相刘牢之帅精兵五千趣洛涧②，未至十里，梁成阻涧为陈以待之③。牢之直前渡水，击成，大破之，斩成及弋阳太守王咏④，又分兵断其归津⑤，秦步骑崩溃，争赴淮水，士卒死者万五千人。执秦扬州刺史王显等，尽收其器械军实⑥。于是谢石等诸军水陆继进。秦王坚与阳平公融登寿阳城望之。见晋兵部阵严整，又望见八公山上草木⑦，皆以为晋兵，顾谓融曰："此亦劲敌，何谓弱也！"怃然始有惧色⑧。

【注释】 ①老：使得对方衰竭，疲惫。②刘牢之：东晋名将。趣：趋赴，奔向。③陈：同"阵"，军阵。④弋阳太守：江西弋阳地区的地方官。⑤归津：退路。⑥器械军实：军用器械和粮饷。⑦八公山：位于寿县城北，距城2.5公里，南临淝水，北濒淮河。⑧怃然：怅然失意的样子。

【译文】 谢石听说苻坚已到寿阳，非常害怕，想要不出战拖疲秦军。谢琰劝谢石听从朱序的话。十一月，谢玄派广陵相刘牢之率领五千精兵直奔洛涧，未出十里，梁成就依涧布好阵势等待他们。刘牢之径直向前渡水，攻击梁成军队，大破秦军，斩梁成和弋阳太守王咏，又分兵阻断秦军撤退的险要渡口。秦军步兵和骑兵陷入混乱中，争相渡河，损失了一万五千士兵，刘牢之军队抓到秦扬州刺史王显等，缴获武器军备和粮饷。于是谢石诸军从水陆相继前进。秦王苻坚与阳平公苻融登上寿阳城观察，见晋兵部阵严整，又望见八公山上草木摇动，苻坚以为都是晋兵，回头对苻融说："晋军也是劲敌，怎么能说他们弱呢？"怅然若失，开始有畏惧之色。

【原文】 秦兵逼淝水而陈①，晋兵不得渡。谢玄遣使谓阳平公融曰："君悬军深入，而置陈逼水，此乃持久之计，非欲速战者也。若移陈小却，使晋兵得渡，以决胜负，不亦善乎？"秦诸将皆曰："我众彼寡，不如遏之，使不得上，可以万全。"坚曰："但引兵少却，使之半渡，我以铁骑蹙而杀之②，蔑不胜矣③！"融亦以为然，遂麾兵使却④。秦兵遂退，不可复止，谢玄、谢琰、桓伊等引兵渡水击之。融驰骑略陈⑤，欲以帅退者，马倒，为晋兵所杀，秦兵遂溃。玄等乘胜追击，至于青冈⑥。秦兵大败，自相蹈藉而死者⑦，蔽野塞川。其走者闻风声鹤唳⑧，皆以为晋兵且至，昼夜不敢息，草行露宿，重以饥冻，死者什七八。初，秦兵小却，朱序在陈后呼曰："秦兵败矣！"众遂大奔。序因与张天锡、徐元喜皆来奔。获秦王坚所乘云母车及仪服器械、军资、珍宝、畜产不可胜计⑨，复取寿阳，执其淮南太守郭褒。

【注释】 ①陈：同"阵"，布阵。②蹙：逼近，逼迫。③蔑：没有。④麾：指挥。⑤驰骑略陈：骑着马来回奔驰，想要压住阵脚。⑥青冈：今安徽凤台西北。⑦蹈藉：践踏。⑧风声鹤唳：形容惊慌失措，或自相惊扰。唳，鹤叫声。⑨云母车：以云母为饰的车。

【译文】　秦兵在靠近淝水的地方列阵,晋军就无法渡江。谢玄派使者对阳平公符融说:"阁下孤军深入,而靠着河岸列阵,这是作持久战的打算,不是想要速战速决。如果阁下能稍稍将兵阵向后移动一下,让晋兵得以渡河,然后一决胜负,不也是件好事吗?"前秦的将领都说:"我众敌寡,不如阻止晋军渡河,倒是万全之策。"符坚说:"我们引兵稍退,等他们渡河到当中的时候,我军以铁骑猛烈冲杀,这样没有不胜的道理!"符融也认为言之有理。于是传令秦兵退却。秦兵一退就停不下来。谢玄、谢琰、桓伊等立刻带兵渡河追击。符融骑马布阵,想要指挥后退的士兵,但是马被绊倒,为晋兵所杀,秦兵于是溃败。谢玄等乘胜追击到青冈。秦兵大败,自相践踏而死的,布满田野山川。逃走的士兵听见风声和鹤鸣的声音,都以为晋兵将至,昼夜不敢停下来休息,在草丛中穿行、露宿,加上饥寒交迫,死者十有七八。起初秦兵稍做退却时,朱序就在阵后高呼:"秦兵败啦!"于是军队溃散。朱序借机和张天锡、徐元喜回到东晋。晋军俘获秦王符坚所乘云母车及军服仪仗、武器军备、珍宝畜产不可胜数,晋军又收复寿阳,抓获前秦淮南太守郭褒。

【原文】　坚中流矢,单骑走至淮北,饥甚,民有进壶飧、豚髀者①,坚食之,赐帛十匹,绵十斤。辞曰:"陛下厌苦安乐,自取危困。臣为陛下子,陛下为臣父,安有子饲其父而求报乎?"弗顾而去。坚谓张夫人曰:"吾今复何面目治天下乎!"潸然流涕②。

【注释】　①壶飧:一壶水泡饭。飧,晚饭,饭食。豚髀:猪腿。②潸然流涕:伤心流泪的样子。

【译文】　符坚中了箭,单人独骑逃到淮北,很饿,百姓进献了一壶水泡饭和猪腿,符坚吃了以后,赏赐帛十匹,绵十斤。献食者推辞说:"陛下不肯安于逸乐,冒险征伐东晋,是自取困苦。臣民是陛下之子,陛下是臣民的君父,哪有儿子进食父亲还求回报的?"便头也不回地离去。符坚对张夫人说:"经过这一役,我还有何面目再治天下呀!"潸然而泪下。

隋　纪

杨广夺嫡

【题解】

隋文帝即位之初,立长子杨勇为太子,其余诸子分别封王。起初相安无事,随着时间的推移,皇帝、太子和晋王杨广之间的关系发生了变化。

原本文帝很信任太子,太子也已经开始参与日常政务的处理。但是太子为人直率,文帝崇尚节俭,独孤皇后则痛恨男人有内宠,正好杨勇喜爱奢华,又冷淡太子妃,专宠云昭训,于是太子渐渐失去了父母的宠爱。

与此同时,文帝次子晋王杨广曾经率兵平陈,又长镇江南,无论是从军功或者人望来看,都已经相当出色。晋王在长安的时候,尽全力讨父母的欢心,一切都投其所好,于是成为文帝夫妇的宠儿。

晋王任用心腹宇文述、张衡等人,决定通过文帝最信任的大臣杨素来实施夺嫡计划。宇文述和杨素的弟弟杨约交好,于是就由宇文述出面,假装输钱给他,在赠送了大量财物之后,宇文述向杨约说明真相。并且动之以利,提出一旦废立成功,杨素就成了将来朝廷的领袖人物,可以长保富贵。杨素接受了这样的条件。

杨素先和皇后达成了默契,里应外合,废立的第一件事就是侦查太子的过错并且加以宣扬。然后等到太子种种失德传得沸沸扬扬的时候,杨素开始在文帝面前无中生有地大讲太子的坏话,此时的太子行动开始受到严密监视,身边的亲信也多被调离或者买通,完全陷入孤立之中。杨素等人接着找到太子曾经的心腹出首告发。

最后,文帝回到长安之后,群臣摘摘太子的罪行,主要是怨望、图谋不轨,派杨素等人审讯此案。到这个时候,文帝已经对太子完全失望,也已经决定废立,审讯结果不过是个形式而已。果然,虽然杨素深文周纳,锻炼成狱,可结果却是找不到什么切实的证据证明太子谋逆。但是终归还是要废立,太子及其儿女被废黜为庶人,晋王杨广成为储君。

【原文】 时太子勇失爱于上①,潜有废立之志②,从容谓颍曰③:"有神告晋王妃,言王必有天下,若之何?"颍长跪曰④:"长幼有序,其可废乎!"上默然而止。独孤后知颍不可夺⑤,阴欲去之。

【注释】 ①太子勇:杨勇,隋文帝杨坚长子,起初被立为太子,后被废。②潜:暗中。③从容:不慌不忙。颍:音 jiǒng。④长跪:直身而跪。古时席地而坐,坐时两膝据地,以臀部着足跟。跪则伸直腰股,以示庄敬。⑤夺:夺志,改变想法。

【译文】 当时太子杨勇不得隋文帝杨坚的欢心,文帝暗中有废立的想法,闲时对宰相高颍说:"有神告晋王杨广的王妃,说晋王必定拥有天下,你觉得如何?"高颍长跪,说:"长幼有序,太子位居嫡长,怎么可以废黜呢!"文帝默然。独孤皇后知道高颍不会改变主意,暗中想要除掉他。

【原文】 会上令选东宫卫士以入上台①,颍奏称:"若尽取强者,恐东宫宿卫太劣。"上作色曰②:"我有时出入,宿卫须得勇毅。太子毓德东宫③,左右何须壮士!此极弊法。如我意者,恒于交番之日④,分向东宫,上下团伍不别,岂非佳事!我熟见前代,公不须仍踵旧风⑤。"颍子表仁,娶太子女,故上以此言防之。

【注释】 ①上台:指三公、宰辅出入的大殿。②作色:脸上变色。指神情变严肃或发怒。③毓德:修养德性。④交番:轮流值班。⑤踵:跟随,继续。

【译文】 正值文帝下令选东宫卫士以入上台,高颍奏称:"如果把其中出色的全部挑出来,恐怕东宫宿卫就太弱了。"文帝变了脸色说:"我时常出入,宿卫需要选择勇毅之士。太子在东宫修养德性,左右要什么勇士!这项制度很不好。要是按照我的意思,就应该在侍卫轮值的时候,每次都分出一部分到东宫,不必专门分派,这岂不是很好的事! 我熟悉前代故事,你就不用遵行旧风尚了。"高颎的儿子高表仁娶了太子之女,因此文帝故意这么说来防范他。

【原文】 颎夫人卒,独孤后言于上曰:"高仆射老矣,而丧夫人,陛下何能不为之娶!"上以后言告颎。颎流涕谢曰:"臣今已老,退朝,唯斋居读佛经而已。虽陛下垂哀之深,至于纳室,非臣所愿。"上乃止。既而颎爱妾生男,上闻之,极喜,后甚不悦。上问其故,后曰:"陛下尚复信高颎邪? 始,陛下欲为颎娶,颎心存爱妾,面欺陛下。今其诈已见,安得信之?"上由是疏颎。

【译文】 高颎夫人去世,独孤后对文帝说:"高仆射老了,夫人去世,陛下怎么能不为他另娶!"文帝把皇后的话告诉了高颎。高颎流着眼泪辞谢,说:"臣如今已老,退朝以后,不过斋戒读佛经而已。虽然陛下垂怜老臣至深,但再娶实非臣所愿。"文帝也就算了。不久高颎爱妾生了儿子,文帝听说以后,极其喜悦,皇后却很不高兴。文帝询问原因,皇后说:"陛下还会再信任高颎吗? 原先陛下想为他再娶,高颎明明心存爱妾,却捏造理由当面欺骗陛下。如今他骗人的手段都已经暴露了,您还怎么能信任他?"文帝从此疏远了高颎。

【原文】 初,上使太子杨勇参决军国政事,时有损益,上皆纳之。勇性宽厚,率意任情①,无矫饰之行。上性节俭,勇尝文饰蜀铠②,上见而不悦,戒之曰:"自古帝王未有好奢侈而能久长者。汝为储后③,当以俭约为先,乃能奉承宗庙。吾昔日衣服,各留一物,时复观之以自警戒。恐汝以今日皇太子之心忘昔时之事,故赐汝以我旧所带刀一枚,并葅酱一合④,汝昔作上士时常所食也⑤。若存记前事,应知我心。"

【注释】 ①率意:直率,按照本意。任情:任意,恣意。②铠:铠甲。③储后:储君。④葅酱:酱菜。⑤上士:军衔,军士的最高一级。

【译文】 起先,文帝派太子杨勇参预决策军国政事,太子经常会提出意见,有所兴革,文帝都能接纳。太子杨勇生性宽厚,行事直率任性,不会弄虚作假。文帝为人节俭,杨勇曾经装饰自己来自蜀地的精美铠甲,文帝看见了很不高兴,告诫他说:"自古没有好奢侈还能享国长久的帝王。你既然是储君,就应当以俭约为先,这样才能继承宗庙。我以前的衣服,都各留了一样,不时地拿出来看看,以警诫自己。我怕你因为如今做了皇太子而忘记了以往的事,所以把我以前所带的一枚刀,还有一盒酱菜给你,酱菜是你昔日做上士时经常食用的。如果你还记得以前的事,就应该了解我的心意。"

【原文】 后遇冬至,百官皆诣勇,勇张乐受贺①。上知之,问朝臣曰:"近闻至日内外百官相帅朝东宫,此何礼也?"太常少卿辛亶对曰②:"于东宫,乃贺也,不得言朝。"上曰:"贺者正可三数十人,随情各去,何乃有司征召③,一时普集! 太子法服设乐以待之④,可乎?"因下诏曰:"礼有等差,君臣不杂。皇太子虽居上嗣⑤,义兼臣子,而诸方岳牧正冬朝贺⑥,任土作贡⑦,别上东宫;事非典则,宜悉停断!"自是恩宠始衰,渐生猜阻。

【注释】　①张乐：奏乐。②亶：音 dǎn。③何乃：何故，为何。④法服：古代根据礼法规定的不同等级的服饰，指正式的礼服。⑤上嗣：君主的嫡长子。后指太子。⑥岳牧：泛称封疆大吏。⑦任土作贡：依据土地的具体情况，制定贡赋的品种和数量。

【译文】　后遇冬至的时候，百官都到东宫谒见杨勇，杨勇让人奏乐，接受百官的庆贺。文帝知道了，问朝臣说："最近听说冬至那天内外百官朝见太子，这算是什么礼节？"太常少卿辛亶答道："百官见东宫是祝贺，不能说是朝见。"文帝说："庆贺冬至，那应该数十人，随意地去，为什么这次却是有司征召，百官同时汇集东宫？太子穿着礼服，奏乐以待，这样是应该的吗？"于是下诏说："礼节有不同，所以君臣分定不会混杂。皇太子虽然位居储君，但同时也是臣下，百官冬至朝贺进献礼品，拜见太子，不符合制度，应当就此停止！"自此文帝对太子的宠爱渐衰，也逐渐对他起了猜忌之意。

【原文】　勇多内宠，昭训云氏尤幸①。其妃元氏无宠，遇心疾②，二日而薨，独孤后意有他故，甚责望勇。自是云昭训专内政，生长宁王俨、平原王裕、安成王筠；高良娣生安平王嶷、襄城王恪③；王良媛生高阳王该、建安王韶；成姬生颍川王煚④；后宫生孝实、孝范。后弥不平，颇遣人伺察，求勇过恶。

晋王广知之⑤，弥自矫饰，唯与萧妃居处，后庭有子皆不育⑥，后由是数称广贤。大臣用事者，广皆倾心与交。上及后每遣左右至广所，无贵贱，广必与萧妃迎门接引，为设美馔⑦，申以厚礼；婢仆往来者，无不称其仁孝。上与后尝幸其第，广悉屏匿美姬于别室⑧，唯留老丑者，衣以缦彩⑨，给事左右；屏帐改用缣素⑩；故绝乐器之弦，不令拂去尘埃。上见之，以为不好声色，还宫，以语侍臣，意甚喜。侍臣皆称庆，由是爱之特异诸子。

【注释】　①昭训：皇太子侧室的名号，下文良娣、良媛也是。②心疾：劳思、忧愤等引起的疾病。春秋秦医和所谓六疾之一。也指心脏病。③嶷：音 yí。④煚：音 jiǒng。⑤晋王广：杨广，隋文帝杨坚次子，即隋炀帝，历史上著名的暴君。⑥不育：不养育。⑦馔：食物。⑧屏匿：隐藏。⑨缦彩：无花纹的丝织品。⑩缣素：双丝织成的细绢。

【译文】　太子杨勇有很多内宠，尤其宠幸昭训云氏。太子妃元氏不受宠爱，心疾发作，两天后就去世了。独孤皇后怀疑另有原因，责备杨勇。自此以后，云昭训主理东宫内政，生长宁王杨俨、平原王杨裕、安成王杨筠；高良娣生安平王杨嶷、襄城王杨恪；王良媛生高阳王杨该、建安王杨韶；成姬生颍川王杨煚；后宫生杨孝实、杨孝范。皇后更加不高兴，派了不少人侦察东宫，寻找杨勇的过错。

晋王杨广，很善于伪装，只和王妃萧氏住在一起，侧室生了孩子也都不养育。皇后因此屡次称道杨广贤德。凡是大臣中握有实权的，杨广都和他们倾心结交。文帝和独孤皇后每次派手下到杨广的住处，来往的婢女仆人无论贵贱，杨广必定和萧妃一起到门口迎接，准备丰盛的饮食，赠送厚礼。凡是去见过杨广的婢仆，无不称赞他的仁孝。文帝和皇后曾经临幸他的府第,杨广将美姬全都藏到别的房间,屋中只留下老丑的侍女,穿着朴素的衣服,侍奉左右;屏帐改用简单的缣素,故意将乐器的弦弄断,不让打扫上面的尘土。文帝见了,认为他不好声色,回宫以后转告侍臣,表现得非常欣喜。侍臣都向文帝庆贺,从此文帝对杨广的疼爱远远超过了其他儿子。

【原文】 上密令善相者来和遍视诸子,对曰:"晋王眉上双骨隆起,贵不可言。"上又问上仪同三司韦鼎:"我诸儿谁得嗣位?"对曰:"至尊、皇后所最爱者当与之,非臣敢预知也。"上笑曰:"卿不肯显言邪①?"

【注释】 ①显言:明白说出。

【译文】 文帝私下让善看相的来和为所有皇子看相,来和说:"晋王杨广眉上双骨隆起,贵不可言。"文帝又问上仪同三司韦鼎:"我诸多儿子中谁可以继承皇位?"韦鼎答道:"陛下和皇后最喜爱谁,就应该叫谁继承,这不是臣下能够预知的。"文帝笑着说:"你不肯明说吗?"

【原文】 晋王广美姿仪,性敏慧,沉深严重;好学,善属文①;敬接朝士,礼极卑屈;由是声名籍甚②,冠于诸王。

【注释】 ①属文:撰写文章。②籍:声名盛大。

【译文】 晋王杨广仪表出众,生性聪慧,为人深沉持重。好学,善于写文章;和朝士来往时礼节极其周到,因此声名盛大,在诸王中最好。

【原文】 广为扬州总管,入朝,将还镇,入宫辞后,伏地流涕,后亦泫然泣下①。广曰:"臣性识愚下,常守平生昆弟之意②,不知何罪失爱东宫,恒蓄成怒,欲加屠陷。每恐谗谮生于投杼③,鸩毒遇于杯勺④,是用勤忧积念,惧履危亡。"后忿然曰:"睍地伐渐不可耐⑤,我为之娶元氏女,竟不以夫妇礼待之。专宠阿云,使有如许豚犬⑥。前新妇遇毒而夭⑦,我亦不能穷治⑧,何故复于汝发如此意? 我在尚尔,我死后,当鱼肉汝乎⑨! 每思东宫竟无正嫡,至尊千秋万岁之后,遣汝等兄弟向阿云儿前再拜问讯,此是几许苦痛邪!"广又拜,呜咽不能止,后亦悲不自胜。自是后决意欲废勇立广矣。

【注释】 ①泫然:流泪貌。亦指流沼。②昆弟:兄弟。③谗谮生于投杼:春秋时,有个和曾参同名的人杀了人,有人告诉曾参的母亲,说曾参杀了人。起初曾母不信,但第三人来告诉她的时候,她扔下手里织布的梭子就逃走了。用来比喻流言可畏或诬枉之祸。典出《战国策·秦策二》。谮,恶言中伤。杼,梭子。④鸩:传说中的一种毒鸟,把它的羽毛放在酒里,可以毒杀人。⑤睍地伐:太子杨勇的小名。⑥豚犬:蔑称不成器的儿子。⑦新妇:称儿媳。⑧穷治:追究。⑨鱼肉:侵害,摧残。

【译文】 杨广任扬州总管,入朝,即将还镇扬州,入宫辞别皇后的时候,伏地流泪,皇后也流泪。杨广说:"臣性情愚笨,但一直安守兄弟之意,不知犯了什么过错失爱于东宫,常常含着怒气,想要陷害我。每每担心他在母后面前说我坏话,也担心会在杯勺中对我下毒,因此一直都不停地忧虑,害怕遇到危险。"皇后愤怒地说:"睍地伐越来越让人受不了了,我为他娶了元氏女,他竟不以夫妇之礼相待,专宠阿云,生了这许多不成器的孩子。前些日子太子妃被毒而死，我一时也不能追究，怎么又对你生出这样歹毒的念头？我在他都敢这样，我死后，一定会把你们当作鱼肉来宰割！每次想起东宫竟没有嫡长子，陛下千秋万岁之后，要让你们兄弟在阿云的儿子前行礼问安，真是太痛苦了！"杨广再拜，呜咽不能停止，皇后也非常伤心。自此皇后决定要废黜太子杨勇改立杨广。

【原文】 广与安州总管宇文述素善①，欲述近己，奏为寿州刺史。广尤亲任总管司马张衡②，衡为广画夺宗之策③。广问计于述，述曰："皇太子失爱已久，令德不闻于天下。大王仁孝著称，才能盖世，数经将领，频有大功；主上之与内宫，咸所钟爱，四海之望，实归大王。然废立者国家大事，处人父子骨肉之间，诚未易谋也。然能移主上意者，唯杨素耳④，素所与谋者唯其弟约。述雅知约，请朝京师，与约相见，共图之。"广大悦，多赍金宝⑤，资述入关。

【注释】 ①安州：治所在今湖北安陆。总管：武官名。隋代至唐代初在各州设总管，边镇和大州设大总管，为地方军政长官。宇文述：鲜卑族，隋朝名将。②总管司马：总管属官。张衡：杨广心腹。③画：计划，谋划。④杨素：隋朝著名将相。在文帝废立太子事件中，杨素是举足轻重的人物。⑤赍：携带。

【译文】 杨广和安州总管宇文述向来交好，想要他为自己所用，奏请任命他为寿州刺史。杨广尤其信任总管司马张衡，张衡为杨广谋划了夺嫡之策。杨广向宇文述问计，宇文述说："皇太子失宠已久，天下人也没听说他有什么好的德行和名声。而大王则以仁孝著称，才能盖世，数度领兵出征，不断建有大功，受到陛下和皇后的一致钟爱。天下人的希望都归于大王。但是废立太子是国家大事，这关系到父子骨肉之间，实在不是一件容易谋划的事。但是如今能让陛下改变主意的，只有杨素一个人，能够和杨素谈论大事的又只有其弟杨约。我和杨约一向交往密切，请大王让我到京师朝见时，与杨约相见，共同图谋此事。"杨广大喜，让宇文述携带了许多金宝入朝。

【原文】 约时为大理少卿①，素凡有所为，皆先筹于约而后行之②。述请约，盛陈器玩，与之酣畅，因而共博③，每阳不胜④，所赍金宝尽输之约。约所得既多，稍以谢述。述因曰："此晋王之赐，令述与公为欢乐耳。"约大惊曰："何为尔？"述因通广意，说之曰⑤："夫守正履道，固人臣之常致；反经合义⑥，亦达者之令图⑦。自古贤人君子，莫不与时消息以避祸患⑧。公之兄弟，功名盖世，当途用事有年矣，朝臣为足下家所屈辱者，可胜数哉！又，储后以所欲不行，每切齿于执政⑨；公虽自结于人主，而欲危公者固亦多矣！主上一旦弃群臣⑩，公亦何以取庇！今皇太子失爱于皇后，主上素有废黜之心，此公所知也。今若请立晋王，在贤兄之口耳。诚能因此时建大功，王必永铭骨髓，斯则去累卵之危⑪，成太山之安也⑫。"约然之，因以白素。素闻之，大喜，抚掌曰："吾之智思，殊不及此，赖汝启予。"约知其计行，复谓素曰："今皇后之言，上无不用，宜因机会早自结托，则长保荣禄，传祚子孙⑬。兄若迟疑，一旦有变，令太子用事，恐祸至无日矣！"素从之。

【注释】 ①大理少卿:掌刑法的官员。②筹:想办法,定计划。③博:古代的一种棋戏,后来泛指赌博。④阳:佯装,假装。⑤说之:劝说他。⑥反经合义:虽违背常道,但仍合于义理。⑦令图:善谋,远大的谋略。⑧与时消息:指事物无常,随时间的推移而兴盛衰亡。⑨执政:宰相。⑩弃群臣:皇帝去世。⑪累卵之危:像垒起来的鸡蛋那样危险的局面。⑫太山:即泰山。⑬传祚:流传后世。

【译文】 杨约当时任大理少卿。杨素凡有所为,都会先和他商量妥当之后再去施行。宇文述邀请杨约,把器玩全都摆了出来,和他畅饮,然后对赌,宇文述经常假装不胜,将所携带的金宝全都输给了杨约。杨约所得既多,于是向宇文述表示感谢。宇文述就对他说:"这些都是晋王之赐,晋王吩咐我陪您高兴高兴罢了。"杨约大惊说:"他想做什么?"宇文述借此机会将杨广的意思告诉了他,劝说他道:"遵循正道,固然是人臣的常理;但另一方面,即使违背常道,却仍合于义理,也不失为通达者远大的谋略。自古贤人君子,无不根据事物的变化而变化,以期趋避祸患。足下兄弟,功名盖世,执政当权已经很久了,足下家所得罪的朝臣数不胜数!而且,太子因为所求经常阻止,每每切齿痛恨执政;您虽然跟随陛下,但是那些想要扳倒你们的臣子实在也不少啊!陛下一旦离世,抛弃群臣,您又想从哪里求得庇佑呢?如今皇太子失宠于皇后,陛下一直有废黜之心,这些都是您知道的事。现在请立晋王,不过是令兄一句话的事罢了。要是能够在这个时候立下大功,晋王必定永远铭记在心,这样的话对足下兄弟而言,也就去掉了如累卵一样的危难,成就此后稳固如泰山的权势。"杨约觉得他说得有理,就转告了杨素。杨素听到后大喜,拍手道:"我的智慧还想不到此处,幸亏有你启发了我。"杨约知道计划可行了,又对杨素说:"当今皇后所说的话,陛下无不听从,应当找机会早早跟皇后接近,事成之后才可以长保荣禄,传给子孙后世。兄长如果迟疑,一旦局势有变,陛下让太子掌权,恐怕大祸就要来了。"杨素听从了他的话。

【原文】 后数日,素入侍宴,微称"晋王孝悌恭俭①,有类至尊"。用此揣后意②。后泣曰:"公言是也!吾儿大孝爱,每闻至尊及我遣内使到,必迎于境首;言及违离,未尝不泣。又其新妇亦大可怜,我使婢去,常与之同寝共食。岂若睍地伐与阿云对坐,终日酣宴,昵近小人,疑阻骨肉!我所以益怜阿麽者③,常恐其潜杀之。"素既知后意,因盛言太子不才。后遂遗素金,使赞上废立。

【注释】 ①悌:敬爱兄长。这里泛指敬重长上。②揣:试探。③阿麽:晋王杨广的小名。

【译文】 之后过了数日,杨素入宫侍宴,稍稍提起"晋王孝悌恭俭,很像陛下"。用这些话试探皇后的心意。皇后流泪说:"您说得是。我儿非常孝顺仁爱,每次听说陛下和我派内使去了,必定到边境上出迎;说到要离开我们,没有不哭泣的。而且晋王妃也很可爱,我派侍女去,王妃经常与之同寝共食。怎么像睍地伐和阿云对坐,终日设宴酣饮,亲近小人,猜忌骨肉!我现在对他更加怜惜,常担心太子会暗中杀掉阿麽。"杨素了解了皇后的心意,就开始极力说太子不好。皇后于是送给杨素财物,让他支持文帝废立。

【原文】　勇颇知其谋,忧惧,计无所出,使新丰人王辅贤造诸厌胜①;又于后园作庶人村,室屋卑陋,勇时于中寝息,布衣草褥,冀以当之。上知勇不自安,在仁寿宫,使杨素观勇所为。素至东宫,偃息未入②,勇束带待之,素故久不进,以激怒勇;勇衔之③,形于言色。素还言:"勇怨望,恐有他变,愿深防察!"上闻素谮毁,甚疑之。后又遣人伺觇东宫④,纤介事皆闻奏⑤,因加诬饰以成其罪。

【注释】　①厌胜:也作压胜,指以迷信的方法如符咒等,镇服或驱避可能出现的灾祸,或致灾祸于人。②偃息:止息,停止。③衔之:怀恨在心。④伺觇:暗中窥视守候。⑤纤介:细微。

【译文】　太子杨勇也了解他们的谋划,很担心害怕,不知应该如何是好,就派新丰人王辅贤施用厌胜的方法;又在后园建造庶人村,屋宇简陋,杨勇常在其中休息,布衣草褥,希望用这样的办法避祸。文帝知道了杨勇内心的不安,在仁寿宫派杨素侦察杨勇的所作所为。杨素到了东宫门口,就停下来不进去,杨勇衣冠整齐地等着,杨素故意很久都不进去,以激怒杨勇;杨勇果然怀恨在心,并且表现在言语和神色上。杨素回去禀报文帝:"太子杨勇怨望,恐怕还会有别的变故,愿陛下小心探察和防范。"文帝听到杨素说的坏话,更怀疑太子。后来又派人暗中查看东宫,所有细微的小事都向皇帝奏报,夸大捏造,以罗织其罪。

【原文】　上遂疏忌勇,乃于玄武门达至德门量置候人①,以伺动静,皆随事奏闻。又,东宫宿卫之人,侍官以上②,名籍悉令属诸卫府,有勇健者咸屏去之③。出左卫率苏孝慈为淅州刺史④,勇愈不悦。太史令袁充言于上曰⑤:"臣观天文,皇太子当废。"上曰:"玄象久见,群臣不敢言耳。"

【注释】　①玄武门:皇宫正北门。至德门:皇宫东北门。量置:酌量安置。候人:斥候,军中侦伺敌情者。②侍官:在宫廷中轮番宿卫的军士。③屏去:退除,除却。④左卫率:统带东宫侍卫的武职官员。淅州:今河南淅川。⑤太史令:官名,掌管起草文书,记载史事,天文历法、祭祀等。

【译文】　文帝于是疏远怀疑杨勇,在玄武门到至德门之间设置候人,以侦伺太子动静,随时奏闻。另外,东宫宿卫中侍官以上的人员,名籍都要报到诸卫府,其中勇健的全都调走。又将左卫率苏孝慈调出为淅州刺史,太子杨勇更加不高兴。太史令袁充上奏文帝说:"臣观天文,皇太子当废。"文帝说:"天象早就已经出现了,群臣不敢明言而已。"

【原文】　晋王广又令督王府军事姑臧段达私赂东宫幸臣姬威①,令伺太子动静,密告杨素;于是内外喧谤②,过失日闻。段达因胁姬威曰:"东宫过失,主上皆知之矣。已奉密诏,定当废立;君能告之,则大富贵!"威许诺,即上书告之。

【注释】　①督王府军事:掌管王府军事的官员。姑臧:今甘肃武威。②喧谤:大声指责。

【译文】 晋王杨广又让督王府军事姑臧人段达私下贿赂东宫宠臣姬威,要她察看太子动静,密告杨素;于是朝野内外诽谤声四起。段达要挟姬威说:"东宫的过失,陛下全都知道了。已经有了密诏,定当废立;如果你能告发太子,一定可以获取大富贵。"姬威答应了,立即上书告发了太子。

【原文】 秋,九月,壬子,上至自仁寿宫。翌日,御大兴殿,谓侍臣曰:"我新还京师,应开怀欢乐;不知何意翻邑然愁苦①!"吏部尚书牛弘对曰②:"臣等不称职,故至尊忧劳。"上既数闻谮毁,疑朝臣悉知之,故于众中发问,冀闻太子之过。弘对既失旨,上因作色,谓东宫官属曰:"仁寿宫此去不远,而令我每还京师,严备仗卫,如入敌国。我为下利③,不解衣卧。昨夜欲近厕,故在后房恐有警急,还移就前殿,岂非尔辈欲坏我家国邪?"于是执太子左庶子唐令则等数人付所司讯鞠④;命杨素陈东宫事状以告近臣。

【注释】 ①邑然:忧闷不安的样子。②吏部尚书:吏部长官。掌官员升迁、任免。③下利:同"下痢"。④太子左庶子:东宫属官。讯鞠:同"讯鞫",审讯。

【译文】 秋季,九月壬子,文帝自仁寿宫出发到了长安。第二天,驾临大兴殿,对侍臣说:"我刚刚回到京师,应当开怀欢乐;但不知怎么反而忧闷愁苦。"吏部尚书牛弘答道:"臣等不称职,所以导致陛下忧劳。"文帝已经听到很多诬陷太子的话,疑心朝臣也都知道了,故而在群臣中发问,希望能够听到有关太子的过失。牛弘的应对不合文帝的心意,文帝变了脸色,对东宫官属说:"仁寿宫离此不远,而令我每次回京师,都要侍卫谨严,如入敌国。我因为得了痢疾,不解衣休息。昨夜想要如厕,担心在后房会有警急,还是移到了前殿,这难道不是你们这些人想要败坏我们的家国吗?"于是捉拿太子左庶子唐令则等数人交付所司审讯;命杨素陈述东宫事状以告近臣。

【原文】 素乃显言之曰:"臣奉敕向京,令皇太子检校刘居士余党①。太子奉诏,作色奋厉②,骨肉飞腾③,语臣云:'居士党尽伏法,遣我何处穷讨!尔作右仆射,委寄不轻,自检校之,何关我事!'又云:'昔大事不遂,我先被诛,今作天子,竟乃令我不如诸弟,一事以上,不得自遂!'因长叹回视云:'我大觉身妨④。'"上曰:"此儿不堪承嗣久矣,皇后恒劝我废之。我以布衣时所生,地复居长,望其渐改,隐忍至今。勇尝指皇后侍儿谓人曰:'是皆我物。'此言几许异事!其妇初亡,我深疑其遇毒,尝责之,勇即怼曰⑤:'会杀元孝矩⑥。'此欲害我而迁怒耳。长宁初生⑦,朕与皇后共抱养之,自怀彼此,连遣来索。且云定兴女,在外私合而生,想此由来,何必是其体胤⑧!昔晋太子取屠家女,其儿即好屠割。今傥非类,便乱宗祧⑨。我虽德惭尧、舜,终不以万姓付不肖子!我恒畏其加害,如防大敌;今欲废之以安天下!"

【注释】 ①检校:调查。刘居士:上柱国彭公刘昶之子刘居士,在东宫掌管皇太子宿卫,为七品官。刘居士不守朝廷法度,屡次犯罪,文帝由于刘昶的缘故,每次都宽宥了他。于是刘居士有恃无恐,党羽有三百人,他们无故殴打路人,侵夺财物,为非作歹,甚至于连公卿大臣、后妃公主也都不敢和他们计较。后来有人上告说刘居士图谋不轨,文帝下令将刘居士斩首,很多公卿子弟受到牵连而被除名为民。②作色奋厉:神情凌厉凶狠。③骨肉飞腾:形容太子暴跳如雷,激动愤怒的样子。④妨:妨碍,受限。⑤怼:怨恨。⑥元孝矩:隋臣,太子妃元氏父亲。⑦长宁:太子勇的长子长宁王俨,云昭训所出。⑧体胤:亲生的后代。⑨宗祐:宗庙中藏神主的石室。亦借指宗庙、宗祠。

【译文】 杨素于是明确地说:"臣奉敕来京,令皇太子追查刘居士余党。太子奉诏之后,神色凌厉,非常愤怒地对臣说:'刘居士党羽已经全都伏法,让我还去哪里追讨?你作为右仆射,身负重任,自己应该去追查此事,与我有什么相干!'又说:'当年以隋代周,如果大事不遂,我就会先被杀,如今做天子,竟然令我的处境还不如诸弟,每件事都不能自己做主。'又长叹回顾说:'我实在是觉得自身处处受到妨碍。'"文帝说:"此儿不能胜任太子之位已经很久了,皇后也一直劝我废黜他。我念着他是我布衣时所生,又居嫡长,希望他渐渐改过,所以才隐忍至今。杨勇曾经指着皇后侍儿对人说:'这些将来都是我的。'这句话很奇怪。其妇刚去世时,我很怀疑是被他毒死的,曾经责备过他,杨勇就怨恨地说:'早晚我要杀掉元孝矩。'这明明是想要害我而迁怒的。长宁王刚生下的时候,朕与皇后一起抱养他,他自己心里分别彼此,连连派人来要回去。何况此子是他和云定兴之女在外私合而生的,这样的出身想来未必是真正的皇室血脉。昔日晋太子娶了屠家女,其儿就爱好屠割。倘若长宁王并非太子后代,便是混乱宗室。我虽然没有尧、舜那样的德行,但终究不会将百姓交付给不肖子。我一直以来怕他加害,如防大敌;如今想废黜太子以安天下。"

【原文】 左卫大将军五原公元旻谏曰①:"废立大事,诏旨若行,后悔无及。谗言罔极②,惟陛下察之。"

【注释】 ①左卫大将军:禁军大将军之一。旻:音 mín。②罔极:无穷尽。

【译文】 左卫大将军五原公元旻劝谏说:"废立大事,诏旨一旦颁布,后悔就来不及了。谗言无穷尽,陛下一定要明察秋毫。"

【原文】 上不应,命姬威悉陈太子罪恶。威对曰:"太子由来与臣语,唯意在骄奢,且云:'若有谏者,正当斩之,不杀百许人,自然永息。'营起台殿,四时不辍①。前苏孝慈解左卫率,太子奋髯扬肘曰②:'大丈夫会当有一日,终不忘之,决当快意。'又宫内所须,尚书多执法不与,辄怒曰:'仆射以下,吾会戮一二人,使知慢我之祸。'每云:'至尊恶我多侧庶,高纬、陈叔宝岂孽子乎③?'尝令师姥卜吉凶④,语臣云:'至尊忌在十八年,此期促矣⑤。'"上泫然曰:"谁非父母生,乃至于此!朕近览《齐书》,见高欢纵其儿子,不胜忿愤,安可效尤邪!"于是禁勇及诸子,部分收其党与。杨素舞文巧诋⑥,锻炼以成其狱⑦。

【注释】 ①辍:停止。②奋髯:抖动胡须。激愤或激昂貌。扬肘:挥舞手臂。③高纬、陈叔宝:分别为北齐、陈朝的亡国之君。孽子:庶出之子。④师姥:巫婆。⑤促:快到了,逼近。⑥舞文巧诋:罗织罪名,蓄意毁谤。⑦锻炼:罗织罪状,陷人于罪。

【译文】 文帝不听,让姬威陈述太子的所有罪恶。姬威说:"太子从来和臣所说的话,都是相当骄奢的。他说:'如有劝谏者,就应当处死,不必等到杀百来人,进谏的自然都不敢出现了。'营建台殿,一年四季不停止。之前苏孝慈从左卫率解任,太子抖动胡须,挥舞手臂,很激愤地说:'大丈夫总会有一天扬眉吐气,总不会忘记今日之事,到时候就可以顺着我的心意了。'又宫内所须的东西,尚书大多遵守法度不肯给,太子就发怒说:'仆射以下,我早晚杀一二人,让他们知道轻慢我的坏处。'经常说:'陛下讨厌我多内宠和庶子,可是像高纬、陈叔宝这些亡国之君又何尝不是嫡子!'曾经让巫婆为他占卜吉凶,对我说:"陛下忌在十八年,日子就快到了。"文帝流泪说:"谁不是父母所生的,竟做出这样的事来!朕最近看《齐书》,见高欢放纵其子,觉得不胜愤怒,这样的事怎么能效仿呀!"于是软禁杨勇及诸子,收捕其部分党羽。杨素罗织罪名,蓄意毁谤,以兴起大狱。

【原文】 居数日,有司承素意,奏元旻常曲事于勇①,情存附托,在仁寿宫,勇使所亲裴弘以书与旻,题云:"勿令人见。"上曰:"朕在仁寿宫,有纤介事,东宫必知,疾于驿马,怪之甚久,岂非此徒邪!"遣武士执旻于仗。右卫大将军元胄时当下直②,不去,因奏曰:"臣向不下直者,为防元旻耳。"上以旻及裴弘付狱。

【注释】 ①曲事:曲意侍奉。②右卫大将军:禁军大将之一。下直:在宫中当直结束,下班。

【译文】 过了几天,有司承杨素意旨。奏元旻曲意侍奉杨勇,有依附之意,在仁寿宫,杨勇派亲信裴弘送信给元旻,上题:"勿令人见。"文帝说:"朕在仁寿宫,有任何小事,东宫必定知道,比驿马传报的还要快,我已经长久都觉得奇怪了,难道不是这些家伙做的吗?"派武士从仪仗中捉拿元旻。右卫大将军元胄当时应当下班了,却不肯离去,于是上奏说:"臣向来不下直就是为了防范元旻。"文帝将元旻和裴弘下狱。

【原文】 先是,勇见老枯槐,问:"此堪何用?"或对曰:"古槐尤宜取火。"时卫士皆佩火燧①,勇命工造数千枚,欲以分赐左右;至是,获于库。又药藏局贮艾数斛②,索得之,大以为怪,以问姬威,威曰:"太子此意别有所在,至尊在仁寿宫,太子常饲马千匹,云:'径往守城门,自然饿死。'"素以威言诘勇,勇不服,曰:"窃闻公家马数万匹,勇忝备太子③,马千匹,乃是反乎!"素又发东宫服玩,似加珮饰者④,悉陈之于庭,以示文武群官,为太子之罪。上及皇后迭遣使责问勇,勇不服。

【注释】 ①火燧:引火之物。②艾:草本植物,叶子有香气,可做药,点着后烟能熏蚊蝇,还可制艾绒,是灸法治病的燃料。斛:古量器名,也是容量单位,十斗为一斛。③忝:羞辱,愧对,表示愧于进行某事。④珮:治玉,引申为雕刻、刻镂。或指用彩绘装饰。

【译文】 先前杨勇见老枯槐,问:"这能做什么用?"有人说:"古槐最适宜取火。"当时卫士都随身带着火燧,杨勇让工匠造数千枚,想要分赐左右;此时在东宫的库房里找到了。又药藏局储藏了数斛艾,找到之后觉得非常奇怪,就问姬威,姬威说:"太子别有用意,陛下在仁寿宫,太子常养马千匹,说:'只守着城门,自然饿死。'"杨素用姬威的话质问杨勇,杨勇不服,说:"我也听说过公家马数万匹,杨勇不才,身为太子,养马千匹就是谋反吗?"杨素又找出东宫服饰玩器,加以彩绘装饰的全部陈列于庭,以示文武群官,就以此为太子之罪。文帝和皇后多次派人责问杨勇,杨勇不服。

【原文】 冬,十月,乙丑,上使人召勇,勇见使者,惊曰:"得无杀我邪①?"上戎服陈兵,御武德殿,集百官立于东面,诸亲立于西面,引勇及诸子列于殿庭,命内史侍郎薛道衡宣诏②,废勇及其男、女为王、公主者,并为庶人。勇再拜言曰:"臣当伏尸都市③,为将来鉴戒;幸蒙哀怜,得全性命!"言毕,泣下流襟,既而舞蹈而去,左右莫不闵默④。长宁王俨上表乞宿卫,辞情哀切;上览之闵然⑤。杨素进曰:"伏望圣心同于螫手⑥,不宜复留意。"

【注释】 ①得无:也作"得毋""得微",能不,岂不是。②内史侍郎:即内史省长官的副职。薛道衡:著名诗人,历仕北齐、北周、隋。③伏尸都市:在法场上被处死。④闵默:忧郁不语。⑤闵然:忧伤貌。⑥螫手:比喻为了顾全大局而忍痛牺牲局部。

【译文】 冬季,十月乙丑,文帝派人召杨勇,杨勇看到使者,惊道:"不是来杀我的吧?"文帝穿着军服,带来禁军,亲自到武德殿,召集百官立于东面,宗室立于西面,引杨勇及其子女列于殿庭,命内史侍郎薛道衡宣诏,废杨勇,及其为王、为公主的儿女们,一律贬为庶人。杨勇再拜说:"臣本当被处死,以当作将来的鉴戒;幸而蒙陛下哀怜,我才得以保全性命。"说完,泪下衣襟,过了片刻,拜舞而去,左右都很难过。长宁王杨俨上表请求留京担任宿卫,言辞哀伤恳切。文帝看了很伤心。杨素进言:"希望圣心能够顾全大局,不应该再留意这些小事情了。"

【原文】 己巳,诏:"元旻、唐令则及太子家令邹文腾、左卫率司马夏侯福、典膳监元淹、前吏部侍郎萧子宝、前主玺下士何竦并处斩①,妻妾子孙皆没官。车骑将军榆林阎毗、东郡公崔君绰、游骑尉沈福宝、瀛州术士章仇太翼②,特免死,各杖一百,身及妻子、资财、田宅皆没官。副将作大匠高龙叉、率更令晋文建、通直散骑侍郎元衡皆处尽③。"于是集群官于广阳门外,宣诏戮之。乃移勇于内史省,给五品料食。赐杨素物三千段,元胄、杨约并千段,赏鞫勇之功也。

【注释】 ①太子家令:管理东宫事务的属官。竦:音 sǒng。②榆林:今内蒙古托克托。游骑尉:武职散官。③副将作大匠:将作大匠的副手,掌营造。率更令:官名,为太子属官,唐时掌宫殿门户、赏罚之事,以及皇族次序、刑法事。

【译文】 己巳下诏:"元旻、唐令则及太子家令邹文腾、左卫率司马夏侯福、典膳监元淹、前吏部侍郎萧子宝、前主玺下士何竦一起处斩,妻妾子孙没官。车骑将军榆林人阎毗、东郡公崔君绰、游骑尉沈福宝、瀛州术士章仇太翼,特免死,各杖一百,自身和妻子、资财、田宅都没官。副将作大匠高龙叉、率更令晋文建、通直散骑侍郎元衡皆处其罪使自尽。"于是召集群官于广阳门外,宣诏然后行刑。将杨勇移到内史省,供给五品食料。赐杨素物三千段,元胄、杨约并千段,赏赐审讯杨勇的功劳。

【原文】 十一月，戊子，立晋王杨广为皇太子。

【译文】 十一月戊子，文帝立晋王杨广为皇太子。

【原文】 帝囚故太子勇于东宫，付太子广掌之。勇自以废非其罪，频请见上申冤，而广遏之不得闻。勇于是升树大叫，声闻帝所，冀得引见。杨素因言勇情志昏乱，为癫鬼所著[1]，不可复收。帝以为然，卒不得见。

【注释】 ①癫鬼：使人癫狂的鬼祟。

【译文】 文帝将前太子杨勇囚禁在东宫，交由太子杨广管制。杨勇自己认为无罪，被无辜地废黜了，所以屡次请见文帝申冤，杨广加以阻止，使文帝听不到这些事。杨勇于是爬到树上大叫，声音传到文帝所在的地方，希望得以进见。杨素趁势说杨勇心志昏乱，就像被癫鬼附体一样，无药可救。文帝信以为真，杨勇最终还是不得召见。

唐　纪

玄武门之变

【题解】

唐朝的建立和平定天下依靠了李渊父子的同心协力，进行得非常顺利。但是短短几年时间，因为继承问题，皇室内部就起了极大的冲突。冲突的一方是太子李建成和齐王李元吉，另一方则是立下赫赫战功的秦王李世民。他们各自拥有自己的官属和军事力量，暗中招兵买马，笼络人心。随着天下局势的稳定，到武德六七年以后，双方的关系势成水火，越来越紧张。

从《通鉴》的记载来看，高祖李渊的态度经常会在两边摇摆，由于太子一方争取到了后宫的支持，所以随着时间的推移，李渊越来越倾向于太子。在数度暗算失败以后，李建成、李元吉分散秦王的属下，削夺他的兵权，准备寻找时机除掉秦王。

李世民像

李世民的态度则一直暧昧不明，他和对手一样，也在暗中扩大自身实力，甚至收买对方心腹手下，可是表面的态度始终容忍退让。在对方的步步紧逼和秦府忠心下属的劝谏之下，公元626年6月，秦王发动兵变，一举除掉了太子李建成和齐王李元吉，事情发生在皇宫北面的玄武门，所以被后世称为"玄武门之变"。

事变的结果是李世民大获全胜，很快掌握了政权。

司马光在最后的评论中指出，从太原起兵开始，李世民是李唐皇室真正的缔造者，所以在唐高祖立长的时候就埋下了祸根。换言之，这也是李世民为发动政变辩护的最主要的理论依据。事实上，这也是唐代修史以来一贯的思路，但是这一观点近年来遭到部分史家的质疑，考虑到贞观以后对于史书的修正，关于如何评价秦王和太子甚至是李渊，在唐朝建立过程中的作用还需要进一步的分析。

【原文】 初，齐王元吉劝太子建成除秦王世民①，曰："当为兄手刃之！"世民从上幸元吉第，元吉伏护军宇文宝于寝内②，欲刺世民；建成性颇仁厚，遽止之。元吉愠曰③："为兄计耳，于我何有！"

【注释】 ①齐王元吉劝太子建成除秦王世民：唐高祖李渊四子，长子建成，次子世民，三子早逝，四子元吉。建成被立为太子，和齐王元吉关系友善。②护军：唐初秦王府和齐王府各置左右六府护军，武职。③愠：含怒，生气。

【译文】 当初，齐王李元吉曾经劝太子李建成除掉秦王李世民，他说："我定当为兄长亲手杀掉他！"李世民跟高祖李渊驾临元吉府第，李元吉派护军宇文宝埋伏在卧室里，想趁机刺杀李世民；李建成为人仁厚，马上阻止了他。李元吉发怒，说："这都是为兄长打算罢了，又关我什么事呢！"

【原文】 建成擅募长安及四方骁勇二千余人为东宫卫士，分屯左、右长林①，号长林兵。又密使右虞侯率可达志从燕王李艺发幽州突骑三百②，置东宫诸坊③，欲以补东宫长上④，为人所告。上召建成责之，流可达志于巂州⑤。

【注释】 ①屯：驻军防守。左、右长林：长林门，太极宫东宫的官门。②右虞侯：东宫官属，掌警卫伺查。突骑：精锐骑兵。③坊：官署。④长上：武官名。唐时九品，其职为守边和宿卫宫禁。⑤巂州：今四川西昌地区。

【译文】 太子李建成擅自招募了长安和各地的骁勇之士二千余人为东宫卫士，分别驻守在左、右长林门，称为长林兵。又秘密地派了右虞侯率可达志从燕王李艺那里征发的幽州三百精锐骑兵，安置在东宫诸坊，想将这些骑兵补充东宫长上，被人告发。高祖责备李建成，将可达志流放到巂州。

【原文】 杨文干尝宿卫东宫，建成与之亲厚，私使募壮士送长安。上将幸仁智宫，命建成居守，世民、元吉皆从。建成使元吉就图世民①，曰："安危之计，决在今岁！"又使郎将尔朱焕、校尉桥公山以甲遗文干②。二人至豳州③，上变，告太子使文干举兵，使表里相应；又有宁州人杜凤举亦诣宫言状④。上怒，托他事，手诏召建成，令诣行在⑤。建成惧，不敢赴。太子舍人徐师謩劝之据城举兵⑥；詹事主簿赵弘智劝之贬损车服⑦，屏从者，诣上谢罪，建成乃诣仁智宫。未至六十里，悉留其官属于毛鸿宾堡⑧，以十余骑往见上，叩头谢罪，奋身自掷⑨，几至于绝。上怒不解，是夜，置之幕下，饲以麦饭，使殿中监陈福防守⑩，遣司农卿宇文颖驰召文干⑪。颖至庆州⑫，以情告之，文干遂举兵反。上遣左武卫将军钱九陇与灵州都督杨师道击之⑬。

【注释】 ①图：图谋。②郎将：武官名。秦置，主宿卫、车骑。校尉：为武散官低品官号。③豳州：今陕西彬县。④宁州：今甘肃宁县。⑤行在：皇帝所在的地方。⑥太子舍人：东宫属官，掌文书。⑦詹事主簿：东宫属官，类似于秘书官。⑧毛鸿宾堡：

国学经典

资治通鉴

图文珍藏版

今陕西淳化西。⑨奋身自掷：以头碰地，表示自责之意。⑩殿中监：殿中省长官，多以皇帝之亲戚、贵臣担任，掌管皇帝生活起居之事。⑪司农卿：官名，掌国家仓廪。⑫庆州：今甘肃庆阳。⑬左武卫将军：唐代十二卫中之一。灵州：治所在今宁夏灵武。都督：军事长官。

【译文】　杨文幹曾经担任东宫侍卫，李建成和他关系亲厚，悄悄地派他招募壮士送到长安。高祖将往仁智宫，命李建成留守长安，李世民、李元吉随驾。李建成让李元吉图谋除去李世民，说："安危之计，就决定在今年了！"又派郎将尔朱焕、校尉桥公山将盔甲送给杨文幹。二人到了豳州，就向皇帝禀报了太子的图谋，告发太子派杨文幹起兵，和太子内外呼应；又有宁州人杜风举也到仁智宫举报太子的事。高祖大怒，借口别的事，下手诏召见李建成，让他到仁智宫来。李建成害怕，不敢去。太子舍人徐师謩劝他干脆占据长安城起兵；詹事主簿赵弘智则劝他不用车马，贬损服饰，不带随从，单独进见皇帝谢罪；于是李建成赶去仁智宫。还没走到六十里，太子就将官属全部留在毛鸿宾堡，只带了十余人骑马去见皇帝，向皇帝磕头请罪，拼命磕头表自责之意，几乎没了命了。高祖怒气不消，当夜，将太子安顿在幕下，供应粗糙的麦饭，派殿中监陈福防守，又派司农卿宇文颖驰召杨文幹。宇文颖到了庆州，将太子的情况告诉了他，杨文幹就起兵造反。高祖派左武卫将军钱九陇与灵州都督杨师道迎战。

【原文】　甲子，上召秦王世民谋之，世民曰："文幹竖子，敢为狂逆，计府僚已应擒戮；若不尔，正应遣一将讨之耳。"上曰："不然。文幹事连建成，恐应之者众。汝宜自行，还，立汝为太子。吾不能效隋文帝自诛其子，当封建成为蜀王。蜀兵脆弱，他日苟能事汝，汝宜全之；不能事汝，汝取之易耳！"

【译文】　甲子，高祖召秦王李世民商议杨文幹叛乱之事，李世民说："杨文幹这小子，竟然敢犯下这样狂妄谋逆的事，想来他手下的属员应当已经将他捉拿或是杀死了；如果不是这样，那么朝廷就应该派一员将领讨伐他。"高祖说："不是这样的。杨文幹的事牵连着建成，恐怕响应的人很多。你应该自己出征讨伐，得胜回朝，我就立你做太子。我不能效法隋文帝诛杀其子，到时候封建成为蜀王。蜀兵脆弱不善征战，这样的话，将来他要是能够忠心事你为主，你就应当保全他；如果他做不到忠心事你为主，你也容易制服他。"

【原文】　上以仁智宫在山中，恐盗兵猝发，夜，帅宿卫南出山外，行数十里，东宫官属将卒继至者，皆令三十人为队，分兵围守之。明日，复还仁智宫。

【译文】　高祖因为仁智宫地处山中，担心有叛军猝然发难，夜里率宿卫向南走出山外，行进了几十里。东宫官属和将卒相继跟来的，一律编为三十人一队，分兵包围起来看守。第二天，高祖再回到仁智宫。

【原文】　世民既行，元吉与妃嫔更迭为建成请，封德彝复为之营解于外①，上意遂变，复遣建成还京师居守。惟责以兄弟不睦，归罪于太子中允王珪、左卫率韦挺、天策兵曹参军杜淹②，并流于嶲州。挺，冲之子也。初，洛阳既平，杜淹久不得调，欲求事建成。房玄龄以淹多狡数，恐其教导建成，益为世民不利，乃言于世民，引入天策府。

【注释】　①营解：营救。②太子中允：东宫属官。王珪：贞观名臣。天策兵曹参军：秦王的天策上将府属官。

【译文】　李世民出征以后，李元吉与后宫妃嫔都相继为李建成求情，封德彝又在外面营救他，高祖的想法就改变了，重新派李建成返回长安留守。只是责备他与兄弟不和，归罪于太子中允王珪、左卫率韦挺、天策兵曹参军杜淹，将他们流放到嶲州。韦挺是韦冲之子。起初，洛阳平定以后，杜淹很久都不得调任，想侍奉李建成。房玄龄认为杜淹狡猾多计，担心他教唆李建成，对李世民更加不利，于是就向李世民进言，将杜淹引入天策府。

【原文】　上校猎城南，太子、秦、齐王皆从，上命三子驰射角胜①。建成有胡马，肥壮而喜蹶②，以授世民曰："此马甚骏，能超数丈涧③。弟善骑，试乘之。"世民乘以逐鹿，马蹶，世民跃立于数步之外，马起，复乘之，如是者三，顾谓宇文士及曰："彼欲以此见杀，死生有命，庸何伤乎？"建成闻之，因令妃嫔谮之于上曰④："秦王自言，我有天命，方为天下主，岂有浪死⑤！"上大怒，先召建成、元吉，然后召世民人，责之曰："天子自有天命，非智力可求；汝求之一何急邪！"世民免冠顿首，请下法司案验。上怒不解，会有司奏突厥入寇，上乃改容，劳勉世民，命之冠带，与谋突厥。闰月，己未，诏世民、元吉将兵出幽州以御突厥，上饯之于兰池⑥。上每有寇盗，辄命世民讨之，事平之后，猜嫌益甚。

【注释】　①角胜：争胜负。②蹶：颠覆。③超：越过。涧：山间流水的沟。④谮：无中生有地说人坏话。⑤浪死：徒然死去，白白送死。⑥兰池：在今陕西咸阳东。

【译文】　高祖到城南打猎，太子李建成、秦王李世民、齐王李元吉都跟随在旁，高祖下令三人比赛骑射以决胜负。李建成有匹胡马，肥壮但喜欢将人甩下来，李建成将这匹马交给李世民说："这马很神骏，能跃过数丈宽的水沟。二弟善骑，试着骑骑看。"李世民骑马逐鹿，马颠覆人，李世民一跃而起，跃出几步远站稳，等马安静下来，再骑上去，这样好几次，李世民回头对宇文士及说："他们想用这种方法来杀我，可是死生有命，又怎么能伤害到我呢？"李建成听说了，就让妃嫔对高祖说他的坏话："秦王自己说，我有天命，将来要成为天下之主，怎么会就这样白白死去？"高祖大怒，先召见李建成、李元吉，然后召李世民进见，责备他说："天子自有天命，不是靠智慧和勇武就可以求来的；你也未免太着急了吧！"李世民摘去帽子磕头谢罪，自请将此事交付法司调查。高祖仍然怒气不止，正在此时有司上奏突厥入侵，高祖这才换了脸色，安慰勉励李世民，让他重新戴好帽子，和他商量突厥的事。闰月己未，下诏让李世民、李元吉带兵出幽州抵御突厥，高祖在兰池为他们饯行。每每有战事，高祖就让李世民出征，事平之后，对李世民的猜忌就更加厉害。

【原文】　（武德九年）秦王世民既与太子建成、齐王元吉有隙，以洛阳形胜之地①，恐一朝有变，欲出保之，乃以行台工部尚书温大雅镇洛阳，遣秦府车骑将军荥阳张亮将左右王保等千余人之洛阳,阴结纳山东豪杰以俟变,多出金帛,恣其所用②。元吉告亮谋不轨,下吏考验;亮终无言,乃释之,使还洛阳。

【注释】 ①形胜:地理位置优越,地势险要。②恣:放纵,任凭,无拘束。

【译文】 武德九年(626年),秦王李世民因为和太子李建成、齐王李元吉已经有了嫌隙,想到洛阳地形险要,担心将来有一天发生变故,所以想镇守洛阳以求自保,于是就以行台工部尚书温大雅去镇守洛阳,派秦府车骑将军荥阳张亮率左右王保等千余人到洛阳去,暗中结纳山东豪杰以做准备,取出大量财物,由他们任意使用。元吉告发张亮图谋不轨,于是抓了他交付法司审讯,张亮最终什么也不说,只得释放他,让他返回洛阳。

【原文】 建成夜召世民,饮酒而鸩之,世民暴心痛①,吐血数升,淮安王神通扶之还西宫②。上幸西宫,问世民疾,敕建成曰:"秦王素不能饮,自今无得复夜饮!"因谓世民曰:"首建大谋,削平海内,皆汝之功。吾欲立汝为嗣③,汝固辞;且建成年长,为嗣日久,吾不忍夺也。观汝兄弟似不相容,同处京邑,必有纷竞,当遣汝还行台④,居洛阳,自陕以东皆王之。仍命汝建天子旌旗,如汉梁孝王故事⑤。"世民涕泣,辞以不欲远离膝下。上曰:"天下一家,东、西两都,道路甚迩⑥。吾思汝即往,毋烦悲也。"将行,建成、元吉相与谋曰:"秦王若至洛阳,有土地甲兵,不可复制;不如留之长安,则一匹夫耳⑦,取之易矣。"乃密令数人上封事⑧,言"秦王左右闻往洛阳,无不喜跃,观其志趣,恐不复来"。又遣近幸之臣以利害说上。上意遂移,事复中止。

【注释】 ①暴:突然而猛烈。②淮安王神通:高祖李渊的堂弟。③嗣:继承人。④行台:台省在外者称行台。魏晋始有之,为出征时随其所驻之地设立的代表中央的政务机构,北朝后期,称尚书大行台,设置官属无异于中央,自成行政系统。唐贞观以后渐废。⑤汉梁孝王故事:汉梁孝王是汉景帝的同母弟,准许他建天子旌旗。⑥迩:近。⑦匹夫:泛指寻常的个人。⑧封事:密封的奏章。

【译文】 李建成夜召李世民,请他饮酒借机在酒中下毒,酒后,李世民忽然心痛,吐血数升,淮安王李神通扶他回西宫。高祖到西宫探望李世民,问了他病情,下诏书给李建成说:"秦王向来不能饮酒,以后再不要夜饮了。"对李世民说:"首倡起兵的大事,平定海内,都是你的功劳。我想立你为太子,你坚持不肯;况且建成年长,又做了很长时间太子,我不忍心废黜他的储位。看你们兄弟似乎互不相容,一起待在京邑长安必定会有纷争,我派你回行台,驻于洛阳,陕州以东都奉你号令。让你建天子旌旗,如汉梁孝王旧例。"李世民流泪哭泣,推说不愿远离高祖膝下。高祖说:"天下一家,西京和东都离得很近,我想念你了就去看你,不必为此难过。"秦王快要出发,李建成、李元吉商议:"秦王如果到了洛阳,有土地有军队,就无法再控制了;不如把他留在长安,那样他不过是个寻常人,制服他也容易。"于是他们秘密地让几个人密奏皇帝,说"秦王左右听说往洛阳,无不欢喜雀跃,看来他们的野心很大,恐怕一去之后就不会再回来"。又派皇帝亲近宠信的大臣以利害关系劝说高祖。高祖的想法改变了,秦王去洛阳的事就被中止。

【原文】 建成、元吉与后宫日夜谮诉世民于上，上信之，将罪世民。陈叔达谏曰："秦王有大功于天下，不可黜也。且性刚烈，若加挫抑，恐不胜忧愤，或有不测之疾，陛下悔之何及！"上乃止。元吉密请杀秦王，上曰："彼有定天下之功，罪状未著，何以为辞！"元吉曰："秦王初平东都，顾望不还，散钱帛以树私恩，又违敕命，非反而何？但应速杀，何患无辞？"上不应。

【译文】 李建成、李元吉和后宫嫔妃日夜在高祖面前讲李世民的坏话，高祖渐渐相信了，准备治李世民的罪。陈叔达劝谏说："秦王有大功于天下，不可废黜。而且他性情刚烈，如果加以压抑挫折，恐怕他承受不了这样的愤怒忧伤，可能会出意外，到那时陛下就后悔莫及了。"高祖也就不再追究。李元吉秘密地向高祖奏请杀秦王，高祖说："秦王有定天下之功，罪状并未显现，用什么理由杀他呢？"李元吉说："秦王刚刚平定东都的时候，迁延观望不回长安。广施财物收买人心，又违抗父皇的诏命，这不是造反又是什么？就应该立刻处死，哪还用得着担心没有理由？"高祖不肯答应。

【原文】 秦府僚属皆忧惧不知所出。行台考功郎中房玄龄谓比部郎中长孙无忌曰[1]："今嫌隙已成，一旦祸机窃发，岂惟府朝涂地[2]，乃实社稷之忧；莫若劝王行周公之事以安家国[3]。存亡之机，间不容发[4]，正在今日！"无忌曰："吾怀此久矣，不敢发口；今吾子所言，正合吾心，谨当白之。"乃入言世民。世民召玄龄谋之，玄龄曰："大王功盖天地，当承大业；今日忧危，乃天赞也，愿大王勿疑！"乃与府属杜如晦共劝世民诛建成、元吉[5]。

【注释】 ①行台考功郎中：秦府属官，吏部官员，掌官员考核事宜。房玄龄：唐代初年名相。比部郎中：刑部所属四司之一的比部司官，掌稽核簿籍。长孙无忌：先世为鲜卑拓跋氏，后改为长孙氏。是唐太宗李世民的内兄，文德顺圣皇后的哥哥。②涂地：彻底败坏而不可收拾。③周公之事：西周时，成王年幼，辅政的周公旦诛杀叛乱的管叔、蔡叔等诸侯，安定天下。④间不容发：中间容不下一根头发。比喻与灾祸相距极近，情势极其危急。⑤杜如晦：出身于西北望族，唐初名相。

【译文】 秦府官员都担心害怕，不知如何是好。行台考功郎中房玄龄对比部郎中长孙无忌说："如今秦王和太子的嫌隙已成，一旦事情发作起来，不只是王府和朝廷受到损害，实在也是国家的祸患。不如劝秦王效法周公诛管、蔡之事以安定皇室和国家。如今正是存亡之际，间不容发，机会就在今日了。"长孙无忌说："我早就有这样的想法了，只是不敢说出来；如今您所说的话正合我的心意，我一定去和秦王说。"于是他就向秦王进言。李世民召房玄龄共同商议，房玄龄说："大王功盖天地，应当继承大业。如今局势危急，正是上天帮助我们，希望您不要犹豫。"就和府属杜如晦共同劝李世民诛李建成、李元吉。

【原文】 建成、元吉以秦府多骁将，欲诱之使为己用，密以金银器一车赠左二副护军尉迟敬德[1]，并以书招之曰："愿迁长者之眷，以敦布衣之交。"敬德辞曰："敬德，蓬户瓮牖之人②，遭隋末乱离，久沦逆地③，罪不容诛。秦王赐以更生之恩，今又策名藩邸，唯当杀身以为报；于殿下无功，不敢谬当重赐。若私交殿下，乃是贰心，徇利忘忠④，殿下亦何所用！"建成怒，遂与之绝。敬德以告世民，世民曰："公心如山岳，虽积金至斗，知公不移。相遗但受，何所嫌也！且得以知其阴计，岂非良策！不然，祸将及公。"既而元吉使壮士夜刺敬德，敬德知之，洞开重门，安卧不动，刺客屡至其庭，终不敢入。元吉乃谮敬德于上，下诏狱讯治，将杀之。世民固请，得免。又谮左一马军总管程知节⑤，出为康州刺史⑥。知节谓世民曰："大王股肱羽翼尽矣⑦，身何能久！知节以死不去，愿早决计。"又以金帛诱右二护军段志玄，志玄不从。建成谓元吉曰："秦府智略之士，可惮者独房玄龄、杜如晦耳。"皆谮之于上而逐之。

【注释】　①左二副护军：和下文的左一马军总管、右二护军等相似，都是唐初王府的武职官员。尉迟敬德：唐初著名大将。②蓬户瓮牖：指贫穷人家。蓬户，用蓬草编成的门户。瓮牖，用破瓮做的窗户。③久沦逆地：指尉迟敬德在降唐之前曾经跟随刘武周。④徇利忘忠：即见利忘义。⑤程知节：唐初名将。⑥康州：今甘肃省成县。⑦股肱：比喻左右辅助得力的人。

【译文】　李建成、李元吉认为秦府有很多骁勇善战的将领，想要收买过来以为己用，于是就私下里将一车金银器送给左二副护军尉迟敬德，并且写信以招揽："我希望得到您的顾念，建立起我们之间诚恳的布衣友谊。"尉迟敬德辞谢道："敬德出身贫苦，遭逢隋末乱世，一直沦落在叛逆的境地，罪不容诛。秦王赐予我重生的恩德，如今又成为秦王府的属下，只能杀身以报秦王的知遇之恩。敬德没有为殿下立过什么功劳，不敢谬当厚赐。如果私下和殿下结交，就是有二心的臣子，为了追求利益把忠心抛到脑后，这样的人对殿下又有什么用呢？"李建成发怒，不再和他结交。尉迟敬德把此事告诉李世民，李世民说："您的心意山岳般坚定，我深知即使斗的黄金放在眼前您也不会动摇的。如果太子再送礼物，您就收下好了，不必有所顾虑。这样还可以知道他们的阴谋，岂不是好计策？不然的话，您可能会惹祸上身。"不久李元吉派壮士夜里行刺尉迟敬德，尉迟敬德知道了，将重重门户都大开着，安卧不动，刺客数次到他的庭院里，但终究还是不敢进去。李元吉就在高祖面前诬陷尉迟敬德，皇帝将尉迟敬德下诏狱审讯拷打，想要处死他。李世民一直为他求情，尉迟敬德得以幸免。李元吉又诬陷左一马军总管程知节，高祖将他外放为康州刺史。程知节对李世民说："大王左右得力的人都被调走，您自己的安全就不能长久了。知节宁死不去，希望您早早定计。"太子他们又用财货引诱右二护军段志玄，段志玄不肯。李建成对李元吉说："秦府有谋略之士，可忌惮的只有房玄龄、杜如晦而已。"在高祖面前说他们的坏话，让高祖把他们赶走。

【原文】　世民腹心唯长孙无忌尚在府中，与其舅雍州治中高士廉①、左候车骑将军三水侯君集及尉迟敬德等②，日夜劝世民诛建成、元吉。世民犹豫未决，问于灵州大都督李靖③，靖辞；问于行军总管李世勣④，世勣辞；世民由是重二人。

【注释】　①治中：官名，为州刺史的助理。②三水：今陕西省旬邑县北。侯君集：唐朝名将，凌烟阁二十四功臣之一。③李靖：唐朝名将。④行军总管：武官名。唐初在各州设总管，边镇和大州设大总管，均为地方军政长官，后恢复都督名称，但统兵出征的将帅仍称为总管。李世勣：本姓徐，入唐后赐姓李，后避唐太宗讳，单名绩。唐初名将。

【译文】　李世民心腹只有长孙无忌还在府中，和他的舅舅雍州治中高士廉、左候车骑将军三水侯君集及尉迟敬德等人，日夜劝说李世民诛杀李建成、李元吉。李世民犹豫未决，向灵州大都督李靖询问，李靖不答；又问行军总管李世勣，李世勣也不答；李世民因此器重二人。

【原文】　会突厥郁射设将数万骑屯河南①，入塞，围乌城②，建成荐元吉代世民督诸军北征；上从之，命元吉督右武卫大将军李艺、天纪将军张瑾等救乌城。元吉请尉迟敬德、程知节、段志玄及秦府右三统军秦叔宝等与之偕行，简阅秦王帐下精锐之士以益元吉军。率更丞王晊密告世民曰③："太子语齐王：'今汝得秦王骁将精兵，拥数万之众，吾与秦王饯汝于昆明池，使壮士拉杀之于幕下，奏云暴卒，主上宜无不信。吾当使人进说，令授吾国事。敬德等既入汝手，宜悉坑之，孰敢不服！'"世民以晊言告长孙无忌等，无忌等劝世民先事图之。世民叹曰："骨肉相残，古今大恶。吾诚知祸在朝夕，欲俟其发，然后以义讨之，不亦可乎！"敬德曰："人情谁不爱其死！今众人以死奉王，乃天授也。祸机垂发，而王犹晏然不以为忧④，大王纵自轻，如宗庙社稷何！大王不用敬德之言，敬德将窜身草泽⑤，不能留居大王左右，交手受戮也⑥！"无忌曰："不从敬德之言，事今败矣。敬德等必不为王有，无忌亦当相随而去，不能复事大王矣！"世民曰："吾所言亦未可全弃，公更图之。"敬德曰："王今处事有疑，非智也；临难不决，非勇也。且大王素所畜养勇士八百余人，在外者今已入宫，擐甲执兵⑦，事势已成，大王安得已乎！"

【注释】　①郁射设：阿史那郁射设，突厥将领。②乌城：今陕西定边南。③率更丞：官名，为太子属官，率更令下属。晊：音 zhì。④晏然：安定的样子。⑤窜身：藏身。窜，躲藏。⑥交手受戮：合着双手等别人来杀自己。⑦擐甲：穿上甲胄，贯甲。执兵：手执武器。

【译文】　正好突厥郁射设率领数万骑兵屯驻黄河以南，侵入边关，包围了乌城，李建成推荐李元吉代替李世民率军北征；高祖答应了，让李元吉带领右武卫大将军李艺、天纪将军张瑾等救援乌城。李元吉请求尉迟敬德、程知节、段志玄及秦府右三统军秦叔宝等人和他共同出征，挑选秦王帐下精锐之士编入李元吉军中。率更丞王晊密告李世民："太子对齐王说：'如今你得到秦王手下的骁将精兵，率领数万之众，我和秦王在昆明池为你饯行，你派壮士在幕下拉杀世民，上奏说他猝死，陛下一定会相信。我会让人进言，请陛下将国事交给我。敬德等人既然到了你手中，你就全部处死他们，还有谁敢不服？'"李世民将王晊的话告诉了长孙无忌等人，长孙无忌等劝李世民先发制人。李世民叹息道："骨肉相残，是自古以来最大的恶行。我也知道早晚会有祸事，但一直想等他们先动了手，然后再用有负道义的罪名讨伐他们，这样不行吗？"尉迟敬德说："人之情谁不爱惜生命？如今众人甘心冒着生命危险奉大王和太子一争高低，这是上天赐予大王的机会。祸患随时都会发生，而大王还安然不以为忧，大王即使不把自己的生命看得那么重要，那国家宗庙怎么办？如果大王不听敬德的话，敬德就将藏身于民间，不能再留在大王身边，合着双手等着别人来杀我。"长孙无忌说："不听敬德的话，必定败事。敬德等不会再跟随大王，无忌也会随之离开，不能再侍奉大王了。"李世民说："我所说的也并不是全无道理，各位再好好考虑一下。"尉迟敬德说："大王如今处事犹疑，这是不智；大难临头做不了决断，这是不勇。何况大王向来畜养的八百多勇士，在外面的也都已经入宫，穿上盔甲，手执兵器，对峙之势已成，大王想要就此罢休是绝无可能的。"

【原文】 世民访之府僚，皆曰："齐王凶戾①，终不肯事其兄。比闻护军薛实尝谓齐王曰：'大王之名，合之成"唐"字，大王终主唐祀。'齐王喜曰：'但除秦王，取东宫如反掌耳。'彼与太子谋乱未成，已有取太子之心。乱心无厌②，何所不为！若使二人得志，恐天下非复唐有。以大王之贤，取二人如拾地芥耳③，奈何徇匹夫之节④，忘社稷之计乎？"世民犹未决，众曰："大王以舜为何如人？"曰："圣人也。"众曰："使舜浚井不出⑤，则为井中之泥；涂廪不下⑥，则为廪上之灰，安能泽被天下，法施后世乎！是以小杖则受，大杖则走⑦，盖所存者大故也。"世民命卜之，幕僚张公谨自外来，取龟投地，曰："卜以决疑；今事在不疑，尚何卜乎！卜而不吉，庸得已乎？"于是定计。

【注释】 ①戾：凶暴，猛烈。②厌：满足。③如拾地芥：比喻取之极易。④徇：无原则地顺从。⑤浚：疏通，挖深。文中所举的舜的例子都是关于他遭受父亲和弟弟迫害的事例。⑥廪：米仓。⑦小杖则受，大杖则走：儒家讲究的孝道，父亲生气了要打人，儿子应该逆来顺受，但是如果父亲大怒。可能会致儿子于死地时，儿子就应该先行逃跑。以免真的被打死，陷父亲于不义不慈之地。

【译文】 李世民向手下询问，都说："齐王凶暴，终究是不肯侍奉太子的。近来听说护军薛实曾经对齐王说：'大王之名，合之成"唐"字，大王最终还是要主持大唐祭祀的。'齐王大喜说：'只要除掉了秦王，再除东宫易如反掌。'他和太子共谋还未成功，已经有了夺取储位的心思。他的为乱之心没有满足停息的时候，什么事做不出来？如果太子和齐王得志，恐怕唐室未必能保有天下。以大王的贤明，收拾此二人如拣拾草芥一样容易，怎么能像寻常人那样拘泥小节，而忘记了社稷大计呢？"李世民犹豫未决，众人说："大王认为舜是什么样的人？"李世民说："是圣人。"众人说："如果舜挖井的时候没能逃出来，就成为井中之泥；粉刷仓库的时候没能下来，就成为仓库上面的灰尘，怎么还能泽被天下，法施后世呢？因此所谓小杖则受，大杖则走，是因为还有更加重要的事需要大王去做啊。"李世民让人占卜一下这样做是否顺利，幕僚张公谨从外面进来，拿起占卜用的龟甲扔到地上，说："占卜是有疑问的时候用来做决定的,如今的事根本没有犹疑的余地,还占卜什么呢?如果占卜得到的是不吉的结果,难道可以就此罢休吗?"于是秦王作了决定。

【原文】 世民令无忌密召房玄龄等,曰:"敕旨不听复事王;今若私谒,必坐死,不敢奉教。"世民怒,谓敬德曰:"玄龄、如晦岂叛我邪?"取所佩刀授敬德曰:"公往观之,若无来心,可断其首以来。"敬德往,与无忌共谕之曰:"王已决计,公宜速入共谋之。吾属四人,不可群行道中。"乃令玄龄、如晦著道士服,与无忌俱入,敬德自他道亦至。

【译文】 李世民派长孙无忌密召房玄龄等人,他们说:"诏书说不让我们再侍奉秦王,如今要是私下谒见,一定会被处死,所以不敢奉大王的命令。"李世民发怒,对尉迟敬德说:"玄龄、如晦难道也要背叛我吗?"取所佩刀交给尉迟敬德说:"您去看一看,如果他们真的没有来见我的意思,就砍下他们的首级来见我。"尉迟敬德和长孙无忌一起前往去见房玄龄等人,告诉他们说:"大王已经决定要动手了,各位应该尽快入府商议。我们四人不能在路上一起走。"让房玄龄、杜如晦穿着道士的衣服,和长孙无忌一起进入秦王府,尉迟敬德则从另一路返回。

【原文】 己未,太白复经天。傅奕密奏:"太白见秦分,秦王当有天下。"上以其状授世民。于是世民密奏建成、元吉淫乱后宫,且曰:"臣于兄弟无丝毫负,今欲杀臣,似为世充、建德报仇①。臣今枉死,永违君亲,魂归地下,实耻见诸贼!"上省之②,愕然③,报曰:"明当鞫问④,汝宜早参。"

【注释】 ①世充、建德:王世充、窦建德,都是唐朝建立时的对手,为李世民所平定。②省:知觉。③愕然:形容吃惊。④鞫问:审讯。

【译文】 己未,太白星又出现了。傅奕密奏:"太白在秦地上空出现,秦王将会得天下。"高祖把这件事告诉了李世民。于是李世民密奏李建成、李元吉淫乱后宫,并且说:"儿臣于兄弟之间并没有丝毫做得不对的地方,如今他们想要杀死儿臣,好像是为王世充、窦建德报仇一样。儿臣要是枉死,永别陛下和亲人,魂归地下,也羞于见到经我手除灭的诸贼。"高祖有所醒悟,很吃惊,答复道:"明天我会审问此事,你要早点进见。"

【原文】 庚申,世民帅长孙无忌等人,伏兵于玄武门。张婕妤窃知世民表意,驰语建成。建成召元吉谋之,元吉曰:"宜勒宫府兵①,托疾不朝,以观形势。"建成曰:"兵备已严,当与弟入参,自问消息。"乃俱入,趣玄武门。上时已召裴寂、萧瑀、陈叔达等②,欲按其事。

【注释】 ①勒:统率,率领。②瑀:音 yǔ。

【译文】 庚申,李世民率长孙无忌等人进宫,在玄武门埋伏好士兵。张婕妤私下里得知李世民的意图,派人驰告李建成。李建成召李元吉商议,李元吉说:"应该率领宫府兵,称病不朝,看看形势再说。"李建成说:"我们的兵备已经很严密了,还是应该和你一同入朝,亲自去探听一下消息。"于是二人一起人宫,往玄武门。高祖当时已经召裴寂、萧瑀、陈叔达等人人宫,想要查问其事。

【原文】 建成、元吉至临湖殿,觉变,即跋马东归宫府。世民从而呼之,元吉张弓射世民,再三不彀①,世民射建成,杀之。尉迟敬德将七十骑继至,左右射元吉坠马。世民马逸入林下,为木枝所絓②,坠不能起。元吉遽至③,夺弓将扼之④,敬德跃马叱之。元吉步欲趣武德殿,敬德追射,杀之。翊卫车骑将军冯翊冯立闻建成死⑤,叹曰:"岂有生受其恩,而死逃其难乎!"乃与副护军薛万彻、屈咥直府左车骑万年谢叔方帅东宫、齐府精兵二千驰趣玄武门。张公谨多力,独闭关以拒之,不得入。云麾将军敬君弘掌宿卫后⑥,屯玄武门,挺身出战,所亲止之曰:"事未可知,且徐观变,俟兵集,成列而战,未晚也。"君弘不从,与中郎将吕世衡大呼而进,皆死之。君弘,显俊之曾孙也。守门兵与万彻等力战良久,万彻鼓噪欲攻秦府,将士大惧;尉迟敬德持建成、元吉首示之,宫府兵遂溃,万彻与数十骑亡入终南山。冯立既杀敬君弘,谓其徒曰:"亦足以少报太子矣!"遂解兵,逃于野。

【注释】 ①彀:将弓拉满。②絓:牵绊,勾住。③遽:马上,立刻。④扼:用力掐住,抓住。⑤翊:音 yì。⑥麾:音 huī。

【译文】 李建成、李元吉走到临湖殿的时候,察觉有变故,立即拨转马头向东,想回到东宫。李世民跟在后面叫住他们,李元吉张弓射李世民,惊慌之下怎么也拉不开弓,李世民射中李建成,杀死了他。尉迟敬德带领七十骑相继赶到,左右射中李元吉,掉下马来。李世民的马跑到林子里,被树枝挂住,秦王坠马不能起身。李元吉突然赶到,夺下弓将要掐死秦王,尉迟敬德骑马赶到呵斥李元吉。李元吉步行逃往武德殿,尉迟敬德追上去射杀了他。翊卫车骑将军冯翊、冯立听说李建成的死讯,叹息道:"岂有活着的时候受他的恩典,死了就逃离灾难的呢?"于是就和副护军薛万彻、屈咥直府左车骑万年谢叔方率领东宫、齐府二千精兵骑马赶往玄武门。张公谨力气很大,独力关上宫门阻挡东宫、齐府兵,使他们不能进来。云麾将军敬君弘掌管宿卫,驻扎在玄武门,挺身和冯翊作战,他亲近的手下阻止他说:"局势未定,暂且先旁观,等军队都到了以后,列成兵阵再出战也不晚。"敬君弘不听,与中郎将吕世衡大喊着出战,都战死了。敬君弘是敬显俊的曾孙。守门卫兵和薛万彻等人力战很久,薛万彻鼓噪着要攻打秦王府,秦府将士大为惊惧。这时尉迟敬德手持李建成、李元吉的首级展示,东宫和齐府的军队就溃散了,薛万彻带数十骑逃入终南山。冯立杀了敬君弘,对手下说:"这样也足以报答太子了!"于是解散军队,逃亡民间。

【原文】 上方泛舟海池,世民使尉迟敬德入宿卫,敬德擐甲持矛,直至上所。上大惊,问曰:"今日乱者谁邪?卿来此何为?"对曰:"秦王以太子、齐王作乱,举兵诛之,恐惊动陛下,遣臣宿卫。"上谓裴寂等曰:"不图今日乃见此事,当如之何?"萧瑀、陈叔达曰:"建成、元吉本不预义谋,又无功于天下,疾秦王功高望重,共为奸谋。今秦王已讨而诛之,秦王功盖宇宙,率土归心,陛下若处以元良①,委之国务,无复事矣。"上曰:"善!此吾之夙心也②。"时宿卫及秦府兵与二宫左右战犹未已,敬德请降手敕,令诸军并受秦王处分,上从之。天策府司马宇文士及自东上阁门出宣敕,众然后定。上又使黄门侍郎裴矩至东宫晓谕诸将卒,皆罢散。上乃召世民,抚之曰:"近日以来,几有投杼之惑③。"李世民跪而吮上乳,号恸久之。

【注释】 ①元良:太子的代称。②夙心:本心,一贯的想法。③投杼:指抛下织布的梭子。投杼之惑:比喻没有事实依据的谣言所造成的疑虑。

【译文】 当时高祖正泛舟海池,李世民派尉迟敬德入宫守卫,尉迟敬德穿着盔甲,手执长矛,径直来到高祖所在的地方。高祖大惊,问:"今日作乱的是谁?你来这里做什么?"尉迟敬德答道:"秦王因为太子、齐王叛乱,起兵诛杀了他们,秦王担心惊动陛下,所以派臣宿卫。"高祖对裴寂等人说:"想不到今日会看到这样的事,现在应该怎么做呢?"萧瑀、陈叔达说:"建成、元吉本来没有参与起兵之事,又没有大功于天下,忌惮秦王功高望重,所以共同阴谋杀害秦王,如今秦王既然已经讨伐诛杀了二人,加上秦王功盖宇宙,天下归心,如果陛下立他为太子,将政务交托给他,自然太平无事。"高祖说:"好!这正是我一直以来的想法。"当时宫廷宿卫、秦府兵和东宫以及齐府的将士仍在激战不已,尉迟敬德请高祖降下手敕,下令诸军都由秦王统领,高祖答应了。天策府司马宇文士及从东上阁门出宣诏书,然后局势渐渐平息下来。高祖又派黄门侍郎裴矩到东宫晓谕将士,将他们罢兵解散。高祖于是召见李世民,安慰他说:"近来几乎因为相信流言而错怪了你。"李世民跪下来抱住高祖,放声痛哭了很久。

【原文】 建成子安陆王承道、河东王承德、武安王承训、汝南王承明、钜鹿王承义,元吉子梁郡王承业、渔阳王承鸾、普安王承奖、江夏王承裕、义阳王承度,皆坐诛,仍绝属籍。

【译文】 李建成的儿子安陆王李承道、河东王李承德、武安王李承训、汝南王李承明、钜鹿王李承义,李元吉子梁郡王李承业、渔阳王李承鸾、普安王李承奖、江夏王李承裕、义阳王李承度,都因为受到牵连而被杀,被革除宗室的身份。

【原文】 初,建成许元吉以正位之后,立为太弟,故元吉为之尽死。诸将欲尽诛建成、元吉左右百余人,籍没其家①,尉迟敬德固争曰:"罪在二凶,既伏其诛;若及支党,非所以求安也。"乃止。是日,下诏赦天下。凶逆之罪,止于建成、元吉,自余党与,一无所问。其僧、尼、道士、女冠并宜依旧。国家庶事,皆取秦王处分。

【注释】 ①籍没:登记并没收家产。

【译文】 原先李建成答应李元吉,自己即位之后,立他为皇太弟,因此李元吉为之效死力。秦王诸将想要将李建成、李元吉手下百余人全部杀掉,查抄家产。尉迟敬德坚持说:"这只是他们两个人的罪,如今已经伏诛;如果牵连过广,就不是殿下求安定天下的本愿了。"秦王接受了他的建议不再追究。当天下诏大赦天下。表示凶逆之罪,止于李建成、李元吉,其余党羽一概不问。那些僧、尼、道士、女冠如旧。国家大事都由秦王处分。

【原文】 癸亥,立世民为皇太子。又诏:"自今军国庶事,无大小悉委太子处决,然后闻奏。"

【译文】 癸亥,高祖立李世民为皇太子。又下诏说:"自今以后军国事务无论大小都交给太子处决,然后上奏。"

【原文】 臣光曰:立嫡以长,礼之正也。然高祖所以有天下,皆太宗之功;隐太子以庸劣居其右,地嫌势逼,必不相容。向使高祖有文王之明,隐太子有泰伯之贤①,太宗有子臧之节⑦,则乱何自而生矣! 既不能然,太宗始欲俟其先发,然后应之,如此,则事非获已,犹为愈也。既而为群下所迫,遂至蹀血禁门③,推刃同气,贻讥千古,惜哉! 夫创业垂统之君,子孙之所仪刑也④,彼中、明、肃、代之传继⑤,得非有所指拟以为口实乎!

【注释】 ①隐太子:李建成,谥"隐"。泰伯:周太王长子,让位于其弟。②子臧:子臧贤能,曹国人想拥立他为君,取代无德的曹王,子臧拒绝并离开曹国。③蹀血:同"喋血",血流遍地。④仪刑:效法,为法,做楷模。⑤中、明、肃、代之传继:这几任皇帝即位之际都发生过武装政变。

【译文】 臣光曰:立嫡长是礼法的正道。但是高祖之所以拥有天下都倚仗了太宗的功勋;李建成天资平庸,即使身在储位,也是居于尴尬的境地,又被秦王的功劳名望所笼罩,必定互不相容。如果高祖有周文王那样的英明,隐太子有泰伯那样的贤德,太宗有子臧那样的节操,叛乱怎么还会发生呢? 既然不能像这样,那么太宗开始的时候想等对手先行动手,然后应敌,这样的话还可以说是迫不得已。结果秦王被群下所迫,终于喋血玄武门,手刃兄弟,引起后世人的嘲笑,多么可惜啊! 开创基业的君主是子孙后代效仿的楷模,后来中宗、玄宗、肃宗、代宗传承之际的情形,不是都以玄武门之变做借口吗?

贞观治道

【题解】

"贞观之治"是中国历史上最为人称道的治世。或者可以说这是最接近古代理想社会的时期。

关于"贞观之治",太宗所说的"去奢省费,轻徭薄赋,选用廉吏,使民衣食有余"大约是最简约的概括了,《通鉴》涉及贞观之治的内容都是围绕着这些主题展开的。

"贞观之治"是唐太宗和当时诸多大臣如房玄龄、杜如晦、魏徵、王珪等人共同努力的结果。太宗的知人善任、虚己以听和归美群臣都为后世艳称,因此这一时期的君臣关系也成为古代社会君臣关系的典范。

【原文】 上与群臣论止盗。或请重法以禁之,上哂之曰①:"民之所以为盗者,由赋繁役重,官吏贪求,饥寒切身,故不暇顾廉耻耳。朕当去奢省费,轻徭薄赋,选用廉吏,使民衣食有余,则自不为盗,安用重法邪!"自是数年之后,海内升平,路不拾遗,外户不闭,商旅野宿焉②。上又尝谓侍臣曰:"君依于国,国依于民。刻民以奉君,犹割肉以充腹,腹饱而身毙,君富而国亡。故人君之患,不自外来,常由身出。夫欲盛则费广,费广则赋重,赋重则民愁,民愁则国危,国危则君丧矣。朕常以此思之,故不敢纵欲也。"

【注释】 ①哂:嘲笑。②野宿:露宿。

【译文】 唐太宗李世民和群臣讨论如何平息盗贼。有人请求用严格的法令来禁止,太宗微微笑着说:"百姓之所以成为盗贼,是因为赋税劳役繁重,官吏贪污,民众饥寒切身,所以才不顾廉耻的。朕应当捐弃奢华,减少费用,轻徭薄赋,任用清廉的官员,让百姓衣食有余,自然就不做盗贼了,哪里需要用重法!"这样过了几年以后,天下太平,路不拾遗,外面的大门都不用关闭,商旅之人可以在荒郊野外露宿都不用担心治安问题。太宗又曾经对侍臣说:"君主依靠国家,国家依仗百姓。压榨百姓以侍奉君主,如同割肉以充饥,填饱了肚子人却死了,君主富有了国家就要灭亡。因此人君最担心的不是外患,而是国家内部出现的事。欲望多了花费就多,花费多了赋税就重,赋税重则百姓忧愁,百姓忧愁则国家危险,国家危险君主也就难以自保了。朕经常考虑这些事,所以不敢放纵自己的欲望。"

【原文】 上厉精求治①,数引魏徵入卧内②,访以得失;徵知无不言,上皆欣然嘉纳。上遣使点兵,封德彝奏:"中男虽未十八③,其躯干壮大者,亦可并点。"上从之。敕出,魏徵固执以为不可,不肯署敕,至于数四。上怒,召而让之曰:"中男壮大者,乃奸民诈妄以避征役,取之何害,而卿固执至此!"对曰:"夫兵在御之得其道,不在众多。陛下取其壮健,以道御之,足以无敌于天下,何必多取细弱以增虚数乎!且陛下每云:'吾以诚信御天下,欲使臣民皆无欺诈。'今即位未几,失信者数矣!"上愕然曰:"朕何为失信?"对曰:"陛下初即位,下诏云:'逋负官物④,悉令蠲免⑤。'有司以为负秦府国司者,非官物,征督如故。陛下以秦王升为天子,国司之物,非官物而何!又曰:'关中免二年租调,关外给复一年⑥。'既而继有敕云:'已役已输者,以来年为始。'散还之后,方复更征,百姓固不能无怪。今既征得物,复点为兵,何谓以来年为始乎?又,陛下所与共治天下者在于守宰,居常简阅,咸以委之;至于点兵,独疑其诈,岂所谓以诚信为治乎?"上悦曰:"向者朕以卿固执,疑卿不达政事,今卿论国家大体,诚尽其精要。夫号令不信,则民不知所从,天下何由而治乎?朕过深矣!"乃不点中男,赐徵金瓮一⑦。上闻景州录事参军张玄素名⑧,召见,问以政道,对曰:"隋主好自专庶务,不任群臣;群臣恐惧,唯知禀受奉行而已,莫之敢违。以一人之智决天下之务,借使得失相半,乖谬已多,下谀上蔽,不亡何待!陛下诚能谨择群臣而分任以事,高拱穆清而考其成败以施刑赏⑨,何忧不治?又,臣观隋末乱离,其欲争天下者不过十余人而已,其余皆保乡党、全妻子,以待有道而归耳。乃知百姓好乱者亦鲜,但人主不能安之耳。"上善其言,擢为侍御史⑩。

【注释】 ①厉精求治:振奋精神,力图治理好国家。②魏徵:贞观名臣,以敢于进谏闻名。③中男:未成年的男子。④逋负:拖欠,欠税。⑤蠲免:免除。⑥给复:免除

资治通鉴

图文珍藏版

赋税徭役。⑦瓮：一种口小腹大的陶制容器。⑧景州：今河北衡水。录事参军：官名，刺史属官，掌管文书，纠查府事。⑨高拱：两手相抱，高抬于胸前。安坐时的姿势。穆清：太平祥和。⑩侍御史：官名，唐代属于御史台官员，举劾非法，督察郡县。

【译文】 太宗励精图治，数次将魏徵带入卧室，询问他自己施政的得失。魏徵知无不言，太宗总是欣然接纳。太宗派人征兵，封德彝奏："中男虽然未满十八，但是其中身材粗壮的也可以征募。"太宗同意了。下诏之后，魏徵坚持认为不可，不肯签署，拒签了几次。太宗发怒，召见魏徵责问道："中男中身材壮大的，都是狡猾的百姓欺骗官府妄图以此逃避征役，征募这些人又有什么害处，而你要这样固执己见！"魏徵答复说："军队是否有用在于能否统领得法，而不在人数众多。陛下征发成丁男子中身体健壮的，用合适的方法统带，足以无敌于天下，何必再多征募尚未成年的男子虚增人数呢？何况陛下经常说：'我以诚信治理天下，希望可以带动臣民都不做欺骗的事。如今陛下即位不久，就屡次失信了。"太宗吃惊地说："我什么时候失信了？"魏徵答道："陛下初即位时下诏说：'所欠的朝廷赋税，全部免除。'有司认为欠秦王府库租税的，就不在其列，照旧征收。陛下从秦王升为天子，秦王府库之物不就是朝廷之物吗？又下诏：'关中免二年租调，关外免一年的赋税徭役。'不久又下诏说：'当年已经征发徭役和已经交纳赋税的，就从第二年开始。'这样一来，把大家上交的赋税散还以后，又再征收，百姓当然不能不怪朝廷朝令夕改。如今不止征收赋役，还点中男为兵，这样怎么能说是'来年为始'呢？还有，辅佐陛下共同治理天下的在于地方官员，经常要接受陛下检阅，将重任交托给他们；可是到了征兵的时候，却开始怀疑他们有心欺骗，这难道是所谓的以诚信为治吗？"太宗高兴地说："以前朕觉得你太过固执，疑心你可能不大了解政务，如今见你议论国家大体，实在是说到了它的精要部分。号令没有诚信，则百姓不知道应当遵行什么，天下怎么可能治理得好呢？朕真是错得厉害了。"于是不再征发中男，赏赐魏徵一件金瓮。太宗听说了景州录事参军张玄素的名声，召见他询问政道，张玄素答道："隋主喜欢自己把持所有事务，不愿意信任群臣，因此群臣恐惧，只知道受命奉行而已，没有敢违抗的。以一人的智慧决定天下事，即使能够做到得失相半，犯的错误也已经很多了，加上君主被下面阿谀奉承所蒙蔽，不亡国还等什么！陛下如果能够谨慎地选择群臣，将政事分别交付给他们，自己安坐在朝廷上考查其成败而施以刑法或者赏赐，如果能够这样，何必担心天下治理不好呢？另外，臣留心到隋末乱世，真正想要争夺天下的不过十余人，其余都不过是保全乡里和妻子儿女，等待有道的君主出现而诚心归附的。所以臣才知道百姓极少有人喜欢乱世的，只不过君主不能带给大家太平时世而已。"太宗认为他说的很有道理，将他升为侍御史。

【原文】 上令封德彝举贤，久无所举。上诘之，对曰："非不尽心，但于今未有奇才耳。"上曰："君子用人如器，各取所长，古之致治者，岂借才于异代乎？正患己不能知，安可诬一世之人！"德彝惭而退。御史大夫杜淹奏"诸司文案恐有稽失①，请令御史就司检校"。上以问封德彝，对曰："设官分职，各有所司。果有愆违②，御史自应纠举;若遍历诸司,搜摘疵颣③,太为烦碎。"淹默然。上问淹:"何故不复论执?"对曰:"天下之务,当尽至公,善则从之。德彝所言,真得大体,臣诚心服,不敢遂非。"上悦曰:"公等各能如是,朕复何忧!"

【注释】 ①稽失:延误,贻误。②愆违:过失。③摘:挑出。疵颣:缺点,毛病。

【译文】 太宗让封德彝推荐贤才,过了很久也没有人选。太宗问他是怎么回事,封德彝说:"不是臣不尽心,只是如今没有奇才。"太宗说:"君子用人如器,各取所长罢了。古代明君治理天下,难道依靠的是从别的时代借来的人才吗?人应该忧虑自己不能了解别人的长处,怎么能诬陷天下人?"封德彝惭愧地退下了。御史大夫杜淹上奏"诸司文案恐怕会有延误,请让御史到诸司检校"。太宗问封德彝,封德彝回答道:"设立不同的官职,原本就各有自己的职责所掌。如果诸司真的有过失,御史自然应当纠察检举;如果让御史查遍诸司,搜摘出各种毛病,未免太过琐碎。"杜淹默然。太宗问杜淹:"为什么不再坚持了?"杜淹答道:"处理天下事务,应当尽心尽力,一秉大公,听到好的意见就要接受。德彝所说得朝廷大体,臣诚心佩服,不敢再争是非。"太宗很高兴,说:"各位如果像这样行事,朕还有什么可担心的呢?"

【原文】 上神采英毅,群臣进见者,皆失举措;上知之,每见人奏事,必假以辞色①,冀闻规谏②。尝谓公卿曰:"人欲自见其形,必资明镜;君欲自知其过,必待忠臣。苟其君愎谏自贤③,其臣阿谀顺旨,君既失国,臣岂能独全!如虞世基等谄事炀帝以保富贵④,炀帝既弑⑤,世基等亦诛。公辈宜用此为戒,事有得失,无毋尽言!"

【注释】 ①假以辞色:对别人和颜悦色。②冀:希望,期望。③愎谏自贤:对别人的劝告态度刚愎自用,认为只有自己才最聪明正确。④谄事:逢迎侍奉。虞世基:隋炀帝重臣。⑤弑:君主被臣下所杀。

【译文】 太宗神采英毅,群臣进见的时候心中畏惧,经常举止失措;太宗知道以后,每每见人奏事,必定对别人和颜悦色,希望可以听到大臣的规谏。太宗曾经对公卿说:"人想见到自己的样子,必定要靠明镜的帮助;君主想要了解自己的过失,必定需要忠臣的劝谏。如果君王刚愎自用,不听劝告,大臣阿谀顺从,一旦君主亡了国,大臣怎么能保全自己呢!就像虞世基等人逢迎侍奉隋炀帝以求保全自身的富贵,隋炀帝遇弑以后,虞世基等人也被处死。各位应当把这些当作前车之鉴,如果我处事有过错,你们要知无不言。"

【原文】 上谓房玄龄曰:"官在得人①,不在员多。"命玄龄并省,留文武总六百四十三员。

【注释】 ①得人:得到德才兼备的人,用人得当。

【译文】 太宗对房玄龄说:"任用官吏最重要的是用人得当,而不在于人多。"让房玄龄裁减合并官职,最终保留了文武官员一共六百四十三人。

【原文】 上曰:"为朕养民者,唯在都督、刺史,朕常疏其名于屏风,坐卧观之,得其在官善恶之迹,皆注于名下,以备黜陟①。县令尤为亲民,不可不择。"乃命内外五品已上,各举堪为县令者,以名闻。

【注释】 ①黜陟:官吏的升降。

【译文】 太宗说:"为朕养护百姓的就是都督、刺史这些地方官。朕常常将他们的名字写在屏风上,坐卧的时候都看得到,了解了他们在任上做的好事和坏事,都一一注于名下,将这些作为将来的升迁和降职的依据。县令和百姓最为亲近,不可不认真选择。"于是让朝野内外五品官以上的各自推举能够担任县令的人,将名字奏报上来。

【原文】 上谓房玄龄、杜如晦曰:"公为仆射,当广求贤人,随才授任,此宰相之职也。比闻听受辞讼①,日不暇给,安能助朕求贤乎!"因敕"尚书细务属左右丞②,唯大事应奏者,乃关仆射"。

【注释】 ①辞讼:诉讼的言辞。②左右丞:尚书左右丞,为尚书令、仆射的助手,分别管理尚书省事,品秩与六部侍郎相等,为正四品。

【译文】 太宗对房玄龄、杜如晦说:"你们身为仆射,应当广求贤才,根据他们的才能授予官职,这才是宰相的职责。近来听说你们处理诉讼每天都来不及,怎么还能帮助朕广求贤才呢!"于是下敕"尚书省的日常事务交付左右丞,只有大事应该启奏的才告知仆射"。

【原文】 玄龄明达政事,辅以文学,夙夜尽心①,唯恐一物失所;用法宽平,闻人有善,若己有之,不以求备取人,不以己长格物。与杜如晦引拔士类,常如不及。至于台阁规模,皆二人所定。上每与玄龄谋事,必曰:"非如晦不能决。"及如晦至,卒用玄龄之策。盖玄龄善谋,如晦能断故也。二人深相得②,同心徇国③,故唐世称贤相者,推房、杜焉。

【注释】 ①夙夜:朝夕,日夜。指日夜从事。②相得:彼此投合。③徇国:为国家利益奉献。

【译文】 房玄龄明敏通达政事,而且文采出众,日夜尽心,唯恐一件事情处理不当;用法宽大平和,听说别人有优点,就像自己有优点一样高兴,不对人求全责备,不用自己的长处衡量别人。与杜如晦一起引荐人才,常常如不及杜如晦的样子。朝廷制度规模都由二人商议决定。太宗每次和房玄龄商议政事,他一定会说:"非如晦不能决断。"等杜如晦到了,总是采用了房玄龄的主意。这是因为房玄龄善于谋划而杜如晦能够决断的缘故。二人彼此相处投合,同心同德地为国效命,因此唐代能够被称为贤相的,首推房、杜。

【原文】 诸宰相侍宴,上谓王珪曰:"卿识鉴精通①,复善谈论,玄龄以下,卿宜悉加品藻②,且自谓与数子何如。"对曰:"孜孜奉国③,知无不为,臣不如玄龄。才兼文武,出将入相,臣不如李靖。敷奏详明④,出纳惟允⑤,臣不如温彦博。处繁治剧,众务毕举,臣不如戴胄⑥。耻君不及尧、舜,以谏争为己任,臣不如魏徵。至于激浊扬清⑦,嫉恶好善,臣于数子,亦有微长。"上深以为然,众亦服其确论。

国学经典文库

国学经典

资治通鉴

图文珍藏版

323

【注释】　①识鉴：见识和鉴别人才。②品藻：评论。③孜孜：勤勉努力的样子。④敷奏：陈奏，向君上报告。⑤允：公半。⑥胄：音 zhòu。⑦激浊扬清：冲去污水，让清水上来，比喻清除坏的，发扬好的。

【译文】　诸宰相待宴，太宗对王珪说："你精通鉴别人才，又善于言辞，现在就对玄龄以下的官员都加以品评，而且要说你自己觉得和他们相比如何。"王珪答道："勤勤恳恳地为国出力，知无不为，臣不如玄龄。文武兼具，出将入相，臣不如李靖。陈奏详尽清楚，出纳允当，臣不如温彦博。将繁重的事务处理得井井有条，臣不如戴胄。以君主不及尧、舜为耻辱，以进谏为己任，臣不如魏徵。至于激浊扬清，嫉恶好善，是臣比起各位略有所长的地方。"太宗深以为然，众臣也佩服他说得切实。

【原文】　上之初即位也，尝与群臣语及教化，上曰："今承大乱之后，恐斯民未易化也。"魏徵对曰："不然。久安之民骄佚①，骄佚则难教；经乱之民愁苦，愁苦则易化。譬犹饥者易为食，渴者易为饮也。"上深然之。封德彝非之曰："三代以还②，人渐浇讹③，故秦任法律，汉杂霸道，盖欲化而不能，岂能之而不欲邪？魏徵书生，未识时务，若信其虚论，必败国家。"徵曰："五帝、三王不易民而化，昔黄帝征蚩尤④，颛顼诛九黎⑤，汤放桀⑥，武王伐纣，皆能身致太平，岂非承大乱之后邪！若谓古人淳朴，渐至浇讹，则至于今日，当悉化为鬼魅矣，人主安得而治之！"上卒从徵言。

【注释】　①骄佚：骄奢安逸。②三代：指夏、商、周三代。③浇讹：浮薄诈伪。④蚩尤：传说中的古代九黎族首领，与黄帝战于涿鹿，失败被杀。⑤颛顼诛九黎：传说中颛顼消灭南方的九黎族。颛顼，远古传说中的帝王。号高阳氏。⑥桀：夏朝最后一位君主，相传是个暴君。

【译文】　太宗刚刚即位的时候，曾经和群臣讨论教化。太宗说："如今承大乱之后，恐怕百姓不容易教化。"魏徵说："不是这样的。享受了长久太平的百姓骄奢安逸，骄奢安逸了才难以教化；经过战乱的百姓愁苦，愁苦了倒容易接受教化。譬如饥饿的人容易吃得下食物，而口渴的人容易喝得下饮品。"太宗认为他说的对。封德彝反驳道："夏、商、周三代以下，人心逐渐凉薄诈伪，因此秦朝施行严刑峻法，汉代更杂以霸道，都是因为想教化百姓而做不到，哪里是有能力做却不想做吗！魏徵一介书生，不识时务，如果相信他的虚论，必定败坏国家。"魏徵说："五帝三王不易民而化，昔日黄帝征蚩尤，颛顼诛杀九黎，成汤流放夏桀，武王伐纣，都能够亲身努力造就太平时世，这些难道不是承接大乱之后吗？如果说古人淳朴，渐至于浮薄狡诈，那么到了今天，人早就全部化为鬼魅了，人主哪里还有天下治理！"太宗最终还是接受了魏徵的意见。

【原文】　元年，关中饥，米斗直绢一匹；二年，天下蝗；三年，大水。上勤而抚之，民虽东西就食①，未尝嗟怨②。是岁，天下大稔③，流散者咸归乡里，米斗不过三、四钱，终岁断死刑才二十九人。东至于海，南及五岭，皆外户不闭，行旅不赍粮④，取给于道路焉⑤。上谓长孙无忌曰："贞观之初，上书者皆云：'人主当独运威权，不可委之臣下。'又云：'宜震耀威武，征讨四夷。'唯魏徵劝朕'偃武修文⑥，中国既安，四夷自服'。

朕用其言。今颉利成擒⑦,其酋长并带刀宿卫,部落皆袭衣冠,徵之力也,但恨不使封德彝见之耳!"徵再拜谢曰:"突厥破灭,海内康宁,皆陛下威德,臣何力焉!"上曰:"朕能任公,公能称所任,则其功岂独在朕乎?"

【注释】 ①就食:谓出外谋生。②嗟怨:嗟叹怨恨。③稔:庄稼成熟。④赍粮:携带干粮。⑤取给:取得物力或人力以供需用。⑥偃武修文:停止战备,提倡文教。偃,停息。⑦颉利成擒:唐大败突厥,俘虏了颉利可汗。

【译文】 贞观元年(627年),关中饥荒,每斗米值绢一匹;贞观二年(628年),天下遭受蝗灾;贞观三年(629年),发大水。太宗勤勉地抚慰百姓,百姓虽然出外奔走就食,却并没有叹息怨恨。到了贞观四年(630年),天下丰收,流散在外的都回到了家乡,每斗米不过三、四钱,一整年被判死刑的才二十九人。东面到海,南面到五岭,治安好到外门不关,出外旅行可以不必携带干粮,在路上就可以得到需要的物品。太宗对长孙无忌说:"贞观初年,上书者都说:'人主应当独运威权,不可交付给臣下。'又说:'应当炫耀武力,征讨四夷。'只有魏徵劝朕'停止战备,提倡文教,只要中原安定,四夷自然臣服'。朕采纳了他的意见。如今突厥颉利可汗被我们俘获,突厥首长都成为朝廷的带刀宿卫,其族人都换上我们的衣冠,这都是魏徵的力量,只恨没能让封德彝见到今天的局面!"魏徵再拜辞让:"突厥破灭,天下太平,这都是仰仗陛下的威德,臣又做了什么呢?"太宗说:"朕能任用你,你能够胜任这一职位,那么天下太平岂是朕一个人的功劳?"

李林甫当政

【题解】

在某种程度上说,是李林甫的才能与吏干,为人处世的方式,契合了玄宗在当时的需要,因此他成了玄宗为当时朝局选中的宰相。

在《通鉴》的记载中,李林甫就是安史之乱的罪魁祸首,这基本上可以代表传统史学的观点。

李林甫在玄宗时期长居相位十九年,举凡玄宗后期的种种举措都和他有关。从太子瑛的废黜,张九龄的罢免,天宝时期目标指向太子亨的数次大狱,也包括了当时相关的政治经济军事措施。当然,李林甫的排除异己和忌贤妒能也都相当著名。

【原文】 (开元二十二年)吏部侍郎李林甫①,柔佞多狡数②,深结宦官及妃嫔家,伺候上动静,无不知之。由是每奏对,常称旨③,上悦之。时武惠妃宠幸倾后宫④,生寿王清,诸子莫得为比,太子浸疏薄⑤。林甫乃因宦官言于惠妃,愿尽力保护寿王;惠妃德之,阴为

李林甫像

内助,由是擢黄门侍郎。五月,戊子,以裴耀卿为侍中,张九龄为中书令,林甫为礼部尚书、同中书门下三品⑥。

【注释】 ①李林甫:出自皇族。开元二十二年(734年)拜礼部尚书、同中书门下三品。收买嫔妃宦官,探得玄宗动静,迎合意旨,因而获得信任,掌握大权。在相位十九年。②佞:用花言巧语谄媚。③称旨:符合皇帝心意。④武惠妃:唐开元中,后宫皇后以下,立惠妃、丽妃、华妃三位,为正一品。⑤浸疏薄:渐渐疏远,关系淡薄。⑥侍中、中书令、同中书门下三品:均为宰相。裴耀卿:中唐时期著名的政治家,主要功绩是整顿漕运。张九龄:唐代有名的贤相。

【译文】 开元二十二年(734年),吏部侍郎李林甫,狡猾又擅长花言巧语,与宦官及后宫妃嫔家的结交很深,对玄宗的行动止息无不了解。因此每每奏对都能符合皇帝的心意,玄宗很喜欢他。当时武惠妃宠冠后宫,生寿王李清,其宠幸程度远过于其余诸子,太子和皇帝的关系也日渐疏远。李林甫于是就通过宦官进言武惠妃,表示愿意尽力保护寿王。武惠妃很感激李林甫,就暗中帮助他,因此李林甫很快就升任为黄门侍郎。五月戊子,以裴耀卿为侍中,张九龄为中书令,李林甫为礼部尚书、同中书门下三品。

【原文】 初,上欲以李林甫为相,问于中书令张九龄,九龄对曰:"宰相系国安危,陛下相林甫①,臣恐异日为庙社之忧。"上不从。时九龄方以文学为上所重,林甫虽恨,犹曲意事之②。侍中裴耀卿与九龄善,林甫并疾之③。是时,上在位岁久,渐肆奢欲④,怠于政事。而九龄遇事无细大皆力争;林甫巧伺上意,日思所以中伤之。

【注释】 ①相:以……为宰相。②曲意事之:委曲己意而奉承别人。③疾:恨,④肆奢欲:放纵欲望,喜好奢侈。

【译文】 当初,玄宗想用李林甫为相,询问中书令张九龄的意见,张九龄答道:"宰相关系到国家安危,陛下如果用林甫为相,臣担心他以后会成为国家的祸患。"玄宗不听。当时张九龄正因为文学才能为玄宗器重,李林甫虽然恨他,但仍然努力奉承他。侍中裴耀卿与张九龄相处友善,李林甫非常痛恨他们。当时玄宗在位日久,渐渐地放纵欲望,对政务也开始懈怠了,而张九龄遇事无论大小都要力争,李林甫小心观察玄宗的心思,每天都在考虑如何中伤张九龄。

【原文】 上之为临淄王也,赵丽妃、皇甫德仪、刘才人皆有宠①,丽妃生太子瑛,德仪生鄂王瑶,才人生光王琚。及即位,幸武惠妃,丽妃等爱皆弛②;惠妃生寿王瑁,宠冠诸子。太子与瑶、琚会于内第,各以母失职有怨望语。驸马都尉杨洄尚咸宜公主,常伺三子过失以告惠妃③。惠妃泣诉于上曰:"太子阴结党与,将害妾母子,亦指斥至尊。"上大怒,以语宰相,欲皆废之。九龄曰:"陛下践祚垂三十年④,太子诸王不离深宫,日受圣训,天下之人皆庆陛下享国久长,子孙蕃昌。今三子皆已成人,不闻大过,陛下奈何一旦以无根之语,喜怒之际,尽废之乎?且太子天下本,不可轻摇。昔晋献公听骊姬之谗杀申生,三世大乱⑤。汉武帝信江充之诬罪戾太子,京城流血⑥。晋惠帝用贾后之谮废愍怀太子⑦,中原涂炭⑧。隋文帝纳独孤后之言黜太子勇,立炀帝,遂失天下⑨。由此观之,不可不慎。陛下必欲为此,臣不敢奉诏。"上不悦。林甫初无所言,退而私谓宦官之贵幸者曰:"此主上家事,何必问外人!"上犹豫未决。惠妃密使官奴牛贵儿谓九龄曰:"有废必有兴,公为之援,宰相可长处。"九龄叱之,以其语白上;上为之动色,故讫九龄罢相,太子得无动。林甫日夜短九龄于上⑩,上浸疏之。

【注释】 ①赵丽妃、皇甫德仪、刘才人:开元时期后宫中皇后以下,立惠妃、丽妃、华妃三位,为正一品。才人七人,正四品。②弛:这里指失宠。③伺:探察。④践祚:登基称帝。⑤"昔晋献公"两句:晋献公听信骊姬的阴谋,杀了太子申生,逼走公子重耳和夷吾,献公去世之后,传位骊姬之子奚齐,很快为大夫里克所杀。⑥"汉武帝"两句:详见前文"戾太子事件"。⑦"晋惠帝"句:晋惠帝贾皇后诬陷太子司马通造反,唆使惠帝废黜太子,后来又暗杀了他,引起群情激愤,引发了八王之乱。谮,无中生有地说人坏话。⑧涂炭:陷入泥沼,坠入炭火。比喻极其艰难困苦。⑨"隋文帝"三句:见上文"杨广夺嫡"条。⑩短:指责别人的缺点。

【译文】 玄宗为临淄王的时候,赵丽妃、皇甫德仪、刘才人都有宠,丽妃生太子李瑛,德仪生鄂王李瑶,才人生光王李琚。玄宗即位,宠幸武惠妃,丽妃等都失宠;武惠妃生寿王李瑁,所受宠爱超过其他皇子。太子与李瑶、李琚在内廷住所聚会,因为各自生母的境遇而出言抱怨。驸马都尉杨洄娶了咸宜公主,经常探察三位皇子的过失告诉武惠妃。武惠妃向玄宗哭诉说:"太子暗中结党,将要谋害臣妾母子,他们还指责陛下。"玄宗大怒,告诉了宰相,想要废黜这三位皇子。张九龄说:"陛下登基将近三十年,太子诸王不离深宫,得以经常听到陛下的教导,天下人都觉得陛下享国久长,子孙昌盛,都为陛下高兴。如今三位皇子都已成人,没有听说犯过什么大错误,陛下怎么能突然因为无根的传言,在发怒的时候就要全部废黜他们呢?何况太子为天下的根本,不可轻易动摇。以往历史上晋献公听信骊姬的谗言杀申生,晋国三世大乱。汉武帝相信了江充的诬告降罪戾太子,造成京城流血的惨剧。晋惠帝听了贾后无中生有的话废了愍怀太子,最后中原涂炭。隋文帝因为独孤后之意见废黜太子杨勇,立炀帝,最终丢掉了天下。可见废黜太子不可不慎重。陛下一定要这样做,则臣不敢奉诏。"玄宗不高兴。李林甫开始并没有说什么,退朝后私下对玄宗宠信的宦官说:"这是陛下的家事,何必问外人!"玄宗犹豫不决。武惠妃秘密派官奴牛贵儿对张九龄说:"有废必有兴,太子废立之时,如果您能够加以援手,自然可以长保宰相之位。"张九龄断然斥责,并把她说的话告诉了玄宗。玄宗听了为之变色。因此直到张九龄罢相,太子都安于其位。李林甫则随时随地在玄宗面前讲张九龄的坏话,玄宗渐渐地疏远了张九龄。

【原文】 林甫引萧炅为户部侍郎①。炅素不学,尝对中书侍郎严挺之读"伏腊"为"伏猎"②。挺之言于九龄曰:"省中岂容有'伏猎侍郎'!"由是出炅为岐州刺史③,故林甫怨挺之。九龄与挺之善,欲引以为相,尝谓之曰:"李尚书方承恩,足下宜一造门,与之款昵。"挺之素负气,薄林甫为人,竟不之诣;林甫恨之益深。挺之先娶妻,出之,更嫁蔚州刺史王元琰④,元琰坐赃罪下三司按鞫⑤,挺之为之营解。林甫因左右使于禁中白上。上谓宰相曰:"挺之为罪人请属所由。"九龄曰:"此乃挺之出妻,不宜有情。"上曰:"虽离乃复有私。"

【注释】 ①炅:音 jiǒng。户部侍郎:尚书省户部长官副手,掌财政。②中书侍郎:中书省长官副手,职掌诏命。③岐州:今陕西凤翔。④蔚州:今河北蔚县。⑤三司:管理司法的衙门,大理寺、御史台、刑部。按鞫:审问。

【译文】 李林甫引萧炅为户部侍郎。萧炅向来不学无术,曾经在中书侍郎严挺之面前读"伏腊"为"伏猎"。严挺之对张九龄说:"省中岂容有'伏猎侍郎'!"于是将萧炅外放为岐州刺史,因此李林甫怨恨严挺之。张九龄与严挺之友善,想要引荐他入相,曾对他说:"李尚书正受陛下器重,足下应当上门拜望,与他相处和睦亲近。"严挺之一向自恃意气,轻视李林甫为人,终究不肯上门拜望。李林甫更加恨他。严挺之原先娶妻,后来休了她,他的妻子改嫁蔚州刺史王元琰,王元琰因为犯贪赃罪交付三司衙门审问,严挺之努力营救他。李林甫趁机通过宦官将这件事告诉了玄宗。玄宗对宰相说:"挺之营救罪人是有私人原因的。"张九龄说:"这是挺之休掉的妻子,不应当还有私情。"玄宗说:"虽然仳离,还是有私情的。"

【原文】 于是上积前事,以耀卿、九龄为阿党①;壬寅,以耀卿为左丞相,九龄为右丞相,并罢政事。以林甫兼中书令,仙客为工部尚书、同中书门下三品②,领朔方节度如故③。严挺之贬洺州刺史④,王元琰流岭南。

【注释】 ①阿党:结党营私,相互勾结。②仙客:即牛仙客。开元二十四年(736年)秋,赴任朔方行军大总管。不久升任宰相。③朔方节度:治所在今宁夏灵武。④洺州:今河北永年。

【译文】 于是玄宗联系到以前的事,认定裴耀卿、张九龄结为朋党;壬寅,以裴耀卿为左丞相,张九龄为右丞相,同时罢免政事。以李林甫兼中书令,牛仙客为工部尚书、同中书门下三品,仍然领朔方节度。严挺之贬为洺州刺史,王元琰流放岭南。

【原文】 上即位以来,所用之相,姚崇崇尚通,宋璟崇尚法,张嘉贞崇尚吏,张说崇尚文,李元纮、杜暹崇尚俭①,韩休、张九龄崇尚直,各其所长也。九龄既得罪,自是朝廷之士,皆容身保位,无复直言。

【注释】 ①纮:音 hóng。暹:音 xiān。

【译文】 玄宗即位以来所任用的丞相,姚崇主张通变,宋璟提倡法制,张嘉贞讲究吏治,张说擅长文学,李元纮、杜暹推崇节俭,韩休、张九龄则因忠直著名,各有所长。张九龄得罪被贬斥以后,朝廷之士都顾虑安身保位,不再直言。

【原文】 李林甫欲蔽塞人主视听,自专大权,明召诸谏官谓曰:"今明主在上,群臣将顺之不暇,乌用多言!诸君不见立仗马乎①?食三品料,一鸣辄斥去,悔之何及!"

【注释】　①立仗马：朝会上仪仗中的马，待遇优厚，但是有很严格的训练。

【译文】　李林甫想要堵塞玄宗的耳目，自己专擅大权，于是公开召集各谏官对他们说："如今明主在上，群臣顺从遵行旨意做事都来不及，哪里用得着多说话呢！各位没看过立仗马吗？平时吃的是三品官的食料，一旦在仪仗中叫一声就被拉出去，到时后悔也晚了。"

【原文】　李林甫为相，凡才望功业出己右及为上所厚、势位将逼己者，必百计去之；尤忌文学之士，或阳与之善，啖以甘言而阴陷之①。世谓李林甫"口有蜜，腹有剑"。

【注释】　①啖：引诱。

【译文】　李林甫任丞相时，凡是才能、声望、功业超过自己以及受到玄宗器重，在权位上对自己造成威胁的，必定想方设法地除去；尤其忌惮文学之士，有时候会表面与人友善，说些好话而暗中加以陷害。世人说李林甫是"口蜜腹剑"。

【原文】　初，太子之立，非林甫意。林甫恐异日为己祸，常有动摇东宫之志；而坚，又太子之妃兄也。皇甫惟明尝为忠王友①，时破吐蕃，入献捷，见林甫专权，意颇不平。时因见上，乘间微劝上去林甫。林甫知之，使杨慎矜密伺其所为。会正月望夜，太子出游，与坚相见，坚又与惟明会于景龙观道士之室。慎矜发其事，以为坚戚里，不应与边将狎昵②。林甫因谮坚与惟明结谋，欲共立太子。坚、惟明下狱，林甫使慎矜与御史中丞王铁、京兆府法曹吉温共鞫之③。上亦疑坚与惟明有谋而不显其罪，癸酉，下制，责坚以干进不已④，贬缙云太守⑤；惟明以离间君臣，贬播川太守⑥；仍别下制戒百官。

【注释】　①忠王：李亨曾封为忠王。②狎昵：亲近，亲昵。③御史中丞：御史台长官，监察官吏，有弹劾之权。王铁：天宝年间，每年聚敛大量财物入内库，极受信任。京兆府法曹：京兆府掌司法的官吏。吉温：天宝年间的酷吏。④干进：谋求仕进。⑤缙云：今浙江丽水。⑥播川：今贵州遵义。

【译文】　立李亨为太子并非李林甫的意见。李林甫怕将来会成为自己的祸端，所以一直有动摇太子地位的想法。韦坚是太子妃的兄长。皇甫惟明曾是忠王友，当时打败吐蕃，入朝呈献捷报，见李林甫专权，心里颇不满。当时趁着进见玄宗的机会，劝玄宗罢黜李林甫。李林甫知道了，派杨慎矜秘密侦伺他的行事。正逢正月十五夜，太子出游，和韦坚相见，韦坚又和皇甫惟明在景龙观道士室里会面。杨慎矜告发此事，指出韦坚作为外戚，不应与边将过分接近。李林甫趁机诬陷韦坚与皇甫惟明合谋想推太子登基。韦坚和皇甫惟明下狱，李林甫派杨慎矜和御史中丞王铁、京兆府法曹吉温共同审讯。玄宗也疑心韦坚与皇甫惟明有阴谋，但是不愿意公开此事。癸酉下诏，指责韦坚过度热衷谋求仕进，贬为缙云太守；指责皇甫惟明离间君臣，贬为播川太守；另外下制告诫百官。

【原文】　以门下侍郎、崇玄馆大学士陈希烈同平章事①。希烈，宋州人，以讲老、庄得进，专用神仙符瑞取媚于上。李林甫以希烈为上所爱，且柔佞易制，故引以为相；凡政事一决于林甫，希烈但给唯诺。故事，宰相午后六刻乃出。林甫奏，今太平无事，巳时即还第，军国机务皆决于私家；主书抱成案诣希烈书名而已。

【注释】　①门下侍郎：为门下省长官侍中的副手。

【译文】　任门下侍郎、崇玄馆大学士陈希烈为同平章事。陈希烈，宋州人，凭借老庄讲得好而进用，专门用神仙符瑞之说讨好玄宗。李林甫因为玄宗喜欢陈希烈，而且他性情温和，善于奉承，容易控制，所以推荐他入相；所有政事都由李林甫决定，陈希烈只是唯唯诺诺而已。旧例规定宰相要到下午一时半才可以离开。李林甫上奏说如今太平无事，上午九时至十一时就可以回家。于是军机政务都在李林甫家中料理；文书抱着已经处理好的文件找陈希烈签名就可以了。

【原文】　李林甫屡起大狱，别置推事院于长安①。以杨钊有掖廷之亲②，出入禁闼③，所言多听，乃引以为援，擢为御史。事有微涉东宫者，皆指摘使之奏劾④，付罗希奭、吉温鞫之⑤，钊因得逞其私志，所挤陷诛夷者数百家，皆钊发之。幸太子仁孝谨静，张垍、高力士常保护于上前⑥，故林甫终不能间也。

【注释】　①推事院：勘断案件的场所。②杨钊：杨贵妃的堂兄，后改名国忠。③闼：小门，门。④指摘：同"指摘"，挑出缺点错误。⑤罗希奭：和吉温一样，也是当时著名的酷吏。⑥张垍：张说子，娶玄宗公主。高力士：唐代的著名宦官。他幼年时入宫，玄宗时期，其地位达到顶峰。

【译文】　李林甫屡兴大狱，在长安另设审判案子的推事院。因为杨钊是外戚，可以出入宫廷，玄宗比较听信他的话，于是李林甫就引荐他来帮助自己，升他为御史。事情只要有稍微涉及东宫的，都挑出来上奏弹劾，交由罗希奭、吉温审讯。杨钊因此利用机会，达到自己的目的，趁机排挤陷害了数百家。幸好太子仁孝谨静，张垍、高力士经常在玄宗面前加以保护，因此李林甫终究不能离间玄宗和太子的关系。

【原文】　上晚年自恃承平，以为天下无复可忧，遂深居禁中，专以声色自娱，悉委政事于林甫。林甫媚事左右，迎合玄宗的心意，以固其宠；杜绝言路，掩蔽聪明，以成其奸；妒贤疾能，排抑胜己，以保其位；屡起大狱，诛逐贵臣，以张其势。自皇太子以下，畏之侧足。凡在相位十九年，养成天下之乱，而上不之寤也①。

【注释】　①寤：觉悟，认识到。

【译文】　玄宗晚年自以为天下太平，觉得天下事没有可以担心的，于是就安居宫里，一心以声色自娱，将政事全部交托给李林甫。李林甫结好玄宗左右，迎合玄宗心意以保证皇帝对自己的宠信；杜绝言路，堵塞皇帝耳目，以满足一己私欲；妒忌贤能，排挤胜过自己的官员，来保住相位；屡次兴起大狱，诛杀放逐大臣，以扩大自己的势力。自皇太子以下没有不忌惮他的。李林甫在相位十九年，造成了最终的安史之乱，而玄宗始终没有醒悟。

马嵬事变

【题解】

"安史之乱"对于天宝朝局来说,是一个巨大的变数。

天宝十五载(756年)六月九日,哥舒翰大败,潼关失守。六月十日,玄宗接受杨国忠的建议,决定出亡蜀地。六月十二日,玄宗下制亲征,当天移居北内。六月十三日黎明时分,玄宗一行从延秋门离开,从行的只有杨贵妃姐妹、宰相杨国忠、韦见素、内侍高力士等,以及太子、亲王。其余的皇族多不及随行。天亮后长安大乱。十三日在咸阳望贤驿和金城驿都遇到了粮食短缺的问题,可见出这次行动的仓皇,人心惶惶的气氛无所不在。

六月十四日中午,玄宗一行到达兴平县西北的马嵬驿,禁军发动兵变,杀死了宰相杨国忠,并进一步包围驿站要求杀死杨贵妃。事变以玄宗让步赐死贵妃的结局告终。太子李亨留下对抗叛军,禁军重新集结护卫玄宗入蜀。

【原文】 甲午,百官朝者什无一二。上御勤政楼,下制,云欲亲征,闻者皆莫之信。以京兆尹魏方进为御史大夫兼置顿使;京兆少尹灵昌崔光远为京兆尹①,充西京留守;将军边令诚掌宫闱管钥。托以剑南节度大使颍王璬将赴镇②,令本道设储侍。是日,上移仗北内③。既夕,命龙武大将军陈玄礼整比六军④,厚赐钱帛,选闲厩马九百余匹⑤,外人皆莫之知。乙未,黎明,上独与贵妃姊妹、皇子、妃、主、皇孙、杨国忠、韦见素、魏方进、陈玄礼及亲近宦官,宫人出延秋门,妃、主、皇孙之在外者,皆委之而去。上过左藏⑥,杨国忠请焚之,曰:"无为贼守。"上愀然曰⑦:"贼来不得,必更敛于百姓;不如与之,无重困吾赤子⑧。"是日,百官犹有入朝者,至宫门,犹闻漏声⑨,三卫立仗俨然⑩。门既启,则宫人乱出,中外扰攘,不知上所之。于是王公、士民四出逃窜,山谷细民争入宫禁及王公第舍,盗取金宝,或乘驴上殿。又焚左藏大盈库⑪。崔光远、边令诚帅人救火,又募人摄府、县官分守之,杀十余人,乃稍定。光远遣其子东见禄山,令诚亦以管钥献之。

【注释】 ①灵昌:今河南滑县。②璬:音jiǎo。③移仗北内:移住到北内,唐长安官城太极官为西内,兴庆宫为南内,大明宫为东内,北内究竟何指,似有分歧,有认为是太极宫北部的宫苑。④整比六军:整顿禁军。当时只有左右龙武军和左右羽林军,合称北门四军,这里记载有误。⑤闲厩马:宫中马匹。闲厩,武则天时期,有六闲厩,后又置闲厩使专掌乘舆车马事。闲厩中除了马以外,还养象、驼及其他动物。⑥左藏:唐代国库,掌钱帛、杂彩、天下赋调。⑦愀然:忧愁的样子。⑧赤子:比喻百姓。⑨漏声:漏壶的声音。漏是指古代滴水计时的仪器⑩三卫:唐禁卫军,有亲卫、勋卫、翊卫,合称"三卫"。⑪左藏大盈库:唐玄宗私库,王镇每岁进钱百亿,以供皇帝宫廷享乐及赏赐之用。

【译文】 甲午,百官上朝的不到平时的十分一二。玄宗驾临勤政楼,下制书说要亲征,听到的人没有相信的。玄宗派京兆尹魏方进为御史大夫兼置顿使;京兆少尹灵昌崔光远为京兆尹,充任西京留守;将军边令诚掌管皇宫钥匙。借口说剑南节度大使颍王李璬将到四川赴镇,下令本道准备物资储备。当天玄宗移居北内。到了晚上,下令龙武大将军陈玄礼整顿禁军,赏赐给将士丰厚的钱帛,选出闲厩马九百余匹,这些准备外人没有知道的。第二天黎明,只有玄宗独自与贵妃姊妹、皇子、妃、主、皇孙、杨国忠、韦见素、魏方进、陈玄礼及贴身宦官、宫人出延秋门,妃、主、皇孙在外的,都不顾而去。玄宗经过左藏库时,杨国忠请求烧掉,说:"不要落到叛军手里。"玄宗忧闷地说:"叛军要是得不到什么,一定会重新从百姓处征敛,不如留给他们,这样可以不必增加百姓的负担。"当天百官还有照常入朝的,到宫门时,还听到计时的滴漏声,禁军宿卫的仪仗整齐依然。宫门打开以后,宫人乱纷纷地跑出来,朝廷内外扰攘,不知玄宗到什么地方去了。于是王公士民四处逃难,平民百姓争相进入宫禁和王公府第,盗取金银珠宝,有人乘驴上殿,又有人在左藏大盈库纵火。崔光远、边令诚带人救火,又招募人员暂时代理府、县官以备守卫,杀了十余人,局面才稍稍安定。崔光远派儿子向东去见安禄山,边令诚也把负责的宫闱管钥献给了安禄山。

【原文】 上过便桥①,杨国忠使人焚桥。上曰:"士庶各避贼求生,奈何绝其路!"留内侍监高力士,使扑灭乃来。上遣宦者王洛卿前行,告谕郡县置顿。食时,至咸阳望贤宫②,洛卿与县令俱逃,中使征召,吏民莫有应者。日向中③,上犹未食,杨国忠自市胡饼以献④。于是民争献粝饭⑤,杂以麦豆;皇孙辈争以手掬食之⑥,须臾而尽,犹未能饱。上皆酬其直⑦,慰劳之。众皆哭,上亦掩泣。有老父郭从谨进言曰:"禄山包藏祸心,固非一日;亦有诣阙告其谋者,陛下往往诛之,使得逞其奸逆,致陛下播越⑧。是以先王务延访忠良以广聪明⑨,盖为此也。臣犹记宋璟为相,数进直言,天下赖以安平。自顷以来,在廷之臣以言为讳,惟阿谀取容,是以阙门之外,陛下皆不得而知。草野之臣,必知有今日久矣,但九重严邃⑩,区区之心,无路上达。事不至此,臣何由得睹陛下之面而诉之乎!"上曰:"此朕之不明,悔无所及!"慰谕而遣之。俄而尚食举御膳以至⑪,上命先赐从官,然后食之。命军士散诣村落求食,期未时皆集而行⑫,夜将半,乃至金城⑬。县令亦逃,县民皆脱身走,饮食器皿具在,士卒得以自给。时从者多逃,内侍监袁思艺亦亡去,驿中无灯,人相枕藉而寝⑭,贵贱无以复分辨。

【注释】 ①便桥:在长安城外渭水上。②咸阳望贤宫:距长安四十里。③日向中:近午。④胡饼:类似于今天的烧饼。⑤粝饭:糙米饭。⑥掬:双手捧着。⑦酬其直:偿还所值价钱。直,值,价值。⑧播越:流亡。⑨以广聪明:以扩展自己所看到的和听到的,使自己耳聪目明。⑩九重:指天子所居住的地方,天子。⑪尚食:掌管皇帝膳食的官署。⑫未时:下午一点到三点。⑬金城:金城县,今陕西兴平。⑭枕藉:纵横交错地躺卧在一起。

【译文】 玄宗过便桥,杨国忠让人将桥烧毁。玄宗说:"士庶各自避贼逃难,怎么能把人家求生的路断掉呢!"留下内侍监高力士,让他灭了火再跟上来。玄宗派宦官王洛卿前行,告知郡县准备安顿皇帝一行。午饭时分到了咸阳望贤宫,王洛卿和县令都已经逃走,中使征召,官员百姓没有奉命应召的。将近正午,玄宗仍然没有进食,杨国忠亲自去买了胡饼进上。于是百姓争相进献掺杂了麦豆的糙米饭;皇孙们争着用手捧着吃,一会儿就吃光了,还没能吃饱。玄宗都付给了他们钱,并慰劳了他们。百姓都难过得哭了,玄宗也遮住了脸流泪。有老人郭从谨进言说:"安禄山包藏祸心,不是一天两天的事,也有人到宫门口去告发他,往往被陛下所杀,使得安禄山的奸谋得逞,致使陛下不得不流亡。先王务必要寻找忠良之士来让自己耳聪目明,正是因为这个原因。臣还记得宋璟为相时,屡进直言,天下得以太平。后来廷臣忌讳直言,只有阿谀奉承,因此宫门之外的情形,陛下都不能够知道。草野臣民晓得一定有今天,但天子深居九重之上,我们的拳拳心意,没有办法上达。事情不到这个田地,臣哪能见到陛下当面向陛下说这些话呢?"玄宗说:"这都是朕造成的,真是后悔不及。"安慰晓谕之后将大家送走。不久尚食将御膳送到,玄宗下令先赐从官,然后自己再吃。令军士分散到村落中求食,约定下午未时集合出发。将近夜半时分才到金城县。县令逃走,当地百姓也都已逃离,但饮食器皿还在,因此士卒得到供给。当时随从多有逃跑的,内侍监袁思艺也逃走了,驿中没有灯火,人们纵横交错地躺卧在一起,无法再分辨贵贱。

【原文】 丙申,至马嵬驿①,将士饥疲,皆愤怒。陈玄礼以祸由杨国忠,欲诛之,因东宫宦者李辅国以告太子②,太子未决。会吐蕃使者二十余人遮国忠马③,诉以无食,国忠未及对,军士呼曰:"国忠与胡虏谋反!"或射之,中鞍。国忠走至西门内,军士追杀之,屠割支体④,以枪揭其首于驿门外,并杀其子户部侍郎暄及韩国、秦国夫人。御史大夫魏方进曰:"汝曹何敢害宰相!"众又杀之。韦见素闻乱而出⑤,为乱兵所挝⑥,脑血流地。众曰:"勿伤韦相公。"救之,得免。军士围驿,上闻喧哗,问外何事,左右以国忠反对。上杖屦出驿门⑦,慰劳军士,令收队,军士不应。上使高力士问之,玄礼对曰:"国忠谋反,贵妃不宜供奉,愿陛下割恩正法。"上曰:"朕当自处之。"入门,倚杖倾首而立⑧。久之,京兆司录韦谔前言曰⑨:"今众怒难犯,安危在晷刻⑩,愿陛下速决!"因叩头流血。上曰:"贵妃常居深宫,安知国忠反谋!"高力士曰:"贵妃诚无罪,然将士已杀国忠,而贵妃在陛下左右,岂敢自安!愿陛下审思之,将士安,则陛下安矣。"上乃命力士引贵妃于佛堂,缢杀之。舆尸置驿庭⑪,召玄礼等入视之。玄礼等乃免胄释甲,顿首请罪,上慰劳之,令晓谕军士。玄礼等皆呼万岁,再拜而出,于是始整部伍为行计。谔,见素之子也。国忠妻裴柔与其幼子晞及虢国夫人、夫人子裴徽皆走,至陈仓⑫,县令薛景仙帅吏士追捕,诛之。

【注释】 ①马嵬驿:今陕西兴平西北。②李辅国:本名静忠,后改名辅国。幼年进宫,曾经侍奉高力士,后掌闲厩,入东宫侍候太子李亨。马嵬事变后建议太子分兵北上,因功渐渐掌握大权,声势显赫。③遮:拦住。④支体:即"肢体"。⑤韦见素:左相。⑥挝:敲打,击打。⑦杖屦:手杖和鞋子。屦,鞋子。⑧倾首:低头。⑨谔:音è。
⑩晷刻:片刻,顷刻。⑪舆:抬。⑫陈仓:今陕西宝鸡。

【译文】 丙申,玄宗一行到马嵬驿,将士又累又饿,都很愤怒。陈玄礼认为祸患
是由杨国忠造成的,想要杀掉他,通过东宫宦官李辅国告知太子,太子不能决定。正
在此时,吐蕃使者二十余人拦着杨国忠的马,哭诉没有食物,杨国忠还没来得及回答,
军士便高喊道:"国忠与胡人谋反。"有人向他射箭,射中了马鞍。杨国忠下马逃到驿
站西门内,军士追上去杀了他,将他分尸,用枪挑着他的首级挂在驿门外,又杀了他的
儿子户部侍郎杨暄及韩国、秦国夫人。御史大夫魏方进说:"你们怎么敢杀害宰相?"
将士又杀了魏方进。韦见素听到骚乱声出来查看,被乱兵击打,脑部受伤,血流满地。
有人说:"别伤了韦相公。"韦见素被人救起,才得以幸免。军士围在驿外,玄宗听到喧
哗声,询问外面发生了什么事,左右回报说杨国忠谋反。玄宗挂杖出了驿门,慰劳军
士,下令收队,军士无人响应。玄宗派高力士询问原因,陈玄礼答道:"国忠谋反,贵妃
不宜侍奉陛下左右,愿陛下割断恩情正法。"玄宗说:"朕自会处理这件事。"入门,挂
着手杖低头而立。过了很久,京兆司录韦谔上前进言:"如今众怒难犯,安危就在顷刻
之间,愿陛下速决。"叩头流血不止。玄宗说:"贵妃久居深宫,怎么会知道国忠谋反的
阴谋呢?"高力士说:"贵妃诚然无罪,但将士已经杀了国忠,而贵妃仍然在陛下左右侍
奉,怎么敢安心跟随陛下呢?愿陛下三思,只有将士安心,则陛下才会安全。"玄宗于
是就让高力士带贵妃到佛堂,将她缢死。尸体抬放在驿庭,召陈玄礼等进入观看。陈
玄礼等这才脱下盔甲,磕头请罪,玄宗慰劳他们,让他们晓谕军士。陈玄礼等高呼万
岁,两拜后出了驿庭,于是开始整理队伍准备继续前行。韦谔是韦见素之子。杨国忠
的妻子裴柔与其幼子杨晞及虢国夫人、夫人子裴徽都逃跑了,逃到陈仓,县令薛景仙
率吏士追捕,加以诛杀。

【原文】 丁酉,上将发马嵬,朝臣惟韦见素一人,乃以韦谔为御史中丞,充置顿
使。将士皆曰:"国忠谋反,其将吏皆在蜀,不可往。"或请之河、陇①,或请之灵武②,或
请之太原,或言还京师。上意在入蜀,虑违众心,竟不言所向。韦谔曰:"还京,当有御
贼之备。今兵少,未易东向,不如且至扶风③,徐图去就④。"上询于众,众以为然,乃从
之。及行,父老皆遮道请留,曰:"宫阙,陛下家居;陵寝,陛下坟墓,今舍此,欲何之?"
上为之按辔久之⑤,乃命太子于后宣慰父老。父老因曰:"至尊既不肯留,某等愿帅子
弟从殿下东破贼,取长安。若殿下与至尊皆入蜀,使中原百姓谁为之主?"须臾,众至
数千人。太子不可,曰:"至尊远冒险阻,吾岂忍朝夕离左右。且吾尚未面辞,当还白
至尊,更禀进止。"涕泣,跋马欲西。建宁王倓与李辅国执鞚谏曰⑤:"逆胡犯阙,四海
分崩,不因人情,何以兴复!今殿下从至尊入蜀,若贼兵烧绝栈道⑦,则中原之地拱手
授贼矣。人情既离,不可复合,虽欲复至此,其可得乎!不如收西北守边之兵,召郭、
李于河北⑧,与之并力东讨逆贼,克复二京⑨,削平四海,使社稷危而复安,宗庙毁而更
存,扫除宫禁以迎至尊,岂非孝之大者乎?何必区区温情,为儿女之恋乎!"广平王俶

亦劝太子留⑩。父老共拥太子马，不得行。太子乃使俶驰白上。上总辔待太子⑪，久不至，使人侦之，还白状，上曰："天也！"乃命分后军二千人及飞龙厩马从太子，且谕将士曰："太子仁孝，可奉宗庙，汝曹善辅佐之。"又谕太子曰："汝勉之，勿以吾为念。西北诸胡，吾抚之素厚，汝必得其用。"太子南向号泣而已。又使送东宫内人于太子，且宣旨欲传位，太子不受。

【注释】 ①河、陇：河西、陇右地区。②灵武：今宁夏灵武。③扶风：今陕西凤翔。④徐图去就：慢慢地商议该如何取舍。⑤按辔：扣紧马缰使马缓行或停止。⑥俶：音tán。鞢：带嚼子的马笼头。⑦栈道：又称"阁道""复道"，古代沿悬崖峭壁修建的一种道路，多出现在今川、陕、甘、滇诸省境内。⑧郭、李：郭子仪、李光弼，唐代平定安史叛乱的名将。⑨二京：长安和洛阳。⑩俶：音chù。⑪总辔：抓住马的缰绳，让马停下来。

【译文】 丁酉，玄宗准备从马嵬出发，朝臣只有韦见素一人，于是以韦谔为御史中丞，担任置顿使。将士都说："杨国忠谋反，他的属下将吏都在蜀地，所以御驾不可入蜀。"有人请求往河、陇，有人要求去灵武，有人奏请去太原，还有人说应当回京师。玄宗想要入蜀，担心违背众意，就不肯说出想法。韦谔说："回京就应当有御贼的兵备。如今兵少，不适合向东行进，不如暂且先到扶风，再慢慢讨论去向。"玄宗问大家的意见，众人都觉得这样比较好，于是就采纳了韦谔的建议。等到出发的时候，父老都拦路挽留，说："宫殿是陛下的家，陵寝是陛下祖先的坟墓，如今放弃这些，又想去哪里呢？"玄宗扣紧马缰，停下很久，才让太子在后面宣慰父老。父老就说："陛下既然不肯留下，我们愿意率领子弟跟随太子殿下向东攻打叛军，收复长安。如果殿下和至尊都进入蜀地，那么中原百姓该奉谁为主呢？"很快就聚集了数千人。太子不肯答应，说："陛下冒险远行，我怎么忍心朝夕离他左右呢？而且我尚未面辞，应当回去告诉陛下，听从陛下的安排。"流泪哭泣想要拨马西行。建宁王李俶和李辅国抓住太子的马笼头劝谏说："逆胡犯阙，四海分崩，如果不顺应民意，怎么能战胜叛军呢？如今殿下跟随陛下入蜀，若叛军烧毁栈道，那么中原之地就拱手让人了。民心散了就很难复合，到时候就算是想要有今天这样的局面，恐怕也不行了！不如征集西北守边将士，从黄河以北召回郭子仪、李光弼，联合起来东进讨伐逆贼，光复京洛，平定天下，使社稷转危为安，毁坏宗庙重新建立起来，清扫好宫禁迎回陛下，这岂不是最大的孝顺吗？何必在意区区温情，做儿女之恋呢！"广平王李俶也劝太子留下。父老一起围住太子马，太子不得行。于是太子派李俶骑马禀告了玄宗。玄宗在马上等待太子，很久都不到，派人去探察，派去的人回来将情形禀告玄宗，玄宗说："天意啊！"就下令分后军二千人及飞龙厩马跟随太子，并且告谕将士说："太子仁孝，可奉宗庙，你们要好好辅佐。"又派人传谕太子说："你好好做事，不要以我为念。西北诸胡，我待他们很厚，一定会对你有用的。"太子向南大声哭泣。玄宗又派人将东宫内人送还给太子，而且宣旨想要传位，太子不接受。

甘露之变

【题解】

宦官专权是唐代后期政治的重要特点之一，他们掌握禁军，挟持皇帝的废立，甚至弑君。宪宗和敬宗就死于宦官之手。文宗即位以后，不愿意忍受宦官的专横，一直在寻找能够帮助他解决这一问题的大臣。

首先是宋申锡。但是因为事机不密，被王守澄预先察觉，反过来诬陷宋申锡，先发制人。之后，文宗认为他所信任的李训和郑注可以解决宦官问题。他们联络了一些官员，做了详尽的准备，包括可以调动的军事力量。然后计划在太和九年十一月的某一天，谎称天降甘露于宫中，然后事先在那里埋伏好士兵，引宦官进去观看，出其不意，一网成擒。可是因为风吹起了伏兵藏身处的帷幕，仇士良及时发觉了这一计划。宦官立刻挟持了文宗，因此李训和郑注的计划彻底失败，大量官员被杀，长安陷入混乱之中，而宦官的权力则更加难以撼动了。

【原文】 （太和四年）上患宦官强盛，宪宗、敬宗弑逆之党犹有在左右者①。中尉王守澄尤为专横②，招权纳贿，上不能制。尝密与翰林学士宋申锡言之③，申锡请渐除其偪。上以申锡沉厚忠谨，可倚以事，擢为尚书右丞。秋，七月，癸未，以申锡同平章事。

【注释】 ①宪宗、敬宗弑逆之党：宦官于元和末年和宝历末杀害宪宗和敬宗。②中尉：神策军中尉，禁军统领。王守澄：唐宪宗李纯时的宦官，主张册立穆宗李恒，后为文宗鸩杀。③宋申锡：文宗曾选中宋申锡共谋除掉宦官，但事泄，宋被诬蔑谋反，远贬。

【译文】 太和四年（830年），文宗担心宦官势力强盛，杀害宪宗、敬宗的逆党还有在左右侍奉的。中尉王守澄尤其专横，招权纳贿，文宗没有办法制止。曾经秘密地和翰林学士宋申锡说到此事，宋申锡请求慢慢除去宦官势力。文宗觉得宋申锡沉稳厚重忠谨，可依靠他做事，提拔他为尚书右丞。秋季，七月癸未，任用宋申锡为同平章事。

【原文】 （太和五年）上与宋申锡谋诛宦官，申锡推荐吏部侍郎王璠为京兆尹①，以密旨谕之。璠泄其谋，郑注、王守澄知之，阴为之备。上弟漳王凑贤，有人望，注令神策都虞候豆卢著诬告申锡谋立漳王②。戊戌，守澄奏之，上以为信然，甚怒。守澄欲即遣二百骑屠申锡家，飞龙使马存亮固争曰："如此，则京城自乱矣！宜召他相与议其事。"守澄乃止。是日，旬休③，遣中使悉召宰相至中书东门。中使曰："所召无宋公名。"申锡知获罪，望延英④，以笏叩额而退⑤。宰相至延英，上示以守澄所奏，相顾愕眙⑥。上命守澄捕豆卢著所告十六宅宫市品官晏敬则及申锡亲事王师文等，于禁中鞫之；师文亡命。三月，庚子，申锡罢为右庶子⑦。

【注释】 ①璠：音 fán。②神策都虞候：神策军军官。③旬休：旬假，官员每十天有一次假期。④延英:唐代宫殿名,在延英门内。唐中叶以后,双日及非时大臣奏事,另开延英赐对。⑤笏:朝见时大臣所执的竹板,用以记事。⑥愕眙:惊视。⑦右庶子:东官属官。

【译文】 太和五年(831年),文宗和宋申锡谋划诛灭宦官,宋申锡推荐吏部侍郎王璠为京兆尹,将文宗的密旨告诉了他。王璠泄露了计划,郑注、王守澄知道以后,暗中做了准备。文宗弟弟漳王李凑有贤名和众望,郑注让神策都虞候豆卢著诬告宋申锡谋立漳王。戊戌,王守澄上奏,文宗以为真有其事,大怒。王守澄想立即派二百骑杀掉宋申锡全家,飞龙使马存亮坚决不同意:"如果这样做,京城就乱了。应该召其他宰相一起商议。"王守澄这才罢休。当天是旬休的日子,文宗派宦官把宰相全部召至中书省东门。宦官说:"所召没有宋公的名字。"宋申锡知道自己获罪,遥望延英殿,以笏板叩额而退。宰相到延英殿,文宗将王守澄的奏表宣示众人,大家惊讶地彼此相顾。文宗让王守澄抓捕豆卢著所告的十六宅宫市品官晏敬则和宋申锡亲事王师文等人,在禁中审讯。王师文出逃。三月庚子,宋申锡罢相,为右庶子。

【原文】 宋申锡获罪,宦官益横。上外虽包容,内不能堪。李训、郑注既得幸[1],揣知上意,训因进讲,数以微言动上[2]。上见其才辩,意训可与谋大事,且以训、注皆因王守澄以进,冀宦官不之疑,遂密以诚告之。训、注遂以诛宦官为己任,二人相挟[3],朝夕计议,所言于上无不从,声势烜赫[4]。注多在禁中,或时休沐[5],宾客填门,赂遗山积[6]。外人但知训、注倚宦官擅作威福,不知其与上有密谋也。上之立也,右领军将军兴宁仇士良有功[7]。王守澄抑之,由是有隙。训、注为上谋,进擢士良以分守澄之权。(太和九年)五月,乙丑,以士良为左神策中尉,守澄不悦。

【注释】 ①李训:肃宗时宰相李揆的族孙。郑注:为人诡谲狡险,由宦官王守澄推荐,为文宗任用。意图和李训里应外合一举消灭宦官势力。"甘露之变"失败后,被杀。②微言:隐微不显、委婉讽谏的言辞。③相挟:互相扶持。④烜赫:盛大显著。⑤休沐:休息洗沐,犹休假。⑥赂遗:赠送或买通他人的财物。⑦右领军将军:掌握中央军事力量的重要军事长官。仇士良:唐文宗时当权宦官。

【译文】 自宋申锡获罪后,宦官更加专横。文宗表面上虽然颇为包容,内心不能忍受。李训、郑注得到皇帝的宠信之后,揣摩得知皇帝的心意。李训借进讲的机会,屡次用隐晦的言辞打动文宗。文宗觉得他有才能,是可以共同谋划大事的人,而且李训、郑注都是通过王守澄的引荐而被皇帝任用的,如果用他们的话,宦官不会起疑心,就把真实想法秘密地告诉了他们。李训、郑注就开始以诛杀宦官为己任,二人互相扶持,朝夕计划,他们的进言,文宗无不听从,因此一时声势显赫。郑注经常在禁中,有时出官休假,家里宾客盈门,赂送的财货堆得像山一样。外人只知道李训、郑注倚仗宦官的势力擅作威福,不知道他们和文宗也有密谋。文宗即位时,右领军将军兴宁仇士良有功。王守澄排挤仇士良,因此二人有嫌隙。李训、郑注为文宗出主意,晋升仇士良以分夺王守澄之权。太和九年(835年)五月乙丑,以仇士良为左神策中尉,王守澄不高兴。

【原文】 始,郑注与李训谋,至镇,选壮士数百,皆持白梃①,怀其斧,以为亲兵。是月(大和九年十一月),戊辰,王守澄葬于浐水②,注奏请入护葬事,因以亲兵自随。仍奏令内臣中尉以下尽集浐水送葬,注因阖门③,令亲兵斧之,使无遗类④。约既定,训与其党谋:"如此事成,则注专有其功,不若使行馀、璠以赴镇为名,多募壮士为部曲,并用金吾、台、府吏卒⑤,先期诛宦者,已而并注去之。"行馀、璠、立言、约及中丞李孝本,皆训素所厚也,故列置要地,独与是数人及舒元舆谋之,他人皆莫之知也。

【注释】 ①梃:同"棒"。②浐水:今浐河。③阖门:关闭门户。④使无遗类:不留一个人,赶尽杀绝。⑤金吾、台、府吏卒:负责京师治安的金吾、负责监察的御史台、京兆府的士兵。

【译文】 起先,郑注与李训商量,郑注到了凤翔节度使任上,选出数百名壮士,全都手持白木棒,身藏大斧作为亲兵。大和九年(835年)十一月戊辰,王守澄葬于浐水,郑注奏请亲自护卫葬礼,借此机会带去亲兵。还奏请让宦官中尉以下的全部集会于浐水送葬,郑注趁机关闭门户,令亲兵杀死他们,一个不留。约定之后,李训和他的党羽们商量:"如此事成,则郑注夺走了全部功劳,不如派郭行馀、王璠以赴镇上任的名义,多多招募壮士,再加上金吾、御史台、京兆府的士卒,提前行动,诛灭宦官,然后连郑注也一起除去。"郭行馀、王璠、罗立言、韩约及中丞李孝本,平常都和李训结好,因此李训把他们都安置在重要位置上。他只和这几个人还有舒元舆谋划,别人都不知道内幕。

【原文】 壬戌,上御紫宸殿。百官班定,韩约不报平安,奏称:"左金吾听事后石榴夜有甘露,臣递门奏讫①。"因蹈舞再拜,宰相亦帅百官称贺。训、元舆劝上亲往观之,以承天贶②,上许之。百官退,班于含元殿。日加辰,上乘软舆出紫宸门,升含元殿。先命宰相及两省官诣左仗视之③,良久而还。训奏:"臣与众人验之,殆非真甘露,未可遽宣布,恐天下称贺。"上曰:"岂有是邪!"顾左、右中尉仇士良、鱼志弘帅诸宦者往视之。宦者既去,训遽召郭行馀、王璠曰④:"来受敕旨!"璠股栗不敢前⑤,独行馀拜殿下。时二人部曲数百,皆执兵立丹凤门外,训已先使人召之,令受敕。独东兵入⑥,邠宁兵竟不至⑦。

【注释】 ①门奏:夜间的紧急奏章要从门缝里塞进去,故称门奏。②贶:赏赐。③两省:门下省、中书省。左仗:即左金吾卫官署。④遽:立刻,马上。⑤股栗:害怕紧张得双腿颤抖。⑥东兵:王璠的河东军。⑦邠宁兵:郭行馀的邠宁军。

【译文】 壬戌,文宗驾临紫宸殿。百官列班已定,左金吾大将军韩约不像往常一样报平安,而是奏称:"左金吾官署后面的石榴树夜里降有甘露,臣已经递了门奏上报。"行大礼跪拜,宰相也率领百官向文宗道贺。李训、舒元舆劝文宗亲自去看,以承受上天的恩赐,文宗答应了。百官退到含元殿列班。过了一会儿,文宗乘软舆出紫宸门,升含元殿。先让宰相和门下、中书两省官员到左金吾官署观看。过了很久才回来。李训上奏说："臣与众人检验，似乎不是真甘露，不可马上宣布，恐怕天下人当作是真的来称贺。"文宗说："怎么会有这种事！"吩咐左、右中尉仇士良、鱼志弘带宦官去看。宦官去了之后，李训立刻召郭行馀、王璠说："来受诏！"王璠双腿颤抖不敢上前，只有郭行馀拜于殿下。当时二人带领的数百名部下，都手执兵器立于丹凤门外，李训已先派人召集，下令进入禁中听受诏令。但只有王璠的河东兵进入，郭行馀的邠宁兵却没有来。

【原文】 仇士良等至左仗视甘露，韩约变色流汗。士良怪之曰："将军何为如是？"俄风吹幕起，见执兵者甚众，又闻兵仗声，士良等惊骇走出。门者欲闭之，士良叱之，关不得上①。士良等奔诣上告变。训见之，遽呼金吾卫士曰："来上殿卫乘舆者，人赏钱百缗②！"宦官曰："事急矣，请陛下还宫！"即举软舆，迎上扶升舆，决殿后罘罳③，疾趋北出。训攀舆呼曰："臣奏事未竟，陛下不可入宫！"金吾兵已登殿。罗立言帅京兆逻卒三百余自东来④，李孝本帅御史台从人二百余自西来，皆登殿纵击，宦官流血呼冤，死伤者十余人，乘舆迤逦入宣政门⑤，训攀舆呼益急，上叱之，宦者郗志荣奋拳殴其胸⑥，偃于地。乘舆即入，门随阖，宦者皆呼万岁，百官骇愕散出。训知事不济，脱从吏绿衫衣之⑦，走马而出，扬言于道曰："我何罪而窜谪⑧！"人不之疑。王涯、贾餗、舒元舆还中书⑨，相谓曰："上且开延英，召吾属议之。"两省官诣宰相请其故，皆曰："不知何事，诸公各自便！"士良等知上豫其谋，怨愤，出不逊语，上惭惧不复言。

【注释】 ①关：门闩。②缗：成串的铜钱，每串一千文。③决：冲破，打破。罘罳：古代的一种屏风，设在门外。④逻卒：巡逻的士兵。⑤迤逦：渐次。⑥郗：音 xī。⑦绿衫：唐制，六品以下绿袍。⑧窜谪：贬官放逐。⑨餗：音 sù。

【译文】 仇士良等往左金吾官署看甘露，韩约紧张得脸色都变了，直冒冷汗。仇士良奇怪地问："将军为什么这个样子？"一阵风把帘幕吹起来，露出很多手执兵器的人，又听到兵器的声音，仇士良等大惊失色，连忙逃出。守门的人想要关门，仇士良大声呵斥，门没能关上。仇士良等奔到文宗面前报告事变发生。李训见此情形，马上召集金吾卫士说："上殿来保卫陛下的，每人赏钱百缗！"宦官说："事态紧急，请陛下回宫。"立刻抬起软舆，把文宗扶持上去，打破殿后的屏风，迅速向北奔逃。李训攀住软舆叫道："臣奏事未完，陛下不可回宫。"此时金吾兵已经来到殿上。罗立言率京兆府三百余士兵自东而来，李孝本率御史台随从二百余人自西而来，都登殿猛烈攻击宦官，宦官流血大声喊冤，死伤十余人。文宗的乘舆跌跌撞撞地抬回宣政门，李训抓住软轿，喊得更加急切，文宗呵斥他，宦官郗志荣用拳猛击李训的胸口，李训被打倒在地。文宗的轿子就进了宣政门，门也随后关上了，宦官都呼万岁，百官惊骇，各自散出。李训知道事情失败了，脱下随从吏的绿衫自己穿上，骑马出宫，在路上故意大声说："我犯了什么罪要流放我？"别人也不怀疑他。王涯、贾餗、舒元舆回到中书省，彼此商量着说："陛下就要开延英殿，召我们议事了。"两省官见宰相相询问原因，都说："不知何事，诸公请自便。"仇士良等人知道文宗也参与了这次的计划，很愤怒，出言不逊,文宗又惭愧又害怕,也不再说话。

【原文】 士良等命左、右神策副使刘泰伦、魏仲卿等各帅禁兵五百人,露刃出阁门讨贼。王涯等将会食,吏白:"有兵自内出,逢人辄杀!"涯等狼狈步走,两省及金吾吏卒千余人填门争出。门寻阖,其不得出者六百余人皆死。士良等分兵闭宫门,索诸司,捕贼党。诸司吏卒及民酤贩在中者皆死①,死者又千余人,横尸流血,狼藉涂地,诸司印及图籍、帷幕、器皿俱尽。又遣骑各千余出城追亡者,又遣兵大索城中。舒元舆易服单骑出安化门,禁兵追擒之。王涯徒步至永昌里茶肆,禁兵擒入左军。涯时年七十余,被以桎梏②,掠治不胜苦③,自诬服,称与李训谋行大逆,尊立郑注。王璠归长兴坊私第,闭门,以其兵自防。神策将至门,呼曰:

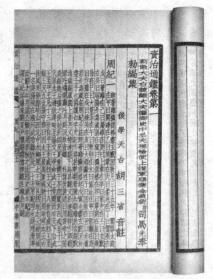

《资治通鉴》书影

"王涯等谋反,欲起尚书为相,鱼护军令致意!"璠喜,出见之。将趋贺再三,璠知见绐④,涕泣而行,至左军,见王涯曰:"二十兄自反,胡为见引?"涯曰:"五弟昔为京兆尹,不漏言于王守澄,岂有今日邪!"璠俯首不言。又收罗立言于太平里,及涯等亲属奴婢,皆入两军系之。户部员外郎李元皋,训之再从弟也,训实与之无恩,亦执而杀之。故岭南节度使胡证,家巨富,禁兵利其财,托以搜贾悚入其家,执其子溵⑤,杀之。又入左常侍罗让、詹事浑锪、翰林学士黎埴等家⑥,掠其赀财,扫地无遗。锪,瑊之子也⑦,坊市恶少年因之报私仇,杀人,剽掠百货⑧。互相攻劫,尘埃蔽天。

【注释】 ①酤贩:买卖酒的商贩。②桎梏:刑具,脚镣手铐。③掠治:拷打讯问。④见绐:被欺哄。⑤溵:音yīn。⑥锪:音huì。⑦瑊:音jiān。⑧剽掠:攻抢;劫掠。

【译文】 仇士良等命左、右神策副使刘泰伦、魏仲卿等各率禁兵五百人,手持明晃晃的兵器出阁门讨贼。王涯等将要会餐,吏人报告说:"有兵自宫内涌出,逢人就杀。"王涯等狼狈而逃,两省官员和金吾兵近千余人争相夺门而出。宫门很快关闭,来不及逃出来的六百余人都被杀死。仇士良等分兵关闭所有宫门,到诸司寻找李训党人。在诸司中的吏卒和民间卖酒的商贩也都被杀死,大约有千余人,横尸流血,狼藉涂地,诸司的印章、图籍、帷幕、器皿都被毁掉。又派千余骑兵出城追拿逃亡的人,还派兵在城中大肆搜索。舒元舆改换衣服单骑逃出安化门,被禁兵追获。王涯徒步来到永昌里茶肆,被禁军捉入左军。王涯当时已经七十余岁,戴着刑具,被拷打讯问不胜其苦,于是自诬,称和李训谋反,尊立郑注为帝。王璠归长兴坊私第,关门不出,以河东兵护卫。神策军将至门,喊道:"王涯等谋反,想以尚书为相,鱼护军让我们向您致意。"王璠大喜,出来相见。神策军急速进来,再三假意道贺,王璠知道被骗了,流泪而行,到左军见到王涯说:"二十兄自己谋反,为什么要把我供出来呢?"王涯说:"五弟当年做京兆尹的时候,不把宋申锡的计划泄露给王守澄,哪里会有今日?"王瑶低头不语。又在太平里收捕到罗立言,还有王涯等人的亲属奴婢,都关在左右两军。户部员外郎李元皋,是李训的再从弟,李训对他也不好,也被抓捕处死。前岭南节度使胡证,家资巨富,禁兵贪图他的钱财,借口搜捕贾𬘭为由,进入胡家,抓住其子胡溵处死。又闯入左常侍罗让、詹事浑锷、翰林学士黎埴等家,将他们的家财抢掠一空。浑锷是浑瑊的儿子。民间地痞恶少也趁此机会报私仇,杀人抢劫,互相攻击,搞得尘埃蔽天。

子学经典

导读

　　子学又称诸子百家之学，或者诸子学，是国学最重要的组成部分。子学与经学、史学、集学共同构成国学。因春秋战国时期的诸多思想流派，其代表人物被尊称为"子"而得名。《荀子》称："诸侯异政，百家异说。"子学展现了我们中华民族哲学思辨的高度，反映了众多圣哲们对于宇宙、社会、人生不同角度的思考。

　　子学的许多思想给后代留下了深刻的启示。如墨家的科学思想；法家的唯物思想；庄子的逍遥思想等，在今天依然闪烁光芒。即便是那"诡辩"的名家，也开创了中国哲学史上的逻辑学领域。

　　子学是华夏民族的文化精华，也是华夏固有价值系统的一种表现。它已渗透传统文化的每一根毛细血管之中，极大地影响着中国文化的每一个领域。凡是从中国土壤里产生的学说思想、宗教派别，甚至是外来文化、外来宗教，都不能避免带上子学的痕迹。于今而言，犹不止此。

荀子

【导语】

　　荀子是战国末期著名的思想家、文学家,也是先秦儒家思想的集大成者,他与孔子、孟子一起,被称为是先秦儒学最重要的三个人物。荀子本名况,又号荀卿(汉代人避汉宣帝讳,改称孙卿),赵国人,生卒年代已经无考,大约在公元前298~公元前238年间。根据《史记·孟子荀卿列传》记载,他五十岁来到齐国,曾在齐襄王的稷下学宫讲学,三为祭酒,后因被谗,到了楚国,被春申君用为兰陵令。春申君死后被废,失官家居逝世,葬在兰陵。

荀子像

　　荀子的思想资料主要保存在《荀子》一书中。起初,荀子的作品以单篇流传,有三百二十三篇,西汉刘向校书的时候,将其整理校订,编辑成书,定为三十二篇,十二卷,当时称为《孙卿新书》。后来唐人杨倞为其作注,将其编为二十卷,才更名为《荀子》。这就是我们今天所看见的《荀子》。

　　荀子的思想,综合了战国道家、墨家、名家、法家诸家的思想成分,而对儒学做了创造性的发展,其中特别重要的是他关于人性、礼法、人的地位、名实关系的学说。

　　《荀子》是先秦学术思想成果总结性的著作,里面涉及荀子的哲学思想、政治问题、治学方法、立身处世之道、学术论述等诸多方面,可以说每篇都有一定的价值。但我们的想法,是希望取其精华、选择其中最能代表荀子思想的部分来加以介绍。荀子书中,最当精读的有《天论》《礼论》《正论》《乐论》《解蔽》《正名》《性恶》诸篇,前面介绍的关于荀子的基本思想大都集中在这几篇中。故全文录入。除此而外,我们还选了《劝学》《修身》《非十二子》《非相》《王制》等几篇,这些文章或是脍炙人口的名篇,或能反映荀子其他思想,同时也是公认的荀子的作品,选录的目的,是希望在帮助读者理解荀子思想框架的同时,更加全面地了解他的思想。全书均加以简要的注释和翻译。

劝　　学

【题解】

　　此为《荀子》开篇之作,主旨在劝勉人努力学习。文章使用了大量比喻,说明后天努力和学习的重要性,指出学习贵在锲而不舍、长期积累,用心专一,无所旁顾。需要注意的是,荀子之学,以礼为归,他所论的学,并非我们今天所指的一般性学习的概念,而是指为士、为君子、为圣人之学。他特别强调学习之根本目的是为了积善成德,培养道德操守,涵育君子人格,所以他所说的学习方法就是诵读《诗》《书》《礼》《乐》《春秋》等儒家经典,并接近贤师益友。笔这也是贯穿在他全书中的一个观点。文章词藻丰富、比喻繁多,是《荀子》书中最美丽的篇章,也是最脍炙人口的篇章。

【原文】 君子曰:学不可以已。青,取之于蓝而青于蓝①;冰,水为之而寒于水。木直中绳②,鞣以为轮③,其曲中规④,虽有槁暴⑤,不复挺者,鞣使之然也。故木受绳则直,金就砺则利⑥。君子博学而日参省乎己⑦,则知明而行无过矣⑧。

【注释】 ①青:靛青。蓝:植物名,其叶可制蓝色染料。②中:符合。绳:木匠用来测定直线的墨线。③鞣:扭使屈曲。指用火烤使木材弯曲。轮:圆如车轮。④规:量圆的工具。⑤槁暴:晒干,枯干。暴,太阳晒。⑥金:金属。这里指用金属做成的刀或剑。砺:磨刀石。利:锋利。⑦参:通"三"。这里指多。省:反省。⑧知:同"智"。

【译文】 君子说:学习是不能停止的。靛青从蓝草中提取,却比蓝草的颜色更青。冰由水凝结而成,却比水更寒冷。笔直的木材,合乎墨线的要求,如果把它煨烤,就可以弯成车轮,弯曲的程度能够合乎圆的标准了,这样即使再暴晒,木材也不会再变直,原因就在于被加工过了。所以,木材经过墨线量过才能取直,刀剑经过磨砺才能变得锋利。君子广泛地学习,每天多多反省自己,就会聪明智慧,行为没有过错了。

【原文】 故不登高山,不知天之高也;不临深谿①,不知地之厚也;不闻先王之遗言②,不知学问之大也。干、越、夷、貉之子③,生而同声,长而异俗,教使之然也。《诗》曰:"嗟尔君子,无恒安息。靖共尔位,好是正直。神之听之,介尔景福④。"神莫大于化道,福莫长于无祸。

【注释】 ①谿:山涧。②先王:指上古帝王。③干、越:春秋时的两个诸侯国,干国小,为吴国所灭。这里通指吴越地区。夷:古代对异族的称呼,多指东方民族。貉:古代北方民族名。④"嗟尔"六句:此处引诗出自《诗经·小雅·小明》。恒,常,总是。靖共尔位,谨守其职位。靖共,即靖恭,恭谨地奉守。介尔景福,帮助你获得大的福气。介,佐助,帮助。景,大。

【译文】 所以,不登上高山,就不知道天有多高;不亲临深涧,就不知道地有多厚;不懂得先代帝王的遗教,就不知道学问有多么博大。吴国、越国、东夷、北貉之人,刚生下来啼哭的声音都是一样的,长大后风俗习惯却各不相同,就是教育使他们如此的。《诗经》上说:"唉,君子啊,不要老是想着安逸。恭谨地对待你的本职,爱好正直之道。神明听到这一切,就会赐给你巨大的幸福。"精神修养没有比受道的教化更大的,福分没有比无灾无祸更长远的。

【原文】 吾尝终日而思矣,不如须臾之所学也;吾尝跂而望矣①,不如登高之博见也。登高而招,臂非加长也,而见者远;顺风而呼,声非加疾也②,而闻者彰③。假舆马者④,非利足也,而致千里;假舟楫者,非能水也,而绝江河⑤。君子生非异也,善假于物也。

【注释】 ①跂:踮起脚。②疾:这里指声音洪大。③彰:清楚。④假:凭借,借用。舆马:车马。⑤绝:渡过。

【译文】 我曾经整天思索,却不如片刻学到的知识多;我曾经踮起脚远望,却不如登到高处看得广阔。登到高处招手,手臂并没有加长,远处的人却看得到;顺着风呼叫,声音并没有加大,闻者却听得很清楚。借助车马的人,并不是脚走得快,却可以到达千里之外;借助舟船的人,并不是水性特别好,却可以横渡江河。君子的天性跟一般人没什么不同,只是善于借助外物罢了。

【原文】 南方有鸟焉,名曰蒙鸠①,以羽为巢而编之以发②,系之苇、苕③。风至苕折,卵破子死。巢非不完也,所系者然也。西方有木焉,名曰射干④,茎长四寸,生于高山之上而临百仞之渊⑤;木茎非能长也,所立者然也。蓬生麻中⑥,不扶而直。白沙在涅⑦,与之俱黑。兰槐之根是为芷⑧。其渐之滫⑨,君子不近,庶人不服,其质非不美也,所渐者然也。故君子居必择乡,游必就士⑩,所以防邪僻而近中正也⑪。

【注释】 ①蒙鸠:即鹪鹩,体型很小,将自己的巢建在芦苇上。②编之以发:用自己的羽毛编织而成。③苇、苕:皆植物名,属芦茅之类。④射干:一种草,可入药。⑤仞:古代八尺为仞。⑥蓬:一种草,秋天干枯后,随风飘飞,故又称飞蓬。⑦涅:黑泥,黑色染料。⑧兰槐:香草名,即白芷。⑨其渐之滫:如果浸泡在臭水中。渐,浸泡,浸渍。滫,淘米水,指臭水。⑩游:指外出交往。就:接近。士:有知识、有地位的人。⑪中正:恰当正确的东西。

【译文】 南方有一种鸟,名叫蒙鸠,它用自己的羽毛做巢,又用毛发细细编织,系于芦苇之上。大风一来,芦杆折断,鸟蛋摔破了,幼鸟也死了。这并不是因为鸟巢做得不完美,而是它所依托的东西使它这样的。西方有一种草,名叫射干,它的干长四寸,生长在高山上,俯对着百丈深渊;之所以如此,不是因为它的干长,而是它所生长站立的地势高。飞蓬生长在大麻之中,不用扶持自然就能长直。白沙混杂在黑泥中,自然也会和它一起变黑。兰槐芳香的根叫白芷。如果用酸臭的脏水浸泡它,君子不愿意接近它,普通人也不愿意佩戴它,这并不是因为它的本质不美好,而是因为被脏水浸泡的结果。因此,君子定居时一定要选择乡邻,出游时一定要亲近有品学之士,用来防止沾染邪恶的东西、接近正确恰当的思想。

【原文】 物类之起,必有所始。荣辱之来,必象其德①。肉腐出虫,鱼枯生蠹。怠慢忘身,祸灾乃作。强自取柱②,柔自取束③。邪秽在身,怨之所构④。施薪若一⑤,火就燥也;平地若一,水就湿也。草木畴生⑥,禽兽群焉,物各从其类也。是故质的张而弓矢至焉⑦,林木茂而斧斤至焉,树成阴而众鸟息焉,醯酸而蚋聚焉⑧。故言有召祸也,行有招辱也,君子慎其所立乎⑨!

【注释】 ①象:接近,相应。意思是为善可以获福,为恶则遇祸,祸福与品德相应。②强自取柱:意思是大刚则折。柱,通"祝",折断。③束:束缚。④构:集结,连结。⑤施薪:布薪,把柴草放在地上。⑥畴生:即同类相聚的意思。畴,俦,同类。⑦质的:箭靶。的,箭靶的中心。张:张设。⑧醯:醋。蜹:蚊子。⑨君子慎其所立:君子对自己的立足之处要慎重。

【译文】 凡一种事物的兴起,一定有它的根源。荣耀和屈辱的到来,一定同一个人的思想品德有对应的关系。肉腐烂后就会生蛆,鱼枯死后就会生蛀,懈怠散漫,忘乎所以,灾祸就要发生了。刚强自取摧折,柔弱自取束缚。自己身上有邪恶污秽的东西,必然会招致怨恨。同样是柴草放在地上,火必然先烧那些干燥的;同样是平地,水必然往潮湿低洼处流。草和树长在一起,飞鸟和野兽总是同群,世间万物大都各从其类。箭靶树起来,弓箭才会射到那儿,林木长得茂盛,才会招来斧头的砍伐。树林成荫,鸟雀才会栖居其上。醋变质后蚊虫才会聚生其中。所以言语有时会招来祸患,行为有时会招致侮辱,君子于自立之所一定要慎重选择啊!

【原文】 积土成山,风雨兴焉;积水成渊,蛟龙生焉;积善成德,而神明自得①,圣心备焉。故不积跬步②,无以致千里;不积小流,无以成江海。骐骥一跃③,不能十步;驽马十驾④,功在不舍。锲而舍之⑤,朽木不折;锲而不舍,金石可镂。螾无爪牙之利⑥,筋骨之强,上食埃土,下饮黄泉,用心一也。蟹六跪而二螯⑦,非蛇鳝之穴无可寄托者⑧,用心躁也。是故无冥冥之志者无昭昭之明⑨,无惛惛之事者无赫赫之功。行衢道者不至⑩,事两君者不容。目不能两视而明,耳不能两听而聪。螣蛇无足而飞⑪,鼫鼠五技而穷⑫。《诗》曰:"尸鸠在桑,其子七兮。淑人君子,其仪一兮。其仪一兮,心如结兮⑬。"故君子结于一也。

【注释】 ①神明:指无所不达有如神明般的境界。荀子论学,认为成圣在于积善,积善达到的最高境界就是神明之境。②跬步:半步,相当于今之一步。③骐骥:骏马。④驾:马行一日,夜则休驾,故以一日为一驾。十驾,十日之程也。⑤锲:和下文的"镂"都是刻的意思。木谓之锲,金谓之镂。⑥螾:蚯蚓。⑦跪:足。螯:蟹头上的二爪,形似钳子。⑧鳝:同"鳝"。⑨冥冥:与下文的"惛惛"皆指专一、精诚之貌。⑩衢道:歧路。⑪螣蛇:古代传说中一种能穿云驾雾的蛇。⑫鼫鼠:一种危害农作物的老鼠。五技:谓能飞不能过屋,能缘不能穷木,能游不能渡谷,能穴不能掩身,能走不能先人。⑬"尸鸠"六句:此处引诗出自《诗经·曹风·尸鸠》。传说尸鸠养育幼子早上从上而下,傍晚从下而上,平均如一。用尸鸠起兴,表示君子执义当如尸鸠待七子如一,如一则用心坚固。尸鸠,布谷鸟。淑人,善人。结,凝结不变。

【译文】 土堆积起来成了高山,风雨就从这里兴起;水流汇积成为深渊,蛟龙就从这儿诞生;积累善行养成高尚的品德,自然就会达到最高的智慧,具备圣人的精神境界。所以不积累一步半步的行程,就没有办法到达千里之远;不积累细小的流水,就没有办法汇成江河大海。千里马再快,一跃也不超过十步;劣马十天却能走得很远,它的功劳就在于不停地走。刻一下就停下来,腐烂的木头也不能断;坚持不断地刻下去,金石也能雕成形。蚯蚓没有锐利的爪子和牙齿,强健的筋骨,却上能吃到泥土，下能喝到黄泉，原因就在于它用心专一。螃蟹有六只脚，两只大钳子，离开了蛇、鳝的洞穴却无处存身，就是因为它用心浮躁不专一。因此没有专一精诚的精神，就没有清明的智慧；没有坚定不移的行为，就不会有巨大的成就。彷徨于歧路的人到达不了目的地，同时事奉两个君主的人，会被两者不容。眼睛不能同时看清楚两样东西，耳朵不能同时听清楚两种声音。腾蛇没有脚但却能飞，鼫鼠有五种生存技能却常常处于穷境。《诗经》上说："布谷鸟在桑树上筑巢，公平如一地养育它的七只幼鸟。善良的君子们，他们的行为仪态多么坚定专一。坚定专一不偏邪，思想才会如磐石坚。"所以君子要坚定专一啊。

【原文】 昔者瓠巴鼓瑟而流鱼出听①，伯牙鼓琴而六马仰秣②。故声无小而不闻，行无隐而不形③。玉在山而草木润，渊生珠而崖不枯。为善不积邪，安有不闻者乎？

【注释】 ①瓠巴：与下文的"伯牙"皆是古代传说中善鼓琴瑟者。流鱼：《大戴礼记》作"沉鱼"。②六马：天子辂车之马。仰秣：形容马仰首而听之状。③隐：隐蔽。形：有形可见。

【译文】 过去瓠巴鼓瑟，水中的鱼也会浮到水面来听；伯牙鼓琴，六马仰首而听。所以声音不会因为小而不被听见，行为不会因为隐蔽而不被看见。山里有玉，连草木都会润泽，深渊有珠，连崖岸都不会干枯。为善而不积的人有，若积善，哪里有不为人知的道理？

【原文】 学恶乎始①？恶乎终？曰：其数则始乎诵经②，终乎读礼；其义则始乎为士③，终乎为圣人。真积力久则入，学至乎没而后止也④。故学数有终，若其义则不可须臾舍也。为之，人也；舍之，禽兽也。故《书》者，政事之纪也；《诗》者，中声之所止也⑤；《礼》者，法之大分⑥，类之纲纪也⑦；故学至乎《礼》而止矣！夫是之谓道德之极。《礼》之敬文也⑧，《乐》之中和也，《诗》《书》之博也，《春秋》之微也，在天地之间者毕矣。

【注释】 ①恶：何处，哪里。②数：数术，即方法、办法。经：指儒家经典，即《诗》《书》《礼》《乐》《易》《春秋》。③义：意义。与上文的"数"相对为义。士：志道之士。荀书中每以士、君子、圣人为三等。④没：通"殁"，死。⑤中声：中和之声。《诗》本是入乐的，故有中声之说。止：犹言极也。⑥大分：大要，要领。⑦纲纪：事物之纲要。⑧文：文明，礼仪。所谓"周旋揖让之节，车服等级之文"。

【译文】 学习从哪里开始？在哪里结束？答曰：学习的方法，应当以诵读经文为起始，以研究礼法为目的。学习的意义，以做有志之士为起始，以成为圣人为目标。果真能持久努力不懈就能深入进去，一直到身死才可以停止学习。所以从学习方法上说，诵读经典，是可以中止的，但从学习的意义上说，求为圣人的追求，是片刻都不能停止。努力学习，就是人；放弃学习，就是禽兽了。《书》是记载古代政治事迹的，《诗》是中和之声的极致，《礼》是法律的根本，是万事万物的纲要。所以学习到了

《礼》就达到了最终目的,可称是道德之极境啊!《礼》之敬重文明礼仪,《乐》之中和,《诗》《书》之广博,《春秋》之精微,将天地间所有的道理都包括进去了。

【原文】 君子之学也①,入乎耳,箸乎心②,布乎四体,形乎动静。端而言,蠕而动,一可以为法则。小人之学也,入乎耳,出乎口。口耳之间则四寸耳,曷足以美七尺之躯哉!古之学者为己,今之学者为人。君子之学也,以美其身;小人之学也,以为禽犊③。故不问而告谓之傲④,问一而告二谓之囋⑤。傲,非也;囋,非也;君子如向矣⑥。

【注释】 ①君子:有德、精进之人。在荀子书中,君子常常与小人相对而言。小人指无德而见利忘义之人。②箸:刻。指心中领会得十分深刻。③禽犊:赠献之物。这里比喻卖弄。④傲:急躁。⑤囋:多言,语声繁碎的样子。⑥向:通"响",回响。即所谓"善待问者如撞钟,小叩小鸣,大叩大鸣,不叩不鸣"。

【译文】 君子为学,听在耳里,记在心上,外散于身体仪态之中,而表现于一举一动之间。即使是极细小的一言一行,都可以作为人的楷模。小人为学,从耳朵里进,从嘴巴里出,口耳之间不过才四寸,怎么能够对七尺之躯有补益呢!古代的人学习是为了修养自身,现在的人学习则是为了获取其他东西。君子学习,是为了完善身心;小人学习,只是想用所学的东西向他人显示。所以别人不问,你告诉他,这是急躁,问一而告二,这是啰唆。急躁是不对的,啰唆也是不对的。君子当如钟的回响,问什么答什么。

【原文】 学莫便乎近其人①。《礼》《乐》法而不说②,《诗》《书》故而不切③,《春秋》约而不速④。方其人之习君子之说⑤,则尊以遍矣⑥,周于世矣⑦。故曰:学莫便乎近其人。

【注释】 ①其人:指通经之士,贤师。②不说:没有说明、解说。③故:过去的典故、事情。不切:不切合于时世。④"《春秋》"句:《春秋》文辞简约,褒贬难明,所以不能速解。⑤方:效仿。习:讲习,积贯。⑥尊以遍:养成崇高的品格,得到全面的知识。⑦周:周到,通达。

【译文】 为学,没有比亲近贤师更简便的了。《礼》《乐》有大法但没有详细的解说,《诗》《书》记载了古代的故事,而未必切于实用,《春秋》文辞简约,意旨遥深而难以速解。效仿贤师而聆听学习君子的学说,就能养成崇高的品格,得到诸经之传,而合于世用。所以说:学习没有比接近贤师更简便的了。

【原文】 学之经莫速乎好其人①,隆礼次之。上不能好其人,下不能隆礼,安特将学杂识志②,顺《诗》《书》而已耳,则末世穷年,不免为陋儒而已。将原先王,本仁义,则礼正其经纬蹊径也③。若挈裘领,诎五指而顿之④,顺者不可胜数也。不道礼宪⑤,以《诗》《书》为之,譬之犹以指测河也,以戈舂黍也,以锥餐壶也⑥,不可以得之矣。故隆礼,虽未明,法士也⑦;不隆礼,虽察辩⑧,散儒也⑨。

【注释】 ①经:通"径",道也。②安:此处解作"则"。特:但也。杂:指杂记之书、百家之说。识、志:都是记的意思。③经纬蹊径:纵横道路。④诎:同"屈"。顿:抖动而使整齐。⑤道:由。礼宪:礼法。⑥壶:古代储饭的器皿。⑦法士:守礼法之士。⑧察辩:明察善辩。⑨散儒:不守礼法的儒士。

【译文】　为学的要道,没有比亲近贤师更直接快速的了,其次才是遵守礼法。如果不能师法有道君子,又不能尊崇礼法,而只是学习、杂记百家之说,记诵一些《诗》《书》的条文,那么就算学到老,也不免只是浅薄之陋儒而已。如果能溯源先王之道,推究仁义之本,那么学习礼就是其正途了。这就好像用手握住皮衣的领子,用力抖动,皮衣的毛自然都顺了。若不由礼法,而只致力于《诗》《书》,就无异于用手指测河,用戈戟舂米,用锥子进食,是不可能达到目的的。所以,尊崇礼法,即使不十分明察善辩,也不失为守法之士;不尊崇礼法,即使聪明善辩,终究也是不守礼法的儒士。

【原文】　问楛者勿告也①,告楛者勿问也,说楛者勿听也,有争气者勿与辩也。故必由其道至,然后接之,非其道则避之。故礼恭而后可与言道之方②;辞顺而后可与言道之理;色从而后可与言道之致。故未可与言而言谓之傲,可与言而不言谓之隐,不观气色而言谓之瞽③。故君子不傲,不隐,不瞽,谨顺其身。《诗》曰:"匪交匪舒,天子所予④。"此之谓也。

【注释】　①楛:恶也。荀子这里说的"恶"指的是与礼无关者。②方:术,方法。③瞽:盲人。④"匪交"两句:此引诗出自《诗经·小雅·采菽》,为天子答诸侯诗。匪,非。交,急迫。舒,缓慢。

【译文】　凡所问非关礼者,不必告诉他。所告非关礼者,不要再去多问。有人说到与礼无关的事,也不必听。有意气求胜而无益者,不要同他辩论。所以抱着求道之心而来的,才能与之交往,不是为求道的就回避他。礼貌谦恭的,才可以告诉他达道的方法;言辞和顺的,才可以告诉他达道的理论;脸色表现出从善之诚意的,才可以和他谈道的极致。不可以和他说却和他说叫急躁,可以同他说却不同他说叫隐瞒,不看脸色而说叫盲目。所以君子不急躁、不隐瞒、不盲目,顺其人之可与言否,小心谨慎地言说。《诗经》说:"不急迫,不缓慢,就会受到天子的赏赐。"说的就是这个意思。

【原文】　百发失一,不足谓善射。千里跬步不至,不足谓善御。伦类不通,仁义不一①,不足谓善学。学也者,固学一之也。一出焉,一入焉,涂巷之人也②。其善者少,不善者多,桀、纣、盗跖也③。全之尽之,然后学者也。君子知夫不全不粹之不足以为美也,故诵数以贯之④,思索以通之,为其人以处之,除其害者以持养之,使目非是无欲见也,使耳非是无欲闻也,使口非是无欲言也,使心非是无欲虑也。及至其致好之也,目好之五色,耳好之五声,口好之五味,心利之有天下⑤。是故权利不能倾也,群众不能移也,天下不能荡也。生乎由是,死乎由是,夫是之谓德操⑥。德操然后能定,能定然后能应。能定能应,夫是之谓成人⑦。天见其明,地见其光,君子贵其全也。

【注释】　①一:纯一,专一。②涂:同"途",道路。③桀:夏朝最后一个君主。纣:商朝最后一个君主。都是荒淫无道之主。跖:传说春秋末年的一个大盗。④诵数:诵说。这里指只能诵说其文,不能通知其义。⑤"目好"四句:这几句中的"之"都作"于"解,表示胜于的意思。⑥德操:守道不变之情操。⑦成人:即前文所言"全之尽之"之学者。

【译文】 射一百支箭,有一支没射中就不能叫善射。驾车行千里,而差半步不到,就不能叫善御。学者为学,而不能尽知其伦类,不能专一于仁义,就不能叫善学。学,就是求其专一。一会儿出、一会儿进,那就不过是一般人了。从善者少,从不善者多,就是桀、纣、盗跖之流了。完全、彻底地学善,才可以称得上是学者。君子知道不全不纯不足以为美,所以诵说经典,以求贯穿其大义,研读思索以求其精旨,设身处地,以古人所做的事情为楷模,而求其所处之法,根除一切害道之事,以保持学之所得。使眼睛非所学不想看,耳朵非所学不想听,嘴巴非所学不想说,心非所学不愿意想。等到喜爱到顶点的时候,耳不好五声,所好远甚于五声,眼不好五色,所好远甚于五色,口不好五味,所好远甚于五味,心中所好,则远甚于拥有天下。因此权力和利益不能打动他,众人不能改变他,天下之大也不足以动摇他的心志。生执于此,死由于此,这就叫道德操守。有德操就有定力,有定力才能应变外来事物。内有定,外有应,才可称为全人。天之所贵在其大,地之所贵在其广,君子所贵就在其全啊。

修 身

【题解】
这是一篇专门论述修身之道,即如何进行道德修养以及最后所达到境界的文章。文章首先指出,修身养性是一件关系到个人安危、国家存亡的大事。然后指出,君子有所谓"遍善之度",即无往而不善之道,用此可治气养心,可修身自强,其功堪称重大。这"遍善之度"就是礼。在谈到具体的修养方法时,文章指出修身养心之术,"莫径由礼,莫要得师,莫神一好",强调了礼的正身作用与师的正礼作用在修身中的重要作用,以及坚持不懈、用心专一的重要性。最后指出,具备了道德修养的人,就能够做到骄富贵、重道义、轻王公,走遍天下而受人尊敬,并获得上天的福佑。

【原文】 见善,修然必以自存也①;见不善,愀然必以自省也②。善在身,介然必以自好也③;不善在身,菑然必以自恶也④。故非我而当者,吾师也;是我而当者,吾友也;谄谀我者,吾贼也⑤。故君子隆师而亲友,以致恶其贼。好善无厌,受谏而能诫,虽欲无进,得乎哉!小人反是,致乱而恶人之非己也,致不肖而欲人之贤己也,心如虎狼,行如禽兽而又恶人之贼己也。谄谀者亲,谏争者疏,修正为笑,至忠为贼,虽欲无灭亡,得乎哉!《诗》曰:"噏噏呰呰,亦孔之哀。谋之其臧,则具是违;谋之不臧,则具是依⑥。"此之谓也。

【注释】 ①修然:整饬的样子。存:察,审查。②愀然:忧惧的样子。③介然:坚固的样子。④菑然:意思是如同有灾害在身。菑,同"灾"。⑤贼:害。⑥"噏噏"六句:此处引自《诗经·小雅·小旻》。噏噏,附和的样子。呰呰,诋毁、诽谤的样子。

訾，同"訾"。孔，很，十分。臧，好，善。具，俱，都。

【译文】 见有善行，一定要恭谨自查，自己是否也有此善行；见到不善的行为，一定要惊心警惕，反省自己是否也有此不善。自己身上的善，一定要固守；身上的不善，一定要畏恶它如同灾祸。所以批评我而所言恰当的人，是我的老师；赞誉我而所言恰当的人，是我的朋友；献媚阿谀我的人，是害我的谗贼。所以君子尊崇老师而亲近朋友，对于谗贼则深恶痛绝。爱好善而永不知足，听到规谏而能戒惕，即使想不长进也做不到啊！小人正好相反，极为悖乱而厌恶别人批评自己，极为不肖却希望别人认为他贤能，心像虎狼一样，行如禽兽一般，却厌恶别人视他为谗贼。亲近阿谀奉承之辈，疏远直言相谏者，把修正规劝的行为视为讥笑，把直谏忠诚的人视为谗贼，这样的人想不灭亡也做不到啊！《诗经》说："同那些阿谀之徒一拍即合，对那些谏诤者厌恶诋毁，这是多么可悲啊！好的意见统统不听，不好的意见却全部听从。"说的就是这种人。

【原文】 扁善之度①，以治气养生则后彭祖②；以修身自名则配尧、禹。宜于时通，利以处穷③，礼信是也。凡用血气、志意、知虑，由礼则治通，不由礼则勃乱提僈④；食饮、衣服、居处、动静，由礼则和节⑤，不由礼则触陷生疾⑥；容貌、态度、进退、趋行，由礼则雅，不由礼则夷固僻违、庸众而野⑦。故人无礼则不生，事无礼则不成，国家无礼则不宁。《诗》曰："礼仪卒度，笑语卒获⑧。"此之谓也。

【注释】 ①扁善：无所往而不在之善的法则。扁，通"遍"。度：道。②后：这里是追随的意思。彭祖：传说中的老寿星，年八百岁。③穷：困境。④勃乱：昏乱。勃，通"悖"。提僈：松弛缓慢。⑤由：遵循。和节：合适，协调。⑥触陷生疾：意思是一举一动都会发生毛病。⑦夷固：傲慢。僻违：偏邪不正。⑧"礼仪"两句：此处引诗出自《诗经·小雅·楚茨》。卒，尽，完全。获，得当。

【译文】 君子有无往而不善之道，用它来治气养生，则寿命可追随彭祖；用它来修养品德，那名声就可同尧、禹相比。既适宜于通达之时，也适宜于窘困之时的，只有礼和信。大凡血气、志意、思虑，依礼就和谐通畅，不依礼则悖乱弛怠；饮食起居、言谈举止，依礼行事就得体合适，不依礼则一举一动都会发生毛病。容貌、仪态、进退、疾走、慢行，有礼就雍容儒雅，无礼则倨傲偏邪、庸俗粗野。所以人不守礼就没法生存，做事没有礼就不能成功，国家没有礼则不安宁。《诗经》说："礼仪如果完全合乎法度，言谈笑语就会得当。"说的就是这个意思。

【原文】 以善先人者谓之教，以善和人者谓之顺①；以不善先人者谓之谄，以不善和人者谓之谀。是是、非非谓之知②，非是、是非谓之愚。伤良曰谗③，害良曰贼。是谓是，非谓非曰直。窃货曰盗，匿行曰诈，易言曰诞④，趣舍无定谓之无常⑤，保利弃义谓之至贼。多闻曰博，少闻曰浅；多见曰闲⑥，少见曰陋。难进曰偄⑦，易忘曰漏。少而理曰治，多而乱曰耗⑧。

【注释】 ①和：附和，响应。②是是、非非：意思是能辨别是非。是，正确的。非，错误的。这里的第一个"是"和"非"作动词用,表示肯定和否定的意思。③谗:用言语陷害人、攻击人。④易言:轻易说话,说话轻率。⑤趣舍:取舍。趣,通"取"。⑥闲:娴雅。⑦偄:迟缓。⑧耗:通"眊",昏乱。

【译文】 用善引导人的是教诲,用善响应人的是和顺;用不善引导人的是谄佞,用不善附和人的是阿谀。能辨别正确的为正确、错误的为错误叫作明智,认正确的为错误、错误的为正确叫作愚昧。伤害好人叫作陷害,陷害好人叫作奸贼。坚持对的就是对的、错的就是错的是正直。偷东西的是盗贼,隐瞒自己行为的是欺诈,轻率乱言的是放诞。取舍没有定准的叫作无常,为了利益放弃道义的叫作至贼。多闻者为广博,少闻者为浅陋;多见者则娴雅,少见者则孤陋。进展艰难叫作迟缓,容易忘记叫作疏漏。遇事能举其要而有条理叫作治,多而杂乱叫作耗。

【原文】 治气养心之术:血气刚强,则柔之以调和①;知虑渐深,则一之以易良②;勇胆猛戾③,则辅之以道顺④;齐给便利⑤,则节之以动止;狭隘褊小⑥,则廓之以广大⑦;卑湿、重迟、贪利⑧,则抗之以高志⑨;庸众驽散,则劫之以师友⑩;怠慢僄弃⑪,则炤之以祸灾⑫;愚款端悫⑬,则合之以礼乐,通之以思索。凡治气养心之术,莫径由礼,莫要得师,莫神一好⑭。夫是之谓治气养心之术也。

【注释】 ①调和:调试和平。②易良:平易温良。③猛戾:乖戾,乖张。④道顺:导训。道,引导。顺,通"训"。⑤齐给便利:都是快捷、不慎重的意思。⑥褊小:心胸狭小。⑦廓:开阔。⑧卑湿:志意卑下。重迟:迟缓。⑨抗:举。⑩劫:夺去。指用师友去其旧性。⑪僄:轻薄。弃:自暴自弃。⑫炤:同"照",明显告之的意思。⑬愚款:单纯朴实。款,诚款。端悫:端正朴实。悫,朴实,谨慎。⑭一:并一不二。在荀子的思想中,"一"通常指专一好礼,认为专一好礼则可以通于神明,达到神化之境。

【译文】 调理性情、修养身心的办法是:血气刚强的人,就用心平气和来调和他;思虑过于深沉复杂的人,就用平易温良来和谐他;性情勇猛暴躁的人,就开导他,使其驯顺;行动快捷急遽的人,就用恰当的举止节制他;气量狭隘的人,就用开阔的思想扩大他;志向卑下、思想迟钝、贪图小利的人,就用高远的志向提升他;低劣平庸不成材的人,就用良师益友帮助他;懒散轻浮、自暴自弃的人,就用祸福之事来告诫他;过分朴实单纯的人,就用礼乐来润色他。大凡调理性情、修养身心,最直接的途径是按照礼去做,最关键的是得到好的老师,最能发生神妙作用的是专心致志。这就是调理性情、修养身心的办法了。

【原文】 志意修则骄富贵①,道义重则轻王公,内省而外物轻矣。传曰②:"君子役物,小人役于物。"此之谓矣。身劳而心安,为之;利少而义多,为之。事乱君而通③,不如事穷君而顺焉④。故良农不为水旱不耕,良贾不为折阅不市⑤,士君子不为贫穷怠乎道。

【注释】 ①志意:志向。修:荀子书中常用语,表示修正、修炼、美好。②传:古书所传之言。先秦典籍中常用"传曰"表示引用古代的话。③乱君:大国暴乱之君。④

穷君:小国窘迫之君。顺:顺利。这里指顺行道义。⑤折阅:亏损出售。折,亏损。阅,卖。

【译文】 志意修炼就会傲视富贵,崇尚道义就会藐视王侯,自思无所愧疚就不会为外物所动。古书上说:"君子役使外物,而不为外物所支配。"说的就是这个意思。身体虽然辛苦但心安理得,就去做;利益少而多合乎道义,就去做;侍奉上国暴君而显达,不如侍奉能顺道而行的窘迫小国之君。所以好的农夫不会因为洪涝、干旱之灾而不耕田,好的商人不会因为亏损而不做生意,士君子不会因为贫穷而懈怠于道。

【原文】 体恭敬而心忠信,术礼义而情爱人①,横行天下②,虽困四夷,人莫不贵。劳苦之事则争先,饶乐之事则能让③,端悫诚信,拘守而详④,横行天下,虽困四夷,人莫不任。体倨固而心势诈⑤,术顺、墨而精杂污⑥,横行天下,虽达四方,人莫不贱。劳苦之事则偷儒转脱⑦,饶乐之事则佞兑而不曲⑧,辟违而不悫⑨,程役而不录⑩,横行天下,虽达四方,人莫不弃。

【注释】 ①术:法,遵行。爱人:仁爱。人,通"仁"。②横行:广行。③饶乐:富足、享乐。④拘守而详:谨守法度、明察事理。⑤倨:傲。固:固陋。⑥顺、墨:当作"慎、墨"。慎,慎到,战国思想家,其学说本黄老、归刑名,"尚法""重势"。墨,墨翟,战国墨家学说创始人,提倡节俭。精:当作"情",性情。杂污:肮脏。这里指非礼义之言。⑦偷儒:苟且懒惰怕事。偷,偷懒。儒,懦弱。转脱:婉转推脱。⑧佞兑:口才捷利。兑,通"锐",行动快、疾。不曲:直取之,指毫不谦让。⑨辟违:邪恶。辟,邪僻。⑩程役:通"逞欲"。录:通"逮",谨慎。

【译文】 体貌恭敬而内心忠信,遵循礼义而内心仁爱,那么走遍天下,即使不受重用而困于四夷之地,人们也没有不敬重他的。劳累辛苦的事则抢先去做,安逸享乐的事则让给别人,端正朴实、诚实守信,谨守法度、明察事理,那么走遍天下,即使遭受穷困到了四夷之地,也不会没有人任用他。体貌倨傲而内心权诈,遵循慎到、墨子的学说而内心杂乱污浊,那么走遍天下,即使到处通达,人们也没有不轻视他的。劳苦的事就懒惰推脱,享乐的事就身手敏捷毫不谦让,僻邪而无诚信,一味追求自己的私欲而不知谨慎,那么走遍天下,即使到处通达,人们也没有不鄙弃他的。

【原文】 行而供翼①,非渍淖也②;行而俯项③,非击戾也④;偶视而先俯⑤,非恐惧也。然夫士欲独修其身,不以得罪于比俗之人也⑥。

【注释】 ①供:通"恭",恭敬。翼:敬。②渍淖:陷在烂泥里。淖,烂泥。③俯项:低头。④击戾:碰撞着东西。⑤偶视:两人同视,对视。⑥比俗之人:普通人。

【译文】 行走时恭敬小心,不是因为害怕陷在烂泥里;走路时低头,不是因为害怕撞上东西;两人对视,先俯身行礼,并不是惧怕对方。这乃是因为君子想要修养自身的品德,不想因为这个得罪于世俗之人。

【原文】 夫骥一日而千里,驽马十驾则亦及之矣。将以穷无穷逐无极与?其折骨绝筋,终身不可以相及也;将有所止之①,则千里虽远,亦或迟或速、或先或后,胡为乎其不可以相及也？不识步道者②，将以穷无穷逐无极与？意亦有所止之与③？夫"坚白""同异""有厚无厚"之察④，非不察也，然而君子不辩，止之也。倚魁之行⑤，非不难也，然而君子不行，止之也。故学曰："迟彼止而待我⑥，我行而就之，则亦或迟、或速、或先、或后，胡为乎其不可以同至也？"故跬步而不休，跛鳖千里；累土而不辍，丘山崇成⑦。厌其源⑧，开其渎⑨，江河可竭；一进一退，一左一右，六骥不致。彼人之才性之相县也⑩，岂若跛鳖之与六骥足哉？然而跛鳖致之，六骥不致，是无它故焉，或为之，或不为尔！道虽迩，不行不至；事虽小，不为不成。其为人也多暇日者⑪，其出入不远矣⑫。

【注释】　①止：终点，目的，止境。在儒家经典中，"止"字有特别的含义，指全身心专注追求的目标，比如射箭，其所射的箭靶就是"止"。所谓"止于至善""学之止"等都可以从这一意义上理解。②步道：道路。③意：通"抑"，抑或。④坚白、同异：指战国名家惠施、公孙龙的学说，有坚石非石，白马非马，同者异、异者同等命题。有厚无厚：也是惠施的理论，讲空间上的无限性问题。一说这是春秋邓析提出的一个命题。⑤倚魁：怪诞骇俗之行。倚，读作"奇"。魁，大。⑥"迟彼止"句：此处疑有脱文，姑且遵一般看法进行解释。学曰，学者相传此言。迟，待。⑦崇：通"终"，最终。⑧厌：塞。⑨渎：沟渠。⑩县：同"悬"，悬殊。⑪多暇日：指怠惰。⑫出入：意思难通，依王念孙解作"出人"。

【译文】　良马一天走一千里的路程，劣马走十天也能达到。想要走完无穷之路，追逐没有终点的所在吗？这样的话，即使走到骨折筋断，一辈子也无法到达；如果有止境有目的，那么千里虽远，也只是或慢或快，或前或后的问题，怎么可能走不到呢？不认识道路的人，是去走那无穷之路，追逐没有终点的所在呢？还是有所止境？"坚白""同异""有厚无厚"的辩说，不能说不精察，然而君子不去争论，因为君子有自己追求的目标。怪诞骇俗的行为，不是不难做，但是君子不做，因为君子有自己追求的目标。所以古语相传，学习好比行路。得路之人，在前面等着我，我便努力地追赶上去，那么或早或晚、或先或后，怎么会不到达同一个地方呢？所以一步一步不停地走，即使是跛足的鳖，也可以抵达千里；一层一层积累不停，平地最终也能变山丘。堵塞住源头，开通沟渠，江河也会枯竭。一会儿前进，一会儿后退，一会儿左一会儿右，六骥也到达不了远处。人和人之间才性的差异，哪里会有跛鳖和六骥的差异那么大！然而跛鳖能够到达，六骥不能到达，这并没有其他的原因，只是因为有的做，有的不做啊！道路虽近，不走就不可能到达；事情虽小，不做就不会成功。那些整日游手好闲的人，他的成就就不会超出常人多远了。

【原文】　好法而行①，士也；笃志而体②，君子也；齐明而不竭③，圣人也。人无法，则伥伥然④；有法而无志其义，则渠渠然⑤；依乎法而又深其类⑥，然后温温然⑦。

【注释】　①法：礼法。②笃：坚定。体：实行。③齐明：这里指智虑敏捷。④伥伥然：无所适从的样子。⑤渠渠然：无守、局促不安的样子。⑥深：深知。类：统类，指能按礼法去类推,掌握各种事物。⑦温温然:润泽之貌。这里指优游不迫。

【译文】 爱好礼法而能依其行事的,是士;志向坚定而能身体力行的,是君子;智虑敏捷而不枯竭的,则是圣人。人没有礼法,则无所适从;有法而不知其深义,则茫然无所遵从;依据礼法,又能深明其统类,然后才能优游不迫啊。

【原文】 礼者,所以正身也;师者,所以正礼也。无礼,何以正身?无师,吾安知礼之为是也?礼然而然,则是情安礼也①;师云而云,则是知若师也。情安礼,知若师,则是圣人也。故非礼,是无法也;非师,是无师也。不是师法而好自用,譬之是犹以盲辨色,以聋辨声也,舍乱妄无为也②。故学也者,礼法也。夫师,以身为正仪而贵自安者也③。《诗》云:"不识不知,顺帝之则④。"此之谓也。

【注释】 ①情安礼:意思是,好像天性所安,不是后天学的。②舍:除了。乱妄:悖乱狂妄。③正仪:正确的标准,即典范、表率。自安:自己安心于此。④"不识"两句:此处引诗见于《诗经·大雅·皇矣》。帝,老天。

【译文】 礼,是用来端正身心的;老师,是用来端正礼法的。没有礼,用什么来修正自己的行为?没有老师,我怎么知道礼是这样的?礼是怎样规定的就怎样做,这就是天性安于礼;老师怎样说就怎样做,这就是智慧同老师一样。能做到情安于礼,智慧如同老师,这就是圣人。所以,违背礼,就是不以法度为法度;违背老师,就是不以老师为老师。不遵照师法的教导和规定去做,而喜欢自行其是,这就好像让瞎子辨别颜色,让聋子辨别声音,除了悖乱狂妄之事,干不出别的了。所以学习的根本之处,在于礼法。至于老师,则是以其言行来给人们做表率的,最为可贵的是教人们安心这样去做。《诗经》上说:"不知道为什么要这样做,然而它是符合老天的自然法则的。"说的就是这个意思。

【原文】 端悫顺弟①,则可谓善少者矣;加好学逊敏焉②,则有钧无上③,可以为君子者矣。偷儒惮事,无廉耻而嗜乎饮食,则可谓恶少者矣;加惕悍而不顺④,险贼而不弟焉,则可谓不详少者矣⑤,虽陷刑戮可也。老老而壮者归焉⑥,不穷穷而通者积焉⑦,行乎冥冥而施乎无报⑧,而贤不肖一焉。人有此三行,虽有大过,天其不遂乎!

【注释】 ①顺弟:逊顺孝悌,尊敬长者。顺,依顺。弟,同"悌"。②逊敏:谦逊敏捷。③钧:通"均",相等。④惕悍:放荡凶悍。惕,同"荡"。⑤详:通"祥",吉利。⑥老老:以老者之礼敬老。⑦穷穷:逼迫穷境之人。这里的第一个"老""穷"都做动词用。通:贤能的人。⑧行乎冥冥:意思是行事不务求人知。

【译文】 端正朴实,尊重长者,可说是好青年啊;如果再加以谦虚勤学,那就只有与他平等的人,而没有能超过他的人了,他就可以成为君子了。怠惰苟且,胆小怕事,没有廉耻而又好吃懒做,可说是坏青年了;加之放荡凶悍不逊顺,阴险害人而不尊敬长者,那就是不吉利的人了,即使遭到刑罚杀戮也是应该的。尊敬长者,壮年人就会归附他;不轻视逼迫处境窘迫的人,那么贤能的人都会聚集过来;做了好事不求人知,对人施恩也不求报答,这样无论是贤人还是不肖之徒都会慕名而来亲附他。人有以上三种品行,纵是遇上大祸,老天爷也不会让他陷于祸患。

【原文】 君子之求利也略①,其远害也早,其避辱也惧,其行道理也勇。君子贫穷而志广,富贵而体恭,安燕而血气不惰②,劳勤而容貌不枯③,怒不过夺,喜不过予。君子贫穷而志广,隆仁也④;富贵而体恭,杀势也⑤;安燕而血气不衰,秉理也⑥;劳勤而容貌不枯,好文也⑦;怒不过夺,喜不过予,是法胜私也。《书》曰⑧:"无有作好,遵王之道。无有作恶,遵王之路⑨。"此言君子之能以公义胜私欲也。

【注释】 ①略:疏略,不斤斤计较。②安燕:安闲,闲居。③勤:疲劳,疲倦。枯:通"楛",苟且,随便。④隆:尊重。⑤杀势:不以势欺人。杀,减弱。⑥秉:挑选,选择。理:礼。⑦好文:指注重礼仪。文,原文作"交",因形近而误,依上下文义改,礼仪,文明。⑧《书》:指《尚书》。⑨"无有"四句:此处所引见《尚书·洪范》。作好,个人的喜好。作恶,个人的憎恶。道,路。这里指先王制定的礼仪。

【译文】 君子对于谋求私利很不在意,对于祸害早早远离,对于耻辱警惕而回避,对于道义所在,又极其勇毅去担当。君子贫穷却志向广大,富贵却恭敬有礼,安闲的时候血气不懈怠,劳倦的时候容色不轻慢随便,发怒的时候不过分处罚,高兴的时候不过分赏赐。贫穷而志向广大,是因为尊崇仁爱;富贵而恭敬有礼,是不以势骄人;安闲的时候血气不懈怠,是按照礼仪所宜去做;劳倦的时候容色不轻慢随便,是注重礼仪;生气的时候不过分处罚,高兴的时候不过分赏赐,是能以礼法克制私意。《尚书》说:"不要凭着个人的喜好办事,要遵照先王的正道去做。不要凭着个人的憎恶办事,要遵照先王的礼仪去做。"这是说君子能用公义战胜私意了。

非 相

【题解】

此篇内容分三个部分。第一部分举出种种实例批判相人之术,认为人之吉凶与否并不在于长相的长短、小大、善恶,而在于能否遵守等级名分,此即所谓"相形不如论心,论心不如择术"之义。第二部分阐述了"法后王"的思想,对当时社会"舍后王而道上古"的主张提出了批判,认为上古圣王的事迹、"文久而灭,节族久而绝",所以欲观圣王之迹,则只有"于其粲然者",即后王处才能得到,否则就如同"舍己之君,而事人之君也"。第三部分说明了辩说的重要性和方法。

文章以《非相》为题,旨在批判迷信的相人之术,但后两部分却与篇题无关。或以为是《荣辱》之错简。但由于此篇文采斐然,"法后王"一段论述极其透彻,又代表了荀子思想中非常重要的一部分,故全文选录。

【原文】 相人,古之人无有也,学者不道也。

【译文】 看相,古代的人不做这样的事,有知识的人也不屑说这些事。

【原文】 古者有姑布子卿①,今之世,梁有唐举②,相人之形状颜色而知其吉凶妖祥,世俗称之。古之人无有也,学者不道也。故相形不如论心,论心不如择术③。形不胜心,心不胜术。术正而心顺之,则形相虽恶而心术善,无害为君子也;形相虽善而心术恶,无害为小人也。君子之谓吉,小人之谓凶。故长短、小大,善恶形相,非吉凶也。古之人无有也,学者不道也。

【注释】 ①姑布子卿:春秋郑国人,曾为孔子和赵襄子看过相。②唐举:战国时相士,曾为李兑和蔡泽看过相。③论心:研究人的思想。论,考察。术:方法、道路,指所行所学而言。

【译文】 古代有一个姑布子卿,现在梁国有一个唐举,能根据人的容貌、气色而预知人的吉凶祸福,社会上一般人都称赞他们的相术。但古代的人是不做这样的事的,有知识的人也不屑说这些事。所以相人的形貌不如观察人的立心,观察他的立心不如研究他的所行所学。相貌不能决定人的内心,而内心又受到所行所学的影响。所学所行正,心也顺着它,那么形貌虽然丑恶心术也会善,不妨碍成为君子。所学所行不正,那么形貌虽好心术也会恶,终究还是小人。做君子就会吉祥,做小人则不吉祥。所以外形的高或低、魁梧或瘦小、丑陋或漂亮,不能决定吉凶。古代的人不做这样的事,有知识的人也不屑说这些事。

【原文】 盖帝尧长①,帝舜短,文王长,周公短,仲尼长②,子弓短③。昔者卫灵公有臣曰公孙吕④,身长七尺,面长三尺,焉广三寸⑤,鼻目耳具⑥,而名动天下。楚之孙叔敖⑦,期思之鄙人也⑧,突秃长左⑨,轩较之下⑩,而以楚霸。叶公子高⑪,微小短瘠⑫,行若将不胜其衣。然白公之乱也⑬,令尹子西、司马子期⑭,皆死焉;叶公子高入据楚,诛白公,定楚国,如反手尔,仁义功名善于后世。故事不揣长⑮,不揳大⑯,不权轻重,亦将志乎尔。长短、小大,美恶形相,岂论也哉!

帝尧像

【注释】 ①盖:发语词。②仲尼:孔子的字。③子弓:一说为孔子的学生仲弓;一说为馯臂子弓,传《易》者,荀子之师。④卫灵公:春秋时卫国的国君,历史上著名的荒淫无道之君。公孙吕:人名,事迹不详。⑤焉:通"颜"。这里指额。⑥具:完备、齐全。这里指鼻耳目都有,但相去甚远,所以为异。⑦孙叔敖:春秋时楚庄王的宰相。⑧期思:地名,楚国之邑。鄙人:郊野之人。⑨突秃:头秃发少。长左:左手长。⑩轩较之下:指个子矮小。轩,古代车前的直木。较,古代车前的横木。⑪叶公子高:楚大夫沈诸梁。⑫微小短瘠:形容个子矮小瘦弱。⑬白公之乱:事见《左传·哀公十六年》。白公,名胜,楚平王的孙子。⑭令尹:官名。子西:平王长庶子,公子申。司马:官名。子期:平王子,公子结。⑮事:通"士"。揣:测度。⑯揳:比较,估量。

【译文】 帝尧身材高大,帝舜身材矮小,周文王身材高大,周公身材矮小,孔子身材高大，子弓身材矮小。从前，卫灵公有个大臣叫公孙吕，身高七尺，脸长得很狭长，有三尺，额头宽三寸，鼻眼耳朵虽然都有，却相去甚远，但他的名声却震动了天下。楚国的孙叔敖，是期思这个地方的粗人，头秃发少，左手比右手长，身高不及车前的横木，却使楚国称霸于诸侯。楚国大夫叶公子高，长得又瘦又小，走起路来好像连衣服也撑不起来，然而白公之乱，令尹子西、司马子期都死于其中，叶公子高却引兵入楚，诛杀了白公，安定了楚国，行事如翻过手掌一样轻松自如，他的仁爱和功名，远扬于后世。所以，对于士，不要只去看他的高矮、壮弱、轻重，而要看他的志气如何。高矮大小、外形体貌的美丑，难道值得一谈吗？

【原文】 且徐偃王之状①，目可瞻焉；仲尼之状，面如蒙倛②；周公之状，身如断菑③；皋陶之状④，色如削瓜；闳夭之状⑤，面无见肤；傅说之状⑥，身如植鳍⑦；伊尹之状⑧，面无须麋⑨。禹跳，汤偏。尧、舜参牟子⑩从者将论志意⑪，比类文学邪？直将差长短，辨美恶，而相欺傲邪？

【注释】 ①徐偃王：西周时徐国国君。传说其目只能仰视，可以看到自己的额头，但却不能俯视。②倛：古代打鬼驱疫时戴的面具。这里指孔子的长相很凶。③菑：立着的枯树。④皋陶：上古人名，相传是舜的司法官。⑤闳夭：周文王的大臣，曾设计使纣释放了因于羑里的文王，后来辅佐武王灭纣。⑥傅说：人名，曾是为人筑墙的工匠，后为殷王武丁的大臣。⑦身如植鳍：身上好像长了鱼鳍一样。这里指驼背。⑧伊尹：商汤王的大臣。⑨须麋：同"须眉"，即胡子眉毛。⑩参：相参。这里指有两个瞳仁。牟：通"眸"。这里指瞳仁。⑪从者：指荀况的学生。一说指"学者"。

【译文】 况且，徐偃王的眼睛只能朝上看不能朝下看；孔子脸长得如傩神；周公瘦得好像立着的枯树干；皋陶脸色青绿，如同削去皮的瓜；闳夭满脸胡须，见不到皮肤；傅说是个驼背；伊尹脸上没有胡须眉毛。禹瘸着走路，汤半身不遂，尧和舜都有两个瞳仁。你们是论意志，比学识呢？还是比高矮，看美丑，互相欺骗、互相傲视呢？

【原文】 古者桀、纣长巨姣美，天下之杰也，筋力越劲，百人之敌也。然而身死国亡，为天下大僇①，后世言恶则必稽焉②。是非容貌之患也，闻见之不众，论议之卑尔。

【注释】 ①僇：耻辱。②稽：考察，指以之为借鉴。

【译文】 古时候的桀和纣，身材高大俊美，是天下相貌超群的人物，身手敏捷有力，能抵御百人。然而最后落得身死国亡，为天下人羞辱，后代的人谈到恶人，一定要以他们为例。这不是容貌带来的祸患，而是由于他们见识浅陋，思想境界卑下造成的。

【原文】 今世俗之乱君，乡曲之儇子①，莫不美丽姚冶，奇衣妇饰，血气态度拟于女子；妇人莫不愿得以为夫，处女莫不愿得以为士，弃其亲家而欲奔之者，比肩并起。然而中君羞以为臣，中父羞以为子，中兄羞以为弟，中人羞以为友，俄则束乎有司而戮乎大市②，莫不呼天啼哭，苦伤其今而后悔其始，是非容貌之患也，闻见之不众，论议之卑尔！然则从者将孰可也？

【注释】 ①儇子：轻薄巧慧的男子。②俄：不久，一会儿。这里指有朝一日。束乎有司：被司法机关逮捕。

【译文】 如今世俗不安分的乱民，乡村中的轻薄子，个个都美丽妖艳，穿着奇装异服，打扮如女人一般，性格态度柔弱也似女人；妇女们没有不想找他们做丈夫的，姑娘们没有不想找他们做未婚夫的，抛弃自己的家庭而与之私奔的，一个接一个。然而为君的却羞于让这样的人成为自己的臣下，为父的却羞于让这样的人成为自己的儿子，为兄的却羞于让这样的人成为自己的弟弟，一般人却羞于以这种人为朋友，有朝一日，这种人就会被官府囚禁，在闹市中被处死，个个哭叫连天，悲痛今日，而后悔当初。这并不是容貌造成的祸患，而是由于他们见识浅陋，思想境界卑下造成的。那么你们认为怎样做才是对的呢？

【原文】 人有三不祥：幼而不肯事长，贱而不肯事贵，不肖而不肯事贤，是人之三不祥也。人有三必穷：为上则不能爱下，为下则好非其上，是人之一必穷也；乡则不若①，偝则谩之②，是人之二必穷也；知行浅薄，曲直有以相县矣③，然而仁人不能推，知士不能明，是人之三必穷也。人有此三数行者，以为上则必危，为下则必灭。《诗》曰："雨雪瀌瀌，宴然聿消。莫肯下隧，式居屡骄④。"此之谓也。

【注释】 ①乡：通"向"，面对面。若：顺。②偝：背后，私下。谩：毁谤。③曲直：能与不能，指才能上差别甚远。④"雨雪"四句：此处引诗见《诗经·小雅·角弓》。雨雪，下雪。瀌瀌，雪大的样子。宴然，日出和暖的样子。宴，通"暖"，日出。聿消，自消。隧，通"坠"。这里指退位。式，语助词。居，占据。

【译文】 人有三件不祥之事：年轻而不肯侍奉年长的，地位低而不肯侍奉地位高的，才智驽钝而不肯侍奉贤能之士，这是人的三种不祥。人在三种情况下一定会处于困境：做君主的不爱护臣下，做臣子的喜欢非难君主，这是第一种情况；当面不顺从，背后毁谤别人，这是第二种情况；知识品行浅薄，才能又与贤人差得很远，却又不能推举仁人、尊崇智士，这是第三种情况。人如果有这三种情况所说的种种行为，做君主就一定会危险，做臣子就一定会灭亡。《诗经》上说："大雪纷纷扬扬地下，太阳出来一照就融化了。可是有人却不从位置上退下，反而占据着高位，傲视别人。"说的就是这种情况。

【原文】 人之所以为人者，何已也①？曰：以其有辨也②。饥而欲食，寒而欲暖，劳而欲息，好利而恶害，是人之所生而有也，是无待而然者也③，是禹、桀之所同也。然则人之所以为人者，非特以二足而无毛也，以其有辨也。今夫狌狌形笑④，亦二足而无毛也，然而君子啜其羹，食其胾⑤。故人之所以为人者，非特以其二足而无毛也，以其有辨也。夫禽兽有父子而无父子之亲，有牝牡而无男女之别⑥。故人道莫不有辨。

【注释】 ①已：同"以"，由于。②辨：指上下、贵贱、长幼、亲疏的等级区分。③无待而然者：指自然拥有的，不需要后天学习就有的天性。④狌狌：猩猩。形笑：当为"形状"。⑤胾：块状的肉。⑥牝：雄性动物。牡：雌性动物。

【译文】 人之所以为人,是因为什么呢?答:因为人能辨别上下、贵贱、长幼、亲疏等等级秩序。饿了想吃,冷了想暖,累了想休息,喜欢好处而讨厌祸害,这是人天生就有、不需要学习就具备的本性,是大禹和夏桀都有的人性。这样说来,人之所以为人,不只是因为人长了两只脚,身上没有毛,而是因为人能分辨等级秩序。猩猩的样子也是长了两只脚,脸上没有毛,但是人却能喝它的汤,吃它的肉。所以人之所以为人,不只是因为人长了两只脚,身上没有毛,而是因为人能分辨等级秩序。禽兽也有父子关系但却没有父子亲情,有雌雄而没有男女之别。所以人类社会的根本在于有各种等级的区别。

【原文】 辨莫大于分①,分莫大于礼,礼莫大于圣王。圣王有百,吾孰法焉?故曰:文久而灭②,节族久而绝③,守法数之有司极而襃④。故曰:欲观圣王之迹,则于其粲然者矣⑤,后王是也。彼后王者,天下之君也,舍后王而道上古,譬之是犹舍己之君而事人之君也。故曰:欲观千岁则数今日⑥,欲知亿万则审一二,欲知上世则审周道⑦,欲知周道则审其人所贵君子。故曰:以近知远,以一知万,以微知明⑧,此之谓也。

【注释】 ①分:名分。②文:礼法制度。③节族:节奏,乐的节奏。族,通"奏"。④极:久远。襃:废弛,松弛。⑤粲然:明白、清楚的样子。⑥数:考察。⑦周道:周朝的治国原则,即所谓文武周公之道。一说指完备的道路。此处取前说。审周道体现了荀子的"法后王"思想。⑧微:微弱,细小。明:明显,广大。

【译文】 分辨等级秩序最重要的在于等级名分,等级名分最重要的在于礼,而礼最重要的是制定它的圣王。有人问:圣王有数百个,我仿效谁呢?答:时间长了礼法制度就会湮灭,时间久了乐的节奏就会失传,年代久远了主管礼法的官吏也会松弛懈怠。所以说:想知道圣王的遗迹,就要去看那些保存清楚明白的,也就是后王的治国之道。后王是天下的君主,放弃后王而颂扬上古的君主,这就如同放弃自己的君主而侍奉别人的君主一样。所以说:想知道千年之远的事,就要看现在,想知道亿万,要先从一二数起,想知道上古的事,就要考察周代的治国制度,想知道周代的治国制度,就要考察它重视哪些君子。所以说:从近代的可以推知远古的,从一可以知道万,从细微之处可以知道事情的广大,说的就是这个意思。

【原文】 夫妄人曰①:"古今异情,其所以治乱者异道。"而众人惑焉。彼众人者,愚而无说,陋而无度者也②。其所见焉,犹可欺也,而况于千世之传也!妄人者,门庭之间,犹可诳欺也,而况于千世之上乎!

【注释】 ①妄人:无知妄为的人。②度:测度,考虑。

【译文】 有些愚妄的人说:"古今情况不同,所用来治理天下的道也是不同的。"众人被这种话迷惑而相信了它。那些众人,愚昧而不能辩说,浅陋而不能测度。亲眼目睹的事,都能被欺骗,更何况千载相传之事!这些妄人,在日常生活中,尚且要进行欺诈、蒙骗,更何况对于那些千载之上,人所不能见的事情?

【原文】 圣人何以不可欺？曰：圣人者，以己度者也①。故以人度人，以情度情，以类度类，以说度功，以道观尽，古今一也。类不悖，虽久同理，故乡乎邪曲而不迷③，观乎杂物而不惑，以此度之。

【注释】 ①以己度者：根据自己的经验去衡量古代的事情。②乡：通"向"，面向。邪曲：邪僻，不正。

【译文】 然而圣人为什么不会受骗呢？答：圣人是根据自己的经验去衡量古代的东西。根据人性去测度一个人，以常情去测度个别人的情感，根据事物的一般情况去衡量其中的个别事物，依据言论的内容来测度实际的功业，用道来观察一切事物，这古今都是一致的。只要同类事物不相背离，即使时间相隔很长，道理还是一样的，所以面对邪说歪理也不会迷乱，看到杂乱无章的事物也不会困惑，这就是因为按照这个道理推测一切事物的缘故。

【原文】 五帝之外无传人①，非无贤人也，久故也。五帝之中无传政，非无善政也，久故也。禹、汤有传政而不若周之察也，非无善政也，久故也。传者久则论略，近则论详。略则举大②，详则举小。愚者闻其略而不知其详，闻其小而不知其大也，是以文久而灭，节族久而绝。

【注释】 ①五帝：传说中的黄帝、颛顼、帝喾、尧、舜。②举：列举。大：大概。下文的"小"指细节。

【译文】 古代传下来的皇帝，除了五帝，就没有其他人了，这不是因为没有贤人，而是年代过于久远。五帝的政事，也都不传，不是因为没有善政，而是时间过于久远。禹、汤的政事有传下来的，但没有周代的详细，不是因为没有善政，而是因为时间太久的缘故。传说离得越远的，就越简略，传说离得越近的，就越翔实。简略的就只能列举其大概，翔实的则可以列举其细节。愚昧的人听到大概而不知其细节，听到细节而不知其大概。所以时间长了礼法制度就会湮灭，时间久了乐的节奏就会失传。

【原文】 凡言不合先王，不顺礼义，谓之奸言，虽辩，君子不听。法先王，顺礼义，党学者①，然而不好言，不乐言，则必非诚士也。故君子之于言也，志好之，行安之，乐言之。故君子必辩。凡人莫不好言其所善，而君子为甚。故赠人以言，重于金石珠玉；观人以言②，美于黼黻文章；听人以言，乐于钟鼓琴瑟。故君子之于言无厌③。鄙夫反是，好其实，不恤其文，是以终身不免坘污佣俗④。故《易》曰："括囊，无咎无誉⑤。"腐儒之谓也。

【注释】 ①党：亲近。②观人：当作"劝人"。③无厌：不厌倦。④坘污：卑污。佣俗：庸俗。佣，平庸。⑤"括囊"二句：括，结扎。囊，口袋。咎，过错。

【译文】 凡言说不合于先王之法，不顺乎礼义之道，就叫作奸言，虽然讲得头头是道，君子也不会听。效法先王之法，顺乎礼义之道，亲近学者，然而不好发于言论，不乐于谈论，这也不是真诚追求道的学者。所以君子对于辩说，一定是志之所好在此，行之所安在此，并以积极宣扬为乐。人都喜欢谈说自己崇尚的东西，君子尤其如此。所以赠人以善言,比金石珠玉更有价值;用善言劝勉人,比华丽的衣服色彩更美好;听从善言,比听钟鼓琴瑟之音还快乐。所以君子对于善言,津津乐道而从不厌倦。庸俗的人则与之相反,过于看重实际而不在乎文饰,所以终身不免低下、庸俗。《易经》上说:"扎紧口袋,无过失也无美誉。"说的就是那些陈腐无用的儒生。

【原文】 凡说之难①,以至高遇至卑,以至治接至乱。未可直至也,远举则病缪②,近世则病佣③。善者于是间也,亦必远举而不缪,近世而不佣,与时迁徙,与世偃仰④,缓急、嬴绌⑤,府然若渠匽、檃栝之于己也⑥,曲得所谓焉⑦,然而不折伤。

【注释】 ①说:这里指游说。②远举:援引上古之事。缪:荒谬,谬妄。③佣:庸俗,一般化。④偃仰:俯仰,高低。⑤嬴绌:这里是进退伸屈的意思。嬴,盈余,满。⑥府然:宽广包容的样子。渠匽:渠堰。匽,通"堰",渠坝。檃栝:矫正弯木的工具。⑦曲:委曲。

【译文】 游说之难,在于用最高的道理来劝说最卑劣的人,用先王治世的理论来劝说末世最混乱的君主。不可以直接去劝说,列举上古的事又担心谬妄不切于实际,列举近代的事又担心流于一般而不为人接受。善于游说的人于是取其中间。一定要做到引用远古的事但不流于谬妄,列举近世的事而不流于平庸,随着时代变迁而变迁,随着世事变化而变化,或慢或急,或伸或曲,都好像堤坝控制着水流,檃栝矫正弯木那样掌控着,曲尽其理,而又不挫伤别人。

【原文】 故君子之度己则以绳①,接人则用于枻②。度己以绳,故足以为天下法则矣。接人用枻,故能宽容,因众以成天下之大事矣③。故君子贤而能容罢④,知而能容愚,博而能容浅,粹而能容杂,夫是之谓兼术。《诗》曰:"徐方既同,天子之功⑤。"此之谓也。

【注释】 :
①绳:绳墨。②枻:通"枻",船桨,接人上船之物,引申为引导。③因众:依靠众人。④罢:同"疲",指才劣之人。⑤"徐方"两句:此处引诗见《诗经·大雅·常武》。徐方,古代偏远地区的一个国名,在今淮河流域中下游地区。

【译文】 所以君子严于律己,好像用绳墨量木材,对待别人,就应该用引导的方法,这就像用舟楫接引人上船,这样才能做到宽广包容,依靠众人而成天下之大事。所以君子自己贤能却能包容才劣之人,自己智慧却能包容愚钝之人,自己广博却能包容浅陋之人,自己专精却能包容知识驳杂之人,这就是兼容之道。《诗经》说:"徐族的人已经统一了,这是天子的功劳啊。"说的就是这个意思。

【原文】 谈说之术:矜庄以莅之①,端诚以处之②,坚强以持之,譬称以喻之,分别以明之,欣骥芬芗以送之③,宝之,珍之,贵之,神之。如是则说常无不受。虽不说人,人莫不贵。夫是之谓能贵其所贵。传曰:"唯君子为能贵其所贵。"此之谓也。

【注释】 ①矜庄:庄重、严肃。莅:临。②端诚:正直真诚。③欣骥芬芗:指和气。骥,通"欢"。芗,通"香"。

【译文】 说服的方法:要以庄重严肃、正直真诚的态度对待人,坚持不懈地说服别人,用比喻的方法启发人,通过分析使之明白是非同异,和蔼地把自己的思想传达给别人,自己一定要珍爱、宝贵、重视、崇信自己的学说,这样所讲的就没有不被别人接受的。即使沉默不说,别人也都会尊重他。这就叫能让自己所宝贵的学说得到重视。古书上说:"只有君子才能让自己所宝贵的学说得到重视。"说的就是这个意思。

【原文】 君子必辩。凡人莫不好言其所善,而君子为甚焉。是以小人辩言险而君子辩言仁也。言而非仁之中也①,则其言不若其默也,其辩不若其呐也②;言而仁之中也,则好言者上矣,不好言者下也。故仁言大矣。起于上所以道于下,政令是也;起于下所以忠于上,谋救是也。故君子之行仁也无厌。志好之,行安之,乐言之。故言君子必辩。小辩不如见端③,见端不如见本分。小辩而察,见端而明,本分而理,圣人、士君子之分具矣④。

【注释】 ①中:符合。②呐:拙于言辞。③小辩:辩说小事。端:头绪。④分:职分,分界。具:全备。

【译文】 君子一定要辩说。人都喜欢谈说自己崇尚的东西,君子尤其如此。所以小人宣扬的是邪恶,君子宣扬的是仁爱。言论与仁爱无关,那么他说话就不如不说,善辩还不如口齿笨拙;所言与仁爱有关,则以好说为上,以不好说为下。所以仁道之言的意义很重大。发自君主,用来引导人民的言语,就是政令;出自臣子,忠于君主的言论,就是谏救。所以君子对于仁的践行从不厌倦。一定是志之所好在此,行之所安在此,并以积极宣扬为乐。所以说君子一定是好辩说的。辩说小事,不如把握好事情的头绪,把握好事情的头绪,不如抓住根本。辩说小事能够精察,抓住头绪能够明白,抓住了尊卑上下的根本就能得到辩说的根本意义。圣人、士君子所应有的作用全在于此。

【原文】 有小人之辩者,有士君子之辩者,有圣人之辩者。不先虑,不早谋,发之而当,成文而类,居错迁徙①,应变不穷,是圣人之辩者也。先虑之,早谋之,斯须之言而足听②,文而致实,博而党正③,是士君子之辩者也。听其言则辞辩而无统④,用其身则多诈而无功⑤,上不足以顺明王,下不足以和齐百姓,然而口舌之均⑥,噡唯则节⑦,足以为奇伟偃却之属⑧,夫是之谓奸人之雄。圣王起,所以先诛也。然后盗贼次之。盗贼得变,此不得变也。

【注释】 ①居错:举措,举用或废置。居,读为"举"。错,置。迁徙:变动,变化。②斯须:片刻,一会儿。③党:同"谠",正直。④无统:没有要领。⑤用其身:任用其人。⑥均:调也。这里指说话动听、口舌调均。⑦噡唯:语言或多或少。噡,多言。唯,少言。⑧奇伟:夸大。偃却:同"偃蹇",高傲。

【译文】 有小人之辩说,有士君子之辩说,有圣人之辩说。事先不思考,不提早谋划,说出来就很恰当,而自与理暗合,说出的话秩然有文采、有体系,无论情况怎样千变万化,都能应变不穷,这是圣人的辩说。事先经过考虑,提前谋划过,仓促之间说出的话也能有足够的力量打动人,说出的言论有文采而又质朴平实,渊博而又正直,这是士君子的辩说。听他的言论虽然振振有词但却没有要领,任用他则多狡诈而没有成就,上不足以顺事贤明的君主,下不足以和谐百姓,然而却说话动听,言谈或多或少都很适当,完全可以称之为骄傲自大之流,这种人可称之为奸雄。圣王出现,一定要先诛杀此等人,而盗贼还在其次。因为盗贼尚且可以得到改变,而这种奸人却不会变。

王　制

【题解】

本篇是集中体现荀子政治思想的重要文章。文章通过论述王与霸、安存与危亡等政治状况和"王者""霸者""强者"的区别,提出了实行王道的主张,并列举了政治纲领、策略措施、用人方针、听政方法、管理制度、官吏职事等各项举措:政治制度方面,强调"隆礼义",以等级名分确立统治秩序;任用人才方面,尚贤任能,破格提拔,奖功罚罪,加强集权;发展经济方面,提倡重视农耕,保护山林湖泽,加强物资流通。

文中提出了"一天下"的主张,描绘了结束分裂割据、建立统一国家的理想图景,符合历史发展的趋势。在推崇"王道"的同时,对"霸道"也给予了肯定,初步透露了对法家思想的借鉴。此外,荀子看到了统治者与人民的矛盾关系,提出"水则载舟,水则覆舟"的启示,具有可贵的民本思想。

【原文】 请问为政?

曰:贤能不待次而举,罢不能不待须而废①,元恶不待教而诛②,中庸民不待政而化。分未定也则有昭缪③。虽王公士大夫之子孙也,不能属于礼义④,则归之庶人。虽庶人之子孙也,积文学⑤,正身行,能属于礼义,则归之卿相士大夫。故奸言、奸说、奸事、奸能、遁逃反侧之民⑥,职而教之⑦,须而待之⑧,勉之以庆赏,惩之以刑罚,安职则畜,不安职则弃。五疾⑨,上收而养之,材而事之,官施而衣食之,兼覆无遗。才行反时者死无赦。夫是之谓天德⑩,王者之政也。

【注释】 ①罢:同"疲",指没有德才的人。须:须臾,片刻。②元恶:罪魁祸首。③昭缪:古代宗法制度用以分别上下辈分的宗庙或墓地排列次序:始祖居中;二世、四世、六世位于始祖的左方,称昭;三世、五世、七世位于右方,称穆。缪,通"穆"。④属于:符合于。⑤文学:指文献典籍。⑥反侧:不安分守己。⑦职:事,指安置工作。⑧须:等待。⑨五疾:五种残疾,即哑、聋、瘸、骨折、侏儒。⑩天德:至高的德行。

【译文】 请问怎样治理国家?

回答说:对于德才兼备的人,不墨守级别次序而破格提拔;对于无德无能的人要立刻罢免;对于罪魁祸首,不需教育而立即处决;对于普通民众,不靠强制的政令而进行教育感化。名分没有确定时,就应该像宗庙的昭穆那样划分出次序来。即使是帝王公侯士大夫的子孙,如果不合乎礼义,就把他们归入平民。即使是平民的子孙,如果积累了文化知识，端正了行为，能合乎礼义，就把他们归入卿相士大夫。对于那些散布邪恶言论、鼓吹邪恶学说、从事邪恶行为、具备邪恶本领、四处流窜而不守本分的人，就强制劳役进行教育，静待他们转变；用奖赏去激励他们，用刑罚去惩处他们；安心工作的就留用，不安心工作的就流放出去。对患有五种残疾的人，君主收留并养活他们，根据其才能安排工作，由官府供给衣食，全部加以照顾而不遗漏一个人。对那些用才能和行为来反对现行制度的人，坚决处死决不赦免。这就是最高的德行，是成就帝王之业所应采取的政治措施。

【原文】　听政之大分①：以善至者待之以礼，以不善至者待之以刑。两者分别则贤不肖不杂，是非不乱。贤不肖不杂则英杰至，是非不乱则国家治。若是，名声日闻，天下愿，令行禁止，王者之事毕矣。凡听：威严猛厉而不好假道人②，则下畏恐而不亲，周闭而不竭，若是，则大事殆乎弛，小事殆乎遂③。和解调通，好假道人而无所凝止之④，则奸言并至，尝试之说锋起⑤，若是，则听大事烦⑥，是又伤之也。故法法而不议，则法之所不至者必废。职而不通，则职之所不及者必队⑦。故法而议，职而通⑧，无隐谋，无遗善，而百事无过，非君子莫能。故公平者，职之衡也；中和者，听之绳也。其有法者以法行，无法者以类举，听之尽也；偏党而无经，听之辟也⑨。故有良法而乱者有之矣；有君子而乱者，自古及今，未尝闻也。传曰："治生乎君子，乱生乎小人。"此之谓也。

【注释】　①大分：要领，关键。②假道：待人宽容。假，宽容。道，由，从。③遂：通"坠"，失落。④凝止：有限度。凝，止定。⑤锋：通"蜂"。⑥听大：所听太多。⑦队：同"坠"。⑧职：当是"听"字之误。⑨辟：偏邪，不公正。

【译文】　处理政事的要领是：对那些心怀好意而来的人，就以礼相待；对那些心怀恶意而来的人，就用刑罚对待。这两种情况能区别开来，那么有德才的人和没有德才的人就不会混杂在一起，是非也就不会混淆不清。有德才的人和没有德才的人不混杂，那么英雄豪杰就会到来；是非不混淆，那么国家就能得到治理。像这样，名声就会一天天显赫，天下就会仰慕向往，就能做到有令必行、有禁必止，这样，圣王的事业也就完成了。凡在朝廷上听政的时候：如果威武严肃、凶猛刚烈而不喜欢宽容别人，那么臣下就会恐惧而不敢亲近，隐瞒真情而不畅所欲言，那么大事恐怕会废弛，小事也将落空。如果过于随和，喜欢宽容诱导，顺从别人而无限度，那么奸诈邪恶的言论就会丛生，各种试探性的说法就会群拥而起，这样，所听太杂，事务繁杂，同样也会对政事有害。所以制定了法律而不再讨论研究，那么法令没有涉及的事情就会被废弃不管。规定了各级官吏的职权范围而不彼此沟通，那么职权范围没有涉及的地方就会漏空。所以制定了法律而又加以讨论研究，规定了官吏的职权范围而又彼此沟通，那就不会有隐藏的图谋，不会有遗漏的善行，而各种工作也就不会失误，若非君子是不能做到这样的。公正是处理政事的原则；宽严适中是处理政事的准绳。那些有法律依据的就按照法律来办理，没有法律条文可遵循的就按法令以类相推来办理，这是处理政事的最佳措施。偏袒而无原则，是处理政事的歧途。所以，有了完善的法制而产生动乱是出现过的；有了德才兼备的君子而国家动乱，从古到今还不曾听说过。古书上说:"国家的安定是由于君子,国家的动乱则来自小人。"说的就是这个道理。

【原文】 分均则不偏①,势齐则不壹,众齐则不使。有天有地而上下有差,明王始立而处国有制。夫两贵之不能相事,两贱之不能相使,是天数也。势位齐而欲恶同,物不能澹则必争②;争则必乱,乱则穷矣。先王恶其乱也,故制礼义以分之,使有贫富贵贱之等,足以相兼临者③,是养天下之本也。《书》曰:"维齐非齐④。"此之谓也。

【注释】 ①偏:部属。这里用作动词,表示上下的统属关系。②澹:通"赡",满足。③相兼临:全面进行统治。④维齐非齐:引文见《尚书·吕刑》,本义为"要整齐不整齐的东西"。但荀子引此句是表示要上下齐一,就必须有等级差别。

【译文】 名分等级拉平了就不能有所统属,势位权力相同了就难以统一,大家平等了就无法役使。自从有了天地就有了上和下的差别;贤明的君主一登上王位,治理国家就有了一定的等级制度。同样高贵的两个人不能互相侍奉,同样卑贱的两个人不能互相役使,这是必然的现象。人们的权势地位相等,爱好与厌恶也必相同,而财物不能满足需要,就肯定会发生争夺;相争一定会引起混乱,社会混乱就会导致国家危机。古代的圣明君王痛恨这种混乱,所以制定了礼义来加以区分,使人们有贫穷与富裕、高贵与卑贱的差别,使自己能够凭借这些差别来全面统治他们,这是治理天下的根本原则。《尚书》上说:"要做到整齐划一,关键在于不整齐划一。"说的就是这个道理。

【原文】 马骇舆则君子不安舆;庶人骇政则君子不安位。马骇舆则莫若静之;庶人骇政则莫若惠之。选贤良,举笃敬,兴孝弟①,收孤寡②,补贫穷,如是,则庶人安政矣。庶人安政,然后君子安位。传曰:"君者,舟也;庶人者,水也。水则载舟,水则覆舟。"此之谓也。

【注释】 ①弟:同"悌"。②孤寡:少而无父者谓之孤,老而无夫者谓之寡。

【译文】 驾车的马受惊狂奔,那么君子就不能稳坐车上;百姓被苛政惊扰,那么君子就不能稳坐江山。驾车的马受惊,最好的办法就是让它安静下来;百姓被苛政惊扰,最好的办法就是给他们恩惠。选用贤良之人,提拔忠厚恭谨之人,提倡孝顺父母、敬爱兄长,收养孤儿寡妇,资助贫穷的人,像这样,百姓就服从统治了。百姓服从统治,然后君子的统治地位才能稳固。古书上说:"君王好比船;百姓好比水。水能浮起船,也能掀翻船。"说的就是这个道理。

【原文】 故君人者,欲安则莫若平政爱民矣,欲荣,则莫若隆礼敬士矣,欲立功名则莫若尚贤使能矣,是君人者之大节也。三节者当,则其余莫不当矣;三节者不当,则其余虽曲当,犹将无益也。孔子曰:"大节是也,小节是也,上君也。大节是也,小节一出焉,一入焉,中君也。大节非也,小节虽是也,吾无观其余矣。"

【译文】 所以统治人民的君主,要想安定,就没有比公平执政、爱护人民更好的了,要想显荣,就没有比尊崇礼义、敬重士人更好的了,要想建立功名,就没有比推崇贤良、任用能人更好的了。这些是当君主的关键。这三个关键都做得恰当,那么其余的就没有什么不当了。这三个关键做得不恰当,那么其余的即使处处恰当也于事无补,孔子说:"大的方面对,小的方面也对,这是上等的君主;大的方面对,小的方面有些出入,这是中等的君主;大的方面错了,小的方面即使对,我不必再看其余的也知道这是下等的君主了。"

【原文】 成侯、嗣公①,聚敛计数之君也,未及取民也;子产②,取民者也,未及为政也;管仲③,为政者也,未及修礼也。故修礼者王,为政者强,取民者安,聚敛者亡。故王者富民,霸者富士,仅存之国富大夫,亡国富筐箧,实府库。筐箧已富,府库已实,而百姓贫,夫是之谓上溢而下漏,入不可以守,出不可以战,则倾覆灭亡可立而待也。故我聚之以亡,敌得之以强。聚敛者,召寇、肥敌、亡国、危身之道也,故明君不蹈也。

【注释】 ①成侯:战国时卫国国君,名遬(或作不逝),公元前 361~前 333 年在位。嗣公:即卫嗣君(秦贬其号曰"君"),卫国国君,卫成侯之孙,公元前 324~前 283 年在位。②子产:姓公孙,名侨,春秋时郑国政治家,公元前 554 年为卿,公元前 543 年执政,在郑国实行改革,并推行法治。③管仲:春秋时齐国政治家,曾辅佐齐桓公称霸诸侯,成为春秋时期第一个霸主。其主要言论和思想保留在《国语·齐语》和《管子》一书中。

【译文】 卫成侯、卫嗣公,是搜刮民财、工于算计的国君,没能做到取得民心;子产,是取得民心的人,却没能做到刑赏治国;管仲,是做到了刑赏治国的人,但没能做到推行礼义。做到礼义的能成就帝王之业,善于刑赏治国的能使国家强大,可以取得民心的能使国家安定,搜刮民财的会使国家灭亡。称王天下的君主使民众富足,称霸诸侯的君主使武士富足,勉强维持的国家使大夫富足,亡国的君主只装满了自己的筐子、箱子和朝廷的仓库。自己的筐子、箱子和仓库塞满了,而百姓则陷入贫困,这叫作上面满溢而下面漏空。这样的国家,内不能防守,外不能出战,那么它的灭亡将立刻到来。自己搜刮民财以致灭亡,敌人得到这些财物反而富强。搜刮民财,实是招致侵略、养肥敌人、灭亡本国、危害自身的道路,所以贤明的君主是不走这条路的。

【原文】 王夺之人①,霸夺之与,强夺之地。夺之人者臣诸侯,夺之与者友诸侯,夺之地者敌诸侯。臣诸侯者王,友诸侯者霸,敌诸侯者危。

【注释】 ①夺之人:争取人心。夺,夺取,争取。

【译文】 成帝王之业的争取民众,称霸诸侯的争取友邦,以力服人的争夺土地。争取民众的可以使诸侯臣服,争取友邦的可以使诸侯为友,争夺土地的会使诸侯敌对。使诸侯臣服的能称王天下,同诸侯友好的能称霸诸侯,和诸侯为敌的就危险了。

【原文】 用强者,人之城守,人之出战,而我以力胜之也,则伤人之民必甚矣。伤人之民甚,则人之民恶我必甚矣;人之民恶我甚,则日欲与我斗。人之城守,人之出战,而我以力胜之,则伤吾民必甚矣。伤吾民甚,则吾民之恶我必甚矣;吾民之恶我甚,则日不欲为我斗。人之民日欲与我斗,吾民日不欲为我斗,是强者之所以反弱也。地来而民去,累多而功少,虽守者益,所以守者损,是大者之所以反削也。诸侯莫不怀交接怨而不忘其敌,伺强大之间,承强大之敝①,此强大之殆时也。知强大者不务强也,虑以王命全其力。凝其德。力全则诸侯不能弱也,德凝则诸侯不能削也,天下无王霸主②则常胜矣。是知强道者也。

【注释】 ①敝:疲惫,衰败。②此处"王"为衍字。

【译文】 单纯依靠强大武力的君主,对方或者据城坚守,或者出城迎战,而我方却想用武力去战胜他们，那么对方的百姓必然受到严重伤害。对方的百姓受到严重伤害，那么必然极其仇恨我方。极其仇恨我方，就会天天想和我方战斗。对方或者据城坚守，或者出城迎战，而我方却想用武力去战胜他们，那么本国百姓必然受到严重伤害。本国百姓受到严重伤害，那么必然极其仇恨我方。极其仇恨我方，那就天天不想为我方战斗。对方的百姓天天想和我战斗，我方的百姓越来越不愿为我战斗，这就是强国反而变弱的原因。夺来土地而失却民心，负累增多而功效甚少，虽然需要守卫的土地增加了，但用来守卫土地的人却减少了，这就是大国反而被削弱的原因。诸侯无不互相结交，心怀怨恨而不忘记他们的共同敌人，他们窥伺强国的破绽，趁其疲弊来进攻，这就是强国的危险时刻了。懂得强大之道的君主不单纯倚仗武力强大，而是以王天下为自己的使命，使自己实力强大，威望巩固。实力强大了，各国诸侯就不能削弱它，威望巩固了，各国诸侯就不能损害它，天下不恃称霸的君主，才能常胜。这是懂得强大之道的君主。

【原文】　彼霸者不然。辟田野，实仓廪，便备用①，案谨募选阅材伎之士②，然后渐庆赏以先之③，严刑罚以纠之。存亡继绝，卫弱禁暴，而无兼并之心，则诸侯亲之矣；修友敌之道以敬接诸侯④，则诸侯说之矣⑤。所以亲之者，以不并也，并之见则诸侯疏矣⑥；所以说之者，以友敌也，臣之见则诸侯离矣。故明其不并之行，信其友敌之道，天下无王，霸主则常胜矣⑦。是知霸道者也。

【注释】　①便：使……便于使用，改进。备用：兵革器具。②案：语助词，无实义。阅：容纳。伎：技能。③渐：加重。先：引导。④敌：对等。⑤说：同"悦"。⑥见：同"现"。⑦霸主：应为衍字。

【译文】　那些奉行霸道的君主就不是这样。他开垦田地，充实粮仓，改进设备器用，严格谨慎地招募、选拔、接纳有才能技艺的士人，然后用重赏来诱导他们，用严刑来约束他们；使将要灭亡的国家能存在下去，使灭亡了的国家的后代能继续祭祀祖先，保护弱小的国家，制止残暴的国家，却无吞并别国的野心，那么各诸侯国就会亲附；遵行友好平等的原则去恭敬地对待各诸侯国，那么各诸侯国就会悦服。各诸侯国之所以亲附，是因为自己不吞并别国，如果吞并的野心暴露出来，那么各诸侯国就会疏远。各诸侯国之所以悦服，是因为自己遵行友好平等的原则；如果使臣服诸侯的意图暴露出来，那么各国诸侯就会背离。所以，表明自己并无吞并别国的念头，信守友好平等的原则，天下如果没有成就王业的君主，这奉行霸道的君主就能常胜了。这是懂得称霸之道的君主。

【原文】　闵王毁于五国①，桓公劫于鲁庄②，无它故焉，非其道而虑之以王也。

【注释】　①闵王：即齐闵王，或作齐湣王、齐愍王，战国时齐国国君，他在位时齐国曾一度强盛，也曾被燕、秦、魏、韩、赵等五国打败。②桓公劫于鲁庄：桓公五年（公元前681年），齐桓公与鲁庄公在柯订立盟约，庄公之臣曹沫以匕首胁迫齐桓公归还鲁国被齐国所侵占的领土汶阳之田，齐桓公只得答应。后人大多认为此事出于战国人杜撰。桓公，齐桓公，春秋时齐国国君。鲁庄，即鲁庄公，春秋时鲁国国君。

【译文】　齐闵王被五国联军击败，齐桓公被鲁庄公的臣子劫持，没有其他的原因，就是因为他们实行的不是王道却想以此来称王。

【原文】 彼王者不然，仁眇天下①，义眇天下，威眇天下。仁眇天下，故天下莫不亲也；义眇天下，故天下莫不贵也；威眇天下，故天下莫敢敌也。以不敌之威，辅服人之道，故不战而胜，不攻而得，甲兵不劳而天下服，是知王道者也。知此三具者②，欲王而王，欲霸而霸，欲强而强矣。

齐桓公像

【注释】 ①眇：高。②三具：指上文所述或强、或霸、或王的条件。具，条件。

【译文】 那些奉行王道的君主就不是这样。他的仁德高于天下，道义高于天下，威严高于天下。仁德高于天下，所以天下没有人不亲近他。道义高于天下，所以天下没有人不尊重他。威严高于天下，所以天下没有谁敢与其为敌。拿不可抵挡的威严辅助使人心悦诚服的仁义之道，那么无须战斗即可胜利，不必进攻就能得到，不用一兵一甲而使天下归服，这是懂得称王之道的君主。懂得了这三种条件的君主，想要称王就能称王，想要称霸就能称霸，想要致强就能致强。

【原文】 王者之人①：饰动以礼义②，听断以类③，明振毫末，举措应变而不穷。夫是之谓有原。是王者之人也。

【注释】 ①人：指君主及其大臣。②饰：通"饬"，整饬。③听断：处理决断事情。

【译文】 能够成就王业的人：都是能用礼义来约束行为，能遵照法度来处理政事，明察秋毫，能随各种变化采取相应措施而不会束手无措。这叫作掌握了政事的根本。这就是能够实现王道的人。

【原文】 王者之制：道不过三代，法不贰后王①。道过三代谓之荡②，法贰后王谓之不雅③。衣服有制，宫室有度，人徒有数④，丧祭械用皆有等宜，声则凡非雅声者举废，色则凡非旧文者举息，械用则凡非旧器者举毁。夫是之谓复古。是王者之制也。

【注释】 ①贰：背离，违背。②荡：荒远，引申为渺茫。③不雅：不正。④人徒：仆役随从。

【译文】 奉行王道的君主所实行的制度是：奉行的政治原则不超出夏、商、周三代，实行的法度不背离当代的帝王。政治原则超过了三代就太渺茫，法度背离了当代的帝王便叫作不正。不同级别的人着装各有规格，住房各有标准，侍从各有定数，丧葬祭祀用的器具各有等级，音乐凡不合正声的全部废除，色彩凡不合乎原色的全部禁止，器具凡不合旧制的全部毁弃。这就是复古。这就是奉行王道的君主所实行的制度。

【原文】 王者之论①：无德不贵，无能不官，无功不赏，无罪不罚，朝无幸位，民无幸生，尚贤使能而等位不遗；折愿禁悍而刑罚不过②。百姓晓然皆知夫为善于家而取赏于朝也，为不善于幽而蒙刑于显也。夫是之谓定论。是王者之论也。

【注释】 ①论：通"伦"，等类，指用人的方针。②折：抑制。愿：通"傆"，狡诈。

【译文】 奉行王道的君主选用人的方针是：没有德行的不给他尊贵的位置，没有才能的不授予他官爵,没有功劳的不赐予他奖赏,没有罪过的不对他加以处罚。朝廷上没有侥幸获得官位的,百姓中没有触犯法律侥幸逃生的。崇尚贤德,任用才能,授予相适应的地位而无偏差;制裁狡诈,禁止凶暴,施加相适应的刑罚而不过分。使百姓都明白地知道:即使在家里行善修德,也能取得朝廷的奖赏;即使在暗地里为非作歹,也会在光天化日之下受到惩处。此乃公认的用人方针。这就是奉行王道的君主选用人的方法。

【原文】 王者之法[1]:等赋、政事[2],财万物[3],所以养万民也。田野什一,关市几而不征[4],山林泽梁以时禁发而不税[5]。相地而衰政[6],理道之远近而致贡,通流财物粟米,无有滞留,使相归移也[7]。四海之内若一家。故近者不隐其能,远者不疾其劳,无幽闲隐僻之国莫不趋使而安乐之[8]。夫是之谓人师[9],是王者之法也。

【注释】 ①王者之法:指具体的经济政策。原无"法"字,据上文体例补。②政:通"正",治。③财:通"裁",裁断。④几:检查。⑤泽梁:指代湖泊河流等可供发展渔业的内陆水域。泽,湖泊。梁,河堤。⑥衰:等差。政:通"征"。⑦归:通"馈",供给。移:运输流通。⑧无:即使。⑨人师:人们的表率、榜样。

【译文】 奉行王道的君主的经济政策是:规定好赋税等级,管理好民众事务,管理好万物,来养育亿万民众。农田征收十分之一的田税,关卡和集市只进行检查而不征税,山林湖堤按时封闭和开放而不收税。察看土地的肥瘠来区别征税数额,区分道路的远近来规定进贡数量。使财物和粮食及时流通而无积压,使各地互通有无彼此供给,四海之内就像一家人一样。所以附近的人不隐藏自己的才能,偏远的人不在乎奔走的劳苦,即使是遥远偏僻的国家也无不乐于前来归附并听从驱使。这种君主叫作民众的师表。这就是奉行王道的君主所实行的法度。

【原文】 北海则有走马吠犬焉,然而中国得而畜使之;南海则有羽翮、齿革、曾青、丹干焉[1],然而中国得而财之[2];东海则有紫、绤、鱼、盐焉[3],然而中国得而衣食之;西海则有皮革、文旄焉[4],然而中国得而用之。故泽人足乎木,山人足乎鱼,农夫不断削、不陶冶而足械用,工贾不耕田而足菽粟。故虎豹为猛矣,然君子剥而用之。故天之所覆,地之所载,莫不尽其美、致其用,上以饰贤良,下以养百姓,而乐安之。夫是之谓大神[5]。《诗》曰:"天作高山,大王荒之。彼作矣,文王康之[6]。"此之谓也。

【注释】 ①羽翮:指鸟类羽毛,可做装饰品。翮,鸟羽中间的茎状部分,中空透明。曾青:矿物质,铜的化合物,色青,可供绘画及熔化黄金。一说即碳酸铜。丹干:同"丹矸",硃砂,又叫丹砂,即硫化汞。②财:通"裁",指根据情况安排使用。③紫:读作"绨",细麻布。绤:读作"给",粗葛布。④文旄:指有花纹的牦牛尾。文,花纹,纹理。旄,古代用牦牛尾做装饰的旗子。⑤神:治。《荀子·儒效》:"尽善挟治之谓神。"⑥"天作"四句:引诗见《诗经·周颂·天作》。大王,太王,指古公亶父。文王,周文王。荒,大,名望增大。康,安定。

【译文】 北方有赛马和猎狗,而中原各国可以得到并畜养役使它们;南方有羽毛、象牙、犀牛皮、铜精、硃砂,而中原各国可以得到并利用它们;东方有粗细麻布、鱼、盐,而中原各国可以得到并以其为衣食;西方有皮革和色彩斑斓的牦牛尾,而中原各国可以得到并使用它们。所以渔民会有足够的木材，樵夫会有足够的鲜鱼，农民不必砍削、烧窑、冶炼而有足够的器具，工匠、商人不种地而有足够的粮食。虎、豹够凶猛了，但是君子能够剥下它们的皮来使用。所以天所覆盖的，地所承载的，无不充分发挥其效用，上可以展示君子的尊贵，下可以供养百姓使之安乐。这叫作大治。《诗经》上说："天生成了高大的岐山，太王使它名声增大；太王已经使它名声增大啊，文王又使它安定。"说的就是这个意思。

【原文】 以类行杂，以一行万，始则终，终则始，若环之无端也，舍是而天下以衰矣。天地者，生之始也；礼义者，治之始也；君子者，礼义之始也。为之，贯之，积重之，致好之者，君子之始也。故天地生君子，君子理天地。君子者，天地之参也[1]，万物之总也，民之父母也。无君子则天地不理，礼义无统，上无君师，下无父子，夫是之谓至乱。君臣、父子、兄弟、夫妇，始则终，终则始，与天地同理，与万世同久，夫是之谓大本。故丧祭、朝聘、师旅一也[2]。贵贱、杀生、与夺一也。君君、臣臣、父父、子子、兄兄、弟弟一也。农农、士士、工工、商商一也。

【注释】 ①参：参与，配合。指人有治天时、地财和社会的能力。参见《天论》。②朝聘：古时诸侯定期入都朝见天子。师旅：古时军队中的编制，泛指军队。

【译文】 按类别治理各种纷繁复杂的事物，用统一的法则去治理万事万物，从始到终，周而复始，就像圆环一样没有终端，如果舍弃了这个原则，那么天下就要衰败了。天地是生命的本源，礼义是治国的本源，君子是礼义的本源。制定礼义，推行礼义，培养礼义，到达爱好礼义的地步，是成为君子的本源。所以天地生养君子，君子治理天地。君子是与天地相参配的人，是万物的总管、百姓的父母。没有君子，天地就不能治理，礼义就没有头绪，上无君主、师长的尊严，下无父子之间的伦理道德，这就叫作大乱。君臣、父子、兄弟、夫妻之间的伦理关系，从始到终，从终到始，与天地有上下之分是相同的道理，与千秋万代一样长久，这叫作最大的本源。所以丧葬祭祀的礼仪、诸侯定期朝见天子的礼仪、军队中的礼仪，都是遵循同一道理。使人高贵或卑贱、将人处死或赦免、给人奖赏或处罚，都是遵循同一道理。君主要像个君主、臣子要像个臣子、父亲要像个父亲、儿子要像个儿子、兄长要像个兄长、弟弟要像个弟弟，其道理是一样的。农民要像个农民、读书人要像个读书人、工人要像个工人、商人要像个商人，都是遵循同一道理。

【原文】 水火有气而无生[1]，草木有生而无知，禽兽有知而无义，人有气、有生、有知，亦且有义，故最为天下贵也。力不若牛，走不若马，而牛马为用，何也？曰：人能群，彼不能群也。人何以能群？曰：分。分何以能行？曰：义。故义以分则和，和则一，一则多力，多力则强，强则胜物，故宫室可得而居也。故序四时，裁万物，兼利天下，无它故焉，得之分义也。故人生不能无群，群而无分则争，争则乱，乱则离，离则弱，弱则不能胜物，故宫室不可得而居也，不可少顷舍礼义之谓也。

【注释】 ①气：古代哲学概念，指构成宇宙万物的元素。

【译文】 水、火有气却没有生命，草木有生命却没有知觉，禽兽有知觉却不讲礼义，人有气、有生命、有知觉，而且讲究礼义，所以人在天下万物中最为尊贵。人的力气不如牛大。奔跑不如马快，但牛、马却被人役使，这是为什么呢？就是因为：人能结成社会群体，而它们不能。人为什么能结成社会群体？就是因为有等级名分。等级名分为什么能实行？就是因为有礼义。所以，按礼义确定名分人们就能和睦协调，和睦协调就能团结一致，团结一致力量就大，力量大了就强盛，强盛了就能战胜外物，所以人才有可能在房屋中安居。人能按照四季顺序管理好万事万物，使天下都受益，这并没有其他缘故，就是因为有名分和礼义。所以人要生存就不能没有社会群体，但结成了社会群体而没有等级名分的限制就会发生争夺，争夺就会产生动乱，产生动乱就会离散，离散就会削弱力量，力量弱了就不能胜过外物，所以也就不能在房屋中安居了，这就是说人不能片刻舍弃礼义。

【原文】 能以事亲谓之孝，能以事兄谓之弟，能以事上谓之顺，能以使下谓之君。君者，善群也①。群道当则万物皆得其宜，六畜皆得其长②，群生皆得其命。故养长时则六畜育，杀生时则草木殖，政令时则百姓一，贤良服。

【注释】 ①君者，善群也：这里用"群"字来解释"君"，以语音相近的字来解释字义，是我国古代训诂学中的"声训"传统，这种方法往往能揭示词汇间的同源现象。②六畜：六种家畜，即马、牛、羊、鸡、狗、猪。

【译文】 能够按礼义来侍奉父母的叫作孝，能够按礼义来侍奉兄长的叫作悌，能够按礼义来侍奉君主的叫作顺，能够按礼义来役使臣民的叫作君。所谓君，就是善于把人组织成社会群体的意思。组织社会群体的原则恰当，那么万物都能得到合宜的安排，六畜都能得到应有的生长，一切生物都能得到应有的寿命。所以养殖适时，六畜就生育兴旺，砍伐种植适时，草木就繁殖茂盛，政策法令适时，百姓就能统一，有德才的人就能悦服。

【原文】 圣王之制也，草木荣华滋硕之时则斧斤不入山林①，不夭其生，不绝其长也；鼋鼍、鱼鳖、鳅鳝孕别之时②，罔罟、毒药不入泽③，不夭其生，不绝其长也；春耕、夏耘、秋收、冬藏四者不失时，故五谷不绝而百姓有余食也；洿池、渊沼、川泽谨其时禁④，故鱼鳖优多而百姓有余用也；斩伐养长不失其时，故山林不童而百姓有余材也。

圣王之用也，上察于天，下错于地⑤，塞备天地之间，加施万物之上，微而明，短而长，狭而广，神明博大以至约。故曰：一与一⑥，是为人者，谓之圣人。

【注释】 ①荣华：草本植物开花叫"荣"，木本植物开花叫"华"。②鼋：大鳖，背青黄色，头有疙瘩，俗称癞头鼋。鼍：扬子鳄，俗称猪婆龙。鳝：同"鳝"。别：指离别母体，即生育。③罔：网。罟：网的通称。④洿池：蓄水的池塘。洿，停积不流的水。渊：深水潭。沼：水池。川：河流。泽：湖泊。⑤错：通"措"，采取措施。⑥与：通"举"，统率。

【译文】 圣明帝王的制度是：草木正在开花生长的时候，不准进山采伐，这是为了不妨害它们的生长和繁殖；鼋、鼍、鱼、鳖、泥鳅、鳝鱼等受孕产卵的时候，鱼网、毒药不准投入湖泽，这是为了不妨害它们的生长和繁殖；春天耕种、夏天锄草、秋天收获、冬天储藏，这四件事都不误时节，五谷就会不断生长而百姓便有余粮；池塘、水潭、河流、湖泊，严禁在规定时期内捕捞，鱼、鳖就会丰饶繁多而百姓便食之不尽；树木的砍伐与培植不误时节，山林就不会光秃秃的而老百姓便会有富余的木材。

圣明帝王的作用是：上能明察天时的变化，下能安排好土地的开发；其作用充满天地之间，施加到万物之上，隐微而又显著，短暂而又久长，狭窄而又广阔，圣明博大却又极为简约。所以说：以统一的礼义原则来统率一切事物的人，就叫作圣人。

【原文】　序官：宰爵知宾客、祭祀、飨食、牺牲之牢数①，司徒知百宗、城郭、立器之数②，司马知师旅、甲兵、乘白之数③。修宪命，审诗商④，禁淫声，以时顺修，使夷俗邪音不敢乱雅⑤，大师之事也⑥。修堤梁，通沟浍⑦，行水潦⑧，安水臧⑨，以时决塞，岁虽凶败水旱，使民有所耘艾⑩，司空之事也⑪。相高下，视肥硗⑫，序五种，省农功，谨蓄藏，以时顺修，使农夫朴力而寡能，治田之事也。修火宪，养山林薮泽草木鱼鳖百索⑬，以时禁发，使国家足用而财物不屈⑭，虞师之事也⑮。顺州里⑯，定廛宅⑰，养六畜，闲树艺⑱，劝教化，趋孝弟⑲，以时顺修，使百姓顺命，安乐处乡，乡师之事也⑳。论百工，审时事，辨功苦㉑，尚完利，便备用，使雕琢文采不敢专造于家，工师之事也㉒。相阴阳㉓，占祲兆㉔，钻龟陈卦㉕，主禳择五卜㉖，知其吉凶妖祥，伛巫、跛击之事也㉗。修采清㉘，易道路，谨盗贼，平室律㉙，以时顺修，使宾旅安而货财通，治市之事也。抃急禁悍㉚，防淫除邪，戮之以五刑㉛，使暴悍以变，奸邪不作，司寇之事也㉜。本政教，正法则，兼听而时稽之，度其功劳，论其庆赏，以时慎修，使百吏免尽而众庶不偷㉝，冢宰之事也。论礼乐，正身行，广教化，美风俗，兼覆而调一之，辟公之事也㉞。全道德，致隆高，綦文理㉟，一天下，振毫末，使天下莫不顺比从服，天王之事也。故政事乱则冢宰之罪也；国家失俗则辟公之过也；天下不一，诸侯俗反㊱，则天王非其人也。

【注释】　①宰爵：官名。掌管接待宾客、祭祀时供应酒食祭品等事务。宰，主管。爵，古代酒器。知：掌管。飨：用酒食招待人。牺牲：供祭祀用的牛、羊、猪等牲畜。牢：指祭祀的牲品。古代以猪、牛、羊三牲称作太牢。猪、羊二牲称为少牢。②司徒：官名，掌管民政与教化。③司马：官名，掌管军队。师旅：泛指军队。古代军制以二千五百人为师、五百人为旅。乘白：车马士兵。剩，四马一车为一乘。白，通"伯"，古代军队的编制，十人为什，百人为伯。④商：通"章"，乐章。⑤夷俗：指野蛮落后的风俗习惯。夷，古代对少数民族的蔑称。⑥大师：乐官之长。大，同"太"。⑦浍：田间的大沟渠。沟宽、深各四尺，浍宽、深各一丈六尺。⑧潦：积水。⑨臧：同"藏"，储藏之处。⑩艾：通"刈"，收割。⑪司空：主管农田水利工程的长官。⑫硗：土质坚硬而不肥沃。⑬百索：对山林薮泽的各种需求，如伐木、捕鱼之类。⑭屈：竭，尽。⑮虞师：管理山林湖泊的长官。⑯州里：周代二千五百家为州，二十五家为里。本为行政单位，此处泛指乡里。⑰廛宅：市场上的店铺叫"廛"，居民区的住所叫"宅"。⑱闲：学习。树艺：种植。栽植称"树"，播种称"艺"。⑲趋：敦促，促使。弟：同"悌"。⑳乡师：周代行政长官，一乡辖五州(一万二千五百家，参上注)。㉑功：精善。苦：通"盬"，粗劣。㉒工师：管理手工制造的长官。㉓阴阳：古代思想家认为，万物的构成皆有一对正反矛盾的基本元素，二者对立统一又此消彼长，谓之阴阳。天地、日月、昼夜、男女等等皆分属阴阳。万物的生成、变化、发展、衰落都取决于阴阳的转化，所以预测事物发展趋势就要观察阴阳。㉔占：观察征兆来预测吉凶。祲：象征不祥的云气。㉕钻龟：古代占卜之法，在龟底板上钻孔，烧烤钻孔处使其出现裂纹，根据裂纹预测吉凶。陈卦：古代占卜之法,用四十九根蓍草按一定的方式计算,把得出的奇数偶数作为阴阳符号,排列成卦,以此来推断吉凶。古人用卜和筮两种迷信方法推断吉凶,遇到大事先筮后卜。㉖禳:古代以祭祷来排除灾祸的一种迷信活动。择:选择吉日,古时祭祀、婚嫁、安葬等,均须选吉日而行。五卜:指占卜时龟板上出现的五种兆形,即雨兆(雨点状)、雾兆(云雾状)、蒙兆(阴云状)、驿兆(云气断而不连状)、克兆(云形交错状)。详见《尚书·洪范》。㉗击:读为"觋"。古代专职卜卦者,男称觋,女称巫。㉘采清:等于说"粪溷",粪坑、厕所的意思。采,即古"屎"字。清,通"圊",厕所。㉙室律:室,当是"质"之音误,贸易时买方抵押给卖方的代金券。因为它具有法律效力,所以称"质律"。㉚抌急:为"折愿"之误。㉛五刑:五种轻重不同的刑法,各时代内容不尽相同。古代以墨(脸上刺字后涂墨)、劓(割鼻)、剕(断脚)、宫(割掉生殖器)、大辟(砍头)为五刑。㉜司寇:主管司法的最高长官。㉝免:通"勉",努力。尽:指尽心。㉞辟公:诸侯。㉟綦文理:使礼义法度极为完善。㊱俗:通"欲"。

【译文】 说说官吏的职责:宰爵掌管接待宾客和祭祀时供给酒食和牺牲的数量,司徒掌管宗族的世系人口和城郭器械的数量,司马掌管军队和铠甲、兵器、车马、士兵的数量。修订法令,审查诗歌乐章,禁止淫邪的音乐,根据时势进行整顿,使蛮夷的风俗和淫邪的音乐不敢扰乱正声雅乐,这是太师的职责。修理堤坝桥梁,疏通沟渠,引水排涝,修固水库,根据时势来放水蓄水,即使是歉收或旱涝不断的凶年,也能使民众能够耕耘而有所收获,这是司空的职责。观察地势的高低,识别土质的肥沃与贫瘠,合理安排各种农作物的种植季节,检查农事,认真储备,根据时势进行整顿,使农民朴实勤劳地耕作而不旁骛,这是农官的职责。制订防火的条令,养护山林、湖泊中的草木、鱼鳖,对于人们的各种需求,按照时节来禁止或开放,使国家有足够用的物资而不匮乏,这是虞师的职事。和顺乡里,划定店铺与民居的区域,使百姓饲养六畜、熟习种植,鼓励人们接受教育感化,促使人们孝顺父母、敬爱兄长,根据时势进行整顿,使百姓服从命令,安居乡里,这是乡师的职责。考察各类工匠的手艺,审察各个时节的生产事宜,鉴定产品质量的好坏,重视产品的坚固好用,储藏设备用具便于使用,使雕刻图案的器具与有彩色花纹的礼服不敢私自制造,这是工师的职责。观察阴阳的变化,视云气来预测吉凶,钻灼龟甲,排列蓍草以观卦象,掌管五占,预见吉凶祸福,这是驼背女巫与跛脚男巫的职责。整治厕所,平整道路,严防盗贼,公正地审定贸易债券,根据时势来整治,使商人旅客安全而货物钱财顺畅流通,这是治市的职责。制裁狡猾奸诈的人,禁锢凶狠强暴的人,防止淫乱,铲除邪恶,用五种刑罚来惩治罪犯,使强暴凶悍的人有所转变,使淫乱邪恶的事不再发生,这是司寇的职责。把政治教化作为治国的根本,修正法律准则,多方听取意见并按时对臣属进行考核,衡量功绩,评定奖赏,根据时势进行整顿,使各级官吏都尽心竭力而老百姓都不敢苟且,这是冢宰的职责。重视礼乐,端正行为,推广教化,改善风俗,管理百姓使之协调一致,这是诸侯的职责。完善道德,追求崇高的政治,崇尚文理,统一天下,即使是微小事都能振兴,使天下没有谁不归顺悦服,这是天王的职责。所以政事混乱,就是冢宰的罪过;国家风俗败坏,就是诸侯的过错;天下不统一,诸侯想造反,那便是因为天子不是理想的人选。

【原文】 具具而王①,具具而霸,具具而存,具具而亡。用万乘之国者,威强之所以立也,名声之所以美也,敌人之所以屈也,国之所以安危臧否也②,制与在此,亡乎人③。王、霸、安存、危殆、灭亡,制与在我,亡乎人。夫威强未足以殆邻敌也,名声未足以县天下也④,则是国未能独立也,岂渠得免夫累乎⑤!天下胁于暴国,而党为吾所不欲于是者⑥,日与桀同事同行,无害为尧,是非功名之所就也,非存亡安危之所堕也⑦。功名之所就,存亡安危之所堕,必将于愉殷赤心之所⑧。诚以其国为王者之所,亦王;以其国为危殆灭亡之所,亦危殆灭亡。

【注释】 ①具具:前"具"为动词,具备;后"具"为名词,条件。②臧否:好坏。此为偏义表达,偏指"安""臧","危""否"无义。③与:通"举",都。亡:无,不。④县:同"悬",挂。此句指挂在天下人嘴边,到处传扬。⑤渠:通"讵",岂。⑥党:同"倘",倘若。⑦存亡安危:偏指"存""安"。堕:当为"随"字之误。⑧愉殷:当殷盛之时而愉乐。愉,愉快。殷,强盛。

【译文】 具备了相应的条件就能够称王,具备了相应的条件就可以称霸,具备了相应的条件就能安存,具备了相应的条件就会灭亡。治理拥有万乘兵车的大国的君王,其威势之所以确立,其名声之所以美好,其敌人之所以屈服,其国家之所以安全发达,关键在于自身而不在别人。是称王还是称霸,是平安生存还是危殆乃至灭亡,关键都在自身而不在别人。威势还不足以震慑相邻的敌国,名声还没有使天下有口皆碑,那么这国家还不能独立,哪里能够免除忧患呢?天下被强暴的国家所胁迫,而倘若这种情况是我方所不愿接受的,那么即使天天与桀那样的暴君一同做事和行动,也不妨害自己成为尧那样的贤君,所以说这不是成就功名的关键,也不是存亡安危的根本原因。成就功名的关键,存亡安危的根本原因,必定取决于国家富强时真心赞同什么与反对什么。如果一心要把自己的国家变成一个实行王道的地方,也就能成就帝王之业;如果要把自己的国家变成危机四伏、覆亡在即的地方,也就会危险乃至灭亡。

【原文】 殷之日,案以中立无有所偏而为纵横之事①,偃然案兵无动②,以观夫暴国之相卒也③。案平政教,审节奏④,砥砺百姓,为是之日,而兵刬天下劲矣⑤;案修仁义,伉隆高⑥,正法则,选贤良,养百姓,为是之日,而名声刬天下之美矣。权者重之,兵者劲之,名声者美之。夫尧、舜者,一天下也,不能加毫末于是矣。

【注释】 ①案:语助词,无实义。无:通"毋",不要。纵:南北为纵,此指合纵。战国时苏秦主张齐、楚、燕、韩、赵、魏六国结成联盟对抗秦国。以六国地理位置上成南北向,故称"合纵"。横:东西为横,此指连横。秦国为了对付合纵,采纳张仪的主张,与六国分别结盟以各个击破。以秦国在六国之西,东西联合,故称"连横"。②案:通"按"。③卒:通"捽",冲突,对打。④节奏:指礼义制度。⑤刬:专擅,独占。⑥伉:达到极点。

【译文】 在富强的时候,要保持中立,不要有所偏袒而参与合纵连横,要偃旗息鼓、按兵不动,来静观那些残暴的国家互相争斗。要搞好政治教化,审察礼义制度,训练百姓,做到了这一点的时候,那么军队就是天下最为强劲的了;奉行仁义之道,追求崇高的政治环境，调整法令，选拔贤良，使百姓休养生息，做到了这一点的时候，那么名声就是天下最美好的了。使政权巩固，使军队强劲，使名声美好。就是尧、舜的一统天下，也不过如此而难以再增加一丝一毫了。

【原文】 权谋倾覆之人退，则贤良知圣之士案自进矣；刑政平，百姓和，国俗节，则兵劲城固，敌国案自诎矣；务本事，积财物，而勿忘栖迟薛越也①，是使群臣百姓皆以制度行，则财物积，国家案自富矣。三者体此而天下服②，暴国之君案自不能用其兵矣。何则？彼无与至也。彼其所与至者，必其民也，其民之亲我也欢若父母，好我芳若芝兰；反顾其上则若灼黥③，若仇雠。彼人之情性也虽桀、跖④，岂有肯为其所恶贼其所好者哉？彼以夺矣⑤。故古之人有以一国取天下者，非往行之也，修政其所莫不愿，如是而可以诛暴禁悍矣。故周公南征而北国怨⑥，曰："何独不来也？"东征而西国怨，曰："何独后我也？"孰能有与是斗者与？安以其国为是者王。

【注释】 ①忘：通"妄"，胡乱。栖迟：分散遗弃。薛越：同"屑越"，碎落的意思，即搞得破碎散乱后又抛弃它。与"屑播"同义。②体：即"笃志而体""身体力行"之"体"，与"行"同义。③灼：烧。黥：即墨刑，用刀在犯人的面额上刺字，再用墨涂在刺纹中。④桀：夏朝暴君。跖：春秋时人，传说为暴虐的盗贼。此喻残暴、贪婪之人。⑤以：通"已"。⑥周公：周文王子姬旦，辅佐武王灭纣建周，武王死后其子年幼，周公摄政，东征灭管叔等人叛乱，周代礼乐制度相传亦为其所制订，被古人视为仁德之主。

【译文】 玩弄权术机谋进行倾轧陷害的小人被废黜了，那么贤能善良明智圣哲的君子自然就得到进用了；刑法政令宽严适中，百姓和睦，国家风俗合乎礼义，就能兵力强劲、城防坚固，那么敌国自然就屈服了；致力农耕、积聚财物而不随意挥霍糟蹋，使群臣百姓都按照制度来办事，财物积累、那么国家自然就富足了。用人、理政、理财这三个方面都能按上述去做，那么天下就会归顺，强暴之国的君主也就自然不能对我们动用武力了。为什么呢？因为他已经没有拥护者一起来侵略了。和他一起来侵略的，一定是他统治下的百姓；而他的百姓亲近我方就像亲近父母一样，喜欢我方就像酷爱芝兰的芬芳一样，而回头看他们的国君，却像看到烧伤皮肤、刺脸涂墨的罪犯一样厌恶，像看到了仇人一样愤怒。一个人的本性即便像夏桀、盗跖那样，难道肯为他所憎恶的人去残害他所喜爱的人吗？他们已经被我们争取过来了。所以古人有凭借一个国家而取得天下的，并不是靠武力前往掠夺，而是在本国内修明政治，结果没有人不愿归顺，像这样就可以铲除凶恶制止暴行了。所以周公征伐南方时北方的国家都抱怨说："为什么单单不来我们这里呢？"征伐东方时西面的国家都抱怨说："为什么单单把我们丢在后面呢？"谁能同这种人争斗呢？能在自己的国家做到这些的君主就能称王天下。

【原文】 殷之日，安以静兵息民，慈爱百姓，辟田野，实仓廪，便备用，安谨募选阅材伎之士；然后渐赏庆以先之，严刑罚以防之，择士之知事者使相率贯也，是以厌然畜积修饰而物用之足也①。兵革器械者，彼将日日暴露毁折之中原，我今将修饰之，拊循之②，掩盖之于府库。货财粟米者，彼将日日栖迟薛越之中野，我今将畜积并聚之于仓廪；材技股肱、健勇爪牙之士③，彼将日日挫顿竭之于仇敌，我今将来致之、并阅之、砥砺之于朝廷④。如是，则彼日积敝，我日积完；彼日积贫，我日积富；彼日积劳，我日积佚。君臣上下之间者，彼将厉厉焉日日相离疾也⑤，我今将顿顿焉日日相亲爱也⑥，以是待其敝。安以其国为是者霸。

【注释】 ①厌然：安然。②拊循：通"拊巡"，抚慰，引申为爱护保养。③股肱：大腿和上臂。喻得力助手。④并：吞并，此处指包容、接纳。阅：容纳。⑤厉厉焉：嫉恨的样子。⑥顿顿焉：诚恳笃厚的样子。

【译文】 在国家强盛时，采取停止用力、休养人民的方针，爱护百姓，开垦田野，充实粮仓，储存设备器用以备使用，谨慎地招募、选拔、接纳有才能技艺的士人，然后加重奖赏来诱导他们，加重刑罚来约束他们，挑选其中明白事理的人统率他们，这样就可以积蓄粮食财物、修理改进器用设备，那么财富物资也就充足。兵革器械之类，对方天天毁坏丢弃在原野上，而我方则修整爱护、勤加保养，收藏在仓库里；财物粮食之类，对方天天把它们遗弃散落在田野中，而我方则不断积累，集中储藏在仓库里。有才能技艺的辅佐大臣、健壮勇敢的武士，对方天天让他们在对敌时备受挫折、困顿而筋疲力尽，而我方则在朝廷上招募、容纳、锻炼他们。像这样，那么对方一天天地衰败，我方则一天天地完善；对方一天天地贫困，我方则一天天地富裕；对方一天天地疲惫，我方则一天天地安逸。君臣上下之间的关系，对方是恶狠狠地日渐背离、憎恨，我方则诚心诚意地日渐相亲相爱，以此来等待他们的衰败。能在自己的国家做到这些的君主就能称霸诸侯。

【原文】 立身则从佣俗①，事行则遵佣故，进退贵贱则举佣士，之所以接下之人百姓者则庸宽惠，如是者则安存。立身则轻楛②，事行则蠲疑③，进退贵贱则举佞悦④，之所以接下之人百姓者则好取侵夺，如是者危殆。立身则憍暴⑤，事行则倾覆，进退贵贱则举幽险诈故⑥，之所以接下之人百姓者，则好用其死力矣，而慢其功劳，好用其籍敛矣⑦，而忘其本务，如是者灭亡。

【注释】 ①佣：平庸，平常。②楛：恶。③蠲疑：毫不迟疑，指急躁鲁莽、毫无顾忌。蠲，除去。④佞悦：口齿伶俐。悦，通"锐"。一说"悦"通"悦"，讨好，佞悦指谄媚之人。⑤憍：骄矜。⑥故：巧诈。⑦籍：税。敛：征收。

【译文】 做人依从平常的风俗，做事遵循平常的惯例，在任免、升迁方面提拔平庸无能的人，用来对待百姓的政令宽容仁爱，像这样的君主只能安全生存。做人草率恶劣，做事肆无忌惮，在任免、升迁方面提拔巧言令色的人，用来对待百姓的政令热衷于侵占掠夺，像这样的君主就危险了。做人骄傲暴虐，做事则反复无常，在任免、升迁方面提拔阴险狡诈的人，用来对待百姓的态度是只令其为自己卖命而急慢其功劳、一味搜刮聚敛而不扶持农业，像这样的君主就会灭亡。

【原文】 此五等者，不可不善择也，王、霸、安存、危殆、灭亡之具也。善择者制人，不善择者人制之；善择之者王，不善择之者亡。夫王者之与亡者、制人之与人制之也，是其为相县也亦远矣①。

【注释】 ①县：同"悬"，悬殊，差别。

【译文】 以上这五种做法，不能不好好选择，它们是称王、称霸、安存、危险、灭亡的条件。善于选择的就能制服别人,不善于选择的就被别人制服;善于选择的就能称王天下,不善于选择的就会灭亡。而称王和灭亡、制服别人和被人制服,其间的差别就太远了。

<h1 style="text-align:center">天　论</h1>

【题解】

无论是一篇论述天人之间,即自然与社会关系的文章。中心思想是"天有其时,地有其财,人有其治"及"官天地、役万物"。

荀子认为,"天行有常",自然的运行有其自身的规律,不会受任何人类意志的影响。因此,他明确提出"明于天人之分"的观点,认为人应该"不与天争职""不慕其在天者",而要"敬其在己者",做自己所能做的事,从而与天相参。他所说的人之所参,不是指违背自然规律行事,而是指取法天地,在顺应、利用客观规律的基础上,改造自然,从而达到为人类谋福利的目的。此即所谓"物畜而制之""制天命而用之"的意思。

文章还批驳了当时流行的一些迷信思想,认为很多自然中的现象,如日月蚀、风雨不时、怪星党见等,都是自然现象的变异,与人治无关。这些都是荀子思想中非常独特而有价值的地方。

【原文】　天行有常①,不为尧存,不为桀亡②。应之以治则吉③,应之以乱则凶。强本而节用④,则天不能贫,养备而动时⑤,则天不能病;循道而不忒⑥,则天不能祸。故水旱不能使之饥渴,寒暑不能使之疾,祆怪不能使之凶⑦。本荒而用侈,则天不能使之富;养略而动罕⑧,则天不能使之全;倍道而妄行,则天不能使之吉。故水旱未至而饥,寒暑未薄而疾⑨,祆怪未至而凶。受时与治世同,而殃祸与治世异,不可以怨天,其道然也。故明于天人之分,则可谓至人矣。不为而成,不求而得,夫是之谓天职⑩。如是者,虽深,其人不加虑焉;虽大,不加能焉;虽精,不加察焉;夫是之谓不与天争职。天有其时,地有其财,人有其治,夫是之谓能参。舍其所以参,而愿其所参,则惑矣!

【注释】　①天行:天道,自然界的运行规律。常:有一定之常轨。②尧:传说中上古的圣君。桀:夏代最后一个君主,荒淫无道之恶君。③应:承接,接应。之:指天道。治:在《荀子》书中,常与"乱"对文,表示合于礼义,合理。下文的"乱"则指不合礼义、不合理。④本:指农业。古代以农桑立国,故谓之本,工商则谓之末。⑤养:养生之具,即衣食之类。备:充足。动时:动之以时。这里指役使百姓,不违背时令。⑥循:遵循,原文作"修",据文义改。忒:差错。⑦祆怪:妖怪,指自然灾害和自然界的变异现象。祆,同"妖"。⑧略:不足。动罕:怠惰的意思。⑨薄:迫近。⑩"不为"三句:即孔子所言"天何言哉?四时行焉,百物生焉,天何言哉"之意。为,作为。谋,求取。

【译文】　自然界的运行有自己的规律,不会因为尧之仁而存在,也不会因为桀之暴而消亡。用合理的措施来承接它就吉利,用不合理的措施来承接它就不吉利。加强农业,节省用度,那么老天不会让他贫穷,衣食充足而让百姓按季节劳作,那么老天就不会使其困苦;顺应自然规律而无差失,那么老天就不会降祸于他。所以水涝干旱不能使之饥渴,四季冷热的变化不能使其生病,灾异的现象也不能带来凶。反之,农业荒芜而用度奢侈,那么老天不会使其富裕;衣食不足而又懒于劳作,那么老天就不会保全其生;违背天道而胡乱行事,那么老天不会让其安吉。所以没有水旱之灾却出现饥寒,没有冷热近身却出现疾病,没有灾异却发生了凶灾。遭到的天时与治世相同,遇到的灾祸却与治世大异,这不可以归咎于天,而是由于人自己的行为招致的。所以明白天人之间的区别,便可以说是圣人了。不用作为而有成,不用求取而有得,这便是老天的职能。如此,天道虽然深远,圣人不会随意测度;天道虽然广大,圣人也不会以为自己有能力去施加什么;天道虽然精微,圣人也不去考察;这就叫不与老天争职。天有四季寒暑,地有自然资源,人有治理能力,这就叫与天地参与配合。放弃自己配合参与的能力,而羡慕天时地财的功能,这就是糊涂了。

【原文】 列星随旋①,日月递炤②,四时代御③,阴阳大化④,风雨博施,万物各得其和以生,各得其养以成,不见其事而见其功,夫是之谓神。皆知其所以成,莫知其无形⑤,夫是之谓天⑥。唯圣人为不求知天。

【注释】 ①随旋:相随旋转。②递:互相更替。炤:同"照"。③代御:交替进行。御,进行。④阴阳大化:寒暑变化万物。⑤无形:没有形迹可见。⑥"夫是"句:一说"天"字下脱一"功"字,应为"夫是之谓天功"。

【译文】 群星相随相转,日月交替照耀,四季循环代行,寒暑变化,万物生长,风雨普施人间,万物都得其调和以生,都得其长养以成,看不见它化生万物的痕迹,只见到它的功效,这就是大自然的神妙啊。人们都看得见大自然所生成的万物,却不知道它生成万物的那种无形过程,这就是称其为天的原因啊。天道难测,所以只有圣人才知道只尽人事,而不费力气去寻求了解天的道理。

【原文】 天职既立,天功既成,形具而神生。好恶、喜怒、哀乐臧焉①,夫是之谓天情②。耳、目、鼻、口、形能③,各有接而不相能也,夫是之谓天官④。心居中虚以治五官⑤,夫是之谓天君。财非其类⑥,以养其类,夫是之谓天养。顺其类者谓之福,逆其类者谓之祸。夫是之谓天政⑦。暗其天君,乱其天官,弃其天养,逆其天政,背其天情,以丧天功,夫是之谓大凶。圣人清其天君,正其天官,备其天养,顺其天政,养其天情,以全其天功。如是,则知其所为,知其所不为矣,则天地官而万物役矣⑧。其行曲治⑨,其养曲适⑩,其生不伤,夫是之谓知天。

【注释】 ①臧:通"藏"。②天情:人所自然具有的情感。③形能:当为"形态"。④天官:人所自然具有的感官。⑤中虚:人之中心空虚之地,指胸腔。治:支配,统治。⑥财:通"裁",裁夺,利用。非其类:人类以外的万物,如饮食衣服等。⑦政:政治,言有赏罚之功。⑧官:职,指天地各得其职。役:驱使。⑨曲治:各方面都治理得很好。曲,曲尽,周遍。⑩曲适:各方面都恰当。

【译文】 天的职能已经确立,天的功效已经形成,人的形体也具备了,于是精神也产生了。好恶、喜怒、哀乐都藏于其中,这就是人自然的情感。耳、目、鼻、口、形各有不同的感触外界的能力,却不能互相替代,这就是人天生的感官。心居中心而统率五官,这就是天生的主宰者。饮食、衣服等万物,不是人类,人们却利用它来供养自己的口腹身体,这就是老天的自然之养。能利用自然之物来供养人类的就是福,不能利用自然之物供养人类的就是祸患,这就叫天之政令。心智昏乱不清,声色犬马过度,不能务本节用,不能裁用万物养育人类,喜怒、哀乐没有节制,从而失去了天的生成之功,这就是大灾难了。圣人则心智清明,端正其官能享受,完备其养生之具,顺应自然的法则,调和喜怒哀乐的情感,以此来保全天的生成之功。这样的话,就知道人所能做和应做的事,也知道人所不能做和不应做的事,那么天、地都能发挥它的作用,万物都能被人类役使了。人的行动在各方面都处理得很好,养民之术完全得当,使万物生长,不被伤害,这就叫作"知天"。

【原文】 故大巧在所不为,大智在所不虑。所志于天者①,已其见象之可以期者矣②;所志于地者,已其见宜之可以息者矣③;所志于四时者,已其见数之可以事者矣④;所志于阴阳者,已其见和之可以治者矣⑤。官人守天⑥,而自为守道也。

【注释】 ①所志于天者:所知于天者。志,通"识",知。下同。②已:通"以"。下同。见:同"现"。象:天之垂象,指日月星辰之类。期:四时之节候。③宜:适宜。这里指适宜农作物生长。息:蕃息,繁殖生长。④数:指四时季节变化的次序,即春生夏长秋收冬藏。事:这里指从事农业生产。⑤和:调和,和谐。⑥官人:指掌管天文历法和掌管农业生产的官,主管观测天象、辨别土宜、测察气候、协调阴阳寒暑等事。

【译文】 所以最能干的人在于他有所不为,不去做那些不能做和不应做的事,最聪明的人在于他有所不想,不去考虑那些不能考虑和不应考虑的事。从天那里可以了解到的,是通过垂象之文,可以知道节候的变化;从地那里可以了解到的,是通过土地的适宜生长,可以知道农作物的繁殖;从四季那里可以了解到的,是根据节气变化的次序可以安排农业生产;从阴阳变化可以了解到的,是从阴阳调和中可以知道治理的道理。掌管天文历法的人只是观察天象,而圣人则是按照上面所说的道理治理天下。

【原文】 治乱天邪?曰:日月、星辰、瑞历①,是禹、桀之所同也,禹以治,桀以乱,治乱非天也。时邪?曰:繁启蕃长于春夏②,畜积收藏于秋冬,是又禹、桀之所同也,禹以治,桀以乱,治乱非时也。地邪?曰:得地则生,失地则死,是又禹、桀之所同也,禹以治,桀以乱,治乱非地也。《诗》曰:"天作高山,大王荒之;彼作矣,文王康之③。"此之谓也。

【注释】 ①瑞历:历象。古代作璇、玑、玉衡以象日月星辰之运转,故曰瑞历。②繁启:指农作物纷纷发芽出土。蕃:茂盛。③"天作"四句:此处引诗见《诗经·周颂·天作》。高山,岐山,在今陕西岐山。大王,太王,即周人的祖先古公亶父。荒,大。康,安定。

【译文】 治、乱是由天决定的吗?日月、星辰、历象,这在大禹、夏桀时代都是相同的,禹用此而治,桀用此而乱,可见治、乱之由不在于天。是由时令决定吗?春生夏长,秋收冬藏,这也是大禹、夏桀所共同的,禹用此而治,桀用此而乱,可见治、乱之由不在于时。是由地决定吗?植物得到土地就生,失去土地就死,这又是大禹、夏桀所共同的,禹用此而治,桀用此而乱,可见治、乱之由不在于地。《诗经》上说:"天生这座高山啊,太王使它名声增大;太王使它名声增大啊,周文王又使它安定。"说的就是这个意思。

【原文】 天不为人之恶寒也辍冬①,地不为人之恶辽远也辍广,君子不为小人匈匈也辍行②。天有常道矣③,地有常数矣④,君子有常体矣⑤。君子道其常而小人计其功。《诗》曰:"礼义之不愆兮,何恤人之言兮⑥。"此之谓也。

【注释】 ①辍:停止。②匈匈:同"汹汹",喧哗之声。③常道:一定之道。常,恒常。④常数:一定的法则。⑤常体:一定的行为标准。⑥"礼义"两句:此处引诗不见于《诗经》,当为逸诗。愆,差失。恤,在意,顾虑。

【译文】 天不会因为人讨厌冷而废止冬天,地不会因为人讨厌辽远而废止广大,君子也不会因为小人的吵闹喧嚷而停止善行。天有一定之道,地有一定的法则,君子有一定的做人标准。君子执守善道,小人却计算其功利得失。《诗经》说:"在礼义上没有差失,又何必顾虑别人的议论呢?"说的就是这个意思。

【原文】 楚王后车千乘①,非知也②;君子啜菽饮水③,非愚也,是节然也④。若夫志意修,德行厚,智虑明,生于今而志乎古,则是其在我者也。故君子敬其在己者,而不慕其在天者;小人错其在己者⑤,而慕其在天者。君子敬其在己者而不慕其在天者,是以日进也;小人错其在己者而慕其在天者,是以日退也。故君子之所以日进与小人之所以日退,一也⑥。君子小人之所以相县者,在此耳。

【注释】 ①乘:一车四马为乘。②知:同"智"。③啜:吃。菽:豆类的总称。这里泛指粗粮。④节:适。适与之遇,所谓命也。⑤错:通"措",舍弃。⑥一:理由是一样的。这里是指君子小人同是出于"慕"字,所慕不同,结果也就不同。

【译文】 楚王后面跟随的车有一千辆,并不是因为他聪明;君子吃粗粮淡饭,并不是因为他愚笨,只是命运的安排,恰好碰上了。如果一个人志意端正、德行美好,思虑精明,生活在今天却向往古代圣贤之道,那么这就是在意自己的努力。所以君子尊重自己的努力,而不羡慕那些由上天决定的事;小人放弃了自己的努力,而羡慕由上天决定的事。君子重视自己的努力而不羡慕由上天决定的事,所以日益精进;小人放弃自己的努力而羡慕由上天决定的事,所以每日退步。君子日进而小人日退,道理是一样的。君子和小人之所以相差如此悬殊,原因就在这里。

【原文】 星队、木鸣①,国人皆恐。曰:是何也?曰:无何也,是天地之变,阴阳之化,物之罕至者也,怪之可也,而畏之非也。夫日月之有蚀,风雨之不时,怪星之党见②,是无世而不常有之。上明而政平,则是虽并世起,无伤也;上暗而政险,则是虽无一至者,无益也。夫星之队、木之鸣,是天地之变,阴阳之化,物之罕至者。怪之可也,而畏之非也。

【注释】 ①星队:流星坠落。队,同"坠"。木鸣:古代祭神用的树,因风吹而发出声音,古人以为怪异。木,指社树。②党:同"傥",偶然。

【译文】 流星坠落,树木发声,人们都感到恐慌。说:这是怎么回事?答到:没有什么,这只是天地阴阳的变化,事物中较少出现的现象。感到奇怪是可以的,但惧怕它却是不可以的。日月有亏蚀,风雨可能不按时节,怪星偶然出现,这是任何时代都曾经出现过的。君主贤明而政治稳定,那么即使这些现象在一个时代出现,也不会有什么妨害。君主昏聩而政治险恶,那么即使这些现象都不出现,也没有什么帮助。因此,流星坠落,树木发声,这只是天地阴阳的变化,事物中较少出现的现象。感到奇怪是可以的,但惧怕它却是不可以的啊。

【原文】 物之已至者,人祆则可畏也①。楛耕伤稼②,楛耘失岁,政险失民,田薉稼恶③,籴贵民饥④,道路有死人,夫是之谓人祆。政令不明,举错不时,本事不理⑤,夫是之谓人祆。礼义不修,内外无别,男女淫乱,则父子相疑,上下乖离⑥,寇难并至,夫是之谓人祆。祆是生于乱。三者错⑦,无安国。其说甚尔⑧,其灾甚惨。勉力不时,则牛马相生,六畜作祆⑨,可怪也,而不可畏也。传曰:"万物之怪,书不说。无用之辩,不急之察,弃而不治。"若夫君臣之义,父子之亲,夫妇之别,则日切瑳而不舍也⑩。

【注释】 ①人祆:人为的灾祸。②楛:粗劣。③薉:通"秽",荒芜。④籴贵:粮价贵。籴,买粮食。⑤本事:指农业生产。⑥乖离:背离。⑦三者:指上述三种人祆。错:交错。⑧尔:通"迩",浅近。⑨"勉力不时"三句:与前后文义不接,疑为传抄之误,当删去。⑩切瑳:切磋。瑳,通"磋"。

【译文】 在已经发生的事情中,人为的灾祸是最可怕的了。耕作粗劣,伤害庄稼,锄草粗糙,影响收成,政治险恶,失去民心,田地荒芜,庄稼粗恶,粮价昂贵,百姓饥饿,路有死人,这就叫人为的灾祸。政治法令不明,举措失当,不理农事,这也是人为的灾祸;礼义不整顿,男女无别,关系淫乱,就会导致父子之间互相不信任,上下背离,内忧外患一起到来,这也是人为的灾祸。人祸源于混乱。三种灾祸交错而至,国泰民安就实现不了。这个道理说起来很简单,但带来的灾难却非常惨重。可以感到奇怪,但不可畏惧。古书上说:"天下的怪现象,书上是不讲的。无用的辩说,不切急用的考察,应当抛弃不要。"至于君臣义,父子之亲,夫妇之别,则应该天天琢磨研究而不能有片刻停止。

【原文】 雩而雨①,何也?曰:无何也,犹不雩而雨也。日月食而救之,天旱而雩,卜筮然后决大事②,非以为得求也,以文之也③。故君子以为文,而百姓以为神,以为文则吉,以为神则凶也。

【注释】 ①雩:古代求雨的祭祀。②卜:古代用龟甲兽骨占吉凶叫卜。筮:古代用蓍草占吉凶叫筮。③文:文饰。

【译文】 祭神求雨而下了雨,这是为什么?答:没什么,如同不祭神求雨而下雨一样。日食月食发生了人们会去求救,天旱了会去祭神求雨,通过占卜来决定国家大事,这些都不是因为能祈求到什么,而是一种文饰,只是为了向百姓表示关切之心。所以君子认为这些只是文饰,而百姓会以为是神灵之事。顺人之情,只当作文饰就是无害的,以为真有神灵,淫祀祈福,则是凶险的。

【原文】 在天者莫明于日月,在地者莫明于水火,在物者莫明于珠玉,在人者莫明于礼义。故日月不高,则光晖不赫;水火不积,则晖润不博①;珠玉不睹乎外,则王公不以为宝;礼义不加于国家,则功名不白②。故人之命在天,国之命在礼。君人者隆礼尊贤而王③,重法爱民而霸,好利多诈而危,权谋、倾覆、幽险而尽亡矣。

【注释】 ①晖:同"辉"。润:指水的光泽。②白:显露。③王:称王于天下。

【译文】 在天上的没有比日月更明亮的了,在地上的没有比水火更鲜明的了,在万物中没有比珠玉更光亮的了,在人群中没有比礼义更明亮的了。所以日月不高悬于天,它的光辉就不显赫;水火不厚积,它的光辉和光泽就不多;珠玉不显露于外,王公贵卿就不会以之为宝;礼义不施于国家,那么它的功绩和名声就不会显著。所以人的命运在于如何对待天,国家的命运在于如何对待礼义。君主尊尚礼义,敬重贤人,才能称王于天下,重视法制,爱护人民,才能称霸于诸侯;贪婪自私而狡诈,国家就会危险;玩弄权术、搞颠覆、阴险狡诈,国家就会灭亡。

【原文】 大天而思之,孰与物畜而制之①?从天而颂之,孰与制天命而用之?望时而待之,孰与应时而使之?因物而多之②,孰与骋能而化之?思物而物之③,孰与理物而勿失之也?愿于物之所以生,孰与有物之所以成④?故错人而思天,则失万物之情⑤。

【注释】 ①孰与:哪里比得上。物畜:把天当作物来看待。②因:顺,引申为听任。③物之:使物为己所用。④"愿于"两句:荀子的思想,以为物之生虽在天,物之成却在人,主张不必去探究万物为什么产生,而要尽人事促成其成。愿,仰慕,思慕。有,据有,把握。⑤"故错人"两句:荀子认为,物生在天,成之在人,这才是万物之情。如果放弃人事努力而一味仰慕天,就失去了万物最真实的情。错,通"措",置,放弃。万物之情,万物的实情。

【译文】 推崇天而思慕它,何如当作物来控制它?顺从天而赞美它,何如制服天而利用它?盼望天时而指望它,何如顺应季节的变化而役使它?听任万物而羡慕其多,何如施展自己的才能而化用它?希望得到万物以为己用,何如治理万物而让它得到充分合理的利用?思考万物之所以产生,何如把握万物之所以成?所以放弃人事努力而思慕天的恩赐,就会失掉万物之实情。

【原文】 百王之无变,足以为道贯①。一废一起②,应之以贯,理贯不乱。不知贯,不知应变,贯之大体未尝亡也。乱生其差③,治尽其详④。故道之所善⑤,中则可从⑥,畸则不可为⑦,匿则大惑⑧。水行者表深,表不明则陷;治民者表道,表不明则乱。礼者,表也。非礼,昏世也。昏世,大乱也。故道无不明,外内异表,隐显有常⑨,民陷乃去。

【注释】 ①道贯:一贯的原则。这里指礼。②一废一起:指朝代的兴衰。③其差:运用道发生差错。④其详:运用道周密详尽。⑤所善:所认为正确的东西。⑥中:符合。⑦畸:指与道偏离。⑧匿:同"慝",差错。⑨有常:有一定的规则。

【译文】 经历百代帝位都没有改变的东西,是足以作为通用的原则的。朝代的兴衰之间,都应该有一个通用的原则去顺合它,有一个通用的原则,社会就可以不乱。不知道一贯的原则,就不知道怎样应变。这个原则的基本内容从来不曾消亡过。社会发生混乱,是因为这个原则的运用发生了偏差,社会安定,是因为这个原则运用得完备周详。所以,道的标准认为正确的东西,符合的就可以照办,偏离的就不能做,违背的就会造成极大的惑乱。涉水的人,要靠指示水的深浅的标志过河,如果标志不清楚,就会掉进河里淹死;统治民众的人,必然要标出其所行之道,标志不明就会导致混乱。礼,就是治国的标志。违背礼,就是昏暗的年代。昏暗的年代,天下就会大乱。所以道没有不明确的,外事内政有不同的标准,内在的外在的都有一定的规则,这样,人民的灾难就可以避免了。

【原文】 万物为道一偏,一物为万物一偏,愚者为一物一偏,而自以为知道,无知也。慎子有见于后①,无见于先;老子有见于诎②,无见于信③;墨子有见于齐④,无见于畸⑤;宋子有见于少⑥,无见于多。有后而无先,则群众无门⑦;有诎而无信,则贵贱不分⑧;有齐而无畸,则政令不施⑨;有少而无多,则群众不化⑩。《书》曰:"无有作好,遵王之道;无有作恶,遵王之路⑪。"此之谓也。

【注释】 ①慎子:慎到,战国中期法家代表人物之一。慎到主张法治,认为人只要跟在法后面就行了。反对运用智慧,任用贤能,有所倡导。后:被动地跟在事物的后面。下文的"先",指根据事物的变化而有所倡导。②诎:同"屈"。③信:通"伸"。老子主张以屈为伸,以柔克刚,所以荀子批评他"见于诎,无见于信"。④墨子:墨翟,墨家的创始人。⑤畸:不齐。墨子讲"兼相爱,交相利",反对儒家的尊卑有序的等级制,所以荀子批评他"见于齐,无见于畸"。⑥宋子:宋钘,战国宋国人。宋子认为人天生的欲望是很少的,很容易得到满足。而荀子则认为人生来就是"好利""好声色"的,所以他批评宋子"有见于少,无见于多"。⑦"有后"两句:意思是如果在上者无意化导人民,那么人民想为善就会无门可入。⑧"有诎"两句:荀子认为按照老子的思想去做,则人人委曲不争,没有人会进取,那么贵贱就没有区别了。⑨"有齐"两句:荀子认为像墨子那样讲平等兼爱,那么人人地位相等,政令也就无由推行了。⑩"有少"两句:荀子认为人天性贪婪多欲,倾向争夺,这种天性只有靠后天礼义法度的教化才能得到改变。如果按照宋子的理论去做,以为人天性寡欲,那就不需要教化人民了。⑪"无有"四句:此处引文见《尚书·洪范》。作好,有所偏好。作恶,有所偏恶。

【译文】 世界上的各种事物都只是道的一部分,每一样事物也只是万物的一部分,愚昧的人只认识一种事物的一部分,就自以为认识了整个道,这实在是太无知了。慎子只看到跟从法治的作用,而不了解预先倡导的重要;老子只强调柔顺、无为,而不懂得积极有为的重要;墨子主张平等相爱,却不懂得尊卑有序的道理;宋钘以为人天生寡欲,却不知道人天性是贪婪好利的。如果按照慎子的思想去做,那么在上者就会无意化导人们,人们想为善也就无门可入了;如果按照老子的思想去做,那么人人都会消极顺从,贵贱也就没有区别了;如果按照墨子的思想去做,那就会造成政令无法推行;如果按照宋子的思想去做,百姓就得不到教化。《尚书》上说:"不要有所偏好,应当遵循圣王的道路前进;不要有所偏恶,应当遵循圣王的道路前进。"说的就是这个意思。

礼　论

国学经典文库

国学经典

荀子

图文珍藏版

385

【题解】

　　这是荀子著作中最重要的一篇,系统论述"礼"的起源、内容和作用。大戴《礼记》和小戴《礼记》都曾节选其文。

　　荀子的礼学以"性恶论"为基础,他认为"人生而有欲",欲而不得,就会产生争夺和混乱。制定礼义的目的即在调节人的欲望,从而避免纷争,保持社会安定。礼的内容,荀子认为有"养"和"别"两个方面。"养"即"养人之欲,给人之求",即满足人的物质欲望和需求,"别"即"贵贱有等,长幼有差,贫富轻重皆有称者"。荀子认为这两者是相互依存的。

　　文章对礼的内容进行了详细的分析,并重点论述了丧祭之礼,然后提出了"隆礼"的观点,指出礼是治国的根本,是"人道之极","天下从之者治,不从者乱,从之者安,不从者危,从之者存,不从者亡",对礼在维护社会安定方面的作用予以高度评价。

【原文】　　礼起于何也?曰:人生而有欲,欲而不得,则不能无求;求而无度量分界^①,则不能不争;争则乱,乱则穷。先王恶其乱也,故制礼义以分之,以养人之欲,给人之求,使欲必不穷于物,物必不屈于欲^②,两者相持而长,是礼之所起也。

【注释】　　①度量:所以定多少之数。分界:所以定彼此之分。②屈:竭尽。

【译文】　　礼的兴起因为什么?答:人生来就有欲望,有欲望而得不到,就不可能不去寻求;寻求而没有限度和界限,就不能不争夺;争夺就产生混乱,混乱则导致无法收拾的局面。过去的圣王憎恨这种混乱的局面,所以制定礼义以区分等级界限,以调节人们的欲望,满足人们的需求,让人们的欲望一定不会因为物质的不足而得不到满足,物质也一定不会因为欲望之无穷而耗尽,欲望与物质相互制约而长久地保持协调,这就是礼的源起。

【原文】　　故礼者,养也。刍豢稻粱^①,五味调香^②,所以养口也;椒兰芬苾^③,所以养鼻也;雕琢、刻镂、黼黻、文章^④,所以养目也;钟鼓、管磬、琴瑟、竽笙,所以养耳也;疏房、檖貌、越席、床第、几筵^⑤,所以养体也。故礼者,养也。

【注释】　　①刍豢:指牛羊猪犬之类的肉类。②香:当作"盉",通"和"。③苾:芳香。④黼黻:绣有各种华丽花纹的服装。文章:错杂的色彩花纹。⑤疏:通,指敞亮。檖:深远。貌:同"庙"。越席:蒲席。第:竹编的床席。几筵:古代人席地而坐,依靠的叫几,垫席叫筵。

【译文】　　所以,礼就是满足人的欲望的。鱼肉五谷,美味佳肴,是用来满足人的嘴巴需求的;各种香味,是用来满足人的鼻子需求的;雕刻精美的器皿和花纹色彩美丽的衣服,是用来满足人的眼睛需求的;钟鼓、管磬、琴瑟、竽笙等各种乐器,是用来满足人的耳朵需求的;高屋大房,竹席几筵,是用来满足人的身体需求的。所以礼也是用来满足人的欲望的。

【原文】　　君子既得其养,又好其别。曷谓别?曰:贵贱有等,长幼有差,贫富轻重皆有称者也①。故天子大路越席②,所以养体也;侧载睪芷③,所以养鼻也;前有错衡④,所以养目也;和鸾之声⑤,步中武、象⑥,趋中韶、濩⑦,所以养耳也;龙旗九斿⑧,所以养信也⑨;寝兕、持虎、蛟韅、丝末、弥龙⑩,所以养威也;故大路之马必倍至教顺,然后乘之,所以养安也。孰知夫出死要节之所以养生也!孰知夫出费用之所以养财也!孰知夫恭敬辞让之所以养安也!孰知夫礼义文理之所以养情也⑪!故人苟生之为见,若者必死;苟利之为见,若者必害;苟怠惰偷懦之为安,若者必危;苟情说之为乐⑫,若者必灭。故人一之于礼义,则两得之矣;一之于情性,则两丧之矣。故儒者将使人两得之者也,墨者将使人两丧之者也,是儒、墨之分也。

【注释】 ①轻重:卑尊。称:相称,合宜。②大路:即"大辂",古代天子坐的车。③侧:大路的两旁。载:放置。睪芷:香草。睪,能"泽"。④错:涂饰。衡:车前的横木。⑤和鸾:车上的铃。⑥武:武王乐。象:武王舞。⑦韶:舜乐。濩:汤乐。⑧斿:旗上的飘带。⑨信:通"伸",又通"神",神气。⑩寝兕:卧着的犀牛。持虎:蹲着的虎,持,同"跱"。这两样东西都是画在天子车轮上的图案。蛟韅:鲛鱼皮做的马肚带。韅,马肚带。丝末:丝织的盖车布。末,通"幦",车轼上的覆盖物。弥龙:金饰的龙首,在车子的衡轭的末端。⑪礼义文理:礼义的各种规范和仪式。⑫说:同"悦"。

【译文】 君子既得到了养欲之道,同时也强调其中的区别。什么是区别呢?答:就是贵贱有等级、长幼有差别,贫富尊卑都有与其相称者。所以天子出门则乘大辂,坐蒲席,用这些来使其身体舒服;车两边放上香草,是为了满足嗅觉的需要;镀金的横木,是为了让眼睛看着舒服;车上和鸾的声音,慢行的时候,合乎武、象的音乐,疾走的时候,合乎韶、濩的音乐,是为了听上去悦耳;龙旗上有九条飘带,是为了显示君主的气派;车轮上画的卧着的犀牛、蹲着的虎、鲛鱼皮做的马肚带、丝织的车帘、金饰的龙首,都是为了衬托君主的威严;所以为天子驾车的马,一定要选择天性驯良的,并教之使其驯服,然后才能乘坐,目的就是为了让天子安心舒适。谁会知道舍生而求名节也是为了养生!谁会知道舍得花钱也是为了求财!谁会知道恭敬辞让也是为了达到安定无争夺!谁会知道礼义仪式也是为了培养高尚的情感!所以一个人假如只是一味贪生,这样的人就一定会死!假如一个人只是一味贪利,这样的人就一定会招来祸害!假如一个人安于松懈懒惰,这样的人就一定会有危险!假如一个人只以满足性情为乐,这样的人就一定会丧失礼义道德!所以一个人专一于礼义,那么性情和礼义都可以得到;一个人一味追求性情的满足,那么两样都会失去。所以儒家是要使人两样都得到,墨家则是要使人两样都失去,这就是儒、墨的区分所在。

【原文】 礼有三本①:天地者,生之本也;先祖者,类之本也;君师者,治之本也。无天地恶生?无先祖恶出?无君师恶治?三者偏亡焉,无安人。故礼,上事天,下事地,尊先祖而隆君师②。是礼之三本也。

【注释】 ①本:根本,本源。②隆:推崇。

【译文】 礼有三个本源:天地,是生命的本源;先祖,是族类的本源;师长,是治理国家的本源。没有天地,生命从何而来?没有先祖,我们从何而来?没有师长,国家如何得到治理?三者缺一方面,人们就没法得到安宁。所以礼,上是用来祭祀天的,下是用来祭祀地的,也是表示对祖先和君师的尊重。这是礼义的三个根本。

【原文】 故王者天太祖^①,诸侯不敢坏,大夫士有常宗^②,所以别贵始^③。贵始,得之本也^④。郊止乎天子^⑤,而社止于诸侯^⑥,道及士大夫^⑦,所以别尊者事尊,卑者事卑,宜大者巨,宜小者小也。故有天下者事七世^⑧,有一国者事五世^⑨,有五乘之地者事三世^⑩,有三乘之地者事二世^⑪,持手而食者不得立宗庙,所以别积厚者流泽广^⑫,积薄者流泽狭也。

【注释】 ①天太祖:以太祖配天祭祀。太祖,每个朝代的开创皇帝。②常宗:指"百世不迁之大宗",即一个宗族的嫡长子传下来的大宗。③别贵始:重视各自宗族的始祖。④得:通"德"。⑤郊:古代的祭天之礼。⑥社:古代的祭地之礼。⑦道:除丧服的祭祀。⑧有天下者:指天子。事七世:侍奉七代祖先,即可以立七代祖先的神庙。⑨有一国者:指诸侯。《礼记·王制》:"天子七庙,三昭三穆,与太祖之庙而七。诸侯五庙,二昭二穆,与太祖之庙而五。大夫三庙,一昭一穆,与太祖之庙而三。"⑩五乘之地者:五十里封地,指大夫。古代十里为成,每成出兵车一辆。⑪三乘之地者:指士。⑫积厚:功业大。积,通"绩"。流泽:流传给后世的遗风。泽,遗风。

【译文】 所以做王的人将开国君主配天进行祭祀,诸侯也不敢毁坏始祖的宗庙,大夫和士也都有百世不变的祭祀的大宗,目的就是为了表示尊重各宗族的始祖。尊重始祖,就是道德的开始。只有君主才能祭天,只有诸侯以上的才能祭地,士大夫以上的都可以有除丧服的祭祀,这就是为了有所区别,只有尊贵的才能侍奉尊贵的,卑贱的只能侍奉卑贱的,应该大的就大,应该小的就小。所以天子可以立七代祖先的庙,诸侯可以立五代祖先的庙,大夫可以立三代祖先的庙,一般的士阶层可以立二代祖先的庙,普通劳动者,不可以设立宗庙,目的就是要有所区别,让功业大的流传广大,功业小的流传狭小。

【原文】 大飨^①,尚玄尊^②,俎生鱼^③,先大羹^④,贵食饮之本也^⑤。飨^⑥,尚玄尊而用酒醴^⑦,先黍稷而饭稻粱^⑧,祭,齐大羹而饱庶羞^⑨,贵本而亲用也。贵本之谓文^⑩,亲用之谓理,两者合而成文,以归大一^⑪,夫是之谓大隆^⑫。故尊之尚玄酒也,俎之尚生鱼也,豆之先大羹也^⑬,一也^⑭。利爵之不醮也^⑮,成事之不俎不尝也,三臭之不食也^⑯,一也^⑰。大昏之未发齐也^⑱,大庙之未入尸也,始卒之未小敛也^⑲,一也^⑳。大路之素末集也^㉑,郊之麻絻也^㉒,丧服之先散麻也^㉓,一也^㉔。三年之丧,哭之不反也^㉕,清庙之歌^㉖,一唱而三叹也,县一钟^㉗,尚拊、膈^㉘,朱弦而通越也^㉙,一也^㉚。

【注释】 ①大飨:在太庙中合祭历代祖先。②尚:同"上",供上。玄尊:盛清水的酒杯。这里用清水作为酒。③俎:祭器,盛载鱼肉。④大羹:不加调味的肉汁。大,读作"太"。⑤本:本源,本始。⑥飨:通"享",指四季的庙祭。⑦用:酌献。酒醴:甜酒。⑧黍稷:指五谷粮食。饭稻粱:指供上熟米饭。⑨齐:读为"跻",升。庶羞:指各种美味。⑩文:文饰,指礼的形式。⑪大一:太一,太古之时。大,同"太"。⑫大隆:最隆重。⑬豆:古代盛食物的器皿。⑭一也:意思是一同于太古。以上所言皆贵本的意思,所以说一。⑮利爵:利献上的酒。利,古代祭祀时用一个活人代表死者受祭,叫作"尸",劝"尸"吃东西的人叫"利"。醮:喝尽。⑯臭:用鼻子闻其气,意思是食毕。⑰

一：三者是礼之终，故云"一"。⑱昏：同"婚"。发：致。齐：读作"醮"，古代婚礼的一种形式，父亲亲自醮子，令其前往迎亲。⑲小敛：为死者换上寿衣。⑳一：三者都是礼之初始，仪文有所未备，故云"一"。㉑素末：即上文的"丝末"，丝织的车帘。㉒绕：通"冕"，帽子。㉓散麻：腰间系的麻带。㉔一：三者都是质朴不文，故云"一"。㉕不反：指哭声很大，好像往而不返。㉖清庙：《诗经·周颂》里的篇名。㉗县：同"悬"。㉘拊、膈：都是古代乐器。㉙朱弦：指瑟。通越：在瑟底通空，使瑟音低沉。越，瑟的底孔。㉚一：以上三者是讲礼的仪式等从质朴，故云"一"。

【译文】 在太庙中合祭历代祖先，供上盛着清水的酒杯，将生鱼放在俎中，先献上没有调料的肉汁，这是表示尊重饮食的本源。四季祭祖的时候，供上盛着清水的酒杯，然后供上甜酒，先献上五谷粮食，然后献上熟米饭，每月的祭祀，供上没有调料的肉汁，然后献上各种美味的食品，这表示既尊重饮食的本源，又便于被祭祀者食用。尊重饮食的本源是礼的形式，便于食用近于人情常理，两者相合就成为完备的礼仪，而合乎太古时代的情况，这就是最隆重的礼。所以用酒杯供上清酒，用俎供上生鱼，用豆献上没有调料的肉汁，意思是一致的，都是要尊重饮食的本源。"尸"不把"利"献上的酒喝干净，祭祀完毕不尝俎上的生鱼，对于献上的食物三次歆享其气而不吃掉，意思也是一致的，都是表示祭祀完毕。举行盛大的婚礼还没有开始去迎亲的时候，祭祀太庙时"尸"还没有进入的时候，人刚死去还没有换上寿衣的时候，这都是礼刚开始的情况。大辂上丝织的车帘，郊祭时戴的麻布帽，丧服腰间所系的麻带，都是表示礼的服饰要跟从简朴的原则。人死三年祭祀的时候，哭声嚎啕，唱《清庙》之歌，一人唱而三人和，悬挂一口钟，上面有拊、膈，将瑟的底部穿上孔，这也都是表示礼的仪式应该质朴不文。

【原文】 凡礼，始乎棁①，成乎文，终乎悦校②。故至备，情文俱尽；其次，情文代胜；其下，复情以归大一也。天地以合③，日月以明，四时以序，星辰以行，江河以流，万物以昌，好恶以节，喜怒以当，以为下则顺，以为上则明，万变不乱，贰之则丧也④。礼岂不至矣哉！立隆以为极⑤，而天下莫之能损益也。本末相顺⑥，终始相应⑦，至文以有别，至察以有说⑧。天下从之者治，不从者乱；从之者安，不从者危；从之者存，不从者亡。小人不能测也。

【注释】 ①棁：应作"脱"，简略。②校：当作"挍"，快意，称心。③合：和谐，调和。④贰：违背。丧：丢失。⑤立隆：指建立完备的礼制。隆，中正，最高的准则。极：最高准则。⑥本：礼的根本原则。末：礼的各种具体规定。⑦终：即前面所言终于悦挍。始：即前面所言始于疏略。⑧说：所以然之理。

【译文】 礼，开始时很简陋，逐渐完备，最后达到乐的境界。所以礼达到最完备的时候，人情能得到充分的表现，礼仪也能非常完善；次一等，或者情胜过文，或者文胜过情；最次一等，是只重视质朴的情感，回归到太古之时的情况。天地因为有礼而更加调和，日月因为有礼而更加明亮，四时因为有礼而更加有序，星辰因为有礼而正常运行，江河因为有礼而奔流不息，万物因为有礼而繁荣昌盛，人之好恶因为有礼而得到节制，喜怒因为有礼而恰当得宜，用礼来约束百姓，百姓就顺从，用礼来规范君主，君主就会贤明，以礼为标准，则世间万物虽然变化多端也不会混乱，违背礼就会失去这些。礼，难道不是最高的境界吗！建立完备的礼制作为最高准则，那么天下就没有什么东西能对它有所更正。礼的根本原则和具体规则互相顺应，情感和仪式互相应合，最完备的礼义，尊卑则有别，最细密的礼义，是非标准就会清楚。遵循礼义之道天下就会得到治理，不遵循就会混乱，遵循礼义之道天下就会安定，不遵循就会危险，遵循礼义之道天下就会保全，不遵循就会灭亡。小人是不能深刻理解其中的道理的。

【原文】 礼之理诚深矣，"坚白""同异"之察入焉而溺①；其理诚大矣，擅作典制辟陋之说入焉而丧②；其理诚高矣，暴慢、恣睢、轻俗以为高之属入焉而队③。故绳墨诚陈矣，则不可欺以曲直；衡诚县矣④，则不可欺以轻重；规矩诚设矣⑤，则不可欺以方圆；君子审于礼，则不可欺以诈伪。故绳者，直之至；衡者，平之至；规矩者，方圆之至；礼者，人道之极也⑥。然而不法礼，不足礼⑦，谓之无方之民⑧；法礼足礼，谓之有方之士。礼之中焉能思索，谓之能虑；礼之中焉能勿易⑨，谓之能固。能虑能固，加好者焉，斯圣人矣。故天者，高之极也；地者，下之极也；无穷者，广之极也；圣人者，道之极也。故学者，固学为圣人也，非特学为无方之民也。

【注释】 ①坚白：即"离坚白"，名家公孙龙的命题之一。同异：即"合同异"，名家惠施辩论的命题之一。察：察辩。溺：淹没。②擅作典制：擅自编造典章制度。③暴慢、恣睢：胡作非为，放荡不羁。队：同"坠"，失败。④衡：秤。县：同"悬"。⑤规矩：圆规和曲尺。⑥人道：为人、治国的原则。⑦足礼：重视礼。⑧无方：无道，指不走正道而走邪道。⑨礼之中焉：在礼之中。意思是如果不在礼之中，即使能思索、能坚持，也是无益的。

【译文】 礼的道理实在是深啊，"离坚白""合同异"之说可谓辩察，然而一旦与礼相遇，立刻就被淹没；礼的道理真是伟大啊，那些擅自编造典章制度、邪僻浅陋的学说，一旦与礼相遇，立刻就会消亡；礼的道理实在是高明啊，那些胡作非为，放荡不羁，轻薄浅俗而又自命为高的人，一旦与礼相遇，立刻就会败倒。所以真正的绳墨标准在那里，就没法混淆曲直来欺骗人了；秤摆在前面，就没法混淆轻重来欺骗人了；规矩设立了，就没法混淆方圆来欺骗人了；君子明察于礼，奸诈不实的学说就没法欺骗人了。所以绳墨是最直的；秤是最公平的；规矩是方圆的最高标准；礼，则是为人、治国的最高准则。不遵守礼，不重视礼，就是不走正道的人；遵守礼，重视礼，就是走正道的人。在礼之中，能思考，叫作深思熟虑；在礼之中，能不变，叫作坚定。能深思熟虑、能不变，加上爱好礼，这就是圣人了。天，是高的极限；地，是低的极限；无穷，是广大的极限；圣人，则是道德的最高标准。所以，学习，是要学着做圣人，而不是要学做不守道的人。

【原文】 礼者，以财物为用①，以贵贱为文②，以多少为异，以隆杀为要③。文理繁，情用省④，是礼之隆也；文理省，情用繁，是礼之杀也。文理、情用相为内外表里，并行而杂，是礼之中流也⑤。故君子上致其隆，下尽其杀，而中处其中。步骤、驰骋、厉骛不外是矣⑥，是君子之坛宇、宫廷也⑦。人有是⑧，士君子也；外是，民也；于是其中焉，方皇周挟⑨，曲得其次序，是圣人也。故厚者，礼之积也；大者，礼之广也；高者，礼之隆也;明者,礼之尽也。《诗》曰:"礼仪卒度,笑语卒获⑩。"此之谓也。

【注释】 ①以财物为用:指互相馈赠礼物,表达情意的行为。②以贵贱为文:车服旗章,各有不同,贵贱所分,这就是文仪。③杀:简省。④文理繁,情用省:文理,威仪。情用,忠诚。文理表现于外,情用则表现于内。⑤中流:中道。⑥步骤:走。厉:疾飞。鹜:奔驰。是:指礼的范围。⑦坛宇、宫廷:这里是借屋宇为喻,意思是范围,表示君子的活动应在礼的范围内。⑧有:指居住。⑨方皇:通"彷徨"。周挟:周遍。⑩"礼仪"两句:此处引诗出自《诗经·小雅·楚茨》。卒,尽,完全。获,得当。

【译文】 礼,以财物馈赠为行礼之用,以车服旗章的不同为贵贱的文饰,以衣物车马等多少的不同来表示上下等级,以丰厚或者简省得当为要。文饰礼仪多,诚心少,这是隆重礼的表现。文饰礼仪少,诚心多,这是简省礼的表现。文饰礼仪和内心的情感内外符合,互相表里,并行相会,这就是礼的中道。所以君子,对待大礼则极其隆重,对待小礼则尽量简省,对待中等的礼则取其适中。所以,走路、疾走、快跑,君子的一切行为都不应该超出礼的范围;这就像是君子应当住在屋宇宫廷中一样。居住在其中就是士君子,住在它的外面,就是普通人了;如果在礼的范围内,能够随意活动而又能完全符合礼的要求,这就是圣人了。所以说君子厚重的德行,是积累礼义所致;君子博大的精神,是处处遵循礼义所致;君子高尚的品德,是推崇礼的结果;君子能够明察,是因为完全做到了礼的要求。《诗经》上说:"礼仪如果完全合乎法度,言谈笑语就会得当。"说的就是这个意思。

【原文】 礼者,谨于治生死者也。生,人之始也;死,人之终也;终始俱善,人道毕矣。故君子敬始而慎终。终始如一,是君子之道,礼义之文也。夫厚其生而薄其死,是敬其有知而慢其无知也,是奸人之道而倍叛之心也①。君子以倍叛之心接臧谷②,犹且羞之,而况以事其所隆亲乎③!故死之为道也,一而不可得再复也,臣之所以致重其君,子之所以致重其亲,于是尽矣。故事生不忠厚,不敬文谓之野④,送死不忠厚,不敬文,谓之瘠⑤。君子贱野而羞瘠,故天子棺椁七重⑥,诸侯五重,大夫三重,士再重。然后皆有衣衾多少厚薄之数,皆有翣菨文章之等以敬饰之⑦,使生死终始若一,一足以为人愿,是先王之道,忠臣孝子之极也。天子之丧动四海,属诸侯;诸侯之丧动通国,属大夫⑧;大夫之丧动一国,属修士⑨;修士之丧动一乡,属朋友;庶人之丧合族党,动州里⑩。刑余罪人之丧不得合族党⑪,独属妻子,棺椁三寸,衣衾三领,不得饰棺,不得昼行,以昏殣⑫,凡缘而往埋之,反无哭泣之节,无衰麻之服,无亲疏月数之等,各反其平,各复其始,已葬埋,若无丧者而止,夫是之谓至辱。

【注释】 ①倍叛之心:指背离了对死者生前的敬重。倍,通"背"。②接:对待。臧:奴仆。谷:小孩。③所隆亲:指君主和父母。④野:文的反义词,表示无礼。⑤瘠:薄,奉养薄。⑥椁:套棺。⑦翣菨:当作"菨翣",棺材上的装饰物。⑧属:合,汇聚。⑨修士:士之进修者,指上士,士阶层中地位较高的那一部分。⑩州里:乡里。⑪刑余罪人:指犯罪而受到制裁的人。⑫昏殣:黄昏时埋葬。殣,葬,掩埋。

【译文】 礼,对于生死之事的办理最为慎重。活着,是生命的开始;死亡,是人生的终结;生与死都能按照礼处理得十分妥善,人道就全了。所以君子敬畏生命而慎重对待死亡。君子敬畏生命,慎重对待死亡,态度如一,这就是礼义文理了。人活着的时候善待他,人死后却怠慢他,这是只尊敬他有知觉的时候而怠慢其无知觉的时候,这就是恶人的做法,背叛了始终如一的原则。君子用背叛之心对待奴仆、小孩尚且觉得羞耻,更何况用这种态度对待自己所尊重的君主和父母!死这件事,只能有一次而不可能有第二次,生命不可以复生,所以臣对君主的特别敬重,儿子对父母的特别敬重,在死这一点上,最能得到表达。生前对君主父母侍奉得不够忠心诚厚,不恭敬而有礼文,这就是无礼;送死的时候不忠诚笃厚,不恭敬而有礼文,这叫作刻薄。君子轻视无礼而以刻薄为羞,所以天子的棺椁有七层,诸侯有五层,大夫有三层,士有两层。然后衣被等所有送终之物,其多少厚薄都有一定的规定,棺椁上的装饰物和图案,也都有不同的等级,以此来表达敬饰之意,使生死如一,一切都满足人的愿望,这是先王之道,是忠臣孝子之极致啊。天子的丧事惊动天下,诸侯都汇聚而来参加丧礼;诸侯的丧事惊动通好之国,大夫都汇聚而来参加丧礼;大夫的丧礼惊动了同朝的官吏,修士都汇聚而来参加丧礼;修士的丧礼惊动了一乡,朋友都汇聚而来参加丧礼;庶人的丧礼,汇聚了同族的人,惊动了乡里。受过刑罚的人,死了不可以聚合同族乡党,只能聚集妻子儿女,其棺椁只能有三寸之厚,陪葬的衣服被子只能有三件,棺材上不能有装饰,不在白天行殡,只能在黄昏时埋葬,埋葬时死者的妻子穿戴一如平常。回来时没有哭泣的礼节,不穿麻戴孝,也没有各种守丧的规定,埋葬后,他的妻子儿女就恢复到平时的样子,已经埋葬后,就好像家里没有死人,做到这样就止住了,这便是最耻辱的了。

【原文】 礼者,谨于吉凶不相厌者也①。往绕听息之时②,则夫忠臣孝子亦知其闵已③,然而殡敛之具未有求也;垂涕恐惧,然而幸生之心未已,持生之事未辍也;卒矣,然后作、具之④。故虽备家,必逾日然后能殡,三日而成服⑤。然后告远者出矣,备物者作矣。故殡,久不过七十日,速不损五十日。是何也?曰:远者可以至矣,百求可以得矣,百事可以成矣,其忠至矣,其节大矣,其文备矣⑥。然后月朝卜日⑦,月夕卜宅,然后葬也。当是时也,其义止⑧,谁得行之?其义行,谁得止之?故三月之葬,其貌以生设饰死者也⑨,殆非直留死者以安生也,是致隆思慕之义也。

【注释】 ①相厌:互相遮掩。厌,掩。②往绕听息:把新棉絮放在快死者的鼻前,观察病者的气息,看其是否断气。往,安放。绕,新棉絮,易动,所以用来试病者的气息。③闵:病非常重。④作:开始作。具:备。⑤成服:穿丧服。⑥文:器用和仪制。⑦月朝:当作"日朝",早上。下文"月夕"当作"日夕",晚上。⑧义:这里指按照礼的规定去办理丧事的原则。⑨貌:同"貌",象,效法。

【译文】 礼,对于吉凶之事最为谨慎,不能让它们互相混淆。人在弥留之际,虽然忠臣孝子知道他病得很重,但殡敛的物品,还不能准备;虽然流泪恐惧,但期望病者能活下来的心还存在,所以还做着侍奉活者的事;人死了,才开始准备殡敛之物。所以虽然是准备充分的人家,也一定要过几天才能殡葬,三天后再穿孝服。然后去外地报丧的人才可以出发,准备物品的人才开始办理。所以殡葬,长的不超过七十天,短的不会低于五十天。这是什么原因?答:这样的话,远方吊唁的人可以赶来了,需要准备的各种东西也都齐全了，各种要办的事情也都做好了，可以说诚心到了极点，人子之孝节也都尽到了，各种器用和仪制也都完备了。然后早上占卜选择下葬的日期，下午占卜选择下葬的地点，之后才能下葬。在这种时候，按照礼的要求应当停止的，谁能强行再做什么？按照礼的要求该做的事情，谁能停止不做？所以三个月以后再埋葬，三个月之内效法活时的陈设来装饰死者，这并不是为了要留下死者来安慰活人，而是对死者表达尊重悼念的感情。

【原文】 丧礼之凡①：变而饰②，动而远③，久而平。故死之为道也，不饰则恶，恶则不哀④，尔则玩⑤，玩则厌⑥，厌则忘⑦，忘则不敬。一朝而丧其严亲，而所以送葬之者不哀不敬，则嫌于禽兽矣⑧，君子耻之。故变而饰，所以灭恶也；动而远，所以遂敬也；久而平，所以优生也⑨。

【注释】 ①凡：总括，概要。②变：指尸体变形。③动而远：越动越远。此即子游所谓"饭于牖下，小敛于户内，大敛于阼阶，殡于客位，祖祭于庭，葬埋于墓"的意思（《礼记·檀弓》）。④恶：丑恶。这里指尸体变形很难看。⑤尔：通"迩"，近。⑥玩：狎昵。⑦忘：应为"怠"，怠慢。下同。⑧嫌：疑似。⑨优生：对活着的人有好处，不使其因哀伤毁伤身体。

【译文】 丧礼的大要是：尸体逐渐变形，要加以整饰，从入殓到殡葬，死者放的地方越来越远，时间久了哀痛的心情要逐渐平复。所以对待死者，尸体不整饰就很难看，难看就不会引起生者的悲哀，太靠近就会狎昵，狎昵就会讨厌，讨厌则会怠慢，怠慢就会产生不敬。一旦失去了自己尊敬的父母，而送葬的人却不哀不敬，这就与禽兽近似了，君子是以此为耻的。所以尸体变形就要整饰，目的是为了避免难看；死者放的地方越来越远，是为了表达对死者的敬意；时间久了，哀痛的心情慢慢平复，是为了让生者好好活下去。

【原文】 礼者，断长续短①，损有余，益不足，达爱敬之文，而滋成行义之美者也②。故文饰、粗恶、声乐、哭泣、恬愉、忧戚，是反也；然而礼兼而用之，时举而代御③。故文饰、声乐、恬愉，所以持平奉吉也④；粗恶、哭泣、忧戚，所以持险奉凶也。故其立文饰也不至于窕冶⑤；其立粗恶也，不至于瘠弃⑥；其立声乐恬愉也，不至于流淫惰慢；其立哭泣哀戚也，不至于隘慑伤生⑦，是礼之中流也。故情貌之变足以别吉凶，明贵贱亲疏之节，期止矣，外是，奸也，虽难，君子贱之。故量食而食之，量要而带之⑧。相高以毁瘠，是奸人之道也，非礼义之文也，非孝子之情也，将以有为者也⑨。故说豫娩泽⑩，忧戚萃恶⑪，是吉凶忧愉之情发于颜色者也。歌谣謸笑，哭泣谛号⑫，是吉凶忧愉之情发于声音者也。刍豢、稻粱、酒醴⑬、餰鬻、鱼肉、菽藿、酒浆⑭，是吉凶忧愉之情发于食饮者也。卑绖、黼黻、文织⑮，资粗、衰绖、菲繐、菅屦⑯，是吉凶忧愉之情发于衣服者也。疏房、檖貌、越席、床笫、几筵，属茨、倚庐、席薪、枕块⑰，是吉凶忧愉之情发于居处者也。两情者⑱，人生固有端焉。若夫断之继之，博之浅之，益之损之，类之尽之，盛之美之，使本末终始，莫不顺比⑲，足以为万世则，则是礼也，非顺孰修为之君子莫之能知也⑳。

【注释】 ①断长续短：取长补短。这里指的是，让贤者不要过于执于礼，让不肖的人勉力做到礼。②滋成：养成。行义：按照礼的规则去做。③御：使用。④持平奉吉：对待平安吉祥的事。持，对待。奉，伺候。⑤窕冶：妖艳。⑥瘠弃：贫瘠。⑦隘慑：过分悲伤。隘，穷。慑，悲伤。⑧量：适量。要：同"腰"。⑨将以有为者：指有其他目的。如《不苟》篇中陈仲、史䲡之类欺世盗名者之所为。⑩说：同"悦"。豫：快乐。婉泽：面色润泽。婉，明媚。⑪莘：通"悴"，憔悴。⑫歌谣：唱歌。謸：同"傲"，戏谑。谛：同"啼"。⑬酒醴：甜酒。⑭饘：稠粥。鬻：同"粥"，稀粥。菽：豆类。藿：豆叶。酒浆：当作"水浆"。刍豢、稻粱、酒醴、鱼肉，是办吉事的饮食；饘鬻、菽藿、酒浆是办凶事的饮食。⑮卑绂：卑冕。衮冕以下之通称。绂，通"冕"。文织：有彩色花纹的丝织品。⑯资粗：粗布。衰绖：丧服。菲缌：薄而稀的布。菲，稀。缌，细疏布，因薄而名菲缌。菅屦：草鞋。⑰属茨：以茨草相联属，指草屋。倚庐：守丧人住的简陋木屋。席薪：居丧时以柴草委席。枕块：居丧时以土块为枕。⑱两情：指吉与凶、忧与喜。⑲顺比：协调。比，比附。⑳顺孰修为之君子：指精习于礼的人。顺，通"慎"。孰，同"熟"。修为，修治。

【译文】　礼，就是用来取长补短，减少多出的，弥补不足的，既要达到爱慕崇敬死者的礼节目的，又能养成按照礼的规则去做的美德。所以文饰与粗恶、声乐与哭泣、恬愉与忧戚，这些情感是对立的；然而礼都能兼用，随时变换使用。文饰、声乐、恬愉，是用来对待平安吉祥的事；粗恶、哭泣、忧戚是用来对待凶险的事。所以礼虽有文饰，但不会流于妖冶，虽用粗恶的仪式，但不会流于贫瘠；礼有声乐、恬愉，但不会流于放荡懈怠；礼有哭泣哀戚，但不会过分悲伤而伤害身体，这就是礼的中道。所以人们情貌的变化，只要能达到辨别吉凶、明晰贵贱亲疏的差别，这就可以了，如果不是这样，就是奸人的行为，虽然做起来很难，君子也看不起他。所以要根据食量大小而进食，根据腰的粗细扎带子，用毁伤自己的身体来追求更高的名利，这是奸人的行为，不是礼义的节文，不是孝子的真情，而是有其他的目的。高兴快乐、面色润泽，忧愁悲戚，面色憔悴，是吉凶忧喜之情在脸上自然的外现。唱歌戏谑、哭啼号唬，是吉凶忧喜之情在声音上自然的外现。刍豢、稻粱、酒醴、饘鬻、鱼肉、菽藿、酒浆是吉凶忧喜之情在饮食上自然的表现。卑绂、黼黻、文织，粗布、衰绖、菲缌、草鞋是吉凶忧喜之情在衣服上自然的表现。疏房、檖额、越席、床笫、几筵，草屋、倚庐、席薪、枕块是吉凶忧喜之情在居室上自然的表现。吉与凶，忧与喜，是人生固有的两类情感。如果能够以礼节制情感，取长补短，中断的补上，不足的扩大，过分的减少，使同类事物，各尽其位，丰盛完美，让文饰与情感，生和死都很协调完备，完全可以成为万世不变的法则，这就是礼。若不是对礼十分谨慎、精熟，而且努力去做的君子，是不能明白这个道理的。

【原文】　故曰：性者，本始材朴也①；伪者②，文理隆盛也。无性则伪之无所加，无伪则性不能自美。性伪合，然后圣人之名一，天下之功于是就也。故曰：天地合而万物生，阴阳接而变化起，性伪合而天下治。天能生物，不能辨物也；地能载人，不能治人也；宇中万物生人之属，待圣人然后分也③。《诗》曰："怀柔百神，及河乔岳④。"此之谓也。

【注释】　①材朴：材质。②伪：人为。③分：等分。印所谓贵贱之等、父子之分、男女之别。④"怀柔"两句:引诗见《诗经·周颂·时迈》。怀柔,安抚。乔,高。

【译文】 所以说:本性,是人天生的材质;人为,是盛大的礼法文理。没有本性,那么礼法文理就没有地方施加,没有人为,人本始的天性就不能自己变得美起来。本性与人为的结合,才能成就圣人之名,天下的功业也才能完成。所以说:天地和谐,万物才能生长,阴阳相接,世界才能变化,人的天性与后天的礼义结合,天下才能得到治理。天能产生万物,却不能治理它;地能养育人,却不能治理人;世界上的万物和人类,必须依靠圣人制定礼法,然后才能各得其位。《诗经》说:"安抚百神,以及大河高山。"说的就是这个意思。

【原文】 丧礼者,以生者饰死者也,大象其生以送其死也①。故事死如生,事亡如存,终始一也②。始卒,沐浴、鬌体、饭唅③,象生执也④。不沐则濡栉三律而止⑤,不浴则濡巾三式而止⑥。充耳而设瑱⑦,饭以生稻,唅以槁骨⑧,反生术矣。设裻衣⑨,袭三称⑩,缙绅而无钩带矣⑪。设掩面儇目⑫,鬌而不冠笄矣⑬。书其名,置于其重⑭,则名不见而柩独明矣。荐器则冠有鍪而毋縰⑮,瓮庑虚而不实⑯,有簟席而无床第⑰,木器不成斫⑱,陶器不成物⑲,薄器不成内⑳,笙竽具而不和,琴瑟张而不均,舆藏而马反㉑,告不用也。具生器以适墓㉒,象徙道也。略而不尽,貌而不功,趋舆而藏之,金革辔靷而不入㉓,明不用也。象徙道,又明不用也,是皆所以重哀也。故生器文而不功,明器㒵而不用㉔。凡礼,事生,饰欢也;送死,饰哀也;祭祀,饰敬也;师旅㉕,饰威也:是百王之所同,古今之所一也,未有知其所由来者也。故圹垄㉖,其㒵象室屋也;棺椁,其㒵象版、盖、斯、拂也㉗;无、帾、丝歶、缕翣㉘,其㒵以象菲、帷、帱、尉也㉙。抗折㉚,其㒵以象槾茨、番、阏也㉛。故丧礼者,无它焉,明死生之义,送以哀敬而终周藏也㉜。故葬埋,敬藏其形也;祭祀,敬事其神也;其铭、诔、系世㉝,敬传其名也。事生,饰始也;送死,饰终也。终始具而孝子之事毕,圣人之道备矣。

【注释】 ①大象:大致效法。②终始一也:指对生死都以礼来对待。③鬌:把头发束在一起。体:剪指甲等。饭唅:把玉、珠、贝、米之类放在死者的嘴里,放的东西视贵贱有所不同。④象生执:仿效活着时做事的样子。⑤濡:沾湿。栉:梳篦之类的总称。律:梳头发。⑥式:通"拭",擦拭。⑦充耳:塞耳。瑱:塞耳的玉。⑧槁骨:应为"皓贝",白色的贝壳。⑨裻衣:内衣。⑩袭三称:入殓前给死者加外衣三套。⑪缙绅:插笏的腰带。缙,同"搢",插。绅,古代贵族束在腰间的大带。钩:衣带上的钩子。人死不必穿衣解衣,所以不设钩带。⑫儇:通"幎",读如"觅",掩盖。⑬笄:插在头发上的饰物。⑭重:木做的代以受祭的神主牌。⑮荐器:陈设陪葬的器物。鍪:帽子。毋:无。縰:包头发的丝织物。⑯瓮庑:都是陶制的器皿。庑,即"甒"。⑰簟席:细苇席。无床第:棺中不设床垫。⑱斫:雕饰。⑲不成物:只具形状,未成完整能用的器皿。⑳薄器:竹或苇做的器皿。内:或以为当作"用"。㉑舆:丧车。藏:埋。马反:驾车的马返回不埋。㉒生器:活着时的用器,如弓矢盘盂之类。适:往。㉓金:车铃。革:车鞅。辔:嚼子和缰绳。靷:车上套马用的皮带。㉔明器:随葬品,也叫鬼器。㒵:同"貌"。㉕师旅:这里指军事活动中的礼仪。㉖圹:墓穴。垄:坟墓。㉗版:车辆旁挡风沙的厢板。盖:车顶盖。斯:疑为"靳"字之误,"靳"借做"緀",即车前革制的车饰。拂:即

"莆",车后的遮蔽。㉘无:通"幠",帐子一类的东西。帾:通"褚",帐子一类的东西。这两种东西都是棺木上的装饰物。丝鬠:大概是丝织的丧车车饰。缕翣:同"蒌翣",棺材上的装饰物。㉙菲:挡门的草帘。帱:单帐子。尉:通"熨",像网状的帷帐。㉚抗:挡土的葬具。折:垫在炕下的葬具。㉛墍:用泥土涂抹墙壁和房顶。茨:用茅草或苇盖房子。番:通"藩",篱笆。阏:遮塞。这里指挡风尘的门户。㉜周:周备,完备。藏:埋葬。㉝铭:把死者的事迹刻在器物上。诔:哀悼死者的文字、文章。系世:世代传袭的记载,如家谱之类。

【译文】 丧礼,就是用生前的样子去装饰死者,大致模仿他活着的时候的样子把死者送走。所以侍奉死者如同生者,侍奉死去的人如同他活着的时候,对于生死存亡都能按照礼的规定来做。人刚死时,要给他洗头、洗身体,要把头发束起来,为其修剪指甲,把玉、珠、贝、米之类放在死者的嘴里,都是仿效他活着时所做的事。不洗头的话就把梳篦沾湿,为死者梳三次头发。不洗身体的话就把毛巾沾湿,为其擦拭三遍。然后在他的耳朵里塞上玉,嘴巴里放上生的稻米,嘴里含上白色的贝壳,这是返生之法。入殓前给死者穿上内衣,外面加上三层衣服,把笏插在腰带上而不要设钩带。用绢帛盖住死者的面孔,头发束起来,男不戴帽,女不插笄。然后把死者的名字写在旌旗上,放在神主牌上,那么死者的名字就仅仅出现在柩前。陈设陪葬的器物:头上有帽子但没有包头发的布,有陶器但里面不放东西,有席子但没有床垫,木器不加雕饰,陶器只有简单的形状,但不能用,竹编的器物也只是略具其形而不能用,笙竽、琴瑟都陈设在那儿但不能弹奏音乐,送葬的车要埋掉,驾车的马则可以返回不埋,但不再用了。准备日常用品拉到墓地,像搬家一样。简略而不全备,只是大貌相似,而不求精工细作,赶着车把伴藏物品运到墓地埋葬,车铃、车鞅、嚼子和缰绳、车套都不入葬,但都不再用了。像搬家一样,又表示不再用了,这些都是为了强调孝子的哀思。所以活着时用的器皿,只是起到仪式的作用而不是要有实用,随葬品只是象征品而不是有实用。大致说来,礼的目的,侍奉生者,是为了表达欢乐;往送死者,是为了表示悲哀;祭祀,是为了表达敬意;军事礼仪,是为了表现军威;历代帝王都是这样做的,古今也都是一样的,但没有人知道这些礼仪的来源。所以墓穴和坟墓的样子,像人住的房子,棺椁的形状,像车的样子;覆盖尸体的布,覆盖棺材的帐子、装饰棺材的物品,丧车的饰品,样子都像门帘帷帐;挡土的那些葬具,样子像墙壁、屋顶、篱笆和门户。所以丧礼没有别的意思,只是用来表明生与死的意义,表示用哀痛崇敬的心情送死,并最后加以周全地埋葬。埋葬,就是怀着敬意把死者的形体收起来;祭祀,就是怀着敬意侍奉神灵;那些铭文诔文,世代相传的记载,就是怀着敬意把死者的名字传下去。侍奉活着的人,是用礼对待生命的开始,送死,是用礼对待生命的终结。养生送死都做到尽心尽力,那么孝子该做的事情也就做完了,圣人之道也就全备了。

【原文】 刻死而附生谓之墨①,刻生而附死谓之惑,杀生而送死谓之贼。大象其生以送其死,使死生终始莫不称宜而好善,是礼义之法式也②,儒者是矣。

【注释】 ①刻:刻薄。附:增添,丰厚。墨:指墨家的节葬主张。②法式:法则仪式。

【译文】 刻薄死者而厚待活着的人,这是墨家的主张,刻薄活着的人而厚葬死去的人,这是糊涂,杀死活着的人去陪葬死者,这是害人。大致模仿一个人活着时候的情形去为他送死,使得生死始终无不合宜完善,这是礼义的法则仪式,是儒家的主张。

【原文】 三年之丧何也?曰:称情而立文①,因以饰群别、亲疏、贵贱之节而不可益损也②,故曰无适不易之术也。创巨者其日久,痛甚者其愈迟,三年之丧,称情而立文,所以为至痛极也;齐衰、苴杖、居庐、食粥、席薪、枕块③,所以为至痛饰也。三年之丧,二十五月而毕,哀痛未尽,思慕未忘,然而礼以是断之者,岂不以送死有已,复生有节也哉!凡生天地之间者,有血气之属必有知,有知之属莫不爱其类。今夫大鸟兽则失亡其群匹④,越月逾时,则必反铅过故乡⑤,则必徘徊焉,鸣号焉,蹢躅焉⑥,踟蹰焉⑦,然后能去之也。小者是燕爵⑧,犹有啁噍之顷焉⑨,然后能去之。故有血气之属莫知于人,故人之于其亲也,至死无穷。将由夫愚陋淫邪之人与⑩?则彼朝死而夕忘之,然而纵之,则是曾鸟兽之不若也,彼安能相与群居而无乱乎?将由夫修饰之君子与?则三年之丧,二十五月而毕,若驷之过隙⑪,然而遂之,则是无穷也。故先王圣人安为之立中制节⑫,一使足以成文理,则舍之矣。

【注释】 ①称情:根据哀情轻重。立文:制定丧礼的规定。②饰群:区别人的亲疏贵贱。群,指五服之亲属。③齐衰:熟麻布做的一种衣服。苴杖:哭丧时拄的竹杖。居庐:同“倚庐”,守丧人住的小木屋。④匹:配偶。⑤铅:同“沿”。⑥蹢躅:徘徊不进。⑦踟蹰:犹豫不决。⑧爵:通“雀”。⑨啁噍:小鸟悲叫声。顷:一会儿。⑩将由:依照。⑪驷之过隙:好像快马从空隙中飞跑而过一样,形容时间过得快。⑫立中制节:制定适当的服丧年月加以限制。

【译文】 人子为父母服丧三年,这是为什么呢?答:这是根据哀情轻重而制定的丧礼的规定,用以分别人的亲疏贵贱的礼节,不能增减。所以说这是到哪里都不变的法则。大凡人创伤愈大,愈合得愈慢,痛得愈厉害,好得愈慢,三年的服丧,这是根据哀情而制定的规定,表示至痛到极点;穿麻衣、拄竹杖、居庐屋、喝稀粥、睡草席、枕土块,就是为了表示至痛之情。服丧三年,二十五月才结束,哀痛还没有完,思念还没有忘却,然而礼却规定这时候中止,难道不是因为送死应该有停止的时候,适当的时候应该恢复正常生活?大凡生于天地之间,有血气的必然有知觉,有知觉的没有不爱其同类的。比如,大鸟兽一旦失去同伴,过了几个月,或者一定的时间,必然会沿着原路返回,经过故乡,一定在那儿徘徊,在那儿鸣叫,在那儿流连,在那儿犹豫,然后才能飞走。就连最小的燕雀,也会悲叫徘徊一会儿,然后才会离去。有血气的动物中,人最聪慧,所以人对自己父母的情感,到死都不会完。按照愚陋淫邪之人的做法办吗?亲人早上死了,晚上就忘到脑后去了,这样放纵下去,那就会连鸟兽都不如了,这种人怎么能与人友好地相处而不作乱呢?依着有品德的君子的做法办吗?那么三年的服丧,二十五个月,就好像快马过隙,但是假如顺其心愿去做,永远不除丧,那就会无穷无尽。所以先王圣人为人们制订适当的服丧年月加以限制,使人们一旦达到礼的规定,就可以除去丧服了。

【原文】　然则何以分之①？曰：至亲以期断②。是何也？曰：天地则已易矣，四时则已遍矣③，其在宇中者莫不更始矣④，故先王案以此象之也⑤。然则三年何也？曰：加隆焉⑥，案使倍之，故再期也⑦。由九月以下何也？曰：案使不及也。故三年以为隆，缌、小功以为杀⑧，期、九月以为间⑨。上取象于天，下取象于地，中取则于人，人所以群居和一之理尽矣。故三年之丧，人道之至文者也。夫是之谓至隆，是百王之所同也，古今之所一也。

【注释】　①分：区分亲疏不同的丧礼。②至亲：指父母。期：周年。断：丧终。③遍：轮流一遍。④更始：更新，重新开始。⑤案：语助词。象：象征。⑥隆：隆重。⑦再期：二年。⑧缌：用细麻做成的丧服，服期三个月。小功：用较细的麻做成的衣服，服期五个月。杀：减省。⑨间：在隆和杀之间。

【译文】　然而如何区分亲疏不同的丧礼呢？答：父母之丧，本以一年为终结。这又是为什么呢？答：一年之中，天地已经变了，四季已经轮流了一遍，天地中的有生之物，没有不开始更新的了，所以先王以人事效法天地，以此来象征新的开始。然而又有三年之丧的说法，这又是为什么？答：这是特别加重哀情的意思，使其加倍，所以加了两年。从九月以下递降，这又是因为什么？答：使其丧礼不如父母的隆重。所以三年服丧是最隆重的，穿缌，服期三个月，服期五个月是损减的礼，服期一年、九个月是中等的礼。礼的制定，上取法于天，下取法于地，中间取法于人，人们共同居住、和谐统一的道理全在这里了。所以三年之丧，是人间最完善的礼义制度。这就叫最为隆盛的礼，是历代帝王的共同之处，是古今一致遵守的原则。

【原文】　君子丧所以取三年，何也？曰：君者，治辨之主也①，文理之原也，情貌之尽也，相率而致隆之，不亦可乎！《诗》曰："恺悌君子，民之父母②。"彼君子者，固有为民父母之说焉。父能生之，不能养之，母能食之③，不能教诲，君者，已能食之矣，又善教诲之者也。三年毕矣哉！乳母，饮食之者也，而三月；慈母，衣被之者也，而九月；君，曲备之者也④，三年毕乎哉！得之则治，失之则乱，文之至也；得之则安，失之则危，情之至也。两至者俱积焉，以三年事之犹未足也，直无由进之耳⑤。故社⑥，祭社也；稷⑦，祭稷也；郊者⑧，并百王于上天而祭祀之也。

【注释】　①治辨：治理。②"恺悌"两句：此处引诗见《诗经·大雅·泂酌》。恺悌，和蔼可亲。③食：喂养。④曲备：各方面都具备。⑤直：但，只是。⑥社：土地神。⑦稷：谷神。⑧郊：祭祀天。郊祭是古代最隆重的祭祀制度，荀子的意思是说君主之恩，大于父母，所以祭祀君主可与祭天并重。

【译文】　君主的丧礼也是三年，这是为什么？答：君主，是治理国家的主宰，是礼法文理的根本，是忠诚恭敬的楷模，做人臣的，相率服丧三年以推重君主，不也是应当的吗！《诗经》上说："和蔼可亲的君子啊，是人民的父母。"君主，本来就有为民父母之说啊。父亲能给孩子生命，却不能喂养他，母亲能喂养孩子，却不能教诲他，君主是既能给他衣食，又善于教诲他的人，哀感之情，三年才可以完毕了啊！乳母是哺育孩子的人，还要服丧三月；慈母，是抚养孩子的人，还要服丧九月；而君主，养育与教诲，各方面都做到了，所以服丧三年才可以完毕啊！照这样做，国家就能治理好，不这样做,国家就会混乱,这是最完备的礼法;照这样做,国家就能安定,不这样做,国家就会危险,这是最充分的情感表达。最完备的礼法与最充分的情感都具备了,服丧三年还不觉得够,只是没有办法再增加了。所以社祭,只是祭祀土地神的;稷祭,只是祭祀谷神的,而郊祭,则是一起祭祀百王和天的。

【原文】 三月之殡何也①?曰:大之也,重之也。所致隆也,所致亲也,将举措之,迁徙之,离宫室而归丘陵也,先王恐其不文也,是以繇其期②,足之日也。故天子七月,诸侯五月,大夫三月,皆使其须足以容事③,事足以容成,成足以容文,文足以容备,曲容备物之谓道矣。

【注释】 ①殡:是殁后到埋葬前停丧的一段时间。②繇:通"遥"。③须:等待。

【译文】 停殡三个月,这是为什么呢?答:是为了表示重视其事,不敢草率的意思。心里最尊重的人,最亲爱的人,将要安置他,搬迁他,要将他从宫室搬走而安葬在丘陵里,先王担心礼数有所不够,所以延长殡的日期,使其时间充足。所以天子殡七月,诸侯五月,大夫三月,都是要有足够的时间准备各种丧葬事宜,将丧事办得完全达到礼的要求,各方面都达到完备,就符合丧礼的原则了。

【原文】 祭者,志意思慕之情也。愅诡、唈僾而不能无时至焉①。故人之欢欣和合之时,则夫忠臣孝子亦愅诡而有所至矣。彼其所至者甚大动也,案屈然已②,则其于志意之情者惆然不嗛③,其于礼节者阙然不具④。故先王案为之立文,尊尊亲亲之义至矣。故曰:祭者,志意思慕之情也,忠信爱敬之至矣,礼节文貌之盛矣,苟非圣人,莫之能知也。圣人明知之,士君子安行之,官人以为守,百姓以成俗。其在君子,以为人道也;其在百姓,以为鬼事也。故钟鼓、管磬、琴瑟、竽笙、韶、夏、濩、武、汋、桓、简、象⑤,是君子之所以为愅诡其所喜乐之文也。齐衰、苴杖、居庐、食粥、席薪、枕块,是君子之所以为愅诡其所哀痛之文也。师旅有制,刑法有等,莫不称罪,是君子之所以为愅诡其所敦恶之文也⑥。卜筮视日、斋戒修涂、几筵、馈荐、告祝⑦,如或飨之。物取而皆祭之,如或尝之。毋利举爵⑧,主人有尊⑨,如或觞之。宾出,主人拜送,反易服,即位而哭,如或去之。哀夫!敬夫!事死如事生,事亡如事存,状乎无形影,然而成文。

【注释】 ①愅:变。诡:异。唈僾:抑郁不乐的样子。②案:语气助词。屈然:空无所有的样子。屈,竭尽。③惆然不嗛:悲哀不愉快。④阙然:缺少的样子,不完备的样子。⑤韶:舜乐。夏:禹乐。濩:汤乐。武:周武王的乐。汋、桓:周代明堂祭祀武王的乐。简:周文王的舞曲名。象:周武王伐纣的乐曲。⑥敦:通"憝",怨恨。⑦卜筮视日:占卜以择日。修涂:修饰,打扫。涂,通"除"。馈:指祭祀时进献牲畜。荐:祭祀时进献黍稷。告祝:祭礼的一种形式。祝,辅助祭祀的人。⑧利:祭祀中劝食的人。⑨有尊:即"侑尊",指献酒。

【译文】 祭祀的目的,是为了表达人们对死者的思慕之情。死亡之变使人忧郁痛苦,这种情感会在意想不到的时候到来。所以在人欢乐、团聚的时候,那些忠臣孝子也会触景伤情而思念自己的君主和父母,并有所表现。当他有所感发的时候,情激于中,甚为感动,但因为没有祭祀的礼仪,内心感到空虚而没有东西可以表达,那么他内心积郁的情感就会变成怅然不快,会感到礼仪的缺乏。所以先王为他们制订祭祀礼仪,使尊敬君主、孝敬父母的礼仪都全备了。所以说:祭祀,是表达人们对死者思慕之情的方式,是忠信爱敬之德的极致,是礼节文饰的极盛,如果不是圣人,是不能理解其中的精义所在的。圣人明白其中的意思,士君子安心去实行它,祭祀之官则以之为职守,百姓则以之为习俗。对君子来说,这是治理人间的一种方式;对百姓来说,则认为是一种侍奉鬼神的活动。所以钟鼓、管磬、琴瑟、竽笙吹奏出的乐曲,韶、夏、護、武、汋、桓、箾、象等乐舞,是君子表示他的喜乐情感变化的礼仪形式。穿麻衣、挂竹杖、居庐屋、喝稀粥、睡草席、枕土块,是君子表示他的悲痛情感变化的礼仪形式。师旅有军规,刑法有等级,都与其罪行相称,这是君子表示他的憎恶情感变化的礼仪形式。占卜选择日子,斋戒打扫房屋,在室中放设筵几,进献牲畜和黍稷,告祝,好像鬼神真的会歆享一样。各样东西都取一点来祭祀,好像鬼神真的会品尝一样。不要劝食的人代为敬酒,主人自己献酒,好像鬼神真的会喝酒一样;客人走了,主人拜送,回来后脱去祭服,换上丧服,入座而哭,如同亲人的神灵离去一样。悲哀啊!尊敬啊!侍奉死者如同侍奉生者,侍奉死亡的人如同侍奉活着的人,好像没有形状,然而都是合乎为人、治国的礼义的。

性　恶

【题解】
这是一篇系统阐述荀子"性恶论"思想的文章。

全篇围绕着"人之性恶,其善者伪也"的观点展开。荀子所谓"性",就是"不可学、不可事而在人者",即天性,也就是文中提到的"人情",而"伪",则是"可学而能、可事而成之在人者",即后天的努力、环境和教育。荀子认为人生而有耳目口腹之欲,贪利争夺之心,所以其天性是恶的。因此需要通过对"师法之化,礼义之道"的学习去改变、矫正恶的天性,此即所谓"化性起伪"。他坚决反对孟子的"性善"学说,认为圣人和普通人在天性上是一致的,所不同者,乃在圣人能用礼义法度来治理、改变天性。所以他又提出了"涂之人可以为禹"的观点,认为普通人只要"伏术为学,专心一志,思索孰察,加日县久,积善而不息",就会达到"通于神明,参于天地"的境界,成为和圣人一样的人。

【原文】　人之性恶,其善者伪也①。今人之性,生而有好利焉,顺是,故争夺生而辞让亡焉;生而有疾恶焉②,顺是,故残贼生而忠信亡焉;生而有耳目之欲,有好声色焉,顺是,故淫乱生而礼义文理亡焉③。然则从人之性④,顺人之情,必出于争夺,合于犯分乱理而归于暴⑤。故必将有师法之化⑥,礼义之道,然后出于辞让,合于文理,而归于治。用此观之,人之性恶明矣,其善者伪也。

【注释】　①"人之性"两句:性,本性。伪,为,人为。②疾恶:嫉妒,憎恨。③文理:节文,条理,秩序。④从:同"纵",放纵。⑤分:名分,等级。理:指礼义。⑥师法之化:老师和法制的教化。

【译文】　人天性是恶的,善只是一种勉励矫正的人为的东西。人的天性,生来就喜好利益,顺着这个天性,争夺就会出现而谦让就会消失;生来就会嫉妒憎恶,顺着这个天性,伤害好人的贼人就会产生而忠信之人就会消亡;生来就有耳目之欲,喜好声色,顺着这个天性淫乱就会出现而礼义文明就会消亡。如此,则放纵人的天性,顺着人的性情,就必然会造成争夺,出现违反等级名分、破坏礼义的事情而导致社会暴乱。所以一定要有老师和法制的教化,礼义的引导,然后才能出现谦让,才能与礼义秩序符合,达到社会安定。从这点上看,人性恶是很明明白白的了,人性之善只是后天人为的东西。

【原文】 故枸木必将待檃栝、烝、矫然后直①,钝金必将待砻、厉然后利②。今人之性恶,必将待师法然后正,得礼义然后治。今人无师法则偏险而不正③,无礼义则悖乱而不治。古者圣王以人之性恶,以为偏险而不正,悖乱而不治,是以为之起礼义、制法度,以矫饰人之情性而正之,以扰化人之情性而导之也④。始皆出于治,合于道者也。今人之,化师法⑤,积文学⑥,道礼义者为君子;纵性情,安恣睢而违礼义者为小人。用此观之,人之性恶明矣,其善者伪也。

【注释】 ①枸:弯曲。檃栝:矫正弯木的工具。烝:烘烤,加热。②钝金:不锋利的刀剑等。砻、厉:都是磨砺的意思。③偏:偏邪。险:邪恶。④扰化:驯服教化。扰,驯养。⑤化师法:受师法的教化。⑥积文学:积累文化知识。古代所谓文学,指诗、书等六艺之文。

【译文】 弯曲的木头必须在用檃栝矫正和加热之后才可以变直,钝的刀剑必须在磨砺后才能变得锋利。现在人之本性是恶的,那就一定要经过师法的教育才可以变得端正,得到礼义的教化才能治理。人没有师法,就偏邪不正,无礼义教化,就悖乱而无治。古代的圣王认为人性是恶的,认为人性会偏邪而不正,悖乱而无治,所以为人们建立起礼义、制定了法度,以矫正文饰人的性情,使之得到端正,以驯服教化人的天性,使之得到引导。使人们都受到治理,符合于道。现在的人,受到了师法的教化,积累了文化知识,行为出于道义的,就是君子;放纵本性,任意胡作非为,违背礼义的,就是小人。由此看来,人性恶是很明明白白的了,人性之善只是后天人为的东西。

【原文】 孟子曰①:"人之学者,其性善。"曰:是不然。是不及知人之性,而不察乎人之性、伪之分者也。凡性者,天之就也,不可学,不可事;礼义者,圣人之所生也,人之所学而能,所事而成者也。不可学、不可事而在人者谓之性,可学而能、可事而成之在人者谓之伪,是性、伪之分也。

【注释】 ①孟子:孟轲,战国中期儒家的代表人物。孟子道性善,言必称尧舜。认为人天性本善,但这种天性后天会丢失,学习的目的就在保持善之本性,使其不失。

【译文】 孟子说:"人之所以学习,是因为人本性是善的"。说:这是不对的!这是没有真正认识人的本性,而且是不了解本性和人为之间区别的一种说法。所谓本性,就是天生的东西,不可以通过学习得到,不可以经过努力从事而做成;而礼义,则是圣人制定出的,可以通过学习而得到,可以通过努力从事而做成。不可以学习,不可以经过努力而做成,出于天生的,叫作天性,可以学习、可以通过人为努力而做到,取决于人自己的,叫作伪,这就是天性和人为的区分。

【原文】　今人之性，目可以见，耳可以听。夫可以见之明不离目，可以听之聪不离耳，目明而耳聪，不可学明矣。孟子曰："今人之性善，将皆失丧其性故也。"曰：若是，则过矣。今人之性，生而离其朴，离其资，必失而丧之。用此观之，然则人之性恶明矣。所谓性善者，不离其朴而美之，不离其资而利之也。使夫资朴之于美，心意之于善，若夫可以见之明不离目，可以听之聪不离耳，故曰目明而耳聪也。今人之性，饥而欲饱，寒而欲暖，劳而欲休，此人之情性也。今人饥，见长而不敢先食者，将有所让也；劳而不敢求息者，将有所代也。夫子之让乎父、弟之让乎兄，子之代乎父、弟之代乎兄，此二行者，皆反于性而悖于情也。然而孝子之道，礼义之文理也。故顺情性则不辞让矣，辞让则悖于情性矣。用此观之，人之性恶明矣，其善者伪也。

【译文】　人的本性，眼睛可以看，耳朵可以听。可以看东西的视力离不开眼睛，可以听东西的听觉离不开耳朵，所以，眼睛的视觉、耳朵的听觉是学不来的。孟子说："今天人们的天性本是善的，之所以变恶，是因为丧失了其本性。"答：这样说就错了。如果人的本性生下来就脱离了它的自然素质，那就一定要丧失本性。由此看来，人之性恶是非常明明白白的了。因为所谓性善，应该是不脱离它的本真而美，不脱离它的自然属性而好。美和资、朴的关系，心意和善的关系，就好像视觉离不开眼睛、听觉离不开耳朵一样，所以才会有目明耳聪之说。人的天性，饿了就想吃饭，冷了就想穿衣，累了就想休息，这是人的常情和天性。现在有一个人饿了，见到长者不敢先吃，这是因为要有所礼让；累了而不敢要求休息，是因为要代替长辈劳动。儿子让父亲、弟弟让兄长，儿子替父亲劳动，弟弟替兄长劳动，这两种行为，都与人性相反与常情相悖。然而这就是孝子之道，礼义之理。所以顺着常情和天性就会没有谦让，谦让与天性是相悖的。由此看来，人性恶是很明明白白的了，人性之善只是后天人为的东西。

【原文】　问者曰："人之性恶，则礼义恶生^①？"应之曰：凡礼义者，是生于圣人之伪，非故生于人之性也^②。故陶人埏埴而为器^③，然则器生于陶人之伪，非故生于人之性也。故工人斫木而成器，然则器生于工人之伪，非故生于人之性也。圣人积思虑，习伪故^④，以生礼义而起法度，然则礼义法度者，是生于圣人之伪，非故生于人之性也。若夫目好色、耳好声、口好味、心好利、骨体肤理好愉佚^⑤，是皆生于人之情性者也，感而自然，不待事而后生之者也。夫感而不能然，必且待事而后然者，谓之生于伪。是性、伪之所生，其不同之征也。故圣人化性而起伪，伪起而生礼义，礼义生而制法度。然则礼义法度者，是圣人之所生也。故圣人之所以同于众，其不异于众者，性也；所以异而过众者，伪也。夫好利而欲得者，此人之情性也。假之人有弟兄资财而分者，且顺情性，好利而欲得，若是，则兄弟相拂夺矣；且化礼义之文理，若是，则让乎国人矣。故顺情性则弟兄争矣，化礼义则让乎国人矣。

【注释】　①恶：何处。②故：通"固"，本来。③埏埴：用水和粘土制作陶器。埏，用水和土。埴，粘土。④习：积习，熟习。伪：人为的事情。在荀子思想中，伪并不是不善，只是与性相对的一个概念。为之积之的善，也叫伪。⑤肤理：皮肤的纹理。愉佚：安逸。

【译文】　问的人说："人性既然是恶的，那么礼义是从哪里产生的？"回答说：礼义,是产生于圣人的创造,不是人的天性就有的。陶器工人用水和粘土制作出陶器,那么陶器就产生于陶人之造作,而不是产生于陶人的天性。工匠削木为器,那么木器就产生于工匠的造作,而不是产生于工匠的天性。圣人积累思考,熟悉社会情况,因此而制造礼义兴起法度,如此看来,礼义法度,是产生于圣人的创造,而不是产生于圣人的天性。像眼睛喜欢美色、耳朵喜欢美声、嘴巴喜欢美味、心喜欢利益,身体喜欢安逸,这些全都是出于人的天性和常情,有接触就自然如此,不是依赖后天学习而产生的。接触而不能自然产生,需要后天人工努力才产生的,就叫作产生于伪。所以性、伪的产生,特点是不一样的。圣人变化了人的本性而兴起伪,兴起伪,就产生了礼义,产生了礼义就制定了法度。所以礼义法度就是圣人的创造。因此,圣人与一般人相同,而不超乎一般人的地方,就是天性;与一般人不同,而超乎一般人的地方,就是人为。贪利而想得到,这是人之常情和天性。假如有弟兄二人分财产,如果顺着人的天情,贪利而想得到,那么兄弟就会互相争夺;如果用文明礼义教化了他们,那他们就是对一般人也会相让。所以顺着人的天性就会兄弟相争,用礼义教化就会对一般人也相让。

【原文】 凡人之欲为善者,为性恶也。夫薄愿厚,恶愿美,狭愿广,贫愿富,贱愿贵,苟无之中者,必求于外;故富而不愿财,贵而不愿势,苟有之中者,必不及于外。用此观之,人之欲为善者,为性恶也。今人之性,固无礼义,故强学而求有之也;性不知礼义,故思虑而求知之也。然则生而已[①],则人无礼义,不知礼义。人无礼义则乱,不知礼义则悖。然则生而已,则悖乱在己。用此观之,人之性恶明矣,其善者伪也。

【注释】 ①然则生而已:如果只凭着本性。生,天性,本性。下同。

【译文】 大凡人之所以想为善,正是因为人的本性是恶的。薄的想变厚,丑的想变美,窄的想变宽,穷的想变富,贱的想变贵,假如自己本身没有,就会向外寻求;所以有钱的不慕财,地位高的不慕势,如果自己本身已经有了,就不会向外寻求了。由此看来,人之所以想为善,正是因为人的本性是恶的。人的本性,本来没有礼义,所以要努力学习去求得它;天性不知礼义,所以要思考以求知道。如果只凭着本性,那么人就没有礼义,不知礼义。人没有礼义就会混乱,不知礼义就会悖谬。如果只凭着本性,那么悖乱就会集于一身。由此看来,人性恶是很明明白白的了,人性之善只是后天人为的东西。

【原文】 孟子曰:"人之性善。"曰:是不然。凡古今天下之所谓善者,正理平治也;所谓恶者,偏险悖乱也。是善恶之分也已。今诚以人之性固正理平治邪,则有恶用圣王,恶用礼义矣哉!虽有圣王礼义,将曷加于正理平治也哉!今不然,人之性恶。故古者圣人以人之性恶,以为偏险而不正,悖乱而不治,故为之立君上之势以临之,明礼义以化之,起法正以治之,重刑罚以禁之,使天下皆出于治,合于善也。是圣王之治,而礼义之化也。今当试去君上之势,无礼义之化,去法正之治,无刑罚之禁,倚而观天下民人之相与也,若是,则夫强者害弱而夺之,众者暴寡而哗之,天下悖乱而相亡不待顷矣。用此观之,然则人之性恶明矣,其善者伪也。

【译文】 孟子说:"人的本性是善的"答:这是不对的。大凡古今天下所说的善,指的是合乎礼义法度,遵守社会秩序;所说的恶,是指狡诈不正违背混乱。这是善和恶的分界。如果一定认为人性本来就是合乎礼义法度,遵守社会秩序的,那么要圣王有什么用!要礼义有什么用!即使有圣王、礼义,又能在已经正理平治的人身上加什么!今天看来不是这样的,人性是恶的。古代圣人认为人之性恶,认为人的天性是偏险而不正,悖乱而不治的,所以为人们树立了君主的权威以进行统治,明确了礼义以进行教化,兴起法度以进行治理,加重刑罚以禁止犯罪,使天下都得到治理,符合善的标准。这就是圣王的治理,礼义的教化。今天如果试着去掉君主的权威,礼义的教化,去掉法正之治理,刑罚之禁令,站在一边任百姓随意交往,这样的话,就会出现强者伤害弱者并掠夺弱者,人多的欺凌人少的并侵扰他们的情况,天下大乱,灭亡就是顷刻之间的事了。由此看来,人性恶是很明明白白的了,人性之善只是后天人为的东西。

【原文】 故善言古者必有节于今①,善言天者必有征于人②。凡论者,贵其有辨合③,有符验。故坐而言之,起而可设,张而可施行。今孟子曰:"人之性善。"无辨合符验,坐而言之,起而不可设,张而不可施行,岂不过甚矣哉!故性善则去圣王,息礼义矣;性恶则与圣王,贵礼义矣。故櫽栝之生,为枸木也;绳墨之起,为不直也;立君上,明礼义,为性恶也。用此观之,然则人之性恶明矣,其善者伪也。

【注释】 ①节:符合,验证。②征:验证。③辨合:古代人一种凭信的方式,将一物一分为二,各持其一,相合为验。辨,别,别之为两。合,合之为一。

【译文】 善于谈论古代的人,一定能在当今得到验证,善于谈论天道的人,一定能在人间得到验证。大凡建言立说,重要的是要有证明、有根据。所以坐而论道,站起来就应该能够张设,张设了要能施行。现在孟子说:"人性是善的。"却得不到任何验证,坐而空谈,起来不能够张设,张设了不能施行,岂不是错得太厉害了!因此如果认为人性善,那就是不需要圣王、不要礼义;如果认为人性恶,那就是赞成圣王、推崇礼义。所以櫽栝的产生,是因为有曲木;绳墨的发明,是因为有弯曲的木料;设立君主,明确礼义,是因为人性是恶的。由此看来,人性恶是很明明白白的了,人性之善只是后天人为的东西。

【原文】 直木不待櫽栝而直者,其性直也;枸木必将待櫽栝、烝、矫然后直者,以其性不直也。今人之性恶,必将待圣王之治,礼义之化,然后始出于治,合于善也。用此观之,人之性恶明矣,其善者伪也。

【译文】 不依靠櫽栝而直,因为它天生是直的;曲木必须要经过櫽栝、加热矫正之后才直,是因为其天性不直。现在人性的恶,一定要经过圣王的治理,礼义的教化,之后才能够得到治理,符合善的标准。由此看来,人性恶是很明明白白的了,人性之善只是后天人为的东西。

【原文】 问者曰:"礼义积伪者,是人之性,故圣人能生之也。"应之曰:是不然。夫陶人埏埴而生瓦,然则瓦埴岂陶人之性也哉①?工人斫木而生器,然则器木岂工人之性也哉②?夫圣人之于礼义也,辟则陶埏而生之也③,然则礼义积伪者,岂人之本性也哉?凡人之性者,尧、舜之与桀、跖,其性一也;君子之与小人,其性一也。今将以礼义积伪为人之性邪？然则有曷贵尧、禹，曷贵君子矣哉？凡所贵尧、禹、君子者，能化性，能起伪，伪起而生礼义。然则圣人之于礼义积伪也，亦犹陶埏而生之也。用此观之，然则礼义积伪者，岂人之性也哉？所贱于桀、跖、小人者，从其性，顺其情，安恣睢，以出乎贪利争夺。故人之性恶明矣，其善者伪也。

【注释】　①瓦埏：用土制成的瓦。②器木：用木制成的器。③辟：通"譬"，譬如。

【译文】　问的人说："礼、义、积、伪四者，是人的本性，所以圣人才能创造它们。"回应说：这是不对的。陶人用水和粘土制作陶器而造出瓦，难道瓦是陶人的天性？工匠削木为器，难道器木是工匠的本性？圣人之于礼义，就像陶人之于陶器一样，如此，那礼、义、积、伪，怎么能说是人的本性？大凡人的天性，尧、舜与桀、跖都是一样的；君子与小人，其本性也是一样的。现在将礼、义、积、伪为人的本性吗？这样的话，又何必推崇尧、禹，推崇君子？人之所以推崇尧、禹、推崇君子，是因为他们能变化天性中的恶，能兴起后天的善，兴起后天的善就产生了礼义。所以说，圣人与礼、义、积、伪的关系，就好像陶人用水和泥制作陶器一样。由此看来，礼、义、积、伪这些东西，哪里是人的天性？之所以蔑视桀、跖、小人，是因为他们放纵自己的天性，顺从自己天情，任意胡作非为，表现出贪利争夺。所以人性恶是很明明白白的了，人性之善只是后天人为的东西。

【原文】　天非私曾、骞、孝己而外众人也①，然而曾、骞、孝己独厚于孝之实，而全于孝之名者，何也？以綦于礼义故也②。天非私齐、鲁之民而外秦人也，然而于父子之义、夫妇之别，不如齐、鲁之孝具敬文者③，何也？以秦人之从情性、安恣睢、慢于礼义故也，岂其性异矣哉？

【注释】　①私：偏爱。曾：曾参。骞：闵子骞。两人都是孔子的学生，以孝闻名。孝己：殷高宗的儿子，也有孝名。②綦：极、很。③孝具：孝道具备。敬文：恭敬有礼节，原文为"敬父"，依文义改。

【译文】　老天并不是偏爱曾参、闵子骞、孝己而嫌弃众人，然而只有曾参、闵子骞、孝己注重孝的实践，而完全获得了孝的美名，为什么？这是因为他们能尽力于礼义的缘故。老天不是偏爱齐、鲁之人而嫌弃秦人，然而在父子之义、夫妇之别上，他们不如齐、鲁之人孝道具备、恭敬有礼，为什么？这是因为秦人放纵自己的天性，任意胡作非为，怠慢于礼义的缘故啊。难道是他们的本性不一样吗？

【原文】　"涂之人可以为禹。"曷谓也？曰：凡禹之所以为禹者，以其为仁义法正也。然则仁义法正有可知可能之理，然而涂之人也，皆有可以知仁义法正之质，皆有可以能仁义法正之具，然则其可以为禹明矣。今以仁义法正为固无可知可能之理邪？然则唯禹不知仁义法正，不能仁义法正也。将使涂之人固无可以知仁义法正之质，而固无可以能仁义法正之具邪？然则涂之人也，且内不可以知父子之义，外不可以知君臣之正。今不然。涂之人者，皆内可以知父子之义，外可以知君臣之正，然则其可以知之质、可以能之具，其在涂之人明矣。今使涂之人者以其可以知之质，可以能之具，本夫仁义法正之可知可能之理，然则其可以为禹明矣。今使涂之人伏术为学①，专心致志，思索孰察，加日县久，积善而不息，则通于神明，参于天地矣。故圣人者，人之所积而致矣。

【注释】　①伏：通"服"，从事。术：方法。这里指掌握道术的方法。

【译文】　"路上的普通人也可以成为大禹。"为什么这么说呢？答：禹之所以为禹，因为他能实行"仁义法正"的缘故。这样说来，仁义法正就有可以知道、可以做到的道理，这样说来，普通人都有能够知道仁义法正的材质，都有能做到仁义法正的条件，所以他能成为禹的道理是很明显的。现在如果以仁义法正为根本不可知不可做之理，那么即使是大禹也会不知仁义法正，做不到仁义法正。假使普通人根本没有能够知道仁义法正的材质，根本不具备做到仁义法正的条件，那么普通人就会在家不知道父子之义，在外不知道君臣的规矩。但事实并非如此。现在的普通人在家都知道父子之义，在外都知道君臣的规矩，这样看来，普通人有知道仁义法正的材质，能做到仁义法正的条件是显而易见的了。现在让这些普通人，用其知道仁义法正的材质，以及能够做到仁义法正的条件，本着仁义法正可知可做的道理去做，那么他们能成为大禹就是很清楚的事了。如果让普通人掌握道术的方法，努力学习，专心致志，认真思索，仔细考察，日积月累，积累善行而不停息，就会达到神明的境界，与天地相参。所以，圣人是通过积累仁义法正而达到的。

【原文】　曰："圣可积而致，然而皆不可积，何也？"曰：可以而不可使也。故小人可以为君子而不肯为君子，君子可以为小人而不肯为小人。小人、君子者，未尝不可以相为也，然而不相为者，可以而不可使也。故涂之人可以为禹则然，涂之人能为禹，则未必然也。虽不能为禹，无害可以为禹。足可以遍行天下，然而未尝有能遍行天下者也。夫工匠农贾，未尝不可以相为事也，然而未尝能相为事也。用此观之，然则可以为，未必能也；虽不能，无害可以为。然则能不能之与可不可，其不同远矣，其不可以相为明矣。

【译文】　问："圣人可以通过积累善行而达到，然而大多数人都达不到，为什么？"答：可以做而未必一定要这样做。所以小人能做君子，而不肯做君子，君子可以做小人，而不肯为小人。小人、君子，未必不可以互相做。然而不互相做，就因为可以做而不肯做。所以普通人有可能做大禹，那是一定的，普通人一定能成为禹，却未必如此。虽然不一定能成为禹，不妨碍他们可能成为禹。脚可以走遍天下，然而不曾有走遍天下的人。工匠、农夫、商人，未必不可以互相交换着做事，然而不曾互相交换。由此看来，那就是有可能做，但未必一定能做到；虽然不一定能做到，但不妨碍有可能做。如此，则能不能做到与有没有可能做，其间差别太大了。它们之间不能等同看待是很明显的。

【原文】　尧问于舜曰："人情何如？"舜对曰："人情甚不美，又何问焉？妻子具而孝衰于亲，嗜欲得而信衰于友，爵禄盈而忠衰于君。人之情乎！人之情乎！甚不美，又何问焉？"唯贤者为不然。有圣人之知者，有士君子之知者，有小人之知者，有役夫之知者：多言则文而类①，终日议其所以，言之千举万变，其统类一也，是圣人之知也。少言则径而省②，论而法③，若佚之以绳④，是士君子之知也。其言也谄⑤，其行也悖，其举事多悔，是小人之知也。齐给、便敏而无类⑥，杂能、旁魄而无用⑦，析速、粹孰而不急^⑧，不恤是非，不论曲直，以期胜人为意，是役夫之知也。

【注释】 ①文：指一个人言语文雅不粗鄙，与礼义之"文"的"文"不同。类：有系统，有条理。②径：直接。省：少。③论：通"伦"。法：有法度。④佚：俞樾以为当读为"秩"，又通"程"，事物的标准，这是用作动词。⑤谲：荒诞，可疑。⑥齐给：指口齿敏捷。⑦旁魄：同"磅礴"，指广泛。⑧析：析辞为察之析，如名家之辨之类。粹孰：粹熟，精熟。

【译文】 尧问舜说："人的性情到底是怎样的？"舜回答说："人的性情很不好，又何必问？有了妻子儿女，对父母的孝敬就减退了，欲望满足了，对朋友的诚信就减退了，有了高官厚禄，对君主的忠诚就减退了。这就是人的性情啊！这就是人的性情啊！太不好了，又何必问？"只有贤者才不是这样的。有圣人的智慧，有士君子的智慧，有小人的智慧，有役夫的智慧。言语多，但文雅而有条理，终日议论其所以如此主张的道理，语言虽千变万化，但其总原则只有一个，这是圣人的智慧。言语少，简洁直接，有条例有章法，就好像用绳墨量过一样，这是士君子的智慧。言语荒诞，行为悖乱，做事多后悔，这是小人的智慧。口齿伶俐而无统类，才能博杂而无用，分析得头头是道而不合急用，不顾是非，不管曲直，只是以胜过别人为满足，这就是役夫的智慧。

【原文】 有上勇者，有中勇者，有下勇者。天下有中，敢直其身；先王有道，敢行其意；上不循于乱世之君，下不俗于乱世之民；仁之所在无贫穷，仁之所亡无富贵；天下知之，则欲与天下同乐之；天下不知之，则傀然独立天地之间而不畏^①，是上勇也。礼恭而意俭^②，大齐信焉而轻货财^③，贤者敢推而尚之，不肖者敢援而废之，是中勇也。轻身而重货，恬祸而广解，苟免^④，不恤是非、然不然之情，以期胜人为意，是下勇也。

【注释】 ①傀：岿然，高大的样子。②意俭：心意谦虚。③大：重视。齐：庄敬。④恬：安。广解：多方推脱。

【译文】 有上勇的人，有中勇的人，有下勇的人。天下有礼义，敢于挺身而出，先王有道，敢于践行其意；上不苟且顺从乱世之君，下不随从乱世之民；仁之所在，虽贫穷，不以为苦，仁之所无，虽富贵，不以为乐；天下人知道他，则愿与天下人共乐；天下人不知道他，则岿然独立于天地之间而无所惧，这是上勇。礼貌恭敬，心意谦虚，看重庄敬诚信而轻视财富，敢于把贤能的人举荐上去，敢于把不肖之人拉下来，这是中勇。不惜性命，追求财富，为祸而不知耻，且多方设法解脱，逃避罪责，不顾是非曲直、赞同不对的情况，只是以胜过别人为满足，这是下勇。

【原文】 繁弱、巨黍^①，古之良弓也，然而不得排檠^②，则不能自正。桓公之葱^③，太公之阙^④，文王之录^⑤，庄君之曶^⑥，阖闾之干将、莫邪、巨阙、辟闾^⑦，此皆古之良剑也，然而不加砥厉则不能利，不得人力则不能断。骅骝、骐骥、纤离、绿耳^⑧，此皆古之良马也，然而必前有衔辔之制^⑨，后有鞭策之威，加之以造父之驭，然后一日而致千里也。夫人虽有性质美而心辩知，必将求贤师而事之，择良友而友之。得贤师而事之，则所闻者尧、舜、禹、汤之道也；得良友而友之，则所见者忠信敬让之行也。身日进于仁义而不自知也者，靡使然也。今与不善人处，则所闻者欺诬诈伪也，所见者污漫、淫邪、贪利之行也，身且加于刑戮而不自知者，靡使然也。传曰："不知其子视其友；不知其君视其左右。"靡而已矣! 靡而已矣!

【译文】 繁弱、巨黍,是古代的良弓,然而不得排檠的矫正就不能变正。齐桓公的葱,姜太公的阙,周文王的录,楚庄王的曶,阖间的干将、莫邪、巨阙、辟间,这些都是古代的良剑,然而不进行砥砺就不会锋利,不借助于人力的加工,就不能断物。骅骝、骐骥、纤离、绿耳,这都是古代的良马,然后一定要前面加上辔头制约它,后有鞭策的威慑,加上造父精良的驾车术,然后才能日行千里。一个人虽有好的素质,又有较好的辨别能力,但一定还要找到贤师并师从他,选择良友并结交他。得到贤师并师从他,那所听到的都是尧、舜、禹、汤之道,得良友并结交他,那么所见到的都是忠、信、敬、让的行为。自己在不知不觉中一天天懂得了"仁义",这都是环境的力量造成的。现在与不善的人相处,所听见的都是欺骗奸诈,所看见的都是肮脏、淫邪、贪利的行为,自己都要遭到刑杀了却还不自知,这都是环境的力量造成的。古书上说:"不了解一个人的儿子,看看他儿子的朋友就清楚了;不了解他的君主,看看君主身边的人就知道了。"说的就是潜移默化的影响罢了! 说的就是潜移默化的影响罢了!

墨子

【导语】

《墨子》，是中国文化中的一部奇书，也是一部寂寞的书。

鲁迅先生说：伟大也要有人懂。而伟大的《墨子》却在中国文化传统中，沉默了两千年；长时间在黑暗中的沉默，不仅影响了对其深层思想的诠释，甚至影响了对其浅层语言的理解，而且，也限制乃至取消了她对中华文化建构的发言权，墨子的思想与精神只好踏伏在中华文化的潜流之中，或沉默，或偶尔嗫嚅着发出微弱的声音。

墨子像

然而，历史是公平的，一部真正伟大的作品可以暂时寂寞，但她不会永远寂寞，她终究会迎来发言的机会，而且，这一发言必然是黄钟大吕，天下耸动。转机来自传统文化的变革：西学东渐的历程与新文化运动的勃兴，为古老的中国文化打开了新的视野，新的目光触及到了黑暗中的《墨子》，才惊讶地发现，她原本就焕发着异样的光彩。

在清末，有一批认识了西方的学者对墨子做出了新的判断。邹伯奇提出了"西学源出墨学"的说法，他认为西方的天文、历法、算学等，都导源于《墨子》，并曾经依墨子的理论做过小孔成像的实验，制造过望远镜与我国历史上最早的照相机。张自牧在论说了墨家科技成就后说"墨子为西学鼻祖"。王闿运认为《墨子》是西方宗教的源头，如佛家之释迦牟尼、基督教之耶稣都无官位俸禄而被奉为圣师，当受惠于墨学。郭嵩焘认为耶稣视人如己的教义正是墨家兼爱的意思。黄遵宪则从五个方面来论述这一命题：即西方的人权源于墨子的尚同；西方的独尊上帝源于墨子的尊天明鬼；西方的平等博爱源于墨子的兼爱；西学物理发达，源于《墨经》；西学长于器械制造，源于墨学备攻乃至于墨子造纸鸢之术。甚至得出"至于今日，而地球万国行墨之道者，十居其七"的结论……我们并不否认这些说法有"数人之齿而以为富"（《墨子·公孟》）的心理，但也要承认他们显然拥有了新的目光，并能重估墨子的价值。

在戊戌变法到五四时期，学人逐渐抛开了前者的夜郎心理，但对墨子的推崇却有增无减。《民报》创刊号卷首列古今中外四大伟人肖像，以墨子与黄帝、卢梭、华盛顿并列，被尊为"世界第一平等、博爱主义大家"。梁启超针对当时的国情，提出"今欲救之，厥惟墨学"的口号。爱国志士易白沙说："周秦诸子之学，差可益于国人而无余毒者，殆莫过于墨子矣。其学勇于救国，赴汤蹈火，死不旋踵，精于制器，善于治守，以寡少之众，保弱小之邦，虽大国莫能破焉。"谭嗣同更为墨子精神的实践者，他不仅"深念高望，私怀墨子摩顶放踵之志"，而且能舍生赴死，慷慨就义，甘愿成为变革中不可避免的牺牲……

中国历史与中国文化崭新的一页，是伴随着墨子的被重新"发现"而缓缓打开的。

亲士

【题解】

"亲士"的意思是说要重视人才，这其实与墨子"尚贤"的主张是一致的，即认为一个国家，兴盛与否的关键在于是否能够任用贤才。《墨子》一书以此为开首第一篇，也可见其重视程度，这也无疑表现出了墨子宏通与长远的战略眼光。

文章首先把贤士的作用提到了一个极高的位置，然后通过晋文公、齐桓公与越王勾践的例子以及夏桀与商纣的反例来证明用贤的重要。接下来，作者还认为，国君要用贤，一定要律己严而待人宽，只有这样，才会有更多的贤人为国所用。此外，作者还极为深刻地指出，士因其能力的突出而遭受杀身之祸的事例太多了，所以警诫帝王一定要善待贤士，凡是人才，都有一定的个性，难于驾驭，但正因如此，帝王才更要尊重他们，只有这样，才能成就帝王的大业。

全文说理层层深入，几次变换角度，让人觉得似乎作者已经离开了中心，甚至有人怀疑"今有五锥"一段不是墨子原文，其实，如果扣紧"亲士"的主题去理解，就会发现其文章的理路血脉贯通。

【原文】 入国而不存其士[1]，则亡国矣。见贤而不急，则缓其君矣。非贤无急，非士无与虑国。缓贤忘士，而能以其国存者，未曾有也。昔者文公出走而正天下[2]，桓公去国而霸诸侯[3]，越王勾践遇吴王之丑[4]，而尚摄中国之贤君[5]。三子之能达名成功于天下也，皆于其国抑而大丑也[6]。太上无败，其次败而有以成，此之谓用民。

【注释】 [1]存：恤问，即关心的意思。[2]文公：指晋文公重耳，他曾被迫流亡在外十九年，后来回国即位。他在位期间，重用贤才，终于使晋国强大起来，成为春秋五霸之一。[3]桓公：指齐桓公，他未做国君前，他的哥哥齐襄公昏庸无道，而被迫出奔莒国，襄公死后他被迎回即位。此后他重用管仲，也成为春秋五霸之一。[4]勾践：越国国君，曾被吴王夫差打败，于是卧薪尝胆，励精图治，终于在范蠡与文种等贤臣的帮助下消灭吴国，报仇雪恨，并成为春秋五霸之一。[5]摄：同"慑"。[6]而：同"尔"。

【译文】 治理国家却不关心那里的贤士，就会有亡国的危险。见到贤人却不马上任用，他们就会怠慢君主。没有比任用贤士更急迫的事了，如果没有贤士也就没人谋划国家大事。怠慢贤士、轻视人才，而能使国家长治久安，是从来没有过的。从前，晋文公被迫出逃却能够匡正天下，齐桓公流亡国外却能称霸诸侯，越王勾践遭受到败于吴王的耻辱，却还能威慑中原各国的贤君。这三个人能成功扬名于天下，都是因为他们在自己的国家能够忍受极大的屈辱。所以说，最好是不失败，其次则是败了却还有办法成功，这才叫善于用人。

【原文】 吾闻之曰："非无安居也，我无安心也；非无足财也，我无足心也。"是故君子自难而易彼，众人自易而难彼。君子进不败其志，内究其情[1]，虽杂庸民，终无怨心，彼有自信者也。是故为其所难者，必得其所欲焉，未闻为其所欲，而免其所恶者也。

【注释】 ①内:当作"衲",即"退"的意思。

【译文】 我听说:"不是没有安定的住处,而是我的心不安定;不是没有足够的财物,而是我的心不满足。"所以君子严于律己宽于待人,而平庸的人却宽于待己而严于律人。君子对于进取的士人,能够不挫败他的志向,而对于退隐的士人,也要体察他的苦衷,即使贤士中杂有平庸的人,也并无怨悔之心,这是他有自信的缘故。所以,即使做很困难的事,也一定能够达到目的,没听说过想达到自己的愿望,而能回避困难的。

【原文】 是故倡臣伤君①,谄下伤上。君必有弗弗之臣②,上必有诮诮之下③。分议者延延,而支苟者诮诮④,焉可以长生保国⑤。臣下重其爵位而不言,近臣则喑⑥,远臣则唫⑦,怨结于民心;谄谀在侧,善议障塞,则国危矣。桀纣不以其无天下之士邪⑧?杀其身而丧天下。故曰:"归国宝⑨,不若献贤而进士。"

【注释】 ①倡:当作"佞"。②弗:同"拂",矫正,纠正。③诮诮:直言争辩的样子。④支苟:当作"交敬",即"交儆",交相儆戒的意思。⑤焉:这里是"乃"的意思。⑥喑:沉默不语。⑦唫:同"吟",沉吟的意思。⑧桀纣:分指夏桀和商纣,分别是夏、商两朝的末代君主,历史上有名的暴君。⑨归:通"馈",赠送。

【译文】 因此,佞臣会损伤君主,谄媚的下属也会损伤主上。君主必须有敢于矫正君主过失的大臣,主上一定要有敢于直言的下属。分争的人长时间的议论,相互儆戒的人也直言不讳,就可以长养民生,长保其国。臣下如果过于看重自己的爵位而不敢进谏,君主身边的臣子沉默不言,身处远方的臣子沉吟不语,不满的情绪郁结于民心;谄媚阿谀的人在君主身边,好的建议被阻塞,那么国家就危险了。夏桀和商纣不就是没有任用天下之贤士吗?而遭杀身之祸并丧失了天下。所以说:"赠送国宝,不如举荐贤能的人才。"

【原文】 今有五锥,此其铦①,铦者必先挫;有五刀②,此其错③,错者必先靡。是以甘井近竭④,招木近伐⑤,灵龟近灼⑥,神蛇近暴⑦。是故比干之殪⑧,其抗也⑨;孟贲之杀⑩,其勇也;西施之沉⑪,其美也;吴起之裂⑫,其事也。故彼人者,寡不死其所长,故曰:太盛难守也。

【注释】 ①铦:锋利。②刀:当为"石"。③错:磨刀石。④近:当为"先"字。⑤招木:即乔木,高大的树木。⑥灵龟近灼:古人用烧灼龟甲来占卜吉凶。⑦神蛇近暴:古人常通过曝晒蛇来祈雨。暴,同"曝"。⑧比干之殪:商朝贤臣,因为向纣王进谏而被杀。殪,杀死。⑨抗:同"亢",正直的意思。⑩孟贲:传说中齐国的大力士。⑪西施:越国的美女,越王勾践把她献给吴王夫差,来消磨他的意志,最终报仇雪恨。西施的结局传闻异辞,有的说跟随范蠡入五湖隐居,而《吴越春秋·逸篇》则云其被沉于江。而墨子距此事更近,所以记载也更可信。⑫吴起:战国时楚国著名军事家,但后来被车裂而死。

【译文】 现在有五把锥子,其中一把最锋利,但锋利的会最先被用钝;有五块石头,有一个是磨刀石,那么它会最先被磨损。所以说甘甜的井水最先枯竭,高大的树木最先被砍伐,灵异的乌龟最先被烧灼,神奇的长蛇最先被曝晒。所以说比干的死是因为他正直;孟贲被杀是因为他勇武;西施被沉于江是因为她美丽;吴起被车裂是因为他有能力。这些人很少不是死于自己的长处的,所以说:事物达到顶峰就难以持久。

【原文】 故虽有贤君,不爱无功之臣,虽有慈父,不爱无益之子。是故不胜其任而处其位,非此位之人也;不胜其爵而处其禄,非此禄之主也。良弓难张,然可以及高入深;良马难乘,然可以任重致远;良才难令,然可以致君见尊。是故江河不恶小谷之满己也,故能大。圣人者,事无辞也,物无违也,故能为天下器。是故江河之水,非一源之水也;千镒之裘①,非一狐之白也②。夫恶有同方不取而取同己者乎?盖非兼王之道也。是故天地不昭昭,大水不潦潦,大火不燎燎,王德不尧尧者,乃千人之长也。其直如矢,其平如砥,不足以覆万物。是故溪陕者速涸③,逝浅者速竭,硗埆者其地不育④,王者淳泽,不出宫中,则不能流国矣。

【注释】 ①镒:古代黄金的重量单位。②非一狐之白:古代有集腋成裘的说法,因为狐狸腋下的毛是纯白的颜色,但却只是很小的一块,做成一件裘皮衣需要很多这样的皮集合而成。③陕:同"狭"。④硗埆:指土地坚硬贫瘠的意思。

【译文】 所以,虽然有贤明的君主,也不会欣赏没有功劳的大臣,虽然有慈爱的父亲,也不会喜欢没用的儿子。因此,不能胜任却占据着那个职位,他就是不该在这个位子上的人;不胜任他的爵位而拿着这种爵位俸禄的人,就不是这种俸禄的主人。优良的弓难以拉开,但它可以射到最高最深的地方;骏马虽然难以驾驭,但它可以负载重物到达远方;杰出的人难以调遣,但却可以让君主受到尊敬。所以长江黄河不嫌弃小溪的水来灌注,就能汇成巨流。被称作圣人的人,不推辞难事,不违背物理,所以能成为治理天下的大人物。因此说,长江黄河的水不是来自一个源头,价值千金的皮衣也不是一只狐狸腋下的毛所成。怎么会有不用同道的人而只用与自己意思相同的人的道理呢。这可不是兼爱天下之君王的道理。所以天地不夸耀自己的明亮,大水不夸耀自己的清澈,大火不夸耀自己的炎烈,有德之君也不夸耀自己德行的高远,这样才能做众人的领袖。如果心直如箭杆,平板如磨刀石,就不足以覆盖万物。所以狭窄的小溪很快会干涸,太浅的流水很快会枯竭,贫瘠的土地不生五谷,如果君王淳厚的恩泽只局限在宫廷之中,那就不可能泽被全国。

修身

【题解】

本篇承上篇脉络讨论了一个人怎样才能成为贤士的问题,也就是"修身"的问题。所以,"修身"已经不仅是君子的个人修养,其实也关系到一个国家的治乱兴衰。

作者首先指出,君子务本,而这个根本就是修身,而且,他强调了"反之身"的修养方法。至于修身都包括什么内容,墨子也提出了很多原则,这些原则直至今天也仍有借鉴意义:如"谮慝之言,无入之耳;批扞之声,无出之口";"贫则见廉,富则见义";

"务言而缓行，虽辩必不听；多力而伐功，虽劳必不图"等。

在谈论根本的时候，作者也顺笔讽刺了儒家的礼。在作者看来，丧礼中最根本的应该是"哀"而不是"礼"，如果对于死者没有哀思，再多的繁文缛节也没有用。这也可以看出墨子的通达。

【原文】 君子战虽有陈①，而勇为本焉；丧虽有礼，而哀为本焉；士虽有学②，而行为本焉。是故置本不安者③，无务丰末；近者不亲，无务来远；亲戚不附，无务外交；事无终始，无务多业；举物而闇④，无务博闻。

【注释】 ①陈：同"阵"。②士：同"仕"。③置：同"植"。④闇：不明白，不懂得。

【译文】 君子作战虽然布阵，但还是以勇敢为本；办丧事虽有一定的礼仪，但还是以哀痛为本；做官虽讲究才学，但还是以品行为本。所以，根基树立不牢的人，不要期望有茂盛的枝叶；身旁的人都不能亲近，就不要希望招徕远方的人；亲戚都不归附，也就不要对外交际；办一件事都不能善始善终，就不要做很多事；举一个事物尚且不明白，就不要追求见多识广。

【原文】 是故先王之治天下也，必察迩来远。君子察迩修身也，修身见毁而反之身者也。此以怨省而行修矣①。谮慝之言②，无入之耳；批扞之声③，无出之口；杀伤人之孩④，无存之心。虽有诋讦之民⑤，无所依矣。故君子力事日强，愿欲日逾⑥，设壮日盛⑦。

【注释】 ①此以：吴汝纶认为，《墨子》中的"此以"就是"是以"，从之。②谮慝之言：诬蔑毁谤的坏话。谮，诋毁，诽谤。慝，邪恶。③批扞之声：指抨击冒犯别人的话。④杀伤人之孩：当为"杀伤之刻"。⑤诋讦：诽谤攻击别人。⑥逾：通"偷"，即苟且之意。⑦设壮：当作"敬庄"。

【译文】 所以古代的君王治理天下，必定是以明察左右来使四方臣服。君子明察左右来提高自己的修养，修养后还遭到别人的诋毁时，会再反省自己。这样就能少些怨言，而自己的品性也得到了提高。对于诬陷与恶毒的话，不要听它；诽谤攻击别人的话，不要说它；伤害别人的刻薄想法，不要放在心里。这样，虽然有专门搬弄是非的人，也就无处可依了。因此，君子努力做事就日渐强大，安于嗜欲就日渐苟且，恭敬庄重就日益繁盛。

【原文】 君子之道也，贫则见廉，富则见义，生则见爱，死则见哀，四行者不可虚假，反之身者也。藏于心者，无以竭爱；动于身者，无以竭恭；出于口者，无以竭驯①。畅之四支②，接之肌肤，华发隳颠③，而犹弗舍者，其唯圣人乎！

【注释】 ①驯：雅驯，即典雅的意思。②支：同"肢"。③华发隳颠：形容老年人的样子。华发，即花发。隳颠，即堕颠，秃顶的意思。

【译文】 君子的处世原则是，贫穷时要廉洁，富贵时要义气，爱护活着的人，哀悼死去的人。这四种行为一定不要虚伪做假，因为这是反求于自身的表现。埋藏于心中的，是无尽的仁爱；表现在行动上的，是无比的谦恭；说出口的，是无比的典雅。这些通达到他的四肢与肌肤，即使头发花白、头顶变秃都不会放弃的，恐怕只有圣人了吧！

【原文】 志不强者智不达,言不信者行不果。据财不能以分人者,不足与友;守道不笃,遍物不博①,辩是非不察者,不足与游。本不固者末必几②,雄而不修者③,其后必惰④。原浊者流不清,行不信者名必耗⑤。名不徒生而誉不自长,功成名遂。名誉不可虚假,反之身者也。务言而缓行,虽辩必不听;多力而伐功,虽劳必不图⑥。慧者心辩而不繁说,多力而不伐功,此以名誉扬天下。言无务为多而务为智,无务为文而务为察。故彼智无察⑦,在身而情⑧,反其路者也。善无主于心者不留,行莫辩于身者不立。名不可简而成也,誉不可巧而立也。君子以身戴行者也。思利寻焉,忘名忽焉,可以为士于天下者,未尝有也。

【注释】 ①遍:当为"别"。②几:危险。③雄:当为"先"的意思。④惰:衰败,堕落。⑤耗:同"耗",败坏的意思。⑥图:图谋。这里是认可的意思。⑦彼:当作"非"。⑧情:当作"惰",懈怠。

【译文】 意志不坚强的人才智也不会通达,说话没有信用的人行动也不会有结果。占据财物而不能分施给别人的,不值得与他交友;不能信守原则,辨别事物不广博,对是非分辨不清楚的人,不值得与他交游。根不牢固的枝叶必然会很危险,开始不修身的人,后来肯定会堕落。源头浑浊的水流不会清澈,行为不守信用的人名声必然会败坏。名声不是凭空产生的,赞誉也不会自己增长,只有成就了功业,名声才会到来。名声与荣誉不能有虚假的成分,因为这是要反求于自身的。只着力于空谈而很少行动的人,即使善于辩论,也没有人听从他;出力很多却爱夸耀功劳的人,虽然辛苦,却没有人认可他。有智慧的人心里明辨却不多说,做得多却不夸耀功劳,所以,他的名声与荣誉才会传扬于天下。话不在多而在于机智,不在文雅而在于明确。所以没有智慧就不能明察,再加上自身的懈怠,想成功就好像背道而驰一样。一种善行没有内心的支持就不能长久保持,一种行为如果得不到自身的理解就无法树立。名声不会因简略而获得,荣誉也不会因机巧的办法建立。君子是以身体力行来达到的。在利益上想得很深远,而对于名却很轻忽就忘掉了,这样做而能成为天下贤士的,从来没有过。

所染

【题解】

　　染丝是一件再普通不过的事了。但是,在这个思想深远、情感丰富而敏锐的墨家巨子看来,它却呈现出了深刻的哲学内涵。而且,在《淮南子》与《论衡》等典籍的记载里,对这一事实的描述都用了"泣"这样的字。可见,墨子对于染丝这件事所反映出来的人性的易变以及保持其积极变化之难有着多么痛切的感受。所以,在墨子的这声长叹里,不仅飞翔着墨家尚贤的精灵,也不仅映照出历史与后世的万千史实,而且也表现出墨子博大而悲悯的胸怀。

　　全篇由墨子叹染丝而起,接以"非独染丝然也,国亦有染",便把一件普通的事情上升到哲学高度。于是作者举了十九组例证,涉及五十七位历史人物,虽然所举稍嫌繁多，但我们看到，其例证是有内在逻辑关系的：先举出了四位圣明的天子，再相对举出四位残暴的天子，接下来列举了春秋时五位有作为的国君，继而列举了六位春秋时期亡国丧生的国君，于是通过大量的历史事实告诉人们，所染当与不当会给国家造成多么大的影响。至此，全文已经神完气足了，但作者却又一转，提出"非独国有染也，士亦有染"，又从宏观的论述递进到微观的探讨，并列举了六位历史人物来证明。全文最后以《诗》作结，堪称精绝。

这样具有严密的逻辑性，且全文层层递进、浑然一体的说理文在墨子以前还很少看到，这也是墨子对中国散文史的贡献。

【原文】 子墨子见染丝者而叹曰①：染于苍则苍，染于黄则黄。所入者变，其色亦变。五入必②，而已则为五色矣。故染不可不慎也！

【注释】 ①子墨子：即指墨子。古人称自己的老师时，要在姓氏前加一"子"字。《墨子》一书多是墨家后学所记录，所以称"子墨子"。②必：通"毕"，全，都。

【译文】 墨子看见染丝的人就长叹说：丝被青色一染就成了青色，被黄色一染就成了黄色。放入的颜料变了，丝的颜色也就变了。放入五种颜色，就能染出五色的丝来。所以，对于"染"不能不谨慎啊！

【原文】 非独染丝然也，国亦有染。舜染于许由、伯阳①，禹染于皋陶、伯益②，汤染于伊尹仲虺③，武王染于太公、周公④。此四王者，所染当，故王天下，立为天子，功名蔽天地。举天下之仁义显人，必称此四王者。夏桀染于干辛、推哆⑤，殷纣染于崇侯、恶来⑥，厉王染于厉公长父、荣夷终⑦，幽王染于傅公夷、祭公敦⑧。此四王者，所染不当，故国残身死，为天下僇⑨。举天下不义辱人，必称此四王者。

【注释】 ①舜：上古传说中的圣明君王。许由：尧、舜时代的高士，尧要让天下给他，他却不愿意接受。伯阳：尧、舜时代的贤臣，帮助尧治国。②禹：夏禹，古时圣君，夏朝的第一个帝王。皋陶：禹手下的贤臣。伯益：禹的大臣，曾帮助大禹治水。③汤：商汤，商朝的第一代贤君。伊尹：汤的得力大臣。仲虺：汤的左相。④武王：周武王姬发，建立周朝的第一代贤君。太公：即姜太公，是辅佐武王取得天下的重要人物。周公：即周武王的弟弟姬旦，中国历史上有名的贤臣。⑤干辛：夏桀手下的奸臣。推哆：夏桀的力士。⑥殷纣：即商纣王。崇侯：即崇侯虎，纣王手下的佞臣。恶来：纣王的力士。⑦厉王：西周的暴君。厉公长父：周厉王朝中奸臣。荣夷终：厉王的宠臣，曾以利诱惑厉王。⑧幽王：西周最后的君王。傅公夷：此人于史无考。祭公敦：周朝的卿士。⑨僇：通"戮"。

【译文】 不光染丝是这样，国家也会被染。舜被许由、伯阳所染，禹被皋陶、伯益所染，汤被伊尹、仲虺所染，周武王被姜太公、周公旦所染。这四个帝王，受到的熏染是得当的，所以能称王于天下，被立为天子，功业和声名覆盖天地。列举天下以仁义而显要于世的，必定会称颂这四个帝王。夏桀被干辛、推哆所染，殷纣被崇侯虎、恶来所染，周厉王被厉公长父、荣夷终所染，周幽王被傅公夷、祭公敦所染。这四个帝王，接受的熏染不当，所以国亡身死，被天下所杀戮。列举天下不行仁义而自取其辱的人，必定会提到这四个帝王。

【原文】　齐桓染于管仲、鲍叔①，晋文染于舅犯、郭偃②，楚庄染于孙叔、沈尹③，吴阖闾染于伍员、文义④，越勾践染于范蠡、大夫种⑤。此五君者所染当，故霸诸侯，功名传于后世。范吉射染于长柳朔、王胜⑥，中行寅染于籍秦、高彊⑦，吴夫差染于王孙雒、太宰嚭⑧，知伯摇染于智国、张武⑨，中山尚染于魏义、偃长⑩，宋康染于唐鞅、佃不礼⑪。此六君者所染不当，故国家残亡，身为刑戮，宗庙破灭，绝无后类，君臣离散，民人流亡，举天下之贪暴苛扰者，必称此六君也。凡君之所以安者，何也？以其行理也，行理生于染当。故善为君者，劳于论人，而佚于治官。不能为君者，伤形费神，愁心劳意，然国逾危，身逾辱。此六君者，非不重其国爱其身也，以不知要故也。不知要者，所染不当也。

【注释】　①管仲：是齐桓公能够称霸于诸侯的主要谋划者。鲍叔：即鲍叔牙，齐桓公的贤臣，是他推荐了管仲。②舅犯：即子犯，晋文公的舅舅，曾跟随他出逃并辅佐他回国为君并治国称霸。郭偃：即卜偃，晋国大夫。③楚庄：即楚庄王，春秋五霸之一。孙叔：即孙叔敖，楚国有名的贤相。沈尹：即沈尹茎，曾向楚庄王推荐孙叔敖。④阖闾：吴国有名的国君，春秋五霸之一。伍员：即伍子胥，曾辅佐阖闾及其子夫差，是有名的忠臣。文义：阖闾曾尊其为师。⑤范蠡：越王勾践的大臣，曾助越王打败吴国。大夫种：即文种，

管仲像

也是辅佐勾践的大臣。⑥范吉射：春秋后期晋国范氏的首领，后被灭亡。长柳朔：范吉射的家臣。王胜：也是范吉射的家臣。⑦中行寅：春秋后期晋国中行氏的首领，后被灭。籍秦、高彊：二人皆中行寅的家臣。⑧夫差：吴国国君，因为昏庸无道，被越王勾践所灭。王孙雒：吴国大臣。太宰嚭：即伯嚭，吴国的太宰，正是他收了贿赂而同意与越国讲和，才给了越国复仇的机会。⑨知伯摇：即智襄子，春秋后期晋国智氏的首领，曾掌晋国大权，后被韩、赵、魏三家所灭。智国：即智伯国，智氏家族的人。张武：即长武子，智襄子的家臣，他导致了智氏的灭亡。⑩中山尚：春秋时期鲜虞国君。魏义、偃长，都当是中山尚的臣子，但事迹不可考。⑪宋康：春秋时宋国末代国君，后被齐国所灭。唐鞅：宋康王的相，让康王滥杀无辜，后来自己也被康王所杀。佃不礼：宋国臣子。

【译文】　齐桓公被管仲、鲍叔牙所染，晋文公被他的舅舅子犯和卜偃所染，楚庄王被孙叔敖与沈尹茎所染，吴王阖闾为伍子胥、文义所染，越王勾践为范蠡、文种所染。这五个国君，受到的熏染是得当的，所以能称霸诸侯，功业和声名流传后世。范吉射被长柳朔与王胜所染，中行寅被籍秦、高彊所染，吴王夫差被王孙雒和太宰嚭所染，智襄子被智伯国和长武子所染，中山尚被魏义与偃长所染。这六个国君，所受到的熏染不得当，所以国家败亡，自身也遭到杀戮，祖宗的基业破灭，也没有了后代，君臣分离失散，百姓流离失所。列举天下贪婪残暴并以苛政扰民的人，必然要提到这六个国君。大凡君主之所以能使国家安定的原因是什么呢？是因为他们行事合理，行事合理来自受到的熏染得当。所以善于当君主的人，都会劳心费力地选拔人才，而可

以放松管理官吏。不善于当君主的人,虽然身体劳累,费尽精神,心烦意乱,但国家却更加危险,自己也更受屈辱。这六个国君,并不是不重视他的国家、不爱惜自己,而是不知道要领的缘故。所谓不知道要领,就是受到的熏染不得当。

【原文】　非独国有染也,士亦有染。其友皆好仁义,淳谨畏令,则家日益、身日安、名日荣、处官得其理矣。则段干木、禽子、傅说之徒是也①。其友皆好矜奋②,创作比周③,则家日损、身日危、名日辱,处官失其理矣。则子西、易牙、竖刁之徒是也④。诗曰"必择所堪,必谨所堪"者⑤,此之谓也。

【注释】　①段干木:子夏的学生,以品行高洁著称。禽子:即禽滑釐,墨子最有名的弟子。傅说:本是在傅岩筑墙的奴隶,因有才能被武丁任命为相。②矜奋:狂妄,骄傲自负。③创作比周:胡作非为而又营私结党。创作,即胡作非为。比周,即结党。④子西:即楚国令尹公子申,他曾任用白公胜,但后来白公胜叛乱时,他反而被杀。易牙、竖刁:都是齐桓公的幸臣,桓公死后便作乱。⑤堪:当为"湛",通"渐",即渍、染的意思。

【译文】　不只是国家有染的问题,对士而言也有受人熏染的问题。如果他的朋友都崇尚仁义,淳厚谨慎,恪守法令,那么他的家族就会日渐兴旺,自身也渐渐安然,名声日渐荣耀,在他的官位上也能办事得当。如段干木、禽子、傅说就是这样的人。如果他的朋友都妄自尊大,胡作非为而又营私结党,那么他的家族就会日渐损耗,自身也慢慢走向危险,声名日渐降低,在他的官位上办事也就没有理路。如子西、易牙、竖刁就是这样的人。《诗经》上说"必须选择所使用的染料,必须谨慎地来浸染",就是这个意思。

法仪

【题解】

法仪就是指法度。墨子认为,做任何事情,都要有法度。他先从百工的实践谈起,娓娓道来,以百工尚且有法来反衬治国无法之谬。此后,作者又进一步讨论了应该以什么为法的问题。在墨子看来,父母、老师、国君三者都是有缺点的,都谈不上仁爱,所以不可以当作效法的对象。那么到底以什么为法呢?墨子提出了"法天"的命题。而且,墨子进一步认为,天是兼爱的,所以以天为法也要兼爱,并用了极为严密的逻辑推理来论证天的确是兼爱的,这便与其兼爱之说潜脉暗通,交相为证了。最后,作者还举出了历代帝王的不同结果来佐证,使得论证无懈可击。结尾两句看似平淡,但以慨叹的语调出之,却表现出作者对历史上作恶而得祸者的遗憾与对今天不知借鉴而仍在作恶者的痛惜。

【原文】　子墨子曰:天下从事者,不可以无法仪。无法仪而其事能成者,无有也。虽至士之为将相者,皆有法;虽至百工从事者①,亦皆有法。百工为方以矩,为圆以规,直以绳,正以县②。无巧工不巧工,皆以此五者为法③。巧者能中之,不巧者虽不能中,放依以从事④,犹逾己。故百工从事,皆有法所度⑤。今大者治天下,其次治大国,而无法所度,此不若百工辩也⑥。

【注释】 ①百工:从事各种行业的工匠。②县:同"悬",即用悬垂的方法来测是否垂直于地面。③五者:文中只提了四种,据《考工记》,应该还有"平以水"一种。④放依:仿效。放,仿效,模仿。⑤所:意为"可"。⑥辩:聪明。

【译文】 墨子说:全天下做事情的人,都不能没有法度。没有法度而能把事情做成功的人,是没有的。即使很高明的士人做了将相,也都有法度;即使最灵巧的百工干活,也都有法度。百工用矩来画方形,用规来画圆形,用墨绳来画直线,用悬垂的方法来测偏正。无论灵巧的工匠还是不灵巧的工匠,都以这五种方法作为法度。灵巧的人能做得非常合适,不灵巧的人虽然不能这么合适,但仿效着这个法度来做,还是会超过自以为是去做的。所以说百工干事,都有法规可以衡量。现在大到治理天下,其次治理大国,却没有法度来衡量,这就是还不如百工聪明了。

【原文】 然则奚以为治法而可?当皆法其父母奚若①?天下之为父母者众,而仁者寡,若皆法其父母,此法不仁也。法不仁,不可以为法。当皆法其学奚若②?天下之为学者众,而仁者寡,若皆法其学,此法不仁也。法不仁,不可以为法。当皆法其君奚若?天下之为君者众,而仁者寡,若皆法其君,此法不仁也。法不仁,不可以为法。故父母、学、君三者,莫可以为治法。

【注释】 ①当:相当于"傥",倘若。下同。奚若:怎么样。②学:指老师。

【译文】 那么,以什么为做事的法度才行呢?倘若都效法父母会怎么样呢?天下做父母的很多,但是仁爱的人很少,如果都效法自己的父母,就是效法不仁爱的人。效法不仁爱的人,是不可以作为法度的。如果都效法自己的老师会怎么样呢?天下做老师的很多,但是仁爱的人很少,如果都效法自己的老师,就是效法不仁爱的人。效法不仁爱的人,是不可以作为法度的。如果都效法自己的国君会怎么样呢?天下做国君的人很多,但是仁爱的人很少,如果都效法自己的国君,就是效法不仁爱的人。效法不仁爱的人,是不可以作为法度的。所以,父母、老师、国君三者,都不能当作做事的法度。

【原文】 然则奚以为治法而可?故曰:莫若法天。天之行广而无私①,其施厚而不德,其明久而不衰,故圣王法之。既以天为法,动作有为,必度于天。天之所欲则为之,天所不欲则止。然而天何欲何恶者也?天必欲人之相爱相利,而不欲人之相恶相贼也。奚以知天之欲人之相爱相利,而不欲人之相恶相贼也?以其兼而爱之、兼而利之也。奚以知天兼而爱之、兼而利之也?以其兼而有之、兼而食之也。今天下无大小国,皆天之邑也。人无幼长贵贱,皆天之臣也。此以莫不犓牛羊、豢犬猪②,絜为酒醴粢盛③,以敬事天,此不为兼而有之、兼而食之邪?天苟兼而有食之,夫奚说以不欲人之相爱相利也。故曰:"爱人利人者,天必福之;恶人贼人者,天必祸之。"曰:"杀不辜者,得不祥焉。"夫奚说人为其相杀而天与祸乎④?是以知天欲人相爱相利,而不欲人相恶相贼也。

【注释】 ①行:道的意思。②犓牛羊:饲养牛羊。原文脱"牛"字,据《墨子·天志上》补。豢:养。③絜:通"洁"。酒醴粢盛:代指祭品。粢,祭祀用的谷物。盛,放

【译文】　那么，以什么为做事的法度才行呢？可以说，不如效法天。天道博大而无私，它施恩深厚却不自以为有德，它永久光明永不衰竭，所以，圣明的君王都效法它。既然把天作为法度，一举一动，都必须用天理来衡量。天希望做的就做，天不希望做的就停止。但是天喜欢什么厌恶什么呢？天肯定希望人们互相关爱互相帮助，而不希望人们互相憎恶互相残害。怎么知道天希望人们互相关爱互相帮助，而不希望人们互相憎恶互相残害呢？因为天对天下所有的人都关爱，对所有的人都有利。怎么知道天对所有的人都关爱，对所有的人都有利呢？因为天容纳了所有的人，供养了所有的人。现在天下不论大国还是小国，都是天的领地，人不论老少贵贱，都是天的臣民。所以没有人不饲牛羊、喂猪狗，把美酒和供品收拾干净，恭敬地献给上天，这难道不是容纳所有的人、供养所有的人吗？天既然容纳和供养了所有的人，怎么能说不希望人们互相关爱互相帮助呢。所以说："关爱别人、帮助别人的人，天必定会赐福给他；憎恶别人、残害别人的人，天必定会降祸给他。"因此说："杀害无辜的人，会得到不祥的后果。"谁说有人互相残杀天不降灾祸给他呢？因此可以知道，天是希望人们互相关爱互相帮助，而不希望人们互相憎恶互相残害的。

【原文】　昔之圣王禹汤文武①，兼爱天下之百姓，率以尊天事鬼，其利人多，故天福之，使立为天子，天下诸侯皆宾事之②。暴王桀纣幽厉③，兼恶天下之百姓，率以诟天侮鬼，其贼人多，故天祸之，使遂失其国家，身死为僇于天下，后世子孙毁之，至今不息。故为不善以得祸者，桀纣幽厉是也。爱人利人以得福者，禹汤文武是也。爱人利人以得福者有矣，恶人贼人以得祸者亦有矣。

【注释】　①禹汤文武：夏禹、商汤、周文王、周武王，是夏商周三代的开国贤君。②宾：尊敬。③桀纣幽厉：夏桀、商纣、周幽王、周厉王，是夏商周三代的暴君。

【译文】　古代的圣王夏禹、商汤、周文王、周武王，关爱天下所有的百姓，带领他们尊敬上天、敬事鬼神，他们给人的利益多，所以天赐福给他们，让他们成为天子，天下的诸侯也都恭敬地服侍他们。残暴的君主夏桀、商纣、周幽王、周厉王，憎恶天下所有的百姓，并带领他们咒骂上天、侮辱鬼神，他们残害的人多，所以上天降灾祸给他们，让他们丧失了自己的国家，遭到杀身之祸还被天下人所辱骂，后世的子孙也诅咒他们，到现在还没有停止。所以，做不好的事情因而得到灾祸的，夏桀、商纣、周幽王、周厉王就是例子。而关爱别人帮助别人因而得福的，夏禹、商汤、周文王、周武王就是例子。关爱别人帮助别人因而得福的人有，而憎恶别人残害别人因而得祸的人也有啊！

七患

【题解】
"七患"指治理国家时的七种隐患，墨子归纳出的这七种隐患大到与邻国的关系，小到君臣之间的关系，概括了君主应该警惕的方方面面。在列举了七患之后，作者的笔锋却突然一转，谈论起"五谷"来，这只是第七患中的一部分，但却是最重要的一部分。在对此的详尽论述中，作者指出，要消除七患，国家就必须有"备"，无论是心理上与策略上的防备还是物资上的储备，都要重视。而由于粮食是一个国家的根本，所以，对于粮食的储备就更应当重视，这其实也是农业文明的一个典型表现。

吴汝纶认为，这篇文章应该是两篇，一为"七患"，一为"国备"，其实他没有看到，后边大段论述"备"之用意乃在于教人严密为"备"，以防"患"于未然，仍是清晰严密的。

【原文】 子墨子曰：国有七患。七患者何？城郭沟池不可守，而治宫室，一患也。边国至境，四邻莫救，二患也。先尽民力无用之功①，赏赐无能之人，民力尽于无用，财宝虚于待客，三患也。仕者持禄，游者忧反②，君修法讨臣，臣慑而不敢拂，四患也。君自以为圣智，而不问事③，自以为安强，而无守备，四邻谋之不知戒，五患也。所信者不忠，所忠者不信，六患也。畜种菽粟不足以食之④，大臣不足以事之，赏赐不能喜，诛罚不能威，七患也。以七患居国，必无社稷。以七患守城，敌至国倾。七患之所当，国必有殃。

【注释】 ①民力：此二字为衍文，当删。②忧反：当为"优交"。③事：当为"吏"字之形误。④畜：储存，积蓄。

【译文】 墨子说：国家有七种隐患。这七种隐患是什么呢？内城、外城及壕沟等工事不足以防守，却大力修筑宫室，这是第一种隐患。如果边远的国家打到了自己的国境，而邻国却都不肯援救，这是第二种隐患。先大做没什么用处的事，又赏赐没有什么能力的人，民力都耗在这些没用的事上，财宝也都用在接待这些无能的人上，这是第三种隐患。做官的只顾保持自己的俸禄，游学未仕的人只顾优待自己的知交，国君立严苛的法令来统治臣子，大臣畏惧而不敢矫正国君，这是第四种隐患。国君自以为神圣聪明，而不去咨询官吏，自以为国家安定而强大，而不注重防守，周围的邻国图谋侵略他却不知道戒备，这是第五种隐患。信任的人并不忠诚，忠诚的人却得不到信任，这是第六种隐患。储存和种植的粮食不够吃，大臣不能胜任国事，赏赐并不能让人欢喜，责罚也不能让人畏惧，这是第七种隐患。带着这七种隐患治国，国家肯定会灭亡。带着这七种隐患来守城，敌人一到国家就会倾覆。七种隐患到哪里，哪里的国家必会遭殃。

【原文】 凡五谷者，民之所仰也，君之所以为养也。故民无仰，则君无养。民无食，则不可事。故食不可不务也，地不可不力也，用不可不节也。五谷尽收，则五味尽御于主；不尽收则不尽御。一谷不收谓之馑，二谷不收谓之旱，三谷不收谓之凶，四谷不收谓之匮，五谷不收谓之饥。岁馑，则仕者大夫以下皆损禄五分之一。旱，则损五分之二。凶，则损五分之三。匮，则损五分之四。饥，则尽无禄，禀食而已矣①。故凶饥存乎国，人君彻鼎食五分之三，大夫彻县②，士不入学，君朝之衣不革制，诸侯之客，四邻之使，雍食而不盛③，彻骖騑④，涂不芸⑤，马不食粟，婢妾不衣帛，此告不足之至也。

【注释】 ①禀食：赐给粮食吃。禀，赐给人谷物。②县：同"悬"，指悬挂的乐器。

③雍食：即饔飧，招待外国使节到达时的宴礼。④骖騑：古代用四匹马拉一辆车，中间两匹叫作"服"，两边的叫"騑"，也叫"骖"。⑤涂不芸：不修整道路。涂，同"途"。芸，通"耘"，清除杂草的意思。

【译文】 五谷，是人民所赖以生存，也是国君用来牧养百姓的东西。如果百姓没有了这个依赖，那么国君也就无以牧养百姓。百姓如果没有粮食，就不能供君主役使。所以，粮食不可不努力生产，土地不可不努力耕种，用度不可不力行节俭。五谷都丰收了，那么五味就可以都让国君吃到；如果不是全部丰收，就不能全部吃到。一种谷物没有收获叫作"馑"，两种谷物没有收获叫作"旱"，三种谷物没有收获叫作"凶"，四种谷物没有收获叫作"匮"，五种谷物没有收获叫作"饥"。遇到"馑"年，做官的自大夫以下都减去俸禄的五分之一。遇到"旱"年，就减五分之二。遇到"凶"年，就减五分之三。遇到"匮"年，就减五分之四。遇到"饥"年，就全都没有俸禄，靠官府储藏的粮食了。所以，若国家遇到凶饥之年，君主要撤去鼎食的五分之三，大夫撤去悬挂的乐器，读书人停止入学，国君上朝的衣服不再做新的，对诸侯派来的宾客，周边邻国的使节，招待的礼宴不铺张，将车驾两侧的马撤去，道路不特意修整，马不吃粮食，婢妾不穿丝织的衣服，这些都表示国家的匮乏已经到了极点。

【原文】 今有负其子而汲者，队其子于井中①，其母必从而道之②。今岁凶、民饥、道饿③，重其子此疚于队④，其可无察邪？故时年岁善，则民仁且良；时年岁凶，则民吝且恶。夫民何常此之有？为者寡，食者众，则岁无丰。故曰："财不足则反之时，食不足则反之用。"故先民以时生财，固本而用财⑤，则财足。

【注释】 ①队：同"坠"。②道：同"导"。③饿：当为"馑"，即"殣"，饿死的意思。④重其子此疚于队：当作"此疚重于队其子"。⑤用财：当作"节用"。

【译文】 现在如果有一个人背着孩子去井边汲水，不小心把孩子掉进井里，孩子的母亲一定会赶快拉他上来。如今年成大欠、百姓饥饿、路上有饿死的人，这种痛苦要比把孩子掉进井里更重，难道可以忽视吗？所以，在收成好的年头，百姓就仁义善良；遇到荒年，那么百姓也会吝啬而凶恶。百姓的性情哪里能长久不变呢？生产的人少，而吃的人多，那也就不可能有丰收的年头。所以说："财物不足就反省是否重视农时，食物不足就反省是否节省用度。"所以从前的贤君按照农时来生财，巩固根本并节约用度，财物自然就丰足了。

【原文】 故虽上世之圣王，岂能使五谷常收，而旱水不至哉！然而无冻饿之民者，何也？其力时急，而自养俭也。故《夏书》曰"禹七年水"，《殷书》曰"汤五年旱"①。此其离凶饥甚矣②，然而民不冻饿者，何也？其生财密，其用之节也。故仓无备粟，不可以待凶饥。库无备兵，虽有义，不能征无义。城郭不备完，不可以自守。心无备虑，不可以应卒③。是若庆忌无去之心④，不能轻出。夫桀无待汤之备，故放⑤；纣无待武王之备，故杀⑥。桀、纣贵为天子，富有天下，然而皆灭亡于百里之君者，何也？有富贵而不为备也。故备者，国之重也；食者，国之宝也；兵者，国之爪也；城者，所以自守也，此三者，国之具也。

【注释】 ①《夏书》《殷书》：指夏、商两朝记录文诰的典籍。②离：同"罹"。饥：

国学经典文库

国学经典

子学经典

图文珍藏版

420

原作"饿"。③卒:同"猝"。④庆忌:春秋时期吴王僚的儿子,吴王阖闾杀吴王僚而夺取政权后,怕在卫国的庆忌会讨伐他,便派刺客要离投奔庆忌并骗取了信任,并把庆忌骗出卫国后刺死了他。⑤放:据说夏桀被商汤打败后,被流放到南方的南巢。⑥杀:据说商纣兵败后自杀于鹿台。

【译文】 所以,即使是上古的圣王,哪能使五谷常获丰收,而且旱灾水灾从不降临呢!但是那里没有受冻挨饿的人,这是为什么呢?因为他们努力按农时耕种,而且自己的用度也很节俭。所以《夏书》记载说"大禹有七年的水灾",《殷书》记载说"商汤时有五年的旱灾"。这时他们遭到的饥荒就极为严重了,然而百姓却不受冻挨饿,为什么呢?因为他们生产的财物很多,而使用起来却很节俭。所以粮仓里没有储备的粮食,就不能应付饥荒。武库里没有准备好的兵器,即使是正义之师也不能征伐不义的军队。城郭的防备若不完善,就无法守卫。心中没有长远的思虑,就不能应付猝然的变故。就好像庆忌没有害怕要离的心思,就不该轻易出走。夏桀没有对付商汤的准备,所以被流放;商纣没有对付周武王的准备,所以被杀。夏桀和商纣贵为天子,富有天下,但却都被方圆仅百里那么大的小国之君灭亡了,这是为什么呢?因为他们虽然富贵但却不作防备。所以,储备是国家最重要的事;粮食是国家的宝物;武器是国家的利爪;城池是守卫国家的屏障,这三者都是保护国家的工具。

【原文】 故曰以其极役,修其城郭,则民劳而不伤;以其常正;收其租税,则民费而不病。民所苦者非此也,苦于厚作敛于百姓①。赏以赐无功。虚其府库,以备车马衣裘奇怪。苦其役徒,以治宫室观乐。死又厚为棺椁,多为衣裘②。生时治台榭,死又修坟墓。故民苦于外,府库单于内③。上不厌其乐,下不堪其苦。故国离寇敌则伤,民见凶饥则亡,此皆备不具之罪也。且夫食者,圣人之所宝也。故《周书》曰④:"国无三年之食者,国非其国也。家无三年之食者,子非其子也。"此之谓国备。

【注释】 ①"役"至"百姓"四十字原错入《辞过》篇,今依文义移此。②裘:当作"衾"。③单:通"殚",尽。④《周书》:记载周代典章文诰的典籍。

【译文】 所以说,按正常的劳役,去修城郭,百姓虽然劳累却不伤民力;按正常的征税标准,去收取租税,百姓虽然破费却不至于困苦。老百姓所感到痛苦的并不是这些,而是苦于对百姓的横征暴敛。用最高的奖赏,赐给没有功劳的人。耗空国库,来制备车马衣裘、奇珍异宝。使服役的人受苦,来建造宫殿以供观赏享乐。死的时候要做很厚的棺椁,做很多陪葬的衣物与被褥。活着的时候修建楼台亭榭,死了又大修坟墓。所以在外则百姓受苦,在内则国库耗尽。上面的君主还不满足于自己的享乐,而下边的百姓却已不堪其苦。因此国家一旦遭受到敌国入侵就会丧国,百姓一旦遇到饥荒就会流亡,这都是储备做得不好的罪过。再说了,粮食是圣人所珍视的。所以《周书》上说:"国家若没有三年的粮食储备,这个国家就不再是这个君主的国家了。家庭没有三年的粮食储备,家里的孩子也将不再是这个家庭的孩子了。"这就是所谓的"国备"。

尚贤上

【题解】 从这一篇开始,以下十一篇大都一篇而分为上中下三章,文意均同而措辞稍异,故各选一篇具有代表性者以见其意。

尚贤是墨子最为重要的思想之一,他认为这是"为政之本",即把贤士的任用与国家的长治久安联系在一起,这不仅在当时,就是现在也有其现实意义。而且,墨子的尚贤是彻底的,他要求"举义不辟贫贱""举义不辟亲疏""举义不辟远近",这事实上打破了封建社会的等级观念,唯贤是举。仅此而言,其思想之高远与宏达即已非其他周秦诸子所可同日而语者。当然,也正因为如此,墨子在中国漫漫数千年的封建文化中,几乎没有自己的立足之地,因为这一思想从根本上危及了统治者的地位。

在具体论述中,墨子严密的论证方式发挥了其逻辑力量,如"不义不富"一段,以上行下效为起点,以不同人的反应为线索,反复究诘,不厌其烦,从而使其树义极为坚固,无可辩驳。

【原文】 子墨子言曰:今者王公大人为政于国家者,皆欲国家之富,人民之众,刑政之治。然而不得富而得贫,不得众而得寡,不得治而得乱,则是本失其所欲,得其所恶,是其故何也?子墨子言曰:是在王公大人为政于国家者,不能以尚贤事能为政也①。是故国有贤良之士众,则国家之治厚;贤良之士寡,则国家之治薄。故大人之务,将在于众贤而已。

【注释】 ①事:使用。

【译文】 墨子说:现在朝廷中从政的王公大人,都希望国家富强,人口繁盛,刑法与政治都井井有条。但结果是不能富强反而贫困了,人口不能增加反而减少了,不能得到安定反而得到了混乱,也就是从根本上失去了所希望的,而得到了所厌恶的,这是什么原因呢?墨子说:原因在于朝廷里从政的王公大人们,不能用尊重贤士使用能人的办法来治理国家。因此,国家所拥有的贤良之士多,那么国家治理的根基就坚实;贤良之士少,那么国家治理的根基就薄弱。所以,掌权者的主要任务,就在于聚集贤良之士罢了。

【原文】 曰:然则众贤之术将奈何哉?子墨子言曰:譬若欲众其国之善射御之士者,必将富之、贵之、敬之、誉之,然后国之善射御之士,将可得而众也。况又有贤良之士厚乎德行、辩乎言谈、博乎道术者乎!此固国家之珍,而社稷之佐也。亦必且富之、贵之、敬之、誉之,然后国之良士,亦将可得而众也。是故古者圣王之为政也,言曰:不义不富,不义不贵,不义不亲,不义不近。是以国之富贵人闻之,皆退而谋曰,始我所恃者,富贵也,今上举义不辟贫贱①,然则我不可不为义。亲者闻之,亦退而谋曰,始我所恃者,亲也,今上举义不辟亲疏,然则我不可不为义。近者闻之,亦退而谋曰,始我所恃者,近也,今上举义不辟远近,然则我不可不为义。远者闻之,亦退而谋曰,我始以远为无恃,今上举义不辟远近,然则我不可不为义。逮至远鄙郊外之臣、阙庭庶子、国中之众、四鄙之萌人闻之②，皆竞为义。是其故何也？曰：上之所以使下者，一物也；下之所以事上者，一术也。譬之富者，有高墙深宫，墙立既谨，上为凿一门，有盗人入，阖其自入而求之，盗其无自出。是其故何也？则上得要也。

【注释】 ①辟：即"避"。②阙庭庶子：在宫中侍卫的公族及卿大夫的庶子，因为其住在内外朝与门庭之间，所以称为"阙庭庶子"。国：指城邑。萌：同"甿"，即农民。

【译文】 有人问，那么，聚集贤良之士的办法是什么呢？墨子说：比如说想要聚集他们国家里善于射箭和驾车的人，一定要使他们富裕、使他们显贵、尊敬他们、赞誉他们，这样做之后，他们国家里善于射箭和驾车的人就会多起来。况且那些贤良之士又具有淳厚的德行，善辩的言谈，广博的学识呢！这本来就是国家的珍宝，社稷的良佐啊！也一定要使他们富裕、使他们显贵、尊敬他们、赞誉他们，然后全国的贤良之士也就可以多起来了。所以古代的圣王制定政令时说，不义的人不能让他富裕，不义的人不能让他显贵，不义的人不能给他信任，不义的人不使他接近。因此国中富贵的人听了，都私下里商量说，当初我们所凭借的，是富贵的地位，现在国君提拔仁义的人而不避贫贱，那么我们不能不做仁义的事了。为国君所信任的人听了，也私下商量说，当初我们所凭借的是被信任，现在国君提拔仁义的人而不避亲疏，那么我们不能不做仁义的事了。在国君身边的人听了，也私下商量说，当初我们所凭借的是处在国君身边，现在国君提拔仁义的人而不避远近，那么我们不能不做仁义的事了。远离国君的人听了，也私下商量说，当初我们远离国君，以为无所凭借，现在国君提拔仁义的人而不避远近，那么我们不能不做仁义的事了。直到边疆郊外的臣子、宫中的侍卫、城中的民众、边境的百姓听了，也都争着做仁义的事。这个原因是什么呢？这是因为君主所凭借着驱使臣下的，只有尚贤一种方法；臣下用来侍奉君主的，也只有仁义一条途径。就好像有钱的人家，有很高的墙和很大的宫室，墙修得很完整了，墙上开一扇门。有盗贼进入，就关上他进来的那扇门再来搜他，盗贼就无从出去了。那么这个原因是什么呢，这是君主得到了用人的要领。

【原文】 故古者圣王之为政，列德而尚贤。虽在农与工肆之人，有能则举之。高予之爵，重予之禄，任之以事，断予之令。曰：爵位不高，则民弗敬；蓄禄不厚，则民不信；政令不断，则民不畏。举三者授之贤者，非为贤赐也，欲其事之成。故当是时，以德就列，以官服事，以劳殿赏①，量功而分禄。故官无常贵，而民无终贱。有能则举之，无能则下之。举公义，辟私怨，此若言之谓也。

【注释】 ①殿：评定。

【译文】 所以古代圣王处理政事，以德行给予位次，崇尚贤人。即使是农民或工匠中的人，只要有能力就提拔他。封他很高的爵位，给他很重的俸禄，任用他来做事情，给他决断的权力。就是说，如果爵位不高，那么人民就不敬重他；如果俸禄不重，那么人民就不会信任他；如果在理事时没有决断权，那么人民就不会畏惧他。把这三种东西授予贤人，并不是要赏赐贤人，而是希望他做事能成功。所以在那个时候，以德行来排列位次，按官职来处理政事，按照劳绩来决定赏赐，衡量功勋而分给俸禄。因此，官员并不永远富贵，人民也并不一直贫贱。有能力就提拔他，没有能力就罢免

【原文】 故古者尧举舜于服泽之阳①,授之政,天下平。禹举益于阴方之中②,授之政,九州成。汤举伊尹于庖厨之中③,授之政,其谋得。文王举闳夭、泰颠于罝罔之中④,授之政,西土服。故当是时,虽在于厚禄尊位之臣,莫不敬惧而施⑤;虽在农与工肆之人,莫不竞劝而尚意⑥。故士者,所以为辅相承嗣也。故得士则谋不困,体不劳,名立而功成,美章而恶不生,则由得士也。是故子墨子言曰:得意,贤士不可不举;不得意,贤士不可不举。尚欲祖述尧、舜、禹、汤之道⑦,将不可以不尚贤。夫尚贤者,政之本也。

【注释】 ①服泽之阳:服泽,古地名,即濩泽,在今山西。阳,山之南、水之北为阳。②阴方:古地名,不详所在。③庖厨:即厨房。据说伊尹本是汤的奴隶,善于烹调,他用烹调的道理来说汤以治国之道,从而得到任用。④"文王举"句:闳夭、泰颠,闳夭和泰颠都是周文王的贤臣。罝,捕兔的网。罔,捕鱼的网。⑤施:当作"不施"。施,即"弛"。⑥意:当为"悳",即"德"字。⑦尚:犹"傥",倘若。

【译文】 所以古时候尧在服泽的北边提拔了舜,交给他政事,天下太平。大禹在阴方之中提拔了伯益,交给他政事,九州统一。商汤在厨房里提拔了伊尹,交给他政事,他的治国谋略得到成功。周文王在渔猎者中提拔了闳夭和泰颠,交给他们政事,西方的诸侯为之臣服。所以在那个时候,即使是有优厚俸禄和尊贵地位的大臣,也没有不兢兢业业的,并且都不敢松弛懈怠;即使农民与工匠,也没有一个不竞相劝勉而崇尚德行的。所以说贤士是国家辅佐大臣的接替者。因此,得到了士的辅佐,君主谋划国事就不困难,身体就不劳累,功成名就,美善彰显而丑恶杜绝,这是得到了贤士的缘故啊。所以墨子说,国家太平的时候,不可以不选拔贤士;国家不太平的时候,也不可不选拔贤士。如果想继承尧、舜、禹、汤的治国之道,就不能不崇尚贤士。崇尚贤士,是政治的根本。

尚同上

【题解】
"尚同"其实要讨论的就是下级对上级的服从:文中说一里之人要统一于里长,一乡之人要统一于乡长,一国之人要统一于国君,而天下之人要统一于天子,正是在这样的政治幻想中,墨子把全天下组织成了一个纲举目张、有条不紊的系统。只要能够达到以上级的是非为是非,就会统一而不会产生混乱,这一主张也反映出墨家理想而又简单的大同愿望。其实,"尚同"是很危险的,因为在上者就正确吗?不过,在墨子的思想体系中,这一点倒也没有问题,因为他还主张"尚贤",所有在上者都是贤人,那么也就一定正确;更何况,在本文中,墨子最后还进一步指出,"天下之百姓皆上同于天子,而不上同于天,则菑犹未去也",也就是说,天子仍不是最后的裁定者,最高的意志是"天",有这样一个先验的标准在这里,他的"尚同"论就不会有漏洞了。那么,从这一点上来说,这一思想又与其"天志"篇可以参读互证了。

【原文】 子墨子言曰:古者民始生未有刑政之时,盖其语,人异义。是以一人则一义,二人则二义,十人则十义,其人兹众,其所谓义者亦兹众。是以人是其义,以非人之义,故交相非是也。以内者父子兄弟作怨恶离散不能相和合①。天下之百姓,皆以水火毒药相亏害。至有余力,不能以相劳;腐朽余财②,不以相分;隐匿良道,不以相教。天下之乱,若禽兽然。

【注释】 ①以:同"已",即"既而"之义。作:即"乍",开始的意思。②朽:腐朽,腐烂。

【译文】 墨子说:古代人类刚刚产生还没有刑法与政治的时候,人们所说的话,每个人都有不同的意义。因此,一个人就有一种意义,两个人就有两种意义,十个人就有十种意义,人越多,这些所谓的意义也就越多。而且每个人都认为自己的意义是对的,并以此来批评别人所认为的意义,因此就互相指责。既而在家里父子兄弟之间开始互相怨恨分离而不能互相团结和睦。天下的百姓都用水火毒药互相损害。即使有余力也不能互相帮助;多余的钱财腐朽了也不能分施;隐藏起好的知识不能互相教育。天下的混乱,就像禽兽一样。

【原文】 夫明虖天下之所以乱者①,生于无政长,是故选天下之贤可者,立以为天子。天子立,以其力为未足,又选择天下之贤可者,置立之以为三公。天子、三公既以立,以天下为博大,远国异土之民,是非利害之辩,不可一二而明知②,故画分万国,立诸侯国君。诸侯国君既已立,以其力为未足,又选择其国之贤可者,置立之以为正长。正长既已具,天子发政于天下之百姓,言曰:闻善而不善③,皆以告其上。上之所是,必皆是之;上之所非,必皆非之。上有过则规谏之,下有善则傍荐之④。上同而不下比者,此上之所赏而下之所誉也。意若闻善而不善,不以告其上,上之所是弗能是,上之所非弗能非,上有过弗规谏,下有善弗傍荐,下比不能上同者,此上之所罚,而百姓所毁也。上以此为赏罚,甚明察以审信。

【注释】 ①虖:即"乎"。②一二:当作"一一",古书重字号讹为"二"也。③而:即"与"。④傍荐:访求而举荐。傍,通"访"。

【译文】 明白了天下之所以混乱的道理,是由于没有行政长官,所以就要选择天下的贤良且可任以政务的人来,拥立其为天子。天子确立了,因为他的力量还不够,又选择天下的贤良且可任以政务的人来,立为三公。天子和三公都已经确立了,又因为天下广大,远方异国的人民,对于是非利害的区别不可能一一明白,所以再划分许多国家,设立诸侯与国君。诸侯国君确立后,因为他的力量还不够,又选择诸侯国里的贤良且可任以政务的人来,设立为行政长官。行政长官具备后,天子就向天下百姓发布政令说:你们不论听到好的和不好的意见,都要报告给自己的上级。上级认为对的,大家都一定也要认为对;上级认为不对的,大家也都必须认为不对。上级有过失就要规谏,下面有好的就要访求并举荐。与上级一致而不在下面结党营私,这是上级所称赏下面所赞誉的做法。假如听到好的和不好的意见,却不报告给上级,上级所认为对的却认为不对,上级所认为错的却认为没错,上级有过失不能规谏,下面有好的却不能访求举荐,下面结党而不能与上级一致的,这是上级所要责罚,而且百姓也要非议的做法。上级用这个原则来进行赏罚，就能明察秋毫而且符合实际。

【原文】 是故里长者①，里之仁人也。里长发政里之百姓，言曰：闻善而不善，必以告其乡长。乡长之所是，必皆是之；乡长之所非，必皆非之。去若不善言，学乡长之善言；去若不善行，学乡长之善行，则乡何说以乱哉？察乡之所治何也？乡长唯能壹同乡之义，是以乡治也。乡长者，乡之仁人也。乡长发政乡之百姓，言曰：闻善而不善者，必以告国君。国君之所是，必皆是之；国君之所非，必皆非之。去若不善言，学国君之善言，去若不善行，学国君之善行，则国何说以乱哉？察国之所以治者何也？国君唯能壹同国之义，是以国治也。国君者，国之仁人也。国君发政国之百姓，言曰：闻善而不善。必以告天子。天子之所是，皆是之；天子之所非，皆非之。去若不善言，学天子之善言；去若不善行，学天子之善行，则天下何说以乱哉。察天下之所以治者何也？天子唯能壹同天下之义，是以天下治也。

【注释】 ①里长：一里的行政长官。里，古代地方上的行政单位。

【译文】 所以，里长是一里内的仁人。里长向一里的百姓发布政令说：不论听到好的和不好的意见，一定要报告给乡长。乡长认为对的，大家都一定也要认为对；乡长认为不对的，大家也都必须认为不对。去掉你们不正确的言论，学习乡长正确的言论；去掉你们不正确的行为，学习乡长正确的行为，那么一个乡还有什么理由混乱呢？考察一个乡之所以治理得好是什么原因呢？唯有乡长能统一全乡人的意愿，所以一乡就得到治理了。乡长是一乡内的仁人。乡长向一乡的百姓发布政令说：不论听到好的和不好的意见，一定要报告给国君。国君认为对的，大家都一定也要认为对；国君认为不对的，大家也都必须认为不对。去掉你们不正确的言论，学习国君正确的言论；去掉你们不正确的行为，学习国君正确的行为，那么一个国还有什么理由混乱呢？考察一个国之所以治理得好是什么原因呢？唯有国君能统一全国人的意愿，所以一国就得到治理了。国君是一国内的仁人。国君向一国的百姓发布政令说：不论听到好的和不好的意见，一定要报告给天子。天子认为对的，大家都一定也要认为对；天子认为不对的，大家也都必须认为不对。去掉你们不正确的言论，学习天子正确的言论；去掉你们不正确的行为，学习天子正确的行为，那么天下还有什么理由混乱呢？考察天下之所以治理得好是什么原因呢？唯有天子能统一全天下人的意愿，所以全天下就得到治理了。

【原文】 天下之百姓皆上同于天子，而不上同于天，则菑犹未去也①。今若天飘风苦雨②，溱溱而至者③，此天之所以罚百姓之不上同于天者也。是故子墨子言曰：古者圣王为五刑，请以治其民④。譬若丝缕之有纪⑤，罔罟之有纲⑥，所连收天下之百姓不尚同其上者也。

【注释】 ①菑：即"灾"。②飘风：迅疾暴烈的风。③溱溱：当为"凑凑"，频仍的意思。④请：通"情"，的确。⑤纪：把丝线分开的主要线索。⑥罔罟：渔猎所用的网。罔，同"网"。罟，网。

【译文】 天下的老百姓如果都向上统一于天子，而不向上统一于天的意志，那么灾祸就还没有完全离去。现在如果上天让大风与暴雨频频到来，这就是上天对于不向上统一于天的意志的百姓的惩罚。所以墨子说:古代圣王制定了五种刑罚,诚然是用来治理人民的,就好像丝线有头绪,渔猎的网有纲,是用来收束那些不向上统一于上级的百姓一样。

兼爱中

【题解】

"兼爱"是墨子最为著名的思想,而且,这在他的思想体系中,也的确处于核心地位。他认为,解决天下所有的攻伐、掠夺以及自相残杀的问题,归结于一点,就是要实行兼爱。他并不认为自己的主张是先验的,不需要论证就强加给别人。对于这个核心观点,他反复地论证,不但论证要想天下大治,必须实行兼爱,而且论证了兼爱的实行其实有着更高自然法则的背景和更为永恒的支持,那就是天道。墨子认为,天就是实行兼爱的,而且,历代圣王也是实行兼爱的,所以,人们要实行兼爱。

儒家主张"仁者爱人",也是主张"爱",但儒家的爱是有等级差别的,墨子的"兼爱"却消除了等级观念,所以孟子攻击他是"无父之人"。但是,就我们看来,墨子的主张显然要可爱得多。不过,我们也不得不承认,墨子的"兼爱"其实只是一种理想,甚至在某种程度上只是一种空想,这种空想在人类历史发展的现实中,也许永远都难以达到,但是那面爱的大纛却将永远飘扬在人类理想世界的一极。

【原文】 子墨子言曰:仁人之所以为事者,必兴天下之利,除天下之害,以此为事者也。然则天下之利何也? 天下之害何也? 子墨子言曰:今若国之与国之相攻,家之与家之相篡①,人之与人之相贼②;君臣不惠忠,父子不慈孝,兄弟不和调,此则天下之害也。然则崇此害亦何用生哉③? 以不相爱生邪④? 子墨子言:以不相爱生。今诸侯独知爱其国,不爱人之国,是以不惮举其国以攻人之国。今家主独知爱其家⑤,而不爱人之家,是以不惮举其家以篡人之家。今人独知爱其身,不爱人之身,是以不惮举其身以贼人之身。是故诸侯不相爱,则必野战;家主不相爱,则必相篡;人与人不相爱,则必相贼;君臣不相爱,则不惠忠;父子不相爱,则不慈孝;兄弟不相爱,则不和调。天下之人皆不相爱,强必执弱,富必侮贫,贵必敖贱⑥,诈必欺愚。凡天下祸篡怨恨,其所以起者,以不相爱生也,是以仁者非之。

【注释】 ①篡:用强力夺取。②贼:杀害。③崇:应为"崇",同"察"。④不相爱:"不"字当删。⑤家主:指公卿大夫。⑥敖:同"傲"。

【译文】 墨子说:仁爱的人做事,必定是要增进天下的利益,革除天下的祸患,并以此为做事的原则。但是,天下的利益是什么呢? 天下的祸患又是什么呢? 墨子说:就现在来说,像诸侯国与诸侯国之间的相互攻打,家族与家族之间的相互掠夺,人与人之间的相互残杀;君臣不施恩惠与效忠,父子之间不慈爱、孝顺,兄弟之间不和睦、协调,这些都是天下的祸患。那么考察一下这些祸患是怎么产生的呢? 是因为相爱而产生的吗? 墨子说:是因为不相爱而产生的。当今的诸侯只知道关爱自己的国家,不关爱别人的国家,所以不惜举全国之力去攻打别的国家。现在的家主只知道关爱自己的家族，却不关爱别人的家族，所以不惜举全家之力来掠夺别的家族。现在的人只知道关爱自己的生命，而不关爱别人的生命，所以就不惜使出浑身力量来残杀别人。因此，诸侯之间不相爱，就必然发生野战；家主之间不相爱，就必然会相互掠夺；人与人不相爱，就必然会相互残杀；君臣不相爱，就必然没有恩惠，没有忠心；父子之间不相爱，就必然没有慈爱，没有孝顺；兄弟之间不相爱，就必然没有和睦与协调。全天下的人都不相爱的话，强者必然控制弱者，富者必然欺侮贫者，显贵的人必然傲视低贱的人，奸诈的人必然要欺骗憨厚的人。凡是天下的祸患、掠夺与怨恨，之所以能出现，原因就在于人们不相爱而产生，因此，仁义的人认为这是不对的。

【原文】 既以非之，何以易之？子墨子言曰：以兼相爱、交相利之法易之。然则兼相爱、交相利之法将奈何哉？子墨子言：视人之国若视其国，视人之家若视其家，视人之身若视其身。是故诸侯相爱，则不野战；家主相爱，则不相篡；人与人相爱，则不相贼；君臣相爱，则惠忠；父子相爱，则慈孝；兄弟相爱，则和调。天下之人皆相爱，强不执弱，众不劫寡，富不侮贫，贵不敖贱，诈不欺愚。凡天下祸篡怨恨可使毋起者，以相爱生也，是以仁者誉之。

【译文】 既然认为这是不对的，那么用什么来改变它呢？墨子说：用互相关爱、互相谋利的办法来改变它。但是互相关爱、互相牟利的办法将要怎样改变这种情况呢？墨子说：看待别人的国家就像看待自己的国家一样，看待别人的家族就像看待自己的家族一样，看待别人的生命就像看待自己的生命一样。这样的话，诸侯相爱，就不会发生野战；家主相爱，就不会互相掠夺；人与人相爱，就不会互相残杀；君臣相爱，就有恩惠、有忠心；父子相爱，就会有慈爱、有孝顺；兄弟相爱，就会有和睦、有协调。全天下的人都相爱了，强者不控制弱者，人多势众的不劫掠势单力薄的，富有的人不欺侮贫穷的人，显贵的人不傲视低贱的人，奸诈的人不欺骗憨厚的人。凡是天下的祸患、掠夺与怨恨可以让它们不发生的，就是因为人们产生了相爱之心，所以仁义的人都赞美它。

【原文】 然而今天下之士君子曰：然，乃若兼则善矣。虽然，天下之难物于故也①。子墨子言曰：天下之士君子，特不识其利②，辩其故也。今若夫攻城野战，杀身为名，此天下百姓之所皆难也。苟君说之③，则士众能为之。况于兼相爱、交相利，则与此异。夫爱人者，人必从而爱之；利人者，人必从而利之；恶人者，人必从而恶之；害人者，人必从而害之。此何难之有！特上弗以为政，士不以为行故也。昔者晋文公好士之恶衣，故文公之臣，皆牂羊之裘④，韦以带剑，练帛之冠，入以见于君，出以践于朝。是其故何也？君说之，故臣为之也。昔者楚灵王好士细要⑤，故灵王之臣，皆以一饭为节，胁息然后带⑥，扶墙然后起。比期年⑦，朝有黧黑之色。是其故何也？君说之，故臣能之也。昔越王勾践好士之勇，教驯其臣，和合之，焚舟失火，试其士曰："越国之宝尽在此！"越王亲自鼓其士而进之。其士闻鼓音，破碎乱行⑧，蹈火而死者，左右百人有余。越王击金而退之。是故子墨子言曰：乃若夫少食恶衣，杀身而为名，此天下百姓之所皆难也，若苟君说之，则众能为之。况兼相爱、交相利，与此异矣。夫爱人者，人亦从而爱之；利人者，人亦从而利之；恶人者，人亦从而恶之；害人者，人亦从而害之。此何难之有焉，特上不以为政，而士不以为行故也。

【注释】　①于故：当作"迂故"，即迂阔之事。②利：当为"物"字。③说：同"悦"。④牂羊：母羊。⑤要：即"腰"。⑥胁息：吸气。人一吸气小腹收缩则腰变细。⑦期年：一年。⑧碎：当作"阵"。

【译文】　然而当今天下的士君子说：对，如果能兼相爱护自然是好的。虽然这样很好，但却是天下难办而又迂阔的事情。墨子说：天下的士君子是没有理解这一类事物，没有明辨这种事情啊。现在如果说攻城野战，以牺牲性命来求得名声，这本来是全天下的百姓都认为难做的事。但只要君主喜欢，那么民众也能够做到。况且互相关爱、互相谋利，跟这不一样。关爱别人的人，别人也必定会关爱他；给别人利益的人，别人也必定会给他利益；憎恶别人的人，别人也必定憎恶他；残害别人的人，别人也必定残害他。这又有什么难的呢！不过是君主不把它用在政事上，士大夫也不把它付诸行动罢了。从前，晋文公喜欢士人穿着简陋，所以文公的臣子，都穿着母羊皮做成的皮衣，用没有修饰的皮带来佩剑，戴素色的布做成的帽子，就这样入宫觐见国君，出来会于朝廷。这么做的原因在哪里呢？君主喜欢，所以臣子就能这么做。以前楚灵王喜欢细腰的士人，所以灵王的臣子，都每天只吃一顿饭来节食，要深吸一口气然后再系腰带，扶着墙才能站起来。等到一年之后，朝中大臣都面色发黑。这么做的原因在哪里呢？君主喜欢，所以臣子就能这么做。以前越王勾践喜欢武士的勇敢，为了教驯的臣子尚武，先把他们集合起来，然后放火烧船，并试探他的武士说："越国的宝贝全在这儿！"于是，越王勾践亲自擂鼓来激励武士们前进。他的武士听到鼓声，都乱了阵脚不顾次序，冲到火中被火烧死的，大约有一百多人。这时越王勾践才鸣金收兵。所以。墨子说：就像节制饮食，身穿简陋的衣服，牺牲性命来求得名声，这是全天下百姓都认为难做的事。但只要君主喜欢，那么民众也能够做到。何况互相关爱、互相谋利，跟这不一样。关爱别人的人，别人也必定关爱他；给别人利益的人，别人也必定会给他利益；憎恶别人的人，别人也必定憎恶他；残害别人的人，别人也必定残害他。这又有什么难的，不过是君主不把它用在政事上，士大夫也不把它付诸行动罢了。

【原文】　然而今天下之士君子曰：然，乃若兼则善矣。虽然，不可行之物也。譬若挈太山越河济也。子墨子言：是非其譬也。夫挈太山而越河济，可谓毕劫有力矣①，自古及今，未有能行之者也。况乎兼相爱，交相利，则与此异。古者圣王行之。何以知其然？古者禹治天下，西为西河渔窦②，以泄渠孙皇之水③；北为防原泒，注后之邸④，嘑池之窦⑤，洒为底柱⑥，凿为龙门，以利燕代胡貉与西河之民⑦；东为漏大陆，防孟诸之泽，洒为九浍，以楗东土之水，以利冀州之民；南为江汉淮汝，东流之，注五湖之处，以利荆楚干越与南夷之民⑧。此言禹之事，吾今行兼矣。昔者文王之治西土，若日若月，乍光于四方于西土，不为大国侮小国，不为众庶侮鳏寡，不为暴势夺穑人黍稷狗彘。天屑临文王慈⑨，是以老而无子者，有所得终其寿；连独无兄弟者⑩，有所杂于生人之间；少失其父母者，有所放依而长。此文王之事，则吾今行兼矣。昔者武王将事泰山，隧传曰⑪："泰山有道。曾孙周王有事⑫，大事既获，仁人尚作，以祗商夏⑬，蛮夷丑貉⑭。虽有周亲，不若仁人，万方有罪，维予一人。"此言武王之事，吾今行兼矣。是故子墨子言曰：今天下之士君子，忠实欲天下之富，而恶其贫；欲天下之治，而恶其乱，当兼相爱，交相利。此圣王之法，天下之治道也，不可不务为也。

【注释】 ①毕劫：当为"毕劫"，有力的样子。②西河渔窦：西河，指黄河在山西、陕西两省交界的一段，因南北流向与东向对而称西河。渔窦，疑当作"漂窦"，即黑水。③渠孙皇：三条水的名字。即渠水、孙水与湟水，这三条水皆在黑水流域。④防原派：三条水的名字。后之邸，当即昭余祁，古大泽之名，在山西太原。⑤嘑池之窦：即呼沱河。嘑，同"呼"。窦，沟渠。这里可理解为河。⑥洒为底柱：在砥柱山被分流。洒，分流之意。底柱，即砥柱山，也被称为三门山。⑦胡貉：指当时居住于北方与东北地区的少数民族。⑧干：即吴国，古代干国被吴国吞并，故亦用"干"称吴国。⑨屑临：即异临，青睐的意思。⑩连：艰难。⑪隧：当作"遂"，并属下读。⑫曾孙：古代帝王祭天时自称。⑬祇：读为"振"，即拯救。⑭丑貉：即九貉，代指四裔。丑，形容众多。

【译文】 然而当今天下的士君子说：对，如果能兼相爱护自然是好的。虽然这样很好，但却是无法实行的事情。就好像想要举着泰山越过黄河与济水一样。墨子说：这不是个恰当的比喻。举着泰山越过黄河与济水，可以说是极为有力了，但是从古到今，从来没有人能这样做。况且兼相爱、交相利却与此不同。古代的圣明君王就这样做。凭什么知道他们这样做了呢？远古之时大禹治理天下，在西边疏通了西河与黑水，用来排泄渠水、孙水、湟水的水量；在北边又疏通了防、原、派三条水道，把它们的水注入昭余祁湖和呼沱河，在黄河中的砥柱山分流，再凿开龙门山，以有利于燕、代的少数民族与西河的人民；东边疏通大陆的积水，为孟诸之泽修堤坝，把水分为九条河流，来限制东边的水，并使得冀州的人民受利；南边疏通长江、汉水、淮河、汝水，使他们向东流入太湖，以使楚国、吴越及南夷的人民受利。这是说大禹实行兼爱的事迹，现在我们也要用这种精神来实行兼爱。从前周文王治理西土，就像太阳、像月亮一样，光照四方，泽被西土。不自恃是大国就欺侮小国，不自恃人多就欺侮人少，不以强暴与威势来强夺农民的粮食、牲口。上天殷勤地察看了文王的慈爱，所以年老无子的人，可以得到善终；病苦孤独而没有兄弟的人，能够在活着的人中维持生计；小时候就失去父母的人，有所依靠而得以成长。这是说周文王实行兼爱的事迹，现在我们就要用这种精神来实行兼爱了。从前周武王将祭祀泰山，遂传他的祷辞说："曾孙周王有事祷告，大事已经成功，仁人也出现了，以此来拯救商、夏的百姓和四方的蛮夷。商朝的至亲虽然多，但却不如我有仁人。万方的人若有罪，由我一个人承担。"这是说周武王实行兼爱的事迹，现在我们就要用这种精神来实行兼爱了。所以墨子说：当今天下的士君子，如果心里确实希望天下富起来，而不希望它穷下去，希望天下太平，而不希望天下大乱，那大家就应当互相关爱、互相谋利。这是圣王的法则，治理天下的正道，不可不努力去做！

非攻上

【题解】

春秋战国是中国历史上战争最为频繁的时期,也正是在这个时期,产生了墨子这样一位冷静地站在时代之外来审视这个时代的人物,他看到了这个时代的积弊中,最重要的便是战争,所以,从他的立场坚决反对战争也成为应有之义。当然,墨子不是一个沉溺于幻想之中的人,他是一个清醒的哲人,所以,他的"非攻"并不是一种消极的一厢情愿,他还有着更为积极的策略,那就是战备,我们看一下《公输》篇即可知道他对于战争的策略,如果说这还只是故事的话,我们还可以去看其城守诸篇,那都是墨子最为实际的战术策略,应该说是一部墨子兵法。

本篇是非攻的上篇,其对墨子非攻思想的阐述并没有中、下篇完整,但是,其文章的结构却值得注意。从总体上来看,这是一篇极为典型的墨子论说文,即围绕一个论点,反复取譬设喻,层层论述,不避重复,一定要说到极为清楚明白为止。而且全篇没有一句侧逸斜出的句子,结构严密,看此一篇,可知墨子文风。全篇并不讲"非攻"的理论与实施,却仅从有人偷桃李讲开,列举了偷鸡犬、偷马牛、杀人取物,这些都是不义的,最后引出攻人之国为更大的不义,并指出前者还受人谴责,而对于后者人们却赞美它的现象,在这个逻辑链上彰显出攻国之残暴与维护战争者的可笑。全篇论述设喻繁复,然而最后的点题却极为简洁,劲如豹尾,细寻此文,可得古人为文之法。

【原文】

今有一人,人人园圃①,窃其桃李。众闻则非之,上为政者得则罚之。此何也?以亏人自利也。至攘人犬豕鸡豚者,其不义又甚入人园圃窃桃李。是何故也?以亏人愈多,其不仁兹甚,罪益厚。至入人栏厩,取人马牛者,其不仁义又甚攘人犬豕鸡豚。此何故也?以其亏人愈多。苟亏人愈多,其不仁兹甚,罪益厚。至杀不辜人也,拖其衣裘②,取戈剑者,其不义又甚入人栏厩取人马牛。此何故也?以其亏人愈多,苟亏人愈多,其不仁兹甚矣,罪益厚。当此,天下之君子皆知而非之,谓之不义。今至大为攻国③,则弗知非,从而誉之,谓之义。此可谓知义与不义之别乎?

【注释】

①园圃:园即果园,圃即菜园,此处偏指果园。②拖:即"拖"字。③大为攻国:当作"大为非,攻国"。

【译文】

现在假如有一个人,跑到别人家的果园里,偷人家的桃子和李子。大家听说后都会认为这是不对的,上面当政的长官抓住他后也会惩罚他。这是为什么呢?因为他是在损人利己。至于偷窃别人所养的鸡狗猪的人,他的不义又超过了到别人家果园偷窃桃李的行为。这是为什么呢?因为他损害别人更多,他的不仁也就更大,而他的罪责也就更重。至于闯入别人家的牛栏马厩里,牵走别人牛马的人,他的不义又超过了偷窃别人鸡狗猪的行为。这是为什么呢?因为他损害别人更多。如果损害别人更多,他的不仁也就更大,而他的罪责也就更重。至于杀害无辜者,剥夺人家的衣服,拿走人家的戈剑的人,他的不义又超过了闯入别人家的牛栏马厩里偷人家马牛的行为。这是为什么呢?因为他损害别人更多,如果损害别人更多,他的不仁也就更大,他的罪责也就更重。当此之时,天下的君子们都知道他的不对并谴责他,说这是不义的行为。现在有人做很大的坏事,去攻打别人的国家,而人们却不知道去谴责他,反而跟着赞美这种行为,说这是义。这样可以称得上是明白义与不义的区别吗?

【原文】 杀一人谓之不义,必有一死罪矣。若以此说往,杀十人十重不义,必有十死罪矣;杀百人百重不义,必有百死罪矣。当此,天下之君子皆知而非之,谓之不义。今至大为不义攻国,则弗知非,从而誉之,谓之义,情不知其不义也①,故书其言以遗后世。若知其不义也,夫奚说书其不义以遗后世哉?今有人于此,少见黑曰黑,多见黑曰白,则以此人不知白黑之辩矣②;少尝苦曰苦,多尝苦曰甘,则以此人不知甘苦之辩矣。今小为非,则知而非之;大为非攻国,则不知非,从而誉之,谓之义。此可谓知义与不义之辩乎?是以知天下之君子也,辩义与不义之乱也。

【注释】 ①情:诚,实在,的确。②则以此人不知:当为"则必以此人为不知"。辩:通"辨"。

【译文】 杀死一个人叫作不义,必定会被判处死罪。如果以此类推的话,杀死十个人,就是十倍的不义,必定会被判处十重死罪;杀死一百人,就是一百倍的不义,必定会被判处一百重死罪。当此之时,天下的君子们都知道他的不对并谴责他,说这是不义的行为。现在有人做很大的不义之事,去攻打别人的国家,而人们却不知道去谴责他,反而跟着赞美这种行为,说这是义,诚然是不知道这是不义的,所以记录下来他的话并传给后世。如果知道这是不义的,那又怎么解释他们把这些事记录下来传于后世的行为呢?假如现在这里有一个人,见到一点点黑色还知道这是黑色,看到很多黑色却说是白色,那么人们都认为他黑白不分了;稍微尝些苦味还知道是苦的,多吃些苦味却说是甜的,那么人们都认为他甘苦不分了。现在,对于做了很小错事的人,人们都知道他做错了并谴责他;对于犯了大的过错,以至于攻打别的国家的人,人们却不知道谴责他,反而跟着赞美这种行为,说这是义。这样可以称得上是明白义与不义的区别吗?由此可知现在天下的君子,判断义与不义的标准是多么混乱啊。

节用上

【题解】

在远古时代,生产力水平比较低下,人类所能创造出来的生活物资较少,所以,相对而言,节约用度在某种程度上也同样是在创造社会价值,这一点直到如今仍有其现实意义。而在墨子的时代,儒家学派极重视礼节,这种繁文缛节其实也就是铺张浪费的一个入口,因为其规定了不同等级的人需要在车马、服饰等外在形式上要有所体现。这样的话,地位高的人便自然走向了奢侈。针对这种现象,墨子代表了下层人民的意愿,提出了他的"节用"主张。在他的思想中,人类所有的消费,都应该满足于最为自然的状态,如食能果腹,衣可御寒,足矣,若再前进一步,便是一种无益实用的浪费。

全文开篇便别具慧心,以"圣人为政一国,一国可倍也"来耸动读者耳目,然后告诉读者,这个"倍"就来自于"节"。此后,作者便从衣服、宫室、军备、舟车甚至人口等问题上层层陈述他的观点。这里面特别是关于人口的一节很有意思,本来,人口放在这篇文章中是有些不协调的,可是,在墨子看来,人口也是一种社会财富,也需要"增",这在人类很长的一段历史时期都是非常正确的认识,而且他增加人口的方法与当今的计划生育竟有异曲同工之妙。

【原文】 圣人为政一国,一国可倍也。大之为政天下,天下可倍也。其倍之,非外取地也。因其国家,去其无用,足以倍之。圣王为政,其发令兴事,使民用财也,无不加用而为者,是故用财不费,民德不劳①,其兴利多矣。

【注释】 ①德:同"得"。

【译文】 圣人治理一个国家,一个国家的财利可以增加一倍。如果大到治理天下,天下的财利可以增加一倍。这增加的一倍,并不是向外掠夺土地得来的。而是根据国家的具体情况,去掉那些无益于实用的东西,这就足够使国家的财利增加一倍了。圣王治理国家,他发布命令、举办事业,役使民众,使用财物,无一不是有益于实用才去做的,所以使用财物不浪费,民众能够不劳苦,他兴起的利益太多了。

【原文】 其为衣裳何以为? 冬以圉寒,夏以圉暑。凡为衣裳之道:冬加温,夏加清者,芊䶂不加者去之①。其为宫室何以为? 冬以圉风寒,夏以圉暑雨,凡为宫室加固者②,芊䶂不加者去之。其为甲盾五兵何以为? 以圉寇乱盗贼。若有寇乱盗贼,有甲盾五兵者胜,无有不胜。是故圣人作为甲盾五兵。凡为甲盾五兵加轻以利,坚而难折者,芊䶂不加者去之。其为舟车何以为? 车以行陵陆,舟以行川谷,以通四方之利。凡为舟车之道,加轻以利者,芊䶂不加者去之。凡其为此物也,无不加用而为者,是故用财不费,民德不劳,其兴利多矣。

【注释】 ①芊䶂:当为"鲜祖"之误,即鲜艳好看之意。下均同。②凡为宫室:此四字原作"有盗贼"三字,当为涉下之衍文。

【译文】 他们制作衣服是为了什么呢? 冬天用来御寒,夏天用来防暑。制作衣服的总体原则是:冬天更加温暖,夏天更加凉爽而已,如果只是漂亮而不能增加这一特性的就去掉。他们建造宫室是为了什么呢? 冬天用来躲避风寒,夏天用来抵挡炎热和雨水,凡是建造宫室都以增加其坚固为目的,只是漂亮而不能增加这一特性的就去掉。他们制造铠甲、盾牌和戈矛等五种兵器是为了什么呢? 是用来防御外寇与盗贼的。如果有外寇与盗贼,拥有铠甲、盾牌和戈矛等五种兵器的人就会胜利,而没有的就要失败。所以圣人出现,制造了铠甲、盾牌和戈矛等五种兵器。大凡制造铠甲、盾牌和戈矛等五种兵器,要能增加它轻便锋利、坚固而难以折断的特点,只是漂亮而不能增加这一特性的就去掉。他们打造车船又是为什么呢? 车是用来在陆地上行驶的,船是用来在江河中航行的,以此来沟通四方的利益。打造车船的总体原则是,要能让它更加轻捷便利,只是漂亮而不能增加这一特性的就去掉。凡是圣人制造的这些东西,无一不是有益于实用才去做的,所以使用财物不浪费,民众能够不劳苦,他兴起的利益太多了。

【原文】 有去大人之好聚珠玉、鸟兽、犬马①,以益衣裳、宫室、甲盾、五兵、舟车之数，于数倍乎！若则不难。故孰为难倍？唯人为难倍。然人有可倍也。昔者圣王为法曰："丈夫年二十，毋敢不处家。女子年十五，毋敢不事人。"此圣王之法也。圣王即没，于民次也②。其欲蚤处家者③，有所二十年处家；其欲晚处家者，有所四十年处家。以其蚤与其晚相践④，后圣王之法十年。若纯三年而字⑤，子生可以二三计矣。此不惟使民蚤处家，而可以倍与。且不然已。

【注释】 ①有：同"又"。②次：即"恣"。③蚤：通"早"。④践：当读为"翦"，即"减"字。⑤字：有乳、养之义，即生子。

【译文】 又去掉王公大人们喜欢聚集的珠玉、鸟兽和犬马等玩物，用来增加衣服、宫室、甲盾、戈矛等五种兵器与车船的数量，这样把它们的数量增加一倍！也不是什么难事。然而，什么是最难成倍增加的呢？只有人口是难以成倍增加的。然而人口也有可以成倍增加的办法。从前圣王制定的法令说："男子到了二十岁，就不敢不成家。女子到了十五岁，就不敢不出嫁。"这就是圣王的法令。圣王去世以后，老百姓就放纵自己。他们有想早成家的，就二十岁时成家；有想晚成家的，竟有四十岁才成家的。他们早的与晚的相减，比圣王的法令晚了十年。如果婚后都三年生一个孩子，那就可以多生两三个孩子了。这不仅仅是让百姓早些成家，也是让人口成倍增加的办法。但现在的帝王却不这么做。

【原文】 今天下为政者，其所以寡人之道多。其使民劳，其籍敛厚，民财不足，冻饿死者，不可胜数也。且大人惟毋兴师以攻伐邻国，久者终年，速者数月。男女久不相见，此所以寡人之道也。与居处不安，饮食不时，作疾病死者，有与侵就援橐①，攻城野战死者，不可胜数。此不令为政者所以寡人之道②，数术而起与？圣人为政特无此。不圣人为政③，其所以众人之道亦数术而起与？故子墨子曰：去无用，之圣王之道，天下之大利也！

【注释】 ①有：即"又"。侵就援橐：当为"侵掠俘虏"。②不令：不善。③不：当为"夫"。

【译文】 现在天下当政的人，他们的大多数行为都是在让人口减少。他们把民众役使得极为辛苦，收取的赋税又十分繁重，民众的财产不足，受冻挨饿而死的人，数不胜数。况且大人们只要兴师出兵来攻打邻国，时间长的要一年，快的也要几个月。夫妻长期不能相见，这就是人口减少的根源。加上居住不安定，饮食不按时，以及生病死的，再加上士卒被侵掠俘虏与攻城野战而死的，也数不胜数。这些都是不善为政者所以使人口减少的原因，而这原因不是多种多样的吗？圣人治理国家绝对不会有这种情况。圣人治理国家，他之所以能使人口增多的方法不也是多种多样的吗？所以墨子说：去掉那些无益于实用的东西，实行圣王的治国之道，这就是天下的大利啊！

公输

【题解】
本篇篇幅虽然不大，但却是《墨子》中极具华彩的一篇，从某种程度上来说，《墨子》一书的文学价值是由这一篇文字支撑起来的。

短短数百字,却跌宕起伏、惊心动魄,故事的转折与突变极类传奇小说中的经典情节,文中三人的形象也极为生动。尤其是墨子,不但有勇有谋、大仁大义,而且具有大智慧、大悲悯。他的消弭战事,并非昵于宋而疏于楚,而是出于悲悯之心,这种悲悯是对于人的,不管他是生于楚,还是生于宋!其实,这也正是他兼爱主张的具体表现。

大师总是随手点染,便成绝世妙文:事情已经解决,本可结束了,可末段又有三十余字,看似不经意,但却意味深长,它不但对墨子的形象再为渲染,更重要的是,它还透出一种通达之后的苍凉,使全文明朗单纯的主题突然变得沉重起来!

【原文】 公输盘为楚造云梯之械^①,成,将以攻宋。子墨子闻之,起于^②,齐行十日十夜而至于郢^③,见公输盘。公输盘曰:"夫子何命焉为?"子墨子曰:"北方有侮臣^④,愿藉子杀之!"公输盘不说。子墨子曰:"请献十金。"公输盘曰:"吾义固不杀人。"子墨子起,再拜曰:"请说之。吾从北方闻子为梯,将以攻宋。宋何罪之有?荆国有余于地,而不足于民,杀所不足,而争所有余,不可谓智;宋无罪而攻之,不可谓仁;知而不争,不可谓忠;争而不得,不可谓强;义不杀少而杀众,不可谓知类。"公输盘服。子墨子曰:"然乎?不已乎?"公输盘曰:"不可。吾既已言之王矣。"子墨子曰:"胡不见我于王?"公输盘曰:"诺。"

【注释】 ①公输盘:《史记》记载为公输般,为鲁国能工巧匠,即鲁班。云梯:古代用来登高攻城的器械。②起于:下当补一"鲁"字。③齐:即"疾"。郢:楚国国都,在今湖北江陵。④句下当补一"者"字。

【译文】 公输盘为楚国制造攻城的云梯,造成后,准备用它来攻打宋国。墨子听说后,从鲁国动身,赶了十天十夜的路,到达了郢,见到公输盘。公输盘说:"先生有何见教?"墨子说:"北方有个侮辱我的人,我想拜托你把他杀掉!"公输盘听了很不高兴。墨子说:"我奉送十镒黄金。"公输盘说:"我讲义,不随便杀人。"墨子站起来,对公输盘拜了两次说:"请听我说说义。我在北方听说你制成了云梯,准备用来攻打宋国。宋国有什么罪过呢?楚国土地有余,而人口不足,牺牲自己本来不足的人民,去争夺本来有余的土地,不能算作有智慧;宋国没有罪却要攻打他,这不能说是仁;知道了这个道理却不去诤谏,不能算作忠;诤谏了却达不到目的,不能算作强;你讲义而不愿意杀那几个人,却要去杀宋国众多的人,不能算作明了事理。"公输盘被说服了。墨子说:"你赞同吗?那为什么不停止呢?"公输盘说:"不行。我已经说给楚王了。"墨子说:"为什么不把我引荐给楚王呢?"公输盘说:"好的。"

【原文】 子墨子见王,曰:"今有人于此,舍其文轩,邻有敝舆,而欲窃之;舍其锦绣,邻有短褐,而欲窃之;舍其粱肉,邻有糠糟,而欲窃之。此为何若人?"王曰:"必为窃疾矣^①。"子墨子曰:"荆之地方五千里,宋之地方五百里,此犹文轩之与敝舆也;荆有云梦^②,犀兕麋鹿满之^③,江汉之鱼鳖鼋鼍为天下富^④,宋所为无雉兔狐狸者也^⑤,此犹粱肉之与糠糟也;荆有长松、文梓、楩楠豫章^⑥,宋无长木犹锦绣之与短褐也。臣以三事之攻宋也^⑦,为与此同类。"王曰:"善哉!虽然,公输盘为我为云梯,必取宋。"

【注释】 ①为:疑作"有"。②云梦:云梦泽,古代的大湖。③兕:雌性犀牛。④

鼋鼍:鼋即龟,鼍是鳄鱼的一种。⑤狐狸:当作"鲋鱼"。⑥梗:一种名贵的乔木。楠:楠木。豫章:也是一种树木。⑦之:疑当作"比之"。

【译文】 墨子见到了楚王,说:"现在有一个人在这里,舍弃自己华丽的彩车,邻居有破车,却想去偷;舍弃他锦绣的衣服,邻居有粗布衣服,却想去偷;舍弃他的精致的饭菜,邻居有糟糠,却想去偷。这是一个什么样的人呢?"楚王说:"他必定得了偷窃的病。"墨子说:"楚国的土地方圆五千里,宋国的土地方圆五百里,这就像彩车与破车一样;楚国有云梦泽,犀牛麋鹿满地都是,长江汉水里出产的鱼鳖鼋鼍,可以说是天下最丰富的了,而宋国却是连野鸡、野兔和鲫鱼都没有的地方,这就像精致的饭菜与糟糠一样;楚国有高大的松树、优质的梓木和梗楠樟树,而宋国都没有像样的木材,这就像锦绣的衣服与粗布衣服一样。我用这三件事来比照攻打宋国的事,发现与此是同类的事。"楚王说:"说得好啊!即使这样,公输盘已经为我造好了云梯,我还是要攻打宋国。"

【原文】 于是见公输盘。子墨子解带为城,以牒为械①,公输盘九设攻城之机变,子墨子九距之。公输盘之攻械尽,子墨子之守圉有余。公输盘诎②,而曰:"吾知所以距子矣,吾不言。"子墨子亦曰:"吾知子之所以距我,吾不言。"楚王问其故,子墨子曰:"公输盘之意,不过欲杀臣。杀臣,宋莫能守,可攻也。然臣之弟子禽滑釐等三百人,已持臣守圉之器,在宋城上而待楚寇矣。虽杀臣,不能绝也。"楚王曰:"善哉!吾请无攻宋矣。"

【注释】 ①牒:同"楪",即筷子。②诎:屈,指公输盘技穷后无可奈何的样子。

【译文】 于是墨子又会见公输盘。墨子解下皮带做城池,用筷子做兵器,公输盘九次巧妙设置不同的器械来攻城,九次都被墨子抵挡住了。公输盘攻城的器械已经用尽了,而墨子守城的方法还绰绰有余。公输盘没有办法了,说:"我知道用什么办法对付你了,我不说。"墨子说:"我知道你将用什么办法对付我,我也不说。"楚王问是什么缘故,墨子说:"公输盘的意思,不过是想杀掉我。若杀掉我,宋国便没人能守城了,就可以攻打了。但是我的弟子禽滑釐等三百人,已经手持我守城的兵器,在宋国城头上等候楚兵的入侵了。即使杀死我,也无法消灭我守御的办法。"楚王说:"好吧!我就不攻打宋国了。"

【原文】 子墨子归,过宋。天雨,庇其闾中①,守闾者不内也②。故曰:治于神者,众人不知其功,争于明者,众人知之。

【注释】 ①闾:里巷的门。②内:同"纳"。

【译文】 墨子归来,路过宋国。天上下起了大雨,墨子想到里巷避雨,守门的人却不让他进去。所以说:运用神机的人,众人不知道他的功劳;在明处争斗不休的人,众人却都知道他。